胡適之先生年譜長編初稿（補編）

胡頌平◎編著

序

余英時

〔胡適之先生年譜長編初稿〕初版於一九八四年五月，距今已三十又一年。現在聯經出版公司決定增刊一部〔補編〕，將〔年譜〕付印前從原稿中刪除的一切文字彙集起來，印成專冊，附於〔年譜〕之後。在胡適研究領域相當活躍的今天，這無疑是最受歡迎的大事。

三十一年前我曾有幸為〔年譜〕寫了一篇長序；以此因緣，現在聯經的老朋友們盼望我再為〔補編〕寫幾句話，以當介紹。我有義不容辭之感，但卻下筆躊躇，不知當從何處說起。幾經考慮之後，我決定根據最近所見新資料，將〔年譜〕何以發生大量刪改之事略作說明，也許可以加添讀者對於〔補編〕的史學價值的認識。

胡頌平先生在〔年譜〕「後記」中說：

> 適之先生是五十一年（按：一九六二）二月廿四傍晚……去世的。十月十五日安葬之後的第二天，繼任院長王雪艇（世杰）先生在院務會議上組織一個「胡故院長遺著整理編輯委員會」，他透過

> 遺著編輯會同人的意見，推定由我負責胡先生的年譜。我怕這個任務超過我的能力範圍，不敢擔承，拖了兩年。……可是雪艇先生……堅持非我不可。他更繼續不斷的督促，我終於接受這個任務。（〈年譜〉第十冊，頁三九三〇）

頌平先生述〈年譜〉的緣起和撰寫過程，大致如此。最近校訂本〈王世杰日記〉已排印問世（中央研究院近代史研究所，上下兩冊，二〇一二年），為我們提供了較詳的背景知識。〈日記〉一九六二年八月八日條：

> 召開第一次「胡適遺著整理會」，預定于三年內完成整理工作，將不自撰傳記，但將編製年譜。（下冊，頁九六五）

所記比頌平先生的追憶還要早兩個月。至於「後記」中「繼續不斷的督促」之說，則有〈日記〉一九六七年七月六日條予以證實：

> 余近日力促胡頌平君早日完成胡適年譜初稿，此一工作亦余甚為關念之事。（下冊，頁一一七五）

統觀〈日記〉中有關〈年譜〉的各種記述，可知雪艇先生最初是以院長的身分，將它當作研究院的一項編纂計畫正式提出的。但也許是出於對胡適的特別敬愛，他最後對它發展出一種發自內心的個人承諾（"personal commitment"，相當於他所謂「關念之事」）。因此雖在辭去院長職位之後，他仍然當仁不讓，將〔年譜〕之事掌握在自己的手上。他是一九七〇年五月退休的，但次年九月二十五的日記說：

胡適之年譜，余已（按：「已」似衍文）民國五十一年胡先生死後，到研究院時，即主張覓人撰著，以編纂委員會及余本人助之。編纂會未盡其責任，余只能隨時與胡頌平君商量，並儘可能助其覓取材料，實則係胡君一手撰成。初稿計油印厚冊廿八本，于今年八月始完成，雖尚需審校，然既有此初稿，工作總算大體完畢，余甚以為慰。至如何校審以及出版等事，余仍擬盡力為之規劃。（下冊，頁一三八〇）

又十月一日條記：

晨與胡頌平君商量校閱〔胡適年譜〕初稿事，擬請錢思亮、陳雪屏、毛子水、楊亮功、楊聯陞分別部門校閱。余亦擬參預。（頁一三八一）

這是年譜初稿大體完成後雪艇先生對於整個計畫的回顧和前瞻。很顯然的，他毫不遲疑地以計畫主持人自居，逕自擬定校閱人名單，而且將現任院長也包括在名單之內。這當然不能以「戀棧」之類觀念解之，因為其中祇有義務而無一絲一毫「權」或「利」可言。事實上雪艇先生是澈頭澈尾為他個人的「承諾」或「關念」所驅使，所以〔年譜〕從撰寫、校閱到出版，他都是一股最重要的原動力。

但年譜初稿進入校閱階段之後，刪和改便必然隨著提上了議程。〔日記〕一九七一年十二月十九日條：

胡頌平所撰〔胡適年譜〕已告完成。余告以宜稍删若干無關要旨之紀錄，並約數人分任校閱。校閱畢可向政府及國民黨中央黨部，由中研院請求准許出版。（同上，頁一三九九）

可見雪艇先生初讀全稿之後，首先便向編者提出了「刪」的要求。更重要的，這則日記明說〔胡適年譜〕必須得到政府和中央黨部的准許，然後才有出版的可能。這就更和「刪」緊密地連繫了起來，而且決不限於「無關要旨的紀錄」了。在這條日記的四個月之前，即一九七一年七月十八日，他記下了下面這一觀察：

〔胡適年譜〕係余八、九年來商由胡君頌平編纂，搜集其生平所發表之言論文字甚詳，至本月其全部初稿已脫稿（約二百餘萬言），余尚不知如何進行出版。適之言論有攻擊政府及國民黨者，但無攻擊蔣先生者，惟在政策上對蔣先生所採取態度，亦時有批評（例如對總統任期問題）。（同上，頁一三六三）

把這條記事和政府及中央黨部「准許出版」的問題結合起來看，我們便不能不承認：無論對於編者或校閱人而言，「刪」都構成了最難克服的挑戰。必須說明，我並不把「刪」和政治完全混為一談，但是我相信政治敏感是年譜遲遲不能定稿的一個重大原因。

初稿脫稿在一九七一年七、八月之間，已見上引日記；但四、五年之後，出版依然遙遙無期。雪艇先生對此事焦灼萬狀。〔日記〕一九七五年三月二十一日條：

今日與陳雪屏商酌將胡頌平所撰〈胡適年譜〉，儘早出版。（同上，頁一六三四）

五天以後（三月二十六日）〈日記〉載：

午後陳雪屏來商胡適之年譜稿出版事。（同上，頁一六三五）

一九七六年九月六日〈日記〉：

昨晤陳雪屏，堅促其設法將胡頌平所撰〈胡適之年譜〉儘今年內付印。（同上，頁一七二一）

同年十二月六日〈日記〉：

午後赴錢思亮院長家，共商胡適出版事。陳雪屏、胡頌平、毛子水、楊亮功俱到。余力主僅〔儘〕一年時間整理胡頌平稿完竣付印（擬由商務印書館出版），所需整理費用，擬向王雲五處商請由商務墊付。（同上，頁一七三七）

前三條都是和先岳陳雪翁商酌〈年譜〉出版事，其急迫之情盡顯無遺；他似已將出版的主要責任託付於雪翁。

最後一條所記是關於〈年譜〉出版的一次正式集會，包括〈年譜〉編者和前面提到的四位（在台灣的）校閱人；其中陳、毛、楊三公則同為適之先生的北大門人。雪艇先生顯然是要通過這次正式會議，以確定〈年譜〉的出版期限；他「力主僅一年時間」也充分反映出一副迫不及待的心態。〈年譜〉由商務印書館出版也出於他的提議，大概是因為王雲五與適之先生有師生關係之故。但此事後來未能實現，其故已不可知。

事實證明，這一正式決議依然落了空。一年多以後，一九七八年二月二十七日，他在〈日記〉中寫道：

> 昨日與陳雪屏商定辦法，由胡頌平負責整理〈胡適年譜〉，儘本年夏季完稿交印。（同上，頁一八一五）

老調子又重談了一次；不用說，失望也再添了一回。讀之令人沮喪。這是〈日記〉中關於胡適年譜的最後一條記述。〈日記〉止於一九七九年九月，〈年譜〉出版於一九八四年五月，雪艇先生則卒於一九八一年三月，因此他至死都沒有聽到〈年譜〉初稿整理完竣的消息，更不用說付印了。

從一九七一到一九七八，雪艇先生督促〈年譜〉出版，一年比一年急迫，〈年譜〉的編者和校閱人對此必有深切的感受。在如此巨大的壓力之下，他們始終不能交卷，決不是由於不夠努力，而是因為阻力太大。據我的判斷，「刪」和「改」必是阻力的一個重要部分。刪改〈年譜〉並不難，難在怎樣才能「刪」、「改」到政府和黨部都能夠接受而仍然不致歪曲譜主的歷史真實。我相信，編者和校閱人為此必曾費盡心血，〈補編〉的出現也許可以使我們窺見他們的苦心孤詣。

但〈補編〉的史學價值遠不止此。〈胡適之先生年譜長編初稿〉是一部最豐富、最集中、最可信、又最有系統的史料匯編。出版以來，它早已成為胡適研究的基石。據我瀏覽所及，許多關於胡適生平和思想的論述，包括若干年譜和傳記等，都是踏在〈年譜長編〉的基址上建立起來的。〈年譜長編〉雖長達三百萬字以上，但由於敘事條理井然，讀之引人入勝，欲罷不能。我所知道的一個最動人的例子是考古學家夏鼐先生（一九一〇—一九八五）。〈年譜長編〉是一九八四年五月出版的，夏先生在當年九月尾便得到了這部巨著，從九月二十七日開始，一直到十月二十一日才閱畢全書。我們知道，夏先生當時是一位大忙人，但是他忙裏偷閒，斷斷續續，卻一字不遺地讀了下去。〈年譜長編〉不但喚醒了他的記憶，而且還觸動了他的感情。〈夏鼐日記〉一九八四年十月六日條說：

> 閱〈胡適年譜長編〉第五冊，一九四七年前後，胡適來南京，都住在史語所，我第一次與之有所接觸，他的日記中可能會有提到我的地方。這時期我在南京，一度代理史語所所長。讀〈年譜〉，頗有陳寅恪的詩所謂「同入與亡煩惱夢，霜紅一枕正（按：「正」是「已」之誤）滄桑」之感。（〈夏鼐日記〉，上海：華東師範大學出版社，二〇一一年，卷九，頁四〇一）

同年十月二十一日條云：

> 上午在家，閱〈胡適年譜長編〉第十冊，全書十冊，三九三〇頁，共三百多萬字。這書的後半，也是我所經歷的歷史。（同上，頁四〇六）

這個例子充分說明〈年譜長編〉不僅是史料匯編，它同時也是一部成功的編年史。

現在這部編年史因︹補編︺的印行而恢復了它的全貌，我們怎能不歡欣鼓舞呢？是為序。

二〇一五年四月二十一日於普林斯頓

出版說明

〈胡適之先生年譜長編初稿〉初版於民國七十三（一九八四），全書十冊三百餘萬字，歷時十七年編成，不僅為胡適研究提供了最豐碩的史料，更是年譜史上最浩大的一項工程。

美中不足的是，由於時空因素的影響，當年付梓的油印底稿是經過刪削的，使得部分內容無緣與讀者見面，也有小部分記事因而發生一兩天的「位移」。即使其中部分抽下的部分後來曾刊載在〈胡適之先生晚年談話錄〉之中，但對於負責出版的單位來說，這仍然不能不說是一種遺憾。

〈胡適之先生年譜長編初稿〉三十年之後，中央研究院近代史研究院胡適紀念館的同仁，在主任潘光哲先生的領導下，以館藏的〈年譜長編初稿〉油印本（簡稱油印本）完整版與聯經出版公司的排印本（簡稱聯經版）進行詳細的比勘，將其間的異同逐一列表。工作的結果，用A3的紙張列印出來，多達三九一頁，相當可觀。

這樣的結果當然無法逕付出版，一來因為版面太大（21*29.7公分），排版上不易處理，閱讀上相當不便。二來因為增補和校勘併在一起，表格的欄位有許多空白，會增加許多不必要的頁面。幾經研究討論之後，覺得重新排版曠日持久，無法在最短時間內滿足讀者的需求，因此先印行增補版，將增補的部分抽出來之後，以接近排印本的面版來排印，作為〈長編初稿〉的「補編」，與排印本同步發行；而校勘的部分，則以兩欄對比排列，未來將放在聯經出版公司的官網上（www.linkingbooks.com.tw），提供讀者免費閱讀自由下載。

由於補編的文字僅限於原先被刊落的部分，並非全部均屬完整而自成單元，在排印上除了版式盡量貼近之外，許多地方實在難以亦步亦趨，因此有必要略作說明：

一、「補編」一依排印本體例，以日期為綱領，但年份改為西曆紀元；日期之下，用【／】註明聯經版及油印本的冊次及頁次，日期用黑體字印刷，以求醒目。原則上每日一則，但若遇記事相隔太遠，則另立一則。

一、凡增補部分記事，用明體字（宋體字）表示；為了標明補文插入部位，不得不引用已刊部分文字，則以楷體字表示，以資區別。

一、增補文字計分三類：完整的一天記事，為排印本原來未曾收錄者者，則將當日記事連同日期一併刊出；排印本已有部分記事者，原則上不刊日期（為標示插入位置者除外），只將原先遺漏的部分補上。

一、增補部分自成段落，可以明顯判定相關位置者（如下午插入中午之後，五時插入三時之後），不另標示外；凡不易判明插入部位者，一概在前（或後）標明排印本相應段落起首文字。

一、局部刊落者（如人名），比照前項辦理。

一、排印本因當初刊落過程中不留意，而致部分記事日期誤繫，隨處以附註方式說明。

一、油印本因為篇帙浩大，刻寫時頁碼編排方式並不統一，甚至偶有竄亂情況，亦隨處附註加以說明。

一、排印本編排時，對於不同來源的記事（如作者的原著或日記、報刊記者的報導或演講記錄、編者的年譜主文及附記等），均以不同的格式編排，以求層次分明。「補編」由於係增補資料，相對比較零碎而不完整，只能著重凸出增補內容與排印本之間的區別，無法在編排上兼顧記事內容來源的不同。

一、由於年代的關係，書刊編排的若干符號如書名號篇名號等都已有不同的處理方式，但考慮到與排印本銜接，「補編」於書名號仍沿用〔〕，文章篇名則用「」；文中出於編輯的訂正仍用通行用〔〕，在行文間自可區別，想來不致造成讀者的困擾。

一、書眉部分的年分標示除了最後幾年自成單元之外，其餘年份的安排主要是為了翻檢的方便，並盡量兼顧譜主生平及排版的頁數而為，並沒有其他的用意，附此說明。

目次

一九〇六年【聯經版第一冊頁六七／油印本第一冊頁一〇一】

先生四十一年十二月二十三日在中國公學校友會歡迎會上講詞，提起這件事；又補充說：「……我便冒險的前去交涉，但後來實在無法可想，只好不談東西，將人營救出來作罷。」（〔胡適言論集〕乙編頁六四）

我們現在看見上海各學校都用國語講授，……

一九一三年五月【聯經版第一冊頁一三八／油印本第一冊頁二二〇—二二一】

五月，先生到Syracuse去參加Cosmopolitan Club年筵，演說"The Philosophy of Cosmopolitanism"。（大同主義。）此稿後經刪改為"The Development of the Concept of Cosmopolitanism"（大同主義之沿革）。休曼校長亦在座，頗得其嘉許（見〔留學日記〕〕頁二三〇）。

今夏修完康南耳大學文學院的功課。仍留校中。

一九一五年二月二十七日【聯經版第一冊頁一九七／油印本第二冊頁三〇七補遺一〇】

二月廿七日，有給The New Republic的信。

一九一五年九月一日【聯經版第一冊頁二一七／油印本第二冊頁三三五】

九月一日，有"China and Democracy"（中國與民主）一文，在〔瞭望月刊〕（The Outlook）三卷一期上發表。

一九一六年六月十六日【聯經版第一冊頁二三六／油印本第二冊頁三六四補遺一五】

是日，有追記麥荊尼逸事四則。（曾以三則在〔留美學生季刊〕第六年夏季號發表）

一九一七年五月二十三日【聯經版第一冊頁二八五—二八六／油印本第二冊頁四四二補遺一六—一七】

改定「先秦諸子之進化論」，有短序：

此篇本為去年「中國科學社」年會時之演說稿，曾刊於〔科學〕第三卷第一號中。近來頗有所更正。篇中第六章「荀卿的進化論」，今已全行改作。自視似較原作稍微完善，因轉載於此，以正前失。本篇成於八九月之前，至今已覺甚多誤；此可見為學之不易，而後來者匡謬補過之責正不可少也。

民國六年五月二十三日　胡適。

第一章　引子
第二章　老子的進化論
第三章　孔子的進化論
第四章　「列子」的進化論
第五章　莊子的進化論
第六章　荀卿的進化論
第七章　韓非李斯的進化論
第八章　結論

全文約一萬四千字，摘錄〈結論〉如下：……

先秦諸子的進化論如今說完了，……——〔留美學生季刊〕第六年秋季第三號，頁一——二九

一九一九年一月【聯經版第二冊頁三三四／油印本第三冊頁五一八】

是月，有「文學的考據」短文。（〔每週評論〕七號）

月中，陳獨秀發表「〔新青年〕罪案之答辯書」中有「……要擁護那德先生（Democracy），便不得不反對那孔教、禮法、貞節、舊倫理、舊政治，要擁護那賽先生（Science），便不得不反對那國粹和舊文學。……」的話。「他的主張民治主義和科學精神，固然前後如一，而『破壞舊文明的罪案』與『反

對舊文學』的聲明，均於八年始見。」（參閱〔新青年〕六卷一號及蔡元培「中國文學大系總序」）

一九一九年三月十五日【聯經版第二冊頁三四三／油印本第三冊頁五三三補遺二六】

三月十五日，發表舊作「終身大事」（人生最大的事件：一個獨幕的喜劇）「西目」三號，〔文存〕一集

一九一九年四月【聯經版第二冊頁三四九／油印本第三冊頁五四四】

如何能把我的心關在這幾張紙上！

先生住的竹竿巷的房子，是和高一涵家同一大門的。這時候高一涵新娶了一位「堂子」回家，胡夫人堅決不願和堂子出身的高夫人同門出入，於是在院子中間起了一道牆，一直到大門，把兩家分開了。先生因有是詩。（詩見〔新青年〕六卷四號）

一九一九年十月【聯經版第二冊頁三七九／油印本第三冊頁五九四】

大概是在今年十月以前，先生在少年中國學會講「中國之少年精神」，提出幾個觀念：（一）少年中國的邏輯：（1）注重事實，（2）注重假設，（3）注重證實。（二）少年中國的人生觀：（1）須有批評的精神，（2）須有冒險進取的精神，（3）須有社會協進的觀念。（三）少年中國的精神，我們應該時時刻刻記著〔荷馬〕這句話：如今我們回來了，你們該感受不同了。（〔少年中國〕）

十月裏，有「大學開女禁的問題」。（〔少年中國〕第四期）

一九二〇年五月【聯經版第二冊頁四〇五／油印本第三冊頁六四一補遺二七】

五月裏……

五月以後，〔新青年〕雜誌完全變質了，先生說：「〔新青年〕的七卷六號（近四百頁）就是「勞動紀念號」，第八卷就成了共產黨的宣傳機關了。這時〔新青年〕已隨陳獨秀的南下在上海出版。北京

的一班新青年社員從此都不寄稿了。（參閱：「四十年來中國文藝復興運動留下的抗暴消毒力量」（胡適手稿）第九集。

一九二〇年十二月【聯經版第二冊頁四〇五／油印本第三冊頁六四一補遺二七】

月底，有再復陳獨秀的信，提出（一）（新青年）流為一種有特別色彩的雜誌，而另創一哲學文學雜誌，並力主（新青年）移回北京編輯。信上說：「若此問題不先解決，我們便辦起新雜誌來了。」北京新青年社同人的意見大都主張「移回北京」，也有主張「索性任他分裂」，或者停辦。先生認為「新青年這個團體，本是自由組合的，即使其中有人彼此意見相左，也只有照『臨時退席』的辦法，斷不可提出解散的話。極而言之，即使大家對于仲甫（陳獨秀的字）兄感情真壞極了，友誼也斷絕了，只有他一個人還要辦下去，我們也不能要他停辦。至于「新青年」精神之能團結與否，這是要看各個人的實際思想如何來斷定，斷不在乎『新青年』三個字的金字招牌！」不久，上海法捕房將（新青年）查扣了，從此北京新青年社和陳獨秀完全分裂了。（參閱吳相湘「胡適但開風氣不為師」，（民國百人傳），傳記文學社出版）

一九二〇年【聯經版第二冊頁四〇五／油印本第三冊頁六四一補遺二七】

是年，日本漢學家諸橋轍次來訪，有筆談錄。先生的筆談裏有「以後若得暇，我當作一長文，發表我對于諸經之意見。但此時在病中，不能用腦力，醫生亦不許我作文」的話，當在秋冬之間。（見陳之邁「胡適之與諸橋轍次的筆談錄」，（傳記文學）十三卷第三期。）

一九二一年五月二日【聯經版第二冊頁四四四／油印本第三冊頁六九四】

——亞東版（文存）二集

大約是在五月裏，高夢旦（名鳳謙）專誠來看先生。

「民國十年的春末夏初，高夢旦先生從上海到北京來看我。他說，他現在決定辭去商務印書館編譯所所長的事，他希望我肯去做他的繼任者。他說：『北京大學固然重要，我們總希望你不會看不起商務印書館的事業。我們的意思是十分誠懇的。』

那時我還不滿三十歲，高先生已是五十多歲的人了。他的談話很誠懇，我很受感動。我對他說：『我決不會看不起商務印書館的工作。一個支配幾千萬兒童的知識思想的機關，當然比北京大學重要得多了。我所慮的只是怕我自己幹不了這件事。』當時我答應他夏天到上海商務印書館去住一二個月，看看裏面的工作，並且看看我自己配不配受高先生的付託。」（「高夢旦先生小傳」〔東方雜誌〕三十四卷一號）

一九二一年六月一日【聯經版第二冊頁四五二／油印本第三冊頁六九五補遺三一】

六月一日，先生為趙元任、楊步偉兩人證婚。（趙楊步偉「我記憶中的適之」）

一九二二年【聯經版第二冊頁五一六／油印本第三冊頁七六六補遺三四—三五】

是年，先生曾邀梁啟超到北大哲學社作「評胡適之〔中國哲學史大綱〕」演講。（〔梁任公先生年譜長編〕（頁六一二）及〔梁任公學術演講集第一輯〕（商務版，頁一—二〇）都未註明演講月日。但梁的演講詞在十一月十三至十七日的〔晨報副鐫〕上發表，也許是在十一月初講的。

一九二三年九月二十八日【聯經版第二冊頁五四三／油印本第四冊頁八〇一】

九月廿八日，又同往海甯觀潮。（均見胡不歸〔胡適之先生傳〕頁八一）

一九二四年五月【聯經版第二冊頁五六九／油印本第四冊頁八四一補遺三九—四〇】

吳相湘「胡適『但開風氣不為師』」裏有「民國十三年五月二十七日，胡再度入紫禁城與溥儀會晤」的話。編者從未聽過先生談起有第二次的會晤，也沒有看見任何的記載。吳君不註明出處，只怕根據別人猜謎式的記載或不可靠的傳說，似不足信。

一九二四年十月二十二日【聯經版第二冊頁五七七／油印本第四冊頁八五六】

十月二十二日，有〈十月二十二日的日出〉詩。（〔晨報六週年紀念增刊號〕）

一九二六年八月【聯經版第二冊頁六四九／油印本第四冊頁九七四】

是月有〈朱敦儒小傳〉一文。（〔語絲〕九一期即以詞選裏的「朱敦儒小傳」）

一九二六年九月【聯經版第二冊頁六五三／油印本第四冊頁九八二補遺四五】

先生在巴黎住了三十四天，到了九月廿三日，回到了倫敦。二十八日起，在英國博物院翻看倫敦寫本目錄片，「……兩天已翻了一千多號，其中幾乎全是習見的經典。〔法華〕、〔般若〕、〔涅槃〕、〔金剛〕、〔金光明〕為最多，於我有用的史料很少。」（「三十三年前發現神會的故事」〔手稿〕七集）

一九二七年【聯經版第二冊頁六九七／油印本第四冊頁一〇五〇】

（……〔西文著作目錄〕一四七號）

一九二八年三月【聯經版第三冊頁七二二／油印本第五冊頁一〇八九】

今年先生曾在科學社年會上講演（〔文存〕三集三〇六）

——〔文存〕三集卷四

大概是月中光景，先生的腳上有一塊紅腫，不能走路，就躺在床上休息。這天早上，聽到有人在床頭這一邊的牆上敲擊的聲音，已經敲了好幾下了。先生正抬頭仰望，忽有幾塊碎磚同時落下，有一塊碎磚打在先生的臉上，把鼻子臉部都給擦傷了。原來是隔鄰人家在牆上釘釘，用力過猛，把磚頭都敲碎了，落在先生的床上。以後先生談起有些事情是無法避免的。就是「閉門床上睡，禍從隔壁來。」（先生生前與編者偶然談及）

一九二八年七月二日【聯經版第三冊頁七四四—七四五／油印本第五冊頁一一二六—一一二九】

豆腐店的老板夢想發大財，也有法子。……寫一個大紅春帖：「對我生財」，貼在對面牆上，於是他寶號就發財的樣子十足了。

「父母祖先的名字是要避諱的。古時候，父名晉，兒子不得應進士考試。現在寬的多了，但避諱的風俗還存在一般社會裏。皇帝的名字現在不避諱了。但孫中山死後，『中山』儘管可用作學校地方或貨品的名稱，『孫文』便很少人用了；忠實同志都應稱他為『先總理』」。

「現在我們中國已成了口號標語的世界。……標語是道地的國貨，是『名教』國家的祖傳法寶。」

「故從歷史考據的眼光看來，口號標語正是『名教』的正傳嫡派。因為是絕大多數人的心裏，牆上貼一張『國民政府是為全民謀幸福的政府』，正等於門上寫一張『姜太公在此』，有靈則兩者都該有靈，無效則兩張同為廢紙而已。」

「現在大多數喊口號，貼標語的，也不外兩種理由：一是心理上的過癮，一是無意義的盲從。」

「于是月月有紀念，週週做紀念週，牆上處處是標語，人人嘴上有的是口號。于是老祖宗幾千年相傳的『名教』之道遂大行於今日，而中國遂成了一個『名教』的國家。」

「我們試進一步，試問，為什麼貼一張……可以出氣洩憤呢？」

……治國不在口號標語，顧力行何如耳。

末了，我們也學時髦，編兩句口號：

打倒名教！

名教掃地，中國有望！

——〔新月〕一卷五號，〔文存〕三集一卷

一九二八年【聯經版第三冊頁七六六／油印本第五冊頁一一六五】

十二月初或十一月裏，先生在上海一個大學裏講「打破浪漫病」。……——……張嘉樹紀錄

(附註，此人紀錄多誤，如講詞內提到瑞典學人「珂羅倔倫」，誤譯作「加禮文」等)

一九二九年二月十七日【聯經版第三冊頁七八〇—七八一／油印本第五冊頁一一八六—一一八七補遺六四】

二月十七日　先生在北平參加梁任公先生追悼會。……編者附註：……再也記不起先生當日指出的一首是什麼人的一首了。……此聯是二月二日做的。

一九二九年三月二十六日【聯經版第三冊頁七八二／油印本第五冊頁一一九〇—一一九一】

有「魏朝曾訂正北方語音」……等兩條劄記。(……)

先生在三月廿六日的上海各報上，看見上海特別市黨部代表在三全大會提出一個「嚴厲處置反革命案」，其中有「凡經省黨部及特別市黨部書面證明為反革命分子者，法院或其他法定之受理機關以反革命罪處分之。……」的話。「這就是說，法院對於這種案子，不須審問，只憑黨部一紙聲明，便須定罪處刑。這豈不是根本否認法治了嗎？」

「我那天看了這個提案，有點忍不住，便寫了封信給司法院院長王寵惠博士，大意是問他『對於此種提案作何感想』，並且問他『在世界法制史上，不知在那一世紀那一個文明民族曾經有這樣的一種辦法，筆之於書，立為制度的嗎？』

「我認為這個問題是值得大家注意的，故把信稿送給國聞通訊社發表。過了幾天，我接到國聞通訊社的來信，說：昨稿已為轉送各報，未見刊出，聞已被檢查者扣去。茲將原稿奉還。

我不知道我這封信有什麼軍事上的重要而黨部檢查新聞的人扣去。這封信是我親自負責署名的。我不知道一個公民為什麼不可以負責發表對於國家問題的討論。

但我對於這種無理的干涉，有什麼保障呢？」(「人權與約法」〔新月〕二卷二期，「人權論集」)

一九二九年五月六日【聯經版第三冊頁七八四—七八五／油印本第五冊頁一一九六—一二〇〇】

五月六日，有「人權與約法」一文，大意是：四月二十日國民政府下了一道保障人權的命令，全文是：世界各國人權均受法律之保障。當此訓政開始，法治基礎亟宜確立。凡在中華民國法權管轄之內，無論個人或團體均不得以非法行為侵害他人身體、自由、及財產。違者即依法嚴行懲辦不貸。著行政司法各院通飭一體遵照。此令。……我們喜歡一陣之後，……便不能不感到大失望。失望之點是：

第一，……

第二，……我們今日最感痛苦的是種種政府機關或假借政府與黨部的機關侵害人民的身體自由及財產。如今日言論出版自由之受干涉，如各地私人財產之被沒收，……都是以政府機關名義執行的。……。

第三，……我們就不知道今日有何種法律可以保障人民的人權？……。

……我在上文隨便舉幾件實事，都可以指出人權的保障和法治的確定決不是一紙命令所能辦到的。

在今日如果真要保障人權，如果真要確立法治基礎，第一件應該制定中華民國的憲法，至少，至少，也應該制定所謂訓政時期的約法。

孫中山先生當日制定「革命方略」時，他把革命建國事業的措施程序分作三個時期：

第一期為軍政之治（三年）

第二期為約法之治（六年）

第三期為憲法之治

「革命方略」成於丙午年（一九〇六），其後續有修訂。至民八年作〈孫文學說〉時，他在第六章裏再三申說「過渡時期」的重要，很明白的說「在此時期，行約法之治，以訓導人民，實行地方自治。」至十二年一月，中山先生作〈中國革命史〉時，第二時期仍名為「過渡時期」，他對這個時期特別注意。

他說：

……立頒約法，以規定人民之權利義務，與革命政府之統治權。以三年為限。……革命政府對於此自治團體祇能照約法團體所規定而行其訓政之權。

又過了一年之後，當民國十三年四月中山先生起草〈建國大綱〉時，建設的程序也分作三個時期，第二期為「訓政時期」。但他在〈建國大綱〉裏不曾提起訓政時期的〈約法〉，又不曾提起訓政時期的年限，不幸一年之後他就死了。後來的人如讀他的〈建國大綱〉，而不研究這「三期」說的歷史，遂以為訓政時期可以無限的延長，又可以不用約法之治，這是大錯的。

中山先生的〈建國大綱〉雖沒有說明〈約法〉，但我們研究他民國十三年以前的言論，可以知道他決不會相信統治這樣一個大國可以不用一個根法大法的。況且〈建國大綱〉裏遺漏的東西多著哩。如廿一條說「憲法未頒佈以前，各院長皆歸總統任免」，是訓政時期有「總統」，而全篇中不說總統如何產生。又如民國十三年一月國民黨第一次代表大會宣言已有「以黨為掌握政權之中樞」的話。而是年四月十二日中山先生草定〈建國大綱〉全文廿五條中沒有一句話提到一黨專政的。這都可見〈建國大綱〉不過是中山先生一時想到的一個方案，並不是應有盡有的，也不是應無盡無的。〈大綱〉所有，早已因時勢而改動了（如十九條五院之設立在憲政開始時期，而去年已設立五院了。）〈大綱〉如此，又何妨因時勢的需要而設立呢？

我們今日需要一個約法，需要中山先生說的「規定人民之權利義務與革命政府之統治權」的一個約法。我們要一個約法來規定政府的權限，過此權限，便是「非法行為」。我們要一個約法來規定人民的「身體、自由及財產」的保障，有侵犯這法定的人權的，無論是一百五十二旅的連長或國民政府的主席，人民都可以控告，都得受法律的制裁。

我們的口號：

快快制定約法以確定法治基礎！

快快制定約法以保障人權。

——〔新月〕二卷二期

一九二九年七月二十日【聯經版第三冊頁七九五／油印本第五冊頁一二一三—一二二一】

有「我們什麼時候才可有憲法？」一文。（對於〔建國大綱〕的疑問）大意是：

我在「人權與約法」裏，曾說：

中山先生的〔建國大綱〕沒有明說「約法」，但我們研究他民國十三年以前的言論，知道他決不會相信統治這樣一個大國可以不用一個根本大法的。

這句話，我說錯了。……但民十三年以後的中山先生完全取消這個「約法之治」主張了。試看他公布〔建國大綱〕的宣言說：

辛亥之役，汲汲於制定臨時約法，以為可以奠民國之基礎，而不知乃適得其反。論者見臨時約法施行之後，不能有益於民國，甚至並臨時約法之本身效力亦已消失無餘，則紛紛然議臨時約法之未善，且斤斤然從事於憲法之制定，以為借此可以救臨時約法之窮。曾不知癥結所在，非由於**臨時約法之未善，乃由於未經軍政、訓政兩時期，而即入於憲政**。

他又說：「可知未經軍政訓政兩時期，臨時約法決不能發生效力。」這是中山先生取消「約法之治」的理由。所以他在〔建國大綱〕裏，便不提起「約法」了。

〔建國大綱〕裏，不但訓政時期沒有約法，直到憲政開始時期也還沒有憲法。如第廿二條云：

憲法草案當本於〔建國大綱〕及訓政、憲政兩時期之成績，由立法院議訂，隨時宣傳於民眾，以備到時採擇施行。

憲法草案既要根據於訓政憲政兩時期的成績，可見「憲政時期」還沒有憲法。但細看〈大綱〉的全文，廿二條所謂「憲政時期」乃是「憲政開始時期」的省文。故下文廿三條說：

全國有過半數省分達至憲政開始時期，——即全省之地方自治完全成立時期，——則開國民大會決定憲法而頒布之。

這樣看來，我們須要等到全國有過半數省分的地方自治完全成立之後，才可以有憲法。

我們要研究，中山先生為什麼要這樣延遲憲政時期呢？簡單說來，中山先生對於一般民眾參政的能力，很有點懷疑。……所以他要一個訓政時期來培養人民的自治能力，以一縣為單位，從縣自治入手。

參政的能力也是這樣的。民治制度的本身便是一種教育，人民初參政的時期，錯誤總不能免的，但我們不可因人民程度不夠便不許他們參政。人民參政並不須多大的專門知識，他們需要的是參政的經驗。民治主義的根本觀念是承認普通民眾的常識是根本可信任的。「三個臭皮匠，賽過一個諸葛亮。」這便是民權主義的根據。治國是大事業，專門的問題需要專門的學識。但人民的參政不是專門的問題，並不需要專門的知識。所患的只是怕民眾不肯出來參政，故民治國家的大問題總是怎樣引導民眾出來參政。只要他們肯出來參政，一回生，二回便熟了；一回上當，二回便學乖了。故民治制度本身便是最好的政治訓練。這便是「行之則愈知之」；這便是「越行越知，越知越行」。

在我們淺學的人看起來，憲法之下正可以做訓導人民的工作；而沒有憲法或約法，則訓政只是專制，決不能訓練人民走上民主的路。

「憲法」是什麼東西？

柏萊士（Bryce）在他的不朽名著〈美洲民主國〉裏說：「一個國家的憲法，只是那些規定此國家的

政體並規定其政府對人民及人民對政府的各種權利義務的規律或法令。」（頁三五〇）

……立一個根本大法，使政府的各機關不得踰越他們的法定權限，使他們不得侵犯人民的權利，——這才是民主政治的訓練。程度幼稚的民族，人民固然需要訓練，政府也需要訓練。……

人民需要的訓練是憲法之下的公民生活。政府與黨部諸公需要的訓練是憲法之下的法治生活。「先知先覺」的政府諸公必須自己先用憲法來訓練自己，裁判自己，然後可以希望訓練國民走上共和的大路。不然，則口口聲聲說「訓政」，而自己所行所為皆不足為訓，小民雖愚，豈易欺哉？……

故中山先生的根本大錯誤在於誤認憲法不能與訓政同時並立。他這一點根本成見使他不能明白民國十幾年來的政治歷史。他以為臨時約法的失敗是「由於未經軍政訓政兩時期，而即入於憲政」。這是歷史的事實嗎？民國元年以來，何嘗有「入於憲政」的時期？自從二年以來，那一年不是在軍政的時期？臨時約法何嘗行過？天壇憲法草案以至於曹錕時代的憲法，又何嘗實行過？十幾年中，人民選舉國會與省議員，共總行過幾次？故民國十幾年的政治失敗，不是驟行憲政之過，乃是始終不曾實行憲政之過；不是不經軍政訓政兩時期而遽行憲政，乃是始終不曾脫離擾亂時期之過也。

我們不信無憲法可以訓政；無憲法的訓政只是專政。我們深信只有實行憲政的政府才配訓政。（（新月」二卷六期，「人權論集」）

是時，又有「人權與約法」的討論。先生的短序說：

「人權與約法」一篇文字發表以來，國內外報紙有轉載的，有翻譯的，有作專文討論的。在這四五十日之中，我收到了不少的信，表示贊成此文的主張。我們現在發表幾篇應該提出討論的通信，略加答覆。其他僅僅表示贊成的通信，我們雖然感謝，只因篇幅有限，恕不能一一披露了。

（一）答汪羽軍

「汪先生指出的錯誤，我很感謝，他指出一個重要之點，就是〈建國大綱〉所規定之憲政時期，尚無憲法」。最好的證據是〈建國大綱〉第廿二條：『憲法草案當本於〈建國大綱〉及訓政憲政兩時期之成績。』草案須根據於憲政時期的成績，可見憲政時期尚無憲法。

「但我們仔細看〈大綱〉的全文，不能不說第廿二條所謂『憲政時期』只是『憲政開始時期』的省文。在此時期，在憲法頒布之前，有五院，有各部，有總統，都無憲法的根據。則廿一條所謂『總統』仍是革命軍政時代所遺留的臨時政府的總統。我原文所謂『訓政時期有總統』，似乎也不算誤解中山先生的原意罷？

「中山先生不是憲法學者，故他對於『憲政』的性質頗多誤解。如〈大綱〉第廿五條說：『憲法頒布之日，即為憲政告成之時。』這是絕大的錯誤。憲法頒布之日只是憲政的起點，豈可算作憲政的告成？憲法是憲政的一種工具，有了這種工具，政府與人民都受憲法的限制，政府依據憲法統治國家，人民依據憲法得著保障。有逾越法定範圍的，人民可以起訴，監察院可以糾彈，司法院可以控訴。憲法有疑問，隨時應有解釋的機關。憲法若不能適應新的情勢或新的需要，應有修正的機關與手續。——凡此種種，皆須靠人民與輿論時時留心監督，時時出力護持，如守財虜的保護其財產，如情人的保護其愛情，偶一鬆懈，便讓有力者負之而走了。故憲法可成於一旦，而憲政永永無「告成」之時。故中山先生之憲政論，我們不能不認為智者千慮之一失了。

（二）答諸青來

「諸先生提出的三點，都值得我們的注意。我們現在簡單答覆如下：

（一）現在我國人民只有暗中的不幸，只有匿名的謾罵，卻沒有負責任的個人或團體正式表示我們人民究竟要什麼自由。所以『人民應享的自由究有幾何？』這個問題是全靠人民自己解答的。

（二）我們要一個『規定人民的權利義務與政府的統治權』的約法，不但政府的權限要受約法的制裁，黨的權限也要受約法的制裁。如果黨不受約法的制裁，那就是一國之中仍有特殊階級超出法律的制裁之外，那還成『法治』嗎？其實今日所謂『黨治』，說也可憐，那裏是『黨治』？只是『軍人治黨』而已。為國民黨計，他們也應該覺悟憲法的必要。他們今日所爭的，只是爭某全會的非法，或某大會的非法，這都是他們關起門來的妯娌口角之爭，不關我們國民的事，也休想得著我們國民的同情。故為國民黨計，他們也應該參加約法的運動。須知國民的自由沒有保障，國民黨也休想不受武人的摧殘支配也。

（三）約法即是國民黨實行政綱的機會。政綱中對內政策第六條云：『確定人民有集會結社言論出版居住信仰之完全自由權。』諸先生忽略了『確定』二字。政綱所主張的，載入了約法或法律，才是確定。不然，只不過一種主張而已。（〔新月〕二卷六期，「人權論集」）

這幾個月來，先生的「人權與約法」、「知難行亦不易」及「我們什麼時候才可以有憲法？」發表之後，惹起很大的評論，竟有「五六個省市黨部呈請中央政府通緝他，革掉他的校長、嚴辦他，剝奪他的公權！」（參閱本年十一月廿九日「新文化運動與國民黨」一條）

編者當時是中國公學的學生，八九月間，曾為此事去見先生，表示關切，記得先生說：「中央政府無論怎麼樣，它會顧全國家的面子。你用不著替我擔心。」

一九二九年十月四日【聯經版第三冊頁七九八—七九九／油印本第五冊頁一二二六—一二三〇】

十月四日教育部給中國公學一道訓令。原文是：

教育部訓令（字第一二八二號）

令中國公學

為令飭事：奉行政院第三二七六號訓令，開：

案奉國民政府訓令，內開「案准中央執行委員會訓練部函」開：

逕啟者：頃奉中央常會交下上海特別市執行委員會來呈一件，內稱：

『案據職會第三區黨部呈稱：「查屬區第三次全區代表大會決議案呈稱（？）市執行委員會轉呈中央，咨請國民政府令飭教育部將中國公學校長胡適撤職懲處案，附具理由：『胡適藉五四運動倡導新學之名，博得一般青年隨聲附和，迄今十餘年，非惟思想沒有進境，抑且以頭腦之頑舊，迷惑青年。新近充任中國公學校長，對於學生社會政治運動，多所阻撓。實屬行為反動，應將該胡適撤職懲處，以利青運』等因。合亟繕呈鈞會，祈察核轉呈」等情前來。

查胡適近年以來刊發言論，每多詩謬，如刊載〈新月雜誌〉之「人權與約法」、「知難行亦不易」、「我們什麼時候才可有憲法」等等，大都陳腐荒怪，而往往語侵個人，任情指摘，足以引起人民對於政治惡感，或輕視之影響。夫以胡適如是之詩謬，乃任之為國立（？）學校之校長，其訓育所被，尤多陷於腐舊荒怪之途。為政府計，為學校計，胡適殊不能使之再長中國公學。而為糾繩學者發言計，又不能不予相當之懲處。該會所請，不為無見。茲經職會第四十七次常會決議，准予轉呈在案。理合備文呈稱鈞會，祈鑒核施行等因。

查胡適年來言論確有不合，如最近〈新月雜誌〉發表之「人權與約法」、「我們什麼時候才可有憲法」及「知難行亦不易」等篇，不諳國內社會實際情況，誤解本黨黨義，及總理學說，並溢出討論範圍，放言空論。按本黨黨義博大精深，自不厭黨內外人士反復研究探索，以期有所引申發明。惟胡適身居大學校長，不但誤解黨義，且踰越學術研究範圍，任意攻擊。其影響所及，既失大學校長尊嚴，並易使社會缺乏定見之人民，對黨政生不良印像〔象〕，自不能不加以糾正，以昭警戒。為此擬請貴府轉飭教育部對於中國公學校長切實督率教職員詳細精研本黨黨義，以免再有與此類似之謬誤見解發生。事關黨義，至希查核辦理為荷。

等由；准此，自應照辦。除函復外，合行令仰該院轉飭教育部，分別遵照辦理」等因；奉此，合行令仰該部即便分別遵照辦理。此令。

等因；合行令仰該校長知照。此令。

部長蔣夢麟

中華民國十八年十月四日

一九二九年十月二十一日【聯經版第三冊頁八〇一／油印本第五冊頁一二三四】

是月廿一日，中央第四十四次常會通過「各級學校教職員研究黨義暫行條例」八條。是因警告先生而引起的。

一九二九年十月【聯經版第三冊頁八〇一／油印本第五冊頁一二三四—一二三五】

是月月底，上海光明書局有〔評胡適反黨義近著〕第一集出版。

一九二九年十一月二十九日【聯經版第三冊頁八〇三—八〇五／油印本第五冊頁一二三九—一二五六】

十一月二十九日，有「新文化運動與國民黨」一文。大意是：

「中國本來是一個由美德築成的黃金世界。」

今年雙十節，我在杭州車站買了一張杭州報紙的雙十節號，忽然看見這一句大膽的話。……原來是中央宣傳部長葉楚傖先生的大文，題目是「由黨的力行來挽回頹風」，葉部長說：

中國本來是一個由美德築成的黃金世界。自從覺羅皇帝、袁皇帝、馮爵帥、徐閣老以及文武百官，衣鉢相傳，掘下了大坑，政治道德掃地無遺。洋大人、外交人才，……也掘下個大坑，民族氣節更掃地無遺。張獻忠、白蓮教，……一坑又一坑，將社會風尚又攪成個落花流水，這樣一個不幸的環境擺布在眼前，憑你是誰，偶一不慎，便會失足滅頂。……

我看了這篇文章，心裏很有點感觸，這一個月以來，我時時想到葉楚傖先生的話，時時問自己：「覺羅皇帝以前的中國是不是『一個由美德築成的黃金世界呢』？

這個問題是一個很重要的問題，因為這是今日我們不能避免的新舊文化問題的一個重要之點。如果三百年前真是『一個由美德築成的黃金世界』，那末，我們還做什麼新文化運動呢？我們何不老老實實地提倡復古呢？黃金世界既然在三百年前，我們只須努力回到覺羅皇帝以前的「美德築成的黃金世界」就是了。

不幸葉部長的名論終不能叫我們心服。……葉部長似乎忘了女子纏足已有了一千年的歷史，全國士子做八股也有五六百年的歷史，張獻忠之前也曾有過魏忠賢，魏忠賢之前有過劉瑾，劉瑾之前也曾有過仇士良，有過十常侍。葉部長似乎又忘了白蓮教之前也曾有過提倡燒指焚身的佛教，也曾有過最下流的拜生殖器的各種中古宗教。葉部長似乎又忘了張競生博士以前也曾有過提倡「餓死事極小，失節事極大」的吃人禮教和無數無數血淚築成的貞節牌坊。葉部長似乎又忘了洋大人和外交人才以前也曾有過五胡之亂和遼金元的征服。

然而葉部長正式宣傳道，三百年前的中國「本來是一個由美德築成的黃金世界」！

我們從新文化運動者的立場，不能不宣告葉部長在思想上是一個反動分子，他所代表的思想是反動的思想。

我們看了葉部長的言論以後，不能不進一步質問：葉部長所代表的反動思想究竟有幾分可以代表國民黨？國民黨時時打起「剷除封建勢力，打倒封建思想」的旗幟，傳統文化的思想呢？……在近年新文化運動史上國民黨佔什麼地位呢？

要解答這幾個問題，……我們可以舉幾組的事實做例。

近年的新文化運動的最重要的方面是所謂文學革命。前兩個月，有一位國民黨黨員張振之先生發表了一篇「知難行易的根本問題」，內中引了戴季陶先生在「國民革命與中國國民黨」內說的話，戴先生說：

> 再說民國三年的時候，大家倘若肯一致贊成「文字革命」的主張，以革命黨的黨義來鼓吹起來，何至於要等到民國八年才讓陳獨秀胡適之來出風頭？（今年八月廿八日上海〔民國日報〕）

誰來出風頭，這是極小的事。但是我們至少要期望一個革命政府成立之日就宣布一切法令公文都改用國語。這點子小小風頭，總應有人敢出吧？……在徐世昌做總統，傅嶽芬做教育總長的時代，他們居然敢下令廢止文言的小學教科書，改用國語課本。……一個革命政府居然維持古文駢文的壽命，豈不是連徐世昌、傅嶽芬的膽氣都沒有嗎？

在這一點上，我們不能不說今日國民政府所代表的國民黨是反動的。

再舉思想自由作例。**新文化運動的一件大事業就是思想解放**。我們當日批評孔孟，彈劾程朱，反對孔教，否認上帝，為的是要打倒一尊的門戶，解放中國的思想，**提倡懷疑的態度和批評的精神而已**。但共產黨和國民黨合作的結果，造成了一個絕對專制的局面，思想言論完全失去了自由。上帝可以否認，而孫中山不可以批評。禮拜可以不做，而總理遺囑不可以不讀，紀念週不可以不做。一個學者編了一部歷史教科書，裏面對於三皇五帝表示了一點懷疑，便引起了國民黨政府諸公的義憤，……但這一部很好的歷史教科書，曹錕、吳佩孚所不曾禁止的，終於不准發行了。

至於輿論呢？我們花了錢買報紙看，卻不准看一點確實的新聞，不准讀一點負責任的評論。一個負責任的學者說幾句話，討論一個中國國民應該討論的問題，便惹起了五六個省市黨部出來呈請政府通緝他，革掉他的校長，嚴辦他，剝奪他的公權！……

所以在思想言論自由的一點上，我們不能不說國民政府所代表的國民黨是反動的。

再舉文化問題本身做個例。新文化運動的根本意義是承認中國舊文化不適宜於現代的環境，而提倡充分接受世界的新文明。但國民黨至今還在那裏高唱「抵制文化侵略」，還在那裏高談「王道」和「精神文明」。在那裏提倡「國術」和「打雷臺」！祀孔廢止了，但兩個軍人（曹濴平、何健）的一道電報便可以叫國民政府馬上恢復孔子紀念日。……去年何健先生便更進一步，說現在的思想紊亂和道德墮落都是「陳匪獨秀胡適兩人的罪惡」了！我們等著吧，「回到黃金世界」的喊聲大概不久就會起來了！

所以在這對文化問題的態度上，我們也不能不說國民黨是反動的。

這些事實不是孤立的，也不是偶然的。國民黨對於新文化運動的態度，對於中國舊文化的態度，都有歷史的背景和理論的根據。根本上國民黨的運動是一種極端民族主義運動，自始便含有保守的性質，便含有傳統文化的成分。因為國民黨本身含有這種保守性質，故起來了一些保守的理論。這種理論便是後來當國時種種反動行為和反動思想的根據了。

這種解釋並不是詆誣國民黨，也不是菲薄國民黨，只是敘述一件歷史事實，用來解釋一些現象。這個歷史事實的說明，也許還可以給國民黨中的青年分子一個自覺地糾正這種反動傾向的機會。

本來凡是狹義的民族主義運動，總含有一點保守性，往往走到頌揚固有文化，抵抗外來文化勢力的一條路上去。這是古今中外的一個通例，國民黨自然不是例外。試看拿破侖以後的德國民族運動，普法戰爭以後的法國民族運動，試讀民族國家主義的哲學的創始者菲希脫（Fichte）的「告德國國民書」，便可以明白這個歷史通例。凡受外力壓迫越厲害，則這種擁護舊文化的態度越堅強。例如印度人在英國統治之下，大多數民族主義者都竭力替印度舊宗教舊文化辯護。有時候他們竟故意作違心之論。……

中國的民族主義運動所以含有誇大舊文化和反抗新文化的態度，其根本原因也是因為在外力壓迫之下，總會有一點不甘心承認這種外力背後的文化。這裏面便含有很強的感情作用，而偏向理智的新文化運動往往找不出這種感情的保守態度，這是不可諱也不必諱的歷史事實。國民黨的力量在此，他的弱點也在此。

中國的新文化運動起於戊戌維新運動。戊戌運動的意義是要推翻舊有的政制而採用新的政制。後來梁啟超先生創辦〈新民叢報〉，自稱「中國之新民」，著了許多篇「新民說」，指出中國舊文化缺乏西方民族的許多「美德」，如公德、國家思想、冒險、權利思想、自由、自治、進步、合群、毅力、尚武等等；他甚至於指出中國人缺乏私德！這樣推崇西方文明而指斥中國固有的文明，確是中國思想史上的一個新紀元。同時吳趼人、劉鐵雲、李伯元等人的「譴責小說」，竭力攻擊中國政治社會的腐敗情形，也是取同樣的態度。

那時國內已起了一種「保存國粹」的運動。這種運動有兩方面。王先謙、葉德輝、毛慶蕃諸人的「存古運動」，自然是完全反動的，我們且不論。還有一方面是一班新少年也起來做保存國粹的運動，設立「國學保存會」，辦〈國粹學報〉，開「神州國光社」，創立「南社」。他們大都是抱著種族革命的志願的，同時又都是國粹保存者。他們極力表章宋末明末的遺民，借此鼓吹種族革命；他們也做過一番整理國故的工作，但他們不是為學問而做學問，只是借學術來鼓吹種族革命並引起民眾的愛國心。他們的運動是一種民族主義的運動，所以他們的領袖人才，除了鄧實、劉光漢幾個人之外，至今成為國民黨的智識分子。柳亞子、陳去病、黃節、葉楚傖、邵力子……諸先生都屬於這個運動。因為這個緣故，國民黨中自始便含有保存國粹國光的成分。

孫中山先生雖然不是國粹學報或南社中人，但他對於中國固有文明也抱一種頌揚擁護的態度。他是一個基督教徒，又是一個世界主義者，但他的民族思想很強，到了晚年更認定民族主義是俄國革命成功的要素，故在他的〔三民主義〕第四第六講裏很有許多誇大中國古文化的話。例如他說：

我們中國四萬萬人不但是很和平的民族，並且很文明的民族。近來歐洲盛行的新文化，和所講的無政府主義與共產主義，都是我們中國幾千年以前的舊東西。……我們中國的新青年，未曾過細研究中國舊學說，便以為這些學說就是世界頂新的了，殊不知道在歐洲是最新的，在中國就有了幾千年了。（第四講）

這種說法，在中山先生當時不過是隨便說說。而後來三民主義成為一黨的經典，這種一時的議論便可以助長頑固思想，養成誇大狂的心理，而阻礙新思想的傳播。

中山先生又說：

歐洲之所以駕乎我們中國之上的，不是政治哲學，完全是物質文明。……至於講到政治哲學的真諦，歐洲人還要求之於中國。（第四講）

他又說：

講到中國固有的道德，中國人至今不能忘記的，首是忠孝，次是仁愛，其次是信義，其次是和平。這些舊道德，中國人至今還是常講的。但是現在受外來民族的壓迫，侵入了新文化；那些新文化的勢力此刻橫行中國。一般醉心新文化的人，便排斥舊道德，以為有了新文化便可以不要舊道德。不知道我們固有的東西，如果是好的，當然是要保存，不好的才可以放棄。（第六講）

這些話都可以表示中山先生實在不能了解當時的新文化運動的態度。新文化運動的大貢獻在於指出歐洲的新文明不但是物質文明比我們中國高明，連思想學術、文學美術、風俗道德都比我們高明得多。陳獨秀先生曾指出新文化運動只是擁護兩位先生，一位是賽先生（科學），一位是德先生（民治）。中山先生既歡迎科學，又分明推崇民治政治，卻不幸在這裏極力用誇大的口氣，抬高中國的舊政治思想和舊道德，說話之間稍有輕重，便使讀者真以為中山先生相信「歐洲的新文化都是我們中國幾千年以前的舊東西」了。這種附會的見解，在三四十年前的老新黨的言論裏毫不足奇怪，但在中山先生的講演裏便是很可詫異，更可惋惜的了。

中山先生又曾說：

中國從前的忠孝仁愛信義和平種種的舊道德，固然是駕乎外國人，說到和平的道德，更是駕乎外國人。（第六講）

三十年週遊歐美的孫中山先生尚且說這樣沒有事實根據的話，怪不得不曾出國門的葉楚傖先生要說「中國本來是一個由美德築成的黃金世界」了！在這一點上，我們不能不佩服吳稚暉先生的偉大。他老人家在六十歲時還能大膽地宣言中國人的道德低淺，而西洋人的道德高明。……但吳老先生這種論調是國民黨中的「國粹」分子所不能了解的。

以上所說，都可以證明國民黨的歷史上本來便充滿著這種保存國粹和誇大傳統文化的意味。……許多國民黨的領袖人物，如孫中山、汪精衛、王寵惠諸先生對於新文學運動都曾表示不贊成的態度。……中山先生在〈孫文學說〉第三章裏，很明白地說古文勝於白話。他說：

……歷代能文之士，其所創作，突過外人，則公論所歸也。

這種見解的大錯誤，九年前我在「國語的進化」一篇裏已有詳細的駁論了。……這種議論雖然是他個人一時的錯誤，但也很可以作為後來國民黨中守舊分子反對新文學的根據。中山先生有「手不釋卷」的名譽，又曾住過歐美，他尚且說中國「歷代能文之士，其所創作，突過外人」，怪不得一班不能讀外國文學的國粹家和南社文人要擁護古文駢文了。

民國八年五月以後，國民黨的刊物幾乎改用白話了，〔星期評論〕和〔覺悟〕成了南方的新文學重要中心。然而十年之後，革命的國民黨成了專政的國民黨了，新文學和新思想的假面具都可以用不著了，於是保存國粹的喊聲漸漸起來，於是古文駢文的死灰又復燃了，八九年前在新文學的旗幟之下搖旗吶喊的人物，到今年雙十節便公然宣告胡適的〔嘗試集〕和同善社和〔性慾叢書〕是同樣害人的惡勢力了。……

我們這樣指出國民黨歷史上的反動思想，目的只是要國民黨的自覺。一個在野政客的言論是私人的言論，他的錯誤是他自身的責任。但一個當國的政黨的主張便成了一國的政策的依據，便是一國的公器，不是私人責任的問題了。一個當國專政的政黨的思想若含有不合時代的反動傾向，他的影響可以阻礙一國文化的進步。所以我們對於國民黨的經典以及黨中領袖人物的反動思想，不能不用很誠實的態度下懇切的指摘。過去歷史上的錯誤是不用諱飾的；但這種錯誤思想，若不討論個明白分曉，往往可以有很大的惡影響；個人的偏見可以成為統治全國的政策；一時的謬論可以成為教育全國的信條。所以我們要明白指出國民黨有許多思想在我們新文化運動的眼裏是反動的。如果國民黨的青年人們不能自覺的糾正這種反動思想，那麼，國民黨將來只能漸漸的變成一個反時代的集團，決不能作時代的領導者，決不能擔負建立中國新文化的責任。

孫中山先生在「五四運動」以後曾有很熱烈的贊歎新文化運動的話，他說：

> ……吾黨欲收革命之成功，必有賴於思想之變化。兵法攻心，語曰革心，皆此之故。故此種新文化運動實為最有價值之事。（九年一月二十九日，「與海外同志募款籌辦印刷機關書」，〔孫中山全集〕，三民公司本，第四集，二，頁二七—二八）

中山先生在此時雖然只把新文化運動看作政治命的一種有力的工具，但他已很明白地承認「吾黨欲收革命之成功，必有賴於思想之變化」。今日的國民黨到處念誦「革命尚未成功」，卻全不想促進「思想之變化」。——所以他們天天摧殘思想自由，壓迫言論自由，妄想做到思想的統一。殊不知統一的思想是思想的僵化，不是謀思想的變化。用一個人的言論思想來統一思想，只可以供給一些不思想的人的黨義考試夾帶品，只可以供給一些黨八股的教材，決不能變化思想，決不能靠此「收革命之功」。

十年以來，國民黨所以勝利，全靠國民黨能有幾分新覺悟，能明白思想變化的重要。故民國七八年之間，孫中山先生還反白話文，而八年「五四運動」以後，中山先生便命他的同志創辦〔星期評論〕和〔建設雜誌〕，參加新文化運動。這便是國民黨的「思想之變化」。十三年的改組，便是充分吸收新文化運動的青年，這又是國民黨的「思想之變化」。八年的變化使國民黨得著全國新勢力的同情。十三年的變化使國民黨得著革命的生力軍。這是歷史的事實。

現在國民黨所以大失人心，一半固然是因為政治上的設施不能滿人民的期望，一半卻是因為思想的僵化不能吸收前進的思想界的同情。……

國民黨對於我這篇歷史的研究，一定是很生氣的。其實生氣是損人不利己的壞脾氣。**國民黨的忠實同志如果不願意自居反動之名，應該做點真實的事業給我們看看。至少至少，應該做到這幾件事：**

……

……

如果這幾件最低限度的改革還不能做到，那麼，我們的骨頭燒成灰，將來總有人會替國民黨上「反動」的謚號的。（〔新月〕二卷十期「人權論集」）

此文發表後，以後上海光明書局又有〔評胡適反黨義近著〕第二集出版。

此文以後譯成英文 "Cultural Movements and the Kuomintang"，在〔明日的中國〕發表……

一九二九年十二月十三日【聯經版第三冊頁八〇五／油印本第五冊頁一二五七】

十二月十三日，有「人權論集小序」。全文是：

這幾篇文章討論的是中國今日人人應該討論的一個問題，——人權問題。前三篇討論人權與憲法。第四篇論我們要的是什麼人權。第五六篇人權中的一個重要部分，——思想和言論的自由。第七篇討論國民黨中的反動思想，希望國民黨反省。第八篇討論孫中山的知難行易說。這兩篇只是『思想言論自由』的實例。因為我們所要建立的是批評國民黨的自由和批評孫中山的自由。上帝我們尚且可以批評，何況國民黨與孫中山？

第九篇與第十篇討論政治上兩個根本問題，收在這裏做個附錄。

周櫟園〔書影〕裏有一則很有意味的故事：……

一九三〇年九月【聯經版第三冊頁九三四／油印本第六冊頁一五二一—一五二二】

……（參閱〔丁文江的傳記〕）

先生到了北平不久，北大校長陳大齊（百年）邀請先生去講演。那時北大禮堂椅子全破壞了，星夜顧〔雇〕了一大批的木匠來修理的。第二天，大禮堂裏擠滿了人。先生是穿夏布大褂去的。等到演講完了時，先生的夏布大褂全濕了，全體聽眾的衣服也都濕透了。那天先生的講詞激昂慷慨，感人極深。可惜現在無法收到這篇講詞的紀錄了。（高去尋先生對編者談起。）

一九三〇年【聯經版第三冊頁九五六／油印本第六冊頁一五五六】

是年十一月廿一日以後，先生在上海青年會演講「為什麼讀書？」講演稿發表於同年十二月之〔現代學生〕第三期（胡不歸〔胡適之先生傳〕頁九二）

是年，先生曾在蘇州青年會講……

一九三一年一月【聯經版第三冊頁九六一／油印本第七冊頁一五五七】

先生任北京大學文學院院長。

一月初旬，先生又到了上海。

一九三二年一月二十二日【聯經版第三冊頁九六一／油印本第七冊頁一五五八】

一月二十二日，有「給劉大白的信」。（劉大白來書內提起，見〈文存〉四集四卷，頁五六）

一九三二年【聯經版第三冊頁一〇七五／油印本第七冊頁一七三八—一七四〇】

——〈獨立評論〉九號

……在〈獨立評論〉九號上，有傅斯年的「教育崩潰之原因」一文，說：「……父兄希望子女畢業後得一官半職。……看得出這個道理最明白的是吳稚暉先生。他是士人出身，而在麗景街的多工學校做過工，深知此中奧妙，乃把一切弄文學者皆叫作『洋八股』，於是紙上的科學是洋八股，胡適之先生之以新方法治舊學者，也叫作洋八股，而胡先生是『戴著紅頂子演說革命』者。大約胡先生很欣賞他這句話，遂把說空話的黨義文叫作黨八股。我今這篇文章也是八股，胡先生逼著做出的每週課卷。……」

此文還有下面的一段話：

哥侖比亞大學的教育學院畢業生給中國教育界一個最不好的貢獻。……因此我問過胡適之先生，「何以這些人這樣不見得不低能？」他說，「美國人在這個學校畢業的，回去做小學教員，頂多做個中學校長，已經希〈稀〉有了。我們卻請他做大學教授，大學校長，或做教育部長。……」

（〈獨立〉九號）

此文發表後，邱椿于七月十八日致函適之先生，指出孟真上文之不實在，如蔣夢麟之當教育部長，郭秉文之辦東大農科，他們的成績如何？……

孟真復書抱歉，感邱椿指示他的幾件錯誤；但他對教育的見解仍不能因此改換。（〔獨立〕十一號）

一九三二年十月【聯經版第三冊頁一一〇二／油印本第七冊頁一七八五—一七八六】

是月，北大教授沈步洲去世了，在一個大飯莊裏開弔。那天早上，天下著大雨，趙伯平是唯一的招待人員，先生是唯一的弔喪之客。那時趙伯平是北大的講師，他曾在北大教員休息室裏見過先生的，知道先生是北大的名教授，他怕先生不認識，不敢向先生招呼。在那冷清清的靈堂上，先生反而過來招呼他，想出話來對他說，那種關切年輕人的誠懇情懷，使他到老還是印象很深。北方冬天很少下雨的，那天下著很大的雨，記得已經穿上袍子了，大概是在十月裏。（趙伯平先生對編者談起先生的印象）

十一月九日……

一九三三年三月六日【聯經版第四冊頁一一三一—一一三二／油印本第八冊頁三一—三五*】

（5）**中央政府也應負絕大的責任**。中央政府對於此次事件，至少有四層罪過：（一）容留湯玉麟在熱河，其罪一。（二）容許張學良在華北，又不督責他作有效的準備，其罪二。（三）當此強敵壓境之日，中央不責成軍事領袖蔣中正北上坐鎮指揮，乃容許他逗留在長江流域作剿匪的工作，輕重失宜，誤國不淺，其罪三。（四）如宋子文三月五日的談話，他明知熱河不能守至『一星期至十日』，此言如果確實，則中央最高行政當局明知熱河不能守而靜待這六十萬方里土地的淪失了！既明知不能守，宋院長何必在承德發那大言的通電來欺騙國人與世人？何不電召蔣中正委員長飛來指揮挽救？何不徵集全國最精良軍隊出關補救？何不明告政府全體，早日籌畫軍事以外的救濟方法？此種罪過豈但如宋院長所謂『驅市人而戰』？簡直是他自己說的『拱手讓人』了！其罪四。

以上三個大教訓，……所以不能抵抗一個受過現代科學工業文化洗禮的民族？

是不是因為我們的老祖宗和我們自己都是罪孽深重，腐化太深，所以鬧了三四十年的維新至今還是不可雕的朽木，禁不起風吹的敗葉？

是不是因為我們自從庚子以後，受了國際均勢之下的苟安局勢的痲醉，……誤認中國真是亡不了的，所以又陷入了醉生夢死的昏迷狀態裏，既不能自立又不肯埋頭學人家自立的本領。既不能吸收他人的新把戲又不肯括除自己的腐肉臭膿，就成了這樣一個禁不起風吹草動的無用民族？

現在到了這個大試驗的日子了。在全世界人的眼光注視之下，我們的一切法寶——口號標語、精神文明、寶華山念經、金剛時輪法會、『太古式』的軍備與運輸，等等——都不靈了，我們方才明白我們原來至今還只是一個束手坐待強人宰割的國家！

這就是說，世界儘管變了，……我看不出什麼別的自救的路子。（〔獨立〕四一號，參閱二十一年三月四日條）

【*油印本第八冊至第十八冊各冊均從第一頁編起。】

一九三四年【聯經版第四冊頁一二四七／油印本第九冊頁一一一八—一一二〇】

——〔獨立評論〕一一〇號

今年暑假裏，「北大校長蔣夢麟擬將國文系主任由文學院院長兼，致國文系主任馬裕藻先生、教授林損（公鐸）先生、許之衡先生相繼辭職。於是引起一場大糾紛。林教授疑此舉出自適之先生的心意，故忿恨到極點。林教授的個性是有名『固執怪癖』的，於是在忿慨中寫了幾封大失風度的書信。其一致蔣夢麟校長：

夢麟校長左右：自公來長斯校，為日久矣。學者交相責難，瘖不敢聲；而校政隱加操切，以無恥之心，而行機變之巧，損甚傷之。忝從執御，詭遇未能。請從此別，祝汝萬眷！林損。

其二致適之先生：

適之足下：猶石勒之於李陽也，鐵馬金戈，尊拳毒手，其寓於文字者微矣。頃聞足下又有所媒孽。人生世上，奄忽如塵，損寧計於區區乎？比觀佛書，頗識因果，佛具九惱，損盡羅之。教授雞肋，棄之何惜！敬避賢路，以質高明。林損。

其第二次致適之先生的信，更不堪入目。這種『村婦罵街』感情衝動的行為，大失學者的風度。當時輿論界對林教授大起反感，而適之先生則一笑置之，尤令人敬佩。『秀才爭閒氣』，自古即然。南宋朱熹和唐仲友的奏劾，就是一個好例。」（《胡傳》頁二〇—二一）

一九三四年【聯經版第四冊頁一三二一／油印本第九冊頁二六七】

——二十四年一月六日《大公報》「星期論文」

是年有「中國書的收集法」演講紀錄稿，曾由《中華民國圖書館協會會報》九卷五期上發表。因未見，不知是什麼時候在什麼地方的演講。暫記於此，以待補入。

是年，先生曾遊長城。先生在廿四年七月二十八夜寫的「平綏路旅行小記」裏曾說：「我在北平住了這麼多年，到去年才去遊長城。」（《獨立》一六二號，頁一三）因不知是在那個月去的，暫記於此。

一九三五年五月六日【聯經版第四冊頁一三六五／油印本第十冊頁八一—八七】

五月六日，有「個人自由與社會進步——再談五四運動——」一文。大意是：

「五月五日《大公報》的星期論文是張熙若先生的『國民人格之修養』。……他是政治哲學的教授，說話不離本行，他指出五四運動的意義是思想解放，思想解放使得個人解放，個人解放產出的政治哲學是所謂個人主義的政治哲學。他充分承認個人主義在理論上和事實上都有缺點和流弊，尤其在經濟方面。但他指出個人主義自有他的優點：最基本的是他承認個人是一切社會組織的來源。他又指出個人主義的政治理論的神髓是承認個人的思想自由和言論自由。他說：

個人主義……還可以養成忠誠勇敢的人格的用處。此種人格在任何政制下（除過與此種人格根本衝突的政制）都是有無上價值的，都應該大量的培養的。……今日若能多多培養此種人材，國事不怕沒有人擔負。救國是一種偉大的事業，偉大的事業惟有有偉大人格者才能勝任。

張先生的這種議論，我大致贊同。他把『五四運動』一個名詞包括『五四』（民國八年）前後的新思潮運動，所以他的文章裏有『民國六七年的五四運動』一句話。這是五四運動的廣義，我們也不妨沿用這個廣義的說法。張先生所謂『個人主義』，其實就是『自由主義』（Liberalism）。……民國六七年北京大學所提倡的新運動，無論形式上如何五花八門，意義上只是思想解放與個人的解放。蔡元培先生在民國元年就提出『循思想自由言論自由之公例，不以一流派之哲學一宗門之教義梏其心』的原則了。他後來辦北京大學，主張思想自由，學術獨立，百家平等。在北京大學裏，辜鴻銘、劉師培、黃侃，和陳獨秀、錢玄同等同時教書講學。別人頗以為奇怪，蔡先生只說：『此思想自由之通則，而大學之所以為大也。』（〔言行錄〕頁二二九）這樣的百家平等，最可以引起青年人的思想解放。我們在當時提倡的思想，當然很顯出個人主義的色彩。但我們當時曾引杜威先生的話，指出個人主義有兩種：

（1）假的個人主義就是為我主義（Egoism），他的性質是只顧自己的利益，不管群衆的利益。

（2）真的個人主義是個性主義（Individuality），他的特性有兩種：一是獨立思想，不肯把別人的耳朵當耳朵，不肯把別人的眼睛當眼睛，不肯把別人的腦力當自己的腦力。二是個人對于自己思想信仰的結果要負完全責任，不怕權威，不怕監禁殺身，只認得真理，不認得個人的利害。

這後一種就是我們當時提倡的『健全的個人主義』。我們當日介紹易卜生（Ibsen）的著作，也正是易卜生的思想最可以代表那種健全的個人主義。這種思想有兩個中心見解：第一是充分發展個人的才能，……第二是要造成自由獨立的人格。……這就是張熙若先生說的『養成忠誠勇敢的人格』。

近幾年來，五四運動頗受一班論者的批評，也正是為了這種個人主義的人生觀。平心說來，這種批評是不公道的，是根據于一種誤解的。他們說個人主義的人生觀是資本主義社會的人生觀。這是濫用名詞的大笑話。難道在社會主義的國家裏就可以不用充分發展個人的才能了嗎？難道社會主義的國家裏就用不著有獨立自由思想的個人了嗎？難道當時辛苦奮鬥創立社會主義共產主義的志士仁人都是資本主義社會的奴才嗎？我們試看蘇俄現在怎樣用種種方法來提倡個人的努力（參看〔獨立〕第一二九號西瀅的「蘇俄的青年」，和蔣廷黻的「蘇俄的英雄」），就可以明白這種人生觀不是資本主義社會所獨有的了。

還有一些人嘲笑這種個人主義，笑它是十九世紀維多利亞時代的過時思想。這種人根本就不懂得維多利亞時代是多麼光華燦爛的一個偉大時代。馬克斯、恩格爾都生死在這個時代裏，都是這個時代的自由思想獨立精神的產兒。他們都是終身為自由奮鬥的人。我們去維多利亞時代還老遠哩。我們如何配嘲笑維多利亞時代呢？

所以我完全贊同張熙若先生說的『這種忠誠勇敢的人格在任何政治下都是有無上價值的，都應該大量的培養的。』因為這種人格是社會進步的最大動力。歐洲十八九世紀的個人主義造出了無數愛自由過于麵包，愛真理過于生命的特立獨行之士，方才有今日的文明世界。……一個新社會、新國家，總是一些愛自由愛真理的人造成的，決不是一班奴才造成的。

張熙若先生很大膽的把五四運動和民國十五六年的國民革命運動相提並論，並且很大膽的說這兩個運動走的方向是相同的。這種議論在今日必定要受不少的批評，因為有許多人決不肯承認這個看法。平心說來，張先生的看法也不能說是完全正確。民國十五六年的國民革命運動至少有兩點是和民國六七八年的新運動不同的：一是蘇俄輸入的黨紀律，一是那幾年的極端民族主義。蘇俄輸入的鐵紀律含有絕大的『不容忍』（Intoleration）的態度，不容許異己的思想，這種態度是和我們在五四前後提倡的自由主義很相反的。民國十六年的國共分離，在歷史上看來，可以說是國民黨對于這種不容異己的專制態度的反抗。可惜清黨以來，六七年中，這種『不容忍』的態度養成的專制習慣還存在不少人的身上。剛推翻了布爾什維克的不容異己，又學會了法西斯蒂的不容異己，這是很不幸的事。

『五四』運動雖然是一個很純粹的愛國運動，但當時的文藝思想運動卻不是狹義的民族主義運動。蔡元培先生的教育主張是顯然帶有『世界觀』的色彩的。（〈言行錄〉頁一九七）〈新青年〉的同人也都很嚴厲的批評指斥中國舊文化。其實孫中山先生也是抱著大同主義的，他是信仰『天下為公』的理想的。但中山先生晚年屢次說起鮑羅廷同志勸他特別注重民族主義的策略，而民國十四五年的遠東局勢，又逼我們中國人不得不走上民族主義的路。十四年到十六年的國民革命的大勝利，不能不說是民族主義的旗幟的大成功。可是民族主義有三個方面：最淺的是排外，其次是擁護本國固有的文化，最高又最艱難的是努力建立一個民族的國家。因為最後一步是最艱難的，所以一切民族主義運動往往最容易先走上前面的兩步。濟南慘案以後，九一八以後，極端的叫囂的排外主義稍稍減低了，然而擁護舊文化的喊聲又四方八方的熱鬧起來了。這裏面容易包藏守舊開倒車的趨勢，所以也是很不幸的。

在這兩點上，我們可以說，民國十五六年的國民革命運動是不完全和五四運動同一方向的。但就大體上說，張熙若先生的看法也有不小的正確性。孫中山先生是受了很深的安格魯撒克遜民族的自由主義的影響的，他無疑的是民治主義的信徒，又是大同主義的信徒。他一生奮鬥的歷史都可以證明他是一個愛自由愛獨立的理想主義者。我們看他在民國九年一月「與海外同志書」（引見上期〈獨立〉）裏那樣贊揚五四運動，那樣承認『思想之轉變』為革命成功的條件；我們更看他在民國十三年改組國民黨是和五四運動前後的『新文化運動實為最有價值的事』。思想的轉變是在思想自由言論自由的條件之下個人不斷的努力的產兒。個人沒有自由，思想又何從轉變，社會又何從進步，革命又何從成功呢？（〈獨立〉

一五〇號）

一九三五年八月五日【聯經版第四冊頁一四〇二／油印本第十冊頁一五六—一六三】

八月五夜，有「政制改革的大路」一文。大意是：

〔獨立〕第一六二號有兩篇討論政制改革的文章。一篇是陳之邁先生的「政制改革的必要」，一篇是錢端升先生的「對于六中全會的期望」。他們兩位同有兩個大前提：

（一）今日的政制有改革的必要。

（二）今日不必開放政權，取消黨治。

談到具體主張，他們就不同了。……

先討論他們共同的大前提。……

〔結論是〕，所以我主張，改革政制的基本前提是放棄黨治；而放棄黨治的正當方法是提早頒布憲法，實行憲政。這是改革政制的大路。

次談錢陳兩先生的具體主張。……

〔結論是〕，所以我主張，政制改革的下手方法是要把眼光放大些，著眼要在全國人心的團結，而不在黨內三五人的團結。能團結全國人心了，那三五人也不會永遠高蹈東海之濱的；若不能團結全國的人心，即使一兩個天下之大老扶杖來歸，也何補于政治的改革，何益于建國的大計？

而今日收拾全國人心的方法，除了一致禦侮之外，莫如廢除黨治，公開政權，實行憲政。在憲政之下，黨內如有不能合作的領袖，他們盡可以自由分化，另組政黨。如此，則黨內派別的紛歧，首領的不合作，都不了而自了了。

這是改革政制的大路。

其次，錢陳兩先生都主張改革中政會議。……

〔結論是〕，所以中政會議是無法改進的。因為它是代表黨來監督政府的，現在黨的勢力實在不能監督政府，而政府也實不願受黨的監督，於是只有自己監督自己了。

所以改革中政會議也不如實行憲政，讓人民的代表機關來監督政府。這是改革政府的大路。

最後，我們可以談談錢先生要請蔣介石先生作最高領袖，但又不要他獨裁的主張。……

蔣介石先生在今日確有做一國領袖的資格，……他長進了，氣度變闊大了，態度變和緩了，……並能相當的容納異己的要求，尊重異己的看法。在這一個沒有領袖人才教育的國家裏，這樣一個能跟著經驗長進的人物，當然要逐漸得著國人的承認。

所以蔣先生之成為全國公認的領袖，是個事實的問題，因為全國沒有一個別人能和他競爭這個領袖的地位。……

只可惜錢先生沒有充分說明蔣先生應該如何做方才可以做最高領袖而又不獨裁。他又說：

（1）『在名義上，此時絕不宜為總理及總統。』

（2）『務須做事比普通領袖多，責任比普通領袖重，而名義及享受則無別於別的領袖。』

（3）『他應繼續為最高的軍事長官。其他的事項，得主管院及中政會的同意後，亦可劃歸軍事機關全權辦理；但為保持行政系統起見，不應輕易支劃。蔣先生應留意于大政方針的貫徹，及國民自衛力量的充實；但為分工合作起見，應充分信賴其他人材來分司各部行政。……』

這裏的三點，應該合看。他不宜做總理或總統，只應繼續做軍事最高領袖。他的責任應該劃分清楚，應該充分信賴各部主管長官，使他們積極負責，他不應越俎代謀。

錢先生提出的三點，前兩點是蔣先生能做的，後一點是他不容易做到的。蔣介石先生的最大缺點在於他不能把他自己的權限明白規定，在於他愛干涉到他的職權以外的事。軍事之外，內政，外交，財政，教育，實業，交通，煙禁，衛生，中央的和各省的，都往往有他個人積極干預的痕跡。其實這不是獨裁，只是打雜；這不是總攬萬機，只是侵官。打雜是事實上決不會做的好的，因為天下沒有萬知萬能的人，所以也沒有一個能兼百官之事。侵官之害能使主管官吏不能負責做事。……所以古人說：

庖人雖不善庖，尸祝不越俎而代之矣。

又說：

處尊位者如尸，守官者如祝宰。尸雖能剝狗燒彘，弗為也；弗能，無虧也。俎豆之列次，黍稷之先後，雖知，弗教也；弗能，無害也。

這兩段政治哲學，都是蔣先生應該考慮的。蔣先生的地位，和墨索里尼不同，和希忒拉也不同。他的特殊地位是雙重的，一面他是一個全國的領袖，一面他又是一個軍事最高長官。以前者的資格，他應該實行『處尊位者如尸』的哲學；以後者的資格，他卻應該實行『守官者如祝宰』的哲學。軍事長官是『守官』之責，有他的專門職責；有專守的職責而干預其他部分的職責，就成了尸祝越俎而干預庖人，他的敵人就可以說他『軍人干政』了。最高領袖是『處高位』，他的任務是自居于無知，而以眾人之所知為知；自處于無能，而以眾人之所能為能；自安于無為，而以眾人之所為為為。凡察察以為明，瑣瑣以為能，都不是做最高領袖之道。

所以錢先生說的最高領袖而不獨裁，正是明白政治原理的學人的看法。可惜他沒有明白指出蔣先生的雙重地位，所以他說的方案還不能說的透徹。透徹的說法，好像應該是這樣的：蔣先生應該認清他的『官守』，明定他的權限，不可用軍事最高長官的命令來干預他的『官守』以外的政事。同時，他的領袖地位使他當然與聞國家的大政方針，他在這一方面應該自處于備政府咨詢的地位，而不當取直接干預的方式。最淺近的比例是日本的西園寺公，西園寺無一兵一卒，而每次國家的政府首領都由他決定，決定之後他即退藏于密，不再干預。……

〔結論是〕，這三年多，蔣先生的聲望的增高，毀謗的減少，其間也很得力于他的讓出國民政府主席，讓出行政院，而用全力做他的軍事職責。蔣汪合作的大功效在此。因為他不當政府的正面，獨裁的形式減少了，所以他的領袖地位更增高了。這也可以證明最高的領袖不必採取獨裁的方式。

倘使蔣先生能明白這段歷史的教訓，他應該用他的聲望與地位，毅然進一步作憲政的主張，毅然出來擁護憲法草案，促進憲政的實行，使國家政制有一個根本改革的機會，使政府各部分的權限都有一個憲法的規定，使全國的政權重新建立在憲法的基礎之上；而他自己則不做總統，不組政府，始終用全力為國家充實自衛的力量，用其餘力備政府的咨詢顧問，作一個有實力的西園寺公，作一個不做總統的興登堡，——倘使他能如此做，那才是真正做到了不獨裁的全國最高領袖。只有一個守法護憲的領袖是真正不獨裁而可以得全國擁戴的最高領袖。那是政制改革的大路。（〔獨立〕一六三號）

先生寫了這文之後很風趣的說：……

一九三五年九月二十九日【聯經版第四冊頁一四一九／油印本第十冊頁一九四——一九七】

有「從一黨到無黨的政治」一文。大意是：

「最近幾個月中，……關心國事的人頗有一些關於政制改革的討論。這些討論之中，引起最多駁論的是放棄黨治開始憲政的主張。……我的主張是很簡單的，我只希望現在審查中的憲法草案能提早頒布，國民黨連年對全國聲明的憲政諾言能早日實行。這種主張並不是我們向國民黨『乞求』憲政，只是我們對於當國的政黨的一點友誼的諍言。……

我個人觀察這七八年的黨治，不能不感覺今日的黨治制度決不是孫中山先生的本意，也許也不是國民黨的領袖諸公的本意。國民黨原來不認一黨專政是永久的；黨治的目標是訓政，是訓練民眾作憲政的準備。七八年訓政的經驗，民眾所得訓練在那裏？在這個時候，我們是不是應該想想：絕少數的人把持政治的權利是永不會使民眾得著現代政治的訓練的。最有效的政治訓練，是逐漸開放政權，使人民親身參加政治裏得到一點政治訓練。……

……二十多年的世界政治趨勢，使人們對於政黨政治的迷信減低了不少；在這個本來厭惡政黨政治的國家，對政黨的信用更減低了。我們可以預料在將來的中國憲政之下，政黨的競爭必定不會很熱鬧的。試看這四年的國難之下，國家意識越增高，黨派的意識就越降低，這不單是中國一國的現象，世界各國（包括德意志）的『全國政府』的傾向也是有同樣的意義。有遠識的政治家應該抓住這種大趨勢，公開的建立『國家高於一切』的意識，造成全國家的，超黨派的政治。

況且孫中山先生的『五權憲法』，如果真能逐漸實行，也可以防止政黨政治的流弊。依我個人的看法，五權憲法的精神是『無黨政治』的精神。五權之中，司法當然應該是無黨的（在文明的國家早已如此，法官與軍人都是無黨的）。考試權也應該是無黨的：考試的意思是為事擇人，只求得人，不應問人的政治派別（在這一點上，英國的文官考試制度最可取法）。監察權也當然是無黨的：監察制度起於『鐵面無私』的監察御史，內不避親，外不避仇，何況黨派？剩下的只是行政和立法兩權了。立法一權，在外國屬於議會，而在中山先生的政治思想裏，議會的質問彈劾權已劃到監察權去了，分贓式的任官承認權也被考試制度替代了，所以立法權只成了一種制定法律和修改法律的專門技術事業，這當然也可以無黨的了。所剩的只有行政一部，然而一切事務官如果全用考試制度，那麼，行政權的絕大部分也可以不受黨派政爭的支配了。

所以，如果將來的憲政能夠逐漸實行『五權憲法』的精神，中國的憲政大可以不必重演政黨紛爭和分贓的老路。從一黨的政治走上無黨的政治，使政治制度在中國建立一個足為世界取法的特殊風範，這似乎是孫中山先生的本意，也不是完全不可能的吧？（《大公報》九月廿九日「星期論文」。《獨立》一七一號轉載。）

一九三六年七月三十日【聯經版第四冊頁一五三八／油印本第十一冊頁二〇二一—二一一】

七月三日，有「敦煌石室寫經題記與敦煌雜錄序」：

敦煌石室所藏寫本，約有一萬卷子，往往割裂殘破，成為兩三萬殘卷，三十餘年來，分散各地：斯坦因氏取去的，現藏倫敦英國博物院；伯希和氏取去的，現藏巴黎法國國家圖書館；清末學部運回北京的八九千件，現藏國立北平圖書館。此三組為最大宗，餘則散在私家。私家所藏，李盛鐸氏所收為最多，去年賣到日本去了。

這幾大組的敦煌寫本，巴黎的目錄最先出，但很簡略；倫敦的目錄開始很早，到最近才有完成的消息。北平的目錄，胡鳴盛先生主編，近年才編完，雖然沒有印行，另有陳垣先生的《敦煌劫餘錄》流行於世，其考訂之詳，檢查之便利，已遠在巴黎、倫敦諸目之上了。

湖南許國霖先生是胡鳴盛先生的助手，他曾用他的餘暇，編成兩部關於敦煌寫本的書：一部是《敦煌石室寫經題記》，一部是《敦煌雜錄》。

《敦煌寫經題記》共收四百多條，是一組最有趣味又最有歷史價值的材料。伯希和先生曾對我說，他在敦煌挑選這些寫本，曾定出幾個標準：第一挑有外國文字的卷子，第二挑釋藏以外的材料，第三平常佛經只挑那些有題記可供考訂的卷子。北平所藏，是伯希和挑剩的卷子，居然還有四百多條題記可錄，這是出於我們意料之外的喜事。將來若有人能將巴黎、倫敦以及私家所藏的敦煌卷子的題記全部記錄下來，成為一部《敦煌寫本題記全集》，一定有不少的重要材料或問題，可以供史家的研究。

就許君鈔錄的「題記」看來，這裏面已有許多很值得注意的材料。第一、寫經的年代可考的有四十三卷，最早的是北魏的太平四年七月三日（四五八），最晚的是宋太平興國二年閏六月五日（九七七），中間相距五百十九年。（此限於「寫經」的題記。〔敦煌雜錄〕中有「至道元年（九九五）僧道猷往西天取經牒」，年代更晚了。）第二、有些題記可以使我們知道當初寫經的情形。有些經是和尚自己寫的，有些是學童（學仕郎）寫作習字課的，有些是施主出錢僱人寫的。一部〔大般涅槃經〕（潛十五）的題記說清信女令狐阿咒出資財為亡夫敬寫〔大般涅槃經〕一部，三十弔；〔法華經〕一部，十弔，〔大方廣經〕一部，三弔；〔藥師經〕一部，一弔。這是很有趣的經濟史料，不但表現宗教風氣而已。又如六部〔佛說閻羅王授記勸修七齋功德經〕的題記，就有好幾種不同的情形：一部是比丘道真自己受持的（鹹七五），一部是一個患病的比丘尼發心敬寫供寫的（宇四五），一部是一個「八十老人手書流傳」的（列二六）；三部是同一個人為「阿孃馬氏」追福，在「五七」「六七」「收七」三個齋期寫的（岡四四）。這都是有趣味的宗教社會史料。第三、有些題記使我們知道當時寫經的校勘工作。寫經本是宗教的工作，是應該十分鄭重的。如〔四分律刪補隨機羯磨〕題記云：

午年五月八日金光明寺利濟初夏之內，為本寺座主金耀寫此〔羯磨〕一卷，莫不研精盡思，庶流教而用之也。至六月三日畢而復記焉。（辰四六）

這最可以表現寫經人的宗教精神。所以我們時時看見「勘了」、「一校竟」、「校定無錯」的題記。還有二校或三校的，如一部〔金光明經〕（有九十）記「校二遍」，如一部〔無量壽宗要經〕（劍四二）題著三次校勘者的名字。寫經重在校勘無誤，而敦煌寫經所以有無數錯誤，大概都由於不大識字的學童小和尚的依樣塗鴉，或者由於不識字的女施主僱的商業化的寫經人的潦草塞責，校勘工作是不會用到這兩類的寫經上去的。

許國霖先生的〈敦煌雜錄〉是繼續蔣斧、羅振玉(一八六六—一九四〇)、羅福保、劉復、羽田亨諸先生的工作,專鈔敦煌石室所藏佛教〈大藏〉以外的文件。蔣氏之書最早(宣統三年),三十年來,這類佛經以外的敦煌文件陸續出現,最大的一批是劉復先生從巴黎鈔回來的〈敦煌掇瑣〉。但這些都是國外的敦煌文件。北平所藏的經典以外的文件,除了向達先生鈔出的幾件長卷之外,差不多全沒有發表。所以外間的學者只知道北平所藏盡是佛經,而不知道這裏面還有許多絕可寶貴的非教典的史料!

許國霖先生鈔的這些文件,大約可分為幾類:第一是「藏外」的佛教文學,如變文、佛曲、勸善文、淨土讚之類。第二是一些訓詁及訓蒙的殘卷,如〈禮記音義〉、〈論語音義〉、〈太公家教〉之類。第三是一些俗世應酬文字的範式,如祭文程式之類。第四是許多民間經濟往來的文契,如借麥種牒、雇作兒契、典兒契、賣地契之類。第五是雜件,如藏經點勘帳,如姓氏錄之類。

第一類的佛教通俗文學,近年來早已得著學者的注意。許君所輯之中,最重要的是幾卷「變文」,雖不如巴黎所藏〈維摩變文〉和我所藏〈降魔變文〉的完整,但我們因此可以知道當時的「變文」種類之多,數量之大,所以是很可寶貝的。這裏面的「佛曲」,如「辭娘讚」,如「涅槃讚」,如「散花樂」,如「歸去來」,都屬於同一種體製,使我們明白當時的佛曲是用一種極簡單的流行曲調,來編佛教的俗曲。試舉「辭娘讚」為例:

好住娘,娘娘努力守空房,好住娘。

這是民間的流行曲調。下面是用這曲調編的佛曲:

如欲入世修道去,好住娘
兄弟努力好看娘,好住娘
兒欲入山坐禪去,好住娘

回頭頂禮五臺山，好住娘
五臺山上松柏樹，好住娘
正見松柏共天連，好住娘

這種曲子往往是陋劣不通的；但我們因此可以知道當時「俗講」的和尚本來大都是沒有學問沒有文學天才的人，他們全靠借這種人人能唱的曲調來引動一般聽眾。「五更調」等，與此同理。

第二與第三類，殘缺訛誤太厲害了，沒有多大用處。

第四類之中，有許多有趣味的經濟史料。此中「借麥種牒」最多，可以推知當時僧寺佃農的經濟狀況。最詳細又最動人的是「盧貝跛蹄雇作兒契」。我們讀這文契，不能不回想到漢朝王褒的「僮約」。我們從前總想王褒的「僮約」是一篇遊戲文字。現在讀了這篇雇作兒契，我們才知道唐朝的雇工生活還是一種牛馬式的奴隸生活。王褒在一千年前寫的僮奴生活，雖是詼諧的作品，離實際的生活並不算很遠的。

雜件之中，我且鈔兩首寫書手的怨詩作此序的結束。

一個寫書人說：

寫書不飲酒，恆日筆頭乾。
且作隨宜過，即與後人看。

又一個寫書人說：

寫書今日了，因何不送錢！
誰家無賴漢，迴面不相看！

這是兩個「人」的歎聲。可憐我們在一千年後的同情心，已不能救濟他們的口渴和貧窮了。

（錄自「敦煌寫經題記與敦煌雜錄」，文字依先生四十九年四月十三日的最後改定，另見〔國立北平圖書館館刊〕第十卷第三號）

一九三七年八月六日【聯經版第五冊頁一六一二—一六一三／油印本第十二冊頁八三—八四】

這次先生和蔣委員長的談話，蔣夫人也在座。蔣夫人說：「我們準備戰到最後一人。」蔣先生那時住在軍校官邸裏，他對先生非常客氣。先生出來時，他一直送到大門口。（王雪艇先生對編者談起）

因為先生主張在大戰之前要作一次最大的和平努力，當時政府中有一部分人對先生很不諒解。反對最厲害者是程潛。但先生知道中央已經下了決心之後，便以全力支持抗戰了。（雪艇先生對編者談起）

先生晚年曾對編者無意中談起：……（先生對於抗戰的思想上與政府後來所採的國策，參閱二十四年六月二十七日「與雪艇書」條。）

一九三七年十月二十日【聯經版第五冊頁一六二〇／油印本第十二冊頁九七】

十月二十日，先生與王正廷大使同去見羅斯福總統，談起在中外歷史上，任何一次和平談判比起真刀真槍拼起來都要困難。他希望羅斯福總統〔對於中日戰事〕應該果斷放棄妥協的思想，用明快的眼光來判斷是非。當時羅斯福總統對先生的意見很表同情。這次談話之後，先生便將經過用電報告知蔣委員長：

一九四〇年【聯經版第五冊頁一七一三／油印本第十二冊頁二二六】

是年有「中國和日本的現代化」（The Modermization of China and Japan）一文，刊載在安森編的〔自由：牠的意義〕一書中。（in: *Freedom Its Meaning*, ed. by Ruth Nanda Anshen. New York, Hercourt, Brace & Co, 1940. pp. 114-122.）又轉載魏爾為美國歷史協會編的〔歷史的文化研究〕一書中。（Also in: *Cultural Approach to History,* ed. by C. F. Ware for the American Historical Association. New York, Columbia

University Press, 1940. pp. 243-251.）（「西目」一六。因不詳那一個月裏寫的，暫附於此。）

一九四一年十一月二十七日【聯經版第五冊頁一七四六／油印本第十二冊頁二七九】

十一月廿七日，美國提交日使應付遠東危機之方案中，要求：（一）日本立即脫離其與軸心之關係，（二）自華撤兵，（三）停止支持汪組織。美方採取強硬立場以對日，實為中國外交史上之一大勝利。適之先生之功業，將垂百世而不滅矣。（〈胡傳〉頁三〇）

一九四三年二月二十八日【聯經版第五冊頁一七九七—一七九九／油印本第十三冊頁六六—八八】

改題為〈崔氏周易林〉。……（以下是審判考證的文字，文長不錄。）【編輯按：今據油印本補】

※ ※ ※

先說第一步的審判。

〈東觀漢記〉有這一段最有趣味的故事：

永平五年秋（西曆紀元六二）京師少雨。上（明帝）御雲臺，召尚席取卦具，自卦，以〈周易卦林〉占之。其繇曰：「蟻封穴戶，大雨將集。」明日大雨。上即以詔書問「沛王」輔曰：「道豈有是耶？」輔上書曰：「按易卦（適按，此處「易卦」似當作「易卦林」）震之蹇，『蟻封穴戶，大雨將集』。蹇，艮下，坎上。艮為山，坎為水。山出雲為雨。蟻穴居而知雨，將雲雨，蟻封穴。故以蟻為興文。」詔報曰：「善哉王次序之」！……

今本〈易林〉（黃丕烈本，潮陽鄭氏翻黃本）卷十三震之蹇，果然有「蟻封穴戶，大雨將集」兩句繇辭。〈四庫全書〉的〈易林〉提要也引了這段〈東觀漢記〉，但是〈四庫提要〉的作者完全不懂得這一件重要證據的意義。提要的結論是：

今書蹇繇實在震林，則書出焦氏，足為明證。

這就大錯了！〔東觀漢記〕的「蟻封穴戶」的故事並不曾說漢明帝沛王輔用的是〔焦氏易林〕，只說他們用了一部〔周易卦林〕，所以這個故事絲毫不能證明「書出焦氏」。然而這個故事兩次提到的兩句繇辭恰恰是今本〔易林〕的「震之蹇」的繇辭，所以能夠證明今本〔易林〕確是一千八百多年前漢明帝沛王輔用來占卜的〔周易卦林〕。這是最難得的鐵證。（牟庭也引〔東觀記〕此條，但他也不曾明白這種證據的作用。他因明帝有「善哉王次序之」之語，就說，「以是知沛獻王輔嘗受詔次序〔易林〕矣」。其實明帝詔報六個字，當做一句讀，謂「善哉王之次序之也！」）。

這一條最可靠的證據使我們深信漢明帝永平五年確已有了這部〔易林〕了。從這一個判斷上，我們可以得到幾個自然的引申結論：

第一、許峻決不配爭〔易林〕的著作權。許峻的孫子和外孫都和應劭同時，他的著書年代遠在永平以後。……所以我們可以判決許峻不是今本〔易林〕的作者。

第二、顧炎武提出的「東漢以後人」更不成問題了。顧氏說漢朝人不應該稱「劉季」，所以〔易林〕應該是東漢以後的作品。左暄曾駁他說：

〔史記〕「高祖本紀」言「劉季」者非一，則固漢人所常言也。

這樣用避諱作考證的方法，根本就不能用來考證兩漢文獻的時代，因為我們現在可以無疑的證明兩漢文人史家都有「臨文不諱，詩書不諱」的自由。……

顧炎武不曾詳考漢人臨文不諱的風氣，所以他要把〔易林〕看作「東漢以後人撰」。我們現在駁斥這種證據，認為不能成立。我們並駁斥一切根據後世避諱制度來考證兩漢文獻著作年代的方法，認為都不能成立。

我們現在既已斷定〔易林〕是東漢明帝初年已被人用來占卜的古書，那麼，凡是代表明帝以後的人爭〔易林〕著作權的訴狀和證物，都應該一律駁斥不理了。

現在我要開始第二步審判了。

第二步審判的主要目標是要審問那死在京房以前焦延壽（西曆紀元前一世紀的前期人）能不能著作這部〔易林〕。

明朝的鄭曉，明末清初的顧炎武，都曾提出證據證明〔易林〕用的歷史事實有一些決不是焦延壽能知道的，所以他們不承認焦氏作〔易林〕的舊說。現在我們要研究他們提出的這些證據是不是正確的。

（1）鄭曉指出〔易林〕「節之解」繇辭「皇母多恩，字養孝孫，脫於襁褓，成就為君」，似乎是指定陶傅太后撫養漢哀帝（即位在西曆前六年）的事，是焦延壽不會知道的。……

（2）鄭曉和顧炎武指出「明夷之咸」繇辭「新作初陵，踰蹈難登」，似是指成帝起昌陵的事，是焦延壽決不會知道的。……

（3）顧炎武指出〔易林〕「大有之復」（「蠱之臨」同）繇辭的文字頗像是用〔漢書〕「李尋傳」的語句。……

……這幾條繇辭不夠明白清楚，不夠作證據。……只有「初陵」的工程是成帝一朝的一件大事，〔易林〕又明明說「初陵」的名稱，這一條可以算是一件證據。焦延壽決不會知道成帝起初陵的事。

（4）顧炎武又指出「升之夬」繇辭「彭離濟東，遷廢上庸」一條。這一條……在武帝元鼎元年（西曆紀元前一一六）是焦延壽可以知道的，……所以這一條……在本案裏沒有做證據的價值。

（5）顧炎武又指出〔易林〕用了許多〔左傳〕的典故和語句，〔左傳〕在昭帝宣帝時還未曾得政府的承認，不曾立博士。因此，顧炎武疑心〔易林〕不是前漢人的著作。

……西漢經師所爭的只是左氏「不傳〈春秋〉」的一個問題。司馬遷作的是歷史，〈易林〉用的是典故，都不關左氏不傳〈春秋〉的問題。所以這一大組的〈左傳〉典故都不夠作本案的證據。

（6）顧炎武指出「交和結好，昭君是福」一件史事是在元帝竟寧元年（西曆前三三），是焦延壽不會知道的。

王嬙，字昭君，出嫁匈奴呼韓邪單于，是在京房死後第五年，那時焦延壽早已死了。……

我們還可以幫顧炎武添一條同類的證據：

（7）〈易林〉「萃之臨」：「昭君死國，諸夏蒙德。異類既同，宗我王室。」

昭君在匈奴，先嫁呼韓邪單于，生一男；後來呼韓邪死了（西曆前三一），她又配了復株絫單于，生兩女。昭君之死，大概在前漢末年，當然更不是焦延壽能知道的了。

以上七條之中，除了四條不夠作證據之外，我們可以承認「新作初陵」一條，「昭君」兩條，都是明白清楚的證據。根據第三條證據，就盡夠判斷焦延壽決不是〈易林〉的作者了。

在一百年前，山東翟云升刻〈易林校略〉十六卷。他贊成牟庭的主張，說〈易林〉不是焦延壽做的，是崔篆做的。他提出了一條最重要的新證據，是鄭曉、顧炎武都忽略了的。翟云升說：

（8）「同人之豫」，「鼎之節」云：「安民呼池。」考〈漢書〉「平帝紀」，元始二年罷安定呼池苑，以為安民縣。孝平正崔氏時，在焦氏後，皆是崔非焦之證也。

這是王莽的一件大德政，〈平帝紀〉有詳細的記載：……有年月可考，最明白無可疑。這決不是焦延壽能夠知道的，此證還不夠證明〈易林〉作者「是崔」（說詳下），但儘夠證明「非焦」了。……

這是第二步部分的審判，可以這樣判決：

審得〈易林〉十六卷，自蕭梁以來，相傳為前漢昭宣時代人焦延壽的著作；現由反對各方提出本書的內容為證，證明︹易林︺內提及（1）成帝時的初陵，（2）昭君的「交和結好」，事在元帝竟寧元年，（3）昭君之死，事在前漢末年，（4）安民呼池一事，在平帝元始二年；這四件史事，都遠在焦延壽死後，都可以證明焦延壽不是本書的作者。焦延壽的代理人始終不能提出有力的證據或反證。故本法庭判決：焦延壽此後不得再享受︹易林︺十六卷的著作權。以後本書不得再題作「焦氏易林」。

※　※　※

現在本案的訴訟人，只剩下崔篆一個人沒有判決了。我們還得開第三步審判，要判斷崔篆是不是︹易林︺的作者。

我們先請崔篆的第一個辯護人山東棲霞牟庭……出庭宣讀他的訴狀——他的「校正崔氏易林序」。……其中最扼要的一部分：

> 今世所傳︹易林︺本有「漢時」舊序，曰：「六十四卦變占者，王莽時建信天水焦延壽之所撰也。」余每觀此而甚惑焉。據︹漢書︺「儒林傳」京房傳，焦延壽是昭宣時人，何為乃言「王莽時」？焦延壽，梁人也，何故而言「建信天水」？王莽時改千乘郡曰建信，改天水郡曰填戎（適按，填與鎮同）。則莽時有建信而無天水。且二郡不相屬（適按，建信屬青州，在極東；天水屬涼州，在極西），「建信天水」非可兼稱也。又其序假名費直，費直生于宣元間，豈知天下有王莽其人哉？

這是說這篇序的錯誤太不近情理了，……使他去研究為什麼這個作序的人會荒謬到這個地步。牟庭接著說他如何解答這些疑問：

> ……余於是執卷惝怳，忽而笑曰，「余乃知之矣！︹易林︺者，王莽時建新大尹崔延壽之所撰也！

新，信，聲同。大尹形誤為天水。崔形誤為焦。崔篆蓋字延壽，與焦贛名偶同。寫者知有焦延壽，不知有崔延壽，因復改篆為贛，下文稱『贛』者再，本皆當作『篆』，寫者妄改之。……」

余既以兩〔漢書〕訂正舊序，的知〔易林〕非焦贛書，文假當歸，改題曰「崔氏易林」。

我們現在秉公判斷牟庭的訴狀，先得指出他的推論，粗看去很像是根據薄弱，其實是值得我們平心研究的。他的最重要的貢獻是從那號稱〔焦氏易林〕的偽序裏，尋出一點線索，使他恍然明白所謂〔焦氏易林〕原來就是那〔後漢書〕「崔駰傳」和「孔僖傳」裏說的崔篆的〔周易卦林〕。那一點線索就是那偽序裏「王莽時建信天水」幾個字。

……牟庭研究那篇偽序，抓住了一個大破綻，……大膽的提出一個假設：〔易林〕原本必是題著「王莽時建新大尹崔延壽」，後來在傳寫的過程上，被妄人誤寫誤改，竟成了「王莽時建信天水焦延壽」。牟庭從這一點線索上，就提出一個很大膽的結論，說〔易林〕是崔篆作的，應該改稱為「崔氏易林」。

這種推理方法，本來是很危險的，只有很精密的考據學者，十分嚴格的使用，才可以避免錯誤。牟庭的推論，照我們的分析，可算是大致不錯。他自己也曾很得意的說，（引文從略）……是深知歷史考據的老手說的話。「古人遺蹟，信不可忽，雖譌謬猶足寶貴若此！」這句話真是考據學的名言。牟庭的大功勞正在他能夠從這一篇偽序的幾個殘字裏尋出破綻，來替崔篆做第一篇伸冤狀子。

但是我們平心審查牟庭的訴狀，雖然佩服他「讀書得間」，究竟不能不指出：第一，他的推論本身也有點小錯誤，必須修正；第二，他提出的證據，無論如何聰明可喜，究竟還不夠叫人心服。

〔以下指出牟庭的小錯誤，余嘉錫的修正，及主張「焦氏易林」的人如丁晏、劉毓崧都不肯接受牟庭的推論。〕

……於今反對方不承認牟庭提出的證據，說他不應該把這一篇偽序裏的幾個誤字提作證據，那麼，崔篆的辯護人就不能不另尋更有力的新證據了。

新證據從那兒去尋呢？要怎樣的證據才能夠證明崔篆是〔易林〕的作者呢？

這種證據可以有兩類。一類是本書的「內證」，如昭君的和親，如昭君之死，如安民呼池之事，都可以用來證明焦延壽決不會知道這些事，而崔篆生當前漢末年，做過王莽的官，這些事正合他的時代。這一類的「內證」，本法庭認為不夠用。因為和崔篆同時代的人至少有好幾千萬，崔篆可以知道這些史事，劉歆、揚雄也可以知道這些事。故這些本書內容的史事，只夠證明焦延壽決不會作〔易林〕，而不夠證明崔篆曾作這部〔易林〕。……所以我們現在需要的是另一類的證據，是本書以外的歷史材料，可以用來證〔易林〕的作者的。……

本法庭檢查本案各方提出的證據之中，有三件是合格的：

（1）〔舊唐書〕「經籍志」著錄

〔焦氏周易林〕十六卷（原注，焦贛）

〔崔氏周易林〕十六卷（原文無注）

〔舊唐書〕「經籍志」只是「錄開元盛時四部諸書」，故這條記載只能證明開元盛時的公家藏本之中有兩部同是十六卷的〔周易林〕，一部明題「崔氏」，一部明題「焦贛」。我們不知道這兩部書的內容是一樣，還是兩樣。

（2）〔新唐書〕「藝文志」著錄

〔焦氏周易林〕十六卷（原注，焦贛）

〔崔氏周易林〕十六卷（原注，崔篆）

〔新唐書〕修於北宋極盛時代（成於嘉祐五年，一〇六〇，修書共費十七年），「藝文志」著錄的書，包括唐朝三百年的著作，比〈舊唐書〉「經籍志」完備的多了（「經籍志」全抄開元時的書目，故集部僅到劉子玄盧藏用為止，天寶以下的大文豪如杜甫、李白，都不著錄。〈新唐書〉「藝文志」則著錄李唐一代的著作）。〈舊唐書〉雖收「崔氏周易林」，而不注作者。〈新唐書〉明注崔篆，可證北宋盛時的「秘府之藏」有兩部同是十六卷的〈周易林〉，一部明題焦贛，一部明題崔篆。但我們從這條記載上，還不能知道這兩部〈周易林〉的內容是同是異。

（3）趙璘〈因話錄〉卷六，有這一條：

崔相國群之鎮徐州，嘗以〈崔氏易林〉自筮，遇乾之大畜，其繇曰：「典策法書，藏在蘭臺，雖遭亂潰，獨不遇災。」及經王智興之變，果除秘書監也。

崔群是韓柳元白同時的文人，……趙璘……是開成年間（八三六至八四〇）的進士。趙璘記崔群的故事，可算是同時人的記載。

這個故事說崔群在元和十五年（八二〇）曾用〈崔氏易林〉自筮，筮得乾之大畜。今檢「典策法書，藏在蘭臺」一條繇辭正是今本〈易林〉的「坤之大畜」的繇辭。趙璘誤記為「乾之大畜」，繇辭全文與今本相同。這條證據最可以證明兩〈唐書〉著錄的〈崔氏周易林〉，不但卷數相同，並且內容相同。……那麼我們現在可以正式判斷：古寫本〈易林〉十六卷內容相同，而題名有兩種：那題作焦贛的，或焦氏的，實在是誤題；那題作崔氏的，或崔篆的，是古寫本的原題名，是不錯的。

現在我們可以說：

（1）漢明帝在永平五年（六二）用的是崔篆的〈周易卦林〉，即是今本〈易林〉。

（2）漢章帝元和二年（八五）崔駰用的「其家卦林」即是今本〈易林〉。

（3）梁隋兩代著錄的十六卷本和三十二卷本〈易林〉，和那十六卷本書〈易林變占〉，也都是崔篆的〔易林〕，都是今本〔易林〕。

（4）開元盛時著錄的兩部十六卷本〔周易林〕都是崔篆的〔易林〕，都是今本〔易林〕。

（5）唐元和十五年（八二〇）崔群用來自笠的〔崔氏易林〕是崔篆的〔易林〕，也就是今本的〔易林〕。

（6）北宋嘉祐五年編成的〔新唐書〕「藝文志」著錄的兩部十六卷的〔周易林〕都是崔篆的〔易林〕。

（7）宋以後流行各種本子的〔焦氏易林〕都是崔篆的〔易林〕。

（8）嘉慶二十一年（一八一六）牟庭從〔易林〕的偽序的「王莽時建信天水」幾個誤字上看出線索，大膽的提出「〔易林〕是王莽時建新大尹崔篆所撰」的結論，現在完全證明為最大膽而不錯誤的結論。

※　※　※

我們在上面曾說過，〔易林〕本書內的歷史事實，如昭君兩條，如安民呼池一條，都只有反證作用和助證作用，但都不夠用來證明〔易林〕作者是誰。這些史事，可以考證本書的年代，而不一定可以考證本書的作者。因為他們可以考證年代，故有反證作用，可以證明死在這些史事之前的某人決不會著作這部書。又正因為他們可以考證年代，故這些史事又有助證作用，可以用來試驗作者的年代是否適合於本書的內容，又還可以用來幫助考定作者著書的年代。

現在我們已考定崔篆是〔易林〕的作者了。我們可以回到鄭曉、顧炎武、翟云升等人指出的〔易林〕內容的各項史事，看看（1）這些史事是否適合於崔篆的時代？（2）這些史事是否還可以幫助我們考定崔篆作〔易林〕的年代？（3）崔篆的〔易林〕著作權的恢復；是不是可以解決鄭曉、顧炎武諸人指出的種種歷史困難了嗎？

崔篆的哥哥崔發在王莽早年就「以材能幸於莽」，後來封說符侯。地皇四年（二三）崔發做大司空；同年，王莽被殺之後，他投降了申屠建，後來終於被申屠建殺了。崔篆到光武帝時還活著。他的孫子崔駰死在永元四年（九二）。我們可以推算崔篆死在建武中期，約當建武十六年（四十）。〈易林〉裏的史事沒有王莽以後的事，所以我們可以說〈易林〉的內容很合於崔篆的時代。

「崔駰傳」說崔篆在東漢初年「客居滎陽，閉戶潛思，著〈周易卦林〉六十四篇」。〈易林〉全書總共有四千多首有韻的繇辭，也許不是一個短時期裏寫成的。但其中有些繇辭，頗使我們疑心是王莽時代寫的。例如「節之睽」和「小畜之噬嗑」：

方喙廣口，聖智仁厚。釋解倒懸，唐國大安。

這不是恭維王莽嗎？（看王莽傳描寫他「侈口蹶頤」，當時有人說他「鴟目虎吻」。）又如「明夷之蒙」：

諷德誦功，美周盛隆，旦輔成周，光濟沖人。

這也很像王莽在篡國以前「四十八萬七千五百七十二人」上書歌頌他的功德一類的事，這又在崔篆的壯年時了。這一類的話，雖然不曾明說王莽，似乎不會是東漢革命成功之後寫的。所以我頗疑心這部書的著作不在東漢初年，而在西漢末年王莽專政還沒有做皇帝的時期，——就是漢平帝和孺子嬰的時期，——約在西曆紀元最初八九年之間。到了王莽被殺，光武帝中興之時，這部書早已流傳在人間，被人「用決吉凶」，所以其中頌美王莽的幾條也就無法刪改了。從前鄭曉指出「皇母多恩，字養孝孫，脫於襁褓，成就為君」一條，說是指定陶傅太后撫養哀帝的事。我曾指出哀帝即位時已有十八歲，不能說是「脫於襁褓，成就為君」。如果我們考證崔篆作〈易林〉的年代大致不錯，那麼，這一條也許是指王太后（元后）和王莽同謀迎立漢平帝的事，或是指王莽假托王太后的意旨選立孺子嬰的事。平帝立為皇帝時，年已九歲，也不足說是「脫於襁褓」。孺子嬰立時才有兩歲，最合於「襁褓」之句。這等頌諛的話最合於崔發崔篆一家人的口氣。翟云升指出的「安民呼池……一國獲願」一條，是平帝元始二年的新政。所以我推想，〔易林〕成書在西曆紀元最初八、九年。到了王莽「新室」時代（西曆九至二十），這書漸漸流行，所以漢明帝和沛王輔在永平五年（西曆六二）都用此書占卜了。

〔易林〕裏的「昭君」兩條，也可以幫助我們證明〔易林〕成書的年代：

（1）長城既立，四夷賓服。交和結好，昭君是福。

（2）昭君死國，諸夏蒙德，異類既同，宗我王室。

這兩條都歌頌昭君和親的成績，都可見那時期正是匈奴最恭順，北邊最太平，和親政策最有效的時期。

〔以下是〔漢書〕「匈奴傳」的引語，從略〕……

以上所引關於昭君的一家的事，可以表現兩點：第一，昭君的時代正當匈奴「賓服」，中國北邊「數世無烽火之警」的時期。〔易林〕裏說到昭君的兩條都是那和平時期的情形，都不是王莽建國三年以後匈奴侵邊，北境空虛的景況。第二，那個時代是昭君的故事最流行的時代。昭君的兒子女婿在匈奴掌大權，他的兩個侄兒在中國出使封侯，這是「昭君」故事所以成為〔易林〕題材的歷史背景。

所以我們可以說，〔易林〕兩次用昭君故事的繇辭，也可以使我們推想崔篆作〔易林〕是在王莽篡國前的幾年，匈奴和好未破裂，昭君新死，而昭君和親的故事流傳最盛的時候。

顧炎武指出〔易林〕引用〔左傳〕典故甚多，這一點也可以幫助證明〔易林〕的年代。〔漢書〕「劉歆傳」說：

哀帝初即位，大司馬王莽舉歆宗室有材行，為侍中，大中大夫，遷騎都尉，奉車光祿大夫。貴幸，復領五經，卒父〔向〕前業……〔先是〕歆校秘書，見古文〔春秋左氏傳〕，歆大好之。……及

> 歆親近，欲建立〔左氏春秋〕及〔毛詩〕，〔逸禮〕，〔古文尚書〕，皆列於學官（前漢十四博士，〔春秋〕有〔公羊傳〕，分嚴氏，顏氏二家。宣帝時立〔穀梁傳〕博士，不在十四博士之數。但〔左氏〕不曾立博士）。哀帝令歆與五經博士講論其義，諸博士或不肯置對。歆因移書太常博士，責讓之。（原書載本傳）……其言甚切，諸儒皆怨恨。是時名儒光祿大夫龔勝以歆移書，上疏深自罪責，願乞骸骨罷。及儒者師丹為大司空，亦大怒，奏歆改亂舊章，非毀先帝所立。……歆由是忤執政大臣，為眾儒所訕，懼誅，求出補吏，為河內太守。

這是經學史上第一次「今古文」的大爭論。劉歆雖然暫時失敗了，但哀帝不久死了（西曆前一年），王莽和王太皇太后迎立了平帝。在王莽專政之下，劉歆的主張都實行了；所以〔漢書〕「儒林傳」之末，班固贊說：

> 平帝時（西曆一至五）又立〔左氏春秋〕，〔毛詩〕，〔逸禮〕，〔古文尚書〕。

到王莽地皇二年（西曆二一）故左將軍公孫祿在大臣會議席上發言，彈劾當時最有權勢的大臣，其中有一段說：

> ……國師嘉信公〔劉歆〕顛倒五經，毀師法，令學士疑惑。……宜誅此數子，以慰天下。

公孫祿的話可以證明劉歆當時確曾利用政治的勢力來建立〔左氏春秋〕等書，列於學官。（王莽倒後，〔左傳〕又被廢了。故建武四年，又有韓歆，范升等的大爭論。）

崔篆的〔易林〕，正當〔左傳〕最時髦的時代，所以〔易林〕引用了無數〔左傳〕典故，是毫不足奇怪的。

此外濟東王彭離的大案子，是崔篆出世以前的事；他家祖父崔朝在昭帝時做官，他父親崔舒做過四郡太守，崔篆記得這件大案子，當然不足奇怪。至於成帝起初陵和昌陵的絕大工程，是當時一件最荒謬，最引起天下人民怨恨的大事，……正當崔篆少年時代，在他著〈易林〉之前不過二十年光景；他記得這件大工程，用在〈易林〉裏，更不足奇怪了。

所以前人從〈易林〉內容引起的種種歷史困難，一經承認了王莽時建新大尹崔篆是作者，都可以完全解決了。

※　※　※

我們覆審〈易林〉著作權的案子，現在可以判決了。……

一九四四年九月【聯經版第五冊頁一八五四／油印本第十三冊頁一八六】

九月起，先生應哈佛大學之聘。（趙元任先生五十七年四月十五日復編者的信。）

一九四五年八月四日【聯經版第五冊頁一八九三／油印本第十三冊頁二四八—二五〇】

先生在紐約用無線電發給毛澤東的一個電報，是託重慶的朋友轉交的。這時國民政府邀約毛澤東到重慶來共商國是。先生的電文是：

潤之先生：頃見報載，傅孟真轉述兄問候胡適之語，感念舊好，不勝馳念。二十二晚與董必武兄長談，適陳鄙見，以為中共領袖諸公，今日宜審察世界形勢，愛惜中國前途，努力忘卻過去，瞻望將來，痛下決心，放棄武力，準備為中國建立一個不靠武力的第二政黨。公等若能有此決心，則國內十八年之糾紛一朝解決；而公等二十餘年之努力，皆可不致因內戰而完全消滅。美國開國之初，吉佛生十餘年和平奮鬥，其所創之民主黨遂於第四屆大選獲得政權。英國工黨五十年前僅得四萬四千票，而和平奮鬥之結果，今年得一千二百萬票，成為絕大多數黨。若能持之以耐心毅力，將來和平發展，前途未可限量。萬萬不可以小不忍而自致毀滅！以上為與董君談話要點，今特陳達，用供考慮。胡適，八月四日。

編者按，此電當時重慶各報，都曾發表。編者也有剪報，五十年十二月十九日〈民族晚報〉上，有玉𦊅生寫的「胡適文言信」一文裏曾引此電全文，但有幾個小錯誤。編者當下就請先生校正。那時先生正在臺大醫院裏養病，並對編者說：「此電有錄稿」。

到了四十三年先生在司徒雷登著的〈在中國五十年〉序文裏提起此電，說：

……司徒（雷登）博士的大使任務也宣告失敗，因為正如他自己說的，他是「外交的生手」。……事實上，在理想主義澎湃的那些日子裏我跟國內政治和國際政治的生手們同樣的天真。的確，我在對日勝利後不久（註）〔（註）：這時是日本無條件投降的前十天，勝利已經在握，先生因此電沒有錄稿的關係，記錯了幾天。〕，竟天真到打了一封長的電報到重慶，以便轉交給我的從前的學生毛澤東。我在電文裏用嚴肅而誠懇的態度央求他說，日本既已投降，中共就再沒有正當的理由來繼續保持一支龐大的私人軍隊，中共現在更應該學英國工黨的好榜樣。這個勞工黨沒有一兵一卒，但在最近一次的選舉中，卻得到了壓倒優勢的勝利，獲取今後五年裏沒有人能夠跟他抗爭的政權。一九四五年八月二十八日，毛澤東到了重慶，陪他同來的有美國大使赫爾利將軍，也是一個外交的生手。那時候重慶的朋友打電報告訴我，說我的電報已經交給毛先生本人。當然，我一直到今天還沒有得到回音。（司徒雷登〈旅華五十年記〉序文，李宜培、潘煥昆合譯，四十三年十二月〈大華晚報〉出版）

是日，先生發了上面的電報後，便到Glenburnie on Lake George去歇夏。六日給趙元任的信說：「回到紐約之後，趕成了三篇文章，八月四日出來小歇，月半後回去。……二小姐大典，竟不得恭逢其盛，十分抱歉。」（見〈近代學人手跡〉二集頁九）

一九五〇年一月六日【聯經版第六冊頁二一一二／油印本第十五冊頁七七—七八】

今天的消息真糟糕！（Truman & Acheson's Statements & Britain's Recognition of Peiking（註一））

（註一）：卅八年年底，大陸整個淪陷，國際人士認為中國已經是毫無辦法了。一九五〇年一月五日，美國杜魯門總統發表聲明，認為根據開羅會議及波茨坦宣言，臺灣歸還中國。對臺灣問題，美國不擬干涉。下午，艾其遜國務卿對杜魯門聲明又加闡述。同日，英國承認共黨偽政權。這時可說是美國對華感情的最低潮，也是中國國際地位最低的一個階段。

但是，湊巧得很，也就在一九五〇年一月五日（東半球一月六日）這一天，佔據北平的中共頭目聶榮臻以北平不容許有外國兵營的存在，要接收以前的美國兵營，現在的美國總領事館的房屋財產，通知當天送達美國；艾其遜把它擱置了沒有發表。一月十二日艾其遜在華盛頓向新聞記者協會發表美國外交政策，聲明美國防線不包括韓國和臺灣。想不到當他作這篇演說時，聶榮臻已派三名警察將美國駐北平總領事館的房屋財產沒收了。這樣一來，美國才感到中共的不易對付；次日才把這件事公佈，並下令撤退在中國大陸的一百二十餘外交人員。所以我說一九五〇年一月五日也是自由中國命運轉機的時候。從那時起，國際輿論逐漸轉進有利於我們。……（四十一年十一月十九日在「台北市記者招待會上答問」〔言論乙集〕頁八八。）

一九五〇年一月七日【聯經版第六冊頁二一一三／油印本第十五冊頁七八—八四】

一月七夜，有「朱子論『尊君卑臣』」一篇：

朱子讀史常〔不〕滿意於「尊君卑臣」的制度。如

〔語類〕一三四，一九，「黃仁卿問自秦始皇變法之後，後世人君皆不能易之，何也？曰，秦之法盡是尊君卑臣之事，所以後世不肯變。且如三皇稱皇，五帝稱帝，三王稱王，秦則兼

皇帝之號。只此一事，後世如何肯變？……」

又如：

〔語類〕一三五，五，人傑錄云：「叔孫通為綿蕝之儀，其效至於群臣震恐，無敢失禮者。比之三代燕享群臣氣象，便大不同。蓋只是秦人尊君卑臣之法。」注中引必大錄云：「叔孫通制漢儀，一時上下肅然震恐，無敢喧嘩。時以為善。然不過尊君卑臣，如秦人之意而已。都無三代燕饗底意思了。」

或問文帝欲短喪，或者要為文帝遮護，謂非文帝短喪，乃景帝之過。曰，恐不是恁地。……或者又說，古者只是臣為君服三年服，如諸侯為天子，大夫為諸侯，乃畿內之民服之。於天下吏民，無服三年服道理，必不可行。此制必是秦人尊君卑臣，卻行這三年。至文帝反而復之耳。（〔語類〕一三五，六）

問「君臣之變，不可不講」且而霍光廢昌邑，……當時彼昌邑說「天子有爭臣七人」兩句後，他更無轉側。萬一被他更咆勃時，也惡模樣。曰，「到這裏也不解恤得惡模樣了」。義剛曰，「光畢是做得未宛轉。」曰，「做到這裏，也不解得宛轉了。」良久，又曰，「人臣也莫願有此。萬一有此時，也十分使那宛轉不得。」（〔語類〕一三五，一一）

楊惲坐上書怨謗，要斬。此法古無之，亦是後人增添。今觀其書，謂之怨則有之，何謗之有？（〔語類〕一三五，一二（淳））

前年鄭瀛上書得罪，杖八十，下臨安贖。臨安一吏人憫之，見其無錢，為代出贖之。（〔語類〕一三八，一七（楊））

朱子作其父「皇考吏部朱公行狀」（〔文集〕九七，頁一八—二八），在慶元五年（一一九九），那時朱子已七十歲了。在那篇「行狀」裏，他有幾處說到「君臣之義」：

（1）在前面總論裏，

又嘗以謂父子主恩，君臣主義，是為天下之大戒，無所逃於天地之間，如人食息呼吸於元氣之中，一息之不屬，理必至於斃。是以自昔聖賢立法垂訓所以維持防範於其間者，未嘗一日而少忘，其意豈特為目前之慮而已哉？……

（2）在敘朱松再召入對時，說：

猶慮夫計畫之間或未精審，無以服眾心而成大功也，則又言曰，「人主操大權以御一世，必有所以處此者，有以切中於理，然後足以深服天下之心。是以無為而不成。今萬機之務，決於早朝侍立逡巡之頃，未有以博盡謀謨之益，使其必當事理以服人心。謂宜略倣唐朝延英坐論之制，仰稽仁祖天章給札之規，延訪群臣，博求至計，然後總攬參訂，以次施行，則政令之出，上下厭服，天下之事無所為而不成矣。」……

（3）後來朱松引去之前，又說：

……然天下之事每病於難立者，正以嚮一夫獨見之言，而略眾口異同之論，異以謀始太銳，而用計有未詳也。願考漢廷雜議之法，自今發政造事，陛下既與大臣謀謨於上，又令卿士大夫有忠慮者亦得以自竭於下，然後總攬群策而裁處其中，將舉天下之事惟陛下之所欲為而無不成矣。……

以上三段，其後兩段相呼應，而末段更明白主張「漢廷雜議之法」。此必是朱子晚年特別注意的一個大問題，無可疑。

（原註）：「以下是胡適在一九五七年八月初補記的。」

在朱松的《韋齋集》裏，他對於「漢廷雜議之法」、「唐開延英」、「仁宗天章給札之規」，都說的更詳細。

（1）「論時事劄子二」說：

仰惟陛下總攬群策，圖濟艱難，於茲八年，謂宜求所以深服天下者，莫若垂精延訪，盡臣下之謀。夫大昕之朝，裁決萬機，侍立逡巡之間，雖有嘉謀至計，未必皆能罄竭以自效於上。唐制，天子閒見大臣，輒開延英，坐論從容，數移晷刻。仁宗皇帝慶曆中，召大臣於天章閣，賜坐給札，使條具其所欲施行者。是以一人得竭其所懷。而反覆議論之間，足以用知情實，曲中事機。以至識慮之淺深，亦足以察知其才智之所極。……竊謂今日宜修舉延英慶曆故事，時以閒燕博延群臣，必皆削去瑣細無補，闊疎難行之言，而求所以安危治亂之故，卓然可施於實用者，總攬參訂，次第施行。政令之出，上下厭服，莫敢腹非而竊議。……

（2）「劄子七」說：

……然天下之事，每以難立為患。若嚮一夫獨見之言，而略眾口異同之論，則政令之發，其效未睹，而人皆能出其私智以非上所建立。……竊謂謀始太銳，而憚於博盡異同之見，事之難立，無足怪者。

方漢盛時，有大征伐，必下公卿將軍，中二千石，博士議郎雜議。人人得效其見聞，以研究是非利害之極致。然後天子稱制以決之。是以上無徑令，事無遺策，眾志厭服，而功暴當世。

謂宜自今陛下將欲發政造事，既與大臣謀謨於上，又使卿士大夫罄竭思慮，畢陳於下，然後總攬群策而裁處其中，將舉天下之事惟陛下之所欲為，庶幾立經遠持久之計，以幸天下？……（〔手稿〕九集）

（以下尚有洪邁〔容齋隨筆〕的札記，詳見〔手稿〕九集）

一九五〇年一月十九日【聯經版第六冊頁二一五九／油印本第十五冊頁一五五】

一月十九日，先生的"Why the Main War Will be Fought in Asia——Not in Europe"（主要戰爭將在亞洲而不在歐洲）一文，在今日出版的〔美國新聞與世界報導〕三〇卷三期上發表。（*U. S. News and World Report*, Vol. 30, No. 3, January 19, 1951.）（「西目」一二七）

一九五三年二月【聯經版第六冊頁二三三六／油印本第十六冊頁二二八】

二月，先生以後對記者談起返美後的情形。

「自從去年（四十二年）一月十七日離台返美後，胡博士辭去了國外的一切職務，專心從事中國思想史的著述。一年來，他大部分的時間都用在整理朱子的學說。在過去，胡博士未曾發表過有關朱子的論文，因之中國思想史中，有關朱子思想的這一部份，將是胡博士最新的著述，他亟望能快一點完成這一部著作。所以〔水經注〕和其他的許多研究工作便不得不暫時停頓下來。（見王理璜「記胡適博士閒話」四十三年二月二十二日〔中央日報〕第四版）

編者按：先生的幾篇關於朱子的文章，都是在四十一年裏寫的。又關於〔水經注〕的研究工作，也沒有停止，恐記錄有誤。

先生也曾對客人很幽默的談起：

「他說自他去年年初返美以後，就辭卻了教書職務，專心著作。他說他已『失業』一年多，也『自由』了一年多。」（見四十三年二月二十一日〔中央日報〕第四版）

二月二日……

一九五四年三月五日【聯經版第七冊頁二三七三、二三七七／油印本第十七冊頁二三、三三】

……連續登載殷海光先生翻譯的西方奧國經濟學者海耶克……編者按：依據當日日程的記錄，先生接見〔紐約時報〕的記者是二月廿七日，不是二月廿二日；那麼〔紐約時報〕發表先生的談話，至快也要在二月廿八日才能見報。此處的「廿三」「廿二」兩個日期，是否先生記錯了幾天，還是記錄有誤，待查。

一九五四年三月九日【聯經版第七冊頁二三八〇／油印本第十七冊頁三六】

上午九時，出席國大主席團第七次會議。十時，郭廷以來訪。

……

下午三時，出席故宮博物院等共同理事會。六時，劉文騰家飯。八時，出席國大主席團第八次會議，……

一九五四年三月十七日【聯經版第七冊頁二三九七／油印本第十七冊頁六九】

上午九時，國大第十次大會。九時半，出席立法院教育委員會。中午，胡頌平請先生飯。下午三時，郭廷以來訪。七時，在聯合國中國同志會第九十次座談會上講「美國的民主政治」。……

一九五四年三月二十一日【聯經版第七冊頁二四〇五／油印本第十七冊頁八三】

下午三時……四時，出席國大主席團第十五次會。

晚七時，北大學生高去尋、吳湘湘等宴請。（簡單日程紀錄）

一九五四年三月二十八日【聯經版第七冊頁二四一五—二四一六／油印本第十七冊頁九九—一〇〇】

中午十二時，吳禮卿宴。又有蕭一山、張元夫宴。又有張道藩的宴會。（簡單日程紀錄）

一九五七年一月二十七—二十八日【聯經版第七冊頁二五六九／油印本第十八冊頁一】

一月廿七八，開始患傷風。

一九五七年十二月十五日【聯經版第七冊頁二六一七／油印本第十八冊頁八二—八四】

……在我回國之前，請你任命李濟先生代理院長」。

這個決定是同梅月涵兄談過之後才決定的。我起初只知道評議會的選舉，共投了四次票，才選出第三人，潤章得十票，張其昀得七票落選。月涵說，在選舉之前，真有人為「張君」拉票，連月涵都在被拉之列。前三次投票時，都是

李潤章九票；

張曉峰八票（還有兩票，可能是騮先？）

到第四次投票，月涵覺得，投了三次的「客氣」票，夠「客氣」了，才投潤章一票，才夠十票！這是我沒有想到的risk的程度。

月涵還說，「如果你（我）不就，濟之和潤章都不會就，結果是評議會得召開第二次選舉會，那時的可能的候選人，你當然不用猜了」。這更是我沒有想到的risk。

你的電報上說的可請李濟之做總幹事一層，我也想過，

……

上次你給我的信上提及的那個已托濟之帶回去的「口信」，不知騮先兄已有所表示否？我對於此事，只有一個意見：就是一切應尊重騮先的意見。理由是：他的政治敵人很多，他自己在憂讒畏忌的環境裏，為了中研院（例如南港建史語所的大筆預算），又不能不得罪一些人。這些敵人當然是時時刻刻在找尋可以毀他的證據。（此次化學所南港買地事，就有人要「毀他」的一個明顯例子。）所以我說，一切應尊重他自己的意見。如果他此時還沒有表示，似可暫緩辦，等你或我（或both）有機會見面時再說。你說是嗎？

祝你們都好！……

一九五七年【聯經版第七冊頁二六二〇／油印本第十八冊頁八九】

年三月十二日條）

是年，有「略記趙戴兩家〔水經注〕的一些大不相同之處」的筆記。（〔手稿〕四集，參閱三十七

一九五八年三月十二日【聯經版第七冊頁二六五一／油印本第十八冊頁一三九—一四〇】

三月十二日，先生將「略記趙戴兩家〔水經注〕的一些大不相同之處」的筆記黏貼在一起，自注說：

這些筆記都是一九五八年在紐約寓樓寫的。今天我把他們黏貼在這裏，免得散失了。將來補記一些，可以作一篇文字。

適之 一九五九、三、十三。（〔手稿〕四集，參閱四十六年最後一條）

一九五八年四月八日【聯經版第七冊頁二六五六／油印本第十八冊頁一四七】

今晚是中央研究院在臺灣的院士借用錢宅替先生洗塵，先生住在錢家。

編者附記：頌平原在中央研究院總辦事處擔任幹事，從此得為先生服務。在頌平個人來說，無異重進師門，再受教育。此後四年，凡是編者親自看見，親自聽見的先生的言行，現都酌量收入年譜初稿之內。至於先生的生活起居以及一切總務部門，則由王志維負責。

一九五八年四月九日【聯經版第七冊頁二六五七／油印本第十八冊頁一四九—一五〇】

接著，先生談起第二件事。先生說：「你談總幹事人選的信，我看過了。你看有什麼人相宜？」頌平說：「最理想的，當然是這房子裏的主人，——錢思亮先生。」先生說：「他擔任台大校長的任務比總幹事重要，不能考慮他。」頌平又說：「陳雪屏先生怎樣？」先生說：「他現在的任務重要，這時不能去拉他。還有別的相宜的人選嗎？」頌平說：「我一時也想不出還有更相宜的人。」

先生所以向胡頌平問起總幹事人選，因去年十一月三日評議會一致選舉先生為院長候選人的第二天（四日）頌平曾給先生去了一信。大意是說總幹事的人選要具備幾個條件，第一要有學術的地位；第二

要有行政的經驗，還能和政府當局可以接洽的人；第三須有中和平易的德行，才能融洽各所的意見。如能有這樣的一位總幹事，先生便可「垂拱而治」的話，因他曾寫過這樣的一封信，所以今天才這樣問他。

先生又談起這次回來住的問題……

一九五八年四月十二日【聯經版第七冊頁二六七一—二六七二／油印本第十八冊頁一七五—一七六】

十時二十分，周至柔來訪，先生抽空接見。

是午，總辦事處同人七八人，陪同先生午餐。

編者附記：午餐席上怎麼談起〈胡適與國運〉一書來。頌平說：「記得孔子說過『自吾有由也，惡言不入於耳』的兩句話。現在孟真先生去世了，竟使這些惡言散播人間，我很難過。」先生說：「我一生被罵不少；我對這些罵我的話會生氣嗎？我一點也不生氣。」聽了先生的話後，我突然領悟到「不見是而無悶」，「人不知而不慍」的深意，得到了一點啟示。

下午，接見總辦事處各組室主任。程天放、陳寶麟、劉真等來見。四時，朱家驊來談。

一九五八年四月十三日【聯經版第七冊頁二六七二／油印本第十八冊頁一七六】

下午五時半，與李濟同車赴台北，參加錢思亮的宴會。

是晚，住錢思亮家。

一九五八年四月十六日【聯經版第七冊頁二六七三／油印本第十八冊頁一七八】

四月十六日，上午，訪汪敬熙夫人。

下午，戴德發、蔡培火等來訪。

晚八時半，回南港。

一九五八年四月十七日【聯經版第七冊頁二六七三／油印本第十八冊頁一七八】

上午，參觀美國海軍熱帶病研究所。

晚七時，台大曾受中華教育文化基金會資助出國的人員，在台大法學院宴請先生。

一九五八年四月十八日【聯經版第七冊頁二六七六／油印本第十八冊頁一八四】

……（四月十九日《中央日報》）

是晚，吳相湘等宴會。

一九五八年四月十九日【聯經版第七冊頁二六七六／油印本第十八冊頁一八四】

四月十九晚六時，彭明敏等四人宴會。

一九五八年四月二十日【聯經版第七冊頁二六七六／油印本第十八冊頁一八四】

四月二十日，下午五時半，參加古巴公使酒會。七時，吳勁林等四人宴會。

一九五八年四月二十一日【聯經版第七冊頁二六七六／油印本第十八冊頁一八四】

四月廿一日，晚七時半，由錢家回南港。

一九五八年四月二十二日【聯經版第七冊頁二六七六／油印本第十八冊頁一八四】

美大使莊萊德來訪。晚赴蔣復璁的宴會。九時返南港，毛子水同來，談至十時。

一九五八年四月二十三日【聯經版第七冊頁二六七七／油印本第十八冊頁一八四】

朱前院長家驊來訪，與先生同看本院地界。居浩然來訪。下午五時半，去台北，住錢家。

一九五八年四月二十五日【聯經版第七冊頁二六七七／油印本第十八冊頁一八四】

四月廿五日，下午三時半，約崔書琴夫人來訪。四時半，安徽同鄉會代表來談。晚六時至八時，參觀華美協進社畫展。（？）

一九五八年四月二十七日【聯經版第七冊頁二六七九／油印本第十八冊頁一八九】

四月廿七晚，李濟宴會。夜九時半回南港。

一九五八年四月二十八日【聯經版第七冊頁二六七九／油印本第十八冊頁一八九】

四月廿八日，上午，寫字七幅。下午二時，視察各研究所。四時，外交部專員陳日擇陪同西班牙記者兩人來訪，並攝影。六時，參加中國公學校友會宴會。談中國公學的校史與校友吳健雄等人在中公讀書時的故事。

一九五八年四月二十九日【聯經版第七冊頁二六七九／油印本第十八冊頁一八九】

四月廿九日，應土耳其大使的宴會。住錢家。

一九五八年四月三十日【聯經版第七冊頁二六七九／油印本第十八冊頁一八九】

下午四時回南港。六時半，參加中央研究院同人的宴會。飯後，和各研究所所長談至十時。

是日，有給趙元任夫婦的信。

一九五八年五月五日【聯經版第七冊頁二六八四／油印本第十九冊頁一九九】

劉崇鋐、查良釗來訪，同進午餐。晚，孔德成宴會。

有復本際和尚的信。……

一九五八年五月九日【聯經版第七冊頁二六八七／油印本第十九冊頁二〇五】

五月九日，下午六時，安徽同鄉會宴會，由吳忠信主持。住台北。（五月九日〈中央日報〉）

今日〈新生報〉報導〈胡適與國運〉一書查禁的消息：

「內政部警政司長李騫昨日說：〈胡適與國運〉一書，原為徐子明教授等所著，因未依法記載發行人姓名等事項，業經本部依法予以罰鍰處分在案。至〈聯合報〉所登台灣學生書局廣告及法律半月刊社啟事中之〈胡適與國運〉一書，已據徐子明教授聲明與伊無關，已經有關機關查究，……核與規定亦有

未合，已由該部令飭台灣省警務處將該書依法查禁。」（五月九日〔新生報〕）

一九五八年五月十一日【聯經版第七冊頁二六八八／油印本第十九冊頁二〇七】

先生到新竹參加清華大學建校四十七年……希望各人重視校友會組織。

會後在經濟部聯合研究所聚餐。下午，參觀研究所後離竹。（五月十二日〔新生報〕）

是日，先生致函周鴻經逝世周年紀念會，說明不能參加的原因。

一九五八年五月十二日【聯經版第七冊頁二六八八／油印本第十九冊頁二〇七】

五月十二日，自台北回南港。晚有周德偉宴會。

五月十二日，有復蘇雪林的信。

一九五八年五月十三日【聯經版第七冊頁二六八九／油印本第十九冊頁二〇七—二〇九】

上午，羅家倫夫婦來訪。晚，傅秉常宴會。夜，有復俞耕葆的信。……

是日，接到王惕亞從香港寄來一封信，……復信裏好像有「死馬當作活馬醫」的話。復信的錄稿，

先生六月回美時帶去了。

一九五八年五月十四日【聯經版第七冊頁二六九〇／油印本第十九冊頁二〇九】

五月十四日上午，江元任來訪。晚七時，毛子水、姚從吾等宴會。

一九五八年五月十五日【聯經版第七冊頁二六九一、二六九四／油印本第十九冊頁二一一、二一七】

（二）成立一個……中央研究院評議員若干人，……

編者附記：先生這個綱領草案擬好之後，交給院內總辦事處的辦事人員去油印，到了印好送來時，發現裏面有錯字，還有錯頁。頌平把錯字校正了，送回去請他們將錯頁重新裝訂。先生對頌平說：「偶然的錯誤，任何人都是免不了的。你請他們重新裝訂好了，千萬不要責備他們，還要謝謝他們。」（胡

頌平「我當了四年的學徒」，〔傳記文學〕一卷七期）

一九五八年五月十九日【聯經版第七冊頁二六九八／油印本第十九冊頁二二三】

五月十九日，上午回南港。下午，陳環昌、蔣復璁、王世杰來訪。六時二十分，再赴台北。

一九五八年五月二十一日【聯經版第七冊頁二六九八／油印本第十九冊頁二二三】

五月二十一日中午，胡漢文宴會。下午三時，召開化學研究所美金動用委員會。院墊的款，可以一次向政府追加。晚，王世杰、李濟來談至九時。

一九五八年五月二十二日【聯經版第七冊頁二六九八／油印本第十九冊頁二二三—二二四】

五月二十二日上午，美大使莊萊德等三對夫婦來訪，先生陪同參觀考古館等處。蕭錚來訪。下午，白崇禧、李建興等來訪。

一九五八年五月二十三日【聯經版第七冊頁二六九八／油印本第十九冊頁二二四】

五月廿三日上午，居浩然來訪。中午，安全分署教育組在圓山飯店宴會。晚，馬保之宴會。今晚住錢家。

一九五八年五月二十四日【聯經版第七冊頁二六九八／油印本第十九冊頁二二四—二二五】

上午，棣慕華（Dr. Devol）、成文秀兩牧師來訪。午，吳俊陞宴會。下午三時，國大代表聯誼會在師大禮堂舉行歡迎先生的茶會，……

晚七時，臺靜農宴會。

一九五八年五月二十五日【聯經版第七冊頁二七〇〇／油印本第十九冊頁二二八】

先生在新竹國立清華大學……演講，……

晚七時，有沈宗瀚宴會。

一九五八年五月二十六日【聯經版第七冊頁二七〇一／油印本第十九冊頁二二九】

上午，束雲章來訪。中午，朱家驊宴會。晚，副總統陳誠宴會。大概是繼續商設「國家發展科學培植人才的五年計劃的綱領草案」。

是日，有復莊尚嚴的信：

一九五八年五月二十七日【聯經版第七冊頁二七〇二／油印本第十九冊頁二三〇】

下午三時，似在台大歷史系演講。

一九五八年五月二十七日【聯經版第七冊頁二七〇三／油印本第十九冊頁二三三】

上次在〈自由中國〉編輯委員會的一個很小聚會中，我曾經說，這幾年來，雷儆寰先生應該得到我們許多朋友特別的敬意。這幾年來，如果說言論自由格外普遍，我覺得雷先生的功勞最大。他是真正爭取言論自由的英雄、好漢、鬥士。在此時此地，我想請求諸位一起舉杯祝雷先生健康。

我雖是「自由中國」社編輯委員，……

一九五八年五月二十八日【聯經版第七冊頁二七〇七／油印本第十九冊頁二四〇】

上午，越南公使阮公勛來訪。中午，雷寶華宴會。晚七時，楊亮功宴會。住錢家。

一九五八年五月三十日【聯經版第七冊頁二七〇七／油印本第十九冊頁二四一】

五月三十日，下午回南港。

一九五八年五月三十一日【聯經版第七冊頁二七〇七／油印本第十九冊頁二四一】

五月三十一日上午，陶振譽來訪。晚，江元任宴會。

一九五八年六月一日【聯經版第七冊頁二七〇七／油印本第十九冊頁二四二】

六月一日上午，田幫辦夫婦，卜少夫等來訪。

中午，立法院北大同人在新北投餐敍。

下午四時半，訪張羣。六時半，羅萬俥宴會。

一九五八年六月二日【聯經版第七冊頁二七〇七／油印本第十九冊頁二四二】

六月二日下午，訪日本大使。

一九五八年六月三日【聯經版第七冊頁二七〇七／油印本第十九冊頁二四二】

參觀石門水庫，晚六時回南港。

是日，有〔中國新文學運動小史〕的短序：

一九五八年六月五日【聯經版第七冊頁二七一〇／油印本第十九冊頁二四八—二四九】

現在我再說一個故事，……而這位年輕的葛利略非常感興趣，於是不斷的一直繼續下去，趣味橫生，便改學數學，由於濃厚的興趣與天才，……

——〔臺大青年〕四十七年六月臺北出版

一九五八年六月六日【聯經版第七冊頁二七一一／油印本第十九冊頁二四九】

這天天氣炎熱，法學院禮堂裏擠滿了聽眾。先生演講時，汗流浹背。

晚應居浩然的宴會。回到南港，極感疲勞，就休息了。

六月六晚，葉曙宴會。今夜至三時還不曾入睡。

一九五八年六月七日【聯經版第七冊頁二七一一／油印本第十九冊頁二四九】

六月七日上午，略有熱度。下午三時至六時半，主持院務會議。晚七時，錢思亮宴會。十時廿分回南港。

一九五八年六月八日【聯經版第七冊頁二七一一／油印本第十九冊頁二四九】

今日中央研究院各研究所及考古館等正式開放兩天，任人參觀。一天之內，就有二千多人。上午，先生不斷的接見客人。下午，錢思亮夫婦，兒子祖望，媳婦曾淑昭，孫復等都來。葉公超、嚴家淦等來談到六時。晚，沈昌煥宴會。

一九五八年六月九日【聯經版第七冊頁二七一一／油印本第十九冊頁二五〇】

下午，召開論文審查會。晚有同樂會。

一九五八年六月十日【聯經版第七冊頁二七一四／油印本第十九冊頁二五五】

丁月波先生在他的「前言」裏，……最早的草稿本的引文必定也是曬藍翦黏的。後來這部清鈔本的引文也就照樣用曬藍的資料翦黏了。

一九五八年六月十日【聯經版第七冊頁二七一五／油印本第十九冊頁二五八】

（序文原稿見〔梁譜長編初稿〕，世界書局出版）

中午，梅貽琦宴會。晚，李濟宴會。

是日，有復曾迺碩的信。（見本譜民前十七年二月初十條附錄）

一九五八年六月十一日【聯經版第七冊頁二七一五／油印本第十九冊頁二五八】

六月十一日上午，澳洲康德修來訪，並參觀。又有亞細亞大學校長等來訪。晚，張羣宴會。住錢家。

一九五八年六月十二日【聯經版第七冊頁二七一五、二七一八／油印本第十九冊頁二五八、二六二】

有客人來訪。

下午四時，先生在師範大學演講……（六月十日〔中央日報〕）

先生在演講前，和趙友培談起新詩，就用三十年前的舊作「山風吹亂了窗紙上的松痕，吹不散我心頭的人影」兩句詩，題贈給中國語文月刊社。（參閱同日〔中央日報〕）

晚七時，吳三連、李萬倬等宴會。

一九五八年六月十三日【聯經版第七冊頁二七一八／油印本第十九冊頁二六二】

上午，居浩然來訪，並求墨寶。

下午四時，在政治大學演講，……

一九五八年六月十四日【聯經版第七冊頁二七二一／油印本第十九冊頁二六八—二六九】

六月十四日上午，寫字幾幅。陳光甫、朱家驊等先後來訪。

下午二時十分，離開南港。今晚住錢家。

編者附記：先生這次回國，因他的住宅還在建築之中，暫時住在會議室裏。那時院中的建築物不多，舉眼便可看見四周的山景。大門口（老的大門口，現已改作後門了）對面一座長滿了叢木的小山上，常有成千成百的白鷺在那兒飛翔、棲息。潔白的白鷺點綴在蒼翠的叢木之間，寫出一幅活動的畫圖。頌平曾陪先生欣賞這幅異常美麗的天然圖畫，看他那悠然神往的神情，大有「飛鳥相與還」似的物我兩忘的境界。（參閱胡頌平「從適之先生的墓園談起」，〔傳記文學〕四卷二期）

一九五八年六月十五日【聯經版第七冊頁二七二一／油印本第十九冊頁二六九】

六月十五日，仍住錢家，準備赴美。今晚曾訪李濟長談。

一九五八年六月十六日【聯經版第七冊頁二七二二／油印本第十九冊頁二七〇】

……他說這十四位新院士，均為國內知名之學者，今後對該院之學術研究，亦必有較大之貢獻。

今日大雨，送行的陳副總統夫人、張羣、俞鴻鈞、于右任、朱家驊、張道藩、俞大維、羅家倫、錢思亮、李濟、堀內等暨學術文化界人士共約二百餘人。（參閱六月十七日〔中央日報〕）。

到了十一月二十九夜，……

一九五八年八月二十九日【聯經版第七冊頁二七三〇／油印本第十九冊頁二八三】

是夜，有復楊聯陞的信。(似是復楊鈔寄熊會貞的書札，待查。)

一九五八年十月二十二日【聯經版第七冊頁二七三六／油印本第十九冊頁二九四】

英國駐哈爾濱領事SLY嘗告同僚云：

又說：……不單是為了出任中央研究院長之故。……在他發現中央研究院的歷史語言研究所的圖書館最足以供他進行某些項目的終生研究之用時，他即已作定居台北的計劃。他說，此一圖書館藏有他完成其研究工作所必需參考的書籍，其數量比他所到過的世界任何其他圖書館的這類書籍還要多。尤有進者，在紐約很難找到合格的助手……

一九五八年十一月三日【聯經版第七冊頁二七三八—二七三九／油印本第十九冊頁二九八】

清晨零五分，到達臺北。到機場迎接的有朱家驊、張道藩、梅貽琦、陳雪屏、李濟、董作賓、田炯錦、黃伯度、楊亮功、錢思亮、毛子水、黃啟瑞等百數十人。

一九五八年十一月五日【聯經版第七冊頁二七三九／油印本第十九冊頁二九八—二九九】

在機場接見記者的談話要點：

對蘇俄壓迫……我們都很同巴斯特納克的遭遇……

先生接見記者之後，即往錢思亮寓所休息。上午到錢宅來訪問的有于右任、張羣、王世杰、雷法章、蔣復璁等多人。

一九五八年十一月五日【聯經版第七冊頁二七三九—二七四〇／油印本第十九冊頁三〇〇—三〇一】

編者附記：……房子不多，只有書房一間……顯然不夠寬敞了。此後在先生身旁工作的，還是頌平和王志維先生兩人。編者住在台北，只有辦公的時間在南港院中；王志維則是整天都為先生工作，往往到了深夜才回去。此時編者開始紀錄先生的言行，凡是例假及夜裏有什麼言行，大都是志維先生告訴頌平的。此後三年多的年譜，編者接受毛子水先生和楊聯陞先生的勸告，儘量採納頌平當日的日記；故不另註來源。附記於此。

一九五八年十一月六日【聯經版第七冊頁二七四〇／油印本第十九冊頁三〇一】

十一月六日上午，雷震、查良釗、胡秋原等來訪。下午四時，訪陳副總統。又訪于右任、朱家驊，未晤。晚六時，李濟在同志會設宴洗塵。

一九五八年十一月七日【聯經版第七冊頁二七四〇／油印本第十九冊頁三〇一】

十一月七日上午，程天放來訪。下午，查良釗、馬國霖等來訪。吳忠信來談甚久。吳說，自古大軍人，必須有大文人與之配合，然後政治才有辦法。先生勸他及時寫自傳。雷震來談片刻，即搭吳忠信的便車回去。

一九五八年十一月八日【聯經版第七冊頁二七四〇／油印本第十九冊頁三〇一】

十一月八日上午，蔣夢麟來談甚久。黃仁霖、黃景南、曾后希、匡文炳等先後來訪。曾后希是曾文襄公的後裔，先生答應參加他的畫展。下午，朱家驊、凌鴻勛、王世杰、楊樹人等來訪。毛子水介紹竹嗣洪來見。三時，主持院士選舉委員會。劉真來，因開會未見。

一九五八年十一月九日【聯經版第七冊頁二七四〇／油印本第十九冊頁三〇一】

十一月九日（星期日）上午，雷寶華夫婦，張正禮，來請先生講演。顧文霞、黃國書夫婦等來訪。下午，錢思亮夫婦及祖望夫婦等九人來訪。

一九五八年十一月十日【聯經版第七冊頁二七四〇／油印本第十九冊頁三〇二】

十一月十日上午，朱家驊來談甚久，留此午餐。下午，沈剛伯、劉真夫人，孫多慈、顧如，張目寒偕沈敬熙夫人來訪。

一九五八年十一月十一日【聯經版第七冊頁二七四〇／油印本第十九冊頁三〇二—三〇三】

上午，凌純聲、吳相湘、劉瑞恆、郭廷以、張貴永、李青來等來訪。下午，全漢昇夫人，周德偉、王淦等談。晚，張紫常在此飯。

今天有復楊家駱的信。

……

又復劉真一信。

白如先生：

我剛回來的第三天就接到你從台中寄來的一大簍柚子，而且是麻豆的白柚，非常名貴。這幾天我已把柚子分給幾家朋友嘗嘗，使人家都能領受老兄的好意。

前天（八日）下午又承老兄遠道來看我，恰巧我在主持一個院內的委員會議，無法抽空和你談談，十分抱歉。

胡適敬上　四七、十一、十一。

又有幾封婉謝人家求職及請吃飯的信。

一九五八年十一月十二日【聯經版第七冊頁二七四〇／油印本第十九冊頁三〇三】

十一月十二日上午，張慶楨、張茲闓、金柯等來訪。下午，李新民、冷彭、梅貽琦等來訪。

一九五八年十一月十四日【聯經版第七冊頁二七四一／油印本第十九冊頁三〇五】

十一月十一（四）日。上午，馬保之、孔德成、湯惠蓀、張憲秋等來訪。

下午，李詩長、德克，賴再得等來訪。四時，約董作賓同往參觀曾后希的畫展。五時，訪王世杰。

七時半，應陳副總統晚宴。

一九五八年十一月十五日【聯經版第七冊頁二七四一／油印本第十九冊頁三〇六—三〇七】

上午九時，先生在臺灣大學十三週年紀念會上講演……

下午三時，主持院務會議。七時，程天放、蕭錚宴客。

一九五八年十一月十六日【聯經版第七冊頁二七四二／油印本第十九冊頁三〇七】

十一月十六日，上午，許孝炎、伍家宥、郭登敖來訪。又有土耳其女教授沐德累來訪。下午，李錦屏女士來訪。晚，應王世濬之宴。

一九五八年十一月十七日【聯經版第七冊頁二七四二／油印本第十九冊頁三〇七】

上午，陳熊文、劉宗怡、張埜等訪。雷震來，留此午飯。

下午，王大空來作訪問錄音。

一九五八年十一月十七日【聯經版第七冊頁二七四三／油印本第十九冊頁三〇九】

是日，給嚴一萍一信，未留稿。又復簡又文一信。

又文先生：

你的大著太平天國典制通考三大冊，都已收到。

這兩天還來不急細看。等我稍空拜讀之後，如有什麼意見，我再寫信告訴你。

胡適 四七、十一、十七。

是夜，有「頓悟無生般若頌的全卷」一文

一九五八年十一月十八日【聯經版第七冊頁二七四三／油印本第十九冊頁三〇九】

上午，胡秋原、鮑克蘭等來談。晚七時，錢思亮宴客。

今天給胡建人一信。……

一九五八年十一月十八日【聯經版第七冊頁二七四四／油印本第十九冊頁三一一】

又復齊良憐一信。……

又復某君一信：

尊公的墓誌銘，最好請求前輩古文家去作，似更為合適。

我向來不會作碑誌的文字，千萬請你原諒。

一九五八年十一月十九日【聯經版第七冊頁二七四四／油印本第十九冊頁三一一】

十一月十九日，上午，張翁燕娟來訪。下午四時半，晉謁蔣總統。六時半，余家菊（景陶）宴會。

一九五八年十一月二十日【聯經版第七冊頁二七四四—二七四五／油印本第十九冊頁三一一—三一二】

上午，胡牧球、夏道平等來訪。下午六時半，參加自由中國社創刊九周年紀念聚餐。

是日，有〈新校定敦煌寫本神會和尚遺著兩種〉的「校寫後記」三篇……

此種神會遺著，先生從一九二六年秋季第一次發現，到此校寫完畢，費時三十二年。（全文見……又收入胡適紀念館影印〈神會和尚遺集〉，為先生最後的研究之一；五十七年十二月出版）

一九五八年十一月二十一日【聯經版第七冊頁二七四五／油印本第十九冊頁三一二】

十一月廿一日，上午，汪敬熙夫人來訪。中午十二時，Asia Foundation聚會。下午，雷震、周象賢、楊錫仁，記者羅祖光來訪。外賓沙爾溫、湯甫生同來院參觀後吃酒。晚，約屈萬里便餐。

是日，有悼洪蘭友的短文：……*

【*聯經版刪除本日記事，連日期也刪除，以致「是日，有悼洪蘭友的短文：……」誤繫於十一月二十日】

一九五八年十一月二十三日【聯經版第七冊頁二七四七／油印本第十九冊頁三一五—三一六】

五、蔣廷黻（中國近代史）

一九五八年十一月二十四日【聯經版第七冊頁二七四七／油印本第十九冊頁三一六】

今天的〔中央日報〕有先生「埋首研究佛學為新著蒐資料」的報導。

十一月廿四日，上午九時，先生約同李濟、沈剛伯、全漢昇到青潭大奇腳去參觀大陸材料，即在張慶恩家午飯。下午四時四十分，謝明山、勞侃如來訪。八時五十分，雷震、夏濤聲來談片刻。

一九五八年十一月二十五日【聯經版第七冊頁二七四七／油印本第十九冊頁三一七】

近百年來，民主黨由少數黨……

下午一時一刻，到松山機場去接陳省身回國。三時半，錢天鶴、樊際昌等來訪。七時，周德偉宴會。

一九五八年十一月二十六日【聯經版第七冊頁二七四八／油印本第十九冊頁三一七—三一八】

上午，陳省身、錢思亮來訪，並參觀數學研究所。下午七時，先生在留美同學會……

一九五八年十一月二十六日【聯經版第七冊頁二七五〇／油印本第十九冊頁三二一】

這篇演講的英文稿，……

今日有復陳之藩的信。（未錄稿）

一九五八年十一月二十七日【聯經版第七冊頁二七五〇／油印本第十九冊頁三二一】

上午，蔣復璁、查良鑑、王文偉來訪。晚七時，張羣宴會。

是夜，有「關於江陰南菁書院的史料」的摘記。……

一九五八年十一月二十八日【聯經版第七冊頁二七五四／油印本第十九冊頁三二七】

十一月廿八日，上午，張起鈞、張翰書、陶振譽來訪。朱家驊來，留此午飯。下午，嚴一萍來。晚，孔德成宴會。

一九五八年十一月二十九日【聯經版第七冊頁二七五四／油印本第十九冊頁三二七—三二八】

上午，雷震、夏濤聲、杜光勛等訪。雷、夏兩人留此午飯。下午，周仲民偕子來訪。

午後，又摘記南菁書院的史料一條：……

六時，訪傅斯年夫人俞大綵女士。七時，朱家驊宴會。

一九五八年十一月三十日【聯經版第七冊頁二七五五／油印本第十九冊頁三二八】

十一月三十日（星期日）上午，雷寶華夫婦等來訪。晚，約石璋如、楊時逢、李光濤等便飯。

是夜，有「熊會貞水經注疏的遺言」的最後校鈔稿。

一九五八年十二月一日【聯經版第七冊頁二七五五／油印本第十九冊頁三二九】

上午，吳相湘來訪。中午，約凌純聲、全漢昇及一位董姓訪客午餐。下午，王世憲來談甚久。

是夜，有「記熊會貞晚年才用水經注永樂大典本、……」。

一九五八年十二月二日【聯經版第七冊頁二七五五／油印本第十九冊頁三二九】

十二月二日，上午，馬之驌、金承藝、羅敦偉等訪。下午，楊一峯和馮君來訪。

一九五八年十二月三日【聯經版第七冊頁二七五五／油印本第十九冊頁三二九】

十二月三日，上午，沈志明、延國符、胡曉溪、程敷銀等來訪。下午，浦麟生、陳疇、劉宗怡、毛子水、臺靜農、鄭騫、胡鍾吾、胡又華等來訪。

一九五八年十二月四日【聯經版第七冊頁二七五五／油印本第十九冊頁三二九—三三〇】

上午，沈怡來談甚久。晚六時，赴北大同學會之宴。

今日有復胡家健的信：……

今天有信給趙連芳，請他於明年一月十一日「蔡元培先生誕辰紀念會」上作一個公開的學術講演。

先生看見「誕辰紀念會」的「誕辰」二字之後就問胡頌平：「頌平，你︹詩經︺熟不熟？」……先生說：在︹詩經︺……至於當作「育」字解，見於漢唐的文字，所以如「聖誕」「誕辰」是不適的，我個人是不用誕辰這些字面的。

一九五八年十二月五日【聯經版第七冊頁二七五五—二七五六／油印本第十九冊頁三三〇—二三一*】

上午，王企祥來訪。「中央日報」記者……先生答應得空時給她寫。下午，胡秋原來訪。晚應王世憲之宴。

今天先生出示︹齊白石年譜︺一冊，預備借給齊白石的女兒齊良憐看的。先生翻開序文中的一小段，是用紅色筆抹去了的，但仍還可以看得出，原文是：

如他說：「吾居星塘老屋，竈內生蛙，始事於畫。」「竈內生蛙」四個字豈是古文駢文家想得到的！

先生問胡頌平：「『竈內生蛙』是什麼時代的話？」頌平說：「好像是秦漢以前的故事？」先生說：「這句話在︹國策︺︹國語︺裏都有的（註）。你們教國文的真要特別注意，一個不留神就會鬧笑話的。所以我把這幾句話都抹去了。」

先生又說：「齊白石的年齡是九十五歲，不是九十七歲，他聽了長沙舒貽上的算命，用『瞞天過海法』，跳過了兩歲。」

（註）：︹國策︺「趙一」有「四竈生鼃」；︹國語︺十五「晉語」有「沈竈產鼃」的話。

【*油印版的頁數到三三〇之後又從二三一號編起，應是三三一誤作二三一，以下就順著下去了！】

一九五八年十二月六日【聯經版第七冊頁二七五六／油印本第十九冊頁二三二—二三三】

上午準備……演講稿。晚六時半，約李濟、凌純聲、董作賓、毛子水等餐序。

今天復彭國棟一信。……又復齊良憐一信。……

又復某君函：

我不懂古物，故不能鑑定古物。

我不懂醫學，故不配談來函上說的「不明熱」「氣候熱」的問題。

因為這種病是醫學問題，所以我這樣完全不懂醫學的人不敢請你來談，千萬請原諒。

一九五八年十二月七日【聯經版第七冊頁二七六六／油印本第十九冊頁二五一】

今晚，住在霧峰故宮博物院。（十二月八日《中央日報》）

一九五八年十二月八日【聯經版第七冊頁二七六七／油印本第十九冊頁二五三】

生先生演講之後，參觀了台中農學院。

中午，應東海大學張佛泉的宴會。

下午，參觀東海大學。吳耀德舉行歡迎茶會。晚應劉真、孔德成等的宴會。

一九五八年十二月九日【聯經版第七冊頁二七六七／油印本第十九冊頁二五三】

上午十時半，……下午二時一刻到南港。

馬逢瑞來訪。李濟偕外賓湯姆生等來訪甚久。

陳省身來，留住客房中。

一九五八年十二月十日【聯經版第七冊頁二七六七／油印本第十九冊頁二五三—二五四】

十二月十日，上午，有何姓青年軍人來，自稱有發明，介紹他去見林致平。

下午一時一刻，到松山機場去接馬歇爾史東夫婦（美國數學家、加州大學教授）。回來之後，在盥洗室洗臉。頌平的辦公室是經過盥洗室的門口的，先生看見頌平突然問起大法官的人數（十三人）。他說：「這麼多的大法官，除掉史尚寬一個人認識外，其餘諸人的名字，連我也不知道。這些大法官是否當過法官？大法官是解釋憲法的，多麼重要！在美國，始終只有九位大法官，都是法學的權威。我們的人數也太多些。」

四時半，參加同志會人權節宣言十周年紀念。

晚，錢思亮宴客。

今日給中國公學校友會理事長水祥雲一信。*

【*聯經版刪除本日記事，連日期也刪除，以致「今日給中國公學校友會理事長水祥雲一信。……」誤繫於十二月九日】

一九五八年十二月十一日【聯經版第七冊頁二七六七／油印本第十九冊頁二五四—二五五】

上午十時，謝明山來函，請求先生到中原理工學院去講演一次。等決定後再復。

中午，先生在扶輪社的午餐聚會席上發表英文演講，……

一九五八年十二月十一日【聯經版第七冊頁二七六八／油印本第十九冊頁二五六】

晚七時，借同志會歡宴馬歇爾史東夫婦等。六時二十分，我跟先生同車到了同志會，對於餐廳電爐的擺法，座位的排定，都要注意到的。在車上，先生談起凡是到一個地方去，終要先到的好。留好充分的時間，以免途中可能發生的阻礙。如果時間算得太緊，一有意外的事情就來不及了。如紐約到機場需要一小時的汽車，我總是在一小時半的時間就動身，那麼到後過磅、護照等等手續就很從容了。外國人有句成語：「潮水與時間是不等人的。」

一九五八年十二月十二日【聯經版第七冊頁二七六八／油印本第十九冊頁二五六—二五七】

上午十時，先生到總統府參加宣誓典禮（十二月十三日〈中央日報〉等）。

中午，王叔銘宴會。

下午，龔弘、周德偉來訪。三時半，日本東京慈會醫科大學教授酒井塩夫婦，由陳炯靈陪同來訪，同照一相，寫了一張條幅，又贈他台北版的〔古代哲學史〕等書。

是日，有「貶天子」札記一條：

一九五八年十二月十三日【聯經版第七冊頁二七六九／油印本第十九冊頁二五八】

上午九時，香港大學教授Dr. Kirby及Dr. Priestley二人來訪。新聞局派人來照相。先生於Kirby的紀念冊上題了「功不唐捐」四字。

又有竹嗣洪、雷震、王洪鈞等訪。雷震留此午飯。

先生此次回國，各方來信請求寫字的特別多，……

一九五八年十二月十四日【聯經版第七冊頁二七七〇／油印本第十九冊頁二五九】

十二月十四日（星期日）上午，〔徵信新聞〕的彭麒，〔中華日報〕的甘立德，〔新生報〕的黃順華，〔公論報〕的宣中文，〔中央通訊社〕的曲克寬，〔聯合報〕的姚鳳翔等六位記者來採訪新聞，談了很久。

下午，李先聞、趙連芳、王世濬等來訪，為了生物組的事情，舉行院士談話會。又林致平夫婦來訪。

今晚，請諸院士、評議員及各所所長二十多人吃飯。

一九五八年十二月十五日【聯經版第七冊頁二七七〇／油印本第十九冊頁二六〇】

十二月十五日，上午，馬保之夫婦來訪。中午應美大使之宴，座有史東。下午，李先聞來談。史東夫婦來，先生親自陪他們參觀考古館與民族館等。

從美國運回的第一批八箱書，今晚運到。……*

【*聯經版刪除十二月十四、十五日記事，連日期也刪除，以致「從美國運回的第一批八箱書……」繫於十二月十三日】

一九五八年十二月十六日【聯經版第七冊頁二七七〇／油印本第十九冊頁二六〇】

上午，吳忠信、張其昀、郭蓮蔭、郭寄嶠、蕭勃等來祝壽。

今天是先生六十八歲生日的前夕，各報都有訪問的報導。……

談起往事，想到四十一年前回鄉娶親的事。……段祺瑞馬廠義，北京大學幾乎為此誤了招生。胡博士在家省親時，接到北大的信，趕到北大幫忙辦理招生，忙到冬天才回老家去辦自己的終身大事。

一九五八年十二月十六日【聯經版第七冊頁二七七三／油印本第十九冊頁二六五—二六六】

大概是我吃酒的名聲太壞了，……

今天有給楊家駱的謝信：

……先生送來這麼貴重的〔中國思想名著〕十冊為我祝壽，都是我所要找的常用的書，更應向你特別的道謝。

先生今早對頌平說：李湘芬前回請我題詞，我已當面答應她，還是給她寫幾個字吧。杜勒斯說的「自由是有吸力的磁石」這句話可以寫給她，獎勵她的奔向自由。

下午，江一平來祝壽。五點多，先生題了吳相湘的一個長卷跋文之後，到了頌平的辦公室，怎麼談起十七、八年前在美國去看從前康乃爾大學的史學老師伯爾先生（Prof. George Lincoln Burr）的一個故事，說：「那天伯爾先生和我談了一天的話，我至今還沒有忘記。他說：『我年紀越大，越覺得容忍比自由還更重要』（Tolerance is more important than freedom）。其實容忍就是自由：沒有容忍，就沒有自由。我自己也有『我年紀越大，越覺得容忍還更重要』的感想。」頌平聽了很感動，請求先生把這句話寫給他，先生答應了，就坐在頌平的工作桌上，拿了一張已經截去一小半的宣紙信紙來寫。快要寫好時，頌平又請先生寫上明天（十七日）的日期，更有紀念的意義，先生也照寫了。這時王志維也進來了，先生笑著對他說：「志維，頌平敲我竹槓，要我寫字。」我們大家都笑了。（胡頌平「適之先生寫字的故事」，〔文星〕第五十八期）。

七時，到祖望家暖壽。有梅貽琦等人作陪。

一九五八年十二月十七日【聯經版第七冊頁二七七三／油印本第十九冊頁二六七】

今天是先生六十八歲的生日，又是北京大學成立六十周年的校慶紀念日。

一大早，堯樂博士就來祝壽了，接著各界的客人，包括北大畢業的學生，中國公學的學生代表，政府各部門的負責首長，教育學術界以及各方面人士，陸續到達，共約一千多人。送花的，送書籍的，送蛋糕壽酒的，還有壽幛、壽屏、壽聯的禮物。但因住宅太小了，只掛了一張舊莊小學全體師生簽名的小小的紅緞，特別感到親切。

這時國立藝術專科學校派人來攝影，新聞記者來錄音訪問。

一九五八年十二月十七日【聯經版第七冊頁二七七六／油印本第十九冊頁二七二—二七三】

六時半，出席中央研究院同人的慶祝宴會。先生即席講了一個笑話。大要是：

剛才董作賓先生將本人的生日和內人的生日作了一個考證，說我是肖兔的，內人肖虎，當然兔子見了老虎就要怕。他這個考證，使我想起一個笑話：

記得抗戰期間，我在駐美大使任內，有一個新聞記者寫了一篇關於我的報導，說我是個收藏家，一是收藏洋火盒，一是收藏榮譽學位。這篇文章當時曾經我看過，我覺得沒有什麼不可以的地方，就讓他發表了。誰知道這篇文字發表之後，惹出大亂子來。於是有許多人寄給我各處各式各樣的洋火盒，因此我還得對每個人寫信去道謝。後來我把我自己的洋火盒寄給一些送我洋火盒的人。誰知有一位朋友把我送的洋火盒在報上刊出來，我的洋火盒是篆字「胡適」兩字的圖章，白底紅字的封面，於是又惹出來不少麻煩，很多讀者紛紛來信向我要洋火盒。我的收集洋火盒，並不是有特別大的興趣，只不過是我旅行到過的旅館，或宴會中的洋火盒，隨便收集一些，加上別人送給我的，在我的大使任內就積有五千多個，我留在大使館內。另外是收藏榮譽學位，也有三十多個；不過這都是人家送的，不算是我的收藏。我真正的收藏，是全世界各國怕老婆的故事。這個沒有人知道。這個很有用，的確可以說是我極豐富的收藏。世界各種文字的怕老婆故事，我都收藏了。在這個收集裏，我有一個發現，在全世界國家裏，只有三個國家是沒有怕老婆的故事，一是德國，一是日本，一是俄國。——當時俄國是我們的同盟國，所以沒有提起它。而意大利倒有很多的怕老婆故事，我預料意大利會跳出軸心國的，不到四個月，意大利真的跳出來了。現在我們從這個收藏裏可以得到一個結論：凡是有怕老婆故事的國家都是自由民主的國家；反之，凡是一個沒有怕老婆故事的國家，都是獨裁的或極權的國家。

一九五八年十二月十八日【聯經版第七冊頁二七七六／油印本第十九冊頁二七三】

十二月十八日，上午，雷寶華、汪新民、莊烈等來訪。晚上，毛子水、錢思亮夫人，江水波等為先生夫婦（夫人在美）兩人祝壽。

一九五八年十二月十九日【聯經版第七冊頁二七七六／油印本第十九冊頁二七三—二七四】

十二月十九日，上午，悟明和尚來訪。下午，謝仁釗來訪。又有僑生三人（一姓簡，一姓謝，一姓古）來請對全體僑生作一次演講，先生答應了，還和他們合照一張相。晚，李濟宴會。

今天有給朱家驊的信。……*

【*聯經版刪除十二月十八、十九日記事，連日期也刪除，致「今天有給朱家驊的信。……」誤繫於十二月十七日】

一九五八年十二月二十日【聯經版第七冊頁二七七六／油印本第十九冊頁二七四】

國大代表年會總召集人富聖廉、許曉初、黃農等來訪，邀請先生擔任年會的主席和演說的題目。

今日有復潘慤的信。

一九五八年十二月二十一日【聯經版第七冊頁二七七八／油印本第十九冊頁二七七】

上午……在此晚餐。

何炳棣來此小住六天。

一九五八年十二月二十二日【聯經版第七冊頁二七七八／油印本第十九冊頁二七七—二七九】

上午，曹明煥來訪。復徐文珊一信。……

又復吳傑一信。

旦雄兄：

謝謝你十二月十八日的信。

我記得你。你因名號兩用而發生的困難，我願替你證明。請你把文憑掛號寄給我，最好擬一張證明書稿附來，因我不知道證書的格式是怎樣的。

你將來有便到台北來，我很願見你。

胡適 四七、十二、廿二

一九五八年十二月二十三日【聯經版第七冊頁二七八五／油印本第十九冊頁二九一】

先生出席光復大陸設計委員會第五次全體會議……（十二月〔中央日報〕及〔新生報〕）。

李燦霖等來，未晤。晚應楊繼曾之宴。

一九五八年十二月二十四日【聯經版第七冊頁二七八八／油印本第十九冊頁二九八】

胡博士的講演，歷時約四十分鐘。……（同日《新生報》）

今早趙松巖來訪，未晤。

晚應梅貽琦、尹仲容之宴。回到南港時，已是十一點了。

一九五八年十二月二十五日【聯經版第七冊頁二七九二／油印本第十九冊頁三〇四】

夜十時，胡家建來訪。

一九五八年十二月二十六日【聯經版第七冊頁二七九二／油印本第十九冊頁三〇四—三〇五】

龔德柏、胡蘭生、鄭英有、劉雨民、黃任封等來訪。

今晚七時，有胡漢文的宴會，胡頌平搭先生的車子回台北。在車上，先生談起《師門五年記》，等於替中國公學作廣告。頌平說：「姚從吾先生前幾天對我說，他也想跟先生再作幾年助教呢！」胡頌平忽然想起孔子說的「六十而耳順，七十而從心所欲不逾矩」兩句話來，因說孔子只有七十三歲，如果他能活到八十歲，可能會有一個另外的境界？先生問「耳順」怎麼解？頌平說：「不是『耳聞其言，而知微旨』嗎？」先生說：「從來經師對於耳順的解釋都不十分確切的。我想，還是容忍的意思。古人說的逆耳之言，到了六十歲，聽起人家的話來已有容忍的涵養，再也不逆耳了。還是這個意思比較接近些。」

飯後寫了十幾張條幅。

一九五八年十二月二十七日【聯經版第七冊頁二七九二／油印本第十九冊頁三〇五—三〇六】

上午，達鑑三、黃彰健、楊時逢等來訪。

客人何炳棣今天早上回美國去，先生叫司機送他到松山機場，回來很晚，才知道車子在路上拋錨了。先生因而談起「高軒」的故事。（參閱本譜二十年四月二十四日條）。

下午，台大學生四十多人來見，先生答允同他們合照一相。

先生拿著楊守敬的〈水經注〉，走進頌平的辦公室，笑著說：我想借你的筆寫幾個字。於是在這本〈水經注〉上寫了「元任、韻卿贈我此書。」接著，把前天拿出的照片題了下面幾個字：「一九五六年九月的照片。送給頌平。適之。一九五八年十二月。」未寫日子，卻是陰曆的生日。

一九五八年十二月二十八日【聯經版第七冊頁二七九二／油印本第十九冊頁三〇六】

十二月廿八日（星期日）上午，陳紀瀅來訪。晚，應汪敬熙夫人之宴。

一九五八年十二月二十九日【聯經版第七冊頁二七九二／油印本第十九冊頁三〇六】

上午，蔡培火、劉世昌等來訪。下午，吳相湘率領台大歷史系僑生四十多人來見。……

一九五八年十二月二十九日【聯經版第七冊頁二七九三／油印本第十九冊頁三〇七—三〇八】

先生說話之後，又答允和他們同照一相。

今天為了提名錢穆為院士候選人的事，有給朱家驊的短信。（未錄稿）。

又有績溪胡氏集王右軍書……

這幾天來，外間對於先生廿四日在光復大陸設計委員會上演講的反應很多，有的說是捧總統，有的說是給他將了一軍，見仁見智，各有不同，胡頌平今天和先生提起時，先生笑著說：我對總統是很恭謹的。現在有些人還想恢復五五憲法，無論如何，這部憲法比五五憲法高明得多。當初在胡漢民、孫科時代的立法院，立法委員只有四十九人，像王雪艇、傅秉常都是。那時是個法制局的性質，並不是國會。現在要想回到五五憲法時代是不能的了。

一九五八年十二月三十日【聯經版第七冊頁二七九三／油印本第十九冊頁三〇九】

上午，姚從吾來訪，大概是提起院士候選人提名的事。先生告訴他：「我已寫信給騮先先生了。」

先生說：「做學問切不可動感情，一動感情，只看見人家的錯，就看不見自己的錯處。」

下午，沈志明夫婦來，希望能夠翻印先生譯的〈短篇小說集〉。先生答允整理好後給他們的啟明書局出版。

今天接到侯璠的賀年片，是用先生寫的「敬賀新年」四個字翻版製成的。先生笑著說：「版權所有，侯璠已經偷了我們的版權了。」

這兩天接到一些前線士兵的來信，說是想看先生的書，但在前方買不到，也買不起；先生於是寄贈〈胡適文存〉一集及〈四十自述〉給他們。以後常有同樣的情形。

晚上，在梅貽琦七秩慶祝酒會上，先生說了一個真實的故事：

一九五八年十二月三十一日【聯經版第七冊頁二七九四—二七九五／油印本第十九冊頁三一〇—三一二】

上午，董作賓來訪。下午，胡宏述、陳興耀來謁，楊時逢來訪。

有給張承醮的信：

一九五九年一月一日【聯經版第八冊頁二七九七／油印本第二十冊頁一】

上午，參加總統府團拜。馬之驌夫婦、劉真夫婦、馬逢瑞等來拜年。楊亮功與祖望夫婦等留此午飯。下午，陳熊文夫婦、錢思亮父子、沈剛伯父女來訪。

一九五九年一月二日【聯經版第八冊頁二七九七／油印本第二十冊頁一】

上午，黃及時父女、王琳、黃鎮球等來訪。有沈君（沈驥、蕭靜恪）夫婦帶來……

一九五九年一月三日【聯經版第八冊頁二七九八／油印本第二十冊頁二、四】

上午，郭雨常父子來訪。張貴永、芮逸夫陪同Marlker來談甚久。

中午，赴陽明山，應林熊祥、林柏壽的宴會。

下午四時，中央研究院舉行團拜。先生約同來訪的客人李宗侗、蔣復璁、包遵彭、林霖、吳相湘、楊樹人及傅夫人等參加團拜。

先生在團拜上說了許多話，……

七時，應張道藩的宴會。

一九五九年一月五日【聯經版第八冊頁二七九九／油印本第二十冊頁四】

一月五日（星期一）上午，和莽羅談了很久。蔣夢麟來，加入談話。下午，劉崇鋐來訪。

一九五九年一月六日【聯經版第八冊頁二七九九／油印本第二十冊頁四】

一月六日（星期二）江易生來訪。接見馮鎬、許成業二人，談明天對僑生講演的事情。又陪莽羅參觀考古館等處。下午，趙玉琳、汪洋二人來談舊莊小學的事情。錢思亮來訪，留此晚飯。

一九五九年一月七日【聯經版第八冊頁二七九九／油印本第二十冊頁四】

上午，仍與莽羅談得很久，後來介紹芮逸夫與他談話。中午，應沈錡的約會，在圓山飯店午餐。晚七時半，在國際學舍對僑生演講「一個人生觀」。

一九五九年一月九日【聯經版第八冊頁二八〇二／油印本第二十冊頁十一】

下午三時，楊樹人來談。……國家長期發展科學委員會即將成立，成立後的主任委員由中央研究院院長兼評議會議長擔任，……楊樹人答應幫忙。

楊樹人回去後，先生對胡頌平說：「去年院中發生的事情，全靠楊樹人擋住，不然，會出大亂子的；因他是超然的，所以更有力量。」

七時，張茲闓宴客。

今晚，先生交給胡頌平一本〔鈍夫年譜〕，說：「這是我父親自編的年譜。這是鈔本，原稿留在北平。你拿去看看，非常有趣的。我預備把他印行。」頌平帶著這本年譜回家，夜裏十時許，開始來看，只覺得太老師鐵花先生那種堅若卓絕的志行，那種求真負責絕不苟且的精神，和他的內行之篤，天性之厚的種種行誼，一口氣讀完，已是清晨兩點了。讀後感到先生那種弘毅的德性，真是「其來有自」似的。

一九五九年一月十日【聯經版第八冊頁二八〇二／油印本第二十冊頁一二】

一月十日（星期六）上午，胡頌平將〔鈍夫年譜〕還給先生，說已讀了一遍，非常感動。先生說：「我父親是一個怪人；不過文章寫得很好。」

郭廷以、王企祥、沈志明等來訪。

下午，英人西門、陳之邁夫婦來訪。新聞記者彭琪等四人來採訪即將回國講學的趙元任生平及其在學術上的貢獻。

六時半，沈剛伯宴會。

一九五九年一月十一日【聯經版第八冊頁二八〇三／油印本第二十冊頁一三】

下午，李石曾、梅貽琦等來訪。

一九五九年一月十二日【聯經版第八冊頁二八〇三／油印本第二十冊頁一三】

下午，齊世英來訪。

晚，梅貽琦歡宴趙元任夫婦，先生作陪。

今夜給李霖燦一信。

一九五九年一月十三日【聯經版第八冊頁二八〇五／油印本第二十冊頁一六】

中午，趙元任夫婦、卞昭波小姐、李濟夫婦、施友忠夫婦，都留此午飯。

下午四時半開始，先生參加朱家驊舉行的歡迎趙元任夫婦的茶會。七時，錢思亮宴會。

一九五九年一月十四日【聯經版第八冊頁二八〇五／油印本第二十冊頁一六】

上午，勞榦來訪。中午，Maurer來辭行，留此午飯。

一九五九年一月十六日【聯經版第八冊頁二八〇六／油印本第二十冊頁一八】

上午到霧峰，下午到中興新村，又到中壢附近參觀地下水開發情形。晚住八卦山招待所。

一九五九年一月二十一日【聯經版第八冊頁二八〇八／油印本第二十冊頁二一】

上午，楊景鸘來訪。下午，〔徵信新聞〕的記者來訪。今天有復吳祖坪、王紹楨的信。

一九五九年一月二十一日【聯經版第八冊頁二八〇九／油印本第二十冊頁二三】

又復張隆延一信。

又復趙茂林的短信：「謝謝你告訴我原稿是『真』字」。（參閱本譜本月十四日復趙茂林條）。

一九五九年一月二十二日【聯經版第八冊頁二八〇九／油印本第二十冊頁二三】

一月廿二日（星期四）一位青年胡林鈞來訪。他是先生的堂姪。先生要胡頌平參加，聽聽他們講的純粹績溪話，像說到他人的「他」字，而說「其」；上下的「下」字讀「何」字音，有點和溫州話相似，也可以聽懂四五成。

一九五九年一月二十三日【聯經版第八冊頁二八〇九／油印本第二十冊頁二三—二五】

王企祥來訪。程遠帆留此午餐。

今天辭謝了中國心理衛生協會的專題演講。有復嚴一萍的信。……

下午，先生翻看一本小說〔風暴十年〕，翻到十一頁，裏面有「甲午戰敗，八國聯軍進北京」一句話。先生笑著說，這位作者會編造歷史，該打手心。

近來接到一些很潦草的信，連寫信人的姓名也認不出來。今天先生指示胡頌平說：以後我們寫信，遇到重要的字最好要寫正字。我總覺得愛亂寫草書的人神經不太正常。往往為了一個字，要人費時去思量、去猜想，這就是對別人的不負責任。我們隨便寫一封短信，也要對別人負責的。

一九五九年一月二十四日【聯經版第八冊頁二八一〇／油印本第二十冊頁二六—二七】

中午，留胡頌平便飯。在飯桌上，問起當年在中國公學讀書的情形。胡頌平說：「我在中公時只選先生的『中國文化史』和暑期開的『中國最近三百年來的幾個思想家』兩門課。『中國文化史』裏有好幾章是請別人代授的；如甲骨文字，就請鄭仰之先生講的。」先生說：「鄭仰之也是我的學生。」胡頌平又說：「先生在『中國最近三百年來的幾個思想家』裏，最後講到宋衡的〔平子芻議〕。宋平子（名衡）先生是我的鄉前輩，所以我特別注意。他是平陽人，我是樂清人，我們溫州人很敬佩他的思想情誼的。」可惜這本筆記於抗戰期中失掉了。

今午飯後的水果是木瓜。先生又問：「〔詩經〕裏『投我以木瓜，報之以瓊琚』，是不是就是今天吃的木瓜？」胡頌平說：「這種木瓜只有南方各省才有的，台灣也有；但『衛風』是現在河北省大名縣及河南省衛輝懷慶兩府一帶的地方。這些地方產生的木瓜，怕不是我們今天吃的這種木瓜？」先生隨手在飯桌旁邊的書架上抽出〔詩經〕來翻，注裏說是楙木，疏裏也說楙木瓜，酸可食，但仍不知是否就是現在的木瓜，得空時不妨查查看。

下午，孫洵侯、王夢鷗、英人Skeling等來訪。

一九五九年一月二十五日【聯經版第八冊頁二八一〇／油印本第二十冊頁二七】

一月廿五日（星期日）上午，楊亮功、蔣夢麟、趙元任夫婦、卞小姐及祖望等來，留此午飯。下午，施宏謨、吳申叔、張永明、汪禮才等來訪。

一九五九年一月二十六日【聯經版第八冊頁二八一〇／油印本第二十冊頁二七—二九】

一月廿六日（星期一）上午，王企祥來訪。胡頌平做好〔四十自述〕的勘誤表。先生看見「立大嫚」的「嫚」字，說：「績溪的婦女是跟孩子稱呼他人的。譬如父親哥哥的太太，我的母親跟孩子的口氣喊他伯母。伯母兩個字唸得快時便唸成『嫚』字；父親弟弟的太太叫作『嬸』。你們溫州怎樣稱呼的？」胡頌平說：「也是跟小孩稱呼的；不過把伯母兩字唸成『姆』字，嬸字還是唸『嬸』的。」先生說：「這個『嫚』字應該做個註解。」

中午，應藍蔭鼎之宴。

下午，高惜冰、吳相湘、于衡等來訪。

先生談起「五四」這班人的作法，是不贊成的。「五四」以後，大家都搶學生作他們的羣眾了。陳獨秀到武漢講演之前，他在監獄裏關了八十天，只許他看〔聖經〕。他從監獄裏出來後的第一篇文章是「基督教與中國的大貢獻」；如果他不到南方去，他的思想不會這樣轉變的，以後也沒有這個大亂子。這個歷史外面知道的很少。我很少提到「五四」的。今年四十年了，回頭來想想，「五四」是個不幸的事。我是向來不主張學生干預政治的，青年人應該享受國家的保障，使他不預政治。美國學生對政治不感興趣，只有猶太學生對政治有興趣的。學生的干預政治是變態的：凡政治不良，又沒有正當表現改良政治輿論的時代，一定落在學生的身上，如東漢、宋朝、明朝的太學生出來干政，都是如此的。

莫國康是北京大學畢業的。今天董作賓轉來她的信，請求先生證明她的北大畢業文憑是真的。

一九五九年一月二十七日【聯經版第八冊頁二八一〇—二八一一／油印本第二十冊頁二九】

上午，全漢昇來談王企祥的事。下午，**江學珠、張貴永、郭廷以等來訪**。

今天胡頌平將〔植物大辭典〕上記載「木瓜」的各點摘錄下來，先生看了說：這種木瓜是很小的，所以說「投」；一定不是很大的了。（參閱一月廿四日「木瓜」條）

一九五九年一月二十八日【聯經版第八冊頁二八一二／油印本第二十冊頁三一】

下午，陳守成來訪，並求墨寶。先生覺得這個人很樸實，氣味好，非常可愛。就答應了。**今天有復姚崇吾的信……**

又復唐嗣堯一信，婉謝小年夜的年夜飯。

晚六時半，招待各研究所所長及總辦事處同人，共到廿二人，在心園餐聚。

一九五九年一月二十九日【聯經版第八冊頁二八一二／油印本第二十冊頁三二】

上午，雷震來訪。先生對他說：雷先生，今天我很忙，我連陪你談天的時間都沒有了。雷震走後，**先生趕寫林肯一百五十歲生日紀念的英文廣播詞。……**

下午，李濟、全漢昇來談甚久。

晚七時，朱家驊宴趙元任夫婦，先生應邀作陪。

今夜寫成「林肯一百五十歲生日紀念」中文稿。

一九五九年一月三十日【聯經版第八冊頁二八一五／油印本第二十冊頁三七】

上午，先生接見霍寶樹、張九如、王德箴等後，就到美國新聞處去錄音。

下午，沈宗瀚和一位外賓來訪。

一九五九年一月三十一日【聯經版第八冊頁二八一五／油印本第二十冊頁三七—三八】

一月卅一日（星期六）上午，黃拓榮、吳相湘、彭國棟等來訪，彭國棟表示向先生請教的機會不容易。先生答允他以後可來談。

下午二時半，王耀東來訪。……籌備開會的事*。李濟、全漢昇來，都留此晚飯。

【*聯經版刪除一月三十一日記事，連日期也刪除，以致「下午二時半，王耀東來訪。……籌備開會的事。」誤繫於一月三十日】

一九五九年二月二日【聯經版第八冊頁二八一六／油印本第二十冊頁四〇】

上午，易希陶來訪。下午，招待外賓二十人來參觀。晚應劉航琛夫婦之宴。

今天行政院正式公布「國家長期發展科學計劃綱領」的全文。

一九五九年二月二日【聯經版第八冊頁二八一八／油印本第二十冊頁四三—四四】

又復某君（高博）一信。……

又有復謝彭楚珩的贈書及辭謝范鶴年邀作月會演講的信。

一九五九年二月三日【聯經版第八冊頁二八一八／油印本第二十冊頁四四】

二月三日（星期二）上午，給竹腰進一和雲龍的兩本冊頁題了字，又給朱子祥、陳守成、本際和尚等人寫了條幅。有李葆蓀、趙崇傑來訪。

中午，一女中校長江學珠邀午宴，有趙元任夫婦、李抱忱等同座。

飯後到陸軍總醫院看胡文郁的病，留下五百元。

下午，復劉瑞恆一信：承他介紹的梁君是研究藥物的，等到將來化學所研究範圍擴大時，再當和他接洽。

一九五九年二月四日【聯經版第八冊頁二八一八—二八一九／油印本第二十冊頁四四】

上午，有一位北大畢業的武鏞，帶了他父親武大敏將軍在民國三十年（一九四一）九月廿九日在太岳戰死的事略來，請求先生給武將軍寫一篇碑文。德人史往博來訪。

下午，楊樹人來商談前天評議會和國家長期發展科學委員會的會議紀錄。四時五十分，到台大醫院檢查身體。

七時，應趙元任的宴會。

一九五九年二月五日【聯經版第八冊頁二八一九／油印本第二十冊頁四五—四六】

以後照此稿復信，……

姚從吾夫婦、李宗侗等來訪。一同參加史語所同人歡迎趙元任夫婦的午宴。

四時，臺大醫院外科落成典禮……

五時，參加亞洲學會湯普生的雞尾酒會。六時，到王世杰家晚飯。

今夜復宋聘莘一信，告訴他的曾祖宋維釗的事蹟，見〔台東採訪冊〕、〔恆春縣志〕、〔台灣文獻〕等書。先生看見胡頌平錄稿時，說：「這些不是別人受讀的信。不過這位宋維釗先生的後代，居然有人在此地來找他，也不容易了。」

一九五九年二月六日【聯經版第八冊頁二八二〇／油印本第二十冊頁四七—四八】

上午，替王雪村的扇面題了字，又在「鍾南進士送妹圖」上也題了幾個字。吳申叔、王企祥來訪。胡光麃來談他最近被高等法院裁定……（先生自己的日記）……

楊樹人擬了……

與雪艇同到唐嗣堯的晚飯，席設立法院的院長招待室，見著賈景德、何成濬、齊如山、李嗣璁……諸先生。

月涵、子水諸人也在座。如山八十三歲，頭髮還沒有白，精神很好。

到祖望家中過「小年夜」，是淑昭（媳婦）的生日。（先生自己的日記）。

今天葉曙送來台大病理研究所的中英文研究報告及病例紀錄多種。嚴一萍送來藝文出版的新書一批。

一九五九年二月八日【聯經版第八冊頁二八二一／油印本第二十冊頁四九】

早上有拜年的客人多批。

稍久談的有雷儆寰夫婦和夏濤聲；有劉白如（真）夫婦。

祖望、淑昭來吃午飯，孫子也來了。

一九五九年二月九日【聯經版第八冊頁二八二一／油印本第二十冊頁五〇】

晚上到劉白如家吃飯。喝了不少的酒。主客是元任夫婦。

回家已十點多。寫長信給葉良才兄。（先生自己的日記）

一九五九年二月十日【聯經版第八冊頁二八二一／油印本第二十冊頁五〇】

二月十日（星期二）「許多人來拜年。騮先夫婦及王靄芬等。

下午無事，寫長信給葉良才、談中基會事。

晚上在陳副總統家吃飯，主客是趙元任夫婦」。（先生自己的日記）

一九五九年二月十一日【聯經版第八冊頁二八二二／油印本第二十冊頁五一—五二】

Ford Foundation從沒有注意到台灣，此次是第一次有人來此。

下午陶振譽來談。

晚上看Sir Thomas的……——有簡單的日記

今天先生談起二次大戰初期，麥克阿瑟在菲律賓坐潛水艇逃去時，把部隊交給他的副手去投降。這個投降人以後是有功的，這點中國人還不懂。外國對俘虜是用他的軍階分別待遇的；這在中國人也是不懂的。又談起一七〔九〕二八年第一次坐飛機（見本譜十七年末了一條）；一九一〇年八月初旬在上海丟了治裝費的故事（見本譜民前二年「八月十日初旬」條）。

一九五九年二月十二日【聯經版第八冊頁二八二三／油印本第二十冊頁五三—五四】

晚上美國大使Drumright宴請……——有簡單的日記

今天有中國公學校友會的代表水祥雲來訪，說校友會的新年聯歡是為先生補壽。先生答應了。

又有一位馮釋吾居士來訪……

今天給黃建中七十歲壽箋上題了下面的話：

得某壁立萬仞，豈不益為吾道之光？

朱子晚年語，錄以奉祝

離明吾兄七十大壽，並賀

嫂夫人大壽。　　胡適。

又為王德勳寫了條幅。

一九五九年二月十三日【聯經版第八冊頁二八二三／油印本第二十冊頁五五—五六】

上午，王琳、延國符夫婦、吳祥麟等來訪。于右任來，先生對他說，史語所正在佈置一個三千三百年的書法演進展覽會，……再請他來看看。

下午，易希陶、張研田、羅澤清、易希道來訪。這四人都是中基會送他們到美國進修的。

今天有復胡光麃的信。……

又復劉真一信，謝謝他對舊莊國校的愛護與協助。

一九五九年二月十四日【聯經版第八冊頁二八二五／油印本第二十冊頁五七】

「發寄Dr. Mumford的信，又寫信給袁守和、吳光清，托他們代辦Microfilm裝寄的事。」——有簡單的日記

一九五九年二月十四日【聯經版第八冊頁二八二八／油印本第二十冊頁六二】

又復唐縱的信……

「又復高宗武一信。

在陳長桐家吃晚飯，他的夫人費女士，能畫工筆花卉。」（先生自己的日記）

下午，高平子來談。

一九五九年二月十五日【聯經版第八冊頁二八二八／油印本第二十冊頁六二—六三】

二月十五日（星期日）「雷寶華先生、夫人與顧文露先生來午飯。陳啟天先生來午飯，飯後長談。

下午水利局長鄧先仁先生來談。他原在農復會管水利事，曾發表一篇關於台省水利的長文，台省主席周至柔讀了此文，就找他談，請他擔任水利局的事。」（先生自己的日記）。

一九五九年二月十六日【聯經版第八冊頁二八二八／油印本第二十冊頁六三】

二月十六日（星期一）「任顯羣先生來談。

煙酒公賣局局長吳道艮先生與孫衛先生來談。

陳伯莊先生自香港來。他是一九一〇年留美官費七十人之一。我們同行的七十人，現在台北的有六人：

楊錫仁、周象賢、趙元任、胡適、程遠帆（原名闓運）、陳伯莊（原名延壽）

在金克和先生家吃飯。」（先生自己的日記）。

一九五九年二月十七日【聯經版第八冊頁二八二八／油印本第二十冊頁六三—六五】

「元任、漢昇同午飯。

法國La Monda駐東京記者Robert Guillain來談。

外交部黃少谷部長約Erie Gohnston晚飯，同席的有雪艇、月涵、曾虛白、曾約農、張麗門諸人。Gohnston先打電話要明天來看我。我看他的時間太緊，飯後到他的旅館談了一點鐘。此君的談鋒頗健。」（先生自己的日記）

植物所的助理員鮑永生來見先生。先生借他出國旅費美金二百元。

今天復韓石泉一信。……

又有復藍蔭鼎謝贈照片的信。

一九五九年二月二十日【聯經版第八冊頁二八三二／油印本第二十冊頁七〇】

鄭學稼先生來談了兩三點鐘。……——有簡單的日記

先生談起當年在中公校長任內，有人請他把孫中山先生的全集看了一遍，那些是中山先生的真心話，那些是國共時代臨時應付的話，去泰去甚，作一番整理的工作。先生看了一遍，寫了一篇「知難行亦不易」的文章，在一個很小的（吳淞月刊）登出來。誰知這個小小的刊物，竟會引起大風潮。三民主義是

當時中山先生的講演，筆記者有些地方還不明瞭中山先生的原意。這種講演的筆記，那可以作經典？

一九五九年二月二十一日【聯經版第八冊頁二八三二／油印本第二十冊頁七一—七二】

先生談起司馬遷寫的張良歷史。這篇文章從頭到尾，都是司馬遷編的神話。……

Hochstaen來訪。

浦家麟夫婦來，請先生為遠東圖書公司出版的〔紅樓夢〕題封面。先生告訴他們：吳相湘那邊收集的〔紅樓夢〕材料最多，可以向他接洽印出。

今天先生無日記。

一九五九年二月二十二日【聯經版第八冊頁二八三二／油印本第二十冊頁七二】

二月廿二日*（星期日）……

晚上，張昌華在清華大學辦事處請先生吃元宵的壽酒。回來後準備後天的演講稿到三點多鐘。夜十二時，有「跋合眾國圖書館藏的林頤山論『編輯全校酈書』的函稿」。

【*油印本作四月疑是筆誤。】

一九五九年二月二十三日【聯經版第八冊頁二八三三／油印本第二十冊頁七三】

二月廿三日（星期一）「昨今兩天準備一點材料，為明天下午史語所『學術講演會』的演講。

上午，江一平來訪。

下午，開院士第三組提名人審查會，開了三個鐘頭。

晚上差不多沒有睡，整理明天要說的話。睡時天快亮了。」（先生自己的日記）

一九五九年二月二十四日【聯經版第八冊頁二八三五／油印本第二十冊頁七八】

又有「試舉七證，證明……」……

五時，俞大維夫婦來談。

「今晚早睡，睡了九點鐘。」（先生自己的日記）

一九五九年二月二十五日【聯經版第八冊頁二八三五／油印本第二十冊頁七八】

二月廿五日（星期三）上午，葉曙、董作賓來談。鮑永生來辭行。劉世超來，先生勸他先把英文讀好。

晚，應成舍吾、端木愷的宴會。

一九五九年二月二十六日【聯經版第八冊頁二八三五／油印本第二十冊頁七八—八〇】

二月廿六日（星期四）「朱霖（字君復）中將同他的夫人熊芷來談，在此同飯。下午，雷震、胡鍾吾來談。」（先生自己的日記）

晚上，到圓山飯店，應朱家驊的宴會。

今日給黃秉心一張名片，寫了下面的一句話：「中公同學馬逢瑞兄欲來奉謁，敬為介紹。」

編者附記：馬逢瑞是先生很熟悉的中公學生。他這時寫信來想請先生替他介紹台灣省物產保險公司的工作。先生看了他的信後對胡頌平說：「我是向來不替人介紹工作的。我這次到院裏來不帶一個人，從前在北大時也不曾帶一個人，就是在中公當校長時，我請楊亮功當副校長，那是請他幫忙我的。那時江寶和當會計，不是我的意思，是校董會請他，丁鷇音硬要他去擔任的。我現在的地位不能隨便寫信介紹工作的。我寫一封信給人家，等於壓人家，將使人家感到不方便。你和黃秉心熟悉嗎？」胡頌平說：「熟的。」先生又問：「馬逢瑞和他也熟嗎？」頌平說：「也熟悉的。」先生接著說：「那末，由你出名去寫好嗎？你可以這樣的說：『他從前在中國公學時曾經打破全國運動會長距離賽跑的紀錄。我曾經幫過他的忙，那是特別的。這個人很可靠，我也非常信任他的能幹。你可以提起我很關心他的工作的話。』

你們都是前後同學，你請他設法好嗎？」於是由胡頌平出名寫了一封信，先生另外給他一個上面的介紹片子。說：「只怕端不可開。」

一九五九年二月二十七日【聯經版第八冊頁二八三五／油印本第二十冊頁八〇】

林咸讓來談。

到Dominican Republic大使館慶賀獨立一一五年茶會。

史語所藏的《水經注》有這些：……

今天又有「沈大成校水經注的四跋」。

林克治來辭行，先生勉勵他此行必有成功，並希他早些回國。還有記者和一些客人來訪。

一九五九年二月二十八日【聯經版第八冊頁二八三九／油印本第二十冊頁八六】

今天有復桂裕一信。……

今天先生在臥房裏吟誦杜甫的「詠懷古跡」五首的一首。一會兒出來了，滿面笑容的對胡頌平說：「真奇怪，我少時用績溪土話唸的詩，現在也只能用土話來唸；長大時用官話唸的，才能用官話來唸。」於是談起錢牧齋的箋注杜注最了不得。

晚上，應李順卿的宴會。

一九五九年三月二日【聯經版第八冊頁二八四〇／油印本第二十冊頁八八—八九】

「晚上在王雪艇家晚飯，見著許孝炎，他剛從香港來。孝炎談香港的中共五家報紙近幾個月來的統戰策略，很可注意。」（先生自己的日記）

上午，凌純聲來談。胡光麃來談建築工程，談起「適」字。先生說：這是「帝」字的頭，應該讀「謫」；在日本還保存中國的古音。下午，胡宏蕤來見。

今天有復于右任的信。

右任先生：

承先生邀我三月四日午飯，十分感謝。不幸那一天我已經答應了孔德成兄陪琉球大學校長安里秀源先生午飯，所以不能到悅賓樓來吃先生的飯了，千萬請先生原諒。敬祝大安

胡適 四八、三、二。

又復高梓一信，婉謝沒有時間去板橋對小學教育作專題講演。

今天先生對胡頌平談起每天有六小時的睡眠就夠。在此地，太太不在此，沒有人管我，可以放肆些，我總覺得這麼靜的夜去睡覺太可惜了，多作點工作，好玩。

今夜，寫完「史語所藏的楊希閔過錄的何焯、沈大成兩家的水經注校注」。

一九五九年三月三日【聯經版第八冊頁二八四一——二八四二／油印本第二十冊頁九二——九三】

上午，董作賓、郭廷以來談。

瑞士Welt Woche編輯人Dr. Corenz Stuch來訪，我和他談了一點鐘。

晚上黃杰將軍（警備總司令）家中吃飯，……

一九五九年三月四日【聯經版第八冊頁二八四二／油印本第二十冊頁九三】

中午，應孔德成的宴會。

今天有「跋中央研究院歷史語言研究藏的〈毅軍函札〉中的……」

一九五九年三月五日【聯經版第八冊頁二八四八／油印本第二十冊頁一〇四】

今天有給齊良憐的信。……

先生指著齊良憐的信對胡頌平說：「齊良憐自己補的一條，完全照我的格式，我已把它補入年譜了。

她是在齊白石六十五歲時生的。齊白石要我編年譜時已是八十歲，他只把一捆一捆的材料交給我，大概是年老了，沒有想到良憐的出生，決非有意的；居然她能完全照我的格式擬好一條！」先生說到這裏，放低聲音說：「這位齊老先生七十八歲還生兒子；良憐之後，還有好幾個子女呢！」

先生把他的〔齊白石年譜〕自校本和這本剛由齊良憐寄回的年譜，要胡頌平把這一條補上，同時用自校本再校一遍；因自校本上已經增添了一些材料，還有一些錯字也照校正。

一九五九年三月六日【聯經版第八冊頁二八四八／油印本第二十冊頁一〇四】

三月六日（星期五）「今天殷台公司造的『信仰』號下水，Mrs. Gregerson是Sponsor。我沒有能去。Maguns & Georgie來看我。」（先生自己的日記）

下午，查良鑑夫婦等來訪。

一九五九年三月七日【聯經版第八冊頁二八四八／油印本第二十冊頁一〇五】

Cornell（113）同學George H. Kockwell夫婦遊歷臺灣……

上午，雷法章來談。

一九五九年三月十日【聯經版第八冊頁二八四九／油印本第二十冊頁一〇六】

公賣局許自誠先生來談。

總統宴約旦國王胡笙。

下午……晚上參加國宴。

今天先生對胡頌平談起：「我本來有這樣的一個計劃：在每年陽曆元旦起寫自己的年譜，到陰曆除夕時完成，可惜都不能照計劃去做。」胡頌平說：「先生在美國時用錄音的方法，不是已經講了好幾年嗎？現在也可以用錄音的方法，繼續講下去。」先生說：「就是用錄音的方法，也總要想一想才能講的，現在沒有這些時間了。」

一九五九年三月十一日【聯經版第八冊頁二八五二／油印本第二十冊頁一一一】

起訴書中有「渲染自由主義文學」一語，……胡適

先生又對胡頌平說：「沈志明夫婦的罪名是『渲染自由主義，歌頌無產文學』，如果這樣叫作犯罪，那末杜甫、白香山都是共產黨了。」先生又吩咐胡頌平說：「我自動的為了原則寫這封信，你以後不要和他們談起，也不要讓他們知道。這封信，我想請你替我送給雲五先生，當面遞給他。」

今天又給〔中央日報〕的陶希聖、胡健中、唐際清三人的信。

健中、希聖、際清三位先生：

明天是貴報創刊十三周年及遷台出版十周年的紀念慶典。我本來已準備來到光復廳借貴報的酒祝賀貴報同人的努力的成功。今天始知道明天下午三時半有香港朋友要來南港談話，我怕不能在五點以前趕來參加酒會，所以寫短信道賀，敬祝貴社繼續發揚光大已有的大成績，並祝貴社同人的健康。

胡適敬上四八、三、十一日

一九五九年三月十三日【聯經版第八冊頁二八五八／油印本第二十冊頁一一二】

張大千夫婦與張日寒等來談。

今夜給程滄波一信，……

一九五九年三月十三日【聯經版第八冊頁二八六〇／油印本第二十冊頁一一二六】

又有復陶一珊的信，歡迎他來看看清代學人的筆札。

今天有「略記趙戴兩家水經注的一些大不同之處」的筆記……

今天先生無日記。

一九五九年三月十四日【聯經版第八冊頁二八六二／油印本第二十冊頁一一二八—一一二九】

又復李政道等四人一個英文電報……

下午，有給閻振興的信。

振興先生：

頃得中基會葉良才先生來信，知道中基會的執行委員會已於二月廿八日開會，已通過先生去年十二月廿日給我的信上提議的兩位助教出國到普渡大學進修的來回旅費共二千四百元。該會有正式通知，想已達左右，只有先生原函囑將餘款，另作獎學金，資助另一位助教出國進修一節，執委會因餘款太少，不夠作一個夠生活及來回旅費的Fellowship，故不能通過，想能蒙先生原諒。此次該會執行委員會所能支配的款項只限於一九五八年淨餘之款之百分之七十五。去年為美國市場「小不景氣」之年，故所能支配之款項較往年為少。但貴校兩位助教將來歸國的旅費已有專案保留，定無問題。

匆匆敬聞，並祝大安

胡適敬上 四八、三、十四。

今天客人有戴德發、蘇清波、闞山坑等來談舊莊小學的事情，又有雷震遠來談。

一九五九年三月十五日【聯經版第八冊頁二八六二／油印本第二十冊頁一一二九】

上午，韓國僑生孔繁曦、孔德宏、越南僑生譚其毅等來見。他們向先生借去〔申翠微〕一冊。

一九五九年三月十六日【聯經版第八冊頁二八六二／油印本第二十冊頁一一二九—一一三〇】

日本大使堀內謙介帶了秘書中野義矩來參觀。

下午到祖望家中，他的一班朋友有設宴給他祝壽。

八點約旦王回宴蔣總統，我是陪客之一。……

今天先生談起應酬的痛苦，一次進城要費四小時，深深感到浪費時間的可惜。

先生又談起「容忍與自由」一文說：這些短文比論文難寫，足足費了幾個晚上的工夫。

下午，吳相湘、張慶楨、王敬同、劉世紀等來談。

一九五九年三月十八日【聯經版第八冊頁二八六三／油印本第二十冊頁一三一】

「寫『薛瓚』一文，未成。

堀內大使臨別酒會。

Mr. Haraldson晚飯。

準備廿一日評議會事。」（先生自己的日記）

今天先生對胡頌平說，昨夜月涵那邊所得到的消息，沈志明的案件，完全是人家對他報復的行為。他得罪了不少的人，才有今天的滔天大禍！

今天有給沈宗瀚的信。謝他贈送台東改良的甜柑。

一九五九年三月十九日【聯經版第八冊頁二八六三／油印本第二十冊頁一三二—一三三】

三月十九日（星期四）「正中書局劉季洪來談。

鯁生的兩個兒子（元松、小松）借祖望家請元任、雪艇和我晚飯。

準備評議會事。」（先生自己的日記）

陶一珊來看先生藏的「清代學人書札詩箋」十二冊。先生對他說：這部收集的都是嘉慶到道光年間的筆札詩箋，是清朝最好的時代。收集這些筆記，多多益善。字壞的也要收集起來，我是當作歷史的材料收集的。我本來作了一個跋，後來發現有些是假的，所以又做了一個跋在後面。

下午四點以後，先生寫了「豐樂亭」三字（註一），為趙蘭屏寫橫幅，為陳質平寫了條幅，為張錫仁寫了一張長條，又為高惜冰寫了張玉田的詞兩句：

東風且伴薔薇住，

到薔薇春已堪憐。（註二）

（註一）陽明山管理局局長周象賢請先生寫的「豐樂亭」匾額，最後決定只用「豐樂」兩字，做好橫額，安在亭上。先生去世之後不久，這個橫額也不見了。（參閱本譜本年六月九日條）

（註二）先生寫了之後對胡頌平說：有一天晚上，我讀這兩句詞時掉下淚來。這兩句不是現在的情形嗎？還有人在著歌舞昇平！

今晚在車上，胡頌平問：「聽說這次約旦王回宴時，有人向他敬酒，他坐著不起；這是外國的禮節嗎？」先生說：「在外國接受人家的敬酒，都是坐著接受的。這是世界普遍的禮節；只有中國人才站起來接受的。在外國，如果你站起來，人家覺得奇怪的。」頌平又問：「上次伊朗國王來時，于院長請他吃飯，有人批評。人家以為只有國家的元首才可以請他。」先生說：「那也不一定。這次辭修先生的宴請約旦國王，是以首揆的身分，不是副元首的身分。這種場合，最好不要請。」

一九五九年三月二十日【聯經版第八冊頁二八六四／油印本第二十冊頁一三四—一三五】

廷黻今天下午到。……——有簡單的日記

上午，給陶振譽、厲蔭庭等寫了條幅。又給浦薛鳳的姪子寫了結婚立軸：

晏平仲善與人交，久而敬之。久而敬之這句話，也可以作夫婦相處的格言。

下午，杜光勛、雷震、夏濤聲等在機場上聽說先生傷風了，都來南港看先生。先生和他談起「容忍與自由」裏引用「王制」裏的話是四「殺」，但在﹝四十自述﹞裏引的「誅」字，不是「殺」字，這是當年沒有查查原書的錯誤。我們應該知道光靠記憶是靠不住的。

客人走後，先生又和胡頌平談起傅孟真的記憶真好：「他有一次在美國演講，身旁不帶一張紙，但他在黑板上把﹝漢書﹞和﹝史記﹞的『儒林傳』不同之處完全寫出來，你看他的記性多好！他也許早一晚做了苦工，第二天有意這樣表演的。」胡頌平說：「先生的記憶力也了不得。」先生說：「我的記性不好，我是靠硬記的。」

一九五九年三月二十一日【聯經版第八冊頁二八六四／油印本第二十冊頁一三五—一三六】

「中研評議會，我主席。」（先生自己的日記）

上午，陳德範、馮炳奎、陸匡文、彭占令等來訪。

下午，評議會選出院士候選人廿九人：

一、文理組：周偉良、袁家騮、馮簡、程毓淮、范緒筠、徐世大、阮維周、王憲鍾、顧毓琇、任之泰、柏實義、鍾開萊、王守競。

二、生物組：王世坤、李惠林、汪厥明、盧致德、林渭訪、李景均、劉發煊、杜聰明。

三、人文組：陳康、凌純聲、陳大齊、楊聯陞、劉大中、陳槃、董同龢、芮逸夫。

今天夜裏，先生對王志維說：「有些人真聰明，可惜把聰明用得不得當，他們能夠記得二三十年前朋友談天的一句話，或是某人罵某人的一句話。我總覺他們的聰明太無聊了。人家罵我的話，我統統都記不起了，並且要把它忘記得更快更好！」

一九五九年三月二十二日【聯經版第八冊頁二八六四／油印本第二十冊頁一三六】

三月二十二日（星期日）「晚飯在楊亮功家。他太太自己做菜。」（先生自己的日記）

先生這次的日記，只寫到今天，以後就很少日記了。

今天來訪的客人，有何容、洪炎秋、洪煨蓮等人。

一九五九年三月二十三日【聯經版第八冊頁二八六四／油印本第二十冊頁一三六】

三月二十三日（星期一）上午，李先聞、趙連芳陪同美國安全分署的三位科學家來談，同照一相。

晚六時半，出席美國大使館武官Paul Godbry的酒會。七時半，又赴黃少谷的宴會。

一九五九年三月二十四日【聯經版第八冊頁二八六四／油印本第二十冊頁一三七】

下午，有兩位〈自由中國〉的編輯人員（高叔康、夏道平）來談。先生告訴他們說：雜誌上……

六時半，有委內瑞拉公使Luis A. Colmenares的酒會。七時，再赴余凌雲、吳鑄人、范苑聲、徐鼐的宴會。

一九五九年三月二十六日【聯經版第八冊頁二八六五／油印本第二十冊頁一三八——一三九】

下午，復黃秉心一信。

秉心先生：

謝謝先生三月廿三日的信。「師命」二字，使我惶悚。我一生不敢向朋友任職的機關介紹人，正是為了不敢使朋友感覺為難。馬逢瑞君能幹而誠實，此次得老兄援用，我希望他將來不會使老兄失望。

胡適　四八、三、廿六。

編者附記：黃秉心的來信裏有「重以師命」的話，先生感到不安所以有此復信。

又復莊申一信。

謝謝你三月廿五日的信。

你在史語所的工作問題，最好請你向所長李濟之先生商洽，因為那是各研究所的內部問題，我向來不干涉。不過我覺得董彥堂先生既肯為你甲骨文研究室留一名義，他大概是對你存一種希望，想訓練你作一個青年徒弟。這是很好的機會，你何妨鼓起一點勇氣去學習學習？這一門新興的學術，其中需要嚴格的訓練，你何妨去試試看？祝莊申先生好。

胡適四八、三、廿六。

一九五九年三月二十七日【聯經版第八冊頁二八六五／油印本第二十冊頁一三九—一四〇】

三月廿七日（星期五）上午，〔香港時報〕的張繼高來訪。另有一位姓譚的來訪。

下午，McCarthy同另一位外賓來訪。端木愷、胡秋原來談，留此晚飯。

八時，進城看王雲五。

今天為了去年金門炮戰殉難戰士的追悼會，親筆題了「壯烈殉國」四字。

今夜有「記乾隆殿本漢書」一文。指出當時校刊諸臣齊召南等所據各種本子之中，……

一九五九年三月二十八日【聯經版第八冊頁二八六五／油印本第二十冊頁一三九—一四〇】

上午，丁明達來訪。……

杜元載來訪。

一九五九年三月二十九日【聯經版第八冊頁二八六六／油印本第二十冊頁一四一】

三月廿九日（星期日）上午，蔣廷黻、李濟、郭廷以、張貴永等來談。留此午飯。

下午，德人Haffman來訪。王靄芬等來訪。

晚應何世禮、鄭彥棻等的宴會。飯後，訪錢思亮。

一九五九年三月三十日【聯經版第八冊頁二八六六／油印本第二十冊頁一四二—一四三】

何世禮、胡輯五來訪。……

今天先生將剛寫好的「注〔漢書〕的薛瓚」這一篇文章的上篇給胡頌平看，同時指著堆滿書桌上的書籍說：「我借來這麼多的書，都是為寫頭一段。」胡頌平問：「有沒有什麼需要我幫先生翻翻的嗎？」先生說：「作研究工作決不能由別人代查的，就是別人代為查出來，還是要自己來校對一遍。」於是指出有關這借來幾種著作的抄寫和影印的錯誤之處。又說：「凡寫文章，一定要查原書。」為了頭一段，我已費了幾天工夫了。

頭一段裏提到齊召南。先生說：「這個人了不起，是你那邊人？」胡頌平說：「他是台州人。我從前在老家裏翻過他的詩集，好像都是集句而成的。」先生說：「這是當時的風氣」。

一九五九年三月三十一日【聯經版第八冊頁二八六七／油印本第二十冊頁一四三—一四四】

上午，吳望伋、汪寶瑄來訪。

十一時，到錢家去。……下午，五點鐘，先生動過手術回來了，……

夜裏，梅貽琦來看先生。

一九五九年四月一日【聯經版第八冊頁二八六七／油印本第二十冊頁一四五】

先生今天體溫很正常。上午，李濟來談。蔣復璁帶同師大學生十多人來看先生，見面後就回去了。

下午，給高天成一信。

……十年之病，連根盡去，真是十分感激！今天已不覺得痛了，也沒有熱，我很放心。徐女士招呼護持很周到。

一九五九年四月二日【聯經版第八冊頁二八六八／油印本第二十冊頁一四五—一四六】

四月二日（星期四）上午，先生到台大醫院去換藥。

來問病的客人有李先聞、勞榦、姚從吾、屈萬里、王叔岷、趙連芳、林渭訪、趙裕華、沈志明夫婦、周法高、陳槃、張秉權、林文英等。留此中飯的有朱家驊、趙元任、李濟、董作賓、全漢昇等五人。

下午，有王世杰、雷震、夏濤聲、成舍吾、王世憲、齊世英、莫德惠等。

一九五九年四月三日【聯經版第八冊頁二八六八／油印本第二十冊頁一四六】

上午，高天成來為先生換藥。

來問病的客人有楊亮功、樊際昌、杜光勛、延國符、張慶楨、王祥麟、芮逸夫、楊樹人、何聯奎、狄膺、吳大猷的弟弟吳大業等人。

是夜，改寫「注漢書的薛瓚」上篇。

一九五九年四月四日【聯經版第八冊頁二八六八／油印本第二十冊頁一四六】

四月四日（星期六）今天來看先生的，有趙元任夫婦、趙如蘭、卞昭波、居徐萱、居美、高天成、顧文霞等。

毛子水、俞大綵都留在南港陪先生。

一九五九年四月五日【聯經版第八冊頁二八六八／油印本第二十冊頁一四七】

四月五日（星期日）今天的客人有李熙謀、周仲敏、周思曾、浦薛鳳夫婦、陳張淑芬、Moon Che等。

毛子水、俞大綵至今晚九時回台北。

一九五九年四月六日【聯經版第八冊頁二八六八／油印本第二十冊頁一四七—一四八】

四月六日（星期一）上午，蔣廷黻來談。

下午，到台大醫院去拆線，拆了一半；還有一半要到後天再拆。

馬逢瑞來談片刻。

今晚，應尹仲容、李國鼎幾個人的宴會。

今天先生談起簽名簿的用處，說：我的簽名簿，並不是叫每位客人都簽名。來的客人都叫他簽名，有點不好意思。有些人來看病，我有時連他的姓名都記不起來，看他簽名之後才知道。譬如前天居浩然夫人和他的孩子來了，我一時就想不起來了。那天正是兒童節，於是我請小朋友先簽字。孩子簽名之後，她的母親再簽居徐萱，我才恍然大悟她是居浩然夫人。徐萱就是徐芳的妹妹。這樣，這本簽名簿也有另外的用處了。

一九五九年四月七日【聯經版第八冊頁二八六八／油印本第二十冊頁一四八—一五〇】

上午，李惠林來訪。他是美國賓州大學植物學教授，先生勸他回來。又有劉燕夫來訪。

中午，應獅子會分會的邀約，到中國之友社午餐……

下午，張慶楨來訪。先生談起這次西藏的反共革命。西藏是個高原，如果中共得了西藏，就可以控制印度的。達賴逃到印度，印度很害怕，對這事非常的謹慎，不敢多說。

高平子介紹一位申請出國發生困難的青年學生邵正元來見。先生勸他說實話：「說實話，包你有力量。你到哈佛去是事實，不能用那些連我們都沒有聽見過的大學去申請，——連我也不相信了。我們在社會上大家相信我，就是我不說誑話；也就是說真話，大家才相信我。這件事只要實實在在的說真話，我可以替你出證明，包你成功。」

李濟來談科學會的事情。先生說是全部採用了楊樹人的辦法。又約全漢昇來談。

一九五九年四月八日【聯經版第八冊頁二八六八—二八六九／油印本第二十冊頁一五〇】

早上，背上的傷口有點痛。

上午，蕭劉欽孟（蕭璞的夫人）和Mrs. Milton & Miles來訪。先生和她們談談安陽發掘的甲骨銅器等在學術上的價值。

中午，應西班牙大使的宴會。

下午四點，到台大醫院去拆線。……

一九五九年四月九日【聯經版第八冊頁二八七〇／油印本第二十冊頁一五二——一五三】

動身時，李濟來談科學會執行委員會……

先生住進病房後，一切都很好。祖望夫婦、楊樹人等來問病。

先生說：我每天臨睡時，要看自己有無睡意，才背杜甫的「秋興」八首，或背「詠懷古跡」五首，四十句；「秋興」八首，六十四句；每次背完時，人也睡著了。昨晚回來時想背杜甫的一首詩，就背不出來了。這是表示腦裏有點week了。

先生帶一本英文書進醫院，說：「我故意不多帶，希望這一本書就夠了。」

一九五九年四月十日【聯經版第八冊頁二八七〇／油印本第二十冊頁一五三】

四月十日（星期五）今天各報報導先生住院的消息後，上午來問病的有王世杰、鍾健、朱家驊、張慶楨、黃秉萱、雷震、夏濤聲、魏雙寧、羅敦偉、程天放、方子衛、虞舜、延國符、杜光勛、吳祥麟、張馬韻宜、沈志明、應文嬋、阮維周、雷寶華、張鄭真縝、朱王文淵、朱國璋、束冠男、劉航琛夫人。

下午及夜裏，有楊亮功、趙執中、鄭騫、吳相湘、王德昭、張貴永、屈萬里、施友忠、李青來等人。祖望夫人送菜。

一九五九年四月十一日【聯經版第八冊頁二八七〇／油印本第二十冊頁一五三——一五四】

今天各報登載先生手術後需要靜養。上午的客人有霍寶樹、俞國華、錢純、程琪、蔣夢麟、卞昭波、卞趙如蘭、趙元任、楊步偉、楊時逢、程維賢、孫中岳、郭寄嶠、余井塘、宋英等人。

下午，有劉光軍、鄭炳鈞、李錦屏、張紫常、沈剛伯、馬保之、吳康、梁序穆等來。四時，進手術房，把前天的傷口重新縫起來，費時四十分。

今夜，陳副總統來，祖望在房招呼。

一九五九年四月十二日【聯經版第八冊頁二八七〇／油印本第二十冊頁一五四—一五五】

四月十二日（星期日）上午來院看先生的有：林致平、查良釗、宋道心、雷法章、金振庭、釋本際、蔡培火、廖溫音、劉真等人。

高天成、葉曙來換藥，錢思亮、楊亮功、祖望等進病房談了一會。

下午，有鮑良傅、項惠珍、黃伯度、杜光勛、梅貽琦、查良鑑、胡國范、周德偉、李濟夫婦、胡鍾吾、王書惠、韓克溫、吳申叔、奚倫、潘貫等人。

夜裏，還有白崇禧、王世杰、毛子水、姚從吾等人。

今天外交部轉來一封信，說是澳洲外交部要請先生去做四個星期的學術講演。先生說：「澳洲是一個洲，地方很大，那邊的國立大學之外，還有四個大學；如果到了那裏，旁邊的大學來邀請是逃不了的。今年七八月我要出去，現在不考慮，等我回來後再說吧。」

一九五九年四月十三日【聯經版第八冊頁二八七〇／油印本第二十冊頁一五五—一五六】

今早胡頌平到醫院時，先生正看報上登載「中國孔孟學會」成立的消息，說：有趣。這裏的理事，只有賈景德是我認得的。還有，陳可忠。陳可忠也當理事。他們還通過每個星期天叫作「敬孔日」，要做禮拜呢！

上午的客人有，谷正綱、方治、Joseph Arthur Yeager夫婦、徐廷瑚、胡光麃、王光中、史尚寬、謝冠生、張祖詒、江小波等人。

十一點五十分，蔣經國代表總統來慰問。

下午，有朱懷冰、朱家驊、趙連芳、凌純聲、全漢昇、黃少谷、何肇青等人。

今天，先生想看新興書局出版的〔基度山恩仇記〕和〔俠隱記〕來消遣，託啟明書局代買。啟明書局立刻送來兩部，但不太新；要等新的到後再來調換。

一九五九年四月十四日【聯經版第八冊頁二八七〇／油印本第二十冊頁一五六—一五七】

四月十四日（星期二）上午來問病的有張九維、唐子宗、夏道平、嚴一萍、汪荷之、方志懋、汪美玲、Heng & Mattin等人。

下午有田炯錦、王鳳喈、汪新民、吳三連等。

晚間，有陳槃、周法高、芮逸夫、勞榦、石璋如、周仲敏、蔣明鰲、汪和宗等。

昨天開始看的〔基度山恩仇記〕四大本，已經看了兩本，今天在看第三本。胡頌平問：「這部小說譯筆怎樣？」先生說：「有些地方有些小錯誤。看小說是最有趣的事，看了就不肯放手的。我看了之後，你們可以拿去看。這本書，我在幾十年前就看過了，現在看來還是一樣的有趣。我覺得閒著可惜，所以有空就看書。從前我在美國時，看到袖珍本的莎士比亞的戲劇，是用聖經紙印的，薄薄的一本只有幾毛錢，我就把沒有看過的莎氏劇本買來，專門在地下電車或上廁所時看的，不過幾個月就看完了。」於是談起歐陽修的「三上」：馬上、枕上、廁上。他的文章多在「三上」構思的。

一九五九年四月十五日【聯經版第八冊頁二八七〇／油印本第二十冊頁一五七—一五八】

今早報載美國第一個受控制的人造衛星發射成功，……

上午來的客人有徐永昌、張森、陳江山、周靜芷、保君建、陳大齊、王震寰等人。

中午，王志維在先生身旁時忽然談起昨天蔣夢麟發表的人口與節育問題，今天〔聯合報〕的社論響應了。先生說：「三十多年前，山額爾夫人經過日本時，日本不許她上岸。那時我在北大，我首先打電報去歡迎她。後來她寫自傳，特別提起這件事。」王志維說：「聽說山額爾夫人近在香港，不敢到台灣來。」先生說：「不，她在美國；有我在，她為什麼不敢來呢？」

下午，有張羣、蕭綸徽、浦家麟夫婦、黃文賢、蘇薌雨、雷震等人。

楊樹人來談科學會的經費還沒有撥到，暫由教育部墊發四萬元。

今天看的〔越縵堂日記補遺〕。

一九五九年四月十六日【聯經版第八冊頁二八七〇／油印本第二十冊頁一五八——一五九】

今早胡頌平到院時，先生已經換過藥了。先生說：「四本〔基度山恩仇記〕已經看完了。今天開始看〔俠隱記〕。啟明書局送來新的四本〔恩仇記〕，已把前幾天看的上面三本換去了。第四本還是上次的本子好，所以沒有換。那三本的缺頁、錯字、譯筆錯誤的地方，我都做了記號，希望他們不要把那三本丟了。」頌平當下電話通知啟明書局，只怕他們不會保留先生校正的譯本。

上午的客人有楊亮功、宋英、魏喦壽、李超英、高化臣、王德芳等人。

下午，葛武棨送來〔氣功理論之方法與效力〕一書。

高天成來說：特等病房（特一號）的金大使已經出院了，……無論如何也要請先生搬去。剛搬好，蔣復璁來勸先生節勞。蔣復璁說：「我聽頌平說，先生的睡眠似乎太少。」先生說：「晚上可愛。那是我最好的時間。我可以任意的東摸摸、西摸摸，做我自己要做的事情。白天接見客人是很辛苦的，到了夜裏作我自己的工作，那才是我的休息。晚上遲睡了，第二天早上因為公家所有，不能太遲起來；在紐約，起來比較晚些。」接著談起雷峯塔的藏經年月等等，那時先生都有紀錄。

又有雷震、夏濤聲、董作賓等來談片刻。

一九五九年四月十七日【聯經版第八冊頁二八七〇／油印本第二十冊頁一五九—一六〇】

今天的客人有林熊祥、錢思亮夫婦、王世杰夫人、金蓮英、謝耿民、胡秋原、張貴永、張樂陶、劉宗怡、許明德（Harry Charles Schmid），及德人哈夫門等。哈夫門前些時將先生的〔詞選〕自校本借去研究，等他借去的書送回後，才給商務印書館影印出版。

有一位陌生的人寫信來問明太祖的詩文是否是他自己做的？……

一九五九年四月十八日【聯經版第八冊頁二八七一／油印本第二十冊頁一六一—一六三】

早上，傷口拆線一部分。顧文霞來勸先生多休息。

上午，延國符來和胡頌平談起先生出院以後的接見客人，最好定為下午三至五時。有了這樣的規定，夜裏工作到了三四點鐘，早上可以遲點起來，不至於睡眠不足。一來健康不受影響，二來可以在不見客的時間內安心工作。有了規定見客的時間，使一般仰慕先生的人仍有見到先生的機會，不致失望，而先生也可於一二年之內完成他的著作，於己於人都方便。至於特別的客人，當然不受此制度。胡頌平待先生休息醒來之後，把延國符的話向先生說了一番。接著朱家驊、方志懋來訪。先生就和他們談起規定見客時間的事。朱家驊說：「如果白天能休息，晚上工作也不會虧到身體，晚睡早起總不大好。」先生說：「我年紀大了，睡眠的時間並不需要太多，最好學湯爾和的辦法不出門吃飯。或者一個星期出來吃一二次飯，那麼就好了。」

先生談起客家民族出了不少人。又談起國內各少數民族的同化情形，說：讓少數民族保留下去，也是好的。

劉愷從加拿大來電問病。

下午，臺靜農、戴君仁、程天放、雷震來見。

晚間，又有端木愷、彭明敏來。

今天，先生要胡頌平將小學的國語、常識、自然、公民……

一九五九年四月十九日【聯經版第八冊頁二八七一——二八七二／油印本第二十冊頁一六二——一六四】

早上，繼續拆線。

上午的客人，有黃少谷、王光中、張慶恩、江小波、沈志明、刁培然、李濟等人。

黃少谷是來談澳洲外交部來電邀請先生講學的事情。……

先生談起一九五七年的胃部開刀，……

下午來問病的有杜呈祥、方子衛、耿敏之、陳公亮、孫德中、莊申、陶振譽等人。

今夜有復閻振興的信。

振興先生：

謝謝你的三封信。

我因背上有一個粉瘤，已有十年歷史，最近忽發炎，三月卅一日在台大醫院動手術，後來因我自己不小心，在四月七日作一度公開演講，無心中揮動左右臂，以致剛拆線的創口迸裂流血，故於四月九日移住台大醫院，至今尚未出院。

你請我講演，我此時只能謝絕了。

四月二十六日貴校新工程落成典禮，我極想觀禮，但醫生勸我多休息、勿旅行、勿講演，所以二十六日的盛會，我也不能參加了。此是意外的打岔，千萬請先生原諒，並乞代為轉達我的誠懇的賀意和歉意。

草草不恭，敬乞

原諒。

弟胡適敬上 四八、四、十九夜。

一九五九年四月二十日【聯經版第八冊頁二八七二／油印本第二十冊頁一六四—一六五】

上午來問病的有程遠帆、蔣昌煒、白寶瑾。

下午有吳望伋、李玉階、程覺民、陳熊文、梁序穆、全漢昇、葉曙、沈剛伯、金克和、王世杰等人。

今天接到李書華的信。……

今天託啟明書局買來〔儒家佚書輯本〕、〔道家佚書輯本〕、〔周官新義〕、〔夢溪筆談正續編〕、〔丹鉛雜錄〕、〔十駕齋養新錄〕、〔鄭堂札記〕、〔癸巳存稿〕等書多種。

一九五九年四月二十一日【聯經版第八冊頁二八七二／油印本第二十冊頁一六五—一六六】

早上，高天成來換藥，……

上午，孫連仲來看先生，談了二十分鐘。錢思亮夫人來談仔仔出國醫療腳的事。

下午來看先生的有張忠建、劉東巖、白瑜、張慶楨和他的兒子張灝、雷震、王世杰、胡漢文等人。

前些時，先生有一個答覆立法委員廖維藩質詢的案子，今天〔自立晚報〕報導似是而非的消息，標題是「胡適未聞其事」。先生說這是新聞記者編出來的消息，專憑編者揣測的報導，實在太不應該。

晚上，毛子水來，談起李書華問的算盤的事情。……（此信未錄稿就寄出了）

一九五九年四月二十二日【聯經版第八冊頁二八七二／油印本第二十冊頁一六七—一六八】

上午，先生的老友Mr. Litle來，談了一點半鐘。莫德惠也來談十分鐘。

下午的客人，有李順卿、朱如珏、趙連芳、徐澤、李濟、施友忠、沈剛伯、王世憲等人。

今天談起曾孟璞的〔賽金花〕小說。先生曾經聽一位親身八國聯軍的美國將領說，八國聯軍進入北京時，德國的統領瓦德西並未到，他是過了幾個星期才到北京的。小說裏寫的賽金花與瓦德西的故事完全是造出來的。賽金花當時能說幾句外國語，但有限得很。那時婦女是纏足的，不輕易和外人見面。洪鈞把她帶出去，因她是妓女出身，並不在乎，她和外人見面，僅能談談普通的幾句話。這部小說的事是寫當時士大夫階級的情形，有許多情節都是編造出來的。

先生說到這裏，胡頌平插嘴說，歷史是不可靠的；他舉出近年有一件史事的記載和事實並不相同的例子。先生說：歷史大體是可靠的，但有些不可靠的的地方要能辨別出來，才是真實的歷史。

今天有復日本入矢義高的信。

一九五九年四月二十三日【聯經版第八冊頁二八七四／油印本第二十冊頁一七〇—一七二】

上午，延國符來見，也勸先生出院後定個見客時間。延國符走後，先生對胡頌平說：定個見客時間也好。以後每星期一至星期五下午三至四時半見客，星期六星期天不見客。人家要休息，我也有個休息的時間。

全漢昇來談之後，**先生給〔自立晚報〕去了一信。……**

下午，醫院的護士長曾扶先生到陽台上去曬太陽一刻鐘。客人有李超英、王冠吾、孔德成、周之鳴、李慶麐、張維、張祖詒夫婦、祖望的朋友等人。今天先生談起中學的國文選本，說：所謂國文，是要文章寫得好，可以給學生作模範；為什麼要選治國平天下的道理？黨國要人的文章也作國文唸了，他們的人很重要，但文章並不寫得好。這些也編入教科書裏去，其實是不對的。

一九五九年四月二十四日【聯經版第八冊頁二八七四／油印本第二十冊頁一七二—一七三】

四月二十四日（星期五）上午的客人，有莫淡雲、馬君碩、胡文郁、馬逢瑞等。

下午有董作賓、全漢昇、楊亮功夫婦、郭廷以、包德明等人。

先生的媳婦曾淑昭是四川酆都人。晚飯後，曾淑昭談起外省人對於酆都種種的鬼故事，都不是事實。

胡頌平因問：「我曾在許多地方看見各地城隍廟上的橫額，大都是『酆都』兩字，不曉得是什麼道理？」先生說：大概是道教的影響。東漢時代的張道陵，他的孫子張魯，還有一位張角，當時叫作「三張」。他們當時在四川漢中一帶的勢力很大。後來張魯投降曹操，他的女兒配給曹操的一個兒子，他們還能以政治的力量維護他們的宗教。那時道教的力量很大，還有思想的。到了後來的張天師，等於孔子後代的衍聖公。現在的張天師，不過藉此吃飯而已，而孔德成還能讀了一些書，在大學裏教書呢！

夜裏，有顧碧玲、吳孝姑來見。

一九五九年四月二十五日【聯經版第八冊頁二八七四／油印本第二十冊頁一七三】

上午的客人，有李祥麟、吳申叔、江易生、江張世英、葛曉東、柯蔚嵐、蔡秀明、徐澤等人。先生看了吳申叔的簽字，笑著說：他會畫，字也應該學學好。

下午，楊樹人來談科學會的事。另有吳康、陸匡文、錢思亮、雷震、全漢昇、梁序昭、梁序穆等人。

先生的傷口還沒有長好，……

一九五九年四月二十六日【聯經版第八冊頁二八七五／油印本第二十冊頁一七四】

四月二十六日（星期日）上午，夏濤聲、王世杰夫婦來談。

下午的客人，有樊際昌、查良釗、王雲蓀、游建因等人。

今天胡頌平報告說：「李書華先生要查算盤最早記載的書，台大圖書館和歷史語言研究所圖書館都沒有，只有中央圖書館還沒有復信，大概也沒有這書。」先生說：「據我的推測，大概始見於元曲裏。」

一九五九年四月二十七日【聯經版第八冊頁二八七六／油印本第二十冊頁一七五】

上午，吳望伋來訪。**中央廣播公司的女記者劉其英同〔國語日報〕記者幾個人來訪問**

一九五九年四月二十七日【聯經版第八冊頁二八七七／油印本第二十冊頁一七七—一七九】

客人走了後，先生對胡頌平說：「你帶來于右任先生的〈牧羊兒自述〉（註），我已看過，很有興趣。其實于先生應該寫自傳。在西北那種環境裏長大成功，真不容易。在古代，陝西是天府之國。得力於溝渠水利的。在〈水經注〉裏可以知道西北一帶過去溝渠的完整，水利的發達，汴水在當時是重要的。在隋代，運河還可以從南方通到洛陽的。最早的漕運可以到長安，後來只到洛陽，最後只能到開封了。因為漕運的失修閼塞，西北就跟著衰落下去，——早已變成江南的天下了。在〈漢書〉『地理志』裏就已知道延安附近的油，〈水經注〉引『地理志』的記載，也有敘及。〈水經注〉對於玉門的油，也有很詳細的記載。這些油，幾千年來都已知道了的，當時不能運輸出來，就等於沒有用，只能拿來點燈，或者用來脂潤車輛。不能大量的利用。現在共產黨就以蘭州為中心，開發西北的油業，油業發達了，交通也發達了，運輸也方便了，這些地方自會建設起來的。阿拉伯不是很窮苦的地方嗎？有了油礦的大量出產，現在變成很富庶的國家。目前西北這樣荒涼貧的地方，將來仍舊可以開發起來，建設起來的。」

先生說到這裏，胡頌平因說：「聽說抗戰期間，于先生曾向最高當局建議，能使西北人家每家都有一隻馬桶，因為那邊實在太窮苦了，冬天天氣又那麼冷，常在零度下四五度，婦女們半夜裏起來大小便，就跑到房外的荒地上方便，冷風刮著細沙，一會兒就把便溺蓋注了。因為夜裏起來在野外方便，子宮受了傷，影響婦女的生產，就連人口也減少了。人小地瘠，西北就這樣荒下去。古代那麼重要的地區，現在如此落後，所以于先生建議最低限度每戶都有一隻馬桶。」先生說：「還有多少年來的戰爭、災禍，都可以讓西北貧瘠的。」

（註）：今天于右任先生的生日，凡到他家簽名祝壽的，每人都發一本〈牧羊兒自述〉。

今天有復楊聯陞的信。

一九五九年四月二十八日【聯經版第八冊頁二八七八／油印本第二十冊頁一八二】

上午的客人有蔣勻田、黃季陸、居載春、錢壽恆、嚴寬、袁貽瑾、張慶楨、楊時逢、劉燕夫等人。

中午，有查良釗、張儀尊、張起鈞、張乃維等。

下午，李宗侗來訪。梁序穆、錢思亮陪同E. V. Cowdry來談了一會。張紫常來訪。

今天有復趙元任的信。

一九五九年四月二十九日【聯經版第八冊頁二八七九／油印本第二十冊頁一八三—一八六】

四月廿九日（星期三）早上，高天成來換藥時，他婉轉的勸先生多住一天半，先生終於答應下來，決定禮拜六（五月二日）上午換藥後出院了。

今早胡頌平到院後就向先生說：昨夜遇見蔣慰堂，他說吳敬的那本書，中央圖書館裏不但書沒有，就連目錄也沒有。好不容易查到吳敬這個人是明太祖時代的一位孝子，做過尚書郎，中央圖書館的編纂盛成可能找到算盤更早的材料，等他寫好後再送給先生看。先生聽了很高興，說：等他們送來後，我再來寫信給李書華。

上午，杜呈祥、楊一峯、胡鍾吾、劉南溟等來訪。楊一峯帶來一本他的〔譚嗣同〕送給先生。

下午，周書楷、楊亮功、宋英、蘇英傑、王理璜等來訪。

夜裏，毛子水來談。

今天先生對胡頌平說：「陳之藩用英文寫的〔氫氣彈的歷史〕一本書，是去年十一月裏送來的，我一直沒有空看，這回終算看完了。陳之藩在這本書上寫了幾句話，說起這本書就不肯放手的，太精采、太緊張了。他是一個學工程的，但他的文字寫的很美。他本來是南開大學工學院的學生，他的父親是在傅作義那邊做個小事情的。三十六年我在北大當校長時曾要他到北平來看我一次，那時就認識的。在那個時候，一般青年都是思想左傾，而他已是反共的青年，他從俄國的小說裏把他的思想造成反共。他說，俄國革命以前的托爾斯泰、朵爾托夫斯基、柴霍夫等人的小說，他都看過，先是看看中文的譯本，後來英文程度高了，再看英文譯本。後來他又看看俄國革命以後的作家小說，覺得戰後的遠不如戰前的，完全變成兩個世界了。他於是認識俄國，釀成反共的思想。一個青年學生能從小說裏養成反共的思想，是一件了不得的事，我是在那個時候認識他的。」

一位香港的朋友託人帶來一本錢鍾書的〔宋詩選註〕給先生。先生對胡頌平說：「錢鍾書是個年青有天才的人，我沒見過他。你知道他嗎？」胡頌平說：「十年前在南京，蔣慰堂（復璁）同他到教育部來，匆匆見過一面。他是錢基博的兒子，英文很好。」先生說：「英文好，中文也好。他大概是根據清人〔宋詩鈔〕選的。」先生約略翻了一翻，說：「黃山谷的詩只選四首，王荊公、蘇東坡的略多一些。我不太愛讀黃山谷的詩。錢鍾書沒有用經濟史觀來解釋，聽說共產黨要清算他了。」過了一天，先生看了此書後又說：「他是故意選些有關社會問題的詩，不過他的註確實寫得不錯。還是可以看看的。」

台大醫院的護士徐秀梅、廖杏英、吳玉琳三個人來見先生，說：「白居易『長恨歌』裏『回頭一笑百媚生，六宮粉黛無顏色』兩句詩，徐秀梅、廖杏英兩人讀的是『回頭』，吳玉琳讀的是『回眸』；他們爭的不得解決，所以來請教，誰輸了，要請贏的看電影。」先生叫胡頌平去查〔四部叢刊〕本和藝文影印〔白氏長慶集〕本，原來藝文翻印宋版本作「回眸」，〔四部叢刊〕影印明萬曆丙午秋吳郡婁堅的刻本作「回頭」。於是對她們說：「你們誰都沒有輸，誰都不要請誰看電影了。」

一九五九年四月三十日【聯經版第八冊頁二八七九／油印本第二十冊頁一八六】

早上，高天成來換藥。……還得幾個星期的換藥，才能完全恢復。

上午的客人，有展恆舉、郭兆麟、馬逢瑞、李敖、程遠帆、詹絜悟、孫中岳等人。

下午，有沈剛伯、雷震夫婦、夏濤聲、李玉階、勞榦、孫洵侯、周仲敏、居載春等人。

一九五九年五月一日【聯經版第八冊頁二八七九／油印本第二十冊頁一八七】

早上，……

先生住院期間，有些客人尊重醫生的吩咐，不一定要見到先生。今天因有一點熱度的關切，客人如陳紀瀅、王琳、戴炎珠、周之鳴、吳肇周、劉世綸、田寶岱、杜元載、劉其英等，都不進入病房，讓先生安靜的休息一天。

一九五九年五月二日【聯經版第八冊頁二八八〇／油印本第二十冊頁一八九】

以後商務出版的影印本，……，不像先生的筆跡了。

先生回院後，李濟、李先聞、梁序穆等都來過。

一九五九年五月三日【聯經版第八冊頁二八八〇／油印本第二十冊頁一八九—一九〇】

今天各報都有先生出院休養的報導。

上午，Dr. Brode夫婦來訪，留此午飯，連同陪客的共有八人。

下午，何亨基來見。他自我介紹說，他是北大醫學院畢業的學生，過去在紐約得到先生一張名片的介紹，才能順利完成骨科的研究。表示感謝。先生經過思考之後，才想起了。接著林致平來，他說何亨基是一位了不得的骨科專家。

一九五九年五月四日【聯經版第八冊頁二八八〇／油印本第二十冊頁一九〇】

上午，陳槃、周法高、石璋如、張秉權等來談。

下午二時半，到台大醫院換藥。四時以後，陶振譽、蕭錚等來談。

早上，先生指著攤在書桌上的﹝大藏經﹞（五十五本）一〇九二頁上的記載，在日本國求法僧圓珍目錄條下，有「於溫州橫陽縣張德真宅求得﹝大寶積經﹞、﹝金剛經論頌﹞、﹝四分律攝頌﹞……等經。」

先生說：「這個和尚從西北走到台州、溫州、福州等地，居然在溫州橫陽縣求得好幾部佛經。你是溫州人，你知道溫州橫陽縣嗎？」胡頌平說：「溫州沒有橫陽縣。」先生說：「這是唐朝的橫陽縣，一定是在溫州的。」於是頌平在〔地名大辭典〕裏去查，果然查到橫陽縣是現在平陽縣北的地方。先生笑著說：「你是溫州人，也不知道溫州的地名！」

一九五九年五月五日【聯經版第八冊頁二八八七／油印本第二十冊頁二〇二—二〇三】

上午，施友忠和郭廷以來談很久。中午，應Schmid的午宴。先生正要動身時，董作賓、賀光中來訪，於是留他們在此午飯，叫胡頌平陪他們。賀光中過去曾在澳洲耽擱過，談起澳洲政府想請先生去講學的事情。又談起澳洲是在南半球，跟我們剛剛相反的。我們的夏天，他們是冬天。在那邊夜裏看看天空的星斗，和我們北半球所看得見的星斗不同，南極星還可以看得見，北極星是看不見了。以後先生對胡頌平說：「賀光中是賀志才的兒子。賀志才是北大的同事，教法文的。他娶的是法國太太，所以賀光中像個外國人；但他是讀中國文學的，唸得還不錯。」

下午，袁貽瑾來訪。六時，有梅貽琦晚飯。

今早先生對胡頌平說：你知道慶州在什麼地方嗎？慶州是在甘肅省。我以前寫的「永嘉證道歌」，日本人曾寫幾千字的文章來駁我。這是你們溫州人捧一位慶州和尚為永嘉大師，是很有趣的故事，我想把它寫出來。

早上，胡頌平帶來蔣復璁收集的算盤起源的材料。先生下午已經看過了，說：「慰堂送來那篇東西有幾處是錯的，等我慢慢的替他改正罷！」

今天，毛子水將他的一部〔大藏經〕讓給先生。

今夜，有「三珠戲語與珠算的年代」筆記一篇

一九五九年五月六日【聯經版第八冊頁二八九〇／油印本第二十冊頁二〇九】

上午，杜光勛來談片刻。梁序穆夫婦陪同Cowdry來談，留此午飯。Cowdry是一位癌症專家，他於三月裏就託梁序穆代為約定今天來看先生的。

下午，到台大醫院換藥。凌純聲來，未晤。

先生有一部影印的〈聊齋志異〉，匣區裏的人說是照原稿影印的。先生說，這是鈔本的影印，並不是原稿。先生指出這部影印本的眉批都是依據趙起杲刻本校對的，甚至在最後一個題目下注有「闕」字，殊不知這篇就是趙刻本最後一篇的花神。裏面有些錯字，先生都用紅筆改正了。先生說：大陸上作學問的人真馬火，他們連查也不查的。

今夜有給蔣復璁的信。

一九五九年五月七日【聯經版第八冊頁二八九二／油印本第二十冊頁二一二】

上午，姚崇吾來，……

菲律賓大使館的女祕書Miss Belen H. Abvell來訪，談談菲律賓前總統麥格塞塞的獎學金問題，先生推薦了候選人。

晚間，李濟、全漢昇來談。

一九五九年五月八日【聯經版第八冊頁二八九二／油印本第二十冊頁二一二—二一三】

近來常有一些莫名其妙的人來信，看他們寫的字和談的話，都是不曾受過教育的；有的還自稱是北大的學生。先生說：「此地神經病的人這麼多，怎麼辦？」

下午，到台大醫院換藥。

今天，有「數術記遺」的筆記一篇：……

一九五九年五月九日【聯經版第八冊頁二八九五／油印本第二十冊頁二一八—二一九】

上午，一位美國作家Robinson來訪，談了五十多分鐘。

下午，先生為楊亮功兒子證婚。致詞的大意：民法上，結婚只要兩個證人。但楊、梁兩家的至親好友到了這麼多人，全是今天新郎新婦的結婚的證人，也全是新郎新婦白頭偕老的證人。〈論語〉上有「晏平仲善與人交，久而敬之」的一句話。所謂敬，就是尊重，用現在的話來說，就是尊重對方的人格；只要能夠作到尊重對方的人格，我可以保證你們永久的快樂、永久的幸福。

林致平來說數學研究所還沒有李儼的〈中國算術史〉。先生就把他私人在東京買來的這部五冊〈中國算術史〉送給了數學所。

今天先生談起他的外祖父的八字裏缺金、缺土，所以取名「金灶」，實在沒有道理。姓朱的，過去都以五行來取名字的，像朱夫子名字叫熹，他的父親叫朱松，他的兒子叫朱塾，是用木火土金水來取，五代一換的。到了明朝，朱洪武之後，差不多都用五行取名字的。

今天有給黃朝琴的信，謝他贈送水果。

今夜，有「『深沙神』在唐朝的盛行」筆記一條：……

一九五九年五月十日【聯經版第八冊頁二八九六／油印本第二十冊頁二二一】

上午，李青來來訪。陳伯莊來談，留此午飯。

下午，曾虛白陪同小野教授夫婦來訪，並隨帶攝影記者二人同來。

朱家驊、梅貽琦來談。

今天，有「薛瓚年表」一文：……

一九五九年五月十一日【聯經版第八冊頁二八九七／油印本第二十冊頁二二二—二二三】

上午，凌純聲、劉宗怡及宋克良等來談。Daniel Treddgold和Alex Eckstein來訪，留此午飯。

下午，到台大醫院換藥。沈覲鼎來訪，未晤。

晚上，查良釗、樊際昌來談。

明（十二）日是護士節，今天因護士學會的請求，題了「南丁格爾的精神永遠不朽」一句話送給他們。先生說：南丁格爾是她們的聖人。

一九五九年五月十二日【聯經版第八冊頁二八九七—二八九八／油印本第二十冊頁二二三—二二四】

今天先生收到吳健雄五月一日的信，……

上午，王企祥來見。

中午，到莫德惠家去吃飯。

數學研究所助理員項武忠……

又有吳鑄人、林崇墉來談至七時。

今天〈中央日報〉……

一九五九年五月十三日【聯經版第八冊頁二九〇〇／油印本第二十冊頁二二八】

上午，嗣漢第六十三代張天師來訪，……

先生是實行容忍的態度招待張天師，也送他到門口。

中午，先生留趙連芳、胡頌平午飯。先生談起此間有人翻印一九五九年的〈大英百科全書〉，正登廣告徵求預約。先生覺得這樣的翻印是不應該的，先生說：「這類工具的書，我們什麼地方都要預備好的。我自己的一部一九五四年出版的，現在還可用。」

一九五九年五月十四日【聯經版第八冊頁二九〇〇／油印本第二十冊頁二二八】

五月十四日（星期四）上午，李濟、李先聞來談。

下午，到台大醫院換藥。同時去看董作賓的病。

晚上，參加中華開發信託公司的酒會。

一九五九年五月十五日【聯經版第八冊頁二九〇〇／油印本第二十冊頁二二八—二二九】

上午，劉崇鋐、屈萬里、勞榦等來談。

下午，齊世英、雷震來談。

晚上，到兒子祖望家吃飯。今天是孫子復的生日。

今晨兩點半，「注漢書的薛瓚」下篇脫稿。

一九五九年五月十六日【聯經版第八冊頁二九〇一／油印本第二十冊頁二三〇—二三一】

五月十六日（星期六）上午，莊申來見。他表示不願意進甲骨文研究室，希望出洋。先生叫他好好準備起來。先生對他說：「你上次給我寫信，稱我為『太老師』，自稱為『太門生』；從來沒有自稱『太門生』的，只有叫『小門生』。你還要好好的讀書。」

台大僑生陳志慶、胡振海、余祥麟、梁振勝、伍晃林、張俊英等六人來見先生。他們組織一個海洋詩社，還帶了〈海洋詩刊〉來。先生對他們說：「你們學作詩，要分兩部來說，一部是『我』，一部是『人』。你們作的詩如果不預備給別人看的，你作好了就燒了，那就隨便怎麼做都可以；如果要給別人看，那麼一定要叫別人看得懂才對。從前有兩句罵人的話：『但要放屁，何必刻板』，是對那些文章不高明的人說的，譏笑他們不要刻板，實在是有意思的。你們寫的所謂超象派或印象派的詩，只管自己寫，不管人家懂不懂。大部分的超象派或印象派的詩或畫，都是自欺欺人的東西。你們的詩，我胡適之看不懂，那麼給誰看得懂？我的〈嘗試集〉，當年是大膽的嘗試，看看能否把我的思想用詩來表達出來；如果朋友都看不懂，那成什麼詩？白居易的詩，老太婆都能聽得懂；西洋詩人也都如此，總要使現代人都能懂，大眾化。律詩、用典的文章，故意叫人看不懂，所以沒有文學的價值。我的主張，第一要明白清楚，第二要有力量，第三要美，文章寫得明白清楚，才有力量；有力量的文章，才能叫作美。如果不明白清楚，就沒有力量，也就沒有『美』了。」

先生的話，都是答覆他們的問題的。如說中國的思想，越在邊疆，越是守舊。台灣、香港，在整個中國來說都是邊疆的地方，也都是保守的地方。美國的華人街，那時辛亥革命成功了，大家都剪髮了，而華人街的華僑還是拖著辮子的。所謂禮失而求諸野，因為邊疆往往有保守的精神。凡是民族主義運動，都帶有保守性，而且排外的，他們總認為老祖宗的東西是應該保守的，這不僅是國民黨如此，全世界都是如此的。又如說：我們的革新，沒有自卑感。你們談的錢穆，他是會迎合香港、台灣兩地當局的思想。

十一時，到台北去參觀美國海軍醫院。

下午，Freedenman夫婦來訪。這位Freedenman是研究中國語言的。他的中國夫人的父親是北大史學系畢業的，也是先生的學生，談了很久。

一九五九年五月十七日【聯經版第八冊頁二九〇一／油印本第二十冊頁二三二—三二三*】

五月十七日（星期日）上午，楊元忠來訪。楊亮功來談，留此午飯。

下午，邱楠、崔小萍來訪，請先生為他們廣播〔紅樓夢〕的首席顧問。先生答允了。

晚上，張慶楨來訪。

【*油印版此處頁碼由二三二竄接至三二三，應係口數致誤】

一九五九年五月十八日【聯經版第八冊頁二九〇一／油印本第二十冊頁三二三—三二四】

上午，譚伯羽來訪。談起他的女兒出嫁那天見面以後，今天才見到。先生說：「沒有女兒的人，倒也想念有個女兒。當時年紀輕，不曉得女兒可貴。太太有了喜，好像是第二胎似的，請了老的產婆把它拿掉，是個女的。後來很危險，結果還是進了醫院治好的。」

陳光甫由江元任陪同來看先生，談起出席夏威夷大學東西方哲學會議的事。先生託江元任代為辦理來回的機票。

中午，錢思亮家因施友忠即將返美，同時又為祖望夫人將帶同仔仔到美國去治療小兒麻痺症，所以一併餞行，也請先生吃飯。

下午，趙連芳來談科學會講座的事。

今天〔新生報〕「大陸匪情」欄內根據大道社訊，……

今夜有給江元任的信。

元任先生：

今早得見光甫先生，他的精神煥發，使我十分高興！我的飛機票事，承先生允為辦理，至感。種牛痘書已找出了，今送呈。

胡適敬上　四八、五、十八夜。

一九五九年五月十九日【聯經版第八冊頁二九〇一／油印本第二十冊頁三二五】

下午，先生從台大醫院回來，……

李濟來談。

先生在寫「注漢書的薛瓚」之前，收集的材料另有小小的札記卡片二十來張，寫成近兩萬字的大論文。先生說：「我的材料收集好了，動手寫字，寫得很快，一點鐘可寫一千字的文章。」

今天有給李玉階的信。因為抽不出時間來為他的兒子證婚，請他們原諒。

一九五九年五月二十日【聯經版第八冊頁二九〇一／油印本第二十冊頁三二五—三二六】

上午，王濟遠來訪，是由劉德銘、陶宗玉陪來的。……

沈怡來，談至午飯後回去。

下午，張灝來訪。先生說他還未出去過，而英文能夠寫得這樣，已經很好了。

蔣勻田、雷震、夏濤聲來看先生。先生說：「〔英文郵報〕分析這次八屆二中全會的內幕，全體委員一致要求總統連任三屆的總統。他們不修改憲法，只有兩條路徑：一是修改臨時條款，一是用大法官來解釋。過去大法官可以解釋立法委員和國大代表的任期延長下去，為什麼總統的任期不能延長呢？或者修改臨時條款，其實臨時條款也是根據憲法的一條；修改臨時條款，不是等於修改憲法嗎？」

一九五九年五月二十一日【聯經版第八冊頁二九〇四／油印本第二十冊頁三三〇】

又復幾封謝絕題字的信。

下午，到台北主持科學會執行委員會。吳相湘來辭行，未遇。

今夜，梅貽琦來邀先生同往副總統陳誠家，商談科學會的經費問題。

一九五九年五月二十二日【聯經版第八冊頁二九〇四／油印本第二十冊頁三三一】

上午，貝祖貽來談許久。

下午，王世杰、林致平、楊樹人等來，同往會議室去開院士談話會。

今夜，與梅貽琦、錢思亮一班人在電話裏談科學會的事，直到深夜。

一九五九年五月二十三日【聯經版第八冊頁二九〇四—二九〇五／油印本第二十冊頁三三一—三三五】

五月二十三日（星期六）上午，美軍顧問團的人員共有十八人，他們都帶同太太來瞻仰先生，先生和他們談了三分鐘。

賈景德帶同一位女青年來見先生。賈景德說他自己會看相的，他說先生可以活到一百歲的。先生笑著說：「我不希望活到一百歲，我只希望像你的年齡——賈景德八十一歲，大先生十一歲——不要人家幫忙還可以工作就行了。所謂不要人家幫忙，就是行動不要人來扶持，而自己仍能行動的說法。」賈景德介紹這位女青年是一位新文藝作家，研究新文學，要向先生請教。先生說：「我是早已不弄文學了，我是新文學的逃兵。其實，我這一套賈先生是不贊成的。」賈說：「我並不是不贊成，我是不在行。」接著談起當年他用先生「南高峯看日出」的詩意演為長句的故事。先生送給他們幾本著作，都簽了名。

林毓生來見一面。

下午，王企祥來，延國符夫婦來見。

四時，主持院務會議。

夜裏，到台北金華街主持科學會執行委員會。

今天先生和胡頌平談起：「前天（廿一）晚上我和梅月涵在陳辭修那邊商談發展科學會的事情。原來會中想由各校選出四十名的『國立研究講座教授』，每名每月研究費三千元。但是陳辭公覺得這樣的三千元研究費和一般人的待遇懸殊，有點不贊同，終於說通了，他也同意了。第二天就是昨天（廿二），行政院舉行院務會議的時候，果然有立法委員提出要求增加公費，鬧得很兇。陳辭修為怕立法委員的公費增加了，跟著國大代表也要增加，監察委員也要增加的，所以堅決的拒絕了。國家科學會的『客座教授』和『國立研究講座教授』的研究費案子也被擱起來了。所有預備發出請各校推選講座教授的文件都一律暫不發出了。科學會執委會的經費到現在還不曾發下來，教育部墊發的四萬元也快用完了。」

他們談了很久，都是公事問題。先生說：「我們公務談得太多了，可以輕鬆一些談談別的事情。」

辭修談了此次開會的情形之後，對先生說：「你上次在光復大陸設計委員會上說的『夠作總統資格』這句話，給我闖了禍；希望你下次不再闖禍。」言下帶些埋怨的口吻。我答他說：「我是本來不想說話的；誰叫你要我起來講話呢？」先生又對頌平說：「有一次，是四年前的一次，我和總統談話。總統談起將來可以繼承他的只有陳辭修一個人。」這是總統當年親口對我說的話。我說的話是有根據的；可是現在情形不同了，可見在大會上說話不容易。

今天有復鄭清茂的信。……*

【*聯經版刪除五月二十三日記事，連日期也刪除，以致「今天有復鄭清茂的信。……」誤繫於五月二十二日】

一九五九年五月二十四日【聯經版第八冊頁二九〇五／油印本第二十冊頁三三五】

五月二十四日（星期日）上午，蔣夢麟來談。祖望全家來。

中午，杜元載請先生吃飯。陳可忠、田培林、梁實秋等作陪。

一九五九年五月二十五日【聯經版第八冊頁二九〇五／油印本第二十冊頁三三五】

上午，齊世英、雷震來談。

下午，先生帶了圖章到台北美國領事館，為王濟遠、顧淑娛證明確是一對夫婦。（參閱五月廿三日〔中央日報〕）。

晚上，參加Haraldson歡迎Warsen的茶會之後，再參加Argentenas'紀念日的酒會。

今天有給國外院士的電報，希望他們能夠回國出席七月初的院士會議。

一九五九年五月二十六日【聯經版第八冊頁二九〇五／油印本第二十冊頁三三五—三三六】

上午，阮維周來談。

下午，到台大醫院去，高天成看過先生背上的結疤後，大概可以不必再去了。

今天有復林某的一信。

一九五九年五月二十七日【聯經版第八冊頁二九〇七／油印本第二十冊頁三三九—三四〇】

下午，接到總統府副秘書長黃百度的電話，……

今天有復陶振譽的信，勸他未可輕易向外國基金會作私人小規模的請求。又復馬之驌的信，告訴他抽不出時間替菲律賓的〔新聞日報〕寫文章。又給劉崇鋐一信，將「注漢書的薛瓚」的後記送去，請他加入文後付印。

一九五九年五月二十八日【聯經版第八冊頁二九〇七—二九〇八／油印本第二十冊頁三三九—三四二】

上午，晉謁總統。總統對於先生這次住院割治粉瘤，表示關切。先生因將出國，向總統請假三個月。請假期內，由李濟代理。接著說七月一日舉行院士會議，可能有十四位院士出席。這天上午舉行開幕典禮，請總統能在開幕典禮中訓詞。總統說：「那時除非我不在台北，我一定來的。」於是又說去年替國家做了一個長期發展科學的夢。這個夢的計劃是很大的，但在八月廿三日之後，這個夢的計劃就打了一個對折了。那時的計劃，研究費從五千以上或可超過一萬元，但是七折八扣之後，這個夢已做不通了。我的計劃失敗了。政府財政的困難我是很瞭解的，如果錢從外面來，好像不太好；高的待遇辦不到；如果只有一百二十元的美金的待遇，在美國連請一個打字員還請不到吧！先生又說了一個發展科學教育的故事。

今早接到總統的請柬。是約各機關首長於明天（廿九）在光復廳聚會。中午吃飯。明天中午，先生早已答允了Mr. Dixen的約會，只好打電話去謝絕了。先生說：「在外國凡是預先約好的宴會，只有國家元首的召見或宴會，才可以取消的。想來Mr. Dixen是外國人，一定知道這個禮節，不會見怪的。」

下午，苗培成同闞明德來看先生。他們都會塑像的。他們看了李叔明塑的先生造像後，先生說：「我曾被人做過三次造像：第一次塑像沒有帶回來，第二次做的人沒有送給我，這是第三次，帶回來了。」

於是說明這次李叔明造像的經過。闞明德說：「聽說總統為了他的造像，曾經發過兩次脾氣；因他聽到一個外國人說，人活的時候，外國是不做這樣大的全身銅像的。總統說，你們為什麼不給國父造像，偏偏要做我的像呢？」闞明德因問先生：「活人造像，都是很小的；像這樣大的全身銅像，活人是否可做？」先生說：「這個我倒不曾注意過。」闞明德又說：「造像是要把一個人的精神人格表現出來，特徵多的人，好做。我想替先生塑個像。」先生說：「我的像很難畫，因為我沒有怪相。」先生說著，大家都笑了。先生又說：「現在我太忙，以後再說吧！」

又有周敏、江俊華來訪。

有給吳健雄的信，因爭取航空寄遞的時間，未錄稿就發了。

今夜有復楊力行的信。

一九五九年五月二十九日【聯經版第八冊頁二九一〇／油印本第二十冊頁三四六—三四八】

上午，蔣總統在光復廳宴請中央重要機關的首長，先生應邀參加。午飯後回來。

下午四時，師範大學僑生師資班學生廿七人由劉海波率領來見先生。他們都是從東南地區如新加坡、越南、印尼、馬尼拉（馬來西亞？）、菲律賓各地來的。先生把中央研究院的情形簡單的對他們約略的說了一遍。談到搬來台灣的史語所，是全國研究古代文化的精華，也是人文科學的精華。第一任所長傅斯年先生，他以為研究新的歷史，一面從全國各地的語言入手，一面研究古代的歷史要從地下發掘入手；所以所內有考古組、語言組等。這個史語所現為世界上出名的一個研究所。近代史研究所內收有一百多年來的政府全部的外交檔案，如不平等條約、一八四二年鴉片戰爭的條約、庚子賠款的條約等，都存在這個研究所裏。……你們今天看見的，都是中央研究院殘破以後留下來的一點東西，最近五六年才再造起來的。

先生答應這批僑生照相之後，有一個僑生提出美國人對黑人的歧視問題。先生說，對於膚色不同的成見，世界各民族都是一樣，當初我們中國人對於西洋人，不是說紅頭毛、綠眼睛嗎？所以對膚色不同的成見還是其次，主要的是當初把黑人當奴隸，可以自由買賣的。我們唐宋時代的「崑崙奴」，就是阿拉伯人和波斯人把黑人賣到中國作奴隸的。黑人的被人買賣的歷史是很久的。他們對黑人的歧視，這是外國人的成見。

這班僑生有的請求和先生個別照相的，也有請求題字的。先生知道他們就要畢業了，希望他們不要忘記國家，不要忘記民族。

今天有給黃少谷的信，談楊振寧、李政道的事，未錄稿。

今晚，先生自作主人，請海洋學會的四人吃飯。

今夜，有復入矢義高的信。

一九五九年五月三十日【聯經版第八冊頁二九一二／油印本第二十冊頁三五二——三五六】

上午，有復魏景蒙的信。

景蒙先生：

謝謝你五月二十八日的一封很客氣的信。

承你們接受了我的建議，還聘我為貴公司播出〈紅樓夢〉一書的顧問，我很感覺十分榮幸。

胡適敬上 四八、五、卅日。

中午，胡頌平在午飯飯桌上問：「〈檀經〉或作〈壇經〉的『檀』字，究應屬『木』旁，或是屬『土』旁？」先生說：「若就印度來說，印度文的檀語是六個婆羅蜜之一。檀語是佈施、施捨，甚至於捨身。依照梵文的意義，應該屬『木』旁的。我有一篇筆記，得暇時檢出來給你看。」（那時編者還未看見先生的「檀經考」，故有此問。）

先生提起前天（廿八日）給吳健雄的信來不及錄稿就發了，表示有點可惜的意思。因此談起李政道、楊振寧兩人的事：「在李、楊沒有出名以前，李政道的一位哥哥在農復會作事的。這位青年成績很好，並且請到美國有名大學的獎學金，這裏硬是不給他出境，一直壓了四五年之久，說他牽涉到某一種思想問題，如果沒有蔣夢麟的保護，恐怕連人也要關起來了。李政道是杜聿明的女婿。杜聿明在大陸上被俘了，聽說好像死了。」

「楊振寧的太太上回在台灣，曾到錢家來看我。那是四五年以前的事了。我問她有什麼事需要我幫忙嗎？她說沒有。等我走了之後，這邊的美國領事館不給她簽證。後來我對蔣廷黻說，要廷黻給楊振寧在原子能委員會裏掛一個名義，不領薪俸的；真有什麼事，楊振寧也可以幫忙。這樣，楊太太便可以出去了。那時在聯合國組織裏的原子能委員會的中國負責人是魏學仁，他做了多少年的官之後，什麼東西都忘了，也許怕楊振寧是個真有學問的人，沒有答應，又耽擱了很久。後來還是楊振寧的一位美國老師給他設法，派他出席日本的原子能會議。這樣，他的太太到了日本，駐日本的美國使館才給她簽證的。我不懂得此地當局對於有希望的青年一點也不肯幫助，到了他們出名之後，於是奉承他們。李政道的哥哥也出去了，什麼事都辦妥了，這個叫做錦上添花。李政道、楊振寧都知道此地的政治不太好，但他們知道此地比大陸上是好得多，都是沒有問題的。」

接著，先生談起他自己的事：「我三十八年出國時的護照只有六個月，而且已經展期了一次了。那時我的太太住在曼谷兒子那裏，她要求到美國去。這時我已接到普林斯登大學的聘約，有兩年的任期，但要換護照身份是很難的。這時駐美使館的館員是我當年當大使任內的屬員，他們對我說，他們可以替我辦，但不許我去干涉。於是他們去對顧維鈞說，要顧打電報給外交部長葉公超派我為外交部顧問。在閻（錫山）內閣期內，閻錫山發表我當外交部長的，我不就職。葉公超是代我的。因此葉公超立刻派我為外交部顧問。顧維鈞接到葉公超的復電後，只有一個星期的時間，我的太太的護照是辦好了，美使館也很快的簽證了。」

下午，李霖燦來訪。他是國內唯一研究「麼些」文字的人。

五點，祖望夫婦帶同孫兒仔仔來。媳婦曾淑昭將於明天帶同仔仔到高雄坐船到美國去醫療腳病。媳婦請求先生為她的一位朋友的母親祝壽，題了「勁節長年」四個字。

晚上，雷震請吃飯。

今天，又給入矢義高一信。

一九五九年五月三十一日【聯經版第八冊頁二九一五／油印本第二十冊頁三六〇】

上午，吳相湘來見。

下午五時，媳婦曾淑昭帶同孫子仔仔坐火車到高雄，再坐船到英國去，先生到了車站看他們上車後，再到聯合中國同志會參加朱家驊的茶會。出來時，毛子水搭先生的便車回去。在車上，毛子水留下他的「論語衍文測議」一文，請先生指正。

今天，有「陳伯莊〈卅年存稿〉序」。

一九五九年六月一日【聯經版第八冊頁二九二〇／油印本第二十冊頁一*】

上午，陶振譽來談。

今天有「記郭象的自然主義」讀書筆記。

今天先生談起〈論語〉，胡頌平正在先生身旁工作，親自體驗到做人的道理，無意中脫口而出的說：「我讀〈論語〉，我在先生的身上得到了印證。」先生聽了胡頌平這句話，先是說：「哦！」但停了兩

三秒鐘之後，接著說：「這大概是我多讀〈論語〉的影響。」（參閱胡頌平，「我當了四的學徒」，〈傳文記學〉一卷七期）

【*第二十冊頁數在三七〇頁之後又從第一頁開始，第二十一冊頁碼接排】

一九五九年六月二日【聯經版第八冊頁二九二二／油印本第二十冊頁四—五】

先生上次應黃仁霖邀請所作的演講紀錄，現在排印了，今早由閔道宏送來校樣。先生自己校正許多錯誤後，交給他帶回去了。

上午，先生看了院中給各院士的公文稿

一九五九年六月三日【聯經版第八冊頁二九二三／油印本第二十冊頁七—九】

今早早餐時對胡頌平說：「我昨夜借來一本Short Bible，把『約翰』一章看完了。你看過〈聖經〉沒有？」胡頌平說：「從前看過了一遍。」先生說：「〈聖經〉是很有用的，〈聖經〉也像我們的經書一樣，經過無數的變化的。這本Short Bible是革命的本子，把〈聖經〉的寫成按照年代的先後來安排的，其中有隔幾百年，甚至上千年的距離，現在照時代的先後排印，真是大膽的革命！」先生說：「我過去收集了幾十本〈聖經〉，一部分送了人，一部分在大陸上丟了。在美國也收集了幾本，送一本給錢思亮的兒子了。這回回去，帶幾本來吧。」

先生看了今天報載立法院通過「冤獄賠償法」，說是國民黨的民主自由的表現，但把軍法除外。真正的冤獄都是軍法，不知道有多少，現在把軍法除外，就沒有東西了。而且冤獄本身是不光榮的事體，這也叫做自由民主的表現嗎？

上午，劉世超來見。先生對他說：「陳伯莊比我用功。我多少年來不看時髦的哲學的書了！」

先生在給國內外院士的通知七月一日開會的信上簽名。……

中午，到台北應美國大使莊萊德的宴會。

下午，主持科學會招待各大學校長的茶會。

今天先生囑咐胡頌平，在暑假內，把他民國廿五六年天津〔益世報〕的「讀書週刊」及〔大公報〕的「文史周刊」上發表的文字，當年沒有錄稿的，都收集起來。

一九五九年六月四日【聯經版第八冊頁二九二四／油印本第二十冊頁九】

上午，王藍來談甚久。談的文學以及近來作家的問題。也談台灣偷印別人著作的風氣。先生送給他〔詞選〕〔白話文學史〕等書。

復吳德耀一信。

下午，有給高天成的詩。……

先生寫在宣紙的信上，預備配個鏡框送給高天成。接著寫了「國語日報」，及「舊莊國民學校」的招牌，重寫「豐樂亭」三字。又給日本中野義矩寫了一張條幅。

一九五九年六月五日【聯經版第八冊頁二九二五／油印本第二十冊頁一一】

上午，殷海光、劉世超來見。沈志明送來〔大英百科全書〕一部。

日本大使井口貞夫偕中野義矩來作禮貌上的拜訪，先生陪他們參觀考古館等處。

中午，應Dr. Dixon之宴。飯後訪王世杰，談至四點才回院。

一九五九年六月五日【聯經版第八冊頁二九二六／油印本第二十冊頁一二—一三】

胡頌平在先生身旁工作，遇有不知道的事情，就問先生。今天問的寧憲王的〔太平正音譜〕是怎樣的一部書。先生說：寧憲王就是寧王，「憲」字是他死後諡號。他的名字叫「栓」，屬木。朱家的名字都是五行排行的。後來造反的就是他。他懂音樂，作了許多曲子，這些都是專門的東西。我弄過元曲，以為你們都知道；其實不知道也沒有關係。

一九五九年六月六日【聯經版第八冊頁二九二六／油印本第二十冊頁一三—一四】

六月六日（星期六）上午，管惟二來見。他說普林斯登大學給他的推薦書，總統府已經交給國防部了。先生給張秘書長的信，還留在總統府裏。他想再請先生給俞大維說話。先生對他說：「上回給你寫信，已經超出我的範圍之外了。我不能再寫信。各機關有各機關的職權，總統府將普林斯登大學的推薦書交給國防部，可見總統府不願跳過國防部直接送給總統，這是好的現象。」先生知道管惟二是南通人，因問張季直（謇）的後人。自從張孝若死後，好像是沒有人了。

下午，胡鍾吾來訪。四時，參加工程師學會的茶會。六時，參加菲律賓使館招待他們本國陸海空軍的茶會。七時，應魏景蒙的宴會。

今天，先生將沈志明送的〔大英百科全書〕轉贈給史語所圖書館，*

【*聯經版刪六月六日標題，致「今天，先生將沈志明送的……」以下誤繫於六月五日】

一九五九年六月七日【聯經版第八冊頁二九二八／油印本第二十冊頁一七】

六月七日（星期日）上午，羅家倫夫婦、祖望等來談，留此午飯。

晚上，陳伯莊來談至十一點半。

一九五九年六月八日【聯經版第八冊頁二九二八／油印本第二十冊頁一七—一八】

六月八日（星期一）上午，周法高等來借〔清代名人書札真迹〕，清代中國學致韓國外交使節書札等件，預備明天院慶展覽用的，先生還拿出脂硯齋評〔石頭記〕鈔本給他們展覽。

這部脂硯齋評〔石頭記〕鈔本是劉福銓的家藏本。鈔本上所有的評語都用硃筆謄錄的，根據這本的評語，才能考出曹雪芹死的年月日。這個鈔本有一個「阿瘖瘖」三字的陽文長方形的印。胡頌平問這個印是什麼意思。先生說：「唐寅有一首打油詩：

但見白日升天去，
不見白日落下來。
倘若一天天破了，
大家只有阿癐癐。」

「阿癐癐」是驚奇歡呼的聲音。唐伯虎是個有名的人，所以他的打油詩也傳下來了。（編者夜裏默記此詩，恐怕有記錯的字。）

下午，梁實秋、甫家麟來訪。……甫家麟和胡頌平談，……擬訂契約。

院內各單位舉行籃球賽，先生主持給獎典禮。

一九五九年六月九日【聯經版第八冊頁二九二八／油印本第二十一冊頁一九—二〇】

今天是中央研究院的三十一週年院慶……今天來院道賀的客人朱家驊、黃伯度、蔣復璁、黃少谷、毛子水、劉崇鋐、陳維倫、錢思亮等及參觀展覽人士約五百多人。（參閱六月九日及十日〈中央日報〉）。

國際原子能總署（IAEA）的Dr. Cairo來談頗久。

黃伯度來，先生和他談起這回見總統時，他的旁邊有人；這樣，大概不願意聽我的「逆耳之言」的緣故——年老了，都是願聽愛聽的話了。於是談起抗戰以前的事情：「那時我的看法，只要我們能夠支持三四年，長江封鎖了，沿海都市都失掉了，外國人的利益受到重大的損失之後，菲律賓等地也感到受威脅了，自會引起國際的變化來。當時我們確能支持了四年，日美的戰爭也發生了。」

王雲五送來〈歷代紀事年表〉一部。

周象賢來信謝謝先生題的「豐樂亭」三字，現已決定用「豐樂」兩字。先生說：「『豐樂』兩字比

『豐樂亭』三字好；因為兩字的行款容易排，三個字就難了。我給人家寫的條幅都是兩行的，就是這個緣故，我怕寫三行的字。」（參閱本年三月十九日條）。

今天，有「關於江陰南菁書院的史料」的「補記」一條：

一九五九年六月十日【聯經版第八冊頁二九三〇／油印本第二十冊頁二三—二五】

下午，楊亮功來談。

成舍我、雷震來，先生對他們說：「總統上次主張不修憲，只有我一個人算是附議他的意見。我的話說過了，我的責任也盡了，我不預備再說話了。」

晚上，到台大法學院去，應錢思亮的飯局。

今夜，有給王雲五的信。

一九五九年六月十一日【聯經版第八冊頁二九三一／油印本第二十冊頁二五】

上午，郭廷以來談。

今天有復黃秀鶴的信。

一九五九年六月十二日【聯經版第八冊頁二九三一／油印本第二十冊頁二六】

六月十二日（星期五）下午，王洪鈞來談。

謝明山想請先生在中原理工學院的畢業典禮上演講。先生因事忙，未作決定。

一九五九年六月十三日【聯經版第八冊頁二九三一／油印本第二十冊頁二六—二八】

六月十三日（星期六）上午，「美國百萬人委員會」執行秘書Titman和美國大使館的代辦Luburme，由張金鑑陪同來訪。

今天有復蘇雪林的信。

雪林：

我不知道應該怎麼向你道歉！有好多的信都沒有覆你！本來都因為總想寫長信覆你，但總是沒有寫長信的時間：這是原因。千萬請你原諒寬恕。

院士候選人，你在提名之中，當日審查時，因為原沒有「文學」一類，也沒有「美術」一類，故你不在候選人之內。

研究補助金的審查是須經過「人文與社會科學專門委員會」的。我們不久就可以通告各大學，請他們為他們的專任教授、副教授、……等提出專題研究計劃，申請研究補助費。

今天下午，我可以見到閻振興校長，可以向他說明這一項辦法。

關於你自己的研究，我頗感覺你有點走入迷途而不能自拔。即如你此次信上說，「〈九歌〉乃是整套神曲，九歌乃隸屬於一個集團之大神，不但我國所有各種神多係此九大神所衍化，全世界各宗教之神亦不能出此九神範圍。……我的書若能寫成，中國全新文化史皆須重寫，即外國宗教神話史也須重新安排。」此種想法就是迷途，就是入迷的路，不可不深戒。

至於說，「中國古代文化結構極密，完全是個有機體，惜代久年湮，絡脈斷絕，致成僵屍。若能將絡脈連接起來，則這個文化便可以復活。……」這更是迷途，使我深為你憂慮。你所憑藉的「天問」一類殘亂不可讀不可解的文件，本身就很不可靠。我們用最嚴謹的方法，至多也只能做到使這件文件比較可讀而已。千萬不可從這種本身不大可靠不大可懂的文件上建立什麼「文化絡脈」。

我也知道入迷的人是不容易勸導出迷的。我又沒有工夫給你寫一封詳細的信。但因為向來敬愛你，不敢不說這幾句勸告的話，千萬請原諒。

敬祝你的眼病有好轉，體力有進步。

適之 四八、六、十三。

此次所寫示文中，有「屈原是個細心如髮的人」，「屈原作品，文法極其精密」等語，這都是「很入迷」的說法，用到「天問」，更是絕不相宜。

適之。

一九五九年六月十四日【聯經版第八冊頁二九三一／油印本第二十冊頁二八】

上午，李豪偉、金振庭來訪。祖望亦來。

下午，黎子玉替故宮博物院送來〔歷代名畫三百幅〕一部

一九五九年六月十五日【聯經版第八冊頁二九三二／油印本第二十冊頁二九】

上午，林致平、程維賢等來訪。

先生準備檀香山的演講，……

一九五九年六月十六日【聯經版第八冊頁二九三二／油印本第二十冊頁三〇—三二】

上午，西班牙大使館的代辦胡國材來訪。

雷震、夏濤聲父子來，怎麼談起填表的事。先生說：「有些表格上要填職業一項，我填不出來，我還不曉得我的職業是那一行呢！」

下午，謝明山電話，仍舊請求先生參加中原理工學院二十日的畢業典禮的演講。先生答允了，但要求他對外不發表，免得引起其他各校的援例請求。

晚上，到陳雪屏家吃飯。

今天有給張羣的信。……

又有復段輔堯謝贈台鹽樣品的信。又復黃守誠婉謝沒有時間寫文章，但願拜讀他寫的「胡適之先生

的母親」那篇文章。又給陳之邁一信，告訴他十月出國的行程。

胡頌平看了「論初唐盛唐還沒有雕板書」一文的上半段之後，因問：「〈歷代三寶記〉是隋開皇十六年刻板的，不是比較更早些嗎？」先生說：「〈歷代三寶記〉，曾經許多人討論過，我與李書華也討論過，那是靠不住的，不足取信。」

一九五九年六月十七日【聯經版第八冊頁二九三三／油印本第二十冊頁三二—三三】

上午，吳訥孫、查良鑑、芮逸夫三人來看先生，談了許久。他們走後，先生說：「吳訥孫是個有學問的人，他研究美術史學有成績，在耶魯大學好像是副教授。」

又有閔道宏、戴子安等來見。

下午，先生問胡頌平「蒧」字的讀音，說：「國語是讀『產』字音，〈辭源〉是讀『耻演切』，你呢？」胡頌平說：「溫州是讀『倩』字音。」先生說：「我因預備英文演講裏引到一個人的名字叫作『徐蒧』的，究竟譯作『產』字音，或是譯作『耻演切』的譯音呢？你的讀法是對的，但國語要讀『產』音。」以後先生究竟譯作何音，頌平沒有再問。晚上，到陳伯莊家吃飯後，再到金華街主持科學會執行委員會，回來已是很晚了。

今夜有給蔣夢麟的信。

一九五九年六月十八日【聯經版第八冊頁二九三四／油印本第二十冊頁三五—三六】

上午，王企祥來見。魯道夫來談，留此午飯。

下午，齊世英、雷震來談。

中原理工學院正式邀請講演的信寄到了。……

今天給袁方的〈記者生涯〉題了封面，又給魏訥、魏廉、何亨基寫了小立軸。

先生正在寫字的時候，總辦事處送來院士證書二十分，因為今年院士選舉之後，先生就要動身到夏威夷去，恐怕臨時來不及簽署，所以預先送來。於是也先寫了十五分備用。先生說：「今年能夠選出的，大概只有十來名。去年的院士證書用簽名章，日子一久了，統統都退色了，太不像樣了。」

今天有給嚴一萍的信，請他再寄〔十三經注疏目錄〕兩三份。

又有給胡健中的信，是為一個青年提出幾何難題解法一則，告訴他已由數學研究所直接答覆這個青年了。

一九五九年六月十九日【聯經版第八冊頁二九三四／油印本第二十冊頁三六】

上午，馬保之、于景讓、芮逸夫來談。

下午，先生看了中原理工學院寄來的概況後，……

一九五九年六月十九日【聯經版第八冊頁二九三六／油印本第二十冊頁八九*】

晚上，應白健民之宴。

今夜有復蘇雪林的信：

【*此處油印版的頁數有異，從三八頁直接跳到八九頁】

一九五九年六月二十日【聯經版第八冊頁二九三六／油印本第二十冊頁九〇】

六月二十日（星期六）上午，馬逢瑞、扎奇斯欽來訪。

下午，蔣復璁來談科學會補助費的事。

今日，嚴一萍寄來一大批影印的古書送給先生。

今天的留學考試委員會舉行會議，先生無暇出席。

一九五九年六月二十一日【聯經版第八冊頁二九三六／油印本第二十冊頁九〇—九一】

六月廿一日（星期日）上午，湯姆生、祖望來，留此午飯。

下午，劉世超、張灝來訪。

一九五九年六月二十二日【聯經版第八冊頁二九三六／油印本第二十冊頁九一】

六月廿二日（星期一）上午，江易生來訪。蕭作樑來，留此午飯。

下午，陳長桐、吳幼林來訪。

晚上，楊亮功來談。

今天有復姚志崇、何聯奎的信，謝謝他們贈送〔梁任公先生遺著〕三十二種和〔辭海〕兩部鉅著。

先生對於短期公債的一分八厘的利息，認為這是飲鴆止渴的辦法。

先生談起昨夜在盥洗室裏發現一個蟑螂，後來再也看不見了，原來牠已躲在馬桶的背後，動也不動的躲著。這樣小的動物也曉得躲避人們的襲擊，這是動物的智慧。動物都有這種求生的智慧。

一九五九年六月二十三日【聯經版第八冊頁二九三六／油印本第二十冊頁九二】

上午，先生到台北去回拜越南公使阮貢勛。

下午，程遠帆和他的女婿翁興慶來辭行。翁興慶是常熟翁同龢的曾孫。

蔣復璁和米爾頓夫婦來談。蔣復璁帶來一個為中央圖書館申請補助費的計劃書。

浦家麟寄來先生與遠東圖書公司簽訂的著作權授受契約，先生簽名蓋章後，留一份保存外，其餘的都寄還了。

今天有復羅錦堂的信。

一九五九年六月二十四日【聯經版第八冊頁二九三七／油印本第二十冊頁九三—九四】

上午，黃彰健來談。

李應兆、包德明來訪。包德明報告創辦銘傳女子商業專科學校的動機，現在的概況，和請求教育部立案的困難情形之後說：「先生是我們教育學術界的領導人物，又是李應兆的老師，我們只有向先生訴苦。」先生答允「可以私人的友誼和負責人一提，因為銘傳的各種立案條件都已具備，我可以告訴他們的。」李應兆、包德明回去之後，先生說：「包德明是個很能幹的人。他們辦學校，沒有向人捐過一個錢。這個學校給一般高中畢業的女孩子學些打字會計等職業的知識與技能，乃是有用的，也是需要的。」

下午，吳望伋來訪。

給舊莊國民學校寫了一條朱子的語錄。（以後改寫〔論語〕「吾嘗終日不食，終夜不寢，以思，無益，不如學也。」這幾句話裱好送去。）

今天各報發表先生對於出版商盜印書籍，……

一九五九年六月二十五日【聯經版第八冊頁二九四六／油印本第二十冊頁一一〇—一一一】

上午，亞洲基金會的Mr. R. J. Miller同Patrick Judge來訪，後來李濟也來加入談話，一直談到十一點多鐘。

杜光勛在報上看見先生與蔣夢麟兩人對於留學政策的建議，語焉不詳，特來詢問。先生無暇接見，胡頌平因把本月十七日給蔣夢麟的信內容告訴他。又有黃守誠來訪，也沒有時間接見。

下午，查良釗、樊際昌來談。

晚，應吳三連、李萬居、郭雨新三人的宴會。

今天有復黃守誠的信。……

一九五九年六月二十六日【聯經版第八冊頁二九四六—二九四七／油印本第二十冊頁一一一】

又復王君婉謝題封面的信。

上午，唐子宗、胡鍾吾來談〔績溪縣志〕的事。

十一時，到台北回拜日本大使井口貞夫。

下午……四時以後，主持科學會的執行委員會。

七時半，參加Patrick Judge歡迎Miller同時歡迎Thompson的酒會。

今天有復拙哉的信。

一九五九年六月二十七日【聯經版第八冊頁二九四七／油印本第二十冊頁一一二—一一三】

六月二十七日（星期六）上午，王德芳來訪。馬熙程來談他的十三歲的兒子馬忠威頗有音樂天才，很想出國深造。請求先生替他們說句話。

許孝炎、林崇墉來訪。林崇墉帶來他為他的曾祖林則徐寫的一篇傳記，請先生替他看一遍。先生因離出國只有六天的時間，希望他帶回去，等秋天回國時再送來。

John W. Dixon、Rogen U. Aenert、Mordon A. Marten三人來談甚久。

下午，浦家麟送新近出版的〔紅樓夢〕來。端木愷、雷震來談片刻。李錦屏來見。

晚上，張祖詒、江小波在此夜飯。

今天有給江易生的短信，又題了〔元雜劇研究〕封面。

一九五九年六月二十八日【聯經版第八冊頁二九四七／油印本第二十冊頁一一三】

六月二十八日（星期日）上午，舊莊國民學校補行開校典禮，先生主持典禮，還作五分鐘的講話，說明學校教育應以國民學校為基礎。鼓勵小朋友們努力讀書，注重體育。

朱家驊、錢思亮夫婦、劉真、虞舜、王淦、王鍾、黃秉心、郭兆麟等來訪。

中午，在獻堂館請農復會的幾位朋友吃飯。

一九五九年六月二十九日【聯經版第八冊頁二九四七—二九四八／油印本第二十冊頁一一四—一一六】

上午，馬逢瑞來見。

中午，到黃少谷家吃飯。

下午，吳忠信帶他的兒子吳申叔來訪。趙連芳來，張慶楨來訪。

左舜生在香港〔聯合評論〕上發表……

今晚參加Haraldson的晚宴。

趙元任從日本回來，住在先生的客房裏。

一九五九年六月三十日【聯經版第八冊頁二九四八—二九四九，／油印本第二十冊頁一一六—一一八】

上午，錢思亮夫婦來談。香港〔工商日報〕特派員黃篤生和菲律賓〔新聞日報〕台灣特派員蔡實鼎來採訪先生對於左舜生的談話。（見七月四日香港〔工商日報〕）。

先生為了明天舉行的院士會議，忙碌不堪。今午原已約好的中公校友會的宴會，實在無法抽空，臨時寫了名片送去，請諸位老朋友原諒。

下午，接到總統府電話，知道明天是國防大學的畢業典禮和參謀總長彭孟緝、陸軍總司令羅列的就職典禮，恰與院士會議同一時間舉行，總統是不能來了。

晚上，先生招待全體與會院士吃飯。……

又復王姜貴一函。

又給李卓皓一個英文電報。

一九五九年七月二日【聯經版第八冊頁二九五三／油印本第二十一冊頁一二三—一二四】

下午，有復李辰冬的信。……

郭廷以來談片刻。

晚上，黃少谷為先生餞行。被邀作陪的有張羣、董顯光、蔣經國、王世杰、梅貽琦、蔣夢麟、羅家倫、錢思亮、陳雪屏等。

今天對記者談起夏威夷大學主辦的「東西方哲學討論會」第三次會議已於六月二十二日揭幕。先生因主持院士會議，才遲了幾天趕去。（參閱七月三日〔中央日報〕）。

今夜，開始整理出門的行理。

一九五九年七月三日【聯經版第八冊頁二九五三／油印本第二十一冊頁一二四—一二五】

上午，來先生住處送行的有王世杰、錢思亮夫婦、陳雪屏夫婦、陳槃、石璋如、董同龢、楊時逢、芮逸夫、黃彰健、徐高阮、李光濤、張秉權、李光宇、劉世超等人。

先生在百忙之中，要胡頌平先復呂行一信：……

十點，先生和趙元任同到松山機場，同坐十一時四十五分的民航公司的班機到東京。到機場送行的有朱家驊、黃少谷、嚴家淦、沈剛伯、莊萊德、金弘一、陳雪屏、祖望等一百多人。

在機場上，記者問胡夫人是不是可以與他在今秋一起返國。他說，他們的小孫兒昨天才到美國，他的夫人現在一定忙著照料孫子，還想不到與他一起返國的事。

今晚六時，飛抵東京。（參閱七月四日〔中央日報〕）。

一九五九年九月十四日【聯經版第八冊頁二九九八／油印本第二十一冊頁二〇七】

先生看見朱家驊、楊亮功、黃少谷、李濟、董顯光、毛子水、姚從吾、蔣復璁、浦薛鳳、程天放、勞榦等一百多人在機場歡迎他，曾以驚異的語氣問：「八七水災後不是禁止接人嗎？」陳雪屏就說：「我們是奉命的。」這是先生屢次回國歡迎人數最少的一次，……

今晚，在張儀尊家吃飯。

一九五九年十月十五日【聯經版第八冊頁二九九八／油印本第二十一冊頁二〇八—二〇九】

十月十五日*（星期四）上午，姚從吾、勞榦、劉世超、楊時逢、董作賓、芮逸夫、樊際昌、張貴永、郭廷以等來訪。

在先生出國的期間，總辦事處與本院以前的地主因青苗問題，發生糾紛。前地主在〔聯合報〕毛樹清的「紐約通訊」中看見先生說的「南港百姓太好了。近鄰的人都很和善」的話，所以沒有發作。……

晚上，先生到台大醫院去看梅貽琦、陳可忠的病後，就到心園參加朱家驊的宴會，在席上和李瑄根等略談後，再應陳雪屏和錢思亮的宴會。

【*聯經刊本誤作十月五日】

一九五九年十月十六日【聯經版第八冊頁二九九八／油印本第二十一冊頁二〇九】

十月十六日（星期五）上午，趙傳纓、杜元載來訪。李先聞、林致平、李濟、全漢昇等來，留此午飯。

下午，雷震、雷法章來訪。

晚，約嚴耕望來談，留此晚飯。

先生看見院中會計主任呂仲明在醫院裏開刀，應允為他的醫療費設法，以後就在先生的特別辦公費內撥付。

一九五九年十月十七日【聯經版第八冊頁二九九九／油印本第二十一冊頁二〇九—二一一】

蔣復璁來，是為籌辦「杜威書籍展覽會」，向先生借用杜威的著作。又有浦家麟來訪。

夏威夷大學送給先生的文憑……

先生對胡頌平說……

中央研究院原有警員三名，原來是為保護考古館的文物而設的。今天院中警員接到上級的口頭指示說：「蔣總統是國家的元首，政治上的領袖；胡院長是學術上的領袖，他在國際上的影響很大，如果胡院長的安全有了問題，你們要負責任的。」警員們都有了警惕，但都不願讓先生知道，怕他感到不安。

一九五九年十月十八日【聯經版第八冊頁二九九九／油印本第二十一冊頁二一一】

十月十八日（星期日）上午，田炯錦、雷寶華夫婦、顧文霞等來談。

下午，莫德惠、黃伯度等來談。

晚，參加Ray E. James、酈友良的酒會。

夜裏，給孫觀漢夫婦寫了條幅。

一九五九年十月十九日【聯經版第八冊頁二九九九／油印本第二十一冊頁二一一】

上午，李濟、趙連芳、全漢昇來談，留此午飯。

晚上，應韓國大使金弘一的宴會。飯後，去看朱家驊夫婦。

今天，有復巫學坤的信。

一九五九年十月二十日【聯經版第八冊頁三〇〇二／油印本第二十一冊頁二一六—二一七】

今天是杜威先生百年生日紀念。……在師範大學禮堂發表演講，闡述杜威的哲學思想。……

下午，梁序穆約定的生物學家Mr. Cox（Vat Science Foundation）來，匆匆一面後，先生又到國際學舍，在杜威著作展覽會的茶會上致詞，簡述杜威思想。參加茶會的中外教育學術界人士百多人。（同上）

晚上八時，參加美大使莊萊德的宴會。

一九五九年十月二十一日【聯經版第八冊頁三〇〇四／油印本第二十一冊頁二二〇】

了一點多。

下午三時，Hiden T. Cox、Scins H. Adehvos、Dred R. Cagle三人由美國新聞處的張天開陪同來訪，談了一點多。

七時半，Dr. Pardee Lowe夫婦來談兩小時。

今天公論報的社論……

一九五九年十月二十二日【聯經版第八冊頁三〇〇四／油印本第二十一冊頁二二一】

十月二十二日（星期四）上午，勞榦來談。

下午，李熙謀、李達三、許明德（Schimad）、李濟等來談。

晚上八時，陳誠副總統要來看先生。先生因他出來路上要警衛，所以就去看他，談到十時回來。

今天有復某君的信：

我勸你不要先存什麼「朝中無人」的成見，不要專責人而不責己。你信中所說兩次失學的情形，都不是教育部的過錯。……

又復某君的信：

你的大作，我實在看不懂，請你恕我不能做序。原稿奉還。謝謝你的好意。

一九五九年十月二十三日【聯經版第八冊頁三〇〇四／油印本第二十一冊頁二二二】

上午，胡光麃來訪。

下午四點多，到台北去參加于右任的酒會。六時半，應夏濤聲等十一人之宴。

今天有「杜威在墨西哥」的筆記。

一九五九年十月二十四日【聯經版第八冊頁三〇〇六／油印本第二十一冊頁二二四—二二五】

十月二十四日（星期六）上午，張維翰、張國柱偕同曾憲鎔、鄧華卿來訪。由全漢昇陪他們去參觀考古館。

中午，楊亮功來訪，留此午飯。

下午六時，參加中國同志會舉辦的聯合國日紀念會酒會，與會長朱家驊夫婦合照一相。

一九五九年十月二十五日【聯經版第八冊頁三〇〇六／油印本第二十一冊頁二二五】

上午，先生接到泰勒的信，因約梅貽琦、沈剛伯、李濟、全漢昇等在錢思亮家商談美國加州大學遠東研究所和我們合作的計劃。

下午，王大閎、胡鍾吾、胡文郁等來訪。

訪黃少谷。

一九五九年十月二十六日【聯經版第八冊頁三〇〇八／油印本第二十一冊頁二二九—二三〇】

上午，到機場送李濟夫婦赴美。

水澤柯、沈志明、應文嬋來見。……

下午，程天放來談。

晚上，參加越南國慶日的酒會。

今天有復某君的信：

一九五九年十月二十七日【聯經版第八冊頁三〇〇九／油印本第二十一冊頁二三〇—二三一】

上午，總辦事處為了地皮稅款的事，……等追回來再歸墊。

王企祥來見，他想出國，請求先生幫忙。

中午，先生留胡頌平吃飯。先生看見藝文印書館送來剛上架的幾部四庫善本書籍。看了錢儀吉的〔碑傳集〕，說：「這是一部參考書，出齊後放在我的書房裏，有用。」又翻了一翻宋代和尚文珦的〔潛山集〕，說：「這個和尚能夠傳下九百首詩，真不容易。」又翻了其餘的幾部後，說：「唐宋以來，一般的文集，只可當作史料看，其中有幾篇可作史料的參考用。真正好的文，好的詩，實在不多。〔宋文鑑〕、〔唐文粹〕這兩部書，如果當作文章看是不夠，好的文章真不多，也只能做史料看。要看人家詩的好壞，要先看他的絕句；絕句寫好了，別的詩或能寫得好；絕句寫不好，別的一定寫不好。」

先生又談起：「有些過去想買的，或者買不起；到了可以買得起的時候，人家都會送給你，用不著買了。」藝文送的這麼多的書，先生感到不安之至。

下午，郭廷以來談。馬仰蘭女士來，先生題了「曹學」兩字給她。

今夜，有「採旅、採稆、採穭」筆記一篇：

一九五九年十月二十八日【聯經版第八冊頁三〇一二／油印本第二十一冊頁二三六】

晚上，應袁守謙的宴會。

今天寄到各方的贈書很多。

一九五九年十月二十九日【聯經版第八冊頁三〇一二／油印本第二十一冊頁二三六—二三八】

上午，楊希枚來談。郭廷以有辭職的信，託胡頌平當面給先生。

中午，到Dixson家午飯。

下午，先生問郭廷以的辭職真實原因……

芮逸夫、黃彰健來談。

晚上七時，應胡光麃之宴。十時半，又參加Schimad夫人生日的酒會。

今天，〔中華日報〕記者甘立德在電話裏來問金門發現「皇明監國魯王壙誌」是不是真的？先生說：「根據壙誌所載的年月日相符，大概是真的。」開始注意這個問題。

今天為台南省立第二中學圖書館題了「有一分證據，說一分話」九個字。

今天談起可將過去的〔嘗試集〕，以及別的詩，另外選擇一些譯詩，編一部〔胡適詩存〕，給友聯社出版。

一九五九年十月三十日【聯經版第八冊頁三〇一二／油印本第二十一冊頁二三八】

上午，張國興、桂中樞來訪。桂中樞是中文照相排字機的發明人，據說用半機械的排字，每點鐘可以排一千五六百字。

下午，黃彰健、張慶楨來談。

晚，應日本大使井口貞夫之宴。

今天有給郭廷以的信。

一九五九年十月三十一日【聯經版第八冊頁三〇一三／油印本第二十一冊頁二三九】

上午，袁㕀來見，先生送他幾部著作，還替他寫信給高天成，介紹他去看鼻子的毛病。

鮑克蘭、芮逸夫來談。

一九五九年十一月一日【聯經版第八冊頁三〇一八／油印本第二十一冊頁二*】

郭廷以來談。林致平也來了，先生留他們一同晚飯。……

四時以後，劉真來訪。

【*此處油印版的頁數有異，頁碼編到四二八之後，又從第一頁又從編起】

一九五九年十一月二日【聯經版第八冊頁三〇一九／油印本第二十一冊頁二——三】

新聞局介紹美人Mr. Auchineloss來見。

下午，菲律賓的依株那地博士……

董顯光來談。

七時半，應Mclanghlin之宴。

一九五九年十一月三日【聯經版第八冊頁三〇一九／油印本第二十一冊頁三】

上午，藍乾章、芮逸夫、浦家麟等來談。

杜元載來談郭廷以的事。……

下午，美人金德曼（Kindermann）由新聞局的廖昭權陪同來見。

一九五九年十一月四日【聯經版第八冊頁三〇一九／油印本第二十一冊頁四—五】

上午，楊時逢來見。

中午，羅道夫（Rudolph）來訪，留此午飯。

下午，有一位記者來見，……

鍾伯英來訪。

六時，到台北參加教廷公使的酒會。

七時半，約張平羣到南港來晚飯。

一九五九年十一月五日【聯經版第八冊頁三〇二〇／油印本第二十一冊頁五—六】

上午九時半，先生進台大醫院檢查身體。動身前，曹建來邀請出席下午的北大校友會的歡迎會，先生答應可以一到。樊際昌、董作賓、蔣復璁等來晤。

先生住在台大醫院特二號。

一九五九年十一月五日【聯經版第八冊頁三〇二一／油印本第二十一冊頁七】

錢思亮、雷震來訪。還有好多位醫生、護士來看先生。

今夜有給趙元任的信。

一九五九年十一月六日【聯經版第八冊頁三〇二二／油印本第二十一冊頁八】

今晨醒來，……檢查身體是否已經衰老。

上午十一時，朱家驊來談。

下午一時，出院，回南港。

石璋如、李先聞等來談。

晚，約嚴耕望來談，留此晚飯。

今夜有「記曹溪寶林傳……」

一九五九年十一月八日【聯經版第八冊頁三〇二三／油印本第二十一冊頁一〇】

上午，周傑人來訪。

中午，劉世超來見，穿起新西裝，頭髮也理過，可是不帶領帶。先生問他今天為什麼打扮得這麼整齊起來？劉世超說：「下午將要參加人家的喜宴。」先生說：「人家的喜事，要是不參加；你已要去參加，就應該對主人表示敬意，應該帶上領帶；如果你沒有，我可以送你一條。」劉世超說：「我那邊是有的。」這時祖望來了，留他們在此午飯。

下午，張紫常夫婦、秦汾一家五人、雷震、李玉階等來訪。

今天有給郭廷以的信：

一九五九年十一月九日【聯經版第八冊頁三〇二三／油印本第二十一冊頁一一】

中午，全漢昇、萬紹章來談公事，留此午飯。

下午，為周傑人的女兒寫了喜軸八個字：「鈎之以愛，揣之以恭。」（是墨子「魯問」第四十九裏的句子）。

今天有「記美國醫學教育與大學教育的改造者弗勒斯納先生（Abraham Flexner 1866-1959）」一文

一九五九年十一月十日【聯經版第八冊頁三〇二八／油印本第二十一冊頁二一—二二】

上午，雷寶華、張志禮來請先生出席中國工程師學會年會，並擔任講演。

下午，芮逸夫、郭廷以來談片刻。

晚，應吳申叔、徐文若等的邀請，到國光戲園去看金素琴的京戲。

今天有給毛一波的信。

一九五九年十一月十日【聯經版第八冊頁三〇三二／油印本第二十一冊頁二七】

編者附記：

今天先生談起當年見康有為時，康說：「我的東西都是二十六歲以前寫的。卓如（梁啟超的字）以後繼續有進步，我不如他。」

又談起：「一個人作了大官後就沒有用了。一切由人家服侍，結果什麼事都不會做；所以我勸你們不要招待我，至少，讓我一個星期內有一天可以自己做點事。不然的話，一個人什麼事也不會做，就變成廢人了。」

一九五九年十一月十二日【聯經版第八冊頁三〇三五／油印本第二十一冊頁三四】

十一月十二日（星期四）上午，徐高阮來訪。祖望來。

下午，湯絢章、夏道平、沈宗瀚等來訪。

一九五九年十一月十三日【聯經版第八冊頁三〇三五—三〇三六／油印本第二十一冊頁三四】

上午，葛美娟陪同Bruse Hutchison和Barelty Hutchison來訪。董作賓來訪。

下午兩點五十分，先生到歷史博物館去參觀

一九五九年十一月十四日【聯經版第八冊頁三〇三六／油印本第二十一冊頁三五—三六】

十一月十四日（星期六）上午，談益民和徐傅德來談韓國人要請先生去講學，先生辭謝了。

下午，胡漢文夫婦來訪。

編者附記：胡漢文告訴胡頌平說：「績溪上莊姓胡的有兩千戶，分作六房。先生是大房，胡文郁是二房，他是六房。胡鍾吾就遠些。這個村莊裏也有各種日用品的小鋪子，還相當的熱鬧。現在村名叫做『適之村』了。」

晚六時，王雲五來晚飯，談至九時半。

一九五九年十一月十五日【聯經版第八冊頁三〇三六／油印本第二十一冊頁三六】

上午，高天成、李錦屏、張新葆等來訪。

下午六時，先生到高惜冰的宴會。七時半，再參加梅貽琦的宴會。

一九五九年十一月十六日【聯經版第八冊頁三〇四一／油印本第二十一冊頁四四—四五】

今天先生有日記：

下午，高惜冰陪同哈佛大學的Glen Baxter來訪。

今夜有「記美國普林斯敦大學的葛思德東方書庫藏的〈磧砂藏經〉原本」一文。

董同龢來訪。

一九五九年十一月十七日【聯經版第八冊頁三〇五〇／油印本第二十一冊頁六〇—六一】

上午，蕭作樑來訪。……

美國的原子專家W. Herbert Pennington和James M. Berkebile兩人由李熙謀、霍寶樹、張昌華陪同來訪。

中午，先生留胡頌平陪他吃飯。談起美人魯道夫對於李清照的〔金石錄後序〕的標點都點不斷，還要來譯英，怎麼會譯得出呢？非有人幫忙他，他是無法譯好的。〔金石錄後序〕裏有「自王播元載之禍」一句，〔師門五年記〕裏已經考出「王播」是「王涯」之誤；於是關照胡頌平應該送他一本〔師門五年記〕。

晚，應韓國大使金弘一的宴會。

今天有復何勇仁的信……

一九五九年十一月十八日【聯經版第八冊頁三〇五二／油印本第二十一冊頁六四】

晚上，應朱家驊之宴。飯後，毛子水、姚從吾同坐先生的車子到姚從吾家談談。

今天為劉宗向（紹唐）題了立軸，賀他的婚禮。

一九五九年十一月十九日【聯經版第八冊頁三〇五二／油印本第二十一冊頁六四】

上午，丁履延來訪。

中午，Miller在此午飯。

一九五九年十一月二十日【聯經版第八冊頁三〇六二／油印本第二十一冊頁七九】

下午，楊時逢來談出國的事情。

法國考古學者違先生和葉維琪來訪。

今晚，先生在「自由中國社」十周年紀念會……

一九五九年十一月二十一日【聯經版第八冊頁三〇六八／油印本第二十一冊頁九二】

上午，李慶麐來訪。

下午，謝問岑來訪。馬保之偕陳達文來。陳達文帶來兩盤蝴蝶蘭，等花謝了之後，還給他再培養。

晚，參加美國海軍醫院第二研究所主任費利浦上校的餐敍。先生送給費利浦的小孩子一本〔四十自述〕。

今天有復吳望伋的信。

一九五九年十一月二十二日【聯經版第八冊頁三〇六八／油印本第二十一冊頁九三】

下午四時，Dr. Phillips夫婦和Dr. Cushing來訪。

一九五九年十一月二十三日【聯經版第八冊頁三〇六八／油印本第二十一冊頁九三】

上午，王世中、李先聞等來訪，留此中飯。

下午，沈亦珍來請先生演講，當面婉謝了。談起美國來台學生每一個人一個月的費用，等於此地大學教授的待遇七倍。

五時，去看王雲五。

一九五九年十一月二十四日【聯經版第八冊頁三〇六九／油印本第二十一冊頁九四—九五】

上午，董同龢來訪。

下午，到蕭作樑家去看他所收集的反共資料。

晚，應張道藩、黃國書的宴會。

今夜，有「崔令欽讀書筆記一條」……

李華潤州天香寺故大德雲禪宗碑，……「禮部員外崔令欽，嘗為丹徒（令）宗師不息」……

今天先生偶然翻看四十二年的「演講集」（即〔胡適言論集〕，甲乙兩篇，華國出版社印行），覺得其中有幾個演講記得大致不錯，如「治學方法」三講，若稍稍修正，可以印作單行小冊子。

一九五九年十一月二十五日【聯經版第八冊頁三〇六九—三〇七〇／油印本第二十一冊頁九五—九六】

上午，包德明、李應兆來訪，訴述銘傳女子商專尚未立案的事情。

舊莊國民學校得了先生的幫助，……

中午，James請先生吃飯。

下午，主持科學會執行委員會，……

一九五九年十一月二十六日【聯經版第八冊頁三〇七二／油印本第二十一冊頁九九—一〇〇】

上午，董思霖、董歧兩兄弟來訪，沈志明、應文嬋夫婦來辭行，先生送他們的子女及女婿黃克蓀等每人一本《四十自述》。

下午，郭廷以來訪。談起績溪胡氏有三大族，不通譜的。

晚，應尹仲容的宴會。

今天有給張其昀的信。……

一九五九年十一月二十七日【聯經版第八冊頁三〇七六／油印本第二十一冊頁一〇六】

下午接見韓國訪問團，先生就自陪他們參觀本院。

一九五九年十一月二十八日【聯經版第八冊頁三〇七六／油印本第二十一冊頁一〇六—一〇七】

十一月二十八日（星期六）上午，梁序穆、趙少鐵等來訪。許孝炎、端木愷兩人來訪，留此午飯。

上午，劉燕夫、郭廷以等來訪。

晚，到天目參加Miller的宴會。

近來總辦事處以前向南港鎮公所繳了地價契稅三萬九千多元，被鎮公所內一位姓林的職員私下侵吞了。這位職員因犯罪判了徒刑。此時總辦事處要向南港鎮公所追回契稅，聘了法律顧問，預備向法院起訴。先生說：我終覺得不是如此的辦。我們和鎮公所是鄰居，就是要打官司，也要先來告訴他們。這筆契稅現已由院墊付了，院裏必須要收回；因這是公款，院裏也要報銷的。我的意思不應打官司，我們可向縣長戴德發去說話，先把這些話告訴鎮公所。我不是顧慮律師的問題，主要的是和地方上要睦鄰。（參閱十一月三十日及十二月二十一日各條）

一九五九年十一月二十九日【聯經版第八冊頁三〇八一／油印本第二十一冊頁一一六】

中午，在程天放家午飯。

下午，出席中研院評議會提名委員會。

一九五九年十二月一日【聯經版第八冊頁三〇八四／油印本第二十一冊頁一二二】

上午，郭廷以來。汪和宗帶同法律顧問來見。法律顧問說，起訴南港鎮公所的事，只有五天的時效了。先生說：我們寧可犧牲時效。研究院應該善意的幫助他們使這筆款子退回，以免將來防不勝防的後患。

下午，邵勁旅、楊時逢來訪。

晚，應唐縱的宴會。同座的有王雲五、胡健中等十人。

今天有復陳皆興的信。

一九五九年十二月二日【聯經版第八冊頁三〇八六／油印本第二十一冊頁一二六】

上午，有青年學生拿紀念冊來求題字。先生題了「學如不及，猶恐失之。」

下午〔公論報〕記者宣中文等來訪問錄音。

一九五九年十二月三日【聯經版第八冊頁三〇九二／油印本第二十一冊頁一三六】

上午，蔣復璁來訪。

中午，參加Yager的宴會。

今天又補給胡健中一信。

一九五九年十二月四日【聯經版第八冊頁三〇九三／油印本第二十一冊頁一三七—一三八】

上午，陳漢光來訪。

下午，有安徽籍的青年學生……

齊世英來談。

今晚，先生和郭廷以出名邀約幾位年老的如賈景德、莫德惠等六人吃飯，希望他們能做口述歷史。

先生帶〔四十自述〕去分送他們。

私立銘傳女子商業專科學校已經立案了，今天包德明託胡頌平報告先生，並表示感激的意思。先生說：「我不過對梅先生提一提罷了。我是向來不干涉人家的行政的，你叫他們不必感激我。」

一九五九年十二月五日【聯經版第八冊頁三〇九三／油印本第二十一冊頁一三九—一四〇】

上午，侯璠來見。又有記者宋文彬來見。

下午，美國新聞處司馬笑夫婦及Lowe夫婦率領"Some on Reflection Culture exchange"來台出席會員十一人來訪。

晚，參加Lowe的宴會。

今天有復唐德剛的信。

一九五九年十二月六日【聯經版第八冊頁三〇九六／油印本第二十一冊頁一四三】

十二月六日（星期日）上午，薛斯人來訪。他帶來一幅先生的肖像畫送給先生。

下午，主持科學會執行委員會。

先生的生日是十二月十七日。去年十二月十七日是陰曆十一月七日。今天是今年的陰曆十一月十七日，有些人誤把今天當作先生的生日，送花的有郭永、嚴家淦、周宏濤、謝耿民、吳三連等人。周至柔也打電報來祝壽。

一九五九年十二月七日【聯經版第八冊頁三〇九六／油印本第二十一冊頁一四三——一四四】

上午，凌純聲來談。魯道夫來請教一些考古的問題。先生借他一本《漢書》，請他看看「郊祀志」。（參閱十二月十四日條）

下午，主持科學會執行委員會。會後，訪高天成。日人市古尚三來辭行，張其昀來訪，均未遇。

晚，在樊際昌家吃飯。

今天有給葉良才的信，未留稿。又有給田炯錦的短信。

一九五九年十二月八日【聯經版第八冊頁三〇九七、三一〇一／油印本第二十一冊頁一四五、一五三】

上午，屈萬里先生邀請先生在十二月廿七日的「中國圖書館學會年會」上演講。先生答允了。胡頌平因說：「這天下午有『中國教育學會』六個團體的年會也請先生講演的；上午下午都要演講，不是太辛苦了嗎？」先生說：「你把這些學會講話當作好玩的事，就不辛苦了。」

下午四時，到木柵世界新聞學校演講……

先生講演之後，到台大參加于景讓的宴會。

今天有復蘇某的信。

一九五九年十二月九日【聯經版第八冊頁三一〇一／油印本第二十一冊頁一五四】

上午，汪厥明、袁貽瑾、陳拱北來訪。都留此午飯。

下午，李青來來問對於青年犯罪的意見。先生笑著對她說：「我近來在《中央日報》上風頭出夠了，請你不要把我加入，不必再來訪問我好嗎？」

晚，高天成來訪，留此晚飯。

今天有給孔德成、莊嚴、熊國藻的信。

一九五九年十二月十日【聯經版第八冊頁三一〇五／油印本第二十一冊頁一五九—一六〇】

上午，董作賓來說，……

方子衛來訪。

日本植學遺傳學所長木原均……下午，張平群電話來問……

彭楚珩來訪。他告辭出來後，對胡頌平說：「大家看了胡先生給胡健中的信之後，對於這封信的考據精詳，文章清楚，闢開不談；光是胡先生的風度之好，實在叫人佩服。像張齡這樣的人，胡先生實在可以教訓他。」後來胡頌平向先生提起，先生說：「我的文章不是教訓了張齡嗎？我覺得這樣已經是很重的教訓，所以我請彭楚珩先生遇到張君時，託他代我表示抱歉呢！」

一九五九年十二月十一日【聯經版第八冊頁三一〇五／油印本第二十一冊頁一六〇—一六一】

上午，有一邊疆學生馬興生來見。

中午，阮維周來訪，留此中飯。

下午，祖望陪同錢益來訪。

晚七時，參加Staphen Jsia and James Werm的晚飯。

飯後主持科學會執行委員會。

今天有給嚴耕望的信。

一九五九年十二月十二日【聯經版第八冊頁三一〇七／油印本第二十一冊頁一六四】

上午，師大僑生四十多人來見。先生和他們合攝一照。

陳漢光從金門帶來「皇明監國魯王壙志」和「皇明石井鄭氏祖寶誌銘」的拓本各一份送給先生，留此中飯。陳漢光說，魯王的屍骨是黑的。

下午，苗培成來索先生正面、側面及背後各種不同角度的照片，預備造像之用。章居毅來請先生題「作品」二字封面。

南港人民代表李福人、陶士君等送來各界簽名的祝壽題字。

蔣夢麟來談。

今天〔中央日報〕登載集體採訪的「少年犯罪問題」欄內，……

一九五九年十二月十三日【聯經版第八冊頁三一一二／油印本第二十一冊頁一七一】

十二月十三日（星期日）上午，雷寶華夫婦、顧文霞、高準等來訪。雷震、蔣匀田、王世憲及祖望留此午飯。

下午，張紫常夫婦來，留此晚飯。

一九五九年十二月十四日【聯經版第八冊頁三一一二／油印本第二十一冊頁一七二—一七三】

上午，魯道夫來訪，送還〔漢書〕。……

錢張婉度來訪。印永法來訪。

午，參加許明德宴請日本ICA科學代表Ross的午餐。

下午，杜光勛、陳寶麟、孫德中等來訪。

今天有復吳望伋的信。

望伋先生：

謝謝您十二月十二日的信。在台灣歷屆參政員有一個新年的聚餐，我很贊成，但請不要用歡迎我的名義。日期定好了，我一定來參加。

聽說王雪艇先生將於這兩天在紐約動身，年內可到台北，最好等他回來再舉行，不是更熱鬧些罷！

胡適敬覆。四八、十二、十四。

今夜有復入矢義高的信。

一九五九年十二月十四日【聯經版第八冊頁三一一五／油印本第二十一冊頁一七七】

又復袁瓞一信。

袁瓞先生：

謝謝你寄的幾封信和詩文。這一陣子，因為太忙，沒有給你寫信，有幾件就積壓在文件堆裏了。你的女朋友的兩首詩，今天沒有找出來，稍遲找出寄還你。

因為你昨天的信上說，你十七日要來南港，所以我趕寫這封信請你不要來，因為我明天就出門去「躲生日」了，回來大概在十九日了。

我勸你不要在信上多談政事，萬一不幸台北街上那位有趣的背著鉛桶賣芝麻餅的朋友忽然失蹤了，豈不是大煞風景的事？

祝你平安

胡適　四八、十二、十四夜。

一九五九年十二月十五日【聯經版第八冊頁三一一五／油印本第二十一冊頁一七七—一七八】

上午，鄰居李家代表李木聰、李萬才等送來簽名祝壽鏡框。

吳相湘、孔德成來，留此午飯。

下午，樊際昌、羅家倫夫婦等來訪。

夜，王淦來訪。

今夜有給臺靜農的信。

一九五九年十二月十六日【聯經版第八冊頁三一一七／油印本第二十一冊頁一八一】

上午，有給聯合報的信。

毛子水來，留此吃麵。

午十二時半，動身到北溝去躲生日。

一九五九年十二月十七日【聯經版第八冊頁三一一七／油印本第二十一冊頁一八一—一八二】

今天是先生六十九歲的生日（實足年齡六十八歲）。

各報報導先生南下避暑，但來南港簽名祝壽的有高惜冰、陶希聖、朱懷冰、郭寄嶠、張岫嵐、浦薛鳳、谷正綱、杜元載、李應兆、包德明、張乃維、王洪鈞、水祥雲、周友端、陳槃、董作賓、屈萬里、周法高、芮逸夫、黃彰健、凌純聲、郭廷以、全漢昇、嚴耕望、張貴永、勞榦、唐子宗等一百多人。

親友送花送酒的也有許多人。

一九五九年十二月十八日【聯經版第八冊頁三一一七—三一一八／油印本第二十一冊頁一八二—一八三】

今天先生在北溝故宮博物院辦事處借到文淵閣本〔水經注〕……

下午七點，先生從北溝回到南港。

八點半，梅貽琦來，他要組織「孔孟學會」，並請各大學校長吃飯，要先生一道去，先生是不去了。

今天有北溝讀書筆記一條。

一九五九年十二月十九日【聯經版第八冊頁三一一八／油印本第二十一冊頁一八四】

先生約勞榦、高去尋來談。朱家驊來，一同留此午飯。

下午三時，在中美技術合作研究會第五屆年會上以英文發表演講，……

一九五九年十二月二十日【聯經版第八冊頁三一二〇／油印本第二十一冊頁一八七—一八八】

水祥雲、包明叔、樓兆元等來訪。陳啟天、雷震、夏濤聲、王世憲、蔣匀田等來訪，留此午飯。

下午三時，主持中研院第四屆評議員選舉，選出廿五人……

晚上，北大校友楊亮功、樊際昌、蔣復璁、姚從吾、毛子水、陳雪屏等合請先生、朱家驊、蔣夢麟、梅貽琦等吃飯，其實是為先生補祝壽慶。

飯後，先生和毛子水去看吳相湘。吳相湘不在家，遇見他的夫人。對她說了一些慰勉的話。（參閱十二月廿二日給全漢昇的信條）。

一九五九年十二月二十一日【聯經版第八冊頁三一二〇／油印本第二十一冊頁一八八】

上午，勞榦來訪。

有一位客人帶來他自己做的歌詞來見，並請指教。先生看了他的詩歌後對他說：「你的歌，不能算為太好。你要設法去了這些套語，要注意思想，不要注意詞藻。白話沒有什麼詞藻，真正乾淨的白話是很雅緻的。」先生和他談了很久。

下午，董作賓偕馮百平來訪。余樂泉、甘棠、章昌平等來訪。

南港鎮代表闕山坑、戴君等來，先生對他們說：「我們院裏過去得到你們的幫忙很多，所以極力阻止他們用法律解決；墊款問題，必要時由我負責。」他們都很感謝先生的愛護。

晚上，約全漢昇夫婦吃飯。

今天有給陳漢光的信。

一九五九年十二月二十二日【聯經版第八冊頁三一二二／油印本第二十一冊頁一九〇】

上午，郭廷以來談近代史研究所的事情，先生勸他定一個五年計劃。郭連蔭來訪。

下午，Dixon偕一位今早才到台北的美國朋友來見，長談。

今天有復羅錦堂的信。

一九五九年十二月二十三日【聯經版第八冊頁三一二五／油印本第二十一冊頁一九六】

下午，繼續開會。

晚上，先到程滄波、王新衡幾人的宴會，再應潘貫的飯局。

政府規定中國字凡是橫寫的，都要自右至左，這是不通的。遇到數目字的時候，譬如「23」，究應讀二十三，還是讀作三十二?先生看了今天大會出席卡片上的號碼之後說：「我在二十年前寫信給總統，是我給他的第一封信就談起，請他不要管這些事。到現在還是這樣的寫法！」言下不勝感慨！

一九五九年十二月二十四日【聯經版第八冊頁三一二五／油印本第二十一冊頁一九六—一九七】

上午，出席光復會。

中午，先生與梅貽琦同宴前日本駐華大使掘內謙介。

下午，先生在光復會全體會議上致詞：……

一九五九年十二月二十五日【聯經版第八冊頁三一二七／油印本第二十一冊頁二〇一】

下午，有給〈中央日報〉的信。

編輯先生：

昨天我在光復大陸設計研究委員會說了幾句話，蒙貴報給很寬大的篇幅登出，我很感謝。中央社稿記者大致沒有錯誤，只有一點，我覺得有請求更正的必要。

原稿說：「胡適說，總統指出『三民主義的思想教育，最基本的方針，第一是要恢復我們固有的民族精神，亦即首先要恢復我們民族傳統的倫理道德。』對於這點，我特別要舉起雙手贊成，擁護總統所說的話。」

這幾句話，我沒有說。我說的是：「關於這一點，剛才曾寶蓀女士說的兩點都是說中國傳統的倫理道德的，不用我再說什麼了。」

我舉起雙手贊成擁護的是總統說的第二點和第三點，和他後來說的「並不是以三民主義的思想排斥其他思想」，和「其他思想皆當並行不悖，……殊途同歸」的容忍精神。

我說的「舉起雙手贊成」的話，只有這四次，並沒有五次。

倘你們覺得這一點值得聲明，我就很感激了。敬賀

新年。

胡適敬上 四八、十二、廿五。（十二月二十六日〔中央日報〕）

又有復劉燕夫的信。

一九五九年十二月二十五日【聯經版第八冊頁三一二八／油印本第二十一冊頁二〇三】

蘇雪林、李青來來訪，留此晚飯。

今夜給薛斯人題了一句四十年前有名的「烏雅」詩句：

「我不能呢呢喃喃討人家的歡喜」。

又題了靈伽畫胡適像，贈給薛斯人。

又給陳廉青、陳省身、陳家麟、阮維周、匡文炳、侯璠等多人寫字，寫到十二點鐘。

一九五九年十二月二十六日【聯經版第八冊頁三一二八／油印本第二十一冊頁二〇三—二〇五】

十二月二十六日（星期六）中午，留胡頌平午飯。先生談起〔碑傳集補〕裏收的「呂珮芬家傳」說：「這是我的太太的外公」。又談起楊昌濟，他是毛澤東的丈人，在北大當過教授，教倫理學的。胡頌平因問：「毛澤東進北大圖書館工作，是他丈人帶進去的嗎？」先生說：「不是。毛澤東在湖南師範畢業

後到了北平，他和五個青年上書於我，——這封信，我是交給竹淼生的弟弟竹垚生保管的。在抗戰期間，放在上海，竹垚生怕生事，把它燒掉了。——當時北京有個工讀輔助會，他先在輔助會工讀，很苦。」胡頌平問：「是否先生介紹他進圖書館？」先生說：「不。當時章行嚴當北大圖書館館長，李大釗當主任，他們都是湖南人，大概是他們兩人把他介紹進去的。他管理報紙閱覽室，每月八塊錢。那時八塊錢也可以過活的。」

先生又說起溫州在南宋時代是很了不得的。葉水心的有些著作，只有黃旭初編印的〈敬鄉樓叢書〉裏才有。又談起溫州的「南戲」，如高則誠的〈琵琶記〉。胡頌平說：「〈處州府志〉裏說，高則誠的〈琵琶記〉是在處州寫的。」先生問：「南戲除了溫州地區之外，還到別的地方去表演，不曉得別地的人怎麼聽得懂？」又談起清朝瑞安的孫家，也是了不起。

下午，雷震來談十分鐘。

晚上，約姚從吾、毛子水、吳相湘、全漢昇來吃飯。

今天有復吳肇璵的信。

肇璵先生：

謝謝你十二月十四日的信。

你寫了〈深海潛海打撈工程學〉一書，要拿來給我看，我很同情你的興趣。可惜我這裏沒有研究這一門學問的專家，我自己更完全不懂。所以我勸你不要來看我。

你可以寫信給中國工程師學會的理事長雷寶華先生，不要說「懷才不遇」的話，只敍述你的書的要點，問他能否指示一位專家可以審查你的書。

胡適 四八、十二、廿六。

又有復吳詠榮一信。

詠榮先生：

十二月十二日的信和大著〈比較公司法〉，都已收到了。先生對研究補助費的意見，我已送給國家長期發展科學委員會作為參考的資料，敬謝先生的厚意。

胡適 四八、十二、廿六。

一九五九年十二月二十八日【聯經版第八冊頁三一三四／油印本第二十一冊頁二〇九—二一〇】

下午，鮑克蘭、胡鍾吾等來訪。

五點多，參加井口貞夫歡迎吉田茂的酒會。齊世英（鐵生）陪同先生回南港，已是七點了。飯後談至十點鐘。

今天有復周德偉的信。

一九五九年十二月二十八日【聯經版第八冊頁三一三四／油印本第二十一冊頁二一一—二一三】

有復陳文奇的信。

文奇先生：

十二月十八日的信收到了。平井敦、奧村惠敏、島田靜雄三位博士的聯名信也收到了。我近來與梅月涵部長、錢思亮校長商及此事。我想請你先讓我知道繼續留日一年需要多少錢。請你估計之後，寫信給我，我當與梅部長、錢校長商量。

敬祝新年

胡適 四八、十二、廿八。

請你代我謝謝平井三位先生的好意。

又有給樊際昌的信。

逵羽兄：

汪緝齋夫人現在病癒出院了。她昨天來南港，我出門講演去了。她留下一封信，說她願意申請做農復會圖書館的事。我今天打電話給你，知道你到南部去了。我把她的信和申請書一併寄給你，請你轉交給主管此事的人。

弟適敬上 四八、十二、廿八。

前幾天，張德粹在傅抱石畫的「蘭亭修禊圖」上打好格子，並錄下〈蘭亭集序〉上開始幾句：

永和九年，時在癸酉；三月三日，會於會稽山陰之蘭亭，修褉事也。

託人來請先生照格子題字。先生照寫之後，才發覺張德粹錄錯了字。原文應該是：

永和九年，歲在癸丑，暮春之初，會于會稽山陰之蘭亭，修褉事也。

先生說：

我寫東西，一向是查過原書的；昨天偶然沒有去查，就根據張德粹的錯誤而寫了。永和九年是癸丑，怎麼他會寫在「癸酉」？「暮春之初」，是說三月初旬的「巳」日，並不是「三月三日」；後世所謂三月三日為「上巳節」，那時怕還沒有固定的上巳節呢！現在只有附註「酉當作丑」四個字，其餘的無可補救了。

一九五九年十二月二十九日【聯經版第八冊頁三一三四／油印本第二十一冊頁二一一三】

十二月二十九日（星期二）上午，美人Buss、Conger、Shapik等三人來訪。

中午，王世杰來，留此便飯。

下午，蔡培火來訪。先生和他談起大政治家的風度。當領袖的人應該培養一二個能幹而又忠心國家的人可以繼承他，到了適當時候，推舉這個人出來，還應全力支持他。一個領袖不能培養幾個人，這個領袖是失敗的。美國憲法並沒有規定總統可以擔任幾任的任期，華盛頓以身作則，一百五十年來沒有人肯違背華盛頓的成例。羅斯福沒有培養繼任的人才，只有他個人一再的當選下去，這是羅斯福的錯誤。後來談到如果修改臨時條款，不如修改憲法，比較合理些。

今晚，參加梅貽琦的暖壽宴。

一九五九年十二月三十日【聯經版第八冊頁三一三四／油印本第二十一冊頁二一一四】

上午，羅香林來訪，留此中飯。

下午，亞洲學會代表彌勒博士邀請先生……

一九五九年十二月三十日【聯經版第八冊頁三一三五／油印本第二十一冊頁二一一五—二一一六】

今天有給鄭達文的信。

達文先生：

上月承先生惠贈名貴的蝴蝶蘭兩盆，又蒙先生與馬保之先生親自送到南港，真是感激之至！這兩盆花在這裏盛開的時候，中外友人來我家時，都欣賞稱讚，真給我的小屋增多不少光輝。現在遵先生之命，將兩盆花根送還，以便培植新花。附送威士忌酒一瓶，聊備新年的斟酌。

胡適敬上 四八、十二、卅。

先生親自簽了「胡適」兩個字的時候，笑著對胡頌平說：「這幾個月來，我的字受了你的影響了。」

今天先生對胡頌平說：「當年你們在中公時代的生活情形，師生的關係，風潮的經過以及種種，你們當時不覺得怎樣，現在回想起當年的情形是很有趣的事。你有這樣感覺嗎？趁現在還能記得起，應該把當日的歷史寫出來。現在已隔了三十年，再不寫，以後就沒有人知道了。隔了這麼多年之後，一切都應該心平氣和的寫，不要太責備別人。」胡頌平說：「我早有此意，只怕文字寫不好。」先生說：「先寫成一個紀錄再說。我當年寫〔四十自述〕時，幸有〔競業旬報〕作參考。再後下去，就沒有人知道了。」

一九五九年十二月三十一日【聯經版第八冊頁三一三五／油印本第二十一冊頁二一一六】

上午，凌純聲、芮逸夫、石璋如等來談片刻。

許明德偕嚴慶瀾來談美援撥給科學會經費的事。

一九五九年十二月三十一日【聯經版第八冊頁三一三六／油印本第二十一冊頁二一一七—二一二〇】

下午，先生進了胡頌平的工作室，看見胡頌平正在袖珍的小本上寫著密密的小字。問：「你在寫什麼？」胡頌平說：「寫日記，都記先生的事情。我覺得先生的一言一行都是有意義有價值的；我在先生身旁親自看到的聽到的一點一滴，我都把它紀錄下來。」先生說：「你為什麼要記我的事情？」胡頌平說：「民國十八九年間，我在上海的〔申報〕上看見先生的一個電報，是對馬相伯先生九十歲生日發表的談話。這個電報的大意，說馬相伯先生是國之瓌寶，應該有一個人在他的身旁，把他的一言一行都記載下來。我還記得先生三十年前說的這句話。現在我有機會在先生身旁工作，所以也想把先生的言行記錄下來。去年四月初，先生回國接掌中央研究院，六月中又出去了，這兩個月裏先生說的話，有些已經記不起了，覺得非常可惜。十一月裏先生回來後，我才開始記的。」先生聽到這裏，說：「這樣，我以後說話倒要留意些。」胡頌平接著說：「我已記了七本，都放在這個抽屜裏，因為都是零零碎碎的匆促記錄，還要好好的整理，將來整理後，我想請先生過目。」先生說：「你不要給我看。你還是當作我不知道似的照舊記下去，將來我死了之後，這是有用的。」

怎麼談起歷史上的功過問題。胡頌平說：「有人說大陸上如果當年沒有李宗仁的當選副總統，政府的實力不會分散，也不會垮得這樣慘。李宗仁的當選，有人說是北大支持的。」先生說：「這是完全不確的。當時在北平，李宗仁對於北方各大學是極力招呼的。有一次李夫人拿著副總統競選提名簿來要我簽字。我對她說：『我已簽過了，簽過了。』我當然沒有簽。在她未來的前幾天，蔣夢麟拿來孫科競選的提名簿，我在這本孫科的提名簿上簽了名。外面的人說北大支持李宗仁的話是絕對不確的。至於說廣西部隊不與中央合作，使政府很快的垮了這些話，也不十分正確的。廣西的部隊能夠打仗嗎？那時軍心已經渙散了，再也支持不住了。最可惜的是中央精銳在東北的損失，像關麟徵、孫立人等的部隊在東北損失了，實在是政府失敗的主要原因。」

胡頌平因問：「聽說復員還都之後，政府曾經舉行一個秘密會議，戴季陶極力反對出兵東北。他認為東北問題是個國際問題，讓將來由國際來解決。戴季陶的主張，把美式配備的部隊守關內，保守河北，可能不至於這樣慘敗。」先生說：「這個秘密會議我也參加的。這在政府是很難處理的一件大事：對日抗戰的起因是為東北，那時戰事結束了，政府不能不收回東北。政府出兵東北的處置是不錯的；不過精銳部隊在東北被個別消滅了，實在是個無可諱言的致命損失。」

先生說到這裏，說：「這些政治問題，還是不記的好。」

先生翻開袁方〔記者生涯〕（百〇二頁）上有這樣一段的記載：

胡氏在前，蔣氏在後。當蔣氏發現胡氏時，便一面加快腳步，一面喊著：「胡先生，胡先生。」

胡氏回頭一看：「啊，蔣主任。」於是兩人邊走邊談……他們的談話卻平常而輕鬆。……

先生指著「胡先生，胡先生」這句話說：「經國一向喊我『先生』的，先生上面不加『胡』字；我只喊他『經國』二字，我從沒有喊他『主任』的。這些記載就不正確了。」

五時，胡頌平告辭時，先生說：「今年又過去了，不曾做些什麼事！明天起有三天的假期，你不要來。」於是伸出手來，又說：「向你拜年，並向你的太太同小朋友們拜年。」

今天有給陳漢光的信。

一九六〇年一月一日【聯經版第九冊頁三一三九／油印本第二十二冊頁一】

上午十時，

今天來拜年的有楊功亮、蔣復璁、劉真、石裕清、馬逢瑞、沈志明、李玉階、蘇瑩輝、唐縱、王德芳等人。

祖望、淑昭、仔仔留此中飯。

一九六〇年一月二日【聯經版第九冊頁三一三九／油印本第二十二冊頁一】

上午，錢思亮夫婦、虞舜等來訪。

晚，應東亞學術研究討論會的邀請，到心園吃飯。

今天有給楊樹人的信。

一九六〇年一月三日【聯經版第九冊頁三一四〇／油印本第二十二冊頁三】

上午的客人有張慶楨、杜元載、杜何家鎏。

先生在上午十二月八日世界新聞學校講演……

一九六〇年一月四日【聯經版第九冊頁三一四一／油印本第二十二冊頁四】

上午，楊樹人來談。劉燕夫、薛棟樑、張朝豐等來，先生和他們同照一相。

錢用和、張邦珍、吳望伋等來，他們談起以後的毛筆要淘汰了。先生說：「鋼筆也可以寫出個性的。我相信下一代會比我們寫得高明，書也比我們讀得好。」錢用和說：「他們會比我們高明，但決不會比老師高明。」

中午，嚴耕望來談〔全唐文全唐詩〕中的佛教史料問題。

下午，田炯錦來。

晚七時，許明德在美軍俱樂部宴請W. R. Boss與先生。

今天有給胡健中的信。

一九六〇年一月四日【聯經版第九冊頁三一四四／油印本第二十二冊頁九】

張元濟的〈涉園序跋集錄〉裏有「譚勤師會試墨卷及覆試卷」和「高夔北先生殿試策卷」兩篇文章，都是科舉時代的實際史料。文內提到殿試時的「對讀所」。今天先生說：「『對讀所』的原義是『對校所』。校字疑是避明熹宗的諱。熹宗名校，明版的書籍都刻作『挍』，从『才』不從『木』。明初是不避諱的，到了晚明才避諱，不久明朝也亡了。清朝居然沿用明諱到三百年之久。」

一九六〇年一月五日【聯經版第九冊頁三一四四／油印本第二十二冊頁九—一〇】

上午，陳漢光來訪。郭廷以來談某君的研究工作。先生說：「做研究工作總要有個題目，有了一個題目，材料才可以集中；沒有題目是不行的。」芮逸夫來談向日本收買〈續藏經〉的事，看樣子是買不成了。

下午，W. R. Boss、James M. Berkebile等來訪。

晚上，先生和梅貽琦同請Boss吃飯。

今天有復王香屏的信。

一九六〇年一月五日【聯經版第九冊頁三一四五／油印本第二十二冊頁一一】

丁文江，字在君，……
連同書籍交給啟明書局代售了。

今夜有復羅家倫的信。

一九六〇年一月六日【聯經版第九冊頁三一四七／油印本第二十二冊頁一五】

中午，李先聞來，留此午飯。

下午，到台北主持科學會執行委員會。

今夜，有「能禪師與韶州廣果寺」讀書筆記：

一九六〇年一月七日【聯經版第九冊頁三一五〇／油印本第二十二冊頁一九—二一】

上午，丁朝棟、黃拓榮來訪。先生幼年時住過台東，黃拓榮是台東的縣長，先生送給他們（四十自述）各一冊。在給黃拓榮的一本上題了：

送給台東的老父母官紀念

一句，又勸他注意保留山地的文化。

王九逵和楊兆慶來訪。王九逵是初次見面，先生覺得他很像丁燮林年輕時的相貌。先生說：「數學所的林致平先生正想回到這裏專任，你也回來了，給我們數學所一個新的開始。」先生和他合照了幾張照片。（參閱一月七日（大華晚報）及八日（新生報））

中午的飯桌上，先生談起王九逵是美國史丹佛大學的數學博士。在美國，只有史丹佛大學和康乃爾大學不送名譽博士學位的。當年康乃爾大學要送先生名譽學位，先生勸他們不要打破傳統的習慣，沒有接受。（參閱胡頌平「適之先生的博士學位」，（傳記文學））

先生問起陳布雷、戴傳賢去世的原因。談到當年徐蚌會戰時，曾對總統說：「根據過去的歷史，無論是東晉、南宋，要守長江，必須守住淮北。淮濟不守，光憑長江是不能守的；何況那時還沒有大砲！」總統說：「我們還有高山險要可守。」先生說：「據我所知道的徽州情形，所有深山險要的地方，都給土共佔據了。差不多各地的情形都是如此。」

下午，台大政治系學生吳靄春、闕天正來見。闕天正問：「女的學政治，將來出國恐有問題？」先生說：「美國學校只問你學的好不好，不問你是男是女。學政治要重歷史，尤其政治家的傳記；能看詳細的大政治家的歷史，可以訓練通才。中國古代也是如此。到國外去，必須把第一外國語讀好；否則，就是出國，混了一張文憑也是沒有用的。英語讀好了，再讀社會科學好了。」

晚上，王世憲、陶百川等十人請先生吃飯。

韓國方面要把先生的〔中國古代哲學史〕譯成韓文發行……

今天有給蕭公權的電報，……

又給南港士紳林世港題了「仁者必得其壽」立軸。

一九六〇年一月八日【聯經版第九冊頁三一五一／油印本第二十二冊頁二二】

上午，樊際昌來。章君穀拿「作品」創造號來訪。「作品」的封面兩個字是先生題的。

晚七時半，Dixon請先生在他的寓所吃飯。

今天，先生需要王國維的〔觀林堂集〕。

一九六〇年一月九日【聯經版第九冊頁三一五二／油印本第二十二冊頁二四】

女作家孟瑤來訪，……

這時媳婦曾淑昭帶同孫子胡復來，話題轉到小孩身上去。胡復只講廣東話的。先生說，他以廣東話作基礎，將來可念古音。因為廣東話裏還有許多是古音。媳婦說：「孩子教不好。」先生說：「小孩子教不好，都是做母親的沒有耐心的緣故。每天教兩個字，時常要他溫習，沒有教不好的！」

郭廷以、胡秋原，同一位日本村松祐次來訪，留此中飯。

下午，王淦來訪。

今夜有「跋王國維水經箋注跋」……

一九六〇年一月十日【聯經版第九冊頁三一五三／油印本第二十二冊頁二五】

上午，朱家驊陪同韓國的李丙、金載元、俞鎮午夫婦來訪，留此午飯。同時來訪的還有李容載、崔順愛、李元植、汪竹一等人。

晚六時，有藍蔭鼎的宴會。又參加朱家驊的飯局，是請幾位韓國人士的。

一九六〇年一月十一日【聯經版第九冊頁三一五三／油印本第二十二冊頁二六—二七】

上午，程天放來訪。

下午三時半，在台大法學院禮堂主持蔡元培九十一歲紀念會。……

今天狄膺（君武）參加紀念會時，他的兩眼已經看不見了，是由兩個人扶他進會場的。紀念會之後，先生到自由之家去看Herbert Passin，約他同錢思亮到南港來便飯。Passin是今天下午二時才到台北的。

一九六〇年一月十二日【聯經版第九冊頁三一五三—三一五四／油印本第二十二冊頁二七—二八】

上午，先生到機場去接徐大春。徐大春是徐新六的兒子，留他住在客房裏。同來的張紫常、陳其明、潘祖琳、祖望等人，都在此午飯。

晚上，應韓國大使金弘一之宴。回來寫了幾封信，和徐大春談到兩點鐘。

今天有復蕭輝楷的信。……

又有復羅果為的信。

一九六〇年一月十三日【聯經版第九冊頁三一五五／油印本第二十二冊頁三〇】

上午，趙賡颺來訪。

中午，到錢思亮家吃飯。飯後偕Passin來院，由全漢昇陪他去參觀考古館。

晚上，潘祖琳和張紫常合請先生吃飯。

今天有復劉峙的信。

一九六〇年一月十四日【聯經版第九冊頁三一五六／油印本第二十二冊頁三一——三二】

上午，劉宜明、孫頤慶等來訪。

下午，主持院士談話會。今天補選五位第四屆評議員，沒有一個人得到法定的票數。決定再舉行一次通訊選舉。先生接到總統府的電話，約定明天上午十時在總統府召見。

今天有復蘇雪林的信。

雪林：

這一陣子實在太忙些，所以沒有回你的信。你們幾位女師大同學聚餐的事，我總覺得叫你們費力費錢，我很不安。日子最好請你們自己決定。

我看我的日程，一月廿一日（星四）、廿二（星五）、廿三（星六）、廿四（星日）都沒有晚飯局，請你們決定後早點通知我。客人之中，也不必邀我兒子媳婦。媳婦新回國，酬應太忙。錢校長也實在太忙，不必增加他的負擔。你們以為如何？

謝謝你們的好意！並祝新年百福。

胡適　四九、一、十四。

又有給陳嘉尚的信。

編者附記：（一）此信寫好後，頭一段，就把全篇的主要事情都說了。這是外國人的寫法，在公事上叫作摘由，把重要的摘由都抽出來了。

（二）前些時，先生談起來從沒有讀過〔古文觀止〕的。胡頌平今天帶了一部〔古文觀止〕來。先生翻了一翻目錄後，說：「吳楚材選的〈左傳〉〈國策〉，比一般選的好；但漢文如『五帝本紀贊』、『項羽本紀贊』等就沒有道理了。」胡頌平說：「從前有些人，把這部當作中國文學讀的。」先生說：「當文學史讀是不夠的，漢以後的文章，他選得不好。」先生想起北大教文學史時選的「上古文學史選例」，不照純粹的文學作品去選，也只選到〈荀子〉為止。但覺得他選的算是最好了。

一九六〇年一月十五日【聯經版第九冊頁三一五七／油印本第二十二冊頁三五】

上午十時，晉謁總統。總統因越南總統吳廷琰將於今天下午來台訪問，問問先生對於越南外交的意見。

中午，李先聞、徐大春、郭紫常、潘祖琳、陳其明夫婦、祖望等來，留此午飯。

晚上，總統以國宴款待越南總統吳廷琰，先生應邀參加。……

一九六〇年一月十六日【聯經版第九冊頁三一五八／油印本第二十二冊頁三七】

一月十六日（星期六）上午，芮逸夫來談〈續藏經〉的事，史語所可以買一部給先生用。

十時三刻，徐大春回美。先生和石璋如同車送他到松山機場後，再赴林適存、章君穀等歡宴七位學術得獎人的餐廳，石璋如、李超英等都是這次得獎人，他們邀請先生參加。照了不少照片。

下午六時半，有朱家驊的酒會。七時，有越南公使的酒會。

夜八時半，副總統陳誠歡宴吳廷琰，先生被邀作陪。

一九六〇年一月十七日【聯經版第九冊頁三一六〇／油印本第二十二冊頁三九】

座談會之後，劉崇鋐與先生同來南港，留此晚飯。

一九六〇年一月十八日【聯經版第九冊頁三一六〇／油印本第二十二冊頁三九—四〇】

上午，羅錦堂來，先生賀他考取了博士學位。羅錦堂說：「正式博士授予法還未經立法院通過，立法院通過之後，還須經過教育部的考試。」先生說：「如果博士學位要經教育部的考試，那麼以後博士學位多了，一年幾百位甚至上千人，教育部就非常麻煩了。教育部考試博士時只是口試，你不要害怕。」先生又說：「吳廷琰這次希望我們授予博士學位，我們還沒有授予博士的辦法。」

晚八時，吳廷琰答宴總統及夫人，先生被請參加。

今天有給錢思亮的信。

一九六〇年一月十九日【聯經版第九冊頁三一六一／油印本第二十二冊頁四一—四二】

上午，金紹賢來訪。又有一位姓嚴的來訪，說是要編一本「治學方法論」，要把先生最近的演講紀錄收進去。先生說：「我的演講一點多鐘，寫出來有一萬多字。報紙上記載不詳細，還有錯誤。我是從來不把演講紀錄收入〔文存〕的，請你不要把最近的剪報收入。如果你要收入的話，我上次回國在台大的三次講演稿，勉強可用，可以收入的。」

一九六〇年一月十九日【聯經版第九冊頁三一六一／油印本第二十二冊頁四三】

今天有給高宗武的信。

編者附記：先生寫好此信後，對胡頌平說：「你和宗武都是樂清人，又是少年同學，現在他想影印〔樂清縣志〕，你也附寫幾句給他吧。」於是胡頌平寫了一封短信，說：「如果你以後在台灣方面有什麼需要我幫忙的話，我很願意替我的少年同學盡力。」附在先生的信中寄去。高宗武在浙江省立第十中學讀書時，叫高敏，後以字行。

一九六〇年一月二十日【聯經版第九冊頁三一六二／油印本第二十二冊頁四四—四五】

上午，西德記者Dr. Lily Abegg由新聞局人員陪同來訪。王九逵和譚國佐來照相。

午，應Dr. Philip之宴。

下午，許世瑮、馬熙程等來訪。

晚，參加國民參政會的餐敍，共五桌。有王雲五、于斌、王世杰、莫德惠、陳啟天、陶百川、錢用和、張邦珍、吳望伋等人。

今夜改定「試考水經注寫成的年歲」。

一九六〇年一月二十一日【聯經版第九冊頁三一六二／油印本第二十二冊頁四五】

一月二十一日（星期四）上午，延國符夫婦來訪。

中午，雷震、蔣勻田、夏濤聲來，留此午飯。

一九六〇年一月二十二日【聯經版第九冊頁三一六二／油印本第二十二冊頁四六】

上午，和崎博夫、山口，由張超英陪同來訪片刻。

下午，林玉鏗來訪。

今天有復徐道鄰的信。……

先生今天談起黃暉，說：「黃暉是北京中國大學的學生，他曾偷聽我的課，但他畢業後寫了一部《論衡校釋》，算是很標準的著作。壞學校也出好學生，這個人現在不知去向，可能是去世了，也許跟劉叔雅在雲南呢。」

一九六〇年一月二十三日【聯經版第九冊頁三一六三／油印本第二十二冊頁四七】

上午，劉宗怡來訪。

和崎博夫由徐白、張超英陪同來看先生

一九六〇年一月二十四日【聯經版第九冊頁三一六四／油印本第二十二冊頁四八】

一月二十四日（星期日）今天無客。晚應蘇雪林、孫繼緒、李青來等人之宴。

一九六〇年一月二十五日【聯經版第九冊頁三一六四／油印本第二十二冊頁四八】

上午，胡林鈞、曹金如來訪。先生送他們〔詞選〕、〔文存〕等書。

下午，參觀張大千的畫展。

今天有給胡健中的信。……

一九六〇年一月二十五日【聯經版第九冊頁三一六五／油印本第二十二冊頁五〇】

編者附記：……這兩部書都是很好的史料。他編著的方法也很好，比齊如山高明得多。

一九六〇年一月二十六日【聯經版第九冊頁三一六五／油印本第二十二冊頁五〇】

上午，楊亮功、魯道夫、郭廷以等來訪。

下午，主持科學會執行委員會。

晚，應馬熙程之宴。

今天有復蔣夢麟的信。

一九六〇年一月二十六日【聯經版第九冊頁三一六六／油印本第二十二冊頁五二】

今天芮逸夫託胡頌平帶來一封董作賓給先生的信，附一軸敦煌卷子……

今天又有給亞洲基金協會的一封英文信，為科學會提出一個需要兩千萬美元的大計劃。

一九六〇年一月二十七日【聯經版第九冊頁三一六六—三一六七／油印本第二十二冊頁五二—五五】

上午蔣復璁、林秋生陪同柏林大學教授福克司（Prof. Fuchs）、他的助教Martin Grimm來訪。他們都

是研究漢學的。

接著，朱家驊帶來德國的女記者Miss Abegg同兩位德國婦女來訪問。

另有Dixson和另外一位美國客人來，留談甚久。

又有李乾帶他的「散盤銘文釋」來訪，因他說是研究金文甲骨的，介紹他去見屈萬里。

今天是陰曆的除夕，到錢思亮家吃年夜飯。

今天有給田炯錦的信。

早上胡頌平把李乾介紹去見屈萬里之後，回來報告了先生。先生說：「我對金文甲骨全不懂，你看我的文章裏有沒有引過甲骨文字，一句之中有幾個認不得的字，我是不引的。在我們的前一輩，在我的徽州，所謂江（永）戴（震）之鄉，他們的小學工夫很深，從少就要背〈說文〉的。」胡頌平插嘴說：「我們溫州也有背〈爾雅〉的。」先生說：「〈爾雅〉是在十三經之內，當然要全背，不但背白文，連注也都要背的。〈說文〉不在十三經之內，而且比〈爾雅〉多得多，他們都背熟；他們對於〈說文〉是不須翻書來查。〈爾雅〉的文章不通，他們也都要背的。我少時候讀〈詩經〉只背朱（熹）注，但給老輩看來就認為不夠了。他們要背毛（大小毛公）鄭（玄）二注，不許背朱注的。我在家鄉時，十三經還沒有讀完，〈周禮〉也未讀，就到上海去了，所以對於小學的工夫不深。」

先生又說：「我的太太的舅舅是姓呂的，三十年前我到呂家去，看呂家的一位十七歲的舅舅正在背〈爾雅〉。那時呂家還是這樣嚴格訓練的。大概這班人都是天資很高的人，天資高，才能背得熟。我那時已三十多歲了，我就勸他們不必這樣的背誦了。」

一九六〇年一月二十八日【聯經版第九冊頁三一六七／油印本第二十二冊頁五五—五六】

今天是舊曆的元旦。

到南港來拜年的，有沈宗瀚、蔣彥士、楊亮功、高去尋、石璋如、劉新生、劉斌雄、余壽雲、黃彰健、屈萬里、嚴耕望、王聿均、李光宇、李光濤、烏蔚廷、汪和宗、黃海〔堂〕、胡占魁、劉世超、陳槃、李亦園、黃嘉謨、李錦屏、黃秉心、黃慶樂、呂實強、李國祁、湯志先、馬韻宜、張儀尊、鮑良傅、胡頌平、楊先英、郭兆麟、沈志明、馬逢瑞、楊希枚、曹金如、胡林鈞、李建興、李儒德、李正琛、李文琬、李正珽、李正珪、錢思亮、錢純、蔡培火、胡鍾吾、胡國光、廖溫音、王書惠及兒媳孫子等人。

一九六〇年一月二十九日【聯經版第九冊頁三一六七／油印本第二十二冊頁五六】

今天來拜年的有吳申叔、張慶楨、黃榜銓、虞舜、王世流、王望、徐文若、歐陽子元、藍璐、蕭綸徽、孫德秀、郭德權等人。

今天有復梅貽琦的信。

一九六〇年一月三十日【聯經版第九冊頁三一六八／油印本第二十二冊頁五七】

一月三十日（星期六）今天來拜年的，有陳雪屏、雷法章、胡文郁、胡洪九、汪亞男、雪珠、蔣廸光、程敷琨、劉文騰等人。

今晚，在陳雪屏家飯。

一九六〇年一月三十一日【聯經版第九冊頁三一六八／油印本第二十二冊頁五七】

一月三十一日（星期日）今天的客人有周仲敏、鄭炳鈞、梁穗華、金振庭、汪荷之、汪章愛青、汪美玲、胡漢文、周鳳美、胡雲新、張紫常等。

中午，應延國符之邀，到新店吃飯。

下午，王世杰來談，留此晚飯。

一九六〇年二月一日【聯經版第九冊頁三一六八／油印本第二十二冊頁五九】

上午，勞榦、張秉權、凌純聲、全漢昇、魏喦壽、王叔銘、薛世平、余繁初、張學增等來拜年。

下午，毛子水、張祖詒夫婦、程維賢夫婦、徐高阮、張玲、張珩、李麟徵、張理等人來拜年。

晚上，先參加Drumright大使的酒會，再到鐵路飯店吃飯。是徐文若等人請的。

今天有給林致平的信。

一九六〇年二月二日【聯經版第九冊頁三一六八／油印本第二十二冊頁六〇】

上午，有韓光耀、姜啟龍等來訪。先生因事忙，由胡頌平代見。

晚，應菲律賓大使之宴。

大概在一二月之間，先生有「記故宮博物院藏的兩部〔清高宗御製詩四集〕裏的『題酈道元水經注六韻有序』」（見〔手稿〕六集）。

今夜，復張聖述一信。

一九六〇年二月三日【聯經版第九冊頁三一七〇／油印本第二十二冊頁六二——六三】

上午，何聯奎、吳祥麟來拜年，留此午飯。

石璋如來，先生告訴他已經接到美國的回信，請他準備出國的手續。

今天為劉凱英介紹給高天成去看病。

今天先生談起清初人寫的一部舊小說〔豆棚閒話〕

一九六〇年二月四日【聯經版第九冊頁三一七〇／油印本第二十二冊頁六四】

二月四日（星期四）上午，董作賓、郭廷以來拜年。

下午，李玉階來拜年。

晚上，應中日文化協會會長張羣的邀請，去聽「石井好子演唱會」。

今天有復張安蓊的短信，又給羅錦堂、徐定成等題了賀婚的祝詞，都寫〔墨子〕「魯問篇」裏的「鉤之以愛，揣之以恭」八個字。

一九六〇年二月五日【聯經版第九冊頁三一七〇—三一七一／油印本第二十二冊頁六四—六六】

上午，杜光勛來拜年。

晚上，副總統陳誠請吃飯。先生去的時候，曾寶蓀、曾約農已經到了。先生是第三個人到的。接著，朱家驊、梅貽琦、蔣夢麟、王雲五、莫德惠、張羣也到了，王世杰最後到。他看見這些人，就說：「羣英會！」「羣英會」是準備打仗的。先生笑著說：「前年一般人說的『商山四皓』，今晚都到了。」吃了飯之後，先生看這班人中只有蔣夢麟、曾約農兩人不是國大代表，其餘全是國大代表。先生說：「怎麼，現在離國大開會只有兩個星期了，究竟總統副總統候選人是什麼人，連我們也不知道，天底下沒有這樣的國家！只要總統宣佈不修憲法，我們都是擁護贊成的，一切問題都解決了。」陳副總統說：「關於候選人的事情，下個星期一可以決定了。」

今夜，先生修改新近寫好的……這是為鈴木大拙九十歲紀念論文集寫的。……

今天先生遍找魏默深年譜不見，大概還留在紐約寓所，不曾帶來。胡頌平從圖書館借來李榮柏的〔魏默深師友記〕。先生說：「魏源是湖南邵陽人，這本師友記收的師友也以湖南人為最多。其中龔自珍和他的兒子龔橙也都收進去。這篇裏提到的羅思舉，說的不實在。張穆是魏源的好朋友，怎麼沒有收進去？大概他們兩個的脾氣都很壞，可能是鬧翻了，所以不把他收入。」在這本〔師友記〕裏有關〔水經注〕的，只有徐松陳澧二人。

一九六〇年二月六日【聯經版第九冊頁三一七一／油印本第二十二冊頁六六—六八】

二月六日（星期六）上午，林致平、梁序穆、蔣昌煒等來拜年。

中午飯桌上，先生談起一個愛國的人，不能把自己看得太重。像昨天晚上的幾個人，都是負有國家重大責任的人，但沒有一個人敢說話。歷代的大臣也有大臣的風範，在北宋時期是最好的；到了徽宗以後，才有黨爭，風氣就差了，北宋的政治是最文明的政治。如唐朝貞觀時代，也殺了不知多少人才，不能和北宋比的。

中飯之後，先生很沉痛的對胡頌平說：「我現在處的地位很難。我希望不給我做主席，不做主席，不要給我說話的機會；做主席，就要說話，叫我說什麼呢？一般普通的代表要說話是要先遞條子的，我當普通代表，我不會遞條子，就可以不說話了。」胡頌平說：「聽說開幕式的主席也要請先生做的。」先生說：「如候選人已經提出了，什麼都不成問題了，我自可以做主席的。最好讓一班不相干的人當主席，我當一個普通的代表。現在有幾種方式：一是大會之前把總統候選人提名出來，二是開會末了時才提名；另有一種方式，會是開了，有人提出人數問題，請求休會，讓大法官去解釋；還有一種是要求有創制複決權的；但這個門開了，以後怎麼關呢？」

下午，張翰書、全漢昇等來拜年。

晚七時半，黃少谷請先生吃飯。

今天有復袁方的信。

伯矩先生：

謝謝你二月五日的信。

你們預備出的刊物似可以叫做〔傳記月刊〕，或可叫做〔傳記資料〕。你以為如何?請你們決定後告訴我。

這兩個月來我實在太忙，幾次都不得晤談，請原諒。

胡適　四九、二、六。

一九六〇年二月七日【聯經版第九冊頁三一七一／油印本第二十二冊頁六八】

二月七日（星期日）上午，潘祖琳夫婦來拜年。

錢思亮夫婦來，留此中飯。

晚間，齊世英來談。

今天〈自立晚報〉「星期專欄」裏有一篇「國民大會幕前幕後」的特寫，署名是「本報記者」。這篇報導先生的談話，但有許多超出談話範圍之外，如說「他（指先生）可能以不出席會議來作消極的抗議。」先生根本沒有說「不出席」的話，而記者完全憑他個人的猜想，完全超出談話的範圍。

一九六〇年二月八日【聯經版第九冊頁三一七一／油印本第二十二冊頁六八—七〇】

二月八日（星期一）上午，劉廷蔚來訪。劉廷蔚是劉廷芳的最少的弟弟，康乃爾大學出身，今天是為康乃爾大學同學會來請先生吃飯的。劉廷芳是先生在哥倫比亞大學的同學。

中午的飯桌上，先生談起神會和尚的歷史，他在當時是個了不起的大和尚，但死後倒沒有人知道了。先生又談起佛經的名著，多是鳩摩羅什譯的，如〈維摩詰經〉等都是。唐玄奘是主張直譯的，所以玄奘譯的經典，倒沒有人來讀的。那時翻譯的許多人：一個人在讀梵文，一個人用中國意思講出來，另外一個人來筆記，最後送給幾位翰林去潤飾。這好像現在製造汽車工廠似的，這邊把原料交給工廠，那邊一輛汽車出來了。他們譯的文字，在當時算是白話，所以之乎也者這些字很少用；但因為我們的文字不夠用，所以譯得不夠明顯。那時我們的文字對於印度那種奇離的思想是不夠用的，他們的直譯如「三藐三菩提」，誰也沒有看得懂。

當神會和尚的思想最普遍的時候，日本入唐求法諸僧，從西北到東南的溫州等地，他們帶去的神會資料不少。中國禪宗是主張「不立文字」的，但經典有七千萬字。那時日本民族不會接受禪宗的思想，他們只能接受密宗的念咒等等。這是一般文化比較差的民族都是如此的。

下午，雷震、夏濤聲來訪。

今夜，胡健中來訪，談了很久。後來胡健中問起〈自立晚報〉上的談話是不是真的先生說的？先生說：「全是真的。」先生把那些超出談話範圍之外的話，也都擔當起來了。

一九六〇年二月九日【聯經版第九冊頁三一八二／油印本第二十二冊頁八九】

下午，沈剛伯來。三時，同到會議室。先生講的題目「禪宗史的假歷史與真歷史」。……

五點，先生講後回來，看見王雲五坐在客廳裏。這時有人對於〈自立晚報〉上的談話頗有反應，所以先生第一句話就說：「王先生是否奉命來的？我們今天不談政治好了，我太累了。」於是做酒來喫，談到六點鐘。

七時，到陳長桐家吃飯。

一九六〇年二月十日【聯經版第九冊頁三一八三／油印本第二十二冊頁九二】

二月十日（星期三）上午，勞榦、劉世超等來訪。

一九六〇年二月十一日【聯經版第九冊頁三一八八／油印本第二十二冊頁一〇〇—一〇一】

先生演講之後，到國民大會秘書處去報到。記者詢問先生對政局的意見。先生笑著說：「我今天已經報到了，還不夠嗎？」

中午的飯桌上，先生談起華美協進會，說：「我已當了會長三年了。會內有一位會計是以我當會長，他才當會計的。這位會計管了三年，每年都有盈餘，還有一些公積金。他是兼任的，也已到了退休年齡了。我覺得兼上會長有些麻煩，所以等二十五日開會時，預備把會長辭去。打個電報去吧！」

又談起：「考古館裏的殷墟石刻的照片，許多外國人看了很欣賞。他們原先以為古代的文明只有羅馬、希臘，看了這些三千年前的殷墟石刻，才知道他們還是小孩子似的。這些照片，應該有位專家做些說明文字才好。」

又談起：「中國重印信，簽名之後，還要印信。像今天到國大秘書處報到的情形，就是這樣。但在國外，只要簽名，不重印信的。我去年回國，特地刻了一個Mrs. Hu Shih的戳子交給我的太太，預備作為收到信件一類的用處；但外國人不要這個印戳，一定要我太太簽字，於是我教她簽名，他學了兩天才學會了簽名。」

胡頌平問起〔西潮〕裏（頁一九九）寫的屎蛇螂的故事，先生記不起了。說：「〔西潮〕是蔣夢麟先生的自傳，他的自傳部份寫得太少，議論寫得太多。他年紀大了，有些事記錯了。」

一九六〇年二月十二日【聯經版第九冊頁三一九〇／油印本第二十二冊頁一〇六—一〇七】

今天有「全唐文裏的禪宗假史料」一文

上午，到台北市弔周至柔的母喪。

中午，在錢思亮家午飯。

下午，訪王雲五後，應張慶恩的邀請……

今天有復易恕孜的短信。易是齊白石的女壻。

一九六〇年二月十三日【聯經版第九冊頁三一九一／油印本第二十二冊頁一〇〇七】

二月十三日（星期六）上午，王世杰來談半小時。王洪鈞、李青來等來訪。貝祖詒、沈傳經來訪。貝是先生在澄衷學堂的少年同學。林致平來，都留此午飯。

下午，〔時與潮〕的記者齊振一來訪問，有談話紀錄。

晚，到楊亮功家吃飯。同座的有朱家驊、羅家倫等人。朱家驊勸先生說：「你的態度沒有人不知道，多說沒有用，倒會減輕說話的力量。」

一九六〇年二月十四日【聯經版第九冊頁三一九一／油印本第二十二冊頁一〇七】

上午，江小波及媳婦孫子等來，在此午飯。

下午二時半，主持院士談話會。

一九六〇年二月十五日【聯經版第九冊頁三一九二／油印本第二十二冊頁一一〇—一一一】

中午，總幹事全漢昇來請示，為了先生的安全他想添用兩名警察，還想派一名警察隨車出入，先生聽了他的話，有點生氣，說：「我在社會上是有地位的人，如果有人要打我，任何地方都可打我的，添了兩名警察有什麼用？派了隨車的警察，更不成樣子！你要知道，我在此地，國家是有保護我的責任，你們防不勝防，像院中工程建築重要的事，你倒不管，這些不須你管的，你倒注意了！」

下午，凌純聲來談。

閻秉勳帶了女僑生七十多人來見。先生問她們看過故宮的文物沒有？有幾個人說已看過了。先生說：「你們看了我們考古館的古物，都是三千三百年前的古物；那末故宮的東西是嬰孩了。」

杜秋生陪同奧國駐日大使賴特諾（Batsshaften Frang Teitner）夫婦來訪。

蔣復璁偕外籍牧師柯克及賀子緘來訪。

六時，到國際學舍參加Miller的酒會。

七時，陳副總統招待希臘彼得親王及王妃，請先生陪客。

今天有給歐陽無畏的信。

一九六〇年二月十六日【聯經版第九冊頁三一九四—三一九五／油印本第二十二冊頁一一四—一一六】

上午，郭廷以、芮逸夫來談。中午的飯桌上，先生談起「從前有一次害病」（好像是民九的秋天），那時在北京和協和醫院還沒有建立關係，又因到醫院去做總檢查需要好幾天，所以就沒有去。照理應該去做總檢查的。那時協和有一位教授姓徐者，時常翻譯教會裏有關醫學的書籍，他以餘力替人看病，不掛牌子。人家看過病，送他一張支票或幾瓶酒，他也收下的。他看了我的病，疑是心臟的活門不大靈活，可能出血不止就會送命的。他通知朱經農的哥哥朱我農，要他來告訴我，不可大意。他還帶來一本醫學的書，書裏夾了紙條，從第幾章到第幾章，都是和我的病有關的。

那天我從外面講演回家，朱我農告訴我的心臟病，我真嚇了一跳。我看了他帶來的幾章書，說這病可以致死，但如能好好保養，還可以維持二三十年的壽命。這裏給我看出漏洞了。後來這位徐姓醫生說是把我的病看錯了。又有說是腎臟炎，也不是的。我當時就因沒有到協和去做一次總檢查，到現在還不知道是什麼病。

先生另外談起：程天放寫的〈美國論〉……

今天的〈公論報〉有上次先生在陳副總統家談話的報導。

晚，應安荔之宴。媳婦曾淑昭也被邀同去。

今夜，有「張佩綸的澗于日記」筆記一篇。

一九六〇年二月十七日【聯經版第九冊頁三一九八／油印本第二十二冊頁一一二】

下午，齊世英來談。

晚上，應林燈的宴會。同座的有賈景德、李建興等人。

今天有「〈澗于日記〉裏的薛福成與薛刻全校〈水經注〉」一文

一九六〇年二月十七日【聯經版第九冊頁三二〇〇／油印本第二十二冊頁一一二五】

今天的〈中央日報〉上，有陶希聖的談話，「關於胡先生的謠言太多了，我們對付謠言的方法就是不理。」

一九六〇年二月十八日【聯經版第九冊頁三二〇一／油印本第二十二冊頁一二六】

中午，到中國之友去參加Rotary Club的午餐，作了英文的講演。

下午，鄭南渭陪同先生回院。

南港的公民代表李和、唐添秀、曹起鵬、苗育秀、蔣世忠、戴鵬和、陶士君等來致敬。

王同榮來談。

晚，參加Bortoff歡迎Hielson的酒會。

一九六〇年二月十八日【聯經版第九冊頁三二〇二／油印本第二十二冊頁一二九】

今天有復方豪的短信。又復謝了幾封要求寫文章的信。

一九六〇年二月十九日【聯經版第九冊頁三二〇二／油印本第二十二冊頁一二九—一三〇】

上午，許淑貞來見。她因得到日本東京大學的獎學金，來向先生道謝。

十一時二十分，到機場去接Myers夫婦。……下午四時，……

又有許明德、關頌聲、初毓梅及懷特公司代表等人來。

今晚沈宗瀚宴Myers夫婦，先生作陪。

今天有復田炯錦的短信。又有復翟君的短信。

一九六〇年二月二十日【聯經版第九冊頁三二〇三／油印本第二十二冊頁一三〇】

上午九時三刻，先生出席第一屆國民大會第三次會議開幕典禮。先生到了國民大會門口時，有好幾位記者圍住先生。先生說：「我不說話了，我是不贊成總統連任的。」有些記者錄音下來。（參閱二月

二十一日（公論報））

開幕式典禮是由莫德惠主席的，總統致詞之後典禮完成。顧毓琇坐先生的車子同來南港，留此午飯。

下午，唐嗣堯來訪。馬熙程偕劉年瓏等來訪。

晚七時，參加康乃爾大學歡迎Myers夫婦的宴會。

一九六〇年二月二十一日【聯經版第九冊頁三二〇三／油印本第二十二冊頁一三〇—一三一】

上午，王雲五來談。Myers夫婦由沈宗瀚夫婦陪同來訪，留此午飯。

晚六時半，先生出名宴請龐炳勳、……

一九六〇年二月二十二日【聯經版第九冊頁三二〇五／油印本第二十二冊頁一三四—一三六】

二月二十二日（星期一）中午的飯桌上，先生問全漢昇：「你到過雁蕩沒有？」全漢昇說：「沒有。」先生又問胡頌平：「你是雁蕩人，往往有些本地人都沒有去過，你去過沒有？」胡頌平說：「去過三次了。」先生說：「從前高夢旦先生對我說，看了廬山的瀑布不算數，一定要看雁蕩的大瀧湫。他勸我無論如何也要遊雁蕩一次。」胡頌平說：「江弢叔有兩句詩：『欲寫瀧湫難下筆，不遊雁蕩是虛生。』」先生笑著說：「漢昇，那麼我們都是『虛生』了。」於是胡頌平先說山名「雁蕩」兩字的意義，繼說山頂的雁湖長滿了水草，終年不乾的。地質學家說是太古的火山口，所有的岩石都是火成岩，帶有各種天然的顏色，奇峰怪洞，緜延一百多里。傳說晉朝時代，有一個印度的大和尚叫作諾詎那的要到中國來傳法，他的師父告訴他，到了一個「以花名村，以鳥名山」的地方是他傳法的地方，諾詎那行腳到了樂清縣的芙蓉村，問人這是什麼地方。人家說是芙蓉村。他又問山的名字，人家說是雁蕩山。諾詎那恍然大悟，原來這裏就是他師父啟示他傳法的地方，於是進入深山，把雁蕩開發了。後來謝靈運也到了雁蕩，但沒有深入，他沒有看見大瀧湫，也沒有看見靈岩、靈峰等名勝，只留下一條後人紀念他的謝公嶺。先生說：「諾詎那的故事是後人編造的，不可信。不過高夢旦先生勸我一定要遊一次雁蕩山，不曉得將來還能去得成嗎？」胡頌平說：「我希望將來能夠請先生去遊覽，我可以做嚮導。」先生笑著說：「希望如此。」

下午四時，行政院為了故宮古物運美展覽，同時商借中研院的殷墟古物一同出國展覽，召開故宮博物院理監事會議。先生因五時先有約會，所以到了會場後，託了理事朱家驊代表後，就回來了。（參閱二月二十二日《中央日報》）

五時，哈佛大學教授（Prof. McDangal）由姚淇清陪同來訪。

七時半，參加Haraldson的宴會。人家送來一部《世界文學史》，上下兩冊。先生約略的看了書中寫的劉師培、梁啟超幾個人之後，說：「像梁啟超這樣一個重要的人物，這書只用八十四個字來寫他，怎麼寫得出！」

先生又說：「我最反對寫文學史的人，專記這個人的姓名經歷及他的幾本著作的名稱。這樣的文學史有什麼用呢？」

一九六〇年二月二十三日【聯經版第九冊頁三二〇五／油印本第二十二冊頁一三七】

中午的飯桌上有一盤「獅子頭」的菜。先生因說：「『食不厭精，膾不厭細』這兩句話是聖人最近人情的話，全世界二千多年的哲人中，沒有第二人說過這些話。孔夫子的『不撤薑食』，是要用薑來減腥氣的。又說『割不正不食』；如果今天碰到這盤『獅子頭』，不曉得孔夫子怎樣？」孔子是很講究吃的；這是聖人最近人情的地方。（他平日口頭上說的「聖人」，都指孔子。）胡頌平因問：「『沽酒市脯不食』，那麼一定是家釀的酒，家釀的脯嗎？」先生說：「孔子說的是士大夫階級的身分，他們大概都是家備的。士大夫階級比貴族稍低，但比平民高得多了。至於一般平民，怕要出去買了。我想殷民族有點像猶太人，商朝亡國了幾百年之後，他們還能保留住食的衛生傳統。在〔論語〕第十章裏，那能紀錄下來。」（胡頌平「從適之先生的墓園說起」，〔傳記文學〕四卷二期）。

飯後，先生說：「國民大會的事情太重要了，我要找一個地方來仔細想一想。」

一九六〇年二月二十四日【聯經版第九冊頁三二〇五／油印本第二十二冊頁一三八】

上午，雷震介紹林玉琛來見。鄭騫來，先生將自己批校過的〔元曲選釋〕給他看，又和他談些虛字的演變。

中午，約梁序穆、王九逵等在此飯。

下午，王醒魂來。先生和他談起「西安事變」是俄國史達林的大政策。如果不是日本人的打仗，共產黨是不會起來的；共產黨的起來，日本人要負責任這些話。

晚上，毛子水、姚從吾來，留此晚飯。談至深夜。

一九六〇年二月二十五日【聯經版第九冊頁三二〇五／油印本第二十二冊頁一三八——一三九】

上午，凌鴻勛來談他寫詹天佑的年譜，先生勸他寫信到美國去查對資料。

趙星藝來訪。他發明一種鐵路上的自動遮斷道，於是介紹他向凌鴻勛請教，同車回去。

中午，媳婦曾淑昭在此飯。

下午，全漢昇來談。先生叫他將借去的〔徐雨之年譜〕轉借給凌鴻勛參考。

晚，參加Commander Kivette的酒會。

今天有復陳荊和的信。

一九六〇年二月二十六日【聯經版第九冊頁三二〇六／油印本第二十二冊頁一四〇】

下午，章君穀同王平陵的女兒來訪。先生告訴王小姐，你到西班牙後，應該讓人家知道你是台灣的王平陵的小姐，不是美國的另外一個王平陵的女兒。

〔公論報〕女記者宣中文來訪。

今夜，Dr. Phillips請先生吃飯，飯後同看美國戲。

一九六〇年二月二十七日【聯經版第九冊頁三二〇七／油印本第二十二冊頁一四一】

上午，師大僑生由一位陳姓的教員陪同來見。

郭廷以來談之後，先生有給全漢昇的短信：

一九六〇年二月二十七日【聯經版第九冊頁三二〇七／油印本第二十二冊頁一四二—一四三】

中午的飯桌上，先生談起總幹事的人選說：「我倒希望我的總幹事能獨斷獨行，但是他們挺不起，站不起來！你看蔡先生時代的楊杏佛、丁在君；朱先生時代的傅孟真、薩本棟、周鴻經，都是很能幹的人。楊樹人也是很能幹的，但他寧願替我做沒有報酬的科學會的事情，而不肯擔任總幹事，我懂了。這樣的一個總幹事人選，要有學術的地位，又要『勤』，又要『能見其人』的才行；不但只有上面幾點，還有人格上的條件，也要顧到的。我在海內外留心了兩年，實在有才難之歎。

當年蔡先生是不管事的，一切由楊杏佛獨斷獨行。蔡先生受了杏佛的累不少！那時自由人權大同盟要我和杏佛參觀北平的政治犯監獄。他回到上海後的報告並不實在。我在北平的中英文報紙上聲明杏佛的話完全不確，因為我是親眼看見的。」先生接著說：「杏佛是我的學生啊！」

先生又談起藝文印書局影印的〔皇漢經解〕，說：「嚴一萍應該找一部有標點的影印，銷路一定多些。標點是一件非常困難的事，尤其是書中的引號。子曰的『曰』字，云云的『云』字，大概都是當時的引號。『曰』字怎樣變成當作『說』字解，我們到現在還不知道。我想『云』字也是如此。先有引號，到後來才有句讀。」

下午，全漢昇來談。祖望夫婦來。

一九六〇年二月二十八日【聯經版第九冊頁三二〇七／油印本第二十二冊頁一四三】

二月二十八日（星期日）上午，張紫常來訪。又有董某來求寫文章，婉謝。

中午，應美大使莊萊德之宴。同座有杜勒斯的妹妹。

今天〔自立晚報〕有一篇特寫陳副總統來看先生的報導。先生看到了說：「那天晚上陳副總統給我談的話，我還不知道他的主旨所在。〔自立晚報〕上的話，全是推測的瞎說。」

一九六〇年二月二十九日【聯經版第九冊頁三二〇七／油印本第二十二冊頁一四三—一四四】

上午，先生出席國民大會第一次大會。大會快要結束時，先生轉過頭來問坐在後一排的朱家驊，說：「今天總統請吃飯，要不要說話。如果要我說話，我想不去了。」朱家驊說：「不會要你說話的，還是去吧。」

中午，總統在賓館宴請全體主席團主席。總統坐在中央，左右是八十歲的賈景德和張知本兩人。賈景德的左邊是先生，先生的左邊是陳啟天。

一九六〇年二月二十九日【聯經版第九冊頁三二〇八—三二〇九／油印本第二十二冊頁一四五—一四七】

先生說話之後，有張其昀、黃季陸等人說話。其中有一個說：「在此地誰威脅誰？」……

接著又有人起來主張有記名投票，……

大家從一點二十分鐘起發言，到了兩點三十分。總統說可以散會了。但這時又有一位顏澤滋起來說話，他強調創制複決的重要。他舉出立法院的規定當過三年的立法委員就可以當律師，這是人民最厭惡的東西。國民大會有了複決權，就可以把這些人民厭惡的東西複決掉。

席散了出來，已是兩點四十分了。羅家倫要和先生談談，就一道回到南港了。

晚上，雷震、蔣勻田、端木愷、夏濤聲等請先生吃飯。

一九六〇年三月一日【聯經版第九冊頁三二〇九／油印本第二十二冊頁一四九】

上午，陳亦修來訪。

董作賓來，先生對他說：「我今天懶學了，不去開會了。我對你的生日的文章做好了，我送一個南陽和尚給你做生日。」說罷哈哈大笑。接著說：「要等全文寫好後，我想請嚴耕望給我校一遍。」

楊亮功來談，留此午飯。

下午，Dixon和另外兩位外賓來訪，吃酒。

晚，錢思亮請先生吃飯。

今夜，有復凌鴻勛的信。

一九六〇年三月二日【聯經版第九冊頁三二一〇／油印本第二十二冊頁一五一——一五二】

中午，有一位姓俞的請先生吃飯。

下午，先生談起在中華教育文化基金會擔任職務，從來沒有接受報酬的。中基會的人覺得過意不去，於是要把我保險。這樣，一旦有個意外，總有一些保障。我是個有心臟病的人，保險公司沒有接受我的人壽保險。後來中基會改用「分年儲蓄保險」方法，一年兩千元，分兩次繳費。一年一年的儲蓄下去，是照複利計算的，如果滿了十年，連利息算起來有兩萬多元。我去年到此地來了，我叫中基會停止我的分年儲蓄保險，他們沒有答應。今年又給他們說，他們還要照往年照付。在美國，如果年俸有三千元收入的人，到了六十五歲退休後，每年可有一百五十元的退休金好領。這些錢是不夠生活的，當然要靠其他收入補充維持的。他們的範圍很廣，公務員、工人、大學教授都有這個保障。我在普林斯頓教過兩年書，所以我也有這種保險的卡片。後來又問此地公教人員的保險情形。

一九六〇年三月三日【聯經版第九冊頁三二一〇／油印本第二十二冊頁一五二—一五三】

上午，屈萬里、孫洵侯、呂仲明等來。

凌鴻勛來，留下詹天佑年譜的稿子，要請先生作序。

中午，約郭廷以來中飯。

下午，雷震、齊世英、夏濤聲等來報導上午國大開會的情形。雷震說：「有些代表頗想簽署先生為副總統候選人」，他的話還沒有說完，先生就說：「這對我可以說是侮辱！」立刻把雷震的話打斷了。接著說：「現在國大內部也有糾紛，我倒勸你們不必再鬧了。上次陳副總統來看我，勸我不要堅持不做主席。我說，我老了，我只要求不做主席的自由。我要達成你們的使命，我可以接受你一半的勸告，就是我不否認主席團的主席，但我不做預備會的主席，也不做大會的主席。」

今晚，參加天主教歡迎主教田耕莘的酒會。

夜裏，端木愷來勸先生不說話。

一九六〇年三月四日【聯經版第九冊頁三二一〇／油印本第二十二冊頁一五三—一五五】

三月四日（星期五）下午，約高去尋來，託他去勸全漢昇。先生寫好一封信給全漢昇，大意是：「近代史所約呂君來做德文檔案的整理是有定期的工作，請你照准聘任。我不願Over-rule你的意見，但總幹事與各所所長之關係，不是上下級機關的關係，其間有意見不同，我有調查之責，故我上星期六的短信，星期三的談話，卻本此意。請你原諒這個意思。」此信是預備給高去尋帶去的。後來覺得還是讓高去說好，把這信收回去了。先生對高去尋說：「全漢昇在我的旁邊，至少學學我的待人的態度。我是怎樣待人的態度，應該值得他效法的。你把我的意思告訴他。這個人的反應太差了。」

韓國青年官員尹永甲、裴溼鎬、辛秀漢、咸鍾源、金太山、宋順昌等六人由蘇在山、周培章二人陪同來見。先生和他們談起韓國是箕子的封地，繼談各種姓氏的音韻，又談起全世界的語言，我們的語言是最好說的，因為沒有m、n的聲音。他們之中有幾位都說在小孩子時代就讀先生的文章，先生送給他們每人一本〔四十自述〕，又同照了一相。尹永甲是韓國國立中央再活院副院長。他們的「再活」二字，就是我們的復興二字的意義。

晚上六時半，在Schmid那邊晚飯，飯後談科學會的事情。出席的有梅貽琦、錢思亮、楊樹人、李熙謀、浦薛鳳和美方的幾位人士。先生回到南港，已是十二點半了。

今天先生談起朋友之中有好幾個麻子：「劉景山是個大麻子，王瀓叫王麻子，楊杏佛叫楊麻子，汪敬熙叫汪麻子。中國有兩句成語：『十個麻子九個怪』，對女人是『十個麻子九個俏』。我曾經寫過麻子哲學，凡是麻子，他的相貌不好看，都是努力要出人頭地的，所以成功的也不少。因為自己是麻子，大都懷疑別人的。劉景山的大麻子真不好看，但他在交通界做過不少的事，並不是一個『小心眼』的人。」

一九六〇年三月五日【聯經版第九冊頁三二一〇／油印本第二十二冊頁一五五—一五六】

上午，胡頌平聽見先生喊他的名字，於是走進先生的臥室。先生說：「我現在倒希望他們用記名投票。記名投票，我一定去投一票。」接著又說：「他們可能用舉手，不用記名投票。」胡頌平出來後不久，聽見先生用績溪的方言在背詩，好像是「庾信生平最蕭瑟，暮年詩賦動江關」兩句。

晚上，先生約高去尋來晚飯。高去尋將他和全漢昇幾次談話的經過照實說了，結果終算達成了照先生的意思辦理。

今天有給郭廷以的信。

一九六〇年三月六日【聯經版第九冊頁三二一一／油印本第二十二冊頁一五七—一五八】

三月六日（星期日）下午，祖望一家來玩。

晚上，參加張慶楨為王世杰慶祝生日的宴會。飯後，先生和王世杰同到王家去，談借史語所的殷朝古物幾件，一同運美展覽。

今天〈公論報〉報導國大的消息中，有一段是這樣的：

胡適之先生的影響力是不可漠視的。胡先生自從二月二十九日在賓館遭遇圍攻後，到今天為止，他就未進過中山堂。由此可見，胡先生消極的態度，頗為主力派方面所困擾的。

先生看到「頗為主力派方面所困擾的」這句話，說：「中國人不講究文法，又用『困擾』這個新名詞，我真看不懂。如果說我的消極態度給國民黨頭痛的話，這句話應該這樣寫：『主力派感覺頭痛的』。人家一看就明白了。」

一九六〇年三月七日【聯經版第九冊頁三二一一／油印本第二十二冊頁一五八—一五九】

三月七日（星期一）上午，全漢昇送近史所的那件公事來，並擬了「請院長核示」五個字。先生留他午飯。

晚六時，谷正綱、陶希聖、唐縱等五位中央常務委員請無黨派與友黨國大代表吃飯。先生準時到達，就有好幾位新聞記者攝影。谷正綱看到先生到了。就說：「過幾天陳副總統報告時，一定要請年高德劭的先生作主席。」先生說：「不行。」但谷正綱一定要先生當。先生託詞先有院中研究員的約會，喝了一杯酒，就先回來了。

先生回來時，看見胡秋原坐在客廳裏。他說：「我向院長討一頓飯吃。」先生說：「好極了，你給我瞞了一個謊言。我剛才對谷正綱幾個人說，我已約好了院中的研究員在我家吃飯。現在你來，正可給我瞞了謊。」

今天有給張佛泉的信。

佛泉先生：

這兩天先後接到東海大學歷史系學生侯炎堯、鄧振維兩君來信，都要討本〔師門五年記〕。我現在交郵局寄上二十本，請你就近分贈侯、鄧兩君各一本，並贈東海大學圖書館五本。其餘留存尊處備用。

費神謝謝。

弟適之　四九、三、七。

一九六〇年三月八日【聯經版第九冊頁三二一一／油印本第二十二冊頁一四九—一六〇】

上午，勞榦來談。

內政部問的孔子生年，芮逸夫考定今年九月二十八日為孔子二千五百一十週年。他把這篇考證文字送給先生過目後，就交總辦事處發了。

中午，郭廷以、王萍來，留此午飯。

下午，周森滄夫婦陪同Mrs. Neuseld & Mrs. Lull來訪。

先生在近史所的公事上批了：

目前通曉外國文字而肯擔任此項檔案整理工作者太少。呂夢鬯君年事雖稍大，曾有編譯經驗，可照准聘任。

胡適　四九、三、八。

晚上，參加韓國大使金弘一的酒會。

今夜十二時，先生想起蕭作樑將於明天來，……

一九六〇年三月九日【聯經版第九冊頁三二一一／油印本第二十二冊頁一六〇—一六一】

上午，蕭作樑來訪。

中午，參加副總統陳誠的宴會。

下午，徐堪（可亭）來訪。

今天的《聯合報》和《徵信新聞》都有「主席團已推定第六次及第七次大會主席人選，第六次大會主席由胡適及朱家驊擔任」的報導。先生看見了，說：「這大概就是前天晚上谷正綱說的話。我去了一次，給他們一個機會了。現在的問題是賴得掉或賴不掉的問題。」過了不久，王雲五打電話來談十一日當主席的事，談了許久，最後先生說：「全天無論如何也不行。那天下午我要主持科學會的一個會，這個很重要，如果能來，只有上午。但那時臨時條款沒有弄好，我是不來的。」先生大概是賴不掉了。

今天談起梁廷枏的「合眾國說序」文（見《清史列傳》第七十三），說：「此文說明美國總統的民選制度，文字稍有不甚清楚之處，但在那時已能深知民選制度的優點，已是不得了。」又說：「魏瀚那時也是參考梁廷枏的。」

一九六〇年三月十日【聯經版第九冊頁三二一二／油印本第二十二冊頁一六一—一六三】

上午，雷嘯岑來訪。先生問他為什麼要用「馬五先生」的筆名？先生說：「批評人家的文章，最好用真名；如果人家知道馬五先生就是雷嘯岑，好像知道魯迅就是周樹人，那也是一樣的。」又談起《自由人》上有些文章太不行了，是不是為了推銷的關係？先生的意見，寧可減低推銷，不可降低標準。也談起那天總統宴會上張其昀說的話。他說：「民主政治是政黨政治，政黨政治要維持黨的紀律，無記名投票要不得，胡先生主張無記名投票是錯的。」我不理他。最奇怪的是黃季陸，他特別說美國憲法是記名投票的。後來王培基站起來說：「胡先生的話是有法理根據的。」又將新近寫的南陽和尚的文稿給他看看。

中午，郭廷以和Boorman來看先生，留此午飯。Boorman是哥倫比亞大學的教授，研究近代史的。

下午，Dr. Eberhard來談。

今早先生說：「昨天晚上有點不舒服，……

一九六〇年三月十一日【聯經版第九冊頁三二一二／油印本第二十二冊頁一六四】

下午，主持科學會的執委會。會後，到王世杰家晚飯。

今天有復蔡維屏的信。

一九六〇年三月十二日【聯經版第九冊頁三二一四／油印本第二十二冊頁一六七—一六八】

上午，有一位叫吳嵩洛的衝進來見先生。他自我介紹是在美國大使館擔任新聞工作的。先生問他有什麼事?吳嵩洛說：「臨時條款三讀通過了，今天報上也公布了，先生有什麼意見？」先生說：「我沒有意見。我的意見，兩年前就說過了。說話要有效，應該早說，我是為了國家，早在兩年前就說過了。個人有個人的身分，本著我們的知識，本著我們的良心，認為是對的，就應該說話。但我的話不一定全是對的；人家的話，也不一定全不對的。此外，還有每個人的興趣問題。」吳嵩洛又問：「總統的連任三任是不是他自己的意思？」先生：「不知道。如果不是他自己的意思，我想人家不會這麼樣做的。他老先生覺得他對國家的責任未了，身體還好。年紀大的人都有他的信心，像李承晚，大過蔣先生十歲；像西德的艾德諾，像英國以前的邱吉爾，都是年紀大過他的，都是如此。凡是做過大領袖的老一輩的人都是如此，不能說是錯的，問題是在修憲，尤其是為了三任連任問題而修憲，這是把大門打開了，現在大會出席的人數是合法了，以後隨便什麼事情都可以做得出來了。你既為了連任三任而修憲，他們就為創制權複決權而修憲了。憲法並不是不可以修憲的，大門一開了，給一班爭權的人來要求創制複決權，就無法再關上了。」先生說到這裏，對吳嵩洛說：「我沒有約好見你。今天我要趕寫一點東西，我不能多談了。」

下午，有人拿一部《五燈會元》來賣，

王雲五電話來問先生的身體怎樣？先生前晚感到身體不舒服，昨晚在王世杰家吃飯時談起，因此王雲五也知道了。他是來接洽先生當一次主席的，心裏覺得不安，於是打電話來問。先生告訴他現在已經很好了，三天來都不吸煙了。

下午復思高聖經學會一信。

一九六〇年三月十二日【聯經版第九冊頁三二一五／油印本第二十二冊頁一六九—一七三】

中央研究院的鄰居某君送來一張立軸，他要遷居，請先生題字。先生叫胡頌平代寫。胡頌平說：「我的字寫得不好。」先生說：「你的字比我高明的多。你是練過字的，寫了一生的毛筆字，還是你代我寫吧。他們又認不得我的字，寫了蓋一個我的圖章就是了，他們只看圖章的。」於是胡頌平代寫了「鄰居之光」四個字。

五時半，先生到兒子祖望家去吃飯。今天是祖望的生日。先生叫胡頌平一同坐他的車子出來。在車上，看見《公論報》上有「五萬貔貅」四個字。胡頌平因說：「考古館陳列的殷朝的銅盔，石璋如說這些銅盔就是貔貅。」先生說：「貔貅是猛獸，譬喻勇猛的軍隊。石璋如這樣說，也許是銅盔上鑄有貔貅的獸形。」胡頌平說：「上面是有虎頭的鑄像，很威風的。」先生又說：「看看古代的盔甲，他們這樣的保衛戰士的身體，可見當時打仗的是貴族。當時所謂『執干戈以衛社稷』，乃是貴族榮譽的責任。」那時候的「士」字，不是後來演變為讀書人的「士」。「士」字的原義，上面的「十」字是干戈，下面的「一」字是土地。到了「士」的身分，才能執干戈以衛社稷。他們不但要裝備戰士的本身，還要裝備車馬。那時多是車戰的。你看考古館陳列的車飾馬飾，有的保護戰馬的腦部，有的保護戰馬的兩眼；凡是戰馬容易受傷的重要部分都有保護的銅器裝備。這些裝備是需要金錢的，不是貴族不易辦到。可見古時打仗都是貴族打的，所以保護貴族的身體也特別周密。大概春秋以前都是如此的。你看，到了漢景帝時候的「七國之亂」，那時天下平靜了幾十年，戰士的裝備也沒有了。景帝需要派兵平亂，兵是要裝備的，裝備就要錢的；但是國家沒有錢，只好向有錢的人去借錢了，好像現在的籌措軍費要向銀行家去設法。在〈史記〉「貨殖列傳」裏，有些人看見七國之亂，都不肯借了，只有一個無塩氏要重利才肯借。結果，七國之亂平了，這個借錢的無塩氏發了大財。林琴南譯的〈十字軍英雄傳〉等，戰士都要自己裝備的。就是〈俠隱記〉裏的三劍客，其中一位劍客頗受一位律師夫人的賞識，這位劍客對律師夫人並無意思；但這位律師夫人借給這位劍客許多錢，他把錢分給其餘兩個劍客，每人都買了一匹馬，各人都有一個看馬和服侍的人，處處都是需錢的。三劍客也要自己裝備的。這種制度到唐朝就不行了。安史之亂，要借外國兵來平亂，——所以杜甫有「豈謂盡煩回紇馬，翻然遠救朔方兵」的詩句——許嫁公主，皇帝的女兒，或是皇帝的妹子給外國。戰勝之後，每年還要兩萬匹的絹，兩萬匹絹是個相當大的數目。到了五代的梁、唐兩朝，都是契丹的勢力了。這就是不裝備戰士的關係，所以以後對外從來沒有打過勝仗。

我們談起「氣度」。胡頌平問：「一個人的氣度是天賦的，還是從修養而來的？」先生說：「都是從修養而來的。」胡頌平說：「魏晉時代稱許別人的器局、器幹，多指風範氣度而言。如謝安，他沒有出仕以前就有重名了，王導如此，就是宋朝的王安石，也是如此。」先生說：「王家自三國的魏國時起來的，一直多少代都做大事；謝家沒有王家那麼久，也有好幾代了，他們未出仕之前就養好了風度了。王、謝的歷史都很久。像唐朝的顏、柳二家，北宋的呂家，都是很有淵源的。他們的氣度全是從修養而來的。」

先生突然想起〈千字文〉，說：「凡佛經、道藏，都是用〈千字文〉編號的，你在城裏給我買一本來。〔千字文〕這些書，年輕的人都不知道了。」胡頌平說：「我家裏有一本于右任的標準草書，是照〔千字文〕寫的，明天先帶來給先生備查之用。我再設法去買。」

今夜校完「五更轉兩本」及「大乘五更轉」（見〔慶祝董作賓先生六十五歲論文集〕頁二二三—二二五，〔神會和尚遺集〕頁四六五—四六九）先生說：「在許多敦煌寫本裏有許多的簡筆字，如『佛』字簡寫作『仏』，『菩薩』簡寫作『𦬇』，『涅槃』簡寫作『𣷩』，開始是看不懂的，慢慢的看後才看懂了。」

一九六〇年三月十三日【聯經版第九冊頁三二一五／油印本第二十二冊頁一七三】

下午，關頌聲來談。祖望也來過。

一九六〇年三月十四日【聯經版第九冊頁三二一五／油印本第二十二冊頁一七三—一七四】

上午，國民大會舉行第七次大會，先生主席。……

下午，胡頌平先生將他家藏于右任寫的〔千字文〕帶來給先生檢查編號之用。先生要胡頌平出名寫信給香港集成圖書公司的胡家健，託他搜買商務的〔胡適論學近著〕及亞東版的〔海上花〕和〔醒世姻緣〕。這兩書上都有先生的考證文字。

一九六〇年三月十五日【聯經版第九冊頁三二一六／油印本第二十二冊頁一七五—一七八】

上午九時半，到臺大醫院去檢查。……

在台大醫院時，看了住院的顧毓琇。

中午，劉登勝為了出國的事來看先生，留此中飯。

下午，傅安明來看先生。先生因他是高宗武的朋友，要胡頌平出來談談。傅安明說：「我是胡先生的學生，又是胡先生的部屬。」先生說：「頌平也是我的學生。」傅安明對胡頌平說：「我是私淑的，不若你是真正的學生。」先生介紹說：「那本〔施植之先生早年回憶錄〕，就是這位傅先生筆記的。」

先生談起高宗武，「說三十一年總統打電報給我，說把高宗武交給我看管的。」又談起去年一月十五到二十日，因為陳副總統和蔣夢麟要出去避壽，夢麟再約雪艇和我同去，到各地遊覽了六天。後來有人說是「商山四皓」，這是讀書的「錯客」（上海話）造出來的。最近幾個月來的政治激動，都是這句「商山四皓」的話而來的。

先生送給傅安明每種著作一份。胡頌平說：「先生在此地散佈智慧的種子。」先生馬上說：「不，不，沒有這回事。」傅安明說：「胡先生常寫的種瓜得瓜，種豆得豆，怎麼不是散播智慧的種子呢？」先生到了台灣後，此地的學術界才有一個最高的中心領導人物，此地的風氣也轉變了。

先生今天翻了于右任寫的〈千字文〉（原名于右任先生標準草書）之後，知道這本因集草書的關係，改動了不少字。於是拿出用〈千字文〉編號的〈大藏經〉北藏本和南藏本來比勘，果然有許多改動的字，就用紅色筆把它改正了。譬如說「桓公匡舍」這一句，「桓」字是避宋徽宗的諱，「匡」字是避宋太祖的諱。這個「匡」字諱作「輔」字本子，就可以知道這是宋版的〈千字文〉了。這部書已有一千多年，裏面的字有許多不同之處，你儘可能的去買幾種不同的版本來比較，也可以寫信給胡健人在香港代為搜集。梁武帝交給周興嗣的一千字，就是以後集王右軍字的本子，剛剛一千字，沒有重覆，所以人家拿來做編號用。你看「宣威沙漠，馳譽丹青」這兩句八個字，于本作「宣威邊徼，蜚譽丹齡」，就改動了三個字。唐朝的閻立本做宰相時，也是右相，又是一個畫家；左相是姜恪，當時人有兩句話：

左相宣威沙漠，
右相馳譽丹青。

這是引用〈千字文〉的語句做成有名的嘲笑對子。如辜鴻銘在北大教翻譯的時候，羅家倫是他班上的學生。辜鴻銘在黑板上寫了〈千字文〉兩句教學生：

罔談彼短，
靡持己長。

于本把「持」字改作「矜」字了。先生又說：「關於〈千字文〉的故事太多了。我沒有讀過〈千字文〉，我聽別人在讀著，聽了才背來的，但下面有些句子，現在是背不出來了，我可以知道大概是在什麼地方。」先生又問胡頌平：「你讀過了沒有？」胡頌平說：「我也沒有讀過，但只能背上面的七八句；不是先生的指示，我還不知道〈千字文〉有那麼多的故事。」

今天有復香港思高聖經學會的短信，謝謝他們續贈〈新約〉譯本兩冊

一九六〇年三月十六日【聯經版第九冊頁三二一七／油印本第二十二冊頁一七九—一八一】

上午，鮑克蘭來訪。十一時半，雷震來看先生，留此午飯。先生對他說：……

下午，許孝炎來談。

王世杰來談。他說先生老是不聽人家的勸告：無論如何要早睡，不能再熬夜了。還要極力減少應酬。先生問他明天陳副總統請吃飯是為什麼？王世杰說：「請杭立武，我是不去了。」先生說：「那我更可以不去了。」王世杰說：「這樣，我相信你的智慧還沒有消失。」一直談到晚飯前才回去。

今天，先生談起一個人的壽命：「丁文江以為他的上代沒有到了五十歲的人，常怕他自己不會得壽。我告訴他不要相信那一套。現在的醫學和營養，以及交通種種，就是活了四十歲，也等於上一輩子的八十歲了；但他到了四十九歲就死了，而他的哥哥弟弟都不止五十歲。」先生又說：「我的父親在海南島跑一次，在台灣也環島走一遍，那時這些地方的瘴氣很重，他自奉刻苦，營養又不足，所以只有五十多歲。我的母親二十幾歲就守寡，那時在大家庭裏受的氣，又是營養不足，也只活了四十多歲。」先生又說：「我在〈四十自述〉裏沒有寫我的三嫂呢！我三哥出繼出去，後來窮得什麼都沒有了，我母親又接

他回來，從此我母親受的氣更大。後來我的姪子思永只有二十幾歲就死了。思永有思永的詩集。我在大家庭裏看見母親受的氣，——我寫〈四十自述〉時是很客氣的，還是許多都沒有寫出來。我的外祖父外祖母都七十多，祖父母也高齡，父母親的年齡不能算是天年。這六個人的平均年齡，應該是我的年齡了。」

今天寫定「南陽和尚答問雜徵義」

一九六〇年三月十七日【聯經版第九冊頁三二一七／油印本第二十二冊頁一八一—一八三】

上午，凌鴻勛來談他的〈詹天佑年譜〉

屈萬里、郭廷以、芮逸夫、董作賓等來。

下午，〈公論報〉女記者宣中文來見。先生說：「我要打你三下手心。那天我說的話，都是隨便說的話，並且說過不發表的，你又發表了。」宣中文解釋之後，問先生對於學生聯考的意見。先生說：「他們不願意各校聯合在一起考，因為只有一次的考試是沒有把握的。我的意見，聯合考試的原意很好，這可替青年省事。台北的天氣又熱，分開來考，考了一校又考一校，青年人太苦了。我覺得不應該把標準不相同的放在一起，台大應該單獨考，公立學校也應該由各校自己去考，省立和私立的學校，包括性質相同的可以聯考。」最後先生送她走時又說：「我沒有打你的手心。」（參閱三月二十二日〈公論報〉）

陳雪屏來談後，先生晚上還是參加陳副總統的晚宴。

今天胡頌平問先生說：「有許多人都說先生對院內行政人員太客氣了。有些事情，就該寫條子下去辦的，等於命令；太客氣了，於事情倒有窒礙。」先生說：「我總覺得養成一種風氣，訓練他們負責任，讓每個人都有在他的職務以內的權力去處置事情，才能達到無為而治。應該由他們有權處置事務，也應該使他們能夠負責。」胡頌平說：「他們負不起責任，他們本身就站不起來怎麼辦？」先生說：「他們遇到困難行不通的時候，我可以告訴他們。如果你管了一件事，以後別的事也要你來管了。一個人什麼事都要管，結果什麼事也管不好。這是不足為訓的。」

今天接到楊聯陞的信。他意譯「米其籃之樓」詩句……

一九六〇年三月十八日【聯經版第九冊頁三二一九／油印本第二十二冊頁一八五】

今天在臺北市上買到兩種本子的〔千字文〕，……

今夜，劉馭萬的女兒劉年瓏來，先生送她好幾種著作。

一九六〇年三月十九日【聯經版第九冊頁三二一九／油印本第二十二冊頁一八五—一八六】

上午九點半，先生動身到台大醫院去檢查身體。臨行時，芮逸夫、高去尋、嚴耕望等送先生上車。……

下午，做心臟電圖。

來訪的客人：顧毓瑞、楊亮功、楊樹人、凌純聲、全漢昇、錢思亮夫婦、張祖詒夫婦、雷震、夏濤聲、沈志明、李先聞、梅貽琦、顧毓琇等人。祖望全家都來。

沈志明因影印〔丁文江傳記〕本子的大小，帶來一本啟明書局出版的〔四部讀本〕（集部二）作樣子。向先生請示。這讀本裏面是蘇東坡、……胡頌平把它留下來看看。

夜裏，毛子水、姚從吾來談。

今天先生翻了〔敦煌雜錄〕……

一九六〇年三月二十日【聯經版第九冊頁三二一九／油印本第二十二冊頁一八六—一八七】

今天各報都有報導先生住院的消息。

來訪的客人：朱家驊、顧毓琇、勞榦夫婦、陳可忠、浦薛鳳、杜光勛、楊肇嘉、汪厥明、延國符、李謙、張紫常、劉年瓏、程勻田、胡鍾吾、王淦、湯絢章、夏道平、吳申叔、郭虞裳、及新聞記者于衡等多人。先生接見了一部分客人。（以後每天來的客人，也不能完全接見）。

Schmid等送花來。以後送花的人很多，不具錄。

國大秘書處派人來看先生，……

一九六〇年三月二十一日【聯經版第九冊頁三二二〇／油印本第二十二冊頁一八七—一九三】

中午，蔡錫琴來量脈搏，……

今天來訪的客人：阮維周、蕭作樑、王同榮、錢純、張慶楨、程天放、田炯錦、芮逸夫、周靜芷、楊西崑、方志懋、吳望伋、周傑人、唐縱等人。

下午，曾作胸部透視檢查。

中央日報女記者李青來來訪問先生……

今天有給馬熙程的名片，說後天不能去參加Rermard的茶會，請他代向主人道歉。

先生偶翻「四部讀本」選的〔歸震川集〕裏的「韋節婦傳」，其中有這樣的一句話：「尤善哭其夫。」先生說：「他說節婦善哭其夫，哭得好聽，這成什麼話！」

先生又指出「先妣事略」這篇裏面不通的句子很多。如「於是家人延畫工畫，出二子命之曰，鼻以上畫有光，鼻以下畫大姊。……」先生說：「有這樣的句子！這篇只有『鼻以上畫有光……』兩句是好的，但這兩句也是脫胎〔漢書〕的。」胡頌平因問：「那麼應該怎麼寫法才好呢？」先生說：「這要看他的母親是新死或是死了很久才畫的；可以這樣改『家人延畫工畫孺人像，鼻以上畫有光，鼻以下畫大姊。』又如文內『周氏家有羊狗之痾，……死三十人而定。』『羊狗之痾』，何不說羊癲瘋？『死三十人而定』，都是死於羊癲瘋的毛病嗎？舅母也會受遺傳嗎？又如『孺人中夜覺寢，促有光暗誦〔孝經〕，即熟讀無一字齟齬，乃喜』一節，『中夜覺寢』，不通，『即』字也不通，『即』字應作『必』字。」先生看到「遇僮奴有恩，雖至箠楚，……」幾句時，就用紅筆把它揁去了。先生又說：「這都是不通文法的緣故。歸震川的時代已不是古文的時代，勉強要做古文，這就是『做作』了。」

先生又指出「寒花葬誌」也是有名的。先生再仔細看了一遍，覺得毫無意義。於是叫胡頌平把它翻成白話，看看有什麼意義？這樣的寫法，只是說這個婢子寒花是一個白癡。這篇文內「飯即飯」這個「即」字也用得不通。

先生又說：「明朝有前後七子的關係，歸震川是以提倡古文運動而出名的。其實他的文章是很陋的，沒有東西，沒有見識，只是在那麼一個小地方的淺陋的見識。在他同時代的錢謙益（牧齋）、顧亭林、黃宗羲、袁氏三兄弟（袁宏道等），甚至以後的袁枚，都比他寫得好。錢牧齋書又讀得多，比他高明得多。像王陽明，他不是有意作文章，而文章作得好。崔述、王念孫、王引之父子都有東西，也不是有意作文章，而文章作得很好。他們都是有東西、有內容的。韓退之提倡做古文，往往也有不通的句子；他的學生皇甫湜、孫樵等，沒有一個是通的。但白香山的文章就寫通了，元微之也寫通了。在唐宋八大家裏，只有歐陽修、蘇東坡兩人是寫通了。」

他們不知道〈論語〉、〈孟子〉都是當時的活的語言，活的語言是有文法的。像我的「爾汝篇」、「吾我篇」，各字都有一定的用法。所謂文法，是後人從活的語言之中分析出來的東西。我是從〈馬氏文通〉讀通文法的。「檀弓」是和〈論語〉同一個時代的，所以「檀弓」的文法和〈論語〉相同。」胡頌平問：「蘇東坡教人讀『檀弓』，就是這個道理嗎？」先生說：「你還要知道時間和空間的不同。時間是指時代，時代不同了，活的語言有變化了，文法也有變化了。空間是指地區的不同，像你的浙江話，他的山東話，各地的方言不同。如〈左傳〉這部書的文法就不整齊了。因這部〈左傳〉是用各種不同的材料集成的，包括好些不同的空間和不同的時間，所以就不整齊了。古文就是當時的活的語言，到了後代，時代不同了，語言不同了，還要寫古代的語言，自然寫不好了；又不通文法，所以寫了許多不通的東西了。〈論語〉上有兩句話：

愛之能勿勞乎？

忠焉能勿誨乎？

為什麼愛字之下用『之』字，忠字之下不能用『之』字而用『焉』字？你如懂得文法，『之』字是『受詞』，愛字是動詞，動詞之下可用受詞。『焉』字是介詞，意義是『於是』，所謂『忠君愛國』在文法上講是不通的，應該說『忠於君』，才對；所以不能用『忠之』而用『忠焉』。這是當時的活的語言。活的語言是有文法的。我的文章寫通的原因，是從〈論語〉、〈孟子〉裏讀通的。你應該熟讀〈論語〉，把〈論語〉讀得熟透了，文章自會寫通的。」

先生又說：「我昨天翻翻魏伯子、魏叔子、魏季子三兄弟的文章，也不高明；不過魏伯子『答友人論文書』裏面有幾句：

蓋嘗觀於愚夫愚婦號泣歌舞之誠，其言初不足以為文，而其出之口者，雖聖於文章之士，往往極其工緻而無以過之。

這句話是說對的。這就是說白話能夠說得出真實的感情，但是要把它做成古文，再也做不好了，做出來的東西不會真實動人，只是『有意做作』的東西，沒有文學的價值。」

胡頌平又問：「歸有光『先妣事略』是中學國文教科書裏選的模範文，只有先生看出這篇文章的許多毛病來。先生可否另選一部國文教科書？」先生說：「我倒可以選一部。我總以為傳記最難寫，應該選些傳記、小說，一些有趣味讓學生讀。我想選兩部，一部白話文，一部文言文。文言文可在〈虞初新志〉和〈聊齋志異〉選幾篇，比較有趣味。選文章，最主要的是標點。標點點好了，還需要正確清楚的注釋。我的〈絕句選〉，選了幾十年還不曾選好，怕沒有工夫來翻書，來選國文了。」

一九六〇年三月二十二日【聯經版第九冊頁三二二〇／油印本第二十二冊頁一九三一一九四】

上午九點多，到國民大會會場去選舉第三任副總統。十點三刻，回到醫院。

中午，James請先生和Dr. Brooks吃飯。錢思亮同去。

下午，做心電圖。

記者來問先生……

晚上，錢思亮夫人與陳雪屏夫人歡送祖望夫婦出國，也請先生同去吃飯。

今天的客人：周靜芷、張樂陶、鄭炳鈞、張儀尊夫人、楊繼曾、錢思亮夫婦、凌鴻勛夫婦、胡文郁、宣中文、杜元載、李壽雍等人。

又有潘蕃蓀來，先生勸他寫自傳。

楊亮功來問寫自傳，應該看些什麼書？先生說，中國自傳寫好的只有兩部書：

一九六〇年三月二十三日【聯經版第九冊頁三二二〇／油印本第二十二冊頁一九五一一九六】

上午，做新陳代謝。……

今天的客人：俞國華、苗培成、王成椿、虞舜、沈志明、顧毓琇、謝冠生、菲力普、李熙謀、蔡培火、劉光年、屈萬里、唐子宗、程剛、王淦、劉世超、朱家驊夫人等。

國外學人吳健雄等……

先生今天看了一個朋友的詩集，如集裏「和陶淵明飲酒詩二十首」的第一首，頭兩句：「君子固窮耳，天理循環之」，開始就不通。接下「日月有常軌，寒暑豈定時」，寒暑自然定時的，怎樣叫「豈定時」呢！第二首「天壽比南山」，淵明決沒有這樣俗的句子。再翻看他和杜詩「青塚」的七律，第一句「漢家公主最和番」，這個「最」字又不通了。先生對這位朋友說：「因為你的地位關係，人家不便批評你。你的詩全是不通的。」後來先生對胡頌平說：「一個人到了某一種階段，沒有人肯和他說實話，那是最危險的！」

一九六〇年三月二十四日【聯經版第九冊頁三二二一／油印本第二十二冊頁一九六—一九七】

國大秘書處派人……

今天的客人：張國鍵、陸幼剛、陸匡文、李宗侗、王朱學勤、雷法章、張曉景、汪新民、鮑良傅、田寶田、沈志明、朱家驊、張紫常等人。

蔣復璁來，對先生說：「一個人的生活是靠太陽能的。到了夜裏十一時以後，我們住的地球上的這一面離太陽最遠，這時做一小時的工作，等於減少兩小時的壽命。」他用這些話來勸先生早睡。先生笑著說：「這是玄學。我現在煙不抽了，酒也不喝了。其實喝少量的酒，只會促進血液循環，對於有心臟病的人是有益處的。」

梅貽琦來，先生對他說：「明天上午的閉幕式，聽說代表的座位都改了，我的位置編在樓上，我又不曉得電梯在那兒，決定不去了。」

一九六〇年三月二十五日【聯經版第九冊頁三二二二／油印本第二十二冊頁一九七—一九八】

今天仍做心電圖。……

客人有尹葆尹、石璋如、陳槃、高去尋、嚴耕望、何聯奎、陳倬、毛子水、鄭彥棻、倫蘊珊、顧毓瑞、王洪鈞、李青來、胡秋原等。

羅家倫來時，先生正在休息，……

晚上，到金華街清華大學辦事處吃飯。飯後，王世杰同來談至十一點鐘。

台大醫院特二號房間的光線充足，比較安靜些，今天空出。等今晚先生出去時，就搬進特二號來住了。

一九六〇年三月二十六日【聯經版第九冊頁三二二一—三二二二／油印本第二十二冊頁一九八—二〇〇】

上午，醫生來檢查，覺得脈搏高些。

今天的客人：魏炳炎、方子衛、雷震、張翰書、宣中文等人。羅家倫帶來金和的〔秋蟪吟館詩鈔〕精刻本一部，談了一點多鐘。

先生說：「金和……先生又說：「金仍珠……

今天談起當年李宗仁要梅貽琦做教育部長。梅不肯就，要我來替他說句話。李宗仁問我有什麼人相宜？我說，杭立武好了。他就同意了。

先生昨夜搬出特一號，當夜就有一位警察搬進去住了。……

晚上，到張茲闓家吃飯。

一九六〇年三月二十七日【聯經版第九冊頁三二二二／油印本第二十二冊頁二〇〇—二〇二】

上午檢查的結果，體溫略低，……

今天的客人：夏濤聲、魏嵒壽、藍乾章、何肇青、楊亮功、張紫常、毛子水、臺靜農、孫德中、鄭騫等人。

先生今天對胡頌平說：「我昨夜一夜之間把五百多頁的〔張蔭麟集〕看了一遍，因為書內有許多事情我是知道的，所以看得很快。張蔭麟是廣東人。廣東是我們中國文化的邊區。凡是邊區地方都是守舊的。像梁廷枏、康有為、梁啟超，都是邊區守舊思想的反動，因為邊區先和外國文化溝通的關係。他是清華畢業的，很聰明，三十七歲就死了。集內的『尚書考』一篇，他的方法和我的『易林判歸崔篆』的方法一樣，算是全集中最好的一篇。還有一篇根據〔資治通鑑續編長編〕的材料寫的『沈括傳』，也寫得很好。此外好的文章很少。這個人可惜死得太早了！那種病，在他那個時代無法醫治，在現在是可得救的。」

先生看過的〔張蔭麟集〕，上面都有紅色原子筆的批語。張蔭麟說他的譯文是受林琴南翻譯的影響，這話不確切，還是一些句子不通的。先生對他譯筆不通的地方，都畫上了紅槓。於是又對胡頌平說：「你們做文，先要把句子做通。像某君『天道循環之』的『之』字，無論如何是不通的。」先生又說：「張蔭麟以前的文章都發表於〔學衡〕上。〔學衡〕是吳宓這班人辦的，是一個反對我的刊物。我想把他的文章作一個發表時間先後的表來看，——大概他在清華時已經露頭角了。人是聰明的，他與他們那一班人相處，並沒有成熟。」胡頌平因問：「倘使他不入清華而入北大，能在先生旁邊作研究工作，那他一定會有特殊的成就。」先生說：「不，北大裏邊也有守舊派，就是入了北大，也不一定會跟我學。他是廣東人，或是出於守舊的家庭；如果他有好的師友，造就當然不同了。你不要以為北大全是新的，那時還有溫州學派，你知道嗎？陳介石、林損都是。他們舅甥兩人沒有什麼東西，值不得一擊的。後來還有馬序倫。馬序倫大概是陳介石的學生。」胡頌平又問：「傅斯年當初不是很守舊嗎？他旁聽了先生的課後，才丟了舊的來跟先生嗎？」先生笑著說：「是的，孟真是很守舊的。那時穿上大袍褂，拿著大葵扇的。」

一九六〇年三月二十八日【聯經版第九冊頁三二二三／油印本第二十二冊頁二〇三】

下午，再做心電圖，……

今天的客人：郭寄嶠、張國鍵、趙鐵寒、錢張婉度、鮑弗博士（Marshall C. Balfour M. D.）、張世鉅、董作賓、芮逸夫、杭立武、朱家驊、查良釗、蔣復璁、雷震夫婦、齊世英、趙連芳、凌純聲、全漢昇、張紫常、吳相湘等人。

一九六〇年三月二十九日【聯經版第九冊頁三二二三／油印本第二十二冊頁二〇四】

上午，醫生檢查的報告，……

今天的客人有雷寶華夫婦、沈志明、張學增等人。羅家倫、王世杰、梅貽琦、錢思亮四人先後來勸先生多住幾天，先生終算答允住到四月四日出院。

一九六〇年三月三十日【聯經版第九冊頁三二二三／油印本第二十二冊頁二〇四—二〇六】

上午，醫生都作檢查，稍有進步。

今天的客人：魏炳炎、顧文霞、高平子、張貴永、朱家驊夫人、俞小姐、杜光勛、雷震、夏濤聲等人。

胡頌平看見先生在翻張蔭麟的〈中國史綱〉，因問：「張蔭麟從商朝寫起，他的史學眼光是不錯的；我以前看夏曾佑的〈歷史教科書〉，覺得他有許多新穎的見解。這書從前是本中學的歷史教科書，現在商務印書館把它收入大學叢書裏，書名改作〈中國古代史〉了。」先生說：「夏曾佑是代表舊的歷史。他是今文家，有今文家的寫法。那時殷墟的古物還沒有發現，只有那樣的寫法。他的書列入大學叢書是不對的。他死前我曾見過他一次。他是老輩，在老輩中是有見解的。他的兒子夏元瑮，當過北大理學院院長。」

先生又說：「張蔭麟的〈中國史綱〉，我預備看一遍。他寫上古史的時候，殷墟古物已經出土了。應該從商朝寫起；所以他寫商朝文化之後，再寫夏朝以前的文化。夏朝以前的文化，不能不提一提的。張蔭麟這個人很聰明，也很用功，也很怪。他的離婚了的太太是倫明的小姐。倫明也是廣東人，他家藏書很富，聽說後來也賣光了。」

先生又談起：「金和的詩，我現在看來沒有興趣了。他寫南京圍城的史實，應該用散文寫的。用詩寫，為了遷就韻的關係，就不十分確切了。他的見解很陋，但他的膽子真大。」

今晚，在祖望家吃飯。席間談起日本的沙畫是中國唐朝傳到日本去的。又談起日本的板畫在兩三百年前是很普通的東西，現在發現那時的板畫很有藝術的價值，才名貴起來。

一九六〇年三月三十一日【聯經版第九冊頁三二二四／油印本第二十二冊頁二〇六—二〇八】

下午，再作心電圖。

今天的客人：馬之驌、沈剛伯、朱家驊夫人、陳繼承夫人、羅家倫、莊萊德夫人、張紫常、梁序穆等人。

王朱學勤來勸先生入教。……

今天先生談起詩，在字紙簍裏檢出一份人家油印的詩來遞給胡頌平，說：「你看，這些也叫做詩！他們不曉得自己的不通，所以印出來寄給人家看。這樣的人很多，像紐約的華僑報紙上，菲律賓……各地的報紙上，常有這樣不通的詩。還有些老輩做的詩，也往往有不通的。在這個時代，再用陳舊的詩的格調，再也做不出好的詩了。」先生又說：「怎麼叫做通？第一要懂文法，第二要把意思表達出來。作詩是如此，作文也是如此。」胡頌平因問：「先生過去寫的舊詩，收在〔四十自述〕裏及〔留學日記〕裏的那些舊詩，不是很好的舊詩嗎？」先生說：「那是我已讀通了文法，所以沒有不通的地方。如某君的『天道循環之』的『之』字，絕對不通的，他自己不知道自己的不通，他還送我兩本呢。」

胡頌平談起昨晚到祖望家去吃飯。那時先生還沒到，祖望夫人對胡頌平說：「老先生曾說：『我的日記也不用寫了，頌平替我記了。』她也知道我在紀錄先生的言行了？」先生說：「我沒有對她說起過，大概是別人告訴她吧？這個人聰明而膚淺。人是非常聰明的，可惜太淺薄了。」

近來國外各地來信問病的很多。

一九六〇年四月一日【聯經版第九冊頁三二二四／油印本第二十二冊頁二〇九】

下午，出席故宮博物院理監事會議……

今天的客人：查良釗、錢思亮夫婦、顧毓瑞、端木愷、郭寄嶠、全漢昇等人。

一九六〇年四月二日【聯經版第九冊頁三二二四／油印本第二十二冊頁二〇九—二一〇】

上午，蔡錫琴來檢查後，說一切都有進步，只是心電圖還沒有進步。

今天的客人：王世杰來，帶來〔乾嘉聞人書翰〕一冊請先生看看。程天放來。蔣經國來，說總統非常關切先生的健康。先生將……的經過，說了一番。

下午，雷震、俞大綵、張婉度、齊世英等來。

晚上，樊際昌、查良釗請先生吃飯。

一九六〇年四月三日【聯經版第九冊頁三二二四／油印本第二十二冊頁二一〇】

今天的客人：延國符、李熙謀、林致平夫婦、張慶楨夫婦、全漢昇夫婦等。

晚上，在王世杰家吃飯。

今天有復王世杰的信。……

又復藍蔭鼎一信，辭謝他的請帖。

一九六〇年四月四日【聯經版第九冊頁三二二五／油印本第二十二冊頁二一一—二一二】

上午的客人有彭明敏、周靜芷、沈志明、芮逸夫等。朱家驊來時，……

下午，雷震、劉崇鋐、周象賢、樊際昌等來。

晚，梅貽琦來，留此晚飯。

今天先生談起簡筆字的笑話：种師道的「种」字，有人以為「种」為「種」字的簡筆字，於是把种師道改為種師道了。又如台州的「台」字，有人把「台」字改作「臺」字，於是也不通了。

一九六〇年四月五日【聯經版第九冊頁三二二五／油印本第二十二冊頁二一二】

上午十時，先生出院。高天成、蔡錫琴、顧文露連同護士小姐及來訪客人孫洵侯等，都送至先生上車。……

十點半到了南港。董作賓、石璋如、張秉權等來訪。

下午，郭廷以、芮逸夫、高去尋、李光濤等來訪。

一九六〇年四月六日【聯經版第九冊頁三二二六／油印本第二十二冊頁二一三—二一四】

上午，夏威夷大學校長史奈德……

下午三時，法國原子專家阿蒙由盛誠陪同來訪。

今晚，先生在錢思亮家為史奈德洗塵。

在晚上出來的車上，看見南港一帶家家戶戶的拜拜情形，很熱鬧。先生說：「這就是我們大陸上的迎神賽會。績溪的『太子會』之外，六月、七月也都有一個賽會，叫做大王會、小王會的，相傳是南霽雲和許遠的故事。南霽雲和許遠幫同張巡守睢陽很久，睢陽在河南省；北方暫時穩定下來，江淮得以無恙，因此我們徽州也為他們舉行迎神賽會。這時還作戲，遠道的親戚，要早幾天預備一些禮物像水果一類的東西，用花布包好送去請親戚來看戲。鄰近的，也要請他們吃了飯看了戲才走的。這是我童年時代的社會背景。你們家鄉怎樣呢？」胡頌平說：「我的老家是樂清東鄉的一個村莊，叫做杏莊。莊上有一個杏莊廟，每年也有迎神作戲的，請親戚看戲的風俗，和先生說的差不多。」先生又問：「迎什麼神呢？」胡頌平說：「我少時聽老輩說，明初修的〔樂清縣志〕的地圖上，那時杏莊一帶地方還是一片海，後來漲成陸地，大概還只有四五百年的歷史，迎的什麼神，我倒不知道，但在鄉村裏，一定不是城隍罷。」

先生說：「你們濱海的地方，大都是迎觀音菩薩的。因為觀音是救苦救難的菩薩。」

一九六〇年四月七日【聯經版第九冊頁三二二六／油印本第二十二冊頁二一四】

早上，先生在臥房裏背誦韋端己的「菩薩蠻」三首詞。

上午，史樂生（Kenneth Starr）來訪。……

許明德、俞國華、吳幼林等來請先生參加二十二日的留美同學會的餐會，並作演講。先生答允了。

今夜十二時，先生還未就睡。住在下房裏的工友李養元、司機汪克夫，故意把談話的聲音放高些。先生聽見了，出來問他們：「你們還不睡嗎？」他們說：「院長未睡，我們是不敢睡的。」於是先生就說：「我馬上去睡了，你們也去睡罷。」

一九六〇年四月八日【聯經版第九冊頁三二二六／油印本第二十二冊頁二一五】

上午，馬逢瑞來見。他說十日中午，中公校友會為于右任校董祝壽。他是代表校友會來請先生作陪的。先生記下了。

下午，全漢昇陪一位王君來請先生為他證婚。先生婉辭。

美人狄克蓀（Dixson）和夏普來訪。

高平子來談天文學會和日曆的事。

先生翻看〔敦煌掇瑣〕……

一九六〇年四月九日【聯經版第九冊頁三二二六／油印本第二十二冊頁二一六】

上午，郭廷以、芮逸夫等來談。

今早胡頌平到院時，先生說：「昨夜寫了一篇好玩的東西，寫了幾千字……

一九六〇年四月九日【聯經版第九冊頁三二二九／油印本第二十二冊頁二二〇—二二一】

今天抄校巴黎本〔云謠集雜曲子〕……

又有辭謝某君不能替他證婚的信。這些不關重要的信是由胡頌平代筆的，先生簽名之後，於最後一句「謝謝你們的好意」之下又添了一句「並預致賀意」五個字。胡頌平說：「如果收信人認得出這五個字是先生的親筆，這封信也被人家保存起來的。」先生說：「你近來的字漸漸跟我的相像起來，我以後可以賴得掉了。」

一九六〇年四月十日【聯經版第九冊頁三二二九／油印本第二十二冊頁二二一】

上午，祖望一家人來，留此午飯。

下午，主持科學會的執行委員會。

一九六〇年四月十一日【聯經版第九冊頁三二三〇／油印本第二十二冊頁二二二—二二三】

上午，倪源卿、貝祖詒、程滄波、郭虞裳、江元任等來訪。還分別照了幾張照片。藍乾章來請為市立圖書館題字。

中午，先生到許明德家吃飯，談科學會的事情。

今天先生看了幾家報紙的社論，很感喟的說：「這是說共產主義是提倡學術自由的人引進來的。自己的國家弄不好，要把幾千年的老東西搬出來。他們既然這樣的尊崇孔孟學說，為什麼又信天主耶穌呢？」先生又說：「前幾天，高平子的孫兒來，他引張載的『為天地立心，為生民立命，為往聖繼絕學，為萬世開太平』四句空洞的話。我問他：怎麼叫『為天地立心』？你解說給我聽。」我對他說：「你的祖父是學天文的，你不應該再引這些不可解的話。」

今天有給柯爾堡夫人的英文唁電：

一九六〇年四月十二日【聯經版第九冊頁三二三〇／油印本第二十二冊頁二二三】

上午，董作賓來談某某君的「者夫者婦」一篇文章。這是某君送請先生審查的；先生曾請周法高、董作賓看過。先生說：「古代的音韻是最難的學問，越是初學的喜歡寫文章，越是工夫深了，越不敢寫了。」於是將各人的意見同先生自己的意見，叫胡頌平具名連同原件寄還給某君。

一九六〇年四月十三日【聯經版第九冊頁三二三三／油印本第二十二冊頁二二二九】

十時，到台大醫院檢查身體，一切都有進步。

中午，到朱家驊家吃飯。先生飯後回來說：「我真運氣好，我早上沒有去參加清真寺的開幕典禮。朱先生告訴我：『你幸虧沒有去，去的人要脫鞋，坐在地上，演講的人又多，坐了兩點鐘，苦死了。』這是阿拉伯的習慣，我幸虧沒有去。」

下午，普伯同李佩來訪，仍談古藝術運美展覽的事。

五時半，雷震來訪，留此晚飯。

今天，改定「敦煌石室寫經題記及敦煌雜錄序」

一九六〇年四月十四日【聯經版第九冊頁三二三三／油印本第二十二冊頁二二三〇】

上午，凌純聲、勞榦、姚從吾等來訪。姚從吾勸先生晚上早睡。先生說：「昨夜看〔北里志〕、〔樂府雅詞〕，看完了，已是十二點半，又不規矩了。」

十時，奧國維也納合唱團二十多人要來看先生，他們先到考古館去看看我們中國的文化。先生覺得在會議室裏接見，好像太正式了；到住宅的客廳裏來，地方又太小，於是決定自己到考古館去，給他們拉拉手就是了。

十一時，Margaret Condliffe Kessler來見。……

下午，芮逸夫來談向香港和尚收購〔續藏經〕的事。

六時，到圓山飯店去看顧少川夫人。

七時，到美國在華基金會吃飯。

今天先生談起日本人的藏書，……

一九六〇年四月十五日【聯經版第九冊頁三二三三／油印本第二十二冊頁二三一】

中午，莊萊德大使約先生吃飯。

下午，為學人宿舍奠基石上寫了下面的話……

又為吳大業、鄭達文等寫了條幅。

晚上，先到朱家驊家小坐，再應陳繼承、吳慕墀夫婦的宴會。

今天有辭謝賀某請求作序和題字的信。

一九六〇年四月十六日【聯經版第九冊頁三二三四／油印本第二十二冊頁二三二】

上午，王成椿、李學廣、劉伯祥、劉彭年等來訪。

下午，芮逸夫、吳大業夫婦來訪。

今天有復謝水澤柯問病的短信。

今夜寫成「讀程天放先生的〔美國論〕後記」一文。

一九六〇年四月十七日【聯經版第九冊頁三二三五／油印本第二十二冊頁二三六】

上午，王企祥來見。樊際昌和祖望夫人來，留此午飯。

下午，有給入矢義高的信。

一九六〇年四月十八日【聯經版第九冊頁三二三九／油印本第二十二冊頁二四三】

中午，約趙連芳、魏喦壽、陳朝棟、全漢昇等便飯。

下午，杜光勛來訪。

今天有給黃拓榮的信。

一九六〇年四月十九日【聯經版第九冊頁三二四三／油印本第二十二冊頁二五〇】

上午，郭廷以、江良任、羅吉眉、劉丁惟城、劉光、顧獻樑等來訪。

中午，袁倫仁來，留此午飯。

下午，美國華語學校校長任乃聖，學員葛思廷、康萊德、班賦思、顧國定等九人來見。

水澤柯來見。

一九六〇年四月二十日【聯經版第九冊頁三二四五／油印本第二十二冊頁二五三】

上午，本來要到台大醫院檢查身體的，臨時忘了，後來考慮了一會，決定不去了。

中午，霍寶樹請先生在圓山飯店吃飯。

晚上六時半，Berkelile請先生吃飯。

今天下午四點四十分，……

一九六〇年四月二十一日【聯經版第九冊頁三二四五／油印本第二十二冊頁二五四】

上午，董作賓來。

中午，房兆楹、郭廷以等在此午飯。

下午，先生對胡頌平說：……

今晚要準備明天的英文講演，巴西大使的酒會，決定不去了。

一九六〇年四月二十二日【聯經版第九冊頁三二四六／油印本第二十二冊頁二五五—二五七】

先生是用英文演講了三十分鐘，China Post登載演詞的全文，還有一篇社論，說先生的講詞是奇異的好，應該由美國新聞處把它拷貝下來送給美國的政府和各州州長才對。

先生看了後，說：這篇社論像小孩子的說話。他這樣恭諛我，倒使我難為情。

附錄一封匿名的信。……

下午，方豪來訪。

前些時，胡頌平的兒子胡宏述在武昌街上看見一個算命的人，用先生的「八字」在廣告，就把它鈔下來了。胡頌平覺得好玩，今天帶給先生看看，說：「這個算命的連文字也沒有寫通。」先生說：「他們是不通的。如果他們的文字寫通了，他們也不幹這行業了。先生只看了『八字』有沒有錯，其餘的批語就不看了。」先生又說：「從前有本叫作〔人鑑〕的算命書，其中也有我的命。」先生的「八字」是：

辛卯　庚子　丁丑　丁未

一九六〇年四月二十三日【聯經版第九冊頁三二四七／油印本第二十二冊頁二五七】

上午，醫生來檢查身體。

中午，房兆楹留此午飯。談Windson tie的結法。

下午，顧獻樑來訪。美國舊金山楊氏博物館的負責人Elkus等三人來訪。

今夜有「記永憲錄排印本」……

一九六〇年四月二十四日【聯經版第九冊頁三二四七／油印本第二十二冊頁二五八】

上午，蔣廷黻來長談。

中午，媳婦曾淑昭、孫仔仔來，留此午飯。

下午，到舊莊國校投了台灣省議員的選舉票。

晚上，參加Pardee Lowe的餐會。

先生有「永憲錄裏與紅樓夢故事有關的事」的筆記一篇。

一九六〇年四月二十五日【聯經版第九冊頁三二四八／油印本第二十二冊頁二六一—二六三】

下午，李先聞來談。蕭作樑來說，……

客人走後，先生因「科學會章程」英譯本的行款不夠清楚，於是自己來修改。因此談起標點與分段的重要，說：「中國的古書沒有分段標點，最古的拉丁文、希臘文也是沒有標點分段的，人家讀起來，往往有錯誤。標是符號、引號，點是句讀。標點分段，都是後來慢慢的形成的。我有一位外國的朋友告訴我：『胡先生，你的書，我可以在床上看得懂。』就是因為我的書都有標點的。外國人看我們的古書，非要坐起來加句讀是不容易看得懂。」

「標點是件極難的事。都是有學問的人來標點同一本書，每個人的標點都有不同。從前高夢旦先生對我說：『胡先生，像你，我當然不能請你給我們標點了，如果能夠請到一位老先生來標點，一百句裏有五句是錯的，但那九十五句是佔便宜了。現在只好這樣把古書標點起來。』我說是對的。」

先生又說：「我的文章改了又改，我是要為讀者著想的。我自己懂了，讀者是不是給我一樣的明白？我要讀者跟我的思慮走，所以我寫文章是很吃力的。這是一種訓練，這種訓練是很難的。別人寫文章，只管自己的思想去寫，不為讀者著想。我是處處為讀者著想的。」

楊樹人有電話來。先生在電話裏對他說：「你的長信今天接到了。我完全了解你的意思，不過在我正如晴天霹靂，可否讓我考慮幾天？你能替我想個繼承人選嗎？你的信，我還沒有給梅月涵看過。」

芮逸夫高去尋來談考古館……

一九六〇年四月二十六日【聯經版第九冊頁三二四九／油印本第二十二冊頁二六三】

晚上，參加胡健中的飯局。同座的有王雲五、嚴家淦、尹仲容、王叔銘、唐縱等人。

四月二十六日（星期二）下午三時，參加教育部的酒會。

六時，光復會會員餐敘，先生自作主人。

七時，到圓山飯店參加Dr. Miller的宴會。

今夜繼續修改科學會章程的英譯本。

一九六〇年四月二十七日【聯經版第九冊頁三二四九／油印本第二十二冊頁二六三—二六四】

上午，洛氏基金會的康博唐（Compton）來訪，談三刻鐘。

中午，宴請克里蘭博士（Dr. Cleland）和柯里芝博士（Dr. Coolidge），約李先聞、趙連芳、魏嵒壽、袁倫仁、全漢昇等作陪。克里蘭是國際知名植物學家，美國國家科學院院士，該院駐聯合國科學文教組織科學委員會的主席。柯里芝是美國國家科學院太平洋科學委員會的執行主任。他們是來台訪問的。

下午，鄧翠英來訪。

晚，楊樹人偕安全分署的統計顧問周富瑞來訪。

九時，先生去看蔣廷黻。

先生今天在報上看見高拜石的「古春風樓瑣記」之後，說：「高拜石是什麼人？他是一個隨時會收材料的人。古人的筆記，都是隨時留心資料，收集資料的。顧亭林的〈日知錄〉，也是這樣收集的；不過古人收集材料不易，不像現代那麼方便。但材料是方便了，必須要有判斷材料真假的本領。高拜石收的嚴又陵的材料都有用處。」

今天有復九龍鄭鈺記的信。

一九六〇年四月二十八日【聯經版第九冊頁三二五〇／油印本第二十二冊頁二六七—二六八】

又有復某君的信。……胡適　四九、四、廿九又有復某君的信，謝絕不能幫忙他的請託。

今天〔自立晚報〕上有唐縱前曾到台大醫院看先生的病，並沒有談及任何政治問題的聲明。先生說：「廿五晚胡健中請客時有尹仲容、唐縱等人，怎麼談起〔自立晚報〕前些時登載祖望出國的消息來。尹仲容說，祖望在美援會工作，我從來沒有給先生談起他的事情過。我就對他們說，我從來沒有給我的兒子寫過一封介紹信。作我的兒子是吃虧的；但〔自立晚報〕說的『政府負責人』這句話，這對政府是誣衊，對我的兒子也是誣衊。我本來寫好一封信，要他們說明這個『政府負責人』是誰？信都寫好了，後來沒有發。我還叫人去打聽，他們說是從唐乃健（縱）先生那邊得來的消息，今天我對唐乃健先生的面，究竟有沒有這回事？唐乃健說他根本不知道。大概今天〔自立晚報〕的聲明是受了唐乃健的查究這個憑空揑造消息的責任，才有今天的聲明罷。揑造消息的人，應該得到一會教訓才好。」

一九六〇年四月二十八日【聯經版第九冊頁三二五〇／油印本第二十二冊頁二六八】

上午，張子良來訪。

下午，陳納德夫人陳香梅來訪。

五時，參加莊萊德大使的酒會。

七時，參加清華大學同學會的餐敍。

今天有復羅煜寰的信。

煜寰先生：

謝謝你的兩封信。

尊藏盌底的篆文，我不能辨認，但頗疑是滿洲文。恰好有友人房兆楹先生從國外回來，住在我家，我把你寄示的摹本請他審查。房先生也說二字似是滿文，但左右混淆，無從辨認。今將房先生審查的鉛筆記錄寄上，請參考。

大概當初作此圖案之人原不識滿文，但圖花樣好看，故有左右混淆的情形。

胡適 四九、四、廿八。

一九六〇年四月二十九日【聯經版第九冊頁三二五〇／油印本第二十二冊頁二六九】

四月二十九日（星期五）上午，于望德來訪。

魯道夫來，留此午飯。

下午，王世杰來訪古物運美展覽的事。

晚，參加日本大使井口貞夫慶祝天長節的酒會。

一九六〇年四月三十日【聯經版第九冊頁三二五一／油印本第二十二冊頁二七〇】

十一時，費正清（Fairbank）夫婦和Bayandt、Grieder等四人來訪，由全漢昇陪他們參觀考古館後，回到先生住宅午飯。

下午，錢思亮、劉崇鋐來訪。

今晚，梅貽琦請吃飯。

今夜，有「清末民初洋學學生題名錄初輯」序一篇，……

一九六〇年五月一日【聯經版第九冊頁三二五二／油印本第二十二冊頁二七五】

下午，端木愷、雷震來訪。雷震留此晚飯。

一九六〇年五月二日【聯經版第九冊頁三二五二—三二五三／油印本第二十二冊頁二七五—二七六】

上午，藍乾章來談搜購〈續藏經〉的事。決定由徐高阮、高去尋去和松山寺的道安和尚說：台灣可以翻印〈續藏經〉，先生願意作一篇序文。這樣，香港的優曇和尚也許願意出讓了。

梁寒操來看先生……

十一點多，Mckinley來看先生。他和趙連芳一同留此午飯。

下午，Eymann夫婦和Neufild夫婦來，同去參觀考古館。齊世英來訪。

晚上，總統宴菲國總統賈西亞，……

一九六〇年五月三日【聯經版第九冊頁三二五三／油印本第二十二冊頁二七七】

上午，Becket夫婦來看先生，馬熙程來，一同留此午飯。

下午四時，中央廣播公司的匡文炳、藍蔚民、安志豪等帶來錄音機……

今晚陳副總統宴請菲律賓總統賈西亞，先生被邀參加。

一九六〇年五月三日【聯經版第九冊頁三二五四／油印本第二十二冊頁二七九】

下午，李倴聖來訪。

三點多，到台大醫院檢查身體。

五點，到靜心樂園去參加北大校友會舉行的「五四紀念會」。……

我們提倡有心，實行無力。當政三十多年的國民黨實在沒有好好的幫忙五四。

一九六〇年五月四日【聯經版第九冊頁三二五四—三二五五／油印本第二十二冊頁二七九—二八〇】

現在此處談五四，不禁臉上有汗，心中有愧。……

一九六〇年五月四日【聯經版第九冊頁三二五六／油印本第二十二冊頁二八二—二八五】

當政的政黨國民黨，主張民族主義，凡民族主義運動都帶有守舊的、頑固的思想，認為老祖先的一切東西都是好的，中國國民黨就代表這種思想。過去四十多年國民黨執政了三十多年，它沒有能幫助五四，使有輝煌的成就。國民黨中只有吳稚暉、蔡元培、蔣夢麟、劉大白等的前進人物，他們很想幫助這個運動的推行。劉大白說：白話是人話，文言是鬼話。劉大白是蔣夢麟任教育部的次長，他實在是文學革命的同志。四十多年，除上述數人幫助五四運動外，其他都還是保守太多。我非責備他們，歷史是這樣記載的。

我可以說對此一運動是提倡有心，實行無力，如同開山一樣，山已經開了，還要大家繼續去做。

我對五四紀念會的事情，不表熱心，就是因為感覺慚愧。

如果把五四當作民主運動、科學運動、文藝運動，那麼，我們不僅要紀念過去，還要努力將來，鼓勵兒孫繼續努力。下一個十年紀念五四時，或可使慚愧心減輕。（五月五日〈公論報〉，參閱其他各報。）

晚上，應吳三連的宴會。

今天早上，先生還在臥房的時候，在背向鎬和蘇東坡的詞。後來談起蘇東坡的詞，胡頌平背了「雪堂夜飲，醉歸臨皋作」調寄「臨江仙」的一首，這首詞的上半闋是：

夜飲東坡醒復醉，
歸來髣髴三更。
家童鼻息已雷鳴，
敲門都不應，
倚杖聽江聲。

先生說：「這是一首好詞，只有一句不好，你能指出那一句不好？」胡頌平還在思索的時候，先生又說：「你也曾聽到過兒童熟睡時的鼻息如雷鳴嗎？兒童是沒有鼻息的，就是有鼻息，也決不可用雷鳴二字來形容。這就是說得太過分了。這是東坡的偷懶，不肯造句。這首詞就是這一句不好。作詩作詞，都不能用湊句，雖然七絕只有四句，要能做到沒有湊句，就很不容易了。」胡頌平聯想起王十朋詠東坡的詩：

出處生平似樂天，
樂天名由東坡傳。
文章均得江山助，
始信前賢畏後賢。

因說：「這首詩第二句『樂天名由東坡傳』就不對了。樂天的詩名決不是由於東坡才傳的，這就是湊句了。」先生說：「所以好詩不多。」（參閱胡頌平「適之先生的博士學位及其他」，〔傳記文學〕二卷三期）

一九六〇年五月五日【聯經版第九冊頁三二五六／油印本第二十二冊頁二八五】

上午，凌純聲來談。

Brandt來看先生，談談五四時代幾位老輩吳稚暉、蔡元培等人的思想。

胡秋原來訪，留此午飯。

下午，李宗侗來訪。

五時，國民大會招待菲律賓總統賈西亞夫婦，先生用英文致詞。

一九六〇年五月六日【聯經版第九冊頁三二五七／油印本第二十二冊頁二八七】

下午，沈宗瀚來訪。

晚八時，賈西亞答宴蔣總統，先生被邀參加。

今天有一位高雄醫學院的學生呂君寄來一封信，說他對先生是由衷產生一種莫名其妙的敬愛，在一本刊物上找到先生的玉照，於是剪下，用白紙襯貼起來。忽然間來了靈感，設使在玉照的下端能有先生的親筆簽名，那是多麼好。於是寫了一封信來請求。先生就在附來的這張照片上簽了名，寄還給他。

一九六〇年五月七日【聯經版第九冊頁三二五七／油印本第二十二冊頁二八七—二八八】

中午十二時，郭廷以陪費正清來和先生同照一相後，他們就回去了。

下午，出席中美文化合作會議。

晚應雷寶華之宴。

一九六〇年五月八日【聯經版第九冊頁三二五八／油印本第二十二冊頁二八八】

上午，王企祥來見。

下午，John A. Pope、Reshurin Lippe及曾憲七等來談很久。

一九六〇年五月九日【聯經版第九冊頁三二五八／油印本第二十二冊頁二九九*】

五月九日（星期一）上午，查良釗、查良鑑來訪。高去尋來見。

下午，出席行政院古物運美展覽委員會會議。

會後，和Pope到Lippe那邊去晚餐。

【*油印本此處頁碼有異，在頁二八八之後直接跳接二九九】

一九六〇年五月十日【聯經版第九冊頁三二五八／油印本第二十二冊頁二九九—三〇一】

上午，龍宇純來問日本影印的敦煌文件。

凌鴻勛來談〔詹天佑年譜〕的事情。姚從吾來訪。

嚴一萍、高良佐來談他兩件事：……

下午，陶天翼來請求指示研究的途徑，先生和他談了三十多分鐘。

今天談起十七年五月裏在南京出席全國教育會議的故事。（見本譜十七年五月最後一條）。

前幾天，有一位在馬祖的戰士寫信給先生，說他讀諸葛亮的「前出師表」，曾用力行書局出版的〔

十一點，章君毅來訪。他說：「先生那首『三年不見他』的白話詩是照原稿影印的。這一期〔作品〕（一卷五期）有些人來一買就是買兩本，後來才知道這些買兩本的，是把這篇影印的原稿作剪貼之用的。」

姚從吾來，留此中飯。

下午，徐文韻來。先生告訴她十二律、〔樂記〕、〔七略〕等書，說她的一本書中用的英尺是不對的。先生叫他的研究題目不要太大，太大了，就不容易作了。

芮逸夫、全漢昇來。

先生談起數學所助理員劉登勝的出國問題，……*

今夜，訪梅貽琦、陳雪屏。

【*聯經版刪除五月十二及十三日記事，連日期也刪除，致「先生談起數學所助理員劉登勝的出國問題，」以下兩則誤繫於十一日】

一九六〇年五月十三日【聯經版第九冊頁三二五九／油印本第二十二冊頁三〇五—三〇六】

五月十三日（星期五）上午，王鳳喈來訪。

馬保之來，留此中飯。

晚上大雨，臨時決定不去參加西班牙大使的酒會。

今夜，胡頌平去看楊樹人，勸他等先生暑期出國回來之後再說。並說先生一定回來的。楊樹人說：我只向胡先生請假一年，讓我寫好兩本教科書，再給胡先生工作好了。看樣子，他可以維持一個時期了。

一九六〇年五月十四日【聯經版第九冊頁三二六〇／油印本第二十二冊頁三〇七—三一〇】

十點多，張豁然夫婦來訪。他們看見先生的右手中指受傷，願意代請一位專醫筋骨的章錫珍醫生替先生診治。

中午，先生留胡頌平吃飯。吃了一點酒，談起劉登勝的父親劉晉鈺的被處決是不公道的。在那個時候，蔣先生最親信的人，如張治中、邵力子、孫毓琦這些人，都是當面對我說：「完了，沒有希望了！」到了三十八九年兩年之間，台灣多少的危險！台灣最大的兩個工業，一個是糖廠，一個是電力公司，技術人員要想保存這兩個大工業的計劃而被判處死刑，是不公平的。人死不可復生，他們就永久沒有再替國家作事的機會了；所以有人主張廢除死刑。我想廢除死刑總是好的。

一般人認為台灣是個不安全的地方。近來留學生的不肯回來，就是這個緣故。許多人家裏總希望一部分人留在外國。聽說某夫人對人說，某某的孫子應該有一個人住在美國。也是這種心理。我的太太也認為此地不安全。

三十幾年以前，西方有兩個做皮鞋的鮑司頓案子，判處死刑之後，審判了十二年，案卷有七英尺高，最後還是處決了的。但這個震動全世界的案子，有許多人說是冤枉的。那時陳獨秀的兒子沒有經過什麼審判就被槍斃掉。在那個時候，有一天晚上，大家吃醉了酒，我寫了一篇「附記」。第二天酒醒時，已被別人拿去發表了。我說鮑司頓的案子積有七英尺的審問案卷；我們連審判也沒有就把人槍斃了，不配替人家喊冤的。就是醉後寫了這篇文章，得罪了吳稚暉先生。

下午，先生看了胡頌平擬的給陳副總統的信稿（是為劉登勝說話的），說：「你的白話不夠白。這是一封很難寫的信，要怎樣使人感動，是不容易的。我自己來寫罷。我想還是從他的父親說起才好。」談到這裏，先生接到一個剛滿二十歲的青年張寶樂的一封信，頭一句「無論什麼時候我讀您的文章，總覺得您就站在我身旁在親口慢慢地跟我講一樣，所以我願意稱您先生，而不願稱博士，因為我覺得這樣比較親切些。」先生看了這句話就很感動，說：「用力寫出的文章，要使別人覺得『就站在我身旁在親口慢慢地跟我講一樣』，這樣的清楚明白才行。」這個青年看了向人借來的〈四十自述〉之後才寫這封信。他在信中說：

您在〈四十自述〉中提到張煥綸先生的一句話：『千萬不要僅僅做個自了漢』。張先生的一句話影響了他的一個學生的一生。張先生的教育事業不算是失敗。您引了這句話假使影響一個學生的一生，您的引述也不算白引。不過我不是說我以後會有出息，而是說可能有別人看了這句話，使他的將來有出息。

先生說：「這位青年能寫白話了！」

今天先生談起過去發表的文章，應該有一個目錄。

一九六〇年五月十五日【聯經版第九冊頁三二六〇／油印本第二十二冊頁三一〇】

五月十五日（星期日）下午，到錢思亮家去開會。

晚上，到媳婦家吃飯。今天是孫子復五足歲的生日。

今夜在客廳裏看完這一期的〈自由中國〉、〈時與潮〉這些刊物，一直看到兩點半才休息。

一九六〇年五月十六日【聯經版第九冊頁三二六〇—三二六一／油印本第二十二冊頁三一〇—三一四】

中午，先生去看葉公超，留在他那邊吃飯。

下午，徐高阮陪徐萱來時，先生還未回來，未晤。

芮逸夫來談古物運美展覽的事。

今天有給陳副總統的信。

陳伯莊〈卅年存稿〉的序文是先生做的。今天翻看這書裏「紀念丁在君」一文，說丁在君追悼會那一天，「在台上致詞的胡適之和翁文灝。適之先生引了在君平時自評的話兒：『我們是治世之能臣，亂世之飯桶』。」先生說：「南京的在君追悼會，我一點也記不起了。我無論如何也想不起在追悼會上致詞。我引在君上面兩句話是在紀念他的文字中發表過的。在君的追悼會在南京中央研究院開的，怎麼沒有孟真的說話？可能是孟真說的話，後來當作我的話了。歷史家的記載不可靠。伯莊在二十幾年以後的記憶，往往會有記錯的地方。」

這本〔卅年存稿〕裏有二〔一？〕篇「二胡」論，說胡展堂（漢民）和先生兩人「在近數十年的中國，他兩人代表了兩種不同的政治思想。展堂代了中山的革命思想，適之代表著實驗改良思想。」又說：「當國民政府統一南北之初，適之先生作文論『知難行亦不易』，這時候兩位胡先生有過不痛快的接觸。……」

今夜，張豁然陪同章錫珍醫生來看先生右指……

一九六〇年五月十七日【聯經版第九冊頁三二六一／油印本第二十二冊頁三一五】

下午四時，原有莊萊德大使的酒會。如果去的話，又須紮上紗布，避免和人家握手。所以臨時決定不去，打電話去謝了。

今天試用鋼筆寫字，……

一九六〇年五月十八日【聯經版第九冊頁三二六一／油印本第二十二冊頁三一五—三一六】

九點四十分，馬保之帶同「中華民國駐越農作物改良技術團」的團員朱海帆、駱君驌、朱德琳、張灝、洪章訓、陶家驊、郁宗雄、陳敬奎、林克明、蘇匡基等十人來見。先生和他們說了許多話，大要是：「我到過世界各地，但對印度、紅海、埃及、越南等地，也曾佈置去的，但結果都沒有去，因我去了之後要講演。」先生告訴他們說：「那邊有位陳荊和，他在日治時代學越南語，後來由中華教育文化基金會送他到越南去了。他所知道的比越南高明得多，諸位有些地方可以請他幫忙。我很高興各位都是受了近代訓練的人去替友邦幫忙。各位的使命很重要，我祝諸位成功。」

李一飛來訪。

十點半……王鳳喈招待午飯。

下午三時半，到台大文學院參加沈剛伯召集的西雅圖中美學術會議中的文史組談話會。

今晚有李萬居的宴會。臨時決定不去了。

今夜，章錫珍醫師來，是在右手中指的背上用力，決定星期六晚上再來一次。

一九六〇年五月十九日【聯經版第九冊頁三二六二／油印本第二十二冊頁三一七—三一九】

五月十九日（星期四）上午，朱家驊來問手指受傷及醫治的經過，並請先生在聯合國中國同志會在台恢復工作十週年大會上演講。又談起許光耀申請德國獎學金的事。

勞榦來，董作賓來。

院中各單位為了單身宿舍問題送來一個請願書，並推代表李念萱、譚外元、葉希聖、文崇一、王恒餘、王大文等六人來見。先生對他們說：「我到院之後就關心諸君的住的問題，第一單元就先籌建單人宿舍。這座宿舍完成後就可住二十八人了。這是表示院中一直關心這個問題。這個問題不是一二天所可解決的，讓我想想一個公平合理的辦法。」他們走後，先生約總務主任汪和宗來談，留他在此午飯。

先生對汪和宗說：「今年一月十四日院務談話會紀錄，既經各單位首長出席議定的，上面還說明『送呈院長核定施行』字樣。四個多月了，我一直沒有看過。當時出席的有李先聞、梁序穆、凌純聲這一班人，就該尊重各人的意見。本月七日取消房租津貼的通告是誰出名的？誰可以推翻各單位首長的意見？這個通告不僅得罪了一班青年人，而且得罪了各單位的首長。應該取消。」汪和宗說：「這是全漢昇的意見，我和萬紹章都曾勸過他，但他一定要這樣辦，才發出去的。」先生又問：「何以各人的房租津貼不同？有的根本就沒有？」汪和宗說：「房租津貼的不同，由於歷史的關係。單身沒有結婚的，都沒有房租津貼。」先生又問：「全部津貼每月需要多少錢？」汪和宗說九千多。先生說：「九千多元不算太多。我們希望年輕人來院，應該為他們解決困難。三百塊錢不能租到房子的，更應增加一點。我們不能打小算盤的。你去和全漢昇商量，邀集各單位首長再來研究一個切實可行、公平合理的統籌辦法！」

下午五時，到國際學舍參加華美協進會的茶會。

六時半，參加土耳其大使的酒會。七時半，陳副總統宴請Luse，先生被邀參加。

一九六〇年五月二十日【聯經版第九冊頁三二六二／油印本第二十二冊頁三一九—三二〇】

十一時舉行觀賀儀式時，外賓和文武官員是分開來辦的。外賓觀賀時由金弘一代表致詞。文武官員觀賀時，大家站在一排，只有向總統行三鞠躬禮，總統也答禮，行禮後分作兩邊退出。

先生出來時，碰見陳雪屏。陳雪屏約先生到他家去吃飯。先生說：「事前沒有通知太太，臨時帶客人到家裏吃飯，這是美國婦女提出離婚的四十八個理由之一，怎麼可以？」陳雪屏說：「今天是我的小姐作菜，不是太太做的。」於是就和查良釗一道去了。飯後，一同去看樊際昌，一直談到九點多才回南港。

一九六〇年五月二十一日【聯經版第九冊頁三二六二／油印本第二十二冊頁三二〇】

上午　Luse、……五人來訪……

下午，劉年瓏和郭太太來訪。

晚，王世杰請Luse和先生吃飯。

通知章錫珍，改廿六日再來。

一九六〇年五月二十二日【聯經版第九冊頁三二六二／油印本第二十二冊頁三二〇】

五月二十二日（星期日）上午，曾后希來訪。

中午，楊亮功來午飯。

下午，齊世英來訪。

晚上八時，總統請Luse的宴會。先生被邀參加。

一九六〇年五月二十三日【聯經版第九冊頁三二六二／油印本第二十二冊頁三一九—三二〇—三二一】

五月二十三日（星期一）上午，約萬紹章、汪和宗來談單人宿舍問題，應該再召集一次院務談話會來討論，作一個公平合理的基本解決辦法，並指示新建宿舍應有衛生設備，房子要造的堅固、好一些，不能叫住在宿舍裏的人感到不安全、不衛生。

全漢昇來，先生又指示一番。

趙連芳來，留此中飯。

下午三時，出席教育部的留學生考試會議。

四時，主持科學會執行委員會。會後，與查良釗到梅龍鎮吃飯。

八時半，再去參加音樂會。

今夜瀉了幾次，大概是吃壞了東西了。

房兆楹從香港回來，他在香港買到一本三十年前先生編的〔神會和尚遺集〕，題了「送給原編者」。先生接到這本遺集，很高興。

今天有給胡家健的信。*

【*聯經版刪除五月二十二及二十三日記事，致「今天有給胡家健的信。」誤繫於二十一日】

一九六〇年五月二十四日【聯經版第九冊頁三二六三／油印本第二十二冊頁三二三—三二四】

中午，林致平、李先聞、郭廷以、芮逸夫、全漢昇等五人，都來先生這裏午飯。

閻錫山昨天死了。先生說：「閻錫山的肺炎耽擱了太久，送到醫院時已無法可救了。三十八年他組閣時，發表我為外交部長。他託蔣先生打電報到美國給我勸駕。蔣先生的電報裏說，我知道你是不會就的，但閻百川託我，所以打這個電報。」

今晚有魯道夫的宴會。

一九六〇年五月二十五日【聯經版第九冊頁三二六三／油印本第二十二冊頁三二二四】

上午，到台大醫院檢查身體後，可以不吃藥了。

下午，雷震、夏濤聲來請先生參加他們今晚的宴會。這是民、青兩黨及無黨無派人士的宴會，他們本來想請先生出名領導組織一個反對黨。先生曾經明白告訴他們說：我從來不參加實際的政治，我是決定不幹的。今天他們來請的目的，只求先生能夠到一到。在他們一再的堅邀之下，先生答應可以到一到，但決不說話，也不吃飯。先生到了那邊，他們還沒有到齊，坐了一坐，就去參加趙連芳的飯局。

今天有「東西」的筆記一篇。

一九六〇年五月二十六日【聯經版第九冊頁三二六五／油印本第二十二冊頁三二二六—三二二七】

上午，房兆楹來辭行。他和郭廷以同來，談了很久。

董作賓送回〈水經注〉一部。就是上次給嚴一萍拿去影印的那一部。先生需要再看一遍，還預備寫篇序，所以託董作賓代為取回。

戴毅來見。他是中國公學的畢業生，先生為他出了證明書。

下午，王世杰來談。

今夜，章錫珍來看先生的右手中指，說已好了，還有一點點的腫，慢慢會好的，以後不要再來看了。

今夜有復入矢義高信。

一九六〇年五月二十七日【聯經版第九冊頁三二七〇／油印本第二十二冊頁三三三七】

五月二十七日（星期五）上午，Dr. Divis和Dr. Bary教授來訪。

晚七時，到自由之家去參加Edgar N. Pike的宴會。

夜，劉年瓏從台中來謁。

一九六〇年五月二十八日【聯經版第九冊頁三二七〇／油印本第二十二冊頁三三三八—三三三九】

上午來訪的客人有延國符夫婦、費正清、郭廷以、江良任、浦家麟等人。

下午有莊湫之、黃少谷等。

今天有給吳相湘信……

又給雷震一信。

儆寰兄：

送還周先生信。

此項「研究講座教授」，不設〔適〕用於私人設的研究所，也不適用於國防的機構。

送上那本規章一小冊，可請他看頁四以下的「專款運用辦法」第二三六等條。

晚上，約楊樹人來便飯，談到十點鐘，樹人答應暫時不辭了。

一九六〇年五月二十九日【聯經版第九冊頁三二七一／油印本第二十二冊頁三三三九—三三四〇】

五月二十九日（星期日）上午，何亨基來見。

中午，媳淑昭、孫仔仔來，留此午飯。

下午，劉真夫婦來訪。

今天有復周君的信。

周先生：

謝謝你的好意把你的小說〈心痛〉寄給我，要我看了表示一點意見。不幸我近來十分忙亂，實在騰不出工夫來讀小說；一個月後，我又須有遠行，所以我不敢把稿子擱在這裏，怕遺失了。現在我依照你最後郵片上的話，把原稿還給你。謝謝你寄稿子的厚意，千萬請你原諒我。

胡適 四九、五、廿九。

一九六〇年五月三十日【聯經版第九冊頁三二七一／油印本第二十二冊頁三四〇——三四一】

五月三十日（星期一）上午，錢思亮、劉崇鋐來談。

下午，趙連芳來談。五時，參加中國同志會的茶會後，再到台大醫院去看梅貽琦的病。

七時半，參加Haraldson歡迎Norman M. Little的宴會。

今天談起周法高有一部清翻刻宋本的〈五燈會元〉，先生想把它買下。史語所知道先生會在書上批校的，願意買下來歡迎先生在這書上批註。先生說：「這是他們的好意。現在史語所要收買了，便是公家的書，固然他們歡迎我批註意見，但我在自己私人的書上可以任意來畫，現在成為公家的書了，我在精神上是不能任意來畫了。如由我私人出錢買，可以隨便寫了。他們還不知道，我的書將來還不是圖書館的書嗎？我的子孫是不會看這些書了。」

一九六〇年五月三十一日【聯經版第九冊頁三二七一／油印本第二十二冊頁三四一——三四二】

五月三十一日（星期二）上午，凌鴻勛來談。錢思亮介紹Va Dil、Dr. Andrewt兩人來見先生。

中午，劉年瓏和她的未婚夫在此便飯。

下午，江良任來談七月間出國飛行的日期。

今天有一位姓高的來信請問「美國大學醫院有無學術研究醫療的成例」。先生復他一封短信，不能答覆他的問題。

一九六〇年六月一日【聯經版第九冊頁三二七一／油印本第二十二冊頁三四三】

下午，吳元黎和劉廷蔚來見……

朱家驊來談兩小時。

一九六〇年六月二日【聯經版第九冊頁三二七一／油印本第二十二冊頁三四三——三四五】

上午，錢思亮電話說……

下午三時半，Prof. Paul C. Hodges來訪。

四時，杜元載來請先生演講。

七時，約徐高阮便飯。

今天先生談起「郭沫若這個人反覆善變，我是一向不佩服的。大概在十八九年之間，我從北平回到上海，徐志摩請我吃飯，還請郭沫若作陪。吃飯的中間，徐志摩說：『沫若，你的那篇文章（是談古代思想問題，題目忘了），胡先生很賞識。』郭沫若聽到我賞識他的一篇文章，他跑到上座來，抱住我，在我的臉上吻了一下。我恭諛了他一句，他就跳起來了。」

先生又談起威廉莫瑞森。「孫中山先生的〔三民主義〕曾經引了威廉莫瑞森的話，大家不知威廉莫瑞森是個什麼樣的人。我在普林斯頓大學圖書館裏，在一本書上偶然發現威廉莫瑞森是在加州行醫的不太出名的牙醫生。有一天，我和一位美國朋友談起這件事。這位美國朋友是知道威廉莫瑞森的，就告訴了他。他聽到孫中山先生在〔三民主義〕裏引了他的話，馬上趕到紐約去找中國國民黨的紐約支部，加入國民黨了。這時是國民黨頂紅的時候，每年撥給他兩三萬美金，請他在美國作宣傳的費用。這樣一來，威廉莫瑞森就成名了。這個人現在八十多歲了，還活著。」

一九六〇年六月三日【聯經版第九冊頁三二七一／油印本第二十二冊頁三四五】

上午，雷震、夏濤聲來，他們仍要組織一個反對黨。先生勸他們不必組織反對黨，而且一定沒有結果的。他們不很接受先生的勸告，只好由他們去了。

李青來來訪。

閻振興來請先生到台南成功大學去講演一次，決定坐飛機去的。他留此中飯。

下午四時，到機場去接夏威夷大學校長Sinclair夫婦，把他們送到圓山飯店後……

七時半，到Roger W. Severt家晚飯。他們是為Dixson夫婦餞行的。飯後，再到王世杰家談了一回。

一九六〇年六月四日【聯經版第九冊頁三二七二／油印本第二十二冊頁三四五—三四六】

六月四日（星期六）上午，錢用和來訪。酈光州來訪。

下午，到媳婦曾淑昭家去，因為明天她同孫子動身到美國去，所以先去看她一次。

晚上，朱家驊請吃飯。

一九六〇年六月五日【聯經版第九冊頁三二七二／油印本第二十二冊頁三四七】

晚上，蔡慶華、余堅來訪。

一九六〇年六月六日【聯經版第九冊頁三二七二／油印本第二十二冊頁三四七】

上午，王叔岷、郭廷以、蔣明喜等來談。

狄別瑞來，留此午飯。

下午，陶振譽來訪。

一九六〇年六月七日【聯經版第九冊頁三二七四／油印本第二十二冊頁三五〇】

上午，梁序穆帶來日本瓷器一小匣送給先生，裏面裝有六隻小酒杯。先生對於日本的小工藝很讚美，說他們是把東方的gentle表現出來，做得精緻、價廉，來爭取外匯。他們能夠控制東方的藝術。

章君穀、盧致德來訪。

越南教育訪華團陳文順、阮玉琚、胡文萱、黎聞、范廷藹、司徒華等來見。

今天將〔臺灣日記與啟稟〕分別寄給下列五人，……

一九六〇年六月八日【聯經版第九冊頁三二七八／油印本第二十二冊頁三五八】

六月八日（星期三）上午，劉崇鋐來訪，留此午飯。

晚七時半，約章錫珍、張豁然到南港來吃飯。

一九六〇年六月九日【聯經版第九冊頁三二七八／油印本第二十二冊頁三五八】

六月九日（星期四）上午，Dixson夫婦帶同三個孩子來訪，留此中飯。

下午，史彌匡等三人、杜元載、楊亮功、查良釗、蒲爾克、Schmed、Haraldge、陳之藩等來訪。

晚，約周法高便飯。他退回先生的支票。後來先生買了相等價值的書籍送給他。

一九六〇年六月十日【聯經版第九冊頁三二七八／油印本第二十二冊頁三五八—三五九】

六月十日（星期五）上午，張健生來訪。

中午，De Bary和查良釗來，留此午飯。

下午，Severt和Ackerman來訪，談得很久。

六時，參加金弘一大使的酒會後，到錢思亮家吃飯。

今夜，有給梅貽琦太太的電報，請她回來。

今夜，有復閻振興的信。

振興校長先生：

謝謝你寄來的民航空運公司的來回飛機票！我一定搭十七日上午九點十五分的飛機來台南。十八日下午四點四十五分的飛機回來，六點廿五分到台北，也許可以趕上總統府的國宴。

貴校本年畢業班同學會的好意，我很感謝。很久沒有回他們的信，請你代為道謝致歉。

胡適敬上 四九、六、十夜。

一九六〇年六月十一日【聯經版第九冊頁三二七九／油印本第二十二冊頁三六一】

下午，出席故宮博物院理監事聯席會議後，參加費正清的茶會。再參加高玉樹的飯局。

一九六〇年六月十二日【聯經版第九冊頁三二七九／油印本第二十二冊頁三六一】

上午，同陳雪屏探梅貽琦的病。遇到陳副總統，於是同到他家去談了一會。

中午，Little夫婦和蔣夢麟來談，留此午飯。飯後參觀考古館。Little是先生的老朋友。他是羅斯福總統時代推行新政策的決策人之一，後來又當過美國司法部的次長，正是先生擔任駐美大使的時代。談得很久。

晚上七時半，應Botor的晚宴。

今夜有復趙元任夫婦的信。

一九六〇年六月十二日【聯經版第九冊頁三二八〇／油印本第二十二冊頁三六三—三六四】

又有復李石曾的信。

石曾先生：

前天（九日）是本院成立三十二周年的紀念日。院中只休假一天，不敢有任何慶祝的舉動。只有康樂促進會同人舉行各種球類棋類的比賽。承先生電賀，十分感謝。

敬申謝意，并祝

雙安

胡適敬上 四九、六、十二。

此次先生八十大壽，不幸那幾天我正患感冒，不敢出門，沒有能來道賀，敬此補賀。 適。

一九六〇年六月十三日【聯經版第九冊頁三二八一／油印本第二十二冊頁三六六】

中午，Little請先生和蔣夢麟吃飯。

下午，王世杰、蔣勻田來訪。

晚上七時，Boton請先生晚飯。

一九六〇年六月十四日【聯經版第九冊頁三二八四／油印本第二十二冊頁三七〇】

中午，Edger N. Pike來談張兆理申請獎學金的事，留此午飯。

一九六〇年六月十四日【聯經版第九冊頁三二八八／油印本第二十二冊頁三七七】

夜裏，王淦來訪。

今夜，有復張兆理的信。

一九六〇年六月十五日【聯經版第九冊頁三二八九／油印本第二十二冊頁三八〇】

今天先生談起〈漢書〉「地理志」高奴縣裏的「有洧水，可爇〈燃〉」，就是我們漢朝已經發現的石油（胡頌平，「適之先生的讀書生活」，〈自由青年〉廿七卷第六期。又見「胡適博士紀念集刊」香港獨立出版社）。

一九六〇年六月十七日【聯經版第九冊頁三二九一／油印本第二十二冊頁三八三—三八四】

先生應盧姓夫婦的請求，和他們同照了一相。

先生到了臺南後，……

來訪的客人有羅人杰、莊君地、劉鼎新、吳仁民、周肇西、黃步蟾、謝新周、程元藩、周辰、鄭仲妥、廖季清、鮑碩三、趙健森、劉顯琳等人。

一九六〇年六月十八日【聯經版第九冊頁三二九六／油印本第二十二冊頁三九二—三九三】

上午九時四十分，在成大畢業生畢業典禮上講「一個防身藥方的三味藥」……

先生演講之後，王姜貴來見，略談幾句話。

今天上午九時，美國總統艾森豪來華訪問。……

先生聽說艾森豪曾到忠烈祠獻花，說：「艾森豪是一個耶穌教，要他去忠烈祠獻花是和耶穌教義不相容的。」

一九六〇年六月二十日【聯經版第九冊頁三二九七／油印本第二十二冊頁三九四】

十時，美國化學家Adolph Rialechi和Richard F. Benoit兩人由吳仁智陪同來訪。留此午飯。

下午，出席行政院故宮博物院的理監事聯席會議。

晚上八時半，端木愷來訪。

今夜有復阮維亮的信。

一九六〇年六月二十一日【聯經版第九冊頁三三〇〇／油印本第二十二冊頁四〇八—四一二】

上午，胡頌平將昨天抄錄的「唐中岳沙門釋法如禪師行狀」的碑文……

先生因談起「唐中岳沙門釋法如禪師行狀」，說：這篇文章不通的。中古時代，從三國末到唐朝的文章，有許多文章是不通的；因為活的語言已經死了，用死的文字來寫活的語言，所以很少能做通的。韓柳的古文運動，他們是從︹孝經︺、︹論語︺、︹孟子︺這幾部書裏讀通的。要知道這三部書都是當時的白話，就是當時的魯語，我們叫做東方之語。當時孔子說的話，學生把他記下來；他的學生之間的談話，也都照當時的魯語記下來。如：

夫子之求之也，其諸異乎人之求之也。

一句就有十個虛字。當時把每句話的虛字都記下來，所以我們都能看得懂。魯本來在河南的，從平四國之後，才東移山東的。周朝是從西方來的，武王伐紂還不算數，直到周公和羌族的姜太公這兩個大軍閥擴張領土，征服了山東，直到了淮夷。周朝的領土擴大了，他們的語言叫做西土之語。西土之語記載下來的把虛字都刪了。周朝征服了許多土地之後，就把土地分給他們的功臣。他們有他們的語言系統。現在的〈國風〉，大都是東土之語，我們還可懂。〈小雅〉還勉強可讀；至於〈大雅〉，都是士大夫說的話，就不可讀了。西土之語是另外的一種語言。

到了初唐的四傑，王勃、楊炯、盧照鄰、駱賓王都是從讀〈孝經〉、〈論語〉、〈孟子〉裏讀通了，所以雖用駢體文，而文字通暢，意旨明白。像駱賓王「討武曌檄」文裏的：

一抔之土未乾，六尺之孤何託？……請看今日之域中，竟是誰家之天下！

這是作通了的駢文。所以杜甫非常讚佩他們的。你看杜詩：

王楊盧駱當時體；輕薄為文哂未休。爾曹身與名俱滅，不廢江河萬古流。

〈古文觀止〉的選錄「滕王閣序」、「討武曌檄」，有人批評吳楚材為什麼把駢文選進去？其實這些駢文是用古文作法的駢文，他選得很對的。

先生又談起古代語言的文法和現在不同，如〈孟子〉裏的：

舜，何人也？余，何人也。

這是古代的文法。自從有了

舜是什麼人，我是什麼人

的文法之後，古語的文法自然會退化淘汰了的。英國霍布士（Hobbes）在十七世紀裏曾說：將來總有

我，人也；你，人也

的文法，他不知道我們古代已有這種文法了。這種古代的文法在全世界語言中是沒有的。「我是人」一句，「我」是主詞（Subject），「人」是賓詞（Object），「是」是敘述詞（Predicate）。敘述詞在論理學上是很重要的。後來有了「我是人」的文法，才把「舜何人也」的文法演變了。韓柳的古文運動，就是從〔孝經〕、〔論語〕、〔孟子〕裏讀通的；初唐四傑是用古文的方法，把駢文作通了。

下午，劉鍾鼎、任先民、葉希聖三人來。先生答允替他們寫推薦介紹信，並給他們保證學成回國。又有劉甫琴來訪。

四點多，寫字。為郭寄嶠的母親九十歲生日題了「一國的老壽星」六個字。又為章錫珍、章寶森、張豁然、陳雯華、程元藩、周維亮諸人寫了條幅。寫給章錫珍的是〔法句經〕一章：

工人調角，水人調船，

巧匠調木，智者調身。

給周維亮寫的是「先人過商丘詩」：

莫信弭兵為上策，

中原無霸更堪憂。

七時，參加Dr. Philipes的宴會。

今天接到Nell Starr的電報，因而談起Nell Starr是很熟的朋友，過去他在Middlebury州北部推行冬季運動，花了數十萬元的美金，是很有效的。Middlebury College的校長Stratton送他一個名譽學位。他因為沒

有得過學校的學位，很不好意思去接受，和我商量。我勸他去，並且陪他去接受學位。他才大膽的去接受了。這是一個完全靠自己奮鬥出來的人。

編者附註：以後獨捐美金二萬五千元作為「胡適紀念館」基金的C. V. Starr，即是此人。

一九六〇年六月二十二日【聯經版第九冊頁三三〇〇／油印本第二十二冊頁四一二—四一三】

上午，周大中、劉登勝、王沈文蓁來見。

夜裏，杜光勛來談。

今天有復李書華的信。……

又有復陳受頤的信，是談他的「中國文學史稿」的事。（未錄稿）

一九六〇年六月二十三日【聯經版第九冊頁三三〇一／油印本第二十二冊頁四一三—四一四】

上午十時，郭廷以來。十一時，鍾伯毅來看先生。……

下午三時，先生到教育部出席留學考試委員會。

一九六〇年六月二十四日【聯經版第九冊頁三三〇二／油印本第二十二冊頁四一四—四一五】

六月二十四日（星期五）上午，蕭學梅來見。高天成、王德昭等先後來訪。

林致平來，留此午飯。

下午，江良任、吳志和來，決定坐七月九日中午的機位飛美。

李先聞、芮逸夫、全漢昇等來談。

晚六時，先生約J. C. A.及科學會的幾位委員在錢思亮家晚飯。商談科學會的事情。

今天給劉登勝、任先民、劉鍾鼎、葉希賢四人寫了英文保證書。又給王德昭的兒子寫了英文推薦書。

一九六〇年六月二十五日【聯經版第九冊頁三三〇二／油印本第二十二冊頁四一五】

上午，孫德中來談，他預備編輯「蔡孑民先生遺著」。

一位加拿大的作家Larry Henderson來訪，談得很久。

程天放來，留此中飯。

下午，周法高、屈萬里、黃彰健來看宋元版本的〔五燈會元〕。

一九六〇年六月二十六日【聯經版第九冊頁三三〇二／油印本第二十二冊頁四一六】

六月二十六日（星期日）今天的客人有程其保、趙連芳、袁純、張研田、羅澤清、尹樹生等人。

一九六〇年六月二十七日【聯經版第九冊頁三三〇二／油印本第二十二冊頁四一七—四一八】

今天先生談起「演說的時間越短，演說越困難。在美國西部，有一次鐵路通車典禮，他們去請前總統胡佛演說。胡佛說：『三分鐘的演講，我要三個月的預備時間；半小時的演講，我須有三個星期的預備時間；一點鐘以上的演講，我只消三天就夠了。』」先生也認為時間越短的演講，預備越困難。

一九六〇年六月二十八日【聯經版第九冊頁三三〇三／油印本第二十二冊頁四一八】

上午，郭廷以來談。

有一位姓任的青年來見，他對這次教育部公佈的公費留學生各科名額的分配，認為有問題。先生告訴他：「教育部應該給社會科學、人文科學留一點位置，使能平均發展，不能完全著重理工科。理工科還是要人文科學的基礎。」

下午，姚從吾來，送還「清理紅本」四冊。這是蒙古奉寬仲嚴編撰的，都是明末清初內庫檔案的摘錄，是一部史料。

晚上，陳雪屏請吃飯。

先生的「記中央圖書館藏的宋寶祐本〔五燈會元〕」一文，……

一九六〇年六月二十八日【聯經版第九冊頁三三〇四／油印本第二十二冊頁四二一】

今天有復錢某的信，未錄稿。

一九六〇年六月二十九日【聯經版第九冊頁三三〇五／油印本第二十二冊頁四二一—四二二】

下午，張目寒、劉德銘來訪。

沈志明送來〔丁文江的傳記〕，是啟明書局的影印本，今天出版了。

韓國的白樂濬送給先生一盒信箋，叫作「莒周紙」。先生說：「有了好信箋，我可以寫毛筆的信了。」

晚上，參加台大文學院教授歡送出席西雅圖會議的我國幾位代表。

今天有復羅鼎的信。

一九六〇年六月三十日【聯經版第九冊頁三三〇六／油印本第二十二冊頁四二四—四二六】

上午，雷震、夏濤聲……

潘仰山、顏澤滋來訪。

下午，韓國人李元植、趙義卨來訪。楊希枚來見。

晚上，約陳之藩和他的未婚夫人來吃飯。

今天下午，有「記中央圖書館藏的宋寶祐本〔五燈會元〕」一文的「後記」。……

今夜，有給閻振興的信。

振興校長先生：

此次到台南，多蒙老兄和大嫂厚待，十分感謝！

那樣大熱天，累及大嫂親自下廚房做菜，使我真不安。千萬請您代我道謝！

臨行又蒙老兄和辛市長、程院長和貴校諸先生遠送，多謝多謝！

劉顯琳先生剪寄各報紙，都收到了。先代為致謝。（昨又見〔香港時報〕六月廿七八兩日詳記我的成大演說，較有風趣，我也剪存了。）

匆匆申謝，敬祝雙安。

胡適敬上 四九、六、卅夜。

又有復吳德耀的信。

德耀校長吾兄：

謝謝你六月卅日的信。此信我今晚九時收到，可算是很快了。

端木先生回來，曾把尊意詳告我，六月廿五日我曾寫一信給戴耀閭先生，並抄一本寄給劉馭萬兄。今將此信鈔本寄呈老兄，讓老兄知道我們的朋友端木鑄秋先生的記憶力真了不得。六月卅日尊函的話，他都轉達了，沒有錯！老兄不怪我多管閑事，我很感謝。

弟胡適上 四九、六、卅夜十一時。

今天送給趙頌南一部〔台灣日記與稟啟〕，上面題了

先人遺著，敬贈

頌南先生。日記光緒十八年（一八九二）正月十八日記先生昆仲「過訪暢談，自巳至未乃去」，在先人日記中，這樣長談是沒有第二次的。

胡適敬記 一九六〇、六、三〇。

一九六〇年七月一日【聯經版第九冊頁三三〇六／油印本第二十三冊頁四二八】

上午，給周維亮寫了〔鹺海述林〕的封面，又給趙頌南寫了兩張字。一張是兩句詩……

中午，林致平來，留此午飯。

一九六〇年七月二日【聯經版第九冊頁三三〇七／油印本第二十三冊頁四二九】

十時四十分，楊肇嘉來訪。

十一點多，Dr. Samuel Stratton由黃秉心、陳士賢陪同來訪，留此中飯。

一九六〇年七月三日【聯經版第九冊頁三三一三／油印本第二十三冊頁四四一】

下午五時，到陽明山參加陳誠副總統的茶會。

七時，參加留美同學會的餐聚。

一九六〇年七月四日【聯經版第九冊頁三三一三／油印本第二十三冊頁四四二】

上午，陶天翼來見。

十二時，參加莊萊德大使舉行的美國獨立一百八十四年紀念日酒會後，再到陳之藩、王潔如家去午飯。飯後，先生送齊如山回去，在他家談了一會。

下午四時，……

六時，參加羅慕斯大使舉行的菲律賓國慶的酒會。

今天有復張佛泉的短信。他要借住院中一晚，請他和徐高阮接洽。

今夜，有「記中央圖書館藏的宋寶祐本〈五燈會元〉」的「後記」二。……

一九六〇年七月五日【聯經版第九冊頁三三一四／油印本第二十三冊頁四四二—四四三】

上午，黃季陸、郭寄嶠等來談。

十時……下午四時，……

亨克蓀和Severt來訪。又有李錦屏來見。

今天〈中央日報〉發表科學會決議經費分配情形、研究補助費名額、及出國人員進修辦法等。

今天為黃美玲簽了介紹信，又有復馬廷英的短信。告訴他科學會沒有美金可以撥助。

一九六〇年七月六日【聯經版第九冊頁三三一四／油印本第二十三冊頁四四三—四四四】

上午九時，趙武、徐芳、徐萱、虞舜等來訪。趙武是趙頌南的兒子。莫德惠來談。

中午，趙連芳、全漢昇留此中飯。

下午，主持科學會第二十六次執行委員會。

今天有復陳君、胡君的短信，將他們寫的不能審查的稿件寄回去。

一九六〇年七月七日【聯經版第九冊頁三三一四／油印本第二十三冊頁四四四】

上午，主持院務會議。

中午，參加蔣總統歡迎出席「中美學術合作會議」全體人員的餐敘。

下午，芮逸夫來談。

一九六〇年七月八日【聯經版第九冊頁三三一四／油印本第二十三冊頁四四五—四四六】

上午，先生趕寫「中美學術合作會議」的開幕詞。來的客人，在簽名簿上留個名字就走了。

晚間，梅韓詠華、查良釗、甘舒子寬等來看先生。

先生預備開幕詞的題目是「中國的傳統與將來」……

今天先生談起凡是文化接觸，都是各取其長的。……這些都是下面漸漸的實行，而不是由上面來推行的。日本的文化不如我們高，而是他的一切都是由上面壓下來的；可是最近數十年來，我們不如他了。因為國民黨是跟共產黨學的。過去曾經清黨過一次，把共產黨員清出去，但一切委員會制，黨權高於一切，以黨治國這一套政治制度沒有清出去，一切都從上面壓下來，所以我們的文化也不如人了。先生又說，無為而治……

一九六〇年七月九日【聯經版第九冊頁三三一五／油印本第二十三冊頁四四六—四四七】

上午，先生自己整理行李了。發現凌鴻勛的〈詹天佑先生年譜〉的序文來不及做了，匆忙寫了一張條子：

竹銘先生：

可否先付排印，俟清樣成時再作序？

適之。

於是把他的原稿連這張條子先還他。還有好幾封信，都交給胡頌平出名代復了。

陳槃、全漢昇、芮逸夫、周法高、屈萬里、楊時逢、藍乾章等來送行。先生謝謝他們說：「不敢當。我本來就要回來，現在一班朋友都勸我，可能緩些回來了。」

十一點半，到了機場。送行的有于右任、朱家驊、姚從吾、楊亮功等一百多人。十二時……起飛

一九六〇年七月十八日【聯經版第九冊頁三三三一／油印本第二十三冊頁四七六】

七月十八日（星期一）與亞洲協會主席布魯姆簽訂補助費的合同。

一九六〇年七月十九日【聯經版第九冊頁三三三二／油印本第二十三冊頁四七七】

七月十九日（星期二）先生在舊金山發來的電報，說二十日到紐約去。……

編者附記：（一）當月初我國出席「中美學術合作會議」代表出發的前幾天，這裏有個叫做什麼文字學會的會員，竟聯名函電給華盛頓大學校長和亞洲基金會的負責人，反對出席這個會的人選。（二）先生的「中國的傳統與未來」一篇講演詞〈中央日報〉通譯發表後，也曾引起佛教徒的圍攻，與「胡適與國運」同樣論調。

一九六〇年八月四日【聯經版第九冊頁三三三二／油印本第二十三冊頁四七八】

先生有給全漢昇的信：……

先生另用紅色原子筆寫了下面九個字：「得錢不太難，得人最難。」

大概是在八月五、六、七日幾天之內，先生有復雷震的信，……（編者當時傳聞所得附記於此。）

一九六〇年八月十九日【聯經版第九冊頁三三三二／油印本第二十三冊頁四七九】

八月十九日（星期五）韓國延世大學的閔詠珪因受先生之託，將海印寺藏板的〔祖堂集〕二十卷製成顯微攝影，就贈給先生了。他託吳相湘帶到東京，再由蔣復璁帶到台北。

一九六〇年九月六日【聯經版第九冊頁三三三六／油印本第二十二冊頁四八五—四八六】

先生又復陳副總統一電：……

先生此時有給陳雪屏的一封信，也是專談雷案發生的事，未曾留稿。兩個月後，胡頌平想向陳雪屏那邊去借錄此稿。先生說：「這封信還在雪屏那邊嗎？他早已呈送行政院，不必錄了。」

一九六〇年九月二十三日【聯經版第九冊頁三三三九／油印本第二十三冊頁四九一】

今天有給胡頌平王志維的信

這時先生在紐約寫了二十幾張的字。家裏的書籍都裝箱了。連一本詩集都沒有。書籍運走了，等於繳械，全靠記憶來寫是靠不住的；於是就寫了好幾張杜甫的「光村詩」、白居易的「桂華曲」。在外國，寫好的字都是裝在玻璃架子裏，所以大都是寫橫幅。

一九六〇年十月二十二日【聯經版第九冊頁三三四二／油印本第二十三冊頁四九七—四九八】

下午九點五十五分，先生從東京坐民航班機到了台北松山機場。在機場接他的有朱家驊、羅家倫、楊亮功、陳雪屏、唐縱、李濟、姚從吾、錢思亮、樊際昌、查良釗、周法高、董同龢、王淦等人。在機場和歡迎的人拉拉手之後，就坐車回南港寓所。羅家倫、楊亮功、陳雪屏、錢思亮、李濟、姚從吾、查良釗、全漢昇、王淦等也都到了南港。先生在客廳裏正和客人談話時，……先生對他們的談話，參照〔徵信新聞〕和〔中央日報〕的紀錄……

一九六〇年十月二十二日【聯經版第九冊頁三三四四—三三四五／油印本第二十三冊頁五〇一】

最後問到雷震被判十年徒刑的感想。他表示：……十一年來，雷震已成為自由中國言論自由的象徵〔當時我說該為他鑄銅像，現在銅像還未鑄成〕，換來的是十年坐監。這是很不公平的。（參照十月二十三日〔徵信新聞〕及〔中央日報〕）

一九六〇年十月二十三日【聯經版第九冊頁三三四五／油印本第二十三冊頁五〇一—五〇四】

上午來訪的客人有宋英（雷震的夫人）、程積寬、鄭渭南、夏濤聲、張慶楨、陳槃、李光濤、黃彰健、蔣復璁、高去尋、胡鍾吾、王九逵、劉世超、王大空、潘啟元、高玉樹、李萬居、郭雨新、黃地、黃玉嬌、錢張婉度、錢純、江小波等人。

宋英來訪。

編者附註：報載宋英來訪，先生和她談起在美國時曾和我國出席聯合國大會代表王世杰，返國經過東京時也曾和駐日大使張厲生等，先後討論此事等等，全是報上的瞎說，宋英也沒有談起「減刑」的事。

中午，錢張婉度、錢純、江小波等留此中飯。飯桌上胡頌平談起近日有人企圖發動兩萬人到機場去迎接先生的謠言，萬一人多滋事，政府對世界是無法交代的，所以事前戒備特別森嚴。先生的行期也沒有見報，聽說昨夜從機場到南港，沿途都有便衣的警衛人員。前幾天，台北縣警察局曾來三個人和我們商量治安問題，郭永也親自來過。先生說：「原來有這麼一回事！我相信還是謠言。我事前一無所知。」胡頌平又說：「最近幾天來，此地的朋友也談論這些問題，他們的意思，如果先生要營救雷震的話，也要過些時日再說，在這個鋒頭上說話是沒有多大用處的。」先生說：「我何曾要營救雷震！我要營救的不是雷震，乃是中華民國，——我覺得應該替國家爭個面子！」

下午，胡頌平向先生談起近來外界的種種推測，甚至有人說先生還回來嗎？他們說雷震的背景是先生，雷震出了事，先生一定期不敢回來。先生受他的累太大了。說到這裏，羅敦偉、虞舜等來訪，接著齊世英來訪，談得很久。先生對齊世英說，雷案發生後，我曾寫信給雪屏，認為雷震犯的判亂罪，國際上不相信，我也不相信。政府當局不曾到過國外，不明瞭國際上對於此案的重視。如其說是匪諜案子，更應該移送司法審判，不可妄加罪名，貽笑大方。

六時半，先生到台大醫院去看梅貽琦的病。

七點多，到陳雪屏家晚飯。

十點多，于衡來訪。……

編者附記：今夜張貴永來看胡頌平，說：「在目前的情形之下，一般人只有兩條路可走，一是不回來，二是回來之後不說話。但胡先生回來了，回來之後說的話仍和從前說的一樣，這才是了不起的地方。」

一九六〇年十月二十四日【聯經版第九冊頁三三四五／油印本第二十三冊頁五〇四—五〇五】

十月二十四日（星期一）上午，李濟、延國符、屈萬里、勞榦、藍乾章、徐高阮、全漢昇等來。楊樹人來談科學會的事。

下午，沈亦珍來訪。Times報的Girffin帶同攝影師來訪。張儀尊來訪。

六時，參加中國同志會舉辦的聯合國十五週年紀念日的酒會。快要出來時遇見張羣。先生對他說：「我預備來看你，同時想請你給我約定一個時間去看總統。」

七時，到成舍我家晚飯。

今天有幾家報紙報導先生的消息，如說唐縱來談兩小時等等，全是無中生有的謠言。夜裏（中央日報」的記者打電話來問。先生對他說：我是向來不闢謠的，請他們不必發表更正的消息。

一九六〇年十月二十五日【聯經版第九冊頁三三四五／油印本第二十三冊頁五〇五—五〇六】

楊亮功來訪。王德芳來見。

黃伯度來，他說昨晚先生同張羣說的話，他已照實報告總統，並且說明不談雷案。總統說：明天能否抽得出時間？明天沒有空，要過幾天（等他避壽回來之後）再定。

下午，郭廷以來訪。

劉馭萬來，留此午飯。

一九六〇年十月二十六日【聯經版第九冊頁三三四五／油印本第二十三冊頁五〇六—五〇七】

上午八時多，趙連芳來。

九時，到台北去弔賈景德的喪。……

下午，居浩然、張維翰、張志廣、鄧華卿、凌孝芬等來訪。林致平來訪。

晚上五至六時，參加中國工程師學會等五個團體歡迎布倫姆博士的酒會，又參加越南國慶日酒會。七時，高玉樹、李萬居等為先生洗塵。據報導，先生贊成籌組一個有力量的新黨，但希望朝野都有容忍的風度，大家開誠布公，循民主政治常軌用和平方式來促進新黨運動。李萬居說，新黨的宣言及政綱、政策，正在整理之中，當然在完成草稿之前，他們也很願意送給胡博士過目，請他指教。（十月二十七日〈徵信新聞〉）

夜裏，汐止警察局局長宣善璵來見，談到深夜。

編者附記：宣善璵負責住宅附近治安的責任，他向胡頌平建議，可否養一隻狼狗，有時也有一些警衛作用；他願意送一隻來。後來胡頌平提起，先生說：「我們這裏是學人的住宅，不能養狼狗，叫別人害怕。你替我謝謝他的好意。」

一九六〇年十月二十七日【聯經版第九冊頁三三四五／油印本第二十三冊頁五〇七—五〇八】

上午，董作賓來談。

中午，邀請Dr. Blum及Pike兩人吃飯，約李濟、錢思亮、張儀尊、林致平、凌純聲、郭廷以、全漢昇等作陪。

二時，先生主持學人宿舍（即蔡元培館）落成典禮，並舉行酒會歡迎Dr. Blum夫婦。參加典禮的有張羣、朱家驊、莊萊德大使、凌鴻勛、浦薛鳳、錢思亮、李宗侗、劉崇鋐、姚從吾、李濟、勞榦、高平子、黃伯度、高天成、沈亦珍、何聯奎、許明德、白安指夫等中外來賓百餘人。

一九六〇年十月二十七日【聯經版第九冊頁三三四六／油印本第二十三冊頁五〇九—五一〇】

夜裏八時，李青來來訪。

先生又說，前天見到陳副總統，談了半小時，在他們的談話中，也談起新黨的事。他曾向副總統建議，希望政府對於新黨，能予諒解。他在十年之前，總統曾經對他說過，如果他出來組黨，政府不但不反對，反而要支持他。當年總統對他既然有這樣的雅量，希望總統今天也能以對他的雅量對待這些籌黨的人。

一九六〇年十月二十八日【聯經版第九冊頁三三四七／油印本第二十三冊頁五一〇—五一一】

上午，金承藝、孫德中等來訪。

周德偉來訪。先生對周德偉說：「雷震一天工夫成了世界出名的人物，這是政府把他造成的。」周德偉問起雷案「減刑」的事。先生說：「我從來沒有說『減刑』兩字，都是報紙上的瞎說。」

程天放來訪。

下午，鄧汝言、鮑克蘭來訪。

甘立德來訪。

一九六〇年十月二十八日【聯經版第九冊頁三三四八／油印本第二十三冊頁五一二—五一三】

今晚，參加Pike的晚宴。

先生今天送給胡頌平一張一九一四年的照片，說：「這是我的老友Fred Robinson照的。我是他家三代的朋友，他家保留我的信札有一百多封，這是一件很難得的事情，這張照片是Robinson的老太太保存的。」

一九六〇年十月二十九日【聯經版第九冊頁三三四八—三三四九／油印本第二十三冊頁五一三—五一五】

上午，李濟來談。王淦來訪。

下午三時，主持科學會執行委員會。

四時，全體執行委員都到教育部去參加教育部頒給Schmid獎章典禮後，再回來繼續開會。

楊樹人又辭科學會的執行秘書，先生約他來晚飯，談至深夜十二時。

今天先生指出大陸翻印《聊齋志異》的原稿，……

今天《中央日報》上有「胡適與桂花曲」一篇短文……

今日有給張慶恩的信，謝謝他贈送花瓶。

一九六〇年十月三十日【聯經版第九冊頁三三四九／油印本第二十三冊頁五一六】

下午，田炯錦、孫洵侯等來訪。

晚六時，先應伍家宥、郭登敖的飯局，再參加東亞學者會議全體會員的宴會。

今夜，預備明天中英文的演講詞，到了三時才休息。

一九六〇年十月三十一日【聯經版第九冊頁三三五〇／油印本第二十三冊頁五一八】

十一時會議結束之後，到台大醫院去看梅貽琦。

晚，參加三國學人會議的茶會之後，再應韓人李丙燾、金載元的宴會。

今天先生談起，「當年的〔努力週報〕我個人在編輯，有許多文章用筆名發表的。我用好幾個筆名，現在也記不起了。」

附錄胡頌平給王淦的信。

王淦先生：

適之先生這回在東京湯島聖光（即聖廟）書籍文物流通會買來一批書籍，分作四包運回，前天他已和你當面談過了。現在這批書目已經寄到，特將原書目奉上，請你費神代為注意。謝謝您。

胡頌平敬上 四九、十、卅一。

附日本購來書目，共四包：

一九六〇年十一月一日【聯經版第九冊頁三三五三／油印本第二十三冊頁五二二—五二三】

上午，沈雲龍來訪。

中午，留胡頌平、王志維兩人午飯。先生看見吳相湘送來的兩捲高麗紙，說：「過去我很少用毛筆寫信的。現在有了高麗紙，以後可以用毛筆給朋友寫信了。高麗紙裏有纖維，才能持久。抗戰期間重慶出的書，看來紙張很壞，但裏面有纖維，倒也可以持久。」胡頌平因問：「傅斯年圖書館存有一張漢紙，先生看見嗎？」先生說：「還沒有看見。」接著說：「怎樣發現的？」胡頌平說：「是和居延漢簡同時發現的，正是蔡倫改良造紙時代的產品。紙很粗，跟從前吸水烟的人用的紙差不多。」先生說：「紙是我們中國一個了不起的發明，後來在沙漠裏也有發現，大概先傳到中亞細亞，再傳到歐洲去的。」

先生又談起「這回運回的三箱書，他們不肯接受我的運費，我只好定了〈時與潮〉幾份分寄給他們，用航空寄遞。〈時與潮〉往往有很概括的報導，很有用處。不過最近一期對我的一段話完全是瞎說。——就是雷案減刑的事，說我和王世杰、張厲生都談過。我到東京時，張厲生只勸我在東京多住幾天，什麼也沒有說。後來雷震夫人來看我，也沒有談起雷震減刑的事；而〈時與潮〉反有這種的瞎說。」

先生吃飯時，總是叫我們多吃菜，少吃飯。飯是沒有營養價值的。

飯後，我們就用早上買來的一個咖啡壺來煎咖啡喝。這是最新式的咖啡壺，能夠自動停電，又能保暖。一壺可煎八杯。胡頌平說：「這樣一壺煎起來放在此地，先生深夜時也可以隨時服用，倒很方便。」先生說：「不，有客人時可吃。平時不用它，要避免咖啡的引誘力。」

先生拿著〈祖堂集〉頭幾頁照片給胡頌平看，說：

一九六〇年十一月一日【聯經版第九冊頁三三五三／油印本第二十三冊頁五二四】

下午，張其鈞來。齊世英、梁肅戎來訪。先生問起〈時與潮〉上有與王世杰、張厲生談過減刑的事是從何而來的？齊世英說：「他們是從報紙上鈔下來的，錯了。」

今晚，先生和錢思亮、孔德成三人……

一九六〇年十一月二日【聯經版第九冊頁三三五四／油印本第二十三冊頁五二四—五二六】

十一月二日（星期三）上午，孫德中、陳寶麟來見先生。先生問孫德中：「你編的蔡孑民先生文選，是不是去了很多，或是去了很少？」孫德中說：「去了一半，所以叫做文選。」先生說：「不如叫做文鈔，或者文錄，不是『選』，不是更好嗎？」先生的意思，蔡先生的文錄應該分作若干子目，譬如有關中央研究院的，在這個子目中都是有關中央研究院的文章。還有一些不曾收錄的文章，也應該編一個目錄附在書裏，很有用處。同時還可以替他徵集遺稿。孫德中收了十七篇一般紀念蔡先生的文字，其中有一篇是馬寅初的「蔡先生思想之寬大」，故意把「寅」字寫作「雲」字。先生說：「這樣不好。要收馬寅初的文字，就應寫他的『寅』字，下面註明這篇文章的年月日，或者就不收；因為這類的短文章少收一篇也沒有關係。」

十一時，陳啟天、王師曾、沈雲龍來看先生，留此中飯。他們要到香港去看左舜生和李璜，先生送他們〈丁文江的傳記〉和〈注漢書的薛瓚〉各一本。

下午五時多，訪朱家驊。

七時，應美國在華教育基金會負責人司馬笑的邀請，在心園吃飯。

今天談起報載雷案馬之驌的律師某君，他擬的申請覆判書是很凶的。這個律師指出判決書裏稱「本黨」的有八九次之多。這話出於法官之口是違法的。這回雷等的判決書實在太差了。在美國的軍法官，至少也有一個法學博士的基礎，再有軍法的知識才能勝任的。

一九六〇年十一月三日【聯經版第九冊頁三三五四／油印本第二十三冊頁五二六—五二七】

十一月三日（星期四）上午，郭廷以、章君穀等來。李濟來談甚久。

下午六時，訪朱家驊。七時半，參加美國新聞處處長Mcarthy的宴會。

飯後訪陳雪屏，談至深夜。

附錄胡頌平復吳春馥的信。

春馥先生：

你給胡適之先生的十月卅日的信接到了。

你第一次領到薪水七百元的時候，你的母親立時答應給你四百元去買〈胡適文存〉四集。胡先生看了這一段，他也很感動；所以他自動的送你四集平裝本十二冊，並且簽了字。

現在我把這部書用掛號寄給你。

胡頌平敬上　四九、十一、卅。

一九六〇年十一月四日【聯經版第九冊頁三三五六／油印本第二十三冊頁五三二—五三三】

下午，夏威夷大學教授伊吉湯姆斯博士、戈培夫婦由吳文藻、秦凱、沈亦珍、劉昌緒等陪同來訪。

三時半，出席北大同學會的茶會。談談中美學術合作會議的經過。先生帶去「三年不見他」的影印本八十份分給大家，結果不夠分配，以後再補給他們。

在茶會席上，唐嗣堯來見先生說，今天下午六時是曾后希的兒子結婚，他們竭誠的請先生給他們一個光寵，並且特別約了幾個人來陪伴先生。在悅賓樓吃飯的。

六時，先生到悅賓樓去簽了字，再去參加教廷駐華公使的酒會。遇到于右任、于斌等人，略談。

今夜，〈自由中國〉半月刊全體編輯委員到南港來商討繼續出版與否的問題，一時還不能決定。

一九六〇年十一月五日【聯經版第九冊頁三三五六／油印本第二十三冊頁五三三—五三四】

十一月五日（星期六）上午，郭廷以來談。張貴永同坂野正高來訪。坂野正高是東京都大學的教授，他在哈佛大學時曾經見過先生的。

中午，王世中、Kalm、李先聞在此吃飯。

下午，全漢昇來。

六時半，參加莊萊德大使的宴會，飯後有音樂會。

先生看了今天〈中央日報〉的社論後，說：「怎樣叫做在憲法之下的大團結？他們只知道上面少數幾個人的團結，不知道這種團結是沒有用的。要團結，就要團結全國的人民。這篇文章，等於既要請客人，又要罵客人，我實在看不懂。」

一九六〇年十一月六日【聯經版第九冊頁三三五六／油印本第二十三冊頁五三四—五三五】

上午，雷小姐、夏道平來見。顧文霞來時，先生已到台北去主持科學會執行委員會，開到下午兩點半。

下午，劉真、沈宗瀚來訪。

六時半，到菲力浦博士（Dr. Phillеps）家去吃飯，共有七八位美國朋友。菲力浦是大病之後第一次招待先生。在吃飯的期間，有一位美國朋友大罵尼克森，他是擁護甘迺迪的。他罵尼克森說謊話，先生聽了有點生氣，要他提出證據。他說：「尼克森曾說電影明星Helen Gahagan是共產黨，不是說謊話嗎？」先生說：「你錯了。尼克森只說這個明星的作風、思想，都是共產黨的作風和思想，並不是說她就是共產黨。」這位美國朋友被先生指正錯誤之後，就認輸了。先生又對他們說：「或許是我個人的偏見，我總希望尼克森當選。」他們又問，是不是為了固守金門、馬祖的關係？先生說：「絕不是這個原因。你們要知道，尼克森十一年以前是以打擊共產黨首領希斯起家的。這十一年以來，左派人士是在有計劃的毀謗他、攻擊他。這次他如果能當選，更應是奇蹟。」

編者附註：Helen Gahagan是個有名的電影明星，後來嫁給Douglass，叫做道格拉夫人。

今天接到一位記者的信，先說先生被北大同學包圍了。再說他在國家民族的立場上是有責任要和先生談談的；如果先生不願與他會晤，他只有把他對雷案的意見和看法在報上奉告的話。**先生看了之後有點生氣，說**：這位記者向我開火了，他說我被北大同學包圍。**中央研究院的七個研究所所長沒有一個是北大畢業的。……**

一九六〇年十一月七日【聯經版第九冊頁三三五七／油印本第二十三冊頁五三六—五三七】

晚上，院中曾在哈佛大學住過的同人公宴賴世和，邀請先生作陪。

今天有給黃拓榮的電報。

台東縣黃縣長拓榮先生：十一日全省文獻工作研討會議在台東舉行。承先生邀我錄音講話，我因沒有時間準備，不敢答應。謝謝先生的好意，敬祝會議的大成功，並祝會議諸公的健康。胡適。

先生談起白話的電報說：「當年我在上海居住的時候，清華大學鬧風潮。張歆海等幾個人想要我出來當校長。我復了一個白話電報：

幹不了，謝謝你。

不是只消五個字的電報而又明白嗎？」

今天先生談起尼克森，說：「我有好幾次機會可以和他見面，但我都沒有去看他。名人的接見客人是件苦事情，我當了一世的名人，有些人要來看你時，我深深知道接見客人的痛苦。我為避免他的麻煩，所以沒有去見他。美國總統競選到了選舉前五天就停止了的，但今年還在競選，可能要到選舉前夕才停止。」

一九六〇年十一月八日【聯經版第九冊頁三三五八／油印本第二十三冊頁五三九—五四〇】

十一時半，沈雲龍、謝文孫來訪。

十二時，郭廷以送來一個答外國機關的合作文件，先生親自修改，直到下午三時才改好。

下午，蕭作樑來。陶振譽來談至九時。

昨夜中廣公司播放先生講述「美國總統大選見聞」……

這個布爾莫斯（Bull Morse）是野鹿，不是人的名字，……這是進步黨的黨徽……像州議員選舉時，每州每黨都有四十多萬個候選人的名字，要選民看名字是很吃力的，有了驢或象的黨徽，只消在你認定的驢或象的黨徽之下，……

一九六〇年十一月八日【聯經版第九冊頁三三五九／油印本第二十三冊頁五四〇—五四一】

胡頌平問：「還有別的錯誤沒有？」

胡頌平又問：「有人說這次尼克森答應甘迺迪在電視裏競選是失策的。尼克森當了八年的副總統，誰不知道；現在和甘迺迪同在電視裏競選，不是給甘迺迪抬高身份，使大家都更認識他嗎？」先生說：「這個不確切。甘迺迪在提名總統候選人之前，他已經跑了不少的地方，大家已經知道他了。根據這次美國大選前夕的測驗結果，甘迺迪與強生百分之四十九；尼克森與洛奇佔百分之四十八，游離票佔百分之三。這百分之三的游離票關係太大了。這樣接近的票數，會使民主黨加倍的努力，臨時再到人家家裏去拉票，還是有當選的希望。我總希望尼克森當選。」

先生又說：「這十二年來，尼克森被左派（共產黨）份子有計劃的毀謗、侮蔑、無所不用其極的攻擊，要在他的面上smile，——就是要把他的臉上塗上泥巴。十二年來被人家有計劃的攻擊，就是這次失敗了，也不算稀奇。」

先生又說：「在民主國家投票最高率佔百分之七十，但我四十一年在屏東親自看見高山族的投票率幾乎達到百分之一百。這本來是個很好的基礎，可以從這個基礎訓練起來的。」

一九六〇年十一月九日【聯經版第九冊頁三三五九／油印本第二十三冊頁五四一—五四二】

上午，楊景鷸來見。

十一時，英文〈中國日報〉的丁維棟打電話來報告甘迺迪和尼克森的競選票數。先生告訴他過去美國大選的歷史，威爾遜第二次連任是以極少的多數票當選。美國人是反對戰爭的。這次尼克森主張不放棄金、馬，如果他選舉失敗，他也是受我們金、馬問題而犧牲的一人。

先生中飯以後，坐在客廳裏收聽美國大選的廣播，手裏拿著一本一九九〈五？〉八年的〈世界年鑑〉，同時用原子筆隨時紀錄甘迺迪和尼克森的票數。到了四點鐘，甘迺迪已經到了二六一票，而尼克森還只有一六六票，大概尼克森當選的機會不多了。先生說，一直要到落選者打電報向當選者表示道賀時為止，這個高潮才算結束。

這時王成椿來訪，才把先生收聽廣播的興趣打斷了。

五時一刻，〔聯合報〕的于衡來訪問。

一九六〇年十一月九日【聯經版第九冊頁三三五九／油印本第二十三冊頁五四三】

不過照現在的票數看起來，只消阿拉斯加三票選了甘迺迪，甘迺迪是可以當選的了。」

于衡問：「如果甘迺迪當選，先生的看法如何？」

先生說：「我在十二年前就很注意尼克森這個人，他失敗了，我私人方面表示失望。甘迺迪呢，我沒有什麼恭諛的話。不過這個人的樣子很嫵媚，也有嫵媚的品格。民主黨是一個多數的黨，他們的競選是有健全的組織和奮鬥。他們的成功不是偶然的。我還希望這次的大選跟一九一二年很相像。」先生於是談起美國的參加兩次世界大戰，都是民主黨執政。一九一二年威爾遜當選，民主黨是少數黨；

一九六〇年十一月十日【聯經版第九冊頁三三六〇／油印本第二十三冊頁五四五—五四六】

上午，郭廷以來談。吳文津來辭行，合照一相。

十時，美國安全分署教育組的柏克萊由李熙謀、嚴慶潤陪來，談科學會的事。

客人辭去後，胡頌平問：……

中午，李濟來談，留此午飯。

下午三時半，美國安全分署新聞組長Ralph L. Harwood來談一點鐘。

五時，吳相湘來見。

七時，錢思亮請紐西蘭大學校長史密斯與先生吃飯。

今天有復岡山謙一的短信，謝他贈送〈日本農業機械化〉一書。又謝魏嵒壽贈啤酒。

今天題了「蔡孑民先生遺文類鈔」書簽。

一九六〇年十一月十一日【聯經版第九冊頁三三六〇／油印本第二十三冊頁五四七】

十一月十一日（星期五）上午，夏道平來訪。

下午，Althur E. Luih和James B. Porsom兩人來訪。

今天先生看了程光蘅的來信後對胡頌平說：「我想託你向教育部的熟人打聽看，我有沒有向教育部推薦文藝獎金著作的資格？如用院長名義，是用中央研究院院長的名義去壓人，好像太重，——我可以推薦學術的著作，但推薦文藝獎金，不曉得有無資格，或用私人的名義好些。你先給我打聽，但不要說出預備推薦的是什麼人。我想推薦王姜貴的〈旋風〉。」先生又說：「明天是放假，你千萬不要來。好好的去玩兩天。我也想去玩兩天；到什麼地方去好呢？這時走動也怕麻煩！」

一九六〇年十一月十二日【聯經版第九冊頁三三六〇／油印本第二十三冊頁五四七—五四八】

下午來訪的客人：楊道淮、張存武、王企祥、高向榮、丁耀中、丁余鳳文、何宇澄、警察廣播電台廣播記者周幼康、英文〈中國郵報〉（China Post）的記者周傑等人。

先生和記者談話的大要：

胡博士說，他相信甘迺迪從共和黨手裏接過政府後，至少將與中共從事或試作一些談判，但不相信甘迺迪會放棄他所稱在自由世界這一部分的「第一防線」的外島。

他對尼克森之未能當選總統感到失望，但拒絕預測甘迺迪對自由中國及對中共採取何種政策。

一九六〇年十一月十二日【聯經版第九冊頁三三六一／油印本第二十三冊頁五四九—五五〇】

胡博士對於尼克森在美國從事反抗共產主義之奮鬥的貢獻備致讚揚。從十二年前當選參議員的時候起，便橫遭美國所謂「自由主義者」所發動的毀謗運動下的犧牲者。在這種情形下，尼克森所獲得的普通選票幾乎與甘迺迪相等，這實在是一樁了不起的成就。

胡博士拒絕詳論越南十一日早晨發生的反吳廷琰的政變。他說：「我們無疑，應加警惕。」繼而提到〈中央日報〉副刊所載他所引用的一首唐詩，他強烈暗示他主張中國應有兩個大政黨而不是一個。先後在韓國、土耳其、越南發生政變，彼此雖不一定有聯繫，但都互有影響力。

胡博士歡迎軍事覆判庭延期為雷震宣判一事，認為覆判庭對此案審慎是一件可稱道的事。

他又說：當他以〔於〕「三星期以前從美國返國後，曾以雷震案引起的反應面告陳副總統。至於陳副總統對此案的態度，我不曾與他進行討論，免得使他感到處境困難。」

他仍計劃到看守所探望雷震，但時間迄未決定。（十一月十三日英文〈中國郵報〉、同日〈大華晚報〉摘錄如上）。

今天有復閻振興的信。

振興先生：

胡成章先生出國的旅費，我不便代向中基會申請，因為「以自購外匯資格赴美講學進修」的人數不少，中基會無法擔負，故從來沒有這種補助。想能蒙先生與胡先生的諒解。

胡適敬上 四九、十一、十二

一九六〇年十一月十四日【聯經版第九冊頁三三六三／油印本第二十三冊頁五五三—五五四】

上午，勞榦因為要到菲律賓去，特來報告這次不能出席評議會。先生說：「這個沒有關係，但我正要給你談談：這次洛氏基金的研究講座教授補助辦法還是在試辦階段，原以為沒有什麼問題的。陳康因為人在國外，不能接受。原想保留一年，當初也以為毫無問題，但現在[illegible]台[illegible]定。」」勞榦說：「如果不能保留一年，或者取消也好。」

中午，韓國的李崇寧、李元植、高栢翊三人來訪，留此中飯。

下午，楊樹人來談他的辭職問題，暫時可以不提出。

有一位何姓的軍人來訪，說他發現新武器，軍方不重視，要想自殺；於是把他留下的文件，託楊樹人帶給參謀總長彭孟緝看看。（後來知道軍方早已撥款給他研究過，後因外國已有這種儀器，不再撥款了。）

一九六〇年十一月十五日【聯經版第九冊頁三三六三—三三六四／油印本第二十三冊頁五五五—五五七】

上午，法國駐華代辦E. Decurton來訪。

中午，參加莊萊德大使的午飯。飯後到台大醫院去訪梅貽琦再訪李濟。

這時李濟有個提案，要把史語所分作歷史語言兩所，想在評議會裏提出。先生的意思，……

下午，查良釗、馬熙程等來訪。

今天有復蔣某的信。

先生對於這次美國大選甘迺迪執政之後，似乎不太樂觀。他看見一位國際評論家說自由中國與大陸共產政權中間，隔了一層薄霧，看不清究竟那一邊是極權，那一邊不是極權。對於雷案，先生希望軍方再請幾位真正懂法律的人來審慎處理；如果他們真能請到真懂法律的人來處理，可能雷案不會成立了。

一九六〇年十一月十六日【聯經版第九冊頁三三六四／油印本第二十三冊頁五五七—五六一】

十一月十六日（星期三）上午，許孝炎、端木愷、王世杰等來訪。

莫德惠來談片刻。

下午三點光景，王志維也在胡頌平工作室裏。先生從書房裏出來對他們說：「十一月七日買來的心臟病藥片，比不上七月十幾在西雅圖買來的好。下午我在寫東西時，覺得有點不舒服，我就拿七月裏買的藥片放在舌底下，覺得辣得很。後來又拿十一月七日買來的一片含在舌下，倒不如以前買得的好，而且比以前買的也小些。」先生這麼一說，不是心臟病又發了嗎？但他繼續的說：「在西雅圖的時候，那天晚上是什麼人請吃飯。飯後電燈都熄了，大家在看美國總統候選人提名的鏡頭。這種電視在美國是很普遍的，旅館裏每一個房間都有這種電視的設備，我是沒有空去開的。那晚大家正在看電視的時候，我覺得有些不舒服，於是從衣袋裏摸出藥瓶，拿出兩粒含在舌下，一會兒就好了。大家都不知道。今晚要出去，我把兩次買的兩瓶都帶去吃。」先生若無其事的說了之後，到客廳裏去看報紙了。

胡頌平、王志維兩人聽了先生剛才的話，心裏總是安不下來。於是也到客廳裏去。胡頌平說：「先生剛才有點不舒服，今晚的應酬還是不去吧。回頭夏濤聲來，可否讓我私下告訴他？」先生聽了大不以為然，說：「我下午感到有點不舒服，我立刻吃了兩片藥，並且到床上休息了一會。我自己會知道當心的。你不能給人家說，像台大醫院裏那些人。我如不對你們說，你怎麼會知道？這樣，我以後不對你們說了！你不用害怕，我自己會當心的！」

胡頌平回到工作室，想來想去，想不出好的辦法，呆呆地坐在那兒，什麼事也不能做了。大約有十分鐘的時間，聽到先生在客廳裏喊著：「頌平，我完全好了，我完全好了。」胡頌平連忙跑出來，先生又說：「我此刻已經完全好了。心臟的毛病是突然發生的，不一定什麼時候。我的老校長也有心臟病，他有一次告訴我，他在夜裏睡醒的時候發作，才叫醫生來治療的。可見睡眠之後也會發作，不一定休息不休息。我今天不曾吃一片安定血脈的藥，回頭給我帶出去。等一下，夏濤聲要來了。夏濤聲、王世憲、余家菊不曾出席青年黨前天的中央常務會議，可見青年黨已經分裂了。晚上我去參加〔時與潮〕的宴會，聽聽他們的意見。」先生又說，余家菊的眼睛瞎了。他前年到美國去開刀，為了醫眼睛，中央只給他一千美金，怎麼夠用，我幫了他一個大忙，花了不少錢。

五時多，夏濤聲來接先生同到〔時與潮〕去吃飯，共兩桌人。有青年黨的陳啟天，也有國民黨的端木愷，也有預備組黨的李萬居等人。先生是不預備講話的，後來看看大家都有等待先生的樣子，於是也說了不少話。（十一月十八日英文〔中國郵報〕有報導）

一九六〇年十一月十七日【聯經版第九冊頁三三六四／油印本第二十三冊頁五六一—五六五】

十一月十七（星期四）今早先生起得很早，仍跟往日一樣的慈祥和藹。他看見胡頌平就說：「我很好，我自己知道沒有關係的，你用不著害怕。」接著談起昨夜吃飯時殷海光和陳啟天兩人鬥嘴的情形，覺得殷海光的態度不夠。說：「過去〔自由中國〕半月刊的社論可能有許多是他做的，他是一個書獃子。那年為了吳國楨的事情，我寫了一篇文章。那時殷海光得到美國國務院四個月的補助到美國去。他給我一封很不客氣的信。他說『吳國楨說的話都是在台灣的人想說而不敢說的話。胡先生怎麼寫文章罵他呢？』我對他說，你要知道不在台灣的中國人還有一千多萬。吳國楨是個說誑話的人。我把吳國楨給我的幾封信拷貝給他看。吳國楨那時當台灣省政府主席兼保安司令部司令。蔣先生很信任他，他有權可以做事。台糖公司沈正南的槍決，是他以保安司令的職務簽字的，怎麼可以反過來批評政府呢？他是個說誑話的人，但我那篇文章裏沒把他的誑話寫出來。」

先生又說：「昨夜監察委員劉永濟、陶百川幾個人都是監察院裏雷案小組委員會的委員。他們給我說，要向我質詢。我說質詢我，應該要到監察院去。但他們說，不敢，他們要到南港來看我。可能他們會來談談。」

中午，邀康乃爾大學教授Shadick吃飯，約郭廷以、胡秋原作陪。飯後談到兩點四十分，他們才去參觀。到了四點四十分，Shadick回到先生住所來。先生對他開玩笑說，我們正說你是外國的書獃子呢！他是研究中國古代文學的，預備向周法高請教中國古代的文法。

六時，到自由之家去理髮，遇見電信局長陳樹人，原來他和廣東的陳樹人同姓名，他向先生自我介紹的。

晚上七時，張慶恩請吃飯，被請做陪的有毛子水、姚從吾、錢思亮等人，張慶恩是山西人。先生談起民國八年曾到過山西，那是杜威博士到山西去講演，先生當翻譯，人家也請先生做一次演講，題目是「娘子關外的文化」。說山西有了娘子關，外面的不能進來，裏面的不能出去，現在我已進來了。於是談談娘子關外的文化。這次演講之後，山西大學的文法科學生很多都轉學到北大去了。那時國立大學還只有三個，山西大學也是國立的。國立的山西大學學生要求轉到北京大學來，當然可以的。那知這麼一來，山西大學文法科學生差不多都空了，所以使閻錫山在二十年以後還不曾忘卻這件事。當時嶺南大學的一個學生高廷梓要轉學到北大來，也是我答應的。後來因為轉學的太多了，不得不有個限制，於是才有考試的限制。

「那時太原已經有了一千坐位的大禮堂，那次我在太原講演，覺得很過癮。（那時北京還沒有容納千人的大禮堂。）太原一個公園裏有兩個碑：一個碑刻上一千個字，必須人人要認識的字；另一個碑刻上八百個字，乃是山西人必須要認識的。像『盩厔』、『閿鄉』。我們讀過史漢的人都認得了；但有一個『崞』字，音郭，是山西的一個縣名。當時我不識這個字，於是有人說胡適之不認得崞字。」

張慶恩聽到這裏，說：「山西從先生講演之後，山西大學文法科沒有學生了，後來是出錢請人來讀的。那些轉學北大畢業後回到山西的學生，在地方上辦教育，做了不少的事。都是先生的學生。」

後來談起姚嘉薦的案子。先生說：「蒲松齡的〈聊齋志異〉末後一卷都是冤獄的案子。越到後來，越覺得這些人的偉大，偉大！他還有白話詩和白話詞曲呢！」

席間，先生談起今年還只有六十九歲。暑間胡頌平把我這兩三年的文字收集起來，預備付印的；我因不作七十歲的生日，所以趕快寫信給他，叫他不印了。（參閱本譜九月二十三日條）。

今天有給馬熙程的短信。又復周姓青年的短信：

××先生：

謝謝你十一月十五日的信。

美國領事館不給你簽證，乃是受他們國家的法令辦理的。中央研究院有一位楊女士也因為「沒有家庭在此」的理由，不能出國。我們至今無法幫助她。

我盼望你能提早結婚，有個家庭在此，就可以解除這種困難了。

胡適　四九、十一、十七。

今晚六點多鐘，總統府交際科有電話來，先生已經出門了，是王志維接的。說「明天上午十一時半，總統延見胡院長，地點是在總統府。」王志維立刻電話到張慶恩家報告先生了。

一九六〇年十一月十八日【聯經版第九冊頁三三六四／油印本第二十三冊頁五六六—五六七】

上午，吳望伋來請先生出席民意測驗的會員大會。先生婉辭謝絕了。先生說：我近來謝絕了參加各種的集會，報上還有「沒有新聞的新聞」呢！

先生談七月間中美學術合作會議的情形，……因此談起雷案。……先生說：「雷案十月七日晚（美國時間）宣判之後，……八、九兩日我都不敢見人，公共場所都不敢去。我抬不起頭來。十日這一天，我躲在鄉下朋友家裏。」……

先生告了辭，總統送至二門，對先生說：我下午要到南部去，等我回來後，改日再長談。（十一月十九日的〔聯合報〕、二十日的〔中央日報〕，都有簡單的報導。）

先生回到南港住宅，已是十二時五十五分了。日本遺傳學家酒井寬一和同來的胡兆華、張文財、謝順景、張德慈等同進午餐。

今天下午有給梁實秋的信，未錄稿。內容與十九日給毛子水、姚從吾的信大致差不多。（參閱十一月十九日給毛子水、姚從吾的信）

晚七時，陳副總統請吃飯。同坐有張羣、黃伯度等。他們都說先生上午與總統的談話很好。

今天接到費正清的一封信，還有許多剪報，都是雷案引起的人權問題的剪報。先生都帶去當面給了張羣。

一九六〇年十一月十九日【聯經版第九冊頁三三六五／油印本第二十三冊頁五六八—五六九】

上午，酈堃厚由林致平陪同來訪，談了許多時候。他們臨走時，先生將祁宗禹譯著的〔相對論〕稿子，交給林致平帶去，說，祁宗禹是個耳神經壞了的軍人，他不能作別的事，於是編譯這部書，我已約略的看過，覺得不錯，請他細細的審查。

晚，Shadick請先生吃飯。

夜，王嗣佑來見。李青來來訪問先生與總統晤談的情形。（十一月二十日〔中央日報〕）

先生今早寫好〔詹天佑先生年譜〕的序文，交給胡頌平先看一遍，說：「替人作序是件苦事體，等於應酬一樣的苦事體。我都是引他們的原文，太潦草了。你看行不行？」胡頌平說：「先生的文章那有不行的道理？先生把全書的菁萃都鈎出來了，讀了先生的一篇序文，差不多等於讀了全書。」先生說：「你不要客氣，你說行，就把它寄出去。」於是把它複寫了幾分，當天就寄給凌鴻勛和〔作品〕雜誌了。

〔詹天佑先生年譜〕序的大要是：

一九六〇年十一月十九日【聯經版第九冊頁三三七〇／油印本第二十三冊頁五七七】

今天在南部舉行的襄陽演習，先生辭謝不去了。

夜裏，有復高陽的信。

一九六〇年十一月二十日【聯經版第九冊頁三三七三／油印本第二十三冊頁五八三】

上午，台肥六廠員工六十人來見。

中午，錢思亮夫婦、張祖詒夫婦、程維賢夫婦等來，留此午飯。

晚六時半，莫德惠請吃飯。

一九六〇年十一月二十日【聯經版第九冊頁三三七五／油印本第二十三冊頁五八六】

我向來感覺，在見解上，〈紅樓夢〉比不上〈儒林外史〉；

一九六〇年十一月二十一日【聯經版第九冊頁三三七五／油印本第二十三冊頁五八七—五九〇】

今早胡頌平到院時，先生已經看了各種報紙了。先生說：昨夜莫德惠的請大家吃飯，沒有一句談到大團結的事。他請的是兩位從遠道回來的朋友，一位是雪艇，一位是我，此外請了陳啟天、孫亞夫、張岳軍、陳雪屏幾個人，都是陪客。大家談的怕老婆的笑話。吃了飯之後，我怕他們或有什麼話說，特地等待他們的談話，但結果什麼都沒有說。我因路遠，有資格告辭了。隨著大家都散了。但今天的〈中國郵報〉的登載這消息就佔三格之多，說這個飯局是一個不平常的聚會，關於大團結的問題；不知他們怎樣推想的？

上午九點多，蔣某君帶同他的〈寫本音韻考〉的稿了來看先生，介紹他先去看龍宇純。先生翻翻他的稿子，發現好幾個錯誤。過了不久，龍宇純陪他再來。先生和他談談院裏藏的〈唐韻〉可以替他做顯微攝影，還送他一部〈聊齋志異〉。

客人走後，先生說：「〈唐韻〉抄本怎麼可以用鋼筆抄本來付印？應該用毛筆寫，而且不能有一個錯字。他的稿子上半部是收集諸家的跋文而成的，看來不是一個做學問的人。王國維〈觀堂集林〉裏的『書吳縣蔣氏藏唐寫本〈唐韻〉後』一文，就是說這個抄本的。」

先生談起王國維，胡頌平因問：「我以前聽人家傳說，先生住在北平的時候，梁任公先生來看先生，先生送至門口為止；王靜安先生來，先生送至大門口，不曉得這種傳說是否可靠？」先生說：「沒有這回事。我是住在鐘鼓寺，靜安先生住在我的後面不遠的地方。他只來過幾次。任公先生就沒有來過。他住在天津，我倒常去看他，吃飯，有時候打牌。這種對我的神話，外國也有許多，將來把它寫出來才對。」

先生又說：「靜安先生的樣子真難看，不修邊幅，再有小辮子，又不大會說話，所以很少出門，但他真用功。羅振玉就不同，身材高大，人又漂亮，又會說話。說起話來又有丰采。真漂亮！」

下午，吳鑄人來訪。張貴永來辭行，並向先生請教。彭明敏來訪。

五時多，齊世英、夏濤聲、成舍我、蔣勻田、宋英等來訪。

今天有給許淑真的推薦書。

東京大學大學院國際關係論的諸位先生：

在貴校大學院的研究生許淑真女士，將於明年一月裏參加貴校的碩士課程考試。我今天特別為他寫幾句推薦的話。

許女士是國立台灣大學一九五六年的畢業生，成績很好，日文程度亦佳，並能閱讀英、法、德三國文字。他在中央研究院近代史研究所擔任過助理員三年多，研究的範圍是「中日關係論」。他在近代史研究所的討論會中，曾做過「玄洋社」，「黑龍會」及「西伯利亞出兵及中日軍事協定」的研究報告。此外，他參加過「外交檔案」的整理和「夷務始末」分類目錄的編纂工作，都能勝任。

就他個人具備的條件和興趣來說，如果他能在貴校大學院碩士課程進修，似乎很為適宜。所以我願意向諸位先生推薦，希望他能得到這樣好的機會。

胡適敬上 一九六〇、十一、廿一。

編者附記：先生看見胡頌平寫的「她」字。說：「和外國人通信還是用這個『他』字好，於是把『她』字都改正了。」

一九六〇年十一月二十二日【聯經版第九冊頁三三八一／油印本第二十三冊頁六〇一】

上午，劉永濟來訪。

中午，Schmidt夫人等三人來訪，留此午飯。

下午，王信忠、吉田正直、黃添印，由郭廷以陪同來訪。

今夜，寫完「曹雪芹小象的謎」。

一九六〇年十一月二十三日【聯經版第九冊頁三三八二／油印本第二十三冊頁六〇二—六〇三】

上午，日本的老醫學博士熊谷岱藏（Kumagal Taizo M. D.）由林衡立、董清深兩人陪同來訪。……

中午，先生談起預備招待各報連同中廣公司的記者，發表今年六十九歲不作生日，到了明年滿七十歲時再做。到了七十歲，我有資格退休了，我想另造一座學人住宅，那時搬出去住。這裏客人多，有些外國朋友，不能不接見。退休之後，每天上下午有三四個小時，就可以坐下來寫東西了。不當院長，有些客人可以不見了。像考證一類的文章，找材料的時間不算，我一小時可寫八百多字。一天有五六點鐘來寫東西，一年可寫不少的東西了。

下午，Robert A. Gekerman和Roger U. Severt來訪。又有葉曾生和張敬來訪。

一九六〇年十一月二十三日【聯經版第九冊頁三三八四／油印本第二十三冊頁六〇六—六〇七】

又有復王紀五的信。……趙振先生托帶的錢，已專人送去。收條一紙，請轉交他。

晚上，宋英打電話來報告雷震覆判仍處徒刑十年的消息。先生……想了再想，就想不出一句可以安慰她的話。

接著，有不少的記者電話來問先生的感想。先生只說了六個字，就是「大失望，大失望！」

夜裏，〔徵信新聞〕的記者彭麒……節錄如下：

昨夜，當雷案覆判消息傳出後，胡博士的心情是沈重的，他以天九牌打發時間。……

一九六〇年十一月二十四日【聯經版第九冊頁三三八五／油印本第二十三冊頁六〇八—六一一】

先生對於雷案的覆判很感到失望。感喟的說：這對國家的損失很大！我怎麼抬得頭來見人！

先生忽然想起孫德中編的蔡先生的文鈔決定改稱「遺文類鈔」，於是重新寫了「蔡元培先生遺文類鈔」的封面九個字。又寫了幾張條幅。其中一張是給民航公司東京航務部份負責人唐盛湯的，寫了王荊公的兩句：

不畏浮雲遮望眼，
自緣身在最高層。

先生說：這兩句給航空界人士最適切。胡頌平因說：「羅志希先生有一次引用王荊公『題張司業詩』的最後兩句，原詩應是『看是尋常最奇崛，成如容易卻艱辛』；但他把『奇崛』寫作『奇絕』，『艱辛』寫作『艱難』了。」先生聽了這句話，就向他的書架上抽出他自己選的「絕句選」的夾子，裏內也選這首詩，指給胡頌平看，說：「我選的詩，都是我能背頌的，當時我背這首詩的句子是這樣：

蘇州司業詩名老，

樂府流傳句句真。
看似平常卻奇崛，
成如容易最艱辛。

原詩應該是

蘇州司業詩名老，
樂府皆言妙入神。
看似尋常最奇崛，
成如容易卻艱辛。

我都改正了。你看我的小註：『二十八字，記錯了七個字，可見記憶不可靠。』」先生又檢出雁湖李壁箋註的《王荊公詩》卷之四十五給胡頌平看，說：「這是雁湖李壁的箋注本，日本用最薄的紙印成四冊，最好的本子。志希引用荊公的詩也記錯了，他把『艱辛』錯作『艱難』，就出韻了。」

先生又說：這本「絕句選」，我想把它印出來。

編者附記：這本詩選，已收入《胡適手稿》第十集。

中午，邀姚從吾便飯。

下午，林致平來談。夏濤聲、齊世英來談。

今天有給高陽的信。

一九六〇年十一月二十五日【聯經版第九冊頁三三八七／油印本第二十三冊頁六一四】

下午，到台大醫院去看梅貽琦和李濟的病。

今天有復屠廣鈞的短信，辭謝了基隆市扶輪社的演講。

今天談起白話文寫得乾淨不容易。真正的白話文，應該有一種純粹的土語做底子。

一九六〇年十一月二十六日【聯經版第九冊頁三三八七／油印本第二十三冊頁六一四—六一五】

上午，王雲五來談許久。

中午的飯桌上，先生談起雷案的覆判，十七日就已決定了的。十八夜裏我把費正清的信和剪報託張軍岳轉去之後，他們可能考慮了兩三天，結果仍照原判發表了。先生說時是非常沈痛的。

下午三時，日本的醫學名教授竹林松、……

一九六〇年十一月二十七日【聯經版第九冊頁三三八八／油印本第二十三冊頁六一六】

下午，姚谷良送來張默君的信，無暇接見。

一九六〇年十一月二十八日【聯經版第九冊頁三三八八／油印本第二十三冊頁六一六—六一九】

上午，張慶楨來訪。

先生看了昨天張默君的信，……

先生看了今天的報，說：「關頌聲死了，董顯光的兒子也死了。」指著〈聯合報〉「董顯光失明之痛」的標題說：「如果不看下面『董世良隨機而亡』的話，我還以為董顯光的眼睛看不見了。」（註）先生又指著「關頌聲竟告乘鶴歸西」的字面，就用紅色原子筆在「乘鶴歸西」四個字旁邊畫了紅槓。

（註：「檀弓」：「子夏喪其子而喪其明。」後世因稱子死為「喪明」，沒有叫「失明」的。）

這兩年來，常有請求救濟的人，近來特別多，無法應付了。先生看見由胡頌平出名婉言謝絕這一類的信後，說：「從前我的康乃爾大學第一任校長White先生，曾到俄國去做大使。他和托爾斯泰是老朋友，時常見面。托爾斯泰身上總是帶有一些零錢，遇見乞丐，便給了一些。但White先生看不慣，他對托爾斯泰說：『這是鼓勵人家去討飯；美國人是不給的。』」這是兩個人物不同的見解。

「美國是個個人主義的國家，不准乞丐沿途討飯的。這些乞丐，總是手裏拿一些便宜的鉛筆，或是蘋果，做出向人買東西的樣子，走近你的身旁，輕輕的說能否賜給我一杯咖啡的錢？我常遇見這些人，就給他二角五分。咖啡是一毛錢一杯。給他二角五分，多下來讓他買個麵包來吃。我看這些人，大都是有酒癮或吃白麵一類有癮的人。在美國是不贊成不做事的人。有些在馬路上擺上皮鞋油、刷子，還有一隻小矮櫈。你如願意給他擦皮鞋，就站著把腳踏在矮櫈上，他給你擦亮後，給他二角五分錢。規定只要一角就行的。擦皮鞋的有了一點小積蓄，就可以向政府申請空地去耕種。只要你有一點小資本，有路費，有本事去墾地，政府就可以給你幾十畝的地，但不給不做事的人。我並不反對人家向我要錢，有時我也給些；但風氣傳出去，說我有求必應，就沒法再給了。」

朱霖來信請求中央研究院加入中國太空航行學會為團體會員。先生批了後，補簽廿六日的日期。此事我曾與林致平先生面談過，全總幹事也在座，我們決定參加為團體會員。適 四九、十一、廿六。

一九六〇年十一月二十九日【聯經版第九冊頁三三八八／油印本第二十三冊頁六一九】

十一月二十九日（星期二）上午，宋英、董作賓、郭廷以和汪翰（崇屏）、余堅夫婦等來訪。

下午，在台北主持科學會執行委員會。

今夜，李先聞來住客房裏。

今天談起〈全蜀文〉，說：「這書的最後兩冊，我們快要撤退時才刻出的。傅增湘為收〈全蜀文〉，花了不少時間。如果每一省都能收齊本省的文，也是一件很好的事。有些省分還容易，像江浙文化高的地區，就很困難了。」

一九六〇年十一月三十日【聯經版第九冊頁三三八八／油印本第二十三冊頁六一九—六二一】

十一月三十日（星期三）上午，嚴一萍來訪。嚴一萍談起藝文印書館週轉不靈的情況，先生告訴他一個自求自助的方法，不如做一個大廉價的大廣告，儘量把書推銷出去。譬如說，藝文出的〈碑傳集〉，或如趙起杲〈聊齋志異〉，都是用最早最好的版本翻印的，人家不知道，你應該在廣告裏說明，自會有人來買的。同時勸他估計一下救急的數字，讓我們知道也好。

吳造雄、法人達祥西等來訪。

下午，到台大醫院檢查身體，一切都很好。順便去看梅貽琦、李濟兩人。四時半回院，胡宏述來見。

今夜，吳鑄人請吃飯。

今天先生談起，「我從少就訓練自己幫助自己做事情，在國外，什麼都要自己動手做的，那有人來幫助我？」胡頌平問：「對父兄師長呢？」先生說：「大家都要自己做的。要人家服侍，那是做老大爺的做法。一個人，應該有他的Privacy。去年（四十八年三月十三夜）我答程滄波的信裏討論Privacy這個字，在中國文字中沒有一個字能夠包含這個字的意思，——說是『私生活』嗎。每個人都願意有一個時候過他的私生活，不願意有人在他的身旁。你們這樣服侍我，整天過的都是公的生活，不是私的生活了。所以我勸你們應該讓我自己多做點事情。」

一九六〇年十二月一日【聯經版第九冊頁三三八八／油印本第二十三冊頁六二三】

上午，馬逢瑞、沈志明來見。

中午……

下午四時，左潞生來訪。

晚上，參加陳副總統招待菲律賓副總統的酒會，再應高去尋的飯局。他是歡宴Donald Shirely夫婦的。

一九六〇年十二月二日【聯經版第九冊頁三三八九／油印本第二十三冊頁六二四】

上午十時，鮑良傅夫婦來見。

十一時，H. L. Moore和J. Dempsey兩女士來訪。

下午四時，齊世英來談。

一九六〇年十二月二日【聯經版第九冊頁三三九〇／油印本第二十三冊頁六二五—六二六】

編者附記：此書（〔師門五年記〕）初版叫做〔師門辱教記〕，後改稱今名。

今天給莊萊德夫人（中文名字莊富蘭）的小說〔蘿星黛之戀〕題了封面，又給徐保權等人寫了條幅。

今晚先生談起中日戰爭的造成，國民黨沒有世界的眼光也是原因之一。那時國民黨的口號是「打倒帝國主義」，英國人怕了，把漢口、天津的租界都放棄了。共產黨是有世界眼光的，他們知道日本的國力充沛，決不會給日本人打仗。東北的張學良無用，他手下只有楊宇霆可以與日本人交涉，日本人也怕他。張學良把楊宇霆打死之後，日本就不怕了。如果張學良是個能幹的人，他再能和日本人奮鬥八九年，讓中央的建設時間拖到八九年，那末我們就不怕了，沒有那回的抗戰，就沒有這回大陸的慘變。

一九六〇年十二月三日【聯經版第九冊頁三三九〇／油印本第二十三冊頁六二六】

上午九時半，先生到國際學舍去弔關頌聲的喪。

十時，先生便車接曾幼荷（Mrs. Eoke）女畫家來院，由胡頌平陪她到考古館及民族館等處參觀。……

一九六〇年十二月三日【聯經版第九冊頁三三九一／油印本第二十三冊頁六二八—六二九】

編者附記：……「胡先生答覆他的問題時，都是很用心思想過之後才說的。Qudieusy都用速記記下來。」想來他回到聯教組織時，一定會寫出來報告的。

中午，約鮑克蘭女士陪曾幼荷吃飯。曾幼荷下午告辭時，先生送她一本〔陳老蓮水滸葉子〕，是木刻本，有先生的硃筆眉批和跋語（惜未錄稿）。又送她一本〔四十自述〕。

編者附記：今天〔中央日報〕有先生替她安排活動的節目，但不是正確的報導。

今天先生注意艾奇遜在堪薩斯城的演講，又注意教宗若望二十三世接見坎特白雷大主教的消息，說：「這是一位天主教教宗與一位英國國教總主教在歷史上的第一次會晤。」

今天寫給陳光甫的祝壽條幅是：

遠路不須愁日暮，

老年終自望河清。

光甫老友八十大壽，我的賀詩還沒有寫成，先寫顧亭林「五十初度」詩兩句，祝他長壽。

胡適

一九六〇年十二月四日【聯經版第九冊頁三三九一／油印本第二十三冊頁六二九】

今天沒有客人，也沒有電話，算是這次回國後最清靜的一天，寫成「續傳燈錄的作者居頂和尚」一文。

一九六〇年十二月五日【聯經版第九冊頁三三九三—三三九四周／油印本第二十三冊頁六三四—六三五】

上午九點多，夏濤聲、宋英、蔣勻田來訪。他們發動對於雷案覆判之後，想請求總統根據憲法十四條予以特赦。他們臨走時，先生說：我不去看他（指雷震）了，希望你們諒解。（參閱本譜五十年一月二十七日條）

Pike來訪，留此午飯。

六時，參加泰國大使館的泰國國王生日的酒會。

今天，有給汪和宗的信。……

這信發了之後，先生再給全漢昇一個條子。

漢昇兄：

你今天進城，最好能去看看濟之兄，把和宗辭職的事讓他知道。

適之 十二月五日下午。

一九六〇年十二月六日【聯經版第九冊頁三三九四／油印本第二十三冊頁六三六】

十二月六日（星期二）上午，張貴永來談到菲律賓出席「東南亞史學會議」的經過情形。彭楚珩、丁履延、馮雪陵等來訪。

下午，到行政院出席「古物運美展覽委員會」會議。

會議後，到台大醫院去看李濟。

一九六〇年十二月七日【聯經版第九冊頁三三九四／油印本第二十三冊頁六三六—六三九】

上午，張沅長來談〔老子〕的問題。

下午，馮雪陵來訪。

今晚約毛子水、沈剛伯、臺靜農來吃飯，談至十時。

今天有復李石曾的信。

今天談起來一個機關主管的調動，往往有許多工作人員跟著進退的情形象。先生說：「我到任何機關是不帶人的。我不帶人，什麼人都是我的人；如果帶了幾個人，人家就有分別了，說這個是我的人，這是什麼人的人了。」

先生今天接到紐西蘭首相納蘇（N. Nash）的一封信，很感到興趣。說：「納蘇今年七十八歲了。最近紐西蘭選舉，他的勞工黨失敗了。他也快要下來了。我在三十年前知道納蘇是個未來勞工黨的領袖。這個人的樣子很難看，很粗，但替紐西蘭做了不少事。在勞工黨執政二十年中，每個孩子出生後，孩子的母親就可得到每月三元五角的補助，年齡大了，還有增加，一直補助到十六歲為止。如果讀書的孩子，可以補助到十八歲。紐西蘭碼頭工人的薪水比大學教授都高，美國也是如此。」

先生因又談起美國礦工工會會長路易斯（John L. Lowis）的為人，說：「煤礦工人是很苦的。路易斯改良礦工工人的生活，做了不少事，因此工人都佩服他。他在紐約是個有力量的人了。在美國，女兒到了成年時，父母就要為她開一個舞會，叫做Coming out。路易斯有一個女兒到了十六七歲時，他為女兒開了一個舞會。那天凡是在紐約有身分有地位的人都送花籃，這些花籃都是很貴的，就有一千多隻。光就他這樣的一個舞會，你就可以知道他的規模之大了。這個礦工工會很有錢，他們有力量捐款幫人競選總統。這甘迺迪的競選，工人都是幫他的；但尼克森還能選到這麼相近的票數，實在不容易。」

美國在一九三三年以前，美國政府還不承認工人有集體的組織。那時歐洲早已有了工人種種的保障了。一直到羅斯福在一九三三年實行新政以後，才承認工人有集體的組織。路易斯的勞工運動，對工人的生活幫了很大的忙。於是有安全保險、老年保險、失業保險，從此美國工人的生活改善了。這個羅斯福的新政對美國的貢獻是很大的。工人的薪水提高了，碼頭工人的待遇都比大學教授高，路易斯的薪水也比美國總統高得多。」

一九六〇年十二月八日【聯經版第九冊頁三三九五／油印本第二十三冊頁六三九】

上午，美國國防部的助理部長Burke等五個人，由國防部參謀湯紹文陪同來訪。

中午，Haraldson請先生吃飯。

下午，Marquardp來訪。

今夜，杜光勛來訪。約嚴耕望、黃彰健來談。

今夜有給蔣復璁的信。

一九六〇年十二月九日【聯經版第九冊頁三三九七／油印本第二十三冊頁六四三】

上午，李定一陪同哈佛大學的Robert L. Juink和Lebrons Mo來訪，久談。

〔中央日報〕女記者李青來打電話給胡頌平，打聽先生的夫人江冬秀女士是不是江永的後裔？先生說：「江永是婺源人，我的太太是旌德人，她與婺源的江家沒有關係。旌德的江家，只會作八股文章，考取高第的很多，但沒有研究經學的。你看〔皇清經解〕裏那有旌德的江姓著作？」

下午，到國際學舍和出國人員談話。

一九六〇年十二月十日【聯經版第九冊頁三三九七／油印本第二十三冊頁六四四】

十時，鍾百毅與陳志皋來訪。

林致平、郭廷以、梁序穆、凌純聲、魏喦壽、芮逸夫等代表各所來為先生舉行院內的祝壽的酒會，先生答應了。

下午，李青來、齊振一、高鵬飛等來訪。

一九六〇年十二月十一日【聯經版第九冊頁三三九七／油印本第二十三冊頁六四四】

上午，楊亮功、查良釗、汪荷之等先生來訪。

下午，蔣復璁來訪。

夜，黃彰健來談。

一九六〇年十二月十二日【聯經版第九冊頁三四〇〇／油印本第二十三冊頁六五〇】

上午，朱彬、初毓梅來訪。

朱家驊來談，留此午飯。

今天有復陳世仁的信。

一九六〇年十二月十三日【聯經版第九冊頁三四〇二／油印本第二十三冊頁六五三—五六四】

上午，一位二十九年前在協和醫院替先生割治盲腸的醫生Louker同他的夫人，由魏火曜陪同來訪。Louker已是退休了，他這次到台灣來，所以來看先生。又有潘家寅來訪。

一九六〇年十二月十三日【聯經版第九冊頁三四〇六／油印本第二十三冊頁六六〇—六六一】

晚上，錢思亮請先生與Louker夫婦吃飯。

今天有復杜光勛的短信，附去一封英文推薦書。

先生下午因為要招待記者，晚上又有應酬，穿上一套黑色的新西裝。這是在紐約買來的，試身過一次就可穿了，新近才寄到。先生說：「那時正在駐美大使任內，美國有些報上說我和宋子文兩人的西裝，都和羅斯福總統的西裝同一個裁縫，這些報導是錯的。我的衣服都是買來的，從來沒有去做過，怎麼會給羅斯福同一個裁縫呢！」

> 今夜，給陳雪屏夫婦六十歲生日寫了條幅，覺得寫不好，暫時擱著，改日再寫。

一九六〇年十二月十四日【聯經版第九冊頁三四〇六／油印本第二十三冊頁六六一—六六二】

上午，莊申、盧業竑、徐芳、徐萱、趙武夫婦等來見。

胡鍾吾送來鐵花公的「學為人詩」集字一幅，為先生祝壽。是用王右軍的字集成朱拓的。

舊莊國校全體教職員十二人，帶來壽字鏡框祝壽。

李先聞、梁序穆等來。

十一時半，應Miss Stephens的約會，到臺北去做念詩的錄音。……

中午，查良釗、查良鑑、劉崇鋐、姚從吾、毛子水、蔣復璁、楊亮功、樊際昌、羅家倫、錢思亮、李濟、浦薛鳳等夫婦原請先生和陳雪屏夫婦吃飯的。結果陳雪屏夫婦跑了，於是專請先生了。四時才回南港。

下午二時半，程剛、Union Bedg等來訪，未晤。

一九六〇年十二月十五日【聯經版第九冊頁三四〇七／油印本第二十三冊頁六六三—六六四】

上午，黃伯度送來一個總統親書壽字的大鏡框，還帶來張羣送的酒瓶酒杯全套。黃伯度說：「總統問先生的客廳多大？他看見原先配好的鏡框不好，這是他吩咐第二次配的鏡框。」

郭廷以來談口述歷史的名單。宋英、齊世英、夏濤聲、夏道平等來祝壽。

中午，莊萊德大使請先生吃飯。

下午三時，績溪同鄉會代表胡鍾吾、胡文郁、唐子宗、俞昌之等十二人送壽屏、壽桃、壽麵、壽糕四色來祝壽。

一九六〇年十二月十五日【聯經版第九冊頁三四〇九／油印本第二十三冊頁六六七—六六八】

三時半，中央研究院全體同人一百五十五人……

酒會散了之後，高天成、董作賓等來祝壽。

客人走了，先生一個人坐在客廳的沙發上，很沈重的對胡頌平說：「漢昇開除了一個司機，他那天告訴我，我就要他慎重處理，到今天已是一個半月了，這個問題還沒有解決。我昨天晚上回來在車上想想這問題，後來寫了一封信給他，沒有留稿子。大意是：

你是個賦性固執的人，又容易動火氣的人，當一個首長，不能憑自己的火氣對手下的人懲罰太嚴，——憑火氣來進退職員終身的職業！你又不能接受朋友們（包括我在內）的勸告。我考慮之後，只有勸你收回成命，使院內大多數人的心情平靜下來。孔子曰：「君子之過也，如日月之蝕。其過也，人皆見之；其改也，人皆仰之。」你應該接受朋友們的勸告，收回成命。

先生又說：「今夜他的太太要來看我，讓他來，讓我教訓教訓她。太太們決不可干涉先生機關的行政！現在我給他這樣一個好機會，他應該可以收回成命吧！」

今天給盧業竑寫了一封推薦書。

晚上，到法國領事館吃飯。

夜裏十點半，先生從台北回來，快到門口時，對面來了一輛洋車，上面坐的是一個青年軍官。他看見先生的車子，馬上下車來喊「胡先生」。先生看見有人叫他，叫車子停下來。這個青年軍官說：「我今天為胡先生祝壽，特地買了一部先生的〔留學日記〕，可否請先生給我題幾個字？」先生就在車上給他題了幾個字，簽了名。

全漢昇夫人來見，談至十二時。

一九六〇年十二月十六日【聯經版第九冊頁三四〇九／油印本第二十三冊頁六六六九】

上午，Schmid、James Berkebile、陶一珊、許自誠等來祝壽。

下午，詹覺悟來祝壽。

今天陸續接到林語堂、張智、嚴文郁、童第德、夫人江冬秀及子媳等賀電，沈怡、唐縱、馮拙人等賀函。

先生有給周至柔祝賀生日的電報。

三時半，動身到錢思亮家。錢思亮夫婦、樊際昌夫婦、陳雪屏夫婦、毛子水、楊亮功、查良釗等陪同先生到石門水庫去避壽。蔣夢麟設宴款待。

一九六〇年十二月十七日【聯經版第九冊頁三四〇九／油印本第二十三冊頁六六六九—六六七一】

上午，到南港來簽名祝壽的：陶希聖、錢用和、江學珠、孔德成、浦薛鳳、張邦珍、田炯錦、邵幼軒、張慶恩、朱懷冰、郭寄嶠、堯樂博士、周至柔、張茲闓、張研田、蕭自誠、馬壽華、陶百川、李嗣璁、張目寒、雷法章、劉真、沈志明、李應兆、包德明、張岫嵐、吳望伋、劉汝明、羅敦偉、朱佛定、王宣、水澤柯、梅貽琦、李建興、劉文騰、唐國楨、杜元載、章錫珍、張銶、汪新民、張慶楨、白建民、蕭作樑、全漢昇、汪厥明、梁序穆、潘貫、魏喦壽、董作賓、屈萬里、林致平、李孝定、徐高阮、李光宇、高去尋、陳槃、吳家槐、吳緝華、王大文、茅澤霖、王爾敏、高平子、趙傳敏、張貴永、莊申、李毓澍、龍宇純、劉淵臨、李亦園、王九逵、楊慶章、王恒餘、管東貴、李恩涵、李念萱、王樹槐、王業鍵、李國祁、王聿均、丘其謙、黃嘉謨、萬紹章、劉鳳翰、石磊、劉鍾鼎、衛惠林、凌鴻勛、胡秋原、凌純聲、姚從吾、嚴耕望、王叔岷、許光耀、文崇一、汪和宗、潘木良、王寶光、譚外元、周法高、黃彰健、袁貽謹、魏火曜、陳文石、徐誠垿、王萍、周奕雲、沈雲龍、謝文孫、唐子宗、李先聞、郭廷以、王世杰、董同龢、芮逸夫、李永森、朱受頤、高景暉、胡公溫、馮伯謙、汪荷之、楊君實、胡文郁、李濟、楊希枚、胡占魁、李光濤、任紹廷、楊樹人、呂仲明、湯以仁、楊時逢、勞榦、黃國樞、程光遠、張存武、金承藝、呂夢鄺、呂實強、趙中孚、蘇雲峰、孫斌、賈廷詩、黃傳鑫、林衡立、劉斌雄、陳朝棟、王之士、徐之勇、薛世平、張靜明、張曙明、姚小進、汪克夫、陳宛等二百多人。

一九六〇年十二月十七日【聯經版第九冊頁三四一一／油印本第二十三冊頁六七三—六七四】

這天收到國內外朋友的賀電二十多封。于右任、郝樂生、井口貞夫等送花的送酒者，送書的，送壽聯壽詩的很多，不能一一詳記了。

上午，蔣夢麟陪先生和楊亮功、毛子水等去遊角板山。

下午三時多，和楊亮功、毛子水同車下山。四時半，參加北大六十二週年的校慶紀念會，同時是為先生七十初度的慶祝聚會。今天到的校友朱家驊、羅家倫、李大超、蔣復璁、狄膺、陶希聖等二百多人。

富伯平做主席。

一九六〇年十二月十七日【聯經版第九冊頁三四一三／油印本第二十三冊頁六七七】

今晚，錢思亮夫婦、張祖詒夫婦、鮑良傅夫婦、程維賢夫婦、錢純等在錢家設了壽堂，為先生祝壽。他們還約了王志維夫婦、胡頌平夫婦作陪。

先生六時二十五分到了錢家，在大家熱烈的歡迎之下，和大家一一握手。先生今早在山上只看過〔聯合報〕，到錢家後才看到〔中央日報〕。

一九六〇年十二月十七日【聯經版第九冊頁三四一四／油印本第二十三冊頁六七九】

在壽筵上，先生知道中央印鑄局能夠套印幾種顏色的書籍，……張祖詒說，中央印鑄局可以設法影印，當下就決定影印這部脂硯齋批的〔石頭記〕了。

先生很幽默的對胡頌平的太太薛嫣珍說：「人家都說你對頌平服侍周到，你的菜又做得好，因此頌平在外吃飯都不安，都要回到家裏去吃。我前天給一位朋友的信中，說他的太太把他『慣壞了』，把先生變成了廢物，什麼事也不能做了。你以後要讓頌平自己管理他自己，不要讓他變做老太爺。」先生又稱讚王志維太太張彥雲的賢慧，幫他修補領扣等等麻煩的工作。於是拿起酒杯說：「頌平、志維，我代表我的太太敬你們夫婦一杯。你們對我的照顧，我的太太也很感激你們。」胡頌平就說：「都是志維一個在招呼先生，我實在沒做什麼事，我很慚愧。」大家都乾了一杯酒。

先生看不見錢純的太太，說：「大概是為了這席人數的關係，你的太太故意不來了。我也敬你的太太一杯。」

一九六〇年十二月十八日【聯經版第九冊頁三四一四／油印本第二十三冊頁六八〇】

上午，李濟來談。

下午，周傑人、胡鍾吾來訪。張羣來談許久。

晚間，約屈萬里便飯。

夜九時，胡健中來談到十一點五十分。

一九六〇年十二月十九日【聯經版第九冊頁三四一六、三四一八／油印本第二十三冊頁六八三、六八七】

又給一般朋友的信。……

下午，勃朗小姐來訪。崔徐遠暉〈崔書琴夫人〉和她的兒女來祝壽，並辭行。

五時多，參觀莊萊德夫人的畫展。

今夜有「南宋以後的五山十剎與日本的五山十剎」一文。……

今天題了光復會的「會務通訊」的封面。送一部〈文存〉二集給李養元，也題了字。

一九六〇年十二月二十日【聯經版第九冊頁三四一八／油印本第二十三冊頁六八七—六八八】

今天是傅斯年逝世十週年的紀念日。先生一早到了傅斯年的墓前致弔，九時半回南港。

先生回來後，就把「南宋以後的五山十剎與日本的五山十剎」一文交給胡頌平，……

一九六〇年十二月二十一日【聯經版第九冊頁三四一九／油印本第二十三冊頁六八八—六八九】

中午，請魯道夫夫婦來吃飯，約高去尋來作陪。魯道夫快要回美國去了，先生送他一部周法高彙注的〈顏氏家訓〉，說：「顏之推是個最古的考古學家，又是一個有成就的人。」

下午四點半，〈徵信新聞〉的記者彭麒來訪問小學教育和體罰的問題。先生問他看過〈四十自述〉沒有?彭麒說:「沒有看過。」先生說:「你連〈四十自述〉還沒有看過，怎麼跑來採訪胡適之的消息?」於是送他一本〈四十自述〉。先生談起從前的人有一個迷信，以為早上讀書容易背。小孩子一大早到學堂背了書之後回家吃早飯，叫做放早學。後來談起體罰，最後舉了一個英國的例子：

三十四年前，我在英國參觀過一所貴族化而極具歷史意義的大學預備學校，邱吉爾和英國許多名人都是這所學校出身的。那裏有一張刻滿了這些名人名字的厚木長桌。給我印象最深的是Birch（樺杖），是一種笞責用的樺木條，放在一個小房間裏，還有一隻特製的椅子。據說這是專門體罰學生用的，使學生有所警惕。用過Birch的學生，學校還要通知學生的家長繳費呢！意思是告訴學生家長，你的孩子在學校受到處罰。（參閱「胡適談體罰」，十二月〔二〕十一日〔徵信新聞報〕）。

晚上，吳望伋請先生吃飯。

一九六〇年十二月二十一日【聯經版第九冊頁三四一九、三四二〇／油印本第二十三冊頁六九〇—六九三】

上午，全漢昇來，請先生物色繼任他的人選。

陸幼剛帶來兩張印好的他自己的國畫來見。他用中國的畫法寫美國各地的風景，是別有風格的一種國畫。先生說他畫的都是實物，也畫得很好。

中午，蔣總統在官邸為先生祝壽，……

下午三點半，先生覺得有點累，休息一下。沒有好久，李宗侗（玄伯）來訪。他說身上帶孝，十七日不敢到南港來拜壽，又不曾參加北大同學會，他如果來了，人家是會說話的，所以到今天才來。這時先生剛剛休息，由胡頌平陪他。談起胡頌平的日記，李宗侗說：「胡先生自己的日記，有些地方是要顧慮，不能任情寫的；你可以任情的照實記載下來，將來一定非常有用的。我向你建議，每年暑假胡先生出國期間，你可以把一年的日記整理出來；因為日子久了，往往連本人也記不起來。我勸你早日整理出來。」

這時是四點二十分，先生從臥室裏出來，說：「我好像聽到有客人，也好像是玄伯的聲音，果然是你。」接著談談〔五燈會元〕的版本和五山十剎的歷史。

七時，先生和郭廷以出名邀請但燾（植之）、于右任、李煜瀛、張羣、張承槱、王懋功等吃飯，是為口述歷史的事情，同時為但燾八十歲生日祝壽。但燾送先生一本他的〔觀物化齋詩集〕，還有一本祝壽文啟，說：「胡先生，我喜歡你的古詩和古文，我不喜歡你的白話文。」後來先生對胡頌平說，他不喜歡我的白話文，我可以不寫了。

今夜先生用九個種版本的〔五燈會元〕和這裏有用的材料做了比勘，……

一九六〇年十二月二十二日【聯經版第九冊頁三四二一／油印本第二十三冊頁六九四—六九五】

今天有給谷正綱的短信，告訴他十二月廿五日不能出席憲政研討委員會的全體會議。

先生又給他們談起佛教徒的本條戒修，……鍾伯毅說，蔡運辰是專門研究佛經的，編有三十一種藏經目錄。……

今午談起一個人的氣度和憂慮。先生沈吟了一會說：「我也不能完全做到。如果我沒有憂慮，我不會有心臟病，也不會有十二指腸潰瘍的毛病了。我在廿七年接任駐美大使之後，漢口是丟了。我的心臟病發了，那時唯一的海口是廣州，廿九年廣州也丟了，我的憂慮不能擺脫，心臟病又發了。我還是有憂慮的，我也不能做到完全沒有憂慮的地步。」

今晚，唐縱請吃飯，是為先生祝壽的。

一九六〇年十二月二十三日【聯經版第九冊頁三四二一／油印本第二十三冊頁六九五—六九六】

十二月二十三日（星期五）今天是光復大陸設計委員會第七次全體委員會議。先生是副主任委員，又是主席團之一，上下午都出席。

先生今天談起過去有一位朋友請吃飯。這位朋友的兒子寫了一些詩，說是新詩吧，又帶些舊詩的樣子，已經排印好，預備出版了。主人夫婦對他們的兒子很誇獎，要我看一看。我一看之後，全是不通的。

我在他們家中，他們又預備了很好的菜請我，我怎麼說才好？我只好說他的老師不好，說他的老師不肯好好的指點他的錯誤，不曾好好的教導他。他的父母這樣誇獎他們的兒子，他的老師怎麼好指點他呢！我說，無論詩或文，第一要做通。所謂通，就是通達。我的意思能夠通達到你，你的意思能夠通達到我，這才叫做通。我一向主張先要做到明白清楚，你能做到明白清楚之後，你的意思才能通達到別人，第二叫力量。你能把你的意思通達到別人，別人受了你的感動，這才叫力量。詩文能夠發生力量，就是到了最高的境界，這個叫做美。我只能這樣的對他說，怪他的老師不好。但這個孩子倒長得很好。胡頌平在旁插嘴說：「這個孩子聽了先生的話，得到了指點，從此可以開悟了？」先生說：「不會的，他不會聽我的話。聽慣了誇獎的話的人是不會接受人家批評的。正像某先生只喜歡聽人的恭諛，不聽我們的話是一樣的。人家請我們吃這麼好的菜，我卻說了不中聽的話。」

一九六〇年十二月二十四日【聯經版第九冊頁三四二一／油印本第二十三冊頁六九七】

今晚，臺靜農、張貴永、勞榦、屈萬里、蔣復璁等二十一人為先生祝壽，在中央圖書館吃飯。

十二月二十四日（星期六）今天上下午，仍舊出席光復會全體大會。

先生在光復會的午餐會上，主張這次會中對三軍致敬的電文，應改用白話文來寫。（十二月二十五日〈聯合報〉）

上午，東吳大學國文系學生六十多人來院，推舉代表向先生獻花，由胡頌平代為收下，並代為致謝。

今晚，宋英等為先生祝壽。

一九六〇年十二月二十五日【聯經版第九冊頁三四二一／油印本第二十三冊頁六九七】

上午，臧啟芳來看先生。

今天，先生在家做了一天的工。下午看見王志維來，先生對他說：「你應該陪你的孩子去玩，不應該連聖誕節也在我這裏。我總覺花了你們的時間太多，心理不安。」

一九六〇年十二月二十六日【聯經版第九冊頁三四二二／油印本第二十三冊頁六九八—七〇〇】

上午九時，〔公論報〕的女記者宣中文來訪。先生把給李萬居的信，託她帶去。宣中文在今天的〔公論報〕上寫了一篇「梅貽琦重獲健康」的報導，前段的標題是

細數微生，久病初愈。

下面又有這樣的句子：

……這逃避無縱的病中歲月，對梅部長真是「燕鶯過後雁飛去，細算浮生千萬緒」。……

先生用紅色原子筆把它槓去。又問她：「你為什麼不開門見山的寫？為什麼要用這些套語？你引的晏同叔的詞（玉樓春），原詞是這樣的：

燕鴻過後鶯歸去。

細算浮生千萬緒，

長於春夢幾多時？

散似秋雲無覓處。……

先生說：「『燕鴻過後鶯歸去』，這是一句，點斷的。『細算浮生千萬緒』是讀點，接著下面『長於春夢幾多時？散似秋雲無覓處。』你怎麼可以把『細算浮生千萬緒』一句點斷呢？該打，該打手心。先生這麼說，宣中文就把右手仰轉遞過來，先生也在她的手心打了幾下。宣中文說：「我得到了先生的指點，以後決不隨便引用套語了。」

十一點多，日本岡山大學的教授木下彪來訪，是由張慶凱陪來的。先生留他中飯，飯後送他幾部著作。

下午，梁序穆來訪。

一九六〇年十二月二十七日【聯經版第九冊頁三四二三／油印本第二十三冊頁七〇三—七〇五】

上午，勞榦來，先生把昨夜寫好的「京師大學堂開辦的日期」一文，請他校閱一遍。

董作賓帶來一條Kent洋煙來。先生笑著對他說：「你不應該鼓勵我墮落。」

中廣公司的王大空來電話，想請先生在新年節目中作十分鐘的廣播，談談四十九年的過去，展望未來的遠景。他說這五十年來的事，非有先生的德望是不能談的，先生謝謝他的好意，說：「我對廣播看得很重，我不能隨便談的。過去四十九年來，不愉快的事情多，愉快的事情少，五十年來的事情是不容易談的。我以前替申報館寫了〈五十年來的中國文學〉，花了我幾個月的時間。你還是放了我吧，饒了我吧！」

佛教月刊社寄來一本南懷瑾的〈楞嚴大義今釋〉。先生說：「〈楞嚴經〉是中國佛教影響最大的一本書，因為是中國和尚偽造的，人家看得懂，不像翻譯的佛經的難懂。南懷瑾用白話來解釋，倒有道理，不過是批評梁任公的文字，因他第一個人提出這書是出於中國和尚的偽造。這本今釋引用四十二年出版〈學術季刊〉第五卷（第三卷，不是第五卷）第一期上羅香林的『唐相房融在粵筆受首楞嚴經編譯考』的文字。羅香林是朱逖先的學生，他受的訓練不徹底，寫出來的東西有點邋裏邋遢。」

先生今天談起中古時代意大利、法國的大學，有些都是學生自己管理的，因而談起英文裏的Nation這個字是國字，就是我們古代的邦字。Nation的nat字根是有生長的意思，就是說在同一個地方生長的人。那時巴黎大學裏有英國人、德國人、意大利人，後來分裂成為英國、德國、意大利等國家，Nation就成國家了。我們的邦字，跟當時歐洲的Nation一字完全相似。我們的邦字後來到那裏去了呢?大概是漢代國家統一了，又因避劉邦的邦字諱，不大常用了。但這個邦字留在各地，如溫州幫、徽州幫、寧波幫，都是古人的「邦」字遺留下來的。

一九六〇年十二月二十八日【聯經版第九冊頁三四二四／油印本第二十三冊頁七〇六—七〇七】

今天先生談起外國的陪審制度，這個地方一件案子發生了，在沒有起訴審判之前不應該造成輿論；造成輿論之後，會影響法官的審判的。這個案子要審判了，這個地方的公民都有陪審的義務，不管是男的女的，一經抽籤抽中，任何人都得請假去陪審。陪審期內禁止與外界接觸，但按日給予待遇。被抽籤中了的陪審員，法官先問你對這案有無成見？或與被告或原告是否認識，有無交情？如果你是認識一方的，或者對此事已有成見，你可以迴避的。或者兩造的一個律師指出這個陪審員與某一方是熟悉的，也可以取消你的陪審資格，另抽別人。外國的法庭連犯人自首的口供如無充分的證據，也不能定罪的。有一個例子有一個人被殺了，他的太太自首說是她自己把丈夫打死的。但法官認為這個婦人沒有打死丈夫的證據，不能定罪，叫她回去。另有一個例子：有一對夫妻被人打死了，他們的兒子出來自首，說是他打死父母的。法官審判之後也認為這個孩子沒有打死父母的證據，也不能定罪。先生說到這裏，想起汪輝祖早已提出犯人的口供也不足作為定讞的證據，就在書架上檢出一篇民國三十五年寫的「考據學的責任與方法」一文說：這是我用氣力做的文章，應該舉一個案子作為證例。

晚上有幾處的應酬：先到劉文騰那邊到一到，再到朱家驊那邊去吃飯。飯後再為梅貽琦祝生日。

今夜，寫「考據學的責任與方法」的「附註」。

一九六〇年十二月二十九日【聯經版第九冊頁三四二四／油印本第二十三冊頁七〇八—七一一】

上午，有一位青年叫做黃士仁的來見。說他是最愛讀先生的書的人，但在花蓮買不到，同時也買不起。先生就送他〔中國古代思想史〕、〔白話文學史〕、〔胡適文選〕、〔中國新文化運動小史〕各一冊。

沈亦珍夫婦陪同Padover來訪。

在中午的飯桌上，先生昨夜舉的這個例子，如照汪輝祖的全文，人家不易看得懂，於是又把它刪改了一些。寫好的時候又是很晚了。汪輝祖這個人了不起，在他的年譜中，知道他十四歲就跟人學幕，後來替人家做幕僚，到了四十幾才中進士，自己做知事（縣）了。他在乾隆、嘉慶年間替人做幕僚的經過，在〈病榻夢痕錄〉裏寫得很清楚。那時做官的都是讀書人，讀書人學的是八股文，怎麼會懂法律？光是看了法律條文，還是不懂法律的精意。所以出來做官，必須要請一位有名的幕府，所謂「西席」，也叫「師爺」。因為這位師爺關係他一生的前途，什麼事都要靠他幫忙處理的。作官的先託人去請，他答應之後，還要穿起朝衣朝服到師爺的家裏，下跪去請的。當師爺的，當然也下跪還禮，嘴裏說：「不敢當，不敢當。」如岑春暄當了那一省的巡撫，好像是廣東省，他是請高鳳（夢？）旦的哥哥當師爺的，他就穿起朝衣朝服到高家去行跪禮的。

那時懂法律的只有兩種人，一種是在衙門門外的，人家打官司，請他來做訟，叫做訟師，就是所謂訟棍。這種人都是暗地經營的，——替人家訟師（做訟）是犯法的行為，政府可以找他懲處的。另一種是師爺。師爺是官員來請他，政府承認的。

汪輝祖自己做官之後，和他的上司處得不好，好像是被開革的。後來在家裏活到七十多歲。在他的日記裏，記有當時的番銀，即是當時的「本洋」，乃是墨西哥以前的西班牙的銀洋。那時西班牙佔據南美洲，他們的本洋銀的成分多，是輭的，經過錢莊的戳子，打多了，變成凹的形狀。這些本洋上有「I」、「II」、「III」的符號，汪輝祖的日記裏說一柱、二柱、三柱，不知是什麼意思；其實是西班牙國王的Emauel一世、二世、三世的銀元。這些本洋，我的老太太曾經收藏過幾個，都是凹底，像碗的樣子。汪輝祖日記裏還記明一個本洋的價值，可買多少斤的穀，給後人留下經濟史的資料。我從前曾和衛挺生說過，他根據我的話和汪輝祖的日記做了經濟史上的一篇文章，登在〔清華學報〕上。

這一頓飯，都說〔汪龍莊遺書〕上的事。

飯後，先生在許多外國寄來的賀年卡中，看見一張是Lomay and Lossing Buck寄來的。先生說：「這位Buck是賽珍珠的丈夫，但他們已經離婚了。賽珍珠跟Buck結婚之後生一個女兒，那時已經廿六七歲了，而她的知識還停留在六七歲的兒童時期，完全是個白癡。他們離婚之後，Buck又和一位中國小姐結婚，已有一男一女了。」先生談起「康乃爾大學有一旅館管理系，這系主任主張旅館裏任何房間都應該有一個洗澡的設備。這是對於旅館業的革命，後來各地都受了革命的影響，全部革新了。今年暑假，我就在康乃爾這個旅館的樓梯上遇見Buck和他的現在的太太和子女。這兩個孩子也很大了。」

先生今天想起〔胡適文選〕是三十年前選的，應該有個〔文選〕第二集。像「考據學的責任與方法」一篇，可以收入二集裏。

下午，到台北主持科學會執行委員會。

會後參加梅貽琦的生日宴。

七時半，陳副總統為先生祝壽。同桌六個人喝了六瓶壽酒。

一九六〇年十二月三十日【聯經版第九冊頁三四二四／油印本第二十三冊頁七一一—七一二】

今晚，黃杰為先生祝壽。被請的有蔣夢麟、陳雪屏；陳雪屏的生日已過，蔣夢麟的生日快到，所以主人舉杯給三個人祝壽。先生帶一本〔丁文江的傳記〕送給他。

今早先生喉部有點發炎。胡頌平疑昨晚喝了不算太好的酒的緣故。先生說：「不要怪人，連醫生也不敢隨便說的話，怎麼好怪人家的酒不好。」

一九六〇年十二月三十一日【聯經版第九冊頁三四二四／油印本第二十三冊頁七一二—七一三】

十二月三十一日（星期六）今早胡頌平到院後，看見書桌上有先生親筆寫給他的一封信，裏面是一張賀年片，還有一張兩千元的支票。正在這時候，先生走進來，笑著對胡頌平說：「這是給你的小孩們買些糖果吃的，好玩。」胡頌平說：「我們知道先生的經濟狀況；先生的厚賜，實在不敢當，實在說不過去。」先生說：「你不看我經常買書送給人家嗎？你們千萬不要辭！」於是胡頌平說：「我讀朱子（小學）時，好像記得有『長者尊者有所賜，不敢辭』的話。」先生馬上接著說：「你說的尊者長者是朱子的封建思想，我們要打倒封建的思想。」先生一邊說，一邊伸出手來和胡頌平握手。胡頌平只得道謝了。

上午，約萬紹章來談「太平洋科學會議」的公事。郭廷以來談。

下午，彭楚珩來訪，帶來一篇「神會禪師」的文字，請求指正。先生看了一遍，指出他的錯誤，如把唐朝宰相某某（當時沒有記錄下來）的姓名之下的權字當作了名字，又把神會是出家剃度以後的名字等等。先生對他說：「你如用小說來寫神會，我不敢贊一辭；如寫歷史，那麼佛教的五戒是不妄語；也不作綺語。怎麼叫做綺語呢？就是文學上過分的想像力，也可以說是描寫過分的話。」先生送他「問答雜徵義」、「易林判歸崔篆」各一本。

張紫常夫婦來訪，留此晚飯。

今天給王禹廷、阮毅成等寫了條幅。又寫了「霹靂洞」三個字的橫額。

一九六一年一月一日【聯經版第十冊頁三四二五／油印本第二十四冊頁一—二】

上午，先生參加總統府的團拜。到南港來拜年的有唐縱、楊亮功、宣善瑱、溫妙容、宣祖強、屈萬里、魏火曜、葉曙、顧文霞等人。

中午，李濟、陳啟華、王志維等留此午飯。

下午，余道真、姜藍章、雷美莉、雷美琳、虞舜、虞徐菲如、劉真、石裕清等來拜年。

沈怡、應懿凝等來，留此晚飯。談得很久。

國家長期發展科學委員會發表審定首屆科學技術人員出國進修的名單，並說明辦理經過情形。（五十年元月一〔新生報〕及各報）。

今天給一位青年學生林澄波的紀念冊上題了字：

無眾寡，無大小，無敢慢。

〔論語〕一句。

澄波先生

胡適

五十年元旦

先生談起今年西曆1961年，順著看1961，倒來看也是1961，西方叫做「顛倒年」（upside-down year）。上次的顛倒年為1881，離今年不過八十年，可是下次卻要再等四千零四十八年至6009年，方可重逢。因此，西方人士對於今年這個「顛倒年」是非常重視的。

一九六一年一月二日【聯經版第十冊頁三四二五／油印本第二十四冊頁二—三】

上午來拜年的有周之鳴、陳宗靖、陳宗復、王德芳、夏道平、孫胡宗、李熙謀等人。

美國博物院的凱納齊來訪……

下午來拜年的有陳奇祿、王靄芳、成舍我、方思霙、蔣復璁、楊樹人等。

一九六一年一月三日【聯經版第十冊頁三四二五／油印本第二十四冊頁三—四】

上午，孫洵侯、夏濤聲、胡汝康等來拜年。

中午，鮑良傅夫婦請先生吃飯，約毛子水、楊亮功夫婦、錢思亮夫婦及胡頌平夫婦等作陪。席上，先生談起四十三年前結婚的歷史。「當年要我定日子，我是不信好日子壞日子的，就定了我的生日。那年的生日因為陰曆閏四月的關係是十二月三十日，正是陰曆十一月十七日。女方翻了曆書一看，說這天不壞，也不反對了。今天也是陰曆十一月十七日，是我的陰曆生日。」因又談起「康乃爾大學的一位老師，去年暑假已是九十九歲零三個多月。他去年曾經招待我一次，還能演說，不戴眼鏡可以看東西。今年三月裏是他滿一百歲的生日。我在去年招待會上說是來參加的。今年可能要提前到美國了。」

先生談起語言，說：「徽州話是我的第一語言，當然還會說。上海話是我的第二語言。官話是我的第三語言。現在如果和上海人在一起，聽他們談了半小時之後，我也可以很流利的談了。」

飯後，先生到錢家去坐了一會，再回南港。

下午，吳相湘來拜年。

一九六一年一月四日【聯經版第十冊頁三四二六／油印本第二十四冊頁五】

上午，凌純聲來談。

中午，李先聞請E. I. Knez與先生吃飯。

一九六一年一月四日【聯經版第十冊頁三四二七／油印本第二十四冊頁七】

今晚，在心園吃飯。

一九六一年一月五日【聯經版第十冊頁三四二七／油印本第二十四冊頁七—八】

上午，美國普渡大學退休的植物教授Shuve來訪。他已是七十多歲的人，還來台灣工作。林致平來。郭廷以來，留此中飯。

下午四時，到齊如山家去看戲劇用具的模型展覽。齊如山用茶點招待先生和Knez。

今天有給陳可忠的信。

可忠先生：

此信由新竹轉給我，我一時擱置下了，今轉給先生，請先生酌覆段君，並將原函主旨報告清華同人，——我就不用回信給段君了。

弟　胡適敬上　五十、一、五。

又有復入矢義高的信。

一九六一年一月六日【聯經版第十冊頁三四二八／油印本第二十四冊頁一〇】

上午，到台大醫院去，由李培飛醫師檢查眼睛，有點散光，可能要換一副眼鏡了。

馮慰農來訪，未晤。

下午，曾幼荷來辭行。她是和麥加錫夫人同來的。

一九六一年一月六日【聯經版第十冊頁三四三〇／油印本第二十四冊頁一四】

今早先生到台大醫院去檢查的時候，拿出一張一尺的彩色照片帶去送錢思亮夫婦，用毛筆題了下面的上下款：

思亮、婉度留存

適之六十九歲的照片

石濬照的。五十、一、六。

一九六一年一月七日【聯經版第十冊頁三四三一／油印本第二十四冊頁一五—一七】

又有復喻天育的信。……

又有復韓立煌的信。

立煌先生：

你今年元旦寫的信我很感動。

你寄的一百八十元台幣，是你「這一年來結存」的錢，我決不能接受。現在我仍寄還給你。我現在掛號寄給你下列各書：

〔胡適文存〕一二三四集，平裝本，因為我家中沒有精裝本。第四集就是〔胡適論學近著〕。

〔胡適文存〕

〔中國古代哲學史〕

〔留學日記〕四冊

〔四十自述〕

〔新文學運動小史〕

〔丁文江的傳記〕

你還要什麼書，可以寫信向我要。

祝你早日完全恢復健康，祝你新年裏一切平安！

胡適　五十年一月七日

編者附記：先生說，以後這一類的信用不著我來簽名。你們出名復了就行；或者用我的名字，蓋印好了。

又復了一些不相干的信。

今天先生看見胡頌平工作室裏安放文件的鐵櫃下了鎖，說：「下鎖，那是對人家不信任的表示，不必下鎖的；如果你認為要負責任，聽你的便好了。」

一九六一年一月八日【聯經版第十冊頁三四三一／油印本第二十四冊頁一七—一八】

一月八日（星期日）上午，宋英來訪。

下午三時至四時，王世杰來談。

晚上九至十時，李青來來採訪去年愚人節那個海軍總司令任命狀的舊聞。順便談起她自己個人奮鬥出來的歷史。第二天先生對胡頌平說：「我聽了李青來的話之後，好像和楊杏佛的故事完全一樣，不過是相反的。杏佛是被他的太太打的，他從來不敢反抗。到後來他和另外一位女的公開來往了，他才反抗他的被打，他才革命了，但不久就死了。杏佛的背影很漂亮，人聰明，非常的聰明，詩詞都做通了，在我輩中算是一位好手。聽說他有一個兒子，衣服穿得臃腫像陳寅恪，是一個白癡，不知後來怎麼了。」

一九六一年一月九日【聯經版第十冊頁三四三一—三四三二／油印本第二十四冊頁一八—二一】

上午，李光宇來見。

先生需要一本日文的日本佛教史，……寄來。

晚上，戴寶鎏請先生在圓山飯店吃飯。

先生談起戴寶鎏三個字的筆畫之多，真不方便。姓名筆畫最少的是丁山。丁文江三個字合起來只有十二筆。當年羅文幹叫丁文江為二四六居士，因「丁」字兩筆，「文」字四筆，「江」字六筆，所以叫他「二四六居士」。共產黨的「適」字簡筆字為「适」，省了五筆，但把胡適改為「胡适」了。像我的「適」字，上海人、湖南人、四川人的讀音都不同，但寫出還是適字，這是文字統一的好處。

先生又談起戴寶鎏是和一位加拿大的大地物理學家同來的。加拿大和美國的界線有三千英里的長，從沒有一個兵守著的，只有在橋的中心設有一個移民局，對於有色人種如中國人或日本人要驗護照的。這個移民局防止有色人種的勞工的。加拿大的面積比美國大，但人口只有一千四百萬，而美國人口多過他的十倍，所以他們對美國是非常的害怕。近來加拿大的左傾很厲害。

今天下午兩點四十分，先生從臥房裏出來笑著說：「頌平，你看看我的日記。」於是胡頌平跟進先生的書房裏。先生翻開四日的日記，只有簡單的四五行。上面說今天對同人又說顧亭林的「遠路不須愁日暮」兩句詩，忽然想起上月十五日那天酒會上已對同人說過，「我真有老髦之態了」。

先生又拿出〈濤園集〉，翻出兩首五言律詩（頁一〇五）給胡頌平看，說：「陳雪屏夫婦六十歲的生日，我想寫一首詩送給他們，但一時做不出來。我想寫沈瑜慶的兩首詩送給他們。沈瑜慶是沈葆楨（文肅公）的第四個兒子，他的母親是林文忠公則徐的女兒。雪屏夫人也是林家的小姐。這兩首詩是寫給林貽書學使的。一首附註『貽書諸郎，棋皆能手，新猛突過乃翁。』林貽書是雪屏夫人的父親。現在雪屏也會著棋，我想寫這兩首好嗎？你先拿去看看。」

一九六一年一月十一日【聯經版第十冊頁三四三七／油印本第二十四冊頁三一—三二】

下午，先生談起沈剛伯早上能說這樣的話，還是大膽的。他的記性真好，只是太懶，不肯寫文章。也不懂得演說的措詞應該把文言化作了白話，才叫人聽得清楚明白。他說的如「靖難」、「滅十族」，人家不會聽懂，所以我說：「滅三族還不夠，要滅九族；滅九族還不夠，要滅他十族」。一定要這樣的說，人家才聽懂。胡頌平說：「也許是在先生的面前，人家不敢放膽演說吧！過去先生當中公校長的時候，不是請傅孟真來演講一次嗎？那天傅孟真實在講的不太好，他自己也說是先生作主席的關係。」先生說：「不，孟真也不會演說的。他後來寫的文章，好像有意去學吳稚暉似的。」

先生又說，編〔孟子節文〕的好像姓胡，是浙江的翰林。胡頌平因問：「早上先生修正沈剛伯的話，他會介意嗎？」先生說：「不會的，不會的！」

今天先生接到劉邦彥的一張遲到的賀年片，因而談起王蓬的為人。說：「劉邦彥是我的兒子祖望的朋友。那年祖望從泰國回到台灣，他的家在泰國，還是那邊一個工廠的高級職務的人；但泰國不給他簽證，也無法回去了，在此耽擱了四個月之久。祖望的朋友劉邦彥一班人把祖望介紹給王蓬，王蓬不要。他說：『祖望是胡先生的兒子，我用了他，人家還說我巴結胡先生呢！』劉邦彥又對王蓬說：『祖望的事情，胡先生一點也不知道，更不是他介紹的；他是一個很好的工程師，你不妨先試用看看。』這樣，王蓬才認識祖望。王蓬是這樣一位不接受人家介紹的一個人。」

一九六一年一月十二日【聯經版第十冊頁三四三七／油印本第二十四冊頁三四—三七】

上午，林蘇珊珊同她女兒來看先生。……〔先生〕說：「……林小姐這次出去，希望你能多多學習，好好的學，學好新的音樂，才可以提倡。」先生還答應林秋美的請求，替她寫了一張介紹的片子。

董作賓、郭廷以來，先生和他們談起昨天演講的事情，說：「方孝孺是宋濂的學生。宋濂是個了不起的人，方孝孺也是了不起的人。方孝孺是台州人，胡頌平是溫州人，劉基是處州人。在明朝的溫、台、處出了幾個了不起的人物。」

編者附註：先生將「胡頌平」的名字夾在方孝孺與劉基之間來說，這是先生平時隨便談話時的風趣，故仍照錄。閱者勿誤會。

先生談起一般收藏家大都是古董商，他們不知道佛教的宋刻書很多，也不知收鈔本。他們只問什麼名人的題跋，不知道宋人的鈔本之可貴。

下午，阮維周來，先生送他一本〔丁文江的傳記〕。

四點三刻光景，先生要胡頌平到他書房裏，說：「頌平，我有一件事要給你談。」先生指著書桌上的一張紙，上面寫著三個人的姓名，接著說：「這三個人都是〈自由中國〉半月刊裏的人。現在〈自由中國〉決定停辦了，這三個人都要另外安排一個工作，他們公開的跟王雲五、陳雪屏說明了。其中一名金承藝想到台大法學院去教書，聽說一時還沒有成功。他是北大的學生，我幫了他的忙才出來的。我想請他到此地來。上回他們請求總統特赦雷震的那封信是成舍我起草的。他們拿來要我簽名。我看見那封信的字寫得很好。我問是誰寫的？他們說是金承藝寫的。他的字很好，差不多有你這樣好，我想請他來幫忙你。我有許多文件需要早點出版的，由他專門來管我的那些文件，可以早點印出來。」

先生轉過身來在書架上抽出一本〈歷代法寶記〉。說：「這是韓國人金九經刻的。在抗戰以前，我在巴黎倫敦收的〈楞伽師資記〉的敦煌寫本照片兩種，我借給他校寫定本，印出來了，他要我寫一篇序。那篇序文是在一九三一年作的，收在〈胡適論學近著〉裏。我還答應他可以再給一些其他的敦煌寫本的材料。這個金九經原是日本的順民，到了一九三五以後，中日的關係緊張了，他就不敢再來找我了。這部〈歷代法寶記〉的敦煌寫本，原已收在〈大正大藏經〉裏，金九經就用〈大藏經〉裏的法寶記來校對，印出來了。他這部〈法寶記〉的錯誤很多，你看，上面都是我批校的文字，需要早日出版。還有一部〈壇經〉，也是花了我不少工夫，需要出版的。有了一個人專管這些事，都要鈔出付印的。這兩部共有十多萬字。如果金承藝肯來的話，可以增加生產了。今天下午五時半，雷太太和金承藝來談這件事。我想私人出錢，一個月給他一千元，夠嗎？」胡頌平說：「先生到院之後沒有用過去一個人，為什麼不把他放在總辦事處裏？私人出錢，他不是院裏的人員，他的配給也沒有的。」先生問：「他需要配給嗎？」胡頌平說：「配給就是柴米油鹽，一個人的配給也值二百元光景。」說到這裏，交通車開車的鐘點到了，先生說：「你要走了，明天再談好了。」

五時三刻，宋英、金承藝來，留此晚飯。金承藝表示願意跟先生工作，當下就決定了。

今夜，先生要王志維給金承藝安排一個住的地方。王志維說：「金承藝到先生身旁工作，不是引起人家的注意嗎？」先生說：「正因為如此，叫他在我身旁較為安全些。」王志維又說：「他每月一千元的薪水，公費裏可以給的，何必先生私人出錢？」先生說：「不是可以不可以的問題，乃是願意不願意的問題。」

一九六一年一月十三日【聯經版第十冊頁三四三七／油印本第二十四冊頁三三七】

下午，許懷均、孟憲琳來訪。

今天有給梁肅戒、富伯平、李公權的信。

一九六一年一月十四日【聯經版第十冊頁三四三八／油印本第二十四冊頁三三八—三三九】

早上，先生談起昨天決定約金承藝來幫忙，……

金承藝來了之後，先生到台大醫院去做第二次的眼科檢查。先生說：「我有點怕，怕要治療。如果光配眼鏡，那就無所謂了。」

編者附記：先生進城鎮後，編者和金承藝談了一點多頭鐘。知道他是三十八年快畢業時離開北大，到台大借讀半年，由教育部給他畢業文憑，他是研究近代史的。

下午四時，光復大陸設計委員四十多人來訪。先生在學人館裏招待他們。

今天下午，先生拿著「考據學的責任與方法」的錄稿，發現有錯字，要胡頌平細細校一遍。說：「鈔寫不算什麼，最要緊是不錯。一定要費更多的時間來校對，這是需要訓練的。金承藝來了之後，也要訓練的。如這篇錄稿裏的『史事』寫作『史實』、『考據』寫作『考證』，這是通人的錯誤，最難避免的。有些因為兩個字相同跳過一行了，這是最普遍的錯誤。所以鈔了之後，一定要花更多時間來校對。」

先生又說：「校勘是很難的事。汪輝祖是刑名師爺、法律家，他們用的字，有些你們不懂的，譬如一個『凡』字，是對普通人講的。像你跟你的兄弟吵架，你們是兄弟，不能叫做『凡』；如你和志維吵架，那是普通的人，那就叫『凡』了。這一類的字面很多，你們不懂的。」

一九六一年一月十五日【聯經版第十冊頁三四三八／油印本第二十四冊頁四〇】

上午，高天成陪同日本大阪大學教授水野祥太郎來訪。又有陳漢廷來訪。

晚上，在樊際昌家飯。

一九六一年一月十五【聯經版第十冊頁三四四二／油印本第二十四冊頁四六】

（3）這個「楞伽宗」……（看道世的〔法苑珠林〕的「六度」的「禪定」一門。）

一九六一年一月十六日【聯經版第十冊頁三四五三／油印本第二十四冊頁六七—六九】

上午，陳逸綏、黃崑耀來訪。……

客人走了之後，先生談起校勘學的方法。說：「我的朋友都不看我的書。」於是在書架上抽出〔胡適文存〕第四集，打開「校勘學方法論」，指著這篇文裏的「校勘的本義在於用本子互勘，離開本子的搜求而費精力於推敲，終不是校勘學的正軌」這幾句話。說：「陳援庵（垣）遇到重要的校勘，是倒過頭來校勘的，使它失了文詞的意義，硬是一個字一個字的校對。周豫才（作人）發表的文章，終要自己作最後的校正，才付印的。」

先生又說：「今天下午三時，台肥六廠要我去參觀，還要我講話，大約有三百多的聽眾。他們的程度不齊，要我講的不要太高。我到現在還不曉得講什麼好，你們替我想想看。」先生說了之後，上廁所去了。

一會兒，先生出來了，說：「我上了廁所，看看台肥六廠的簡單說明書，就有了講演的題目了。你看，這麼一個複雜的大工廠，這麼簡單的說明書，但把整個廠的工作都說明了。這是好文章！

這廠製造肥料的原料是空氣、焦、水三種，不須向外購買原料的。空氣中大部分是氧氣，極少部分是氮氣。發現空氣中有氮氣的是一個法國科學家，他在法國十八世紀末年大動亂時間被人打死了。到如今只有一百多年，氮氣的功用已是製造肥料的主要原料了。在中國的『五行』是金木水火土；在印度的『四大』是地水火風；希臘的『四大』也是地水火風，可能是受了印度的影響而來的。其實『四大』比『五行』高明得多。『金』可以歸納在『土』裏。中國人多一個『木』。『風』就是空氣。古代中西的哲人都是以五行或四大來分析原素的。我就在這個問題的歷史來說吧！」

先生又說：「歐陽修說他的文章得之於『三上』：第一是『馬上』，第二是『枕上』，第三是『廁上』。我今天的講演題目，可以說我的靈感得之於『廁上』。」

夜裏，浦薛鳳來談一點多鐘。

今夜有復嚴奉琰的信。

一九六一年一月十七日【聯經版第十冊頁三四五四／油印本第二十四冊頁七二】

上午，王淦陪同木下彪來辭行，先生送他一部〈胡適文存〉四集。王淦帶來一份二十七年十二月廿九日先生給汪精衛的電報照片，是在汪精衛的函件中找出複印的。先生在這張照片上註明當年病中發電的經過。（參閱本譜二十七年十二月十八日條）

十時多，白禮約（Byaly）和許明德（Schmid）來談。楊樹人來，一同留此午飯。一直談到下午二時三刻。

下午四時，馮炳奎、楊一峯向先生請教「仁」字的問題。……

先生又和他們談起〈寶林傳〉埋沒了一千年，直到抗戰前一年在山西的一個寺院裏發現，但已不全了。後來發現日本保留了一部，到現在還缺八、九、十卷。

六時半，端木愷請先生吃飯。

一九六一年一月十八日【聯經版第十冊頁三四五七／油印本第二十四冊頁七七—七八】

上午，林致平來談。

中午，應莊萊德大使的午宴。

下午四時，林中行、邵幼軒夫婦由張慶楨夫婦陪同來訪。……

晚上七時，到台北主持科學會執行委員會。決定技術人員出國進修的補助費和旅費的數字。

一九六一年一月十八日【聯經版第十冊頁三四五八／油印本第二十四冊頁八〇】

科學會發的英文證書……

今天送給蔣復璁一份傅增湘的遺札照片，附了幾句話：

此是沅叔文遺札，其中有他老人家的「勤勞」的人生觀，故複製一份送給慰堂兄。

適之 五十年一月十八日

一九六一年一月十九日〔聯經版第十冊頁三四五八／油印本第二十四冊頁八〇—八二〕

一月十九日（星期四）上午，Frank Owen來訪。

客人走後，先生談起〈新時代〉雜誌出版了，那篇「關於曹雪芹小象的謎」雖曾由海外論壇發表過，但還有給〈新時代〉第二期發表的必要。等一會兒毛子水要來取。胡頌平因說：「有人說，毛公（子水）寫的〈新時代〉發刊詞果然寫得很好，但如由先生來寫，一定更有風趣。」先生說：「不，他寫的好，他寫的很和平，我寫的沒有他那麼好。」剛說了這句話，毛子水到了。先生第一句話就說：「你的發刊詞寫的真好，我特地對頌平說過，贊美你的文章！」

接著，何應欽、朱家驊夫婦、陳繼承夫婦等來看先生，都留此午飯。飯後兩時，先生親自陪他們去參觀。

下午，金承藝來。先生早已準備好〈胡適文存〉三集和四集，裏面有關神會及〈壇經〉等佛教經典的文章，都夾上了紙條，交給了他。說：「我預備出〈神會遺集〉，請你先看有關的文章，這是準備的工作。等你準備好了，再給你正式工作。我希望你來增加我的生產。」先生另外送他〈神會遺著兩種〉及〈問答雜徵義〉各一本。又說：「你需要什麼幫忙的地方，頌平可以幫忙你。」他走後，先生說：「不曉得金承藝怎樣，可以訓練起來嗎？」

今晚六時，樊際昌、查良釗等定的華美協進會（China Institute）開會，先生準時去參加。

近來有些比較生疏的朋友，往往會把胡頌平的代筆當作先生的親筆。今天先生看了胡頌平的字，笑著說：「相處久了，你的字確受了我的影響，受了我的壞影響，所以他們說是我親筆的復信呢！」

一九六一年一月二十日【聯經版第十冊頁三四五八／油印本第二十四冊頁八二—八三】

上午，蕭作樑來訪。

下午，張承樵、張道濟等來訪。

張祖詒帶了中央印鑄局套印〈脂硯齋重評石頭記〉的樣張，很清楚；談印刷成本及預約辦法。留此晚飯。

今天有給台灣省環境衛生協會的信。

台灣省環境衛生協會防治蟲害服務部諸位先生：

去年六月四日，承貴部技術人員到南港來給我的辦公室及廚房等處噴射殺蟲藥劑，清除蟑螂之後，到今天足足七個半月了，從未發現過一隻蟑螂。我的書籍衣服都免除了損害。我們住在這裏的人都時常感念貴部的恩惠。

所以我今天寫這封信向諸位先生特別表示我很誠懇的謝意。

胡適敬上 五十、一、二十。

近來收集先生的文章，……

今天是美國總統甘迺迪就職的日子。先生有「美國總統就職的談話」。（見一月二十日〈新生報〉，參閱本譜三十年一月二十日條）

一九六一年一月二十一日【聯經版第十冊頁三四五九／油印本第二十四冊頁八三—八四】

蔣復璁、臺靜農、鄭騫及郭廷以等來，均未晤。

晚上，有潘貫的宴會。

一九六一年一月二十一日【聯經版第十冊頁三四六二／油印本第二十四冊頁八八】

今天談起日本諸橋轍次的……

今天提起前些時有給趙岡的話，是談〈紅樓夢〉的事，勸他不必討論了。（此信未錄稿）

一九六一年一月二十二日【聯經版第十冊頁三四六二／油印本第二十四冊頁八八】

一月二十二日（星期日）上午，楊錫仁來談。

成舍我、夏濤聲、宋英等來訪，留此午飯。

一九六一年一月二十三日【聯經版第十冊頁三四六二／油印本第二十四冊頁八九—九〇】

上午，約全漢昇、萬紹章來談院士談話會的事。

Link來訪。

下午，到台大醫院去看梅貽琦、李濟、錢思亮等商談太平洋科學會議的事。

今天先生談起山上學人宿舍……

今天先生提起香港大學五十週年的紀念是在九月裏，他們有來信，我是不能參加了。

先生看見胡頌平在做京都大學堂的史料的校對工作，笑著說：「現在我來訓練你作校勘學的工作了！」

一九六一年一月二十四日【聯經版第十冊頁三四六二／油印本第二十四冊頁九〇—九一】

早上，先生指著今天的China Post給胡頌平看，說：「只有China Post懂得新聞的價值。它把反共義士的照片登在第一版，而把自由日反共義士的消息登在第四版。這已是七年前的事；而中文報都登在第一版，就不懂怎樣叫作新聞價值了。」胡頌平向先生說：「昨晚的交通車上，嚴耕望和我同排坐。我們談起先生私人出錢請金承藝來幫忙整理有關佛經方面的著作。嚴耕望說，先生的著作這麼多，應該有人來幫同整理，早日把它出版。他強調說，先生的著作都是學術上有重要貢獻和影響的；請人來整理，不是先生私人的事，乃是國家學術上的事情，自己出錢請人來幫忙，未免矯枉過正。我們都覺得先生的訓練年青人，是為國家培植人才的責任。」先生說：「嚴耕望的意思很好。訓練一個人是不容易的。像金承藝，他對佛經方面完全不懂的，現在要他來作這個工作，年紀也大了，還不知道訓練得好嗎？現在還在試試階段。我過去都是自己工作，從不僱用別人，所以許多信都不曾留稿。現在還只是開端。」

上午，朱兆蘭來訪。

Compton來，留此午飯。約同李濟、郭廷以來談。Compton今夜住此。

今天有給胡天獵叟的信。

一九六一年一月二十四日【聯經版第十冊頁三四六三／油印本第二十四冊頁九三】

今天有給王淦的條子：

承還來①Frank: Not guilty ②Chapman: The Dreyfus Case。

多謝多謝。

王淦先生

胡適　五十、一、廿四

一九六一年一月二十五日【聯經版第十冊頁三四六三／油印本第二十四冊頁九三—九四】

一月二十五日（星期三）下午，楊樹人來談科學會的議程。

晚七時，參加陳副總統歡迎玻利維亞國副總統雷欽夫婦的宴會。

十時到張祖詒家，和毛子水、胡頌平等商談〔脂硯齋重評石頭記〕的影印本，決定由商務印書館和啟明書局經售。先生說：這部〔石頭記〕是謄錄本，它把草書「得成」二字誤認作「何本」二字，就不通了。這些都要在短序裏說明的。原藏書家的「金鑲玉」的裱書非常講究，最好這書影印時不要拆開來照相。先生又談起陶一珊的那部名人書札，裏面有許多價值的東西，值得Microfilm的。

一九六一年一月二十六日【聯經版第十冊頁三四六三／油印本第二十四冊頁九四—九五】

上午，董作賓來訪。沈亦珍陪同Dr. F. Houny來訪，先生和他們談談甲骨文字。後來又約了住在山上學人宿舍的Link來談。

中午，先生在飯桌上談起：「今晚中公校友會的宴會，我實在不願意去的。那天張承槱當面送來請帖，又說于院長已經接受桃園四千坪的土地和土地上的小學校舍，還有一個育達商業職業學校的三千學生也可以為中公附屬學校的學生，還有一個于右任圖書館。這樣，已是有了地皮、房屋、學生、圖書館了。他們要把中公復校，先辦一個研究所，說是王雲五先生的意思。研究所是大學以上的程度，我不曉得他們怎麼去辦！」先生又說：「前些時水澤柯替我收到〔中國公學校史〕，我只寫到十八年，一二八戰爭之後，校舍也沒有了。這篇〔校史〕可以排印幾百份，好分給校友。」

先生又說：有一個外國朋友，……

一九六一年一月二十六日【聯經版第十冊頁三四六四—三四六五／油印本第二十四冊頁九六—一〇〇】

下午，周友端來訪。先生送他一本〔胡適文選〕、一本〔丁文江的傳記〕。他看見先生的〔中國公學校史〕的鈔本，說台灣銀行有印刷部，可以很快的印出來。他就把鈔本帶回去了。

宋英、夏濤聲來訪。他們帶來一封為雷震請求總統特赦的信，共有四十六個人簽名，依照筆劃的多少來編姓名的先後的，由一位姓丁的領銜了。

五時半，先生進城去。在車上，胡頌平向先生說：「先生學問的方面多，無論那一方面的，給別人終生也研究不了。先生在此地看看天份高的青年，何妨多收幾個徒弟，每一個徒弟交給他一方面的東西，自己來訓練，將來每一方面都有一個徒弟能夠繼續下去。」先生說：「我的方面是多，但都是開山的工作，不能更進一步的研究。收徒弟，也是一件不容易的事：年紀太輕了，什麼都沒有基礎是不行的；太大了，記性也差了。像哲學史部門比較普通一點的，也不易訓練。」

先生又說：「凡是有大成功的人，都是有絕頂聰明而肯作笨工夫的人，才有大成就。不但中國如此，西方也是如此。像孔子，他說『吾嘗終日不食，終夜不寢，以思、無益，不如學也』，這是孔子作學問的功夫。孟子就差了。漢代的鄭康成的大成就，完全是做的笨功夫。宋朝的朱夫子他是一個絕頂聰明的人，他十五六歲時就研究禪學，中年以後才改邪歸正。他說的『寧詳毋略，寧近毋遠，寧下毋高，寧拙毋巧』十六個字，我時常寫給人家的。他的〔四書集註〕，除了〔大學〕已成定本外，其餘仍是隨時修改的。現在的〔四書集註〕，不知道是他生前已經印行的本子，還是他以後修改未定的本子。藝文影印的吳志忠校刊的〔論語〕，最主要的是最後一卷的札記，倒沒有印出，不知是原收藏家已經遺失了，還是怎樣？真可惜之至！如陸象山、王陽明，也是第一等聰明的人。像顧亭林，少年時才氣磅礴，中年時才做實學，做笨的工夫，你看他的成就！像王念孫、王引之、戴東原、錢大昕，都是絕頂聰明作笨的工作才能成功的。」

先生談起王國維，說他也是一個絕頂聰明的人。他少年時用德國叔本華的哲學來解釋〔紅樓夢〕，他後來的成就，完全是羅振玉給他訓練成功的，當然要靠他自己的天分和功力。先生問胡頌平：「你看過靜菴先生嗎？」胡頌平說：「沒有見過。」先生說：「他的人很醜，小辮子，樣子真難看，但光讀他的詩和詞，以為他是個風流才子呢！」

先生提起中午說的那篇「黃龍心禪師塔銘」，叫胡頌平把它錄出來。說：「我不喜歡黃山谷的詩，但我喜歡他的這篇『黃龍心禪師塔銘』，寫得多清楚明白。」

先生又說：「柳田的一本著作寄來了，他已接到我的信。他要看我這封九千字談禪宗的信是很吃力的。日本人看中國文言容易，看白話文困難。能看白話文的，只有入矢義高。」

六時，到了臺灣銀行的餐廳……

飯後，先生去訪朱家驊。

今天有復石璋如的信。

一九六一年一月二十六日【聯經版第十冊頁三四六七／油印本第二十四冊頁一〇三一一〇四】

先生今天送給董作賓……又送他……

又送陳副總統、蔣夢麟每人一部〔顏氏家訓彙注〕，也都題了祝他們大壽的話。又給阮毅成、董從善、嚴錫蕃等寫了條幅。又重寫「霹靂洞」三字。

一九六一年一月二十七日【聯經版第十冊頁三四六七／油印本第二十四冊頁一〇四】

上午，到台大醫院去看眼睛，由李培飛醫師陪同去取眼鏡。

下午，主持科學會執行委員會。

今天先生把昨天夏濤聲、宋英留下來的請求總統特赦雷震的信給胡頌平看，……

一九六一年一月二十八日【聯經版第十冊頁三四六七／油印本第二十四冊頁一〇五】

上午，中國旅行社的吳志和來談赴美的飛機票位。梁序穆來談動物所的事。

李先聞來，留此中飯。

先生今天談起：「一個小單位的主管不正，……

這是禪家的教育方法。

一九六一年一月二十八日【聯經版第十冊頁三四六九／油印本第二十四冊頁一〇七—一〇八】

今夜，寫了「陳伯莊先生之墓」八（七）個大字。又給白健民、鄭騫、王光明、光中等寫了條幅。

一九六一年一月二十九日【聯經版第十冊頁三四六九／油印本第二十四冊頁一〇八】

上午，周傑人來訪。

下午，先生主持科學會第五次全體委員會議。

一九六一年一月二十九日【聯經版第十冊頁三四七六／油印本第二十四冊頁一二一】

飯後，舉行院士談話會。

今夜，李先聞住在此地。

一九六一年一月三十日【聯經版第十冊頁三四七六／油印本第二十四冊頁一二一】

一月三十日（星期一）上午，有一位青年學生來見，提出〔詩經〕裏「頌」的作者和時代問題。先生勸他不要鑽進牛角尖裏去，這些問題是研究不出結果的。

美國A.I.U.保險公司的董事長史帶（C. V. Starr）來訪。由朱孔嘉、黃秉心陪同來的。史帶是先生的老朋友，同他去參觀考古館。

晚上，查良釗請吃飯。

今天有給陳慶瑜的信，是談科學會審查出國進修人員經費的事。

一九六一年一月三十一日【聯經版第十冊頁三四七六／油印本第二十四冊頁一二一】

上午，阮維周來訪。

澳洲的議員D. Darby來訪，留此午飯。

下午，到台北博物院去看國寶出國「預展的預展」。

七時，駐華各國使團公宴總統暨夫人，先生也是被請的客人。

今天有給李濟的信。

一九六一年二月一日【聯經版第十冊頁三四七七／油印本第二十四冊頁一二五】

下午，亞洲基金會的香港代表Mallory Browne由章雅安陪同來訪，談得很久。

下午，有給沈裕民的信。

一九六一年二月二日【聯經版第十冊頁三四七七／油印本第二十四冊頁一二六——一二七】

二月二日（星期四）上午，楊彥岐來求先生寫字。董作賓來。

台北的美國學校總校長Joseph C. Rennard夫婦、馬熙程夫婦、John I. Brooks等來訪，留此中飯。

下午，魏喦壽來談。

晚上，陶一珊、許自誠、丁念先三人請先生吃飯。他們約了幾位藏書家和收藏名人筆墨的人，帶了一些名人函件請先生欣賞。

今夜，先生預備明天的演講，到了清晨四時才休息。

今天談起有心臟病的人，冷天要注意，熱天也要注意。晚上如果伸直睡，往往心臟一跳驚醒的。一定要曲著睡，或是側左，或是側右都可以，只不許仰著直睡。

一九六一年二月四日【聯經版第十冊頁三四八三／油印本第二十四冊頁一三七—一三八】

上午九時半，到台大醫院去看眼科。

先生動身時，董作賓、黃得時來，說日本教育書道代表團要來拜訪，於是把清朝名人的筆札詩箋冊頁放在外客廳的圓桌上，每冊之中精采的地方，都用紙條夾著，預備給他們來時參觀的。

十時，日本教育書道代表團團長高潄莊太郎帶同鈴木青洋、田中愧堂等十二人來了，他們只怪自己來得太遲，沒有見到先生，於是把預備好的題名簿留下來，請求先生得空時給他們題字。

中午，梁序穆來，留此中飯。

下午，查良釗陪同熊毛秀文女士、羅家倫夫人及梅貽琦夫人來訪。他們要參觀先生的書房、臥室等處。到了胡頌平的辦公室，先生笑著對他們說：「這個房間留給我的太太住的，本來還有一張床。我的太太再不來，要給胡先生佔據了。」於是指著四壁的書架說：「我的太太以前對人家說：『適之造的房子，給活人住的地方少，給死人住的地方多。都是死人遺留下來的東西。』」他們參觀之後，要胡頌平帶他們參觀考古館。

一九六一年二月五日【聯經版第十冊頁三四八七／油印本第二十四冊頁一四四】

下午，張祖詒來催〈脂硯齋評本石頭記〉的序文。又商談各書局經售〈石頭記〉影印本的委託書問題。

一九六一年二月五日【聯經版第十冊頁三四九〇／油印本第二十四冊頁一五一—一五二】

今天給日本書道代表團的題名簿上寫了兩句常寫的詩句：

山風吹亂了窓紙上的松痕，

吹不散我心頭的人影。
　一個不懂書道的人寫呈
日本書道代表團諸公
　　　　　　　　胡適
又另在下面的字畫上題了：
曉青夫人畫　胡適敬題
　又
藍妮女士畫　胡適敬題
　又
靈伽先生畫我六十八歲小象
　　敬題志謝　　胡適
　　　　　　五十年二月

又給林九疇寫了條幅。

一九六一年二月六日【聯經版第十冊頁三四九〇—三四九一／油印本第二十四冊頁一五二—一五五】

上午，朱家驊、程天放等來訪。留此午飯。

周友端上回拿去的「中國公學校友」的鈔件，預備把它排印出來。胡頌平建議加印先生的校書照片，並附錄十八年暑間的「校長贈言」，先生都同意了。先生說：「我的文章都有年月日的，這篇『校史』怎麼都沒有記錄？你可以寫一點『校者按』的話附在原『編者按』之後，原『編者按』語仍舊留著。」胡頌平的校者按語裏，推定此文是在十八年三四月間寫成的。

美國麻城大學百年紀念邀請全世界的聞人去開會，在中國只有兩人被請。一位是先生，另一位是楊振寧。日本有一位，是電力公司研究部主任。胡頌平看了這些被請的名單之後，問先生認識的人不少嗎？先生說：「我也有許多不認識的。」

今天有給趙元任夫婦的信。

今夜，有給董作賓的便條。

彥老：你那天送我紙烟十包「一條」，外有紅紙包裹。今天我打開紅紙，這裏面有這小信封，內有一百五十元台幣。紙烟敬領了。台幣想是你忘了的，今奉上。

適之　五十、二、六夜。

先生笑著說：「這大概是人家送一條烟給彥老，同時覺得禮太薄了，再附一百五十元給他買些水果之類的東西，彥老當然不知道的。我們發財了。」於是叫人將這封信送給彥老了。

一九六一年二月七日【聯經版第十冊頁三四九二／油印本第二十四冊頁一五六——一五七】

上午，有一位教育廣播電台的記者來訪。

中午，先生在飯桌上談起，……

先生又談起「以前想買書而買不起，等到有了地位可以買得起的時候，你倒不要去買，人家都會送給你的。你看，」指著飯桌兩旁的書架，這些書，如〔哈佛古典叢書〕（即「五尺叢書」）、〔大英百科全書〕、〔二十五史〕等，全是人家送我的。這部〔四部叢刊〕編印本，也是朋友送我的。三十八年春天，我到了美國，大家都知道我的書都完了。這年十二月，我在華盛頓，一位已故的朋友Mary Crozier的太太對我說：『General W.M. Crozier的遺志，贈你美金二百元，要你自己挑選愛讀的書作為我們的贈書。我為實行先夫的遺志，無論如何，你要收下。』我很感動他們的誠意，就託人在香港買得這部書。

連運費剛剛花了一百九十六元美金。（參閱「校補」三十九年四月廿五條）

先生又指著放在廚房間口書架下面一檔的︹叢書集成︺（商務出版的）說：「只有這部書是向房兆楹太太那邊買來的。房兆楹夫婦是做生意的。房太太說，每本美金二角五分，買多少本照算。我是不給人還價的，就照她的價錢買來了；不過她讓我先選對我有用的一部分，可惜是不全的。還有一部︹清實錄︺，日本出版的，花七百美金買來的，足足裝滿這樣大的書架。後來我到台灣來了，我知道台灣有這部書，就送給普林斯登大學了。他們要還我書價，我說，寄在你們學校罷。事實上是送給普林斯登大學了。」

「書，是要它流通出去給人看的。印書的人不能有錯字。在從前的讀書人想借閱一部宋版的或善本的是很困難的，自己沒有財力買得起，借看也不容易。不過我這一生向人借的書從來沒有人不借給我。商務印書館，名字叫商務，其實做了很大的貢獻。像張元濟先生為了影印︹四部叢刊︺，都是選用最好最早的本子，裏面有許多宋版的書。讀書人花了並不太大的錢，買有這部書，就可以看到了。這部對中國日本貢獻之大，也可以說對全世介都有貢獻的。像百衲本二十四史，都是頂好的書。當時想徵求一部善本的五代史，在報上以重價徵求，始終沒有出來。商務的確替國家學術做了很大的貢獻，所以張元濟當選院士之後，全國沒有一個人說話。」

先生又談起台灣有些書局翻印別人的書太不像樣了。盜印別人的書，把人家的著作來給自己發財不說，還有許多的錯字，太不應該！

先生談起中國公學的事，說：「我為學校的立案問題辭職之後，由馬君武先生繼任校長，中公就立案了。當年我給蔣夢麟的那封信是油印的，你看過嗎？」胡頌平說：「我已經複寫了幾分保存起來。那封信寫得真好。我讀那封信時的感覺，好像讀王安石『答司馬︹光︺諫議書』的感覺一樣，理直氣壯，說的非常有力量。」先生說：「孟鄰是我的老朋友，我可以這樣對他說。那封信，現在是不能發表的。」（參閱本譜十八年十月四日條）

飯後，胡頌平向先生談起最近讀了周學普譯的愛克爾曼的〈哥德對話錄〉。愛克爾曼在序文中說哥德是：「

……有人把這個偉人比做隨不同的方向而放不同的色彩的多方面的金剛石，是極妥當的。……

我也感到用這句話來比擬先生是很適合的：先生也是從不同的方向和不同的角度輻身出燦爛光芒的金剛不一樣。」先生說：「在我的〈留學日記〉裏提起這本書。我以前讀德文時就讀哥德的著作。」先生又說：「這部書是值得翻印的。」胡頌平說：「聽說譯者周學普現在台大教德文，我預備遇到趙叔誠的時候，向他建議由商務再版。」先生說：「你叫商務也給周學普抽版稅好了。」

編者附記：以後編者和周學普、趙叔誠兩人談了好幾次，商務才有〈哥德對話錄〉的台北版。

接著又談起那篇「中國公學校史」怎麼沒有注上年月日。順手翻開陶弘景〈周氏冥通記〉（商務〈叢書集成〉本，卷一，廿七頁）的一條：五月二十七日的事。此人見〈周〉子良題此，乃笑曰：「知記日為好。歲代久遠，後人見之，知為何年？」子良曰：「前丞師來已記年，今詎須？」又曰：「紙紙記為好。」子良因疏下作下四字：

「太歲乙未」。按如此人言，便非禁留世，未解周封藏之意。當示傳三世不由于己。楊許先迹，亦是他述故也。

先生說：「陶弘景的〈周氏冥通記〉是一部絕大荒謬的書，毫無價值；但在一千四百年前，已經知道記年月日的重要了。就是這一條最有價值。」一面又拿出〈章實齋年譜〉先生自己做的序文上引的「韓柳二先生年譜書後」文中的一段：

客人來時，先生剛剛寫好「影印乾隆甲戌脂硯齋重評石頭記的緣起」**最後一個字**。（見本譜本月十二條）。

晚七時，先生到楊亮功家給蔣夢麟賀壽，再到邵幼軒家去吃飯。

一九六一年二月九日【聯經版第十冊頁三四九二／油印本第二十四冊頁一六四—一六六】

上午，勞榦來訪。從前康乃爾大學的老同學Weinberger來訪，留此午飯。

下午三時，Schmid、Brokbire同嚴慶齡來訪。

四時，Smith同Mewerk來訪。

先生寫了「乾隆甲戌脂硯齋重評石頭記」的封面……

先生對胡頌平說：「這兩句是曹雪芹詩中最好的詩句。請你把緣起、封面、題字帶給張祖詒，同時關照他校對標點符號，要特別當心。」

編者附記：今天的交通車上，編者和姚從吾談起〈哥德對話錄〉的譯者周學普，原來他們是熟人。從吾先生願意替我們約定一個時間，陪我去看他。從吾先生說：「哥德那時在德國的地位，與現在胡先生在中國的地位一樣的崇高。許多世界上的事多少人寫信告訴他。他知道的比任何人為多，比任何人都重要。頌平兄，你將來也可以像愛克爾曼一樣來寫胡先生的言行。」從吾先生又談起他對佛經上有幾個不懂的地方，想向胡先生請教，總覺得自己年紀這麼大了，如果提出的問題，在胡先生看來認為太幼稚，不是不好意思嗎？他有四句話：「飯吃八成飽，睡要睡得好。一切不要鬧，聽他自然老。」也想請先生寫一幅字。後來胡頌平向先生提起，先生答應了，還歡迎他來問；但他好像始終沒有提出過。今夜寫到此處，從吾先生已於今年四月十五日心臟病猝發，在台大研究室內去世了。感舊興悲，真是無限的淒悼。五九、五、八夜。

一九六一年二月十日【聯經版第十冊頁三四九七／油印本第二十四冊頁一七四—一七五】

晚上六時，有井口貞夫的酒會。

今天上午趙叔誠來訪，由胡頌平代見，勸他負起商務當年對於學術文化的責任。談到〔哥德對話錄〕，商務願意再版。但要回去查查當年是否收買譯稿，還是抽版稅？查過後再和頌平接治。又談起先生的〔戴東原哲學〕、〔淮南王書〕，他也都願意再版。後來頌平報告了先生，先生同意了。先生頗想另寫兩篇短序，但又不知道什麼時候有空來寫。很可能將原稿給商務影印。

〔脂硯齋重評石頭記〕影印本委託商務、啟明兩書局代售的契約今天簽字。

一九六一年二月十一日【聯經版第十冊頁三四九八／油印本第二十四冊頁一七五—一七七】

上午，張景樵來訪。他是研究聊齋的，先生借給他〔聊齋全集〕、〔志異〕（原稿影印本）、楊仁愷〔原稿研究〕等書。

中午，徐芳、徐萱、趙午〔武？〕三人請先生吃飯。

下午四時，羅錦堂、鄭清茂來訪。先生對羅錦堂笑著說：「昨天我不給你太麻煩嗎？」羅錦堂說：「沒有、沒有，」接著，先生指出他的論文上錯誤的地方，及這個題目不能做論文的道理。又告訴他許多元曲上「一人獨唱」之例。又把這次考試的所有資料都送給他，還送一些書給他。

今天有給水澤柯的信。

今早胡頌平到了工作室，看見先生的一張條子：

〔脂硯齋石頭記〕：

卷首我的一葉短序，不要影印。

卷尾俞平伯跋語，也不要影印。

乞告祖詒兄。　適之

胡頌平正在打電話告訴張祖詒的時候，先生又說：「其他的跋文都留著影印，將來寫好的新序或新跋印在後面。原來短序的位置，影印曹雪芹的兩句詩。」當下就通知張祖詒了。（原書卷首一葉的短序共有三條，參閱本譜三十七年十二月一日、三十八年五月八夜及三十九年一月廿二日三條「校補本」。）

一九六一年二月十二日【聯經版第十冊頁三四九八／油印本第二十四冊頁一七七－一七八】

上午，吳俊陞夫婦來訪。胡天獵（即韓鏡塘）來訪。

夏濤聲、宋英、蔣勻田、成舍我等來，留此午飯。

下午，美國馬利蘭州大學校友會在美軍顧問團服務的校友三十多人來訪。先生和他們講講「杜威在中國」。

一九六一年二月十三日【聯經版第十冊頁三五〇三／油印本第二十四冊頁一八七】

上午九時，凌純聲、衛惠林來談。

一九六一年二月十三日【聯經版第十冊頁三五〇四／油印本第二十四冊頁一八八】

下午，……查良釗來訪。

六時，到自由之家去理髮，同時看看住在那邊的劉馭萬全家。

今天有復何縱炎的信。……編者附記：……

今天先生看到胡頌平錄的「京師大學堂」的三篇史料，有兩篇都提到「黃紹箕」。先生翻開〈清代名人傳略〉（是房兆楹等用英文寫的）說：「這本〈清代名人傳略〉收的有八百多人。黃紹箕和他的父親黃體蘭（漱芳）都有傳，孫詒讓也有一篇傳。他們都是瑞市人。你們溫州瑞安一縣就有三個人，是了不起的！這本書還收有明代的人。嚴格的說，應該叫做近三百年的名人傳略才對。」

一九六一年二月十四日【聯經版第十冊頁三五〇五／油印本第二十四冊頁一九〇—一九一】

上午，汪厥明父子、屈萬里、何亨基等來訪。

合眾國際社記者Albert Axebank由蕭樹倫陪同來訪，留此午飯。

下午，邵幼軒夫婦來訪。

有一位青年來信，他聽說先生患過糖尿病，是被中醫醫好的，問問中醫的藥方。先生查到《努力週報》（鈔本）第三十六期上的「胡適啟事」，是十二年一月六日寫的，上面有「此次診察的結果，已斷定不是糖尿病」的話。說：「我在這裏查得當年的年月日。這是我的年譜的最好材料。」

編者附記：以後由編者復告這位青年。還告訴他糖尿病在今天不能根治，但現代醫學已能控制，但須有耐心，不可性急。

一九六一年二月十四日【聯經版第十冊頁三五〇五／油印本第二十四冊頁一九二】

今天是陰曆除夕，……編者附記：……

車子到了錢家的門口，先生伸出手來，緊緊的握住胡頌平的手，說：「向你拜年，代我向你的太太拜年。你明天不要來南港，——不要空費了你的時間，也空費了我的時間。再見，再見。」

一九六一年二月十五日【聯經版第十冊頁三五〇五／油印本第二十四冊頁一九三】

今天是春節。

來南港拜年的，有錢思亮夫婦、程敷鍇、高去尋、劉文騰、嚴耕望、黃彰健、凌純聲、全漢昇夫婦、鮑良傅夫婦、楊亮功父女、費海瑾、張儀尊夫婦、李錦屏、喬鵬書全家、胡漢文全家、劉馭萬父女、蔡培火夫婦、Ainta Lowe、Pardee Lowe等人。

今天有給楊亮功的信。

一九六一年二月十六日【聯經版第十冊頁三五〇八／油印本第二十四冊頁一九八—一九九】

二月十六日（星期四）今天來拜年的，有黃季陸夫婦、延國符全家、堯樂博士、田耕莘、蔣復璁、牛若望、馬逢瑞、李熙謀、田炯錦夫婦、曹金如、彭楚珩、梁序穆夫婦、許光耀、王九逵、楊兆慶、戴新生、張國鏈、李光濤、鄭恩榮、胡林鈞等人。

下午四時多，先生到田耕莘及蔡培火兩家回拜。

晚，在陳雪屏家吃飯。

一九六一年二月十七日【聯經版第十冊頁三五〇八／油印本第二十四冊頁一九九】

上午來拜年的有錢用和、張貴永、芮逸夫、張文伯、周仲敏、汪荷之、唐子宗、胡鍾吾及院中同人多人。

下午，Dr. Robert T. Webber、W. R. Bosse（諸學彭）、James M. Berkebile（白禮約）、杜元載夫婦、沈志明、李亦園、張祖詒、江小波等人。

七時，白禮約、白恩琪請先生吃飯。

今天有「跋紅樓夢書錄」的補記。（見本譜二月十五日條）

一九六一年二月十八日【聯經版第十冊頁三五〇九／油印本第二十四冊頁二〇一】

上午，高玉樹、張慶楨、胡文郁等來拜年。

下午，李超英來拜年，先生和他談起孫詒讓的〔永嘉叢書〕。又談起黃旭初的〔觀海樓叢書〕說，所有永嘉學派的書籍，都被收在這叢書之內。

一九六一年二月十九日【聯經版第十冊頁三五一〇／油印本第二十四冊頁二〇二】

二月十九日（星期日）上午，郭德權、沈宗瀚夫婦來訪。

中午，約陳槃、黃彰健、徐高阮來午飯。

下午，孫洵侯來訪。

張紫常來，留此晚飯。

今夜起，先生患了感冒。

一九六一年二月二十日【聯經版第十冊頁三五一〇／油印本第二十四冊頁二〇二】

上午，林致平、魏喦壽來拜年。

約萬紹章來，請他辦一個請假的公事。先生口授，紹章筆錄。這個公事要從詳說明，是給總統府秘書長轉呈的。（見二月廿一日條）。

下午，胡世澤、胡世熙來訪。他們照宗譜輩份上排起來，稱先生為「太公」。

王國維的女兒王松明跟她的丈夫柴克青來訪。

一九六一年二月二十一日【聯經版第十冊頁三五一二／油印本第二十四冊頁二〇七—二〇八】

上午，董作賓、勞榦、郭廷以、羅雲平等來拜年。

邱士榮、宋瑞樓兩人都是台大醫院的醫師，他們說是來拜年，但到了之後，也給先生診斷一下，說光是傷風，沒有什麼。王志維同他們到了台大醫院，顧文霞配了藥水和藥片給先生服用。

中午的飯桌上，先生談起教育部長更換了，對我們科學會的影響很大；因為十一個委員之中，七個常務委員，教育部佔了三席，需要跟楊樹人談談。又談起李榦（芑均）回來了，後天霍寶樹的請客，就是為李榦接風。

今天有給總統府秘書長張羣的公文。

一九六一年二月二十二日【聯經版第十冊頁三五一四／油印本第二十四冊頁二一一〇】

先生的傷風還未全好，上午的史學會理監聯席會議，沒有去出席，心裏很覺不安。

下午，King和Smith來訪。

一九六一年二月二十三日【聯經版第十冊頁三五一四／油印本第二十四冊頁二一一—二一二】

上午，郭廷以來談福特基金會給近代史研究所的合作補助費，他們一定要請求先生出名，負責簽字。

編者附記：張貴永今天對編者說，這完全是胡先生的面子，福特基金會當然請胡先生負責簽名的。

姚從吾來談昨天史學會的事。

下午，孫德中來訪。夏濤聲、齊世英、蔣勻田、宋英等來拜年。

楊樹人來談科學會的事，留此晚飯。

夜裏，訪陳雪屏夫婦，談至深夜。

商務印書館要出先生的〈淮南王書〉及〈戴東原的哲學〉兩部書的台北版，都要重校一遍。在〈淮南王書〉排印本上有幾處的眉批。先生對胡頌平說：「這些話，暫不錄下。」在〈戴東原的哲學〉一書上，要加進戴東原的三封信，兩封是給段玉裁的真迹的照相，一篇是「與某書」，是從〈戴東原集〉裏錄出來的。

一九六一年二月二十四日【聯經版第十冊頁三五一四／油印本第二十四冊頁二一二】

上午，李騰嶽、黃及時、林崇智等三人來訪，帶來一本〈修志方法論集〉給先生。在這本書四十頁上，記載先生四十二年一月六日在台灣省市文獻委員會的茶會上講「輯印資料與修纂方志」，有下面的話：

關於黃〈純青〉先生所提出來的問題，我剛才說過我是沒有什麼價值的意見，不過黃先生和在座的主人，知道我從前做過一部〈嘗試集〉，因為〈嘗試集〉的用途，引起我對地方志問題的嘗試。……

客人走後，先生說：「我講修纂地方志，為什麼要提〔嘗試集〕？想了許久，才想起我講的是章實齋，記者把它記作〔嘗試集〕了……」（以後華國出版社編印的〔胡適言論集〕甲編，收集這篇演講時，已經改正了。）

一九六一年二月二十四日【聯經版第十冊頁三五一五三—五一六／油印本第二十四冊頁二一五—二一七】

晚上，有霍寶樹的飯局。

夜裏，有給林中行、邵幼軒夫婦的信。

今天先生談起「一個人活到一百歲，像我的老師威爾恪思那樣的健康，照常的演說，作事，是很少的。我另有一位老師也活到一百一歲，他沒有教過我。他教數學的，又有音樂的天才。他教過趙元任，昨天來信問元任現在什麼地方。他是猶太人，當年男子以留鬍子為美的，他那時留有很長的鬍子，我的印象很深。這位老師到了九十歲，眼睛看不見了，他有錢，每天有人念Times報給他聽。先念大標題，再由他指定的什麼消息，再詳細的念給他聽。他也能回信，有時給Times報寫信，都是口授，別人替他打字的。一個人活到百歲，到了要靠別人才能生活的話，不如自殺。不過到了那時意志已經不清明了，怕又不能自殺了。」

一九六一年二月二十五日【聯經版第十冊頁三五一六／油印本第二十四冊頁二一七—二一八】

上午，宋瑞樓大夫同一位張醫師來，先生總覺得傷風小毛病不能驚動大醫師，尤其現在已經好了，更不敢當。他們既然來了，又給先生診察一番。

董作賓帶來沈剛伯的文章一篇，說沈的意思一定要給先生看過後，才好發表。

中央社駐巴黎特派員李強光和中央社記者曲克寬來訪。先生和他們談談「怕老婆」的故事。

海軍學校Robert G. Snider由沈毓鳳、朱祖佐、阮維周、魏喦壽等陪同來訪，留此午飯。

下午，浦家麟等來訪。

今天有給錢思亮、宋英的信，都未錄稿。

又有復沈剛伯一信。

一九六一年二月二十五日【聯經版第十冊頁三五一七／油印本第二十四冊頁二一一九】

今天〔中央日報〕上有〔甲戌本脂硯齋重評石頭記〕影印本的廣告，附錄於下：

三十三年來，研究〔紅樓夢〕的人都知道胡適先生藏的〔甲戌本脂硯齋重評石頭記〕是世間最古的寫本〔紅樓夢〕。甲戌是乾隆十九年，曹雪芹死在乾隆廿七年除夕。據胡適先生的考證，曹雪芹在甲戌年只寫了初稿十六回，即此本的一至八回、十三至十六回、廿五至廿八回。此本的本文與評語，有許多寶貴材料是世間一切本子所沒有的。現在中央印製廠用硃墨兩色依原書大小影印五百部，附新考證。

一九六一年二月二十六日【聯經版第十冊頁三五一八／油印本第二十四冊頁二一二一—二一二三】

八點以後，到醫院來探病的客人，陸續不斷。除了王世杰、朱家驊、楊亮功、蔣夢麟、副總統陳誠進了病房省視外，簽名的有：王成椿、延國符、高化臣、劉愷鍾、堯樂博士、賁道宏、毛子水、姚從吾、周茂湘、霍寶樹、李熙謀、宋英、管其清、張慶楨、劉真、石裕清、李榦、夏濤聲、徐柏園、謝冠生、陶希聖、鮑良傅、梁序穆、蕭錚、程發軔、王時中、楊錫仁、董鴻宣、董胡秀實、胡鍾吾、胡朱佩玉、夏道平、谷正綱、浦薛鳳、羅敦偉、杜光勛、孫洵侯、蔣燕華、趙賡颺、陳光棣、王雲五、陳慶瑜、張祖詒、江小波、杜元載、黃季陸、蔣復璁、潘貫、張紫常、沈志明、蔣勻田、朱煥曾、周之鳴、查良釗、端木愷、湯志光、楊樹人、戴君仁、林中行、邵幼軒、李超英、薛世平、劉其英、劉兼善、朱樹秀、余秉雄、吳康、林致平、黃伯度、吳相湘、杜呈祥、李錦屏、胡健中、金承藝、程維賢、程鄔淑亭、張乃維、張貴永、魏火曜、蘇景泉、蔡培火、廖漁音、呂仲明、呂吳小枚、羅家倫、阮維周、李濟、丁念先、楊西崑、全漢昇、李應兆、包德明、李嗣聰、張昌華、胡漢文、毛振翔、孫亞夫、葉祖灝、盧毓德、張茲闓、張麥華穎、程天放、吳申叔、芮逸夫、陳雪屏、葉曙、陳長桐、凌純聲、勞榦、姚淇清、莫德惠等一百二十人。

今天全天仍用氧氣幫助呼吸，做了兩次的心電圖，也照了X光。精神跟平常一樣的好。

U.P.I.的記者來採訪先生的病情，由錢思亮、高天成等分別答覆。

下午五時多，錢思亮對胡頌平、王志維兩人說：……

一九六一年二月二十七日【聯經版第十冊頁三五一九／油印本第二十四冊頁二二四—二二五】

上午來探病簽名的，有趙連芳、蔣昌煒、史次耘、魏嵒壽、全漢昇、汪和宗、汪新民、歐陽善初、何聯奎、羅佩光、卓君庸、盧毓駿、馬國琳、楊亮功、吳望伋、羅雲平、汪淦、段慶貴、陳文奇、胡國光、秦德純、徐堪、余堅、錢純、馬逢瑞、胡光麃、齊世英、譚文彬、查良釗、胡鍾吾、王德芳、蔣復璁、王世憲、延國符、鄭騫、陶一珊、許自誠、浦家麟、許延俊、劉英士、張敬、張紫常、張文伯、程維賢、汪大鑄、臺靜農、陳雪屏等人。

蔣經國來探視，胡頌平陪他進了病房。……

一九六一年二月二十七日【聯經版第十冊頁三五二〇／油印本第二十四冊頁二二七】

五點四十分，蔡錫琴醫師來診察，……

下午的客人，有程敷民、唐子宗、傅孟博、顧毓瑞、顧王璉卿、張齡佳、胡世澤、胡世熙、彭楚珩、錢用和、陳寶麟、郭兆麟、王宣、王九逵、沈雲龍、胡漢文、沈志明、王冠吾、張祖詒、胡鍾吾、陳槃、徐高阮、王世憲、李綺青、周傑人、王亞權、李熙謀、劉東巖、張紫常等。

先生因為此地每夜都有醫生和護士輪流在此，吩咐王志維不必住在此地。夜裏，錢思亮來，把先生的病情和必須靜養的話都詳細的陳述了。

一九六一年二月二十八日【聯經版第十冊頁三五二一／油印本第二十四冊頁二二九】

先生問宋瑞樓：「我什麼時候可以出院？……」

今天來探病的客人，除了王世杰、楊亮功進了病房外，有董作賓、全漢昇、洪炎秋、黃立懋、俞國華、郭寄嶠、查良釗、查良鑑、曾約農、李玉階、楊梁美華、戴運軌、嚴智鍾、方念諧、邵人杰、陳立夫、蔣復璁、虞舜、胡鍾吾、尹仲容、胡鼎榮、孫仁壽、周象賢、周志方、朱懷冰、李熙謀、余井塘、胡漢文、蔡屏藩、黃鎮球、朱家驊夫婦、陳雪屏、沈剛伯、曾祥和、盧劉宗怡、張儀尊、王德昭、唐縱、胡文郁、朱文伯、何肇青、高亞偉、Wilhan Neufeld、李樹桐、柯樹屏、余俊賢、王聿均等人。

一九六一年三月一日【聯經版第十冊頁三五二一—三五二二／油印本第二十四冊頁二三一—二三二】

十時半，先生的朋友……感冒還沒有全好。

上午的客人黃季陸、樊際昌、查良釗、滕鈞藝等進了病房，只說了「請先生要聽醫生的話」一句話，就退出了。王世杰進來，不讓先生開口，也說了一些話。簽名的有陶百川、嚴家淦、陳奇、延國符、高化臣、史次耘、黃榜銓、宋英、楊紹震、羅雲平、劉季洪、浦薛鳳、王鳳喈、張慶楨、張兆、黃堅、汪荷之、詹覺悟、李萬居、葉楚生、張紫常、屈萬里、薛世平、張研田、馬壽華、趙恒惕、冷彭、吳張宣晨、周法高、沈志明、馬逢瑞等人。

下午五時，全漢昇派人送來一封英文的信稿，要請先生簽字。

下午簽名的客人有：薛世平、張祖詒、沈志明、程維賢、傅孟博、李熙謀等人。

一九六一年三月二日【聯經版第十冊頁三五二二—三五二三／油印本第二十四冊頁二三三—二三五】

上午的客人有：夏濤聲、苗培成、查良釗、劉兼善、邢慕寰、劉宗向、藍蔭鼎夫婦、李宗侗、張迺藩、梁大鵬、Schmid和Berkebile等人。

下午，先生在看詞選，……

下午的客人，有張澂清、胡鍾吾、林致平、富伯平、雷震遠、郭垣、朱兆蘭、林孝曾、孫德中、胡漢文、楊肇嘉、張貴永、高鵬飛、李熙謀、張紫常、張祖詒、江小波。

一九六一年三月三日【聯經版第十冊頁三五二四／油印本第二十四冊頁二三五—二三七】

早上，先生問前幾天楊樹人的事。

先生說罷，指著特別護士徐秋皎對胡頌平說：「她認得你。她說過去曾跟朱〔家驊〕先生當過護士的。她一看見你高高的身體，就知道你是胡先生了。」以後先生發病時，都是這位徐小姐作特別護士的。

上午簽名的客人，有余家菊（他因眼睛不好，託李公〔心？〕權代表來問候）、陸德全（Jacques Brugine S. J.）、余堅、全漢昇、王聿均夫婦、胡鍾吾、林尹、吳緝華、陳達三、嵇穆（Martin Gimm）同他的夫人Heidrin Gimm。進入病房探視的：王世杰、朱家驊二人。

下午三時，高天成……心臟栓塞症發生時，……一面增強先生的信心。

下午簽名的客人，有查良釗、趙賡颺、李光濤、李學燈、汪和宗、余秉雄、胡秋原、戈定邦、吳康、高鵬飛、嚴智鍾、白建民、胡占魁等。

一九六一年三月四日【聯經版第十冊頁三五二四／油印本第二十四冊頁二三八】

上午九點二十分，……

這時楊亮功進來，也勸先生一定要聽醫生會診的話。先生笑著說：「服從，我一定服從。」

探病的客人有唐縱、陳建忠、張澂清、左潞生、史次耘、徐中齊、趙賡颺、郭德權、羅敦偉、杜光勛、胡鍾吾等。

下午五時半……

下午的客人有盧致德、鮑良傳、項惠珍、曲穎生、查良釗、芮逸夫、浦薛鳳、周友端、程敷民、全漢昇、林致平、張紫常、管東貴、孔德成、張祖詒等。

一九六一年三月五日【聯經版第十冊頁三五二五／油印本第二十四冊頁二三八—二四〇】

早上，先生看報看到這兩天來的分屍案子，兇手還沒有查出，說：「他們為什麼不用指紋？在國外，差不多每個人都有指紋的紀錄。艾森豪是軍隊出身的，當然留有指紋，我們既有身分證，總統、副總統應該提倡先捺指紋，然後要每個人在身分證上捺了指紋，以後遇到這一類的案子，只消根據指紋去搜索，總會破案的。指紋專家分做若干類，按那類的去搜尋，總可以查得出來。」

先生又說：「我的父親當年在台灣，曾到各地去視察士兵，對於每一個士兵的箕斗都有記載。這是那時最科學的方法。像我，十個螺；我的太太，也是十個螺；這是很少的，可能是遺傳的關係。這個螺，也有叫斗的。你們叫什麼？」胡頌平說：「我的家鄉是叫箕螺的。」

錢思亮拿來一些英文文件來對胡頌平說：「這裏面有一件是中基會分配的數字，應留四分之一存起來的，只有八百多元，胡先生算錯了，以為還有一千八百多元，我把它改正後就發了，將來報告胡先生。其餘的文件，有些我可以代為復出，有些是院裏的公事，有些沒有時間性的，留待胡先生出院後再看。」接著又說：「**我們現在的計劃……**」

上午的客人，有宋繼元、蔣復璁、楊亮功、查良釗、李孝定、李建興、魯蕩平等人。黃季陸進了病房，請示科學會的事。

下午的客人，有朱家驊夫婦、朱國駿、程敷琨、章翠微、鄭騫、陳紀瀅、王世杰、李先聞、潘貫、許其進、王靄芬、徐芳、徐培根、陳可忠等人。

一九六一年三月六日【聯經版第十冊頁三五二五／油印本第二十四冊頁二四一—二四二】

先生又說：「剛才宋瑞樓來，……」

上午的客人有徐鼐、史次耘、查良釗、郭登敖、伍家宥、白雲梯、湯絢章、沈志明、洪同、潘瞻睦（J. B. Gomon）、林靄士（A. E. Link）、羅雲平、鄭彥棻等人。

蔣夢麟同他的女兒進了病房，只說了：「小心點，老朋友要教訓了！」先生說：「那天晚上嚇壞了你嗎？」夢麟說：「我們真嚇壞了。你休息！」說罷就退出來了。

今天中午起，開始可以吃稀飯。

下午的客人有李先聞、張潊清、張慶楨夫婦、李熙謀等。

先生今天問起〈脂硯齋石頭記〉影印的事，胡頌平因把趙聰復信的要點說了，胡頌平說：「香港友聯社也想經售預約，這樣原來只印五百部，現在無論如何也不夠了，至少要印一千部。」先生說：「印多少部，封面設計，和毛子水商量。香港方面，你和趙聰、蕭輝楷接洽好了。我的〈紅樓夢〉後序，等我出院後寫還來得及。

一九六一年三月七日【聯經版第十冊頁三五二五／油印本第二十四冊頁二四二—二四三】

三月七日（星期二）上午的客人有蔣復璁、羅雲平、黃朝琴、郭佩雲、趙賡颺、胡鼎榮、許超、胡漢文、黃王今麟、張馬韻宜、成舍我、齊世英、高化臣等人。

下午，有姜紹祖、全黃惠芳、張齡佳（A. D. Calhoun）、樊際昌、查良釗、沈剛伯、張紫常、王朱學勤等人。

日本的文學博士橋川時雄託人帶來一個片子問候。先生想了一下，才想起來了，說：「他曾到普林斯頓大學來看過我。你替我謝謝他的好意。」因而談起四十一年經過日本時，那時日本已有四百個大學，現在快有五百個了，都是戰後新興的大學。大學一多了，一切水準也差些，教職員的待遇也很差。但青年進大學的機會多了，尤其是女生很多。過去日本大學裏的女生很少，現在這些新興大學都是男女同學了。

先生談起這幾天來在背〔詞選〕，還是用徽州話背的。因問蔣捷「一剪梅」裏的「江上舟搖，樓上帘招」的「帘」字，溫州讀什麼音？胡頌平說：「讀『簾』音。」先生說：「在徽州，『廉』、『年』兩字是同一個聲音的；『老』、『腦』兩字也是同一聲音的，這是L、N不分的緣故，——讀英文是很吃虧的。L、N分不清，從四川、湖北、安徽一帶都是分不清楚的。」先生叫胡頌平用溫州音來念這四個字。先生聽了後說，你們是把L、N分清了。

今天先生很幽默的對特別護士徐秋皎說：「明天是三月八日，婦女節。這裏的女監獄官可以釋監了吧？」

一九六一年三月八日【聯經版第十冊頁三五二六／油印本第二十四冊頁二四四—二四七】

上午，朱家驊來問病，……他們兩人出來後，一道去看屈萬里。

蔡錫琴檢查之後說，胸部背後的水聲音已沒有了，……

來簽名的客人有戴行悌夫婦、彭麒、唐縱、凌鴻勛、白健民、胡鍾吾等人。

十二時，先生看見胡頌平進病房來，又談起在大使任內住院養病的另一個故事：「那次我到了紐約，心臟病發了，就沒有回到華盛頓去。大使館是在華盛頓的，館裏每天的主要事情，是用電報或電話通知游建文，由他到醫院裏來告訴我。我用口授，由他紀錄下來通知華盛頓大使館去辦的。他每天到醫院來半小時光景，事情辦好了，全部時間去追求一位張小姐，結果被追上了。所以有些朋友說笑話：『胡適之的心臟病，醫好了游建文的心病。』」先生說到這裏，大笑起來，又說：「後來我出院了，還是我給他證婚的。」

下午進病房探望的有王雲五、楊亮功。簽名的有梅貽琦、李熙謀、胡鼎榮等人。

今天胡頌平提起這幾天夜裏，用〈淮南王書〉的手稿來校對商務的排印本，發現幾處的小錯誤，也有幾個錯字。等先生出院後再給先生看。先生說：「這書過去是我自己校對的，自己也不能完全沒有錯。謝謝你的詳校，好極了。」

胡頌平又說：「昨天先生問的『帘』字，我回去查過〈辭海〉，在〈韓非子〉「外儲篇」裏說：

宋人有沽酒者，懸幟甚高。注：『幟即帘也』。

先生說：「〈韓非子〉的注裏這樣解釋，可見古時是官酒。這種帘，可能在關外的鄉下還有。當時酒家的酒帘高高的懸起，叫人注意，還有音樂，還有官妓幫同推銷官酒的。」胡頌平問：「古時也是官酒嗎？」先生說：「你不看〈三國志〉嗎？三國時代是官酒，宋時也是官酒的。」

今天胡頌平將〈中國公學校史〉三校稿校好，交給胡鼎榮拿去付印四百份，因在〈校史〉裏見到教英文的宋躍如先生。因問：「這位英文老師好像是蔣夫人的父親？」先生說：「是的，就是蔣夫人的父親。他本人並不高大，長得又黑又粗，嘴唇有點撅起的。他有三男三女，都很漂亮，都不像他。宋躍如先生的夫人是我的師母，我沒有見過，陳伯莊是見過的。他說她長得很高，也很漂亮。宋家兄妹都是像母親的。」先生問：「我在〈校史〉裏提到他嗎？怎麼說的？」胡頌平說：「教員之中，宋躍如先生為孫中山先生最早同志之一。」先生說：「他們有六個人，都是中山先生最早的同志。躍如先生是牧師，後來在一個阜豐麵粉公司當英文秘書的。」

一九六一年三月九日【聯經版第十冊頁三五二八／油印本第二十四冊頁二五〇】

胡頌平連忙把話岔開：……

上午來探病的，有阮維周、蔣復璁、趙賡颺、N. C. Schmid、浦薛鳳夫婦、馬逢瑞等人。

下午來的客人：宋英、王鍾、余俊賢、張齡佳、許世瑛、王德芳、查良釗、許光導、陳雪屏夫婦等。

王世杰來，先生和他談起李國欽的一家都是支持甘迺迪的，只有一個女兒和他的女婿支持尼克森。這對夫婦聽說我也支持尼克森，他們覺得不孤立了。

一九六一年三月十日【聯經版第十冊頁三五二九／油印本第二十四冊頁二五二—二五三】

上午簽名的客人，有傅孟博、勞榦、查良釗、周士傑、張慶楨及Schmid等。

下午的客人，有黃龍先、覃勤、邱小姐、張豁然、蔣昌煒、張起鈞、芮逸夫等。

楊亮功進了病房……

特別護士徐秋皎是金華人。先生今天對胡頌平說：「徐小姐那邊有永康學派，你們那邊有永嘉學派。永嘉學派要看《永嘉叢書》、《敬鄉樓叢書》；金華方面，氣派大了，有《金華叢書》、《續金華叢書》。那時金華的呂家，——呂祖謙與朱熹齊名之外，還有許多文學家。嚴格的說起來，給朱熹同時的陳亮（字同甫，有《龍川文集》）也是永康人，所以成為永康學派。金華一直到了明朝的宋濂為止，出了不少人。」

先生說：「這次在床上看《詞選》，還應該刪了四五十首，才能算是精華。原子筆，一定要坐下來才能寫得出，仰頭看書，筆也仰起來，就寫不出了；所以這次看後沒有做上記號，且待將來再選。」胡頌平問：「這次先生再看《詞選》，出院時全部又能背了？」先生說：「那些還能背得出來的，偶然一二句背不出來，再溫一遍就可以背了；那些背不出來的，現在要再讀得能背是不可能，也太費力，所以我要刪了四五十首了。」

一九六一年三月十一日【聯經版第十冊頁三五二九—三五三〇／油印本第二十四冊頁二五四—二五六】

今早收到的函電中，……

上午簽名的客人，有蔣彥士、汪厥明、吳鑄人、譚文彬、王竹祺、延國符、查良釗等。

下午，王世杰陪同一位外國朋友宓愛華（Rochester V. Y.）來訪。宓愛華是一位內科醫生，過去曾在武漢大學任教，給武漢大學捐造一座醫學院，今年七十六歲了。他摸摸先生的脈搏，說已好了。可以吃少量的酒了。要等先生出院後，約先生吃酒。

姚從吾、蔣復璁進了病房，先生給他們談起今年預備要出三種書：第一部是〈壇經〉，用敦煌寫本和北宋的兩種本子；第二部是〈神會和尚〉的全集。過去我曾寫了一半，毛子水看我太忙，他說下半部由他去寫，結果連我已寫好的上半部也丟了。第三部是〈歷代法寶記〉，是無住和尚寫的，他後來自己成了一個宗派，叫做保唐寺派。他是廢除一切和尚的儀式的。先生還要說下去，但姚從吾、蔣復璁都勸先生不可多說話，就告辭了。

蔡錫琴來診察之後，要先生偶爾動動兩腿，以備下週後起床兩腳不至於不能十分活動。

楊樹人來，先生和他談了幾句話，也就趕快告辭去了。

簽名的有王企祥、李熙謀、胡鍾吾、金承藝等。

六點多高天成來，……

先生在病床上看的〈詞選〉的底頁上，凡是來給先生看病或當護士的，都簽了姓名，計有醫師：蔡錫琴、陳萬裕、施炳麟、宋瑞樓、鄭捷恭、林玉文、陳宗輝、蔡顯義。護士長：曾四妹。在最後一頁的背面上簽名的護士：丁惠貞、余素婉、呂照、金仲英、賴秀美。特別護士：趙國珠、徐秋皎。

一九六一年三月十二日【聯經版第十冊頁三五三〇／油印本第二十四冊頁二五六—二六〇】

今早先生精神特別好，胡頌平談起二月廿七日先生進醫院的第三天，醫生絕對禁止客人進病房來探視的，但樞機主教田耕莘由蔣慰堂（復璁）、牛若望兩人陪來，特別聲明不要先生說話，只求能見先生一面，我頗疑心他是來為先生祝福的。先生說：「我知道，我很感謝他的好意。」胡頌平說：「那天他們到了病房門口，蔣慰堂替我介紹時，田樞機伸出他的左手來，他的手指上戴有權戒，我不是教徒，我略俯首親他的權戒一下，不知是否得體？」先生說：「你表現得很對。你可吻他的權戒，或者雙手捧著他的左手，摸摸他的權戒也行。」胡頌平接著說：「他們從房裏出來，我送他們到電梯門口。田樞機在回去的路上，向慰堂問我是不是教徒。慰堂說我不是教徒。他要慰堂勸我立刻入教。第二天，慰堂來看我，說『田樞機看中你了』。他正式向我提出來，勸我入教；這才使我為難了。」先生說：「你可以誠實的告訴他，你還需要考慮。你誠實的答復他，他不會怪你的。」先生談到這裏，笑出聲音來說：「他也看中你了。」接著說：

我是一個無神論者，在五百年前是要被天主教徒處罰的；就是在三百年前，也是不許我是一個無神論者。他以一個樞機主教的身分到醫院裏來看一個無神論者，他本人也要處罰的。但時代不同了，一切都變了。

先生又說：「天主教徒過去在香港辦的『新聞分析』，原是批評我的。後來大陸上清算我的思想，他們看見中共清算我，就說我的思想會作怪了。共產黨對於天主教是要盡力摧殘的，因為天主教也是一個有組織的集團的專制，他們必須要把它打倒的。像波蘭、捷克，都是天主教的國家。羅馬不是分東羅馬與西羅馬嗎？波蘭、捷克，都是屬於西羅馬的天主教。蘇俄本國是屬於東羅馬的舊教的。現在美國總統甘迺迪執政了，天主教的勢力又抬頭了。」

先生又說：「北平輔仁大學是天主教辦的大學，但我也是輔仁大學的校董，不是奇怪嗎？遠在三十年前，陳垣（援菴）和一位美國傳教士來看我。他們說國民政府頒布的私立大學組織法必須設有一個校董會，請我擔任他們的校董。我說，我是一個無神論者，怎麼可以當天主教的大學校董呢？他們說這點沒有關係，無論如何請我擔任。他們既說無神論者沒有關係，我沒有理由可以推辭了。到了校董開會的一天，我看見一位穿紅衣的主席坐在上頭。主席是張繼（溥泉）。我知道張溥泉也不是天主教徒，我放心了。這個校董會的第一次，也是最後的一次開過之後，他們把校董的姓名呈報教育部立案了。一直到這次輔大復校的籌備期內，他們又要我這個老校董作他們這次的新校董，我終算設法推辭了。最可怪的，那時輔大的校長要請陳垣擔任。陳垣是個基督教徒，他們已用新教的教徒來作舊教大學的校長了。那時，三十年前，天主教的工作雖已深入民間，實在拿不出一個可做大學校長的人來。在南方，馬相伯當了震旦大學校長了，北方沒有人，只好請新教的陳垣來當校長了。」

錢思亮帶來一些信件。有些已經由他代復了，有些要送出去的，有些要留待先生出院後再復的，談了幾分鐘。

簽名探病的，有陳維倫、楊一峯、侯璠、黃季仁、周简文、許育驊、陳滄來、邵華、胡鍾吾、王靄芬等人。

下午簽名的，有胡漢文、陳可忠、查良釗、孫德中、李敖、柯樹屏、張紫常、全漢昇、Moon & Pusalla Chen、劉真夫婦。

今晚先生吃了稀飯之後對胡頌平說：「我的太太的信寄到了，她接到錢太太的信，也接到江小波的信，都說勸她回來。她說美國也該留一個地方，讓我暑間去時有個住處，這次不回來，等我暑間去後再一道回來。」

先生談起志維已把〔楊誠齋集〕和〔王荊公集〕帶來了。他們都是江西派，奇怪，我只不喜歡黃山谷的詩。楊誠齋的五古、七古、七絕，許多都用白話寫的。王荊公也有了不得的詩。我的〔白話文學史〕

還沒有寫到他們就停止了。胡頌平說：「〔白話文學史〕下卷，先生如不寫下去，將來怕沒有人能寫了。」先生說：「這裏的書不夠。史語所圖書館的書總算不錯了，但我需要雜湊的書都沒有。」先生說到這裏，忽然想起說：「中央研究院還沒有研究中國文學史的人！」

一九六一年三月十三日【聯經版第十冊頁三五三一／油印本第二十四冊頁二六二—二六三】

先生又說：「楊誠齋能寫平淡無奇的風景。……」

上午，鮑克蘭來辭行。袁貽瑾、蔣夢麟父女等來，都勸先生必須特別休養。簽名的客人，有高叔康、李光宇、趙雪峯、張紫常等。

下午簽名的，有沈志明、李熙謀、胡鍾吾等人。

今天先生對特二號的病人梅貽琦說了幾句話，是王志維錄音之後送到對面房間播放的：先說住院十六天，過的很舒服。醫生不准他起坐，一切吃飯等事都在床上。還說前天做了一個出院的夢。又說袁貽瑾來看他，說他真是一位charming person。護士小姐問這兩字的意義，先生說，如用白話來翻譯，就是「迷人」的意思。但請護士小姐不要害怕，說罷大笑。

今天偶然談起伍叔儻（俶）的詩。胡頌平因念他的「後浪散圓紋，船頭飄輕絮」及「閒雲不下廉纖雨，伴月橫天作畫圖」等詩句。先生說：「叔儻的詩，是用氣力做成的。」（詳見胡頌平「追憶伍叔儻先生」，〔傳記文學〕九卷三期）。

香港友聯社預約〔脂硯齋石頭記〕合同等件，今天辦好，由胡頌平出名代復趙聰、蕭輝楷、劉甫林等人。

一九六一年三月十四日【聯經版第十冊頁三五三一／油印本第二十四冊頁二六三】

上午來簽名的客人，有查良釗、王朱學勤、梅韓詠梅、陳文奇、陳倬、李濟、錢張婉度、江小波等都進病房探望。

下午的客人有張維翰、余俊賢、余呂曼勤、胡漢文等。

李幹進了病房，略談。

先生翻出楊誠齋的七古……。

一九六一年三月十五日【聯經版第十冊頁三五三一／油印本第二十四冊頁二六四】

上午來的客人，有羅雲平、劉英士、沈志明、查良釗等。黃篤生、王漢昭兩人代表何世禮來簽名問候。杭立慈代表杭立武、吳德耀兩人來簽名。

下午的客人，有顧毓瑞夫婦，陳之邁、趙荷因夫婦，李先聞等，都進病房一晤。簽名的有蘇薌雨、余堅、胡文郁、胡汪亞男夫婦、高化臣、鄧鐵生、李青來，勞榦、勞周衍璞夫婦等。

今天高天成……

一九六一年三月十六日【聯經版第十冊頁三五三二／油印本第二十四冊頁二六五—二六七】

三月十六日（星期四）上午的客人有：羅家倫夫婦、江小波、張子嘉、張維楨、黃朝琴、查良釗、胡鼎榮等。

下午的客人有魏喦壽、萬紹章、丁耀中、鄧鐵生等。王朱學勤、梅韓詠梅來，想向先生傳教的，於是送她們每人一本〔四十自述〕，讓她們認識先生的思想。

〔中國公學校史〕單行本印出來了。先生談起中公過去的風潮都與政治有關：像王敬芳是進步黨的份子，後來的張東蓀是研究系，研究系是進步黨的一部份。何魯是國民黨，後來的吳鐵城也是國民黨。在這篇〔校史〕內可以看出政黨爭這個學校所發生的風潮。這篇〔校史〕有許多革命的史料，可以送一本給羅家倫、黨史編纂委員會及各大專學校。

上月廿五夜先生住院之後，有人送來中醫治心臟病的單方及長生方，藥方裏需要西洋參的。今天胡頌平向先生提起，先生當然要他謝謝人家的好意。接著說：「過去的醫生不知道心臟是一部機器，是一個發電機。他們說西洋參可以強心；沒有這麼一回事。古代的所謂參，是指陝西的黨參。」先生說到此，問胡頌平：「你知道西洋參是什麼？這種西洋參在紐約附近是用來餵豬的。西洋人以為用這種東西來餵豬，豬會長得特別肥。後來發現中國人把它當藥吃，才推銷到中國來。到現在還不到達一百年吧！」

今天胡頌平在看許多問候的信札中，看見沈剛伯轉來蔣彝的信，說哥倫比亞大學中日文學系開行政會議，有「舉座同聲禱祝吉人天相，早占勿藥」的話。因問蔣彝是什麼人？先生說：「他是一個畫家，很用力的畫家。他每年出一書，如到英國，就用中國的彩色畫英國的風景；到蘇格蘭，也有蘇格蘭的畫冊，上面還有他的文章，是一位很用氣力的畫家。」

一九六一年三月十七日【聯經版第十冊頁三五三二／油印本第二十四冊頁二六七—二六八】

上午簽名的客人，有Janet Chang、張景樵、夏濤聲、葉曙、湯志先、查良釗等。夏濤聲帶來十六日出版的《民主潮》，裏面有先生的「考據學的責任與方法」一文。先生叫胡頌平送給俞叔平一本，因他是研究證據法的。

進病房的有楊亮功、蔣復璁。先生對蔣復璁說：「書……總比擱書庫裏爛了好些。」又談起上個星期二（七日）在《中央日報》上有鄭騫的「詳介世界書局出版的《詞學叢書》」一文，據說這書很不錯，全書分三部分，現在第一部分出來了，要頌平空時去買一部。又談起中基會可能有不到一千美金的小數目補助中央圖書館，可作購買西書之用。蔣復璁告辭回去之後，不多時，他又來了。帶來一部《詞學叢書》八厚冊，送給先生。先生覺得很不安。

下午的客人有鮑良傅夫婦、王大空、邱楠、鞏耀華、居浩然、徐萱、張祖詒、張紫常、胡鍾吾夫婦等。

楊錫仁來對先生說，當年同房間到美國去的三個人，周象賢危在旦夕，先生住在醫院，只有他一個人算是住在家裏。

朱家驊來談近日將到香港去遊覽。先生覺得他一個人去玩三個星期，興趣高，又會豪飲，只怕他太辛苦了。

七點二十分，臺大醫院病理學系主任葉曙來。……

葉曙走後，護士小姐覺得先生看書看得太多了，把電燈熄了，強迫先生養養眼神。先生對她說：「你太凶了！」

一九六一年三月十八日【聯經版第十冊頁三五三二／油印本第二十四冊頁二六八—二七一】

三月十八日（星期六）早上胡頌平到醫院時，先生提起〈詞學叢書〉，說：「這叢書裏收的詞，我大體都有的，其中收的敦煌寫本的詞有百多首，所以我想買一部；結果慰堂送我，心裏總覺不安。」胡頌平說：「慰堂曾經問我，先生需要看些什麼書，他可以供給，我因醫生不讓先生多看書，勸他且待可以看書時再說。他是早有此意的。」因又問：「敦煌寫本中的〈云謠集〉，先生不是校正過嗎？」先生說：「我花了兩夜的工夫，但還沒有做完。」胡頌平又說：「這些材料，將來都是〈白話文學史〉下冊的材料。」先生說：「將來看吧！也許會寫下去的。」

上午來簽名的有潘貫、周傑人、羅雲平、程敩民、胡鼎榮等。李熙謀說有什麼事要報告先生，進了病房略談。

下午簽名的有陳可忠、張儀尊夫婦、潘春暉、余堅夫婦、全漢昇夫婦、程維賢等人。

先生要胡頌平選了一籃花，代表他去問屈萬里的病。萬里已能坐起來了。

羅雲平又來，進了病房向先生辭行。中原理工學院創辦人賈嘉美（James R. Graham）是一位牧師，他來看先生，想向先生傳教。先生問他多少年紀。他說六十一歲。先生說：「你還是小孩子。」

顧文霞來，先生和她談起過去有個女兒去世之後，也想抱個女兒來養。那時在南京，有一位夫婦都是很好的家庭出身的，他們覺得女兒太多了，想抱一個兒子，願意把女兒送給很好的人收養。那時從南京到北平是沒有飛機的，要我在火車上抱她，怎麼抱得去。後來戰爭發生，火車也斷了，就沒有實現了。這對夫婦抱來的兒子後來死了，又想把他們已經送給別人的女兒抱回去。幸虧我沒有要她。其時我已四十多了，要把女兒養大，我已六十多的老人了。」

今天先生談起第一次害了心臟病，在醫院裏住了七十七天。像現在一樣的睡法睡了五十多天。開始的幾天，好像是服安眠藥睡的。那年是我四十七足歲生日前兩個星期。後來艾森豪在六十六歲時心臟病發作，睡了一個多月就出院了。接著詹森（甘迺迪的副總統）也在四十七歲生日前幾天，也因心臟病在醫院裏住了一個多月。「看他們的情形，和現在的醫療方法，只消一個多月就行，所以我希望他們能夠縮短我的有期徒刑。」

一九六一年三月十九日【聯經版第十冊頁三五三二／油印本第二十四冊頁二七一——二七三】

上午簽名客人，有查良釗、趙賡颺、王大閎等。楊亮功進去略談。

下午簽名的，有史尚寬、王鳳喈、張鳳棲、許淳澤、許有種、李鍾湘、芮逸夫等。錢張婉度進了病房，羅家倫也跟進去談了一會。

先生這兩天看了楊誠齋的詩，晚上六點多，又對胡頌平說：「我對楊誠齋的詩，總覺得太小，到底是江西人。他的五古、七古、絕句還有些道理，律詩就不行。他的每一集都有一篇序，都是說這一集的詩變了，有進步了，大都是指律詩而言的。王安石的詩，也是江西派的詩。宋代的文章，歐陽修最好。」

胡頌平問：「蘇東坡的詩呢？」先生說：「蘇東坡的文是做通的，他的文比詩好。他的詩喜歡用典故，書讀得太多了。王安石的文，有時還有未做通的地方。駢文、律詩，都是對對子；一直到八股，還是對對子。可見對對子，是一條死路。歐陽修、蘇東坡的古文是一條正路，東坡的詩還不能走上正路。所謂唐宋八大家，四川蘇氏父子兄弟佔了三人；江西的歐陽修、王安石、曾鞏也佔了三個。我的〈白話文學史〉寫到古文運動史的時候，看見古文運動做得不澈底，沒有寫下去了。我不喜歡黃山谷的詩。金朝王若虛在他的〈慵夫集〉裏大罵黃山谷的詩，只有他一個人大膽的批評黃山谷。」

先生這次再看楊誠齋和王半山的詩集之後，好像沒有以前那麼喜歡。胡頌平因問：「我年輕時喜歡黃仲則的詩，現在不太喜歡了，是不是跟年齡有關係？」先生說：「當然有關係。」先生看見胡頌平身旁帶的〈朱子語類輯略〉，問：「誰輯的？」胡頌平說是張伯行。先生說：「不要看輯略，要看全文！」

今天先生看了南投初級中學三年級學生徐玉里等六十四個小朋友的簽名問病的信，十分感動。要胡頌平出名復信謝謝他們的好意。

一九六一年三月二十日【聯經版第十冊頁三五三二／油印本第二十四冊頁二七三—二七四】

三月二十日（星期一）上午簽名的客人，有夏濤聲、張敬原、王朱學勤等。進病房略談的有高惜冰、楊樹人、江小波等。

郭廷以近來在中心診所養病，叫王萍來見先生，說有一封給福特基金會的英文信稿需要先生出名，先生答應可以看看。先生叫他把信稿留給胡頌平轉給先生。

今天中午，先生開始吃乾飯了。飯後，胡頌平對先生說：「上午王萍留下的信稿，我怕先生看起來太費力，讓我送給錢校長去處理吧！」先生說：「這件事，只有我和郭廷以兩個人接頭的，思亮一點也不知道，怎麼可以給他去處理？信長嗎？」胡頌平說有三頁長。先生說：「你給我，等我睡醒時再看。」

三月間福特基金會給我的信，是否在思亮那邊？你通知志維設法送還給我。」這樣，先生一定又要自己修改信稿了。

下午來簽名的有浦麗琳、浦陸佩玉、周良翰、胡漢文、張齡佳、張黛翠、胡鍾吾等。

進病房看先生的有趙連芳、梁序穆、李毓澍等。

毛振翔是奉樞機主教田耕莘的命令來看先生，說：「田樞機都為先生祈禱。天堂是有先生的分。」先生說：「我不會進天堂的。」毛振翔又說：「耶穌基督要你進天堂呢？」先生說：「我也不要進天堂。」毛振翔在先生的額上畫了十字架。毛振翔走後，先生對胡頌平說：「田樞機看中你了。現在又看中了我了。」說罷大笑。

黃季陸來說教育部發動籌劃一個「漢學家會議」，並預備聘請的委員人選。先生給他說：「我的預料，將來我們要請的不一定能來，能來的不一定是我們要請的。」

今晚，胡頌平為了先生要看福特基金會的信件，心裏老是不安，於是先去看楊樹人，再看錢思亮，商量一個怎樣可以讓先生節勞的方法。

一九六一年三月二十一日【聯經版第十冊頁三五三二／油印本第二十四冊頁二七四—二七七】

三月二十一日（星期二）今早胡頌平到了醫院，看見先生精神特別愉快，因說：「昨夜遇到錢校長，談起福特基金會的事。錢校長要我代為請示，可否讓他拿去看？如果他不能辦的，立刻送回來；如果可以修改的話，由他修改後再給先生修正，不是可以節勞嗎？」先生說：「這件事，多少複雜曲折，人家不會明白的；你根本不應該告訴思亮。思亮的事情多，他平時忙過我何止十倍，他已替我們院裏辦了不少事，不應該再麻煩他，你把這件事忘了吧！」先生雖責備胡頌平，但說話的態度是很和婉的。胡頌平又說：「錢校長願意替先生分勞，至多不會耽擱他半天的時間。這個稿子是王萍起草的，王萍是錢校長的學生，他可以改的。先生療養期中不相宜看複雜的公事，我們不能不特別謹慎。」

先生於是拿出這個文件來看，翻了大約十分鐘，說：「我把這個稿子看了一遍，有些話根本不要說的，有些應該修改的，讓我做了記號再給思亮去修改好嗎？」胡頌平說：「這樣最好不過。先生這次住院療養，多少人在關心先生的健康。國內外的老朋友不算，就像前天南投初中的學生也聯名簽字寫信來問病，叫人多感動！」這時胡頌平站在病床旁邊，兩手放在床沿上，先生拍拍胡頌平的手說：「我知道，我做了記號給思亮好了。等志維把福特基金會的文件拿到後再說。」

上午簽名的客人有洪炎秋、谷慶泉、李超英、王德芳、劉英士、劉諶旭等。劉諶旭是記者，來採訪消息的。

蔡錫琴來檢查身體。先生一邊和他說話，一邊大笑。查良釗進病房來，請先生不要大笑。先生說：「塵世難逢開口笑。」（杜牧詩）說罷又是大笑。董作賓也進來略談。

下午來的客人，有唐嗣堯、梅貽琨、胡鍾吾、王朱學勤等。

陳槃、嚴耕望、高去尋在中午的廣播裏聽說先生已能起坐吃乾飯了，很高興的來看先生。

晚飯時，先生談起台灣話吃稀飯叫啜糜、啜飯，都是古音。古時F讀P音。逢讀碰。碰到什麼人，即是逢到什麼人。廣東話的飲酒，也是古音。又談起「先君練字時，筆上有一隻銅管，先放上五個銅錢，以後再加五個，逐漸加上去。那時寫字一定要懸腕，其實沒有什麼道理。」

今天先生看見胡頌平身旁帶有一本朱子〈小學〉，問：「你怎麼看起〈小學〉來了？」胡頌平說：「沒有客人時，拿來看看。」先生說：「我小時讀〈小學〉都能背，嘉言、懿行、稽古三部分，因為故事有趣，所以容易記得，其餘的都忘記了。朱子編的〈小學〉也太偏了；不過在那個時候已經知道小學教育的重要，要從兒童教起了。」先生也翻翻胡頌平在看的是正誼堂的本子，說：「張伯行保存了原料很多，他是河南儀封人。所有正誼堂出版的，都是他的著作。這部〔小學〕內有你們浙江呂伯恭許多材料。」

一九六一年三月二十二日【聯經版第十冊頁三五三二／油印本第二十四冊頁二七七—二七八】

三月二十二日（星期三）上午簽名的客人有李騰嶽、林崇智、沈志明、黃榜銓、查良釗、D. A. Piatt、周幼康等。錢張婉度進病房略談。

下午的客人：張齡佳、許明德、Berkelila、黃郭佩雲等。

先生今天再看給福特基金會的信稿，覺得這是小孩子寫的英文，不能用的；決定等他的體力稍為恢復時，自己來寫。因而談起「現在一般出國的學生，都是年紀太大了。學外國語，要年紀輕出去才好。像丁文江、葉公超、溫源寧、我，都是年輕出國的。丁文江寫得好，葉公超也寫得好，溫源寧也寫得不錯。現在這般出國學生，能夠寫得成文已算很好了，寫得好的實在很少。中央研究院裏，就沒有一個英文寫得好的人。」

一九六一年三月二十三日【聯經版第十冊頁三五三二／油印本第二十四冊頁二七八—二八〇】

三月二十三日（星期四）今早，先生在報上看見台大法學院教授王伯琦去世的消息，頗有責備醫院耽擱的輿論。胡頌平到院時，先生正和護士小姐談論這個問題，因把昨天下午四時參加王伯琦治喪委員會的經過情形說了。先生聽了很難過，說：「將來大家為他籌募子女教育基金時，我也可以捐一些。至於輿論責備醫院的話，這都是家屬在悲傷情緒之下的激動，很難避免的。當年劉半農患了蒙古瘧疾，到了病情嚴重的一天，才要我說話進了協和醫院。協和內科主任杜威克博士給他抽血化驗，全是肝臟菌，來不及救治，當天下午就去世了。劉半農太太在悲傷情緒的激動之下，打了杜威克博士一記耳光。後來還是由我代向協和醫院道歉的。」「後來我的太太一再勸我不要替人介紹醫生。」

先生於是想起高夢旦先生來，說：「高夢旦先生有一位最小的女兒，也是最愛的女兒。她出國回來不久，因盲腸炎進醫院割治。那時割治盲腸炎已很穩定了，只有萬分之一的危險。高小姐剛剛是萬分之一的危險，結果不救了。高夢旦先生沒有說一句話。」

上午，簽名的客人有錢昌祚、張彥雲、薛嫣珍、步天鵬、胡鍾吾等。施建生、李青來，都進了病房略談。

下午，蔡錫琴來診察之後，說每天可以起坐三四十分鐘了。簽名的有閻振興、查良釗、汪荷之、王朱學勤、宋英等。

今天翻看〈詞學叢書〉裏的〈稼軒長短句〉，是影大德本。先生說：「我那時選〈詞選〉時，這部大德本還沒有出來。大德是元成宗年號，約當一三〇〇年光景，離現在已有六百五十年了。大德本的刻工很好，那時西洋還沒有印刷呢！」

一九六一年三月二十四日【聯經版第十冊頁三五三二／油印本第二十四冊頁二八〇—二八一】

三月二十四日（星期五）上午的客人有閻振興、高化臣、王德昭、張紫常夫婦、谷慶泉、陳志皋、吳德耀等。

下午的客人有鍾伯毅、張述聖、浦薛鳳夫婦、查良釗等。莊萊德大使夫人來談了好幾分鐘。毛子水、楊亮功也都進來略談。

先生改吃乾飯之後，小菜裏是不放鹽的，今天加了一點鹽，就覺得有味了。因而談起「最早覺得有味的是鹽和酸梅，叫做鹽梅。〈書經〉『說命』裏說的『若作和羹，爾惟鹽梅』，那時已經知道用鹽梅來調味了。」

今天看到〈徵信新聞〉上有「朱騮先香港之行」的報導。先生說：「香港是個是非之地，希望他不要有無意的是非發生。我廿四年到香港去也是如此。」

今天談起有些中國的藥方，最好送給陳克恢去化驗。麻黃，就是陳克恢化驗出來的。現在的強心針，不是從麻黃（？）裏提出來的嗎？金雞納霜是從北美洲的一種樹裏提出的；抗戰期間，不是用常山來代替嗎？這些藥，都是值得化驗，應該化驗的。

一九六一年三月二十五日【聯經版第十冊頁三五三二／油印本第二十四冊頁二八一—二八二】

上午客人簽名的，有展恆舉、余紀忠、戴運軌、姚陳絢。進病房晤面的有莫德惠、彭麒。

下午簽名的有查良釗、沈志明、胡鍾吾、鄧美珊、全漢昇等。進病房的李宗侗（玄伯），略談。

李宗侗回去之後，先生問胡頌平：「玄伯先生只少我一二歲，他也有心臟病嗎？」胡頌平說：「他會保養。人家說先生太不自己注意了，甚至有人說先生自己糟蹋自己呢。」先生說：「我不是不注意自己的身體，我作工時興致來了，不能到了鐘點放下來。」胡頌平說：「我有時看見先生實在太累了，先生還要掙下去，這就傷身體了。」先生說：「以後要注意了。」

晚飯的時候，先生坐起來了。談起古人的坐法是用兩腳向後，跟現在日本人的坐法一樣，和跪差不多。所謂稽首、叩首，都是把頭向前一低，叫做行禮。皇帝、臣子，都是跪著坐的；話聽不大清楚，向對方靠近一點，叫做「前席」。因為大家都是坐在席上，君臣的尊卑不甚分明。你看日本天皇的畫像，好像沒有腳似的，其實都是坐著的畫像。後來有了椅子了，皇帝坐在高高的椅子上，臣子還是跪坐在地上，於是尊卑的界限更分明了，君權更提高了，朱夫子有一篇文章專說跪坐的。

一九六一年三月二十六日【聯經版第十冊頁三五三二／油印本第二十四冊頁二八二—二八三】

三月二十六日（星期日）上午簽名的客人，有楊繼曾、胡宏述、沈志明、沈綿、胡鍾吾、胡秀實等。

傅俞大綵、錢思亮夫婦、姚從吾等來看先生，略談。

下午的客人有胡漢文、李崇年、戈定邦、胡國光、王善荃、孫德中、夏道平、胡薛嫣珍、王書惠、王書益、虞舜等。

朱夫人、陳雪屏、王世杰、芮逸夫等，都進病房略談。

今天談起校勘工作的不容易。像上回〈中國公學校史〉三校稿，胡頌平覺得仔細的校過，應該沒有錯了；但先生一看就看出兩個標點的錯誤，還有一個錯字。胡頌平說：「這是我的天分低，精神不貫注的緣故吧！」先生說：「不，還是沒有訓練的緣故。以前我看沈宗瀚的〈克難苦學記〉，在第一頁第一行上，就看出他把陰曆生日和陽曆生日算錯了十天。我替他校正之後告訴他，宗瀚還很懷疑，直到他再次查明之後，才相信了。他的〈克難苦學記〉，取的『克難』兩字是時髦的名詞；到了第二本出來時，我叫他改做〈中年自述〉。這兩書都有我的序，將來可以收在〈文存〉裏，設法錄下來。」

一九六一年三月二十七日【聯經版第十冊頁三五三二／油印本第二十四冊頁二八三—二八四】

三月二十七日（星期一）上午來簽名的客人，有馬逢瑞、鄭騫、史次耘、齊世英、王朱學勤、朱家忠、杜元載、高鵬飛等。

葉公超來看先生，談了八九分鐘。

下午的客人有李毓澍、查良鑑、查張祖葆等。

今天先生談起各國學校學期的不同。如英國的劍橋大學、牛津大學等，每年只有十六個禮拜是正式上課。一年有五十二個禮拜，差不多只有四分之一的時間是上課，其餘都是學生自己用功的，——都是教授開給他們的參考書，指導他們怎麼去用功。有的國家暑假很長，有些國家春假很長，各國不同。

護士小姐談起鄰近一位病人的脾氣壞，昨天看見醫院裏的飯菜不好吃，連盤碗都被擲翻了。先生說：「這都是胃口不好的緣故；我的胃口好，才沒有壞脾氣。」胡頌平說：「我沒有看過像先生這樣高的修養。」先生說：「我的脾氣也壞，你不看我在文章裏大罵人嗎？」

一九六一年三月二十八日【聯經版第十冊頁三五三二—三五三三／油印本第二十四冊頁二八四—二八六】

上午，張岫嵐、劉愷鍾代表于右任來問病。高鵬飛來辭行，是到史丹佛大學去進修的。先生介紹他到後去看陳受榮，並祝他一路順風，成功歸來。

阮維周來報告：……王志維把剛才的經過……且待相機再說。

楊樹人來看先生，說科學會的事都已處理了，請先生不必顧慮。

簽名的有屈萬里、吳國柄、林致平、查良釗、樊際昌等。

下午來看先生的有谷正綱、張紫常、張祖詒、江小波、梅夫人、王朱學勤等。

先生談起徽州人稱祖父叫「朝」。「朝」是「朝奉」，最起碼的官。稱祖母叫「務」，「務」是「孺人」二字念快以後的合音。媳婦稱公公也稱「朝奉」。又說徽州人的平上去入四聲可以分作六聲：平聲分為陰平陽平，去聲也分為上去下去二聲，談一些音韻學上的問題。

一九六一年三月二十九日【聯經版第十冊頁三五三三／油印本第二十四冊頁二八七—二八八】

上午客人簽名的，有延國符夫婦、宋繼元、潘貫、楊君實、余堅等人。

錢思亮來談福州街宿舍的事，說了許多話，先生答應了。梅貽琦也來過。

下午的客人，有蔣復璁、樊際昌、查良釗、浦薛鳳、趙賡颺、梅貽寶、梅倪逢吉等。

今天是青年節，許多記者想見先生。高天成答應他們可以進去照相。一位記者問起黃花岡的詩。先生說：「我想起廿四年在廣州遊黃花岡的打油詩，是用廣東方言寫的。那次我到廣州去，陳濟棠、鄒魯把我預先約好的演講取消了，我沒事好做，去遊黃花岡，寫了四句打油詩（見本譜廿四年一月六日條）。後來陳濟棠把黃花岡上的自由神扔了，另在上面繪了一個黨徽。」先生說話時，記者都記錄下來。高天

成對他們說：「讓胡先生給你們照相。這是證據，胡先生的身體是不是進步很多？」（參閱三月二十日的〔新生報〕）

先生近來在醫院裏看小仲馬的〔俠隱記〕、〔續俠隱記〕。

一九六一年三月三十日【聯經版第十冊頁三五三四／油印本第二十四冊頁二八九—二九一】

上午，郭廷以在醫院裏叫王萍來看先生。是為答覆福特基金會的信，想請先生口授，由王萍記錄的。先生打開福特基金會的文件，對王萍說：「這封信不是這樣寫的。我並不怪你，實在事情的經過太曲折了。文件內的一封信上說：『我們很了解你們希望這個計劃由中央研究院來管理這十八個人的研究工作』的話；他們要中央研究院管理十八個人的研究工作是不容易辦的，還是讓我自己來寫。一兩天以內我可以坐起來，我寫一封簡單的信好了。」

來訪的客人有秦大鈞夫婦、梅貽寶夫婦、高天成帶楊肇嘉來，都進了病房，說了幾句話。

下午來簽名的有劉行之、王立文、胡薛嫣珍、胡宏蕤、胡宏詞等。

蔡錫琴來診察後，……

高天成陪程天放來談了幾分鐘。**高天成說先生下星期下床時，只能先坐輪椅，然後再走一二步，慢慢的增加上去，還需要一個休養練習走路的時間。**

自從先生可以吃飯以後，好幾家的朋友都輪流送菜來。今晚第一次吃到黃魚，——怎麼談起魚鯗的「鯗」字，問「鯗」字的讀音。胡頌平說：「溫州是讀『想』字音。如乾的鰳魚叫『鰳鯗』，乾的黃魚叫『白鯗』。」先生笑著說：「我今天多認識一個『鯗』字的讀音了。」又問「鰳魚」是什麼魚？胡頌平說：「就是廣東人拿來做鹹魚的白魚，很像鰣魚，多刺；溫州叫做鰳魚。」先生說：「你們讀的是古音。」因又談起徽州是山地，很少魚蝦的。家裏有喜事，要早一二年去買魚種來放在池塘養大備用的。

不像你們溫州有好山水，又沿海，有山海之利。

先生接著說：「西北缺水的地方，魚是很名貴的菜。請客的時候，菜都吃得差不多了，廚師手裏捧著一盆魚，上面裝有香菜等東西。他把盆子端在手裏，站在門口，說：『上魚了！』這時首席客人起來向主人作揖道，不敢當。主人再請上魚，首席客人仍說萬不敢當。如是客氣了三遍之後，主人說：『恭敬不如從命』，打發廚子走了。原來廚子拿的是木頭的魚，也有鱗紋，很像一條魚。那個盆子裏面刻有『老大房製，四房合用』的字樣。」

先生又說：「西北在古代是文化很高的地方，現在文化落後了，可能是沒有雨水的關係。如能把西北開發起來，那倒是好事。」

今天各報報導先生的身體進步情形，也有登出照片；但把昨天黃花崗的打油詩記錯了幾個字。

先生當年同船出國的周象賢，今天去世。他大過先生一歲。

一九六一年三月三十一日【聯經版第十冊頁三五三四／油印本第二十四冊頁二九一—二九二】

三月三十一日（星期五）上午，屈萬里來看先生，特別謝謝先生的住院給他帶來及時割治的機會。他今天下午出院，先生切囑他以後不可吃酒。

梅貽琨、錢張婉度、夏濤聲、杜光勛、胡漢文等來問病。

下午的客人，有祝效珍、沈宗瀚、袁貽瑾、黃伯度、戈定邦、劉崇鋐、顧文霞、魏火曜等人。

今天談起「去年九月裏，福特基金會有兩位代表到台灣來和郭廷以接洽，那時我在美國，事前沒有知道。後來他們接洽得差不多了，才決定由我出名，才給研究費。今天看看近代史所的人員姓名，覺得能做研究工作的不多，所以更要審慎了。他們對於這個文件中關係的數字都算錯了，還得給他另外算過。這封信，當然也要另外寫過了。」

一九六一年四月一日【聯經版第十冊頁三五三四—三五三五／油印本第二十五冊頁二九三—二九四】

上午簽名的客人，有莫淡雲、馬逢瑞、汪厥明、吳鑄人、夏濤聲、王企祥、張研田、吳望伋、彭麒等人。

葉公超來辭行，先生送他一張照片。楊亮功來略談。

下午簽名的有查良釗、全漢昇、梅貽琦夫人、梅貽寶夫人、鄧美珊等人。孫洵侯曾進病房探問。

孫洵侯走後，……胡頌平因說，剛才孫洵侯從先生房間裏出來，還和我談了一會。他說他對音韻學發生興趣，他最佩服章太炎，他頗批評周法高。……

特別護士徐秋皎曾經當過王寵惠的特別護士，因而談起王寵惠來。先生說：「過去我和亮疇先生鬧翻了的。司法一貫獨立的制度，從前清起到民初，一直到羅文幹、董康幾個人，都能嚴格維持下來。到了亮疇先生，他縱容魏□□、鄭□□兩人在上海的胡鬧，把這個制度弄壞了，我很生氣。後來我當駐美大使，他當外交部長，他對我是很客氣的。再後，由魏道明來繼我的大使。那時是宋子文當部長，其實是蔣先生在辦外交。」先生又說：「亮疇先生離開『海牙會議法庭』回來當司法院院長，只差幾個月工夫就可以滿任；滿任之後，將來可得一筆很大的卹金；但他回來了，這是一個很大的犧牲。」

一九六一年四月二日【聯經版第十冊頁三五三五—三五三六／油印本第二十五冊頁二九四—二九八】

今早胡頌平到醫院時，先生就問：「你認識馬熙程嗎？」胡頌平說是認識的。先生說：「我還未進醫院之前，Dr. Silverman有信給我，說他的兒子Raphael Hillyer將來台灣演奏小提琴，要我招呼他。我當時復他一信，說那時正赴美國出席麻城工業大學百年紀念會；但當介紹馬熙程招呼他。不料接著進了醫院，一住已是三十五天了，把這事也忘了。昨夜看報才想起，所以我想請你去看他，要他代為說明經過。如果Raphael Hillyer在台北再度演奏時，並請熙程代我送一個花籃。同時叫他寫信告訴Dr. Silverman，說我的病快好了，快出院了。又叫他寫信報告他的老太爺馬子元先生。我已寫好一封短信給你帶去。」

熙程兄：……

上午簽名的客人，有牛存善、張國鍵、許彬哲、孫德中、陳寶麟、李楚狂等人。黃季陸夫婦曾進病房略談。

十一時，有給郭廷以的信。

量宇兄：……

先生要胡頌平帶信去看郭廷以……

下午簽名的客人，有鄧傳楷、胡鍾吾夫婦、常勝君、彭麒等。

一九六一年四月三日【聯經版第十冊頁三五三七—三五三八／油印本第二十五冊頁二九九—三〇二】

上午十點半，先生開始下床，……

簽名的客人有張徵清、趙賡颺、余堅、林品石、查良釗、胡漢文、張忠建等。張忠建留下一封信，裏面是他寫的兩篇文字。進病房的有錢張婉度、羅敦偉、楊亮功、胡宏述等。

中飯時，護士小姐將收音機開了。先生說：「這種廣播的節目，如音樂、電視、學術演講種種，都可以看出一個國家的文化水準，英國只有一個電台，國家辦的，任何節目都能維持一個文化水準。在美國，就有私人電台了。」

下午三時半，剛坐下輪椅，一位醫生陪同Willard Hanise M. D.來看先生。

李毓澍、王萍來，……多延請一些已有研究成績的學人進來？李毓澍、王萍兩人出來後，對於先生考慮的周密、仔細，眼光的遠大，對於院、對於所、對於郭廷以以及種種都能顧到，真是感佩萬分。**先生不主張立刻就復，還要從長計議。**

陳可忠來託胡頌平代為報告……

陳可忠又對胡頌平說，去年四月裏胡先生給清華校慶題的「理未易察」四個字，現在刻工用雙鈎鈎出來上石，鈎得很好看。……

今晚先生又談起「朝奉」兩個字。說：「從前出門遠行，送行的人要早上請他吃飯，吃飯之後，大家送他出村。到了橋頭，遠行的人向送行的道謝作揖後，就上轎了。大家都說：『徽州朝奉，自己保重。』我自己現在也曉得『自己保重』了。朝奉是九品的官，可以出錢去捐的。有了這個身分，設使出了事，可以不打屁股的。徽州叫當店的掌櫃也叫朝奉的。『員外』是從九品，也是可以出錢捐來的；就是額外的人員，額外的九品，也可以不打屁股。有了什麼事，穿起禮服來，官也對他客氣些。」

今天先生翻看傅東華譯的《美國短篇小說選》，裏面有一篇「米格司」，是先生早已譯出收在《短篇小說集》裏的。譯文裏有一句「你曉得某某嗎？」先生說，這裏的「曉得」二字應該譯作「認得」才對。因而想起過去譯的兩本短篇小說集，可以刪了幾篇之後，再交什麼書局排印，用五號字重排過。先生問：「那一個書局要印？」胡頌平說：「我們認得的任何書局都願意印，只要先生交給誰就行。」先生說：「讓我出院後再校一下。」

一九六一年四月四日【聯經版第十冊頁三五三八／油印本第二十五冊頁三〇二—三〇三】

上午簽名的客人，有王之珍、趙賡颺、袁昳、莫德惠、吳彩霞等。進病房探望的有項惠珍、姚陳絢。

十點半，先生下床坐在輪椅上，……

下午簽名的有金承藝、胡漢文。

四點多，王世杰來談十分鐘。

一九六一年四月五日【聯經版第十冊頁三五三八—三五三九／油印本第二十五冊頁三〇四—三〇六】

上午簽名的客人，有黃中孚、吳榮熙、章君穀、趙賡颺等。

下午，蔣復璁來看先生。

中飯的時候，……

胡頌平到時，先生已經下床坐在輪椅上看書……

吳三連來探問先生的進步情形，要等先生可以談天時，再見先生，黃玉嬌、喬鵬書夫婦來簽名。

這兩天〔民族報〕上連載，……先生又說：「羅家倫……也有地名和時日的錯誤。」

晚飯時，先生談起「徽州一般人家很少僱用長工的。像我家的菜園，需要僱人工作時，母親到鄰居去通知一聲，第二天就有兩三個人一大早就來了；都是房族裏的年輕人。早上要備飯，中午帶去吃。晚上工作完了回來，作工的坐上座，自家男人作陪。菜，一定要有肉，還要家中自備的燒酒。工錢都包好，他們吃了飯，拿工錢走了。只有大姊家裏僱長工，我在〔四十自述〕裏已經提到的。長工在家裏跟小孩一樣的稱呼別人，家中待他稱客；當作家中人一樣的看待。這些很像美國。我將來寫自傳時，要一大章來寫徽州的社會情形。」

一九六一年四月六日【聯經版第十冊頁三五四〇／油印本第二十五冊頁三〇六—三〇七】

今早八時胡頌平到醫院時，……

上午來看先生的，有白雲梯、魏火曜、許光耀、錢張婉度，還有南港各界代表蘇清波、闕山坑、李福人、陶士君、闕河枝、張忠桓、戴鵬程等人。

下午的客人有堯樂博士、凌純聲、魏嵒壽、全漢昇、王大空、劉其英、胡文郁、朱夫人、宣中文等。王熙來談幾分鐘。他是有名的生物學家，懂醫學的。他說他有資格可以說：先生可以吃點酒了。

陳雪屏夫婦來談。

晚飯時，先生談起「今天〔民族晚報〕又有一篇寫我曾患糖尿病被陸仲安醫好的文字，標題是『陸仲安善醫消渴』。又說西醫俞鴻寶曾設法抄送藥方登在丁福保的〔醫藥雜誌〕裏，也是瞎說，——將來真需要寫一點糾正的文字了。」

一九六一年四月七日【聯經版第十冊頁三五四〇／油印本第二十五冊頁三〇七】

上午，李濟、閻振興等來看先生，每人都送了最近在醫院裏照的照片。

下午簽名的客人有梁嘉彬、張齡佳、林致平等。

蔣夢麟父女來，和先生合照了照片。顧文霞帶她的女兒來。

一九六一年四月八日【聯經版第十冊頁三五四〇／油印本第二十五冊頁三三〇九】

上午，黃煇夫婦來問病。先生和他們談起今天是麻城工業大學百年紀念會，十五日是威爾克思的百歲壽辰，這兩個百歲典禮都不能去了。黃煇記下來，要替先生和此間康乃爾大學同學會去電祝壽。他還說今年十一月裏是中國工程師學會五十周年的大會，那時要請演講，先生答應了。陳可忠來，略談清華校慶。

簽名的客人有虞舜、丁耀中等。

下午簽名的客人有梅貽寶夫婦、查良釗、王企祥、張齡佳、孫運璿、張景樵等。

今天先生談起「蔣夢麟寄來一本他很賞識的小說，是一位女作家的作品。我也看了，彷彿是寫共產黨的罪惡。共產黨的罪惡不是親身經歷過是寫不出的。她是一個婦女，沒有能像姜貴寫得深刻。我沒有復信；往往有人會把我的信作為宣傳的工具。」

今天接到甯恩承的信。

一九六一年四月九日【聯經版第十冊頁三五四二／油印本第二十五冊頁三三一一—三三一四】

先生上椅子之後對胡平說，……

先生因吃茶想起老家的商店：一邊賣茶葉，一邊賣火腿。這些火腿都是江北泰興的火腿，就是丁文江的家鄉，借用丁家的大祠堂，用金華製造火腿的方法製造出來，當做金腿出賣的。從金華火腿談到蘭溪的糕餅，談起奎格會來了。

奎格會是由一位做皮鞋的教徒名叫泛斯宣傳而起的。《聖經》上不是有「以眼還眼，以牙還牙」的話嗎？泛斯是個主張不抵抗的人，別人打你的右頰，你應該將左頰送上去叫別人再打，他決不反抗。他反對戰爭。在英國國教的勢力之下，他被警察找去，被打了二十板子。打過之後，他叫警察再打二十下。警察問他為什麼再要被打二十板，他又宣傳奎格的教義了。結果，這位警察受了他的感動，也變為他的信徒了。

所謂奎格，乃是震動的意思，就是宣傳奎格教義時，說得全身都會震動的。

英國有個製糖果公司是肯廼勒爾辦的，他是一個奎格會會員，他從來不肯用一點假的材料製造糖果的，因此得到全國的信任，大發財了。美國有一個做蕎麥的公司，出品的蕎麥分做乾麥和麥糊兩大類，也因為他是奎格會會員，大家相信他，全國早餐的蕎麥都買他公司的出品，大發財了。到現在為止，全世界的奎格會會員不過幾十萬人，他們是不做宣傳工作的。在台北，也有一個奎格會，王志維也是奎格會的會員。

先生又談起鄉下老牌子的南貨店，或如陸稿薦、稻香村，他們都會愛護自己的老牌子，不肯用假材料，得到大家的信任，他們的生意就發達了。

先生又談起百歲老師威爾克思來。先生說：「前幾天，我的老師有信給我，他說我們的師生關係很感到榮幸。他還說他時常感到應該我是他的老師。這是我的老師的客氣。他說我這回因病不能參加他的百歲壽辰慶典，只有請我特別保重，並祝早日康復。」

上午的客人，有高天成、查良釗、唐子宗、陳雪屏、李濟夫婦、梅貽寶、程天放、孫德中、錢思亮、潘貫等。

查良釗留下孔孟學會的文件，裏面有一條要成立一個「國家長期發揚文化委員會」。先生說：「這是孔孟學會有意的諷刺。」

中飯時，先生談起「過去醫院裏的人透過錢思亮太太，要志維告訴廚子，讓我多吃魚，少吃肉。這樣一來，廚子每天兩頓都給我吃魚，都是那幾種魚，吃了兩年，我不抗議。一直到了去年年底，我才說食一頓魚好了。我是從不要廚子做什麼菜給我吃的。」

下午毛子水來談稍久，阮雋釗來簽名。

今天先生談起當年有「南高峯看日出」的一首白話詩，不曾收在〈嘗試集〉裏。後來賈景德就用我的意思寫作舊體的詩。那時我還不認識他，後來認識了。聽說那首詩收在他的詩集裏，還不錯。

自從醫生允許先生可以吃飯以後，時常送菜來的有楊亮功、陳雪屏、朱家驊、胡漢文、張祖詒、胡頌平等幾家。今晚胡頌平家做的紅燒雞、炸鯧魚、炒蝦片、沙拉、羅宋湯等。突然改吃一頓西餐，先生很開心的嘗試了。

一九六一年四月十日【聯經版第十冊頁三五四二／油印本第二十五冊頁三一四—三一五】

上午的客人，有黃煇、戴運軌等。先生在TIMES週報上看一篇文章，說心臟病的原因，不在工作的辛苦，也不在食物的關係，如不吃雞蛋、牛油等等，乃在於緊張和憂慮。先生說：「我平時不緊張，也不憂慮的。」

明天中午總統請吃午飯。先生說：「在各國的慣例，總統的請吃飯，等於命令，大家必須要到的。

現在我還未出院，只好打電話總統府交際科，說明因病不到，請他們代為報告，並代道謝了。」

下午的客人，有王世杰夫人、水澤柯、楊樹人、全漢昇等。簽名的有王鳳喈、曾國光、黎少達、蔡思珍等。

王朱學勤來過之後，先生說：……兩位護士扶著先生到了對面特二號房間，看了梅貽琦一下。

晚上，李青來來採訪消息。（見四月十一日〔中央日報〕）

〔甲戌本脂硯齋重評石頭記〕影印本的預約已達九百多部，今天決定加印到一千五百部。由胡頌平寫信告訴友聯社。

一九六一年四月十一日【聯經版第十冊頁三五四二／油印本第二十五冊頁三一六一—三一八】

四月十一日（星期二）今早胡頌平到院時，先生談起「昨夜睡著了，一隻腳露在被外，夜班護士楊小姐看見了，就把它蓋好。我在睡夢中對她說：『謝謝妳』。今早楊小姐告訴我，我自己一點也不知道了。我在睡著時也不忘記『謝謝妳』三字，這是好習慣。」先生又說：「昨夜夢見張學良，怎麼憑空會夢見他！」胡頌平說：「前幾天甯恩承突然寫信來，先生說他是跟張學良做過事的；或許那天提到張學良的緣故。」先生說：「也許我翻客人題名簿時看見莫德惠的簽名，因而聯想到他了。」

上午的客人有錢用和、李毓澍、王萍、凌鴻勛等。簽名的有沈亦珍、丁履延等人。

下午簽名的客人有李熙謀、包德明、郭兆麟、金承藝、胡漢文等。李榦來談四十多分鐘。

七時半，楊亮功來，先生已經看了他的「吳淞江上」一文的初稿，從初稿內的「倚老賣老」改為「似信不信」四個字談到馬君武。先生說：「我還在美國康乃爾大學做學生時代，君武先生從德國第一次到了美國紐約。那時學生宿舍可以招待客人的，我招待他在我的宿舍裏住了五天。那時我很忙，我還陪他吃飯，出去玩玩談談。他走了之後，我在日記裏有這樣的話：

先生留此五日，聚談之時甚多。其所專治之學術，非吾所能測其淺深。然頗覺其通常之思想眼光，十年以來，似無甚進步。其於歐洲之思想文學，似亦無所心得。先生負中國重望，大有可為，顧十年之預備不過如此，吾不獨為先生惜，亦為社會國家惜也。

我的〔留學日記〕不曾將這一段刪掉，就印出了。君武先生當然有介意。

周詒春先生到美國時，在美國的同學開會歡迎他。他說話之後，我在〔日記〕裏記他的話近於細碎，也不曾刪掉，也得罪了他了。

十七年全國行大學區制的時候，李石曾要我當中華大學校長（就是以後的北平大學），我沒有答應。後來在南京開會討論大學區制度，我是反對的。吳稚暉坐在我的旁邊，站起來，把椅向後一移，對我說：『你嗎，就是反革命！』」他的無錫口音很重，先生也用無錫口音說這一句話，說得十分相像。

先生又說：「過去我和任鴻雋打筆墨官司。好朋友來討論應該無所謂的，但任鴻雋也有些介意。所以一個人的日記，生前是沒法發表的；一發表，一定會牽涉到許多人。」

夜裏，楊西崑夫婦來看先生。他們走後，先生笑著對楊護士小姐說：「今晚是你們楊家的天下。」

一九六一年四月十二日【聯經版第十冊頁三五四二／油印本第二十五冊頁三一九一—三二〇】

今早先生談起：……

上午簽名的客人有鮑良傳夫婦、馬逢瑞、夏濤聲等。

先生在TIMES週刊上看了一篇書評，說：「這是根據法國路易十六革命時代，當時人的紀錄或信札中所述的材料寫成的三百多頁的一本書。法國革命到現在還不到二百年，路易十六被暴民送上斷頭台後的木刻也刊出。革命是暴力，兩三天之內送上斷頭台的一千多人。英國國王查理斯也是被革命殺頭的。」

中午，先生看見楊亮功家送來豐盛的好菜，說：「這樣好菜，可惜沒有酒。」護士小姐去倒了十C.C.

的酒，放在酒杯裏，說是白蘭地。先生一看顏色是白的，笑著說：「你說錯了。白色的只有琴，或者白乾、高粱、大麴；白蘭地是沒有白色的。」原來護士小姐是用開水當酒來助興的。

下午的客人有袁貽瑾、雷通明、陳雪屏夫人、錢思亮夫人、沈剛伯、楊文達、張紫常、查良釗、陳可忠、舒子寬、王述言、張祖詒夫婦等。

夜裏，李青來來訪問蘇俄發射太空船的意見。先生說：「這是美、俄兩國對於送人入太空的先後之爭，對於世界局勢並沒有影響。」（四月十二日《中央日報》）

清華學報社來了一封徵文的信。

一九六一年四月十三日【聯經版第十冊頁三五四三—三五四四／油印本第二十五冊頁三二一—三二六】

上午簽名的客人有洪炎秋、劉兼善、宋英、成舍我、楊亮功等。

今天《新生報》上有李強光在巴黎託人帶來十枚懼內證，……

胡頌平很輕鬆的問：「這十枚懼內證帶到之後分給誰，……」先生想了一想說：「朱先生、全先生也算一個吧。……這個名單不好開……」

先生想起意大利有名的怕太太的故事，……

在*Belphogor*這書裏是說地獄裏面的魔鬼的頭兒叫做Macchivelli的故事。

地獄裏最高魔王Pluto因為所有犯了罪的鬼魂都說他們沒有犯罪，都是被他們的太太帶來的罪過；因此召開一個會議，所有高級的魔鬼都到了。Pluto說：「我們不知道陽間的情形，難道陽間的女人都是這樣可怕嗎？究竟犯罪的是男人或是女人，我們要設法知道，要設法去調查。必須要派一個人到陽間去住一個時期，給他帶錢去，使他結婚住了多少年後，情形熟悉了，再回來報告，我們就清楚陽間的事情了。派誰去好？」大家都不肯去。於是決定用抽籤的方法，誰抽到籤，誰必須去的。

抽籤的結果，Macchivelli得籤了，於是給他帶去了不少的錢，要他到文化最高的斐靈翠去，住下來，跟當地的人家來往，慢慢的讓大家知道他要找一位太太。結果挑了一位很漂亮的小姐結婚了。

他們結婚不久，這位太太對她的先生說，她的妹妹要出嫁了，姊夫要辦嫁粧的，他只好照辦，花了不少錢。不久，他的弟弟要出國作買賣了，也要姊夫幫助資本，買船、裝貨，到外國作貿易去。他的哥哥也要去，他也給了資本。他們很幸運，信用又好，賺了錢，於是作更大的生意，再加上資本。大舅、小舅都需要大資本，於是姊夫的錢不夠了，於是給他們去借高利貸，越借越多，欠了許多債。生意當然越做越大了，這次裝的貨可以滿載而歸了。突然傳來消息，說這隻船遇著大風浪沉了。債主聽到了，大都來催債了，Macchivelli被迫得無可奈何時，只好逃亡了；但他的債主是不甘休的，仍是跟著追來，他逃到鄉下一個農莊裏，遇到一個農夫，對他說：你能保護我，我會重重地報答你。就躲在農夫的柴堆裏。債主追到時，農夫告訴他們確曾看見一個人，他逃到那一方向去了。債主朝著相反方向走了之後，Macchivelli安全出來了。他對農夫說，我是魔鬼的頭兒，你救了我，我要報答你。我要到鄰村某甲的女兒那邊去，我說什麼都不怕，無論牧師、主教、樞機主教都不怕，我只說怕你。他們來找你時，你要索取很重的謝禮，到手後，我再走。

這位某甲的女兒說是魔鬼只怕這個農夫，他們家裏來請他了。他到後，拿到了錢，魔鬼走了。魔鬼臨走時對農夫說，你救我，我報答了你，我們的債是劃清了，下次我是不買帳的。

這樣一來，這個農夫驅魔的聲名傳揚出去，到處都知道了。

Macchivelli到了法國之後，把法國國王的公主迷住了，再也沒法驅他出去。法國國王知道意大利有一個農夫能夠驅除魔鬼，寫信給意大利的國王請這位農夫到法國去驅魔。他沒辦法，到了法國，看見魔鬼了。農夫對魔鬼說，法國國王寫來很客氣的信，他們把我送到這裏來，並不是我要來。法國是個大國，大國給我們小國的信，我沒法子不來，請你給我一個面子。但魔鬼說，我是給你說過的，下次不買帳。再也不理他了。

農夫看沒法子，請他們搭一臺起來，請公主、樞機主教、大主教等都站在臺上。臺下要一千個士兵，每人要帶一面鑼，或鼓，或喇叭等東西。我和魔鬼談得好，你們沒事；如果談不好，你們看我舉起左手來，大家把帶來的鑼鼓敲起來。

第二天在臺上，農夫和魔鬼又談判了，請魔鬼給他留一個面子，魔鬼還是不答允。農夫揚起左手，成千的樂器奏起來了，聲音震天。魔鬼問為什麼。農夫說：「你的太太來了！」魔鬼立刻就跑了。原來魔鬼以為鑼鼓喧天是來歡迎他的太太的，所以趕快就跑了。這是有名的意大利怕老婆故事。

先生又談起明朝最後平定倭寇的兩員大將。

一九六一年四月十三日【聯經版第十冊頁三五四四／油印本第二十五冊頁三二六】

下午兩時半，葉楚生和李青來一道來看先生，帶來十枚法國打電話用的符號幣，……

一九六一年四月十三日【聯經版第十冊頁三五四五／油印本第二十五冊頁三二八】

先生和他們兩人合照一張相片。

來訪的客人有魏火曜、錢思亮、劉廷蔚、包德明、張昌華、章君穀、許希哲、李伯嚴、胡秀美。

今夜八時二十分，清華核子反應器……

今天給陳正茂醫師的紀念冊上題字，是這次病後第一次用毛筆寫字。

一九六一年四月十四日【聯經版第十冊頁三五四五／油印本第二十五冊頁三二八—三三〇】

上午簽名的的客人有余堅、韋從序。李濟來談了一會。

蔡錫琴陳正茂……中飯時，談起出院後的客人問題……

下午，許晏駢（高陽）來談半小時。張祖詒、全漢昇夫婦等來過。簽名的陳劍橫。

先生談起「啟明出版的〈俠隱記〉，有許多地方運用中國的成語是不通的，他把『火槍』譯成『毛瑟槍』。〈俠隱記〉是十七世紀的作品，那時只有『火槍』，那裏會有十九世紀的『毛瑟槍』？但這書有一些地方是採用伍光建的譯本的。」胡頌平說：「聽說啟明的〈法蘭克林自傳〉，也有譯錯的地方。」先生說：「法蘭克林的文字是平實明白、樸素、不講究雕琢修辭的。翻譯是很難的事，——像伍光建，他本來譯科學的書籍，偶然以興趣來譯小說，初用『君朔』的筆名。我總覺得乾淨。我喜歡他的譯文。聽說他譯的〈俠隱記〉收在〈萬有文庫〉內，可以通知商務重印。如孫洵侯的〈人之子〉、梁實秋的莎士比亞的戲曲，都應該重印的。」

先生又對胡頌平說：「你得空時寫封信給香港集成圖書公司的胡建人，問問湯用彤的〈漢魏兩晉南北朝佛教史〉有無近年的修正本？又問他的〈隋唐佛教史〉已否印行？你託他代我收買從前商務出版的伍譯〈俠隱記〉、〈續俠隱記〉及〈法宮秘史〉。」

今天有給威爾恪思百歲的賀電。

今天的〈英文郵報〉、〈徵信新聞〉、〈大華晚報〉等都有P.T.T.的報導。

一九六一年四月十五日【聯經版第十冊頁三五四六／油印本第二十五冊頁三三一】

上午的客人，有錢張婉度、張起鈞、蔣勻田、張慶楨等。

下午簽名的客人有黃煇、王之珍、黃得時、黃逢時等。

這兩天報上刊登P.T.T.的消息之後……

一九六一年四月十六日【聯經版第十冊頁三五四六／油印本第二十五冊頁三三一—三三二】

今早胡頌平到院時，先生正在試穿皮鞋，說：「你看，你看我的皮鞋特別漂亮嗎？護士小姐拿出去給擦皮鞋的去擦，兩元五角錢。擦皮鞋的知道是我的皮鞋，特別賣力，花了二十分鐘，擦得特別漂亮。中國老式的鞋是不分左右腳的，一個人的重心支持在腳的中部；有了左右分別的皮鞋之後，於是重點在腳底前部和腳跟上，站起來就不吃力了。病後兩腳無力，穿上皮鞋，就可以發力了。」

先生又說：「中國人穿左右分腳的鞋，最早是陳嘉庚的橡皮鞋底，皮鞋先是在廣東推行，再是上海的鞋匠模仿外國的做法，後來普及全國了。」

上午來的客人，有田炯錦、周昌夫婦、王企祥等。周之鳴、李世章等來簽名。

下午的客人，有梁嘉彬、孫德中、何康潔、蔡錫堯、李彥慧等。

有給齊如山的信。

一九六一年四月十六日【聯經版第十冊頁三五四七／油印本第二十五冊頁三三三—三三六】

這兩天先生可以自己上廁所了。護士小姐把廁所的「廁」字讀作「側」字。金承藝來，他是北平人，也讀作「側」字音。先生問胡頌平：「你讀什麼？」胡頌平說：「我的老家是讀『雌』字音，有時讀『司』字音，喊作『茅廁』。」先生說：「應該讀作『侍』或『嗣』的音，你去查一查。」於是接著說：「現在有許多字不合理，如『妳』、『祢』等字。我是第一身，你是第二身。我、你，決不會有錯的。你就是你，用不著分男的你、女的你。『妳』本是『嬭』字，與『奶』字相同，嬭母也叫乳母。用不著用這個『妳』字作為女性的你。又如『她』字原讀『姐』字音，〈集韻〉裏說『蜀謂母曰姐，或曰她』。現在用作女性的第三身，乃是劉復硬要把她讀成『他』字音，現在已經很普遍了。當時談到第三身是女性時，往往加上『女的』兩字。這還勉強說得過去。還有許多招牌把家具寫做『傢俱』的不通。」

先生又談起北平人咱們、我們的分別。譬如說，我們現在此地共有三人，我說：「咱們去看電影吧」，「咱們」是指全體而說的。如果說：「徐小姐，你坐坐吧，我們去看電影了。」這個「我們」是全體中的一部份。咱們和我們的說法就是全體和一部份的不同。在〈紅樓夢〉前八十回裏是很嚴格的。這是曹雪芹的稿子，他生長在北平，所以說得很純粹；但以後的四十回是高鶚續成的，「咱們」和「我們」的用法就不嚴格了，因他是杭州人的關係。又如〈兒女英雄傳〉是一個旗人寫的，他又寫得很純粹了。

編者附記：編者今天看到李獻璋講的「日本的漢學研究和我國發展學術研究應有的途徑」（〈新時代〉一卷四期）上有這樣的話：記得日本學界初見「胡適之先生六十五壽辰紀念論文集」兩大冊時，有感於自由中國學人在困難環境中不斷研究的奮發精神，曾掀起一陣研究學術的熱潮。於是決意要填補戰爭時期的空白，經過五六年的埋頭努力，〈東方學報〉已經出一本有關中國考古學綜合研究的專刊，攝取各種研究成果的鱗爪，並就各領域作全面的評價。在這篇演詞中，李獻璋只說日本戰前漢學的研究分京都的「支那學」和東京的「東洋學」兩派，沒有提到這兩派的淵源。其實「支那學」的中心人物內藤湖南，當年是受了先生的影響最大；那時年輕一輩的如神田、青木等人，現在也有六十多歲了，都是早已成名了。這「支那學」一派完全受了先生的影響，故附記於此。

一九六一年四月十七日【聯經版第十冊頁三五四七／油印本第二十五冊頁三三六─三三八】

四月十七日（星期一）今早先生看見胡頌平，就問：「昨天談的『廁』字的讀音查出了嗎？」胡頌平把在〈辭海〉上查出錄下的條子給先生看了。這個字當便所解的讀「ㄘ」，當側字解的讀「ㄘㄜ」。先生想起老鄉的廁所與豬欄連在一起，因說：「我當駐美大使時代，有一天，羅斯福總統的夫人來請我到她的家鄉做一次講演，是對一個青年訓練班的講演。因為她是總統夫人，不好意思不答應。（羅斯福夫人也姓羅斯福，因為血統很遠的關係，可以結婚的。）她的老鄉是美國最東北的緬因州（Maine），和加拿大接壤的地方。到了緬因州，要換小火車再到她的家鄉去。這個小火車站在偏僻的鄉下，客人很少，只有我一個人。我覺得要大便，就上車站的廁所去，這裏沒有抽水馬桶了。看看是一個很深糞坑，上面是可以坐的。正在這個時候，聽見豬叫的聲音。原來廁所旁邊木柵欄裏是養豬的，跟我們中國鄉下地方的情形差不多。」

十點，先生坐輪椅去照X光。

來簽名的有夏鍾強、操宏華、黃榜銓、高化臣、洪同等。

下午，科學會派赴各國的技術人員張文伯、趙承琛、陳砥瀾、陳玉振、盧英權、鄺健雄、黃維賢、金祖年、阮鴻騫、蔡振鵬、魏如東、楊雪舫、譚外元、張鳳棲、鄧火土、許東明、潘家寅、陳文奇、朱啟勳、萬寶康等二十人來看先生，分兩批進去，各談四五分鐘。他們知道先生快出院了，表示感謝和興奮。先生也祝他們成功。

來簽名的有浦薛鳳、虞舜等。

查良釗送來藝文校友的一束鮮花向先生致敬。藝文中學是當年在北平的高仁山幾個人辦的，是實行新教育的一個學校。先生和蔣夢麟等都是校董。先生看了名單說：「想不到這裏也有這麼多的藝文校友！謝謝他們。」

今天先生偶然想起十幾年以前的一個治心臟病的方法，就是一位姓邱的醫師用男性的荷爾蒙來治陶孟和的心臟病，他被醫好後再活十多年。當時那位邱醫生對先生說，美國人不用藥，全靠自然的休息，用時間來休息，這是一個奢侈的治療方法，一般人那有如此時間來休息。德國有了這種藥，可以幫助病人縮短治療的時間。下午陳正茂來診察時，先生問他台大為什麼不用這種藥？陳正茂說：「英、美派是不大用藥的。醫院裏對於胡先生的治療是採取平正有效的方法。像德國藥，如果用得不好的話，將會出血不止，所以不敢用了。」

一九六一年四月十八日【聯經版第十冊頁三五四七／油印本第二十五冊頁三三三八—三四〇】

四月十八日（星期二）上午的客人有何聯奎、吳祥麟、梅太太等。黃煇、張志禮兩人代表中國工程師學會，預請先生於今年十一月間給他們年會作一次講演。簽名的有張齡佳、胡鍾吾。

有人帶來買來的藥包子。先生笑著說：「『沽酒市脯不食』，我想商民族有點像猶太人。商朝亡國了幾百年之後，還能保留住他們食物衛生的傳統。在〈論語〉第十篇『鄉黨』裏，如『不撤薑食』、『沽酒市脯不食』等等，都能紀錄下來。」

下午的客人有王世杰、程天放、許明德、李青來等。蔣復璁來，先生和他談談「陽明談話會」的事情。在美國第四任總統的日記裏，記載當年討論國家大事時不發表新聞，得到協議。一直到他死後四十年，大家在他的日記裏才知道有這麼一回事。

簽名的有李超英、章君穀等。章君穀想請先生正要寫的「石頭記新跋文」將來讓〈作品〉雜誌影印發表，託胡頌平代為轉達。先生說：「我的新跋還沒有寫，我們不要『輕諾』；去年我答應給陳香梅的小說寫一篇序，到現在還不曾寫出，已經『輕諾寡信』一次了。」

魏火曜和主持X光的姜藍章大夫經過病房門口，和胡頌平談談昨天照的X光照片很好，這兩天就可以出院了。先生從廁裏出來聽見房外有人談話的聲音，走到房門口，姜大夫說了這個好消息，先生很高興。於是說這兩天接到要求P.T.T.證章的信不少。姜大夫問：「胡先生可以當會長嗎？」先生說：「怕沒有資格。我只能當懼內會裏的文獻委員會的主任委員，代為收集資料罷了。」

先生回到房裏去了。姜藍章告訴胡頌平說：「胡先生發病時心臟照片上有一塊凸出的部份，我們疑心是瘤；現在完全平復了，跟沒發病以前完全一樣的，完全健康了。在心臟方面是完全好了。」

一九六一年四月十九日【聯經版第十冊頁三五四七／油印本第二十五冊頁三四〇——三四一】

四月十九日（星期三）上午的客人有朱家驊、錢張婉度等。簽名的有張研田、張吳宣辰。

李獻璋來，先生和他談談日本學人集體研究的狀況。李獻璋想收集台灣的歌謠，一面記載文字，一面用錄音機錄下來；如果光是記錄文字，把歌謠的聲音忽略了，等於把歌謠丟了一半。

蔡錫琴來診察之後，決定二十二日出院。

下午的客人有陳雪屏夫人、查良鑑夫人、梅貽寶夫婦、胡薛嫣珍等。簽名的有于子涂、劉其英等。

今天有復丁星的信。因為沒有閒暇時間看他的〔莊子玄學〕的英文稿子，寄還給他，還謝謝他的好意。

今天談起一位年輕畫家請求在他的一幅畫上題字。先生說：「古代的名畫，……，更不能託人家代題。」*

【*聯經版刪除了十七至二十日記事，連同日期一併刪去，以致此段誤繫於十六日】

一九六一年四月二十日【聯經版第十冊頁三五四七／油印本第二十五冊頁三四一—三四四】

四月二十日（星期四）上午，阮維周來，先生和他談起葛里普的事。說：「葛里普在北大任地質學教授多年，他在古生物學方面造就出來的學生不少。現在國內許多地質學者，大都是他的學生。他死後，骨灰就葬在地質學會內。葛里普病危的時候，我和協和醫院院長戈林兩人接到他的夫人的來電，託我們代為辦理離婚手續。大概是他們夫婦感情並不太好，多少年來沒有同居過。在他病危時來電，我們又不知道是否真是他的太太。」先生說到此地，徐芳進來看先生，話被打斷了。

夏濤聲來，說雷震的案子，行政院四月三日轉奉三月廿四日的總統批示：「應准審議，不予特赦。……」

簽名的有虞舜、項惠珍等。

先生給謝冰瑩的寫作三十年紀念冊上題了舊作的詞：

從前種種，都成今我，莫更思量莫更哀。從今後，要怎麼收穫，先那麼栽。

冰瑩女士

胡適 五十、四、二十。

又給汪司機送給北師附小的〔西遊記〕上寫了下面的話：

這是改寫了的〔西遊記〕，我盼望讀者不要忘了原作者是明朝淮安文豪吳承恩。

胡適 五十、四、二十。

下午的客人，有顧文霞、梅貽寶夫婦。胡宏造、胡宏詞也進去見了先生一面。簽名的有查良釗、王朱學勤、星兆鑫等。

晚飯之前，先生談起錢思亮的父親和先生同歲的，但他早婚的關係，先生只大思亮十七歲。大概思亮的父親十六七歲結婚，十八歲就生思亮了。因而談起北方早婚的人：「如李大釗，有名的共產黨，他的太太便大過李大釗十幾歲。李大釗死了之後，他的太太來看我，是一個吸煙又打嗎啡針的人，看來已是一個老太婆了。北方有首民謠：

新娘年紀二十一，
新郎還只一十一。
兩人一道去抬水，
一頭高來一頭低。
要不是公婆待我好，
一腳踢他井裏去。

今夜先生在看〔續俠隱記〕，看到英王查理第四被蘇格蘭軍以四十萬鎊的代價出賣了，被俘了，快要公審上斷頭台了。英國皇后，早已流亡在法國，她曾請到法國四劍客中的兩位到英國去幫助查理第四。

這時四位劍客都會齊了，正在設法營救英王時，非常緊張。護士小姐來給先生把脈，發現先生的脈搏一百跳，體溫七十度，她也緊張起來，說要出去一下。一會兒，她同一位女醫師來了，接著莊大夫也來了。他們給先生聽聽胸部和背部，都很正常。慢慢的脈搏降到八十八跳，也恢復正常了。先生總覺得一個人的脈搏總有上下的，尤其護士只把十五秒的次數用四來乘的，最後一跳可以算在十五秒之內，就多四跳了，用不著害怕的。

一九六一年四月二十一日【聯經版第十冊頁三五四七／油印本第二十五冊頁三四四—三四五】

先生談起當年去見羅斯福總統的時候。「羅斯福是健談的，我們談了一會，他的秘書把門打開了，伸過頭來看一看，又把門關上了。這時候我站起來了，但羅斯福不讓我走，留我再坐下來繼續談話。再過一個時候，那位秘書又把門打開了，這回他站在門口，不走了。這是第二次告訴客人該走了。我們中國從前送客的辦法是請吃茶。主人端起茶杯來，客人就該告辭了。主人不說話了，客人也該告辭的。現在，怎麼也沒有辦法，謾說醫生的條子，就是畫一把刀掛在那兒，也沒有用的。」

上午的客人有陸蔚如、查良釗；簽名的楊肇嘉。

有一位年青的蔡醫師聽說先生要出院……另一位醫師……

一九六一年四月二十二日【聯經版第十冊頁三五四八／油印本第二十五冊頁三四六—三四七】

上午，有給李法的信。

中飯時，先生談起顧文霞是一位最忠心的朋友。她不能時常來看我，所以來時談得久一點，由於她的認真，台大醫院裏的病人不曾吃到假的藥；正因為都買好藥的關係，所以醫院裏的藥稍為貴一點。她過去是在協和醫院出身的。她從美國回來後曾在北大作事，現在台大醫院當藥局主任。

下午的客人有余堅、戴君仁、吳宣辰、張研田等。胡頌平到醫院時，胡光麃正在談話。先生笑著說：

「他們（指胡頌平和徐護士小姐）進來了，大概又要限制見客的時間罷，以後再談罷。」胡光麃就告辭了。

一九六一年四月二十一日【聯經版第十冊頁三五四九／油印本第二十五冊頁三四八—三五〇】

李青來也在這時候來採訪……

李青來看見高天成從先生的病房裏出來了，她要進去再問問先生有什麼意見。劉其英也跟著進去。先生告訴她們說：「近來各方批評醫院的話，新聞記者沒有調查事實的真相，只根據病人或死人家屬一時激動怨恨的話來批評是不公平的。」先生又說：「錢思亮校長是個很有前途的化學家，他當了十年的校長，兩年的教授，在他本人來說是犧牲的；但他十年來沒有一文錢的公費，你們知道嗎？錢太太的嫁妝磁器賣了一百五十美元，又被人偷去了。你們知道嗎？台大醫院的藥局主任為了病人的健康，從來不用便宜的藥，都是最好最貴的藥，你們知道嗎？」先生在說話的時候，護士小姐暗示客人談話太久了，她們就告辭了。

不久，梅貽琦坐輪椅來看先生。李先聞也來過。

夜八時，毛子水、姚從吾來談一會。

今天先生在報上看見新生戲院的「雄才怪傑」的電影廣告，說：「你們孩子喜歡看電影的，這個電影是值得看看。在三十五年以前，美國田納西州（Tennessee）認為達爾文的生物進化論不合於〈聖經〉上的教義，不許教生物進化論。當時有個中學教員叫作史東尼，他願以身試法，故意在中學裏講人是由人猿演進而來的。又授意學生的家長去檢舉他。這樣，他要被審了。當時代表州檢察署的皮雷耶（W. J. Bryan）是威爾遜總統的國務卿，曾經三次當過民主黨總統候選人，都沒有當選。他是最會演說的，但腦筋並不太好。這樣一個身份很高的皮雷耶代表州檢察署，而代表史東尼出庭辯護的名律師戴洛（Clarence

Darrow）；還有許多有名的律師都自動的作史東尼的義務律師，於是這個案子變成全世界的大案子。開審的那一天，那個地方平時只有兩千人口的小地方，但是世界各國的記者都來了，什麼地方都住滿了。這個三十五年前的一個案子，現在演成電影了，是值得看的一個電影。」（見英文〔讀者文摘〕三月號）（參閱本譜本月二十六日條）

一九六一年四月二十二日【聯經版第十冊頁三五四九／油印本第二十五冊頁三五〇】

今天是先生出院的日子。到醫院來送行的，有楊亮功、梅貽琦、黃國書等。齊如山帶來一本「四進士」的戲考，……

一九六一年四月二十二日【聯經版第十冊頁三五五〇／油印本第二十五冊頁三五二】

中午，錢思亮夫婦、徐秋皎小姐……

下午的客人有梁序穆、全漢昇、陳雪屏夫婦、楊樹人、毛子水、張儀尊、江小波等人。

先生今天談起從前在北平的時候，一位協和的醫生說先生的心臟有點問題，但心臟的門是關不住的。他送給先生一本書，當時看了之後，心裏難過幾分鐘。接著我在這書裏看出一個漏洞，說這個心臟的門是關不住的；如果自己好好保養，也可以多活二三十年，到現在已是四十多年了。

一九六一年四月二十三日【聯經版第十冊頁三五五〇／油印本第二十五冊頁三五三—三五四】

今晨五點以後，先生就沒有睡好。這是日式的房子，外面一層是玻璃窗，裏面一層是紙窗，一大早就很亮了。先生說：「這是日本人勤儉早起的習慣，應該如此；以後要早睡早起。」但王志維已經準備了綠色的窗簾，還是把它裝上去了。

上午，杜光勛來訪。

給胡夫人及葉良才諸人一個電報，告訴他們昨天出院的消息。

下午，延國符夫婦、程維賢、金承藝等來見。

晚飯時，先生談起齊如山送來的一本〔戲考〕，裏面有幾齣戲，只有〔四進士〕可以一看；其餘〔二進宮〕等，連文字都不通，情節又沒有意義。〔四進士〕可以把它複印下來。胡頌平問：「齊如山先生怎麼不把它修正一下？」先生說：「齊如山是捧梅蘭芳的人，他不是研究戲劇的。」後來又談起「當年梅蘭芳要到美國表演之前，他每晚很賣氣力的唱兩齣戲，招待我們幾個人去聽，給他選戲。那時一連看了好多夜。梅蘭芳卸妝之後，很謙虛，也很可愛。」

夜裏，高天成來看先生。

今天寫了一個簡單的「胡適啟事」：

一九六一年四月二十四日【聯經版第十冊頁三五五〇／油印本第二十五冊頁三五四—三五五】

四月二十四日（星期一）早上先生早餐時，在看〔郵報〕，說：「昨天聯合國裏又對中國的事情在找麻煩了。英國往往用小國如尼泊爾的代表，留英的學生，英語也說得很清楚。他們專用小國來給中國為難。我們駐在聯合國的代表，這幾年來真是活受罪。」

先生早上起來後的刷牙、洗臉、刮鬍子，在醫院裏都是坐著做的，不感得什麼；今早自己站著來做，就有點累了。明天起，把剃鬍子的事情移到下午來做，或者隔一天剃一次。刷牙時，先生主張用牙粉，因用牙粉可以把牙縫裏的黑色刷去，尤其是吸煙的人。先生出門旅行時，才用牙膏。

上午，錢張婉度、宋英、沈怡等來談。

下午，蔡錫琴來檢查身體。

六點多，高天成來談。胡頌平因張祖詒已經到了許久，就向先生告辭了。高天成聽到胡頌平要回家去，呆了半晌。先生立刻對他說：「這裏每晚都是有人的，前夜是王志維，昨夜是胡頌平，今天是張祖詒，張已到了一回了。不是沒有人陪伴的。」高天成才放心了。

一九六一年四月二十五日【聯經版第十冊頁三五五〇／油印本第二十五冊頁三五五五—三五五六】

上午，孫德中來見一面。

給Edith Clifford Williams一信，又檢些病中的照片寄給Virginia D. Hartman。

先生談起幾天前在醫院裏突然接到……

一九六一年四月二十五日【聯經版第十冊頁三五五二／油印本第二十五冊頁三五八—三五九】

七七事變那天晚上，……我的自傳寫到這裏為止，為什麼寫不下去呢？那時蔣先生要我去做求和的工作。蔣先生知道我們的軍隊只能支持三個月，希望羅斯福總統出來主持和平的。蔣先生知道我的「和比戰難」四個字的意義：「和」非有大仁大智的人是不能談和的。當時羅斯福只希望我們能夠維持到聖誕節以後，要和，要有一個負責任的主持的人，和既不可能，只有希望美國也捲入戰爭，引起戰爭複雜的關係，才能有救。

這一次戰爭，……所以蔣先生對張學良始終不能寬恕的。那次西安事變，除了少數幾位將領如顧祝同、何應欽之外，其餘如陳誠、蔣鼎文等等，差不多國民黨的高級將領都在那裏，如果沒有蘇俄對共產黨指示釋放蔣先生，差不多國民黨的高級將領會被一網打盡的。

一九六一年四月二十五日【聯經版第十冊頁三五五三／油印本第二十五冊頁三六〇—三六三】

編者附記：……

下午，朱家驊、蔣復璁、李青來等來看先生。

晚飯時，先生談起日本的筷子短而且尖，因為分食的關係，所以不需要長筷子。我們古代大概也是分食的，孟光的舉案齊眉，這個案是食案，上面放飯菜的托子，才能舉得起。日本到現在還保留著小小的食案，大概也是中國傳去的。

先生又談起他的老家來。說：「我的父親五個兄弟是五房，加上伯父的兩房，共有七房人住在一塊。在太平天國之後，徽州又不是產米的地方，一大鍋飯讓男人吃了之後，再加水煎成稀飯給女人吃的。」

先生又談起「女人的服裝，在有貴族的社會，都是大家模倣貴族的服裝而後風行；在沒有貴族的社會，大概都是下流社會的妓女戲子而後風行起來。最奇怪的是纏足。滿洲貴族是不纏足的，但我們的婦女不受她們不纏足的影響。那時富家的婦女要纏足，窮人的女兒也要纏足，希望將來嫁個有錢的女婿，這是互相因果的。

滿洲統治將近三百年，當時所謂『男降女不降，生降死不降』，所以男人要剃頭，穿旗袍，當時的旗袍是男人穿的袍子，死後可以明朝的衣冠大殮。小孩子出生時，也穿明朝衣服格式的。鳳冠霞帔，本來是明朝的衣服，但女人結婚時可以穿戴，在典則上沒有明文規定，但在清朝是沒有品級的關係了，所以也讓她們穿戴了。」

先生在談衣服的守舊，胡頌平因說：「我從小聽先母說，先君鄉試回來，補了廩生，在杭州買了有領的袍子穿回來。先祖父是一位非常固執的老秀才，他看見先君穿起有領的袍子，大為生氣，立刻把他的領子剪掉了。在那個時代還是那樣守舊的。」先生說：「那時不但男人的衣服沒有領子，就是婦女的衣服也沒有領子的。」

八點多，張紫常夫婦來看先生。

九點四十分，高天成聽人家說先生的背上有點痛，特地來看先生。先生告訴他並沒有背痛的事，他就放心了，同時謝謝先生在報上登載的啟事。先生因問高天成，許世英的〈回憶錄〉上說他自己九歲時跌了門牙，十八歲時請一位新娘子在他的牙根上摸摸，居然長出了，這在醫學上有沒有可能？高天成說，有些人可以多長一個牙齒，或許他正是這種人。

先生今天看了許世英的〔回憶錄〕，指出〔回憶錄〕裏說薛叔耘的〔法律全書〕可能是記錯了。薛叔耘就是薛福成，不是寫〔唐明律合編〕的薛允升。

一九六一年四月二十六日【聯經版第十冊頁三五五三—三五五四／油印本第二十五冊頁三六四—三六九】

先生於是談起：「南京中央研究院……」

上午，張研田夫婦來問近況。

快到中午的時候，先生笑著說：「頌平，可以不回去吃你太太自己燒的菜嗎？」先生這麼說，胡頌平只有留下了。

飯桌上，先生問起朱先生以前的太太姓什麼？胡頌平說：「姓程，是一位鹽商的女兒。」先生說：「鹽商都是徽州人。最奇怪的『程』、『汪』兩姓都是徽州遷出去的。我從前曾問汪精衛，他說他的祖先是徽州人，遷到浙江蕭山後，學幕。學幕之後到了廣東，就留在廣州定居了。汪精衛就是汪輝祖那裏的人。」先生又說：「姓程的也都是徽州人。宋朝的程顥、程頤，——這兩位大程、小程都是河南人了，但朱熹替二程先生的祖先作的墓誌銘，也說是徽州遷去的。不過這件事，我沒有仔細考過。大概宋朝以前就遷去了。」

先生又說：「徽州的婺源縣，朱夫子的出生地。婺（應讀烏字去聲）源一縣三面突出，戰前為了剿匪的方便起見，把三面突出的部分劃給江西省；可是全徽州的人都不願意，一直鬧到復員之後國大代表開會時，徽州同鄉會作好呈文要向蔣先生請願。我說：『給我吧。』我交給國大主席團代表張厲生。那時張厲生是內政部長，他就照辦了。」先生笑著說：「這是帝國主義的做法，徽州人豈肯把朱夫子的出生地劃歸江西，他們還把二程先生的祖先還算是徽州人呢！朱夫子後來到福建去。徽州、金華、福建，那時這些地方出了不少哲人。」

下午，齊世英來談。先生對他說：「謝謝你，我在醫院裏兩個月，你不曾到我房間裏打擾我。」

錢張婉度、居載春、張儀尊夫人等來看先生。

晚飯時，先生說：「我已看了〈未央歌〉幾頁。這個人的文章寫得好。寫白話也是要用氣力寫。」

先生問胡頌平：「〈基度山恩仇記〉看完了嗎？」胡頌平說：「我正看到第一百十二章，愛德蒙和美西蒂絲快要離開時，他們兩人的談話，太感人了！」先生說：「美西蒂絲一見愛德蒙時就認得是他。你記得嗎？基度山伯爵總不肯在美西蒂絲的丈夫那裏吃飯。東方阿拉伯的習慣，如果和他同用鹽和食物的，就不能算是你的仇人。基度山伯爵是來報仇的，所以無論如何也不肯在他家吃飯。其實他們是意大利人，不是東方人，何必要用東方的習慣？我最感不合理的，就是讓凡嫩婷死了幾個月之後再活過來。」

先生又問：「你的孩子都看過『雄才怪傑』的電影嗎？那位代表田納西州檢察署的皮雷耶是在開庭之後兩天才死的，不是當場辯論之後便死的。這個故事當中有位新聞記者叫做曼鏗（H. L. Mencken），真是一位了不得的人，他在美國的影響，正如中國的胡適之。我在美國讀書時，他辦〈太陽報〉，又辦一種〈水星雜誌〉，是月刊。他對美國的種種都來批判，一出來，就被賣空了，在路上看見的學生，差不多每人手中都有一本。〈太陽報〉是曼鏗吃飯的地方，〈水星雜誌〉是他好玩來辦的。這個中學教員史東尼被控的案子發生後，〈太陽報〉全力支持他一切的費用，就是將來敗訴之後必須罰款的話，也是由〈太陽報〉來負擔的。曼鏗是這件案子中的一個主要的人物，不知道你們的孩子注意到沒有？」（參閱本譜本月廿一日條）

晚上十時，先生在看一本翻譯日文的書上，……

先生談起給福特基金會的信稿，今天已經開始寫了。福特基金會是一個很有錢的會，要提，提大計劃，不要提小計劃。先生說：「這個基金會裏的巴納特（Barnard），他的父親是在上海青年會裏的管事。美國一個基金會看見他的父親在中國多年，他又生在中國，能說中國話，給了獎金派他到中國來留學。他是非常左傾的。他的報告我都看過。到了共產黨佔領大陸之後，他還留在那兒，一直到了無法再留的時候才離開。他是一個小鬼。這個小鬼作我的學生還沒有資格，由他來審查近代史研究所的研究著作嗎？近代史所裏這班人實在太弱了，應該趁福特願意給錢補助所外有成績學人的機會，把近史所擴大充實起來。為什麼要關起門來不多招些學人呢！這幾年，史語所裏的人看他們不起，外面如吳相湘王德昭等也看他們不起，我是為他們排難解紛，做了兩年的工作了。我們應該趁此機會來擴展。明天下午，約郭量宇來面談談。」

先生忽然想起來說：「頌平，你早上在什麼地方洗臉？」胡頌平說：「我們都用臉盆洗的。」先生又說：「你為什麼不到盥洗室去？廁所，盥洗的地方，都是公用的，你們大家都可以用；為什麼要讓我一個人去用？你們千萬不要太客氣！」

楊聯陞來信，……

一九六一年四月二十七日【聯經版第十冊頁三五五四／油印本第二十五冊頁三六九—三七〇】

四月二十七日（星期四）早餐時，先生在《郵報》上看見「海宿」號裝銅砂的貨輪在太平洋上發出求救的信號，現在有許多船都開去救了。這船上有三十多個船員，十來位乘客。胡頌平說：「這船如果開美國去的話，這十位乘客可能有幾位是學生；現在有許多留美的學生都坐比較便宜的貨船去的。」先生說：「我從前也坐過塔虎脫號貨船的。從紐約動身，中途只有一處停過馬尼剌，直接駛到上海，足足一個月工夫。有一次我從英國到美國去，本來只消四天半可到，我因需要幾天的休息，於是改坐貨船，十一天到美國。我是從不暈船的，大概我在二三歲時經過台灣海峽的關係。後來有一位輪船的船長開玩笑的說：「如果船上的乘客都不暈船，都像你照常一日三餐，我們的輪船要虧本了。」

下午，李宗侗來看先生。

郭廷以來談福特基金會的事情。郭廷以回去之後，先生說：「量宇的病比我重，他在醫院裏昏迷了幾天，幸虧江良規、李士惠硬把他送到中心診所去住；用費太大了，只住了九天。他還需要休養的。」

張祖詒帶來《脂硯齋重評石頭》影印本上冊，先生看了很滿意。下冊還在等著先生的一篇跋文，這兩天要趕寫了。

今天有給陳雪屏夫人的信。

美因大嫂：

今天收到沈維甫從醫院裏寫來「告幫忙」的一信。此人似是崑三家那位很不高明的姪兒，我已記不清他的名字了。所以送給你看看。

我出院後很好，你們放心。

適之　五十、四、廿七。

一九六一年四月二十八日【聯經版第十冊頁三五五四／油印本第二十五冊頁三七〇—三七一】

四月二十八日（星期五）上午，王世杰來談。朱毓麟來，留一個名片問候。王萍來，約她明天上午再來。

下午，李濟、許明德、勃雷德等來談。

晚飯後，錢思亮夫婦、劉真等來談。

徐復觀到隔壁錢家去訪先生，留下名片，由錢家轉來。

今天《聯合報》上有一篇司馬桑敦在東京訪問陳立夫的談話，內容有：「抗戰以後一段時期，我們的財政政策過分輕視人民的利益，人民的生活利益在政策上得不到保障，人民自然要丟棄這個政權的。」「在勝利復員時，一下子把法幣換偽幣的比例折為一比二百，這說明陷區人民的購買力因抗戰勝利一夜之間變低為二百分之一了！有何社會安定之可能？猶有甚者，諸如我們戰事美金儲備券的大打折扣，黃金換實的不守信用；處處違背了人民的利益，處處與人民脫節，人民焉得不丟棄這個政府？」這些話。先生說：「這都是孔、宋的錯誤。孔庸之交給宋子文的外匯還不少，如把這些外匯都用出去了，情形可能不至於此！」

一九六一年四月二十九日【聯經版第十冊頁三五五四／油印本第二十五冊頁三七二—三七三】

四月二十九日（星期六）上午，王淦來，先生給他談起青潭保留文件，應該做成顯微照片。梅貽寶夫婦來談。

王萍來，留此中飯。先生說：「福特的事情，因我病了，耽擱了幾個月。這件事情不好辦，我心裏總是掛著。我把這件事辦好了，不要使我掛心了。還有，還有（石頭記）影印本的跋文也要做了。」

下午，毛子水、沈剛伯來談了一會。楊樹人來談科學會的開會情形。

董作賓來，先生和他談起賀光中的事。說：「我覺得一個大學教授必須有的訓練，他過去做的不夠，所以我沒有投他一票是很公平的。現在，我可以幫助他了。」

客人都回去了。先生說：「郭量宇前天來的樣子、昨天的李濟之、今天的董彥堂，他們的樣子都沒有復元。你們看，他們都不像我；可能是我比他們的保養好得多，也是你們管監的效果。二月廿五晚上七點鐘起就感到不舒服，出門時，我還想帶志維出來，或者不出去，這麼一想，車子已離開院門很遠了，就讓它到城後再說。真正感到難過了。」

先生又說：「我是不把病當作病看的。一個人到了要死的時候，……*

【*聯經版刪除四月二十八及二十九日記事，以致此則以下記事誤繫於二十七日】

一九六一年四月二十九日【聯經版第十冊頁三五五五／油印本第二十五冊頁三七六】

又給孫子一信。

今天早點時，先生笑著說：「昨天的一家晚報上補有男人的『四德』，就是太太買東西時要捨得，發脾氣時要忍得，化裝要等得，結婚紀念日和生日要記得。上次我對記者說的還有『兩德』忘了，大概就是這幾『得』吧。」

一九六一年四月三十日【聯經版第十冊頁三五五六／油印本第二十五冊頁三七六】

上午，毛子水送來有正書局小字本的〈紅樓夢〉一種，是給先生寫新跋的參考。

下午，林致平、張乃維、芮逸夫、許東明、潘貫、金承藝等來看先生。

一九六一年五月一日【聯經版第十冊頁三五五六／油印本第二十五冊頁三六九—三七〇】

五月一日（星期一）今早早餐時，先生在報上看見〈情報知識〉的廣告，說：「〈情報知識〉經我說話之後，現在比從前好些，但還有許多文藝的作品。你看它的英文名字叫*Intelligence Knowledge*是不對的。Intelligence就是知識，不必再用knowledge這個字了。」胡頌平說：「告訴他們罷？」先生說：「不必。」

早餐之後，徐小姐和胡頌平陪先生在院子裏慢慢的走了一遭。院子草地上長滿了苜蓿，先生說：「誰能找到四葉的苜蓿，算是有運氣的人。」大家都留心的在找，總找不到四葉的苜蓿。

十點三刻，查良釗來。十一點二十分，賀光中來，先生和他談到十二時。

下午四時，王萍送來已經打好字的給福特基金會的長信，先生校正了幾處錯誤的地方，簽了字，就叫他去發了。先生問：「這封信是你自己打字的嗎？」王萍說：「不，我年紀大了，這樣長的信打不動了。」先生問：「你有四十歲嗎？」她說：「沒有，三十三歲。」先生聽罷哈哈大笑。先生又問：「量宇提你當副研究員的經過情形，你知道嗎？」王萍說當初不知道，後來知道了。先生說：「你得要好好的作點研究工作！」

夜九時，高天成來看先生。

今天開始寫〈脂硯齋重評石頭記〉影印本的跋文。說：「文章開始最難。我正在想想怎樣的開始。」

一九六一年五月二日【聯經版第十冊頁三五五六—三五五八／油印本第二十五冊頁三七〇—三七六】

早餐時，先生十分注意美國參院外交委員會主席傅爾布萊德反對美國在寮國作軍事干預的消息，說：「他明白表示願意放棄寮國給共黨，而不願意以美國軍隊介入！」

九時半，先生要徐小姐通知胡頌平進書房裏去。先生指著〈作品〉（二卷五期）上李石曾「談五月」一文裏的幾段：

先從我的小五月談起：我生在清末光緒辛亥，農曆五月初二巳時。

接下去的另一段：

我這個小小生日，清末光緒辛亥，距今八十一年。……

先生用紅色原子筆把兩處「清末光緒辛亥」十二個字揁去了，說：「光緒沒有辛亥，應該是『辛巳（光緒七年，一八八一）』，他連自己的生年也不知道，難道他連辛亥革命這一年到如今還只有五十一年也不知道嗎？他自己是個老革命黨，今年八十一歲了，把自己的生年都記錯了。這都是粗心、大意、苟且的毛病！」

胡頌平說：「劉半農不是死在北平協和醫院嗎，但謝冰瑩在〈作品〉上發表的『我國初期的白話詩』裏，說劉半農死在新疆。」先生說：「劉半農從未到過新疆。他只到過綏遠。她錯了，你該告訴她。」

先生想起明天是于右任的八十三歲生日，……

胡宏述問：「世界四大建築師之一……

晚飯後，章元羲和他的小兒子章胥，錢張婉度和她的兒媳等來看先生。章元羲是名翰林章景式的兒子。他家裏幾位兄弟都是先生的老朋友。

先生拿著孟森（心史）的〔清代史〕給胡頌平，說：「這書裏有許多有趣的東西，你拿去看看。心史先生是老輩，他的文章的行款、標點，都是我給他整理的。原來的稿子完全是舊式的格式，不好看，印出來也不好看的。」

夜裏，有給許世英的信……

今天有給北大同學會的短信，說五四的餐敍，還不敢出門，請原諒。（五月五日〔徵信新聞〕）

一九六一年五月三日【聯經版第十冊頁三五五九／油印本第二十五冊頁三七六—三七七】

上午十時，先生到台大醫院作過心電圖，再坐輪椅上樓去看梅貽琦。十一時回來。

查良釗、劉馭萬等來談一會。

下午，胡漢文來。四點半楊樹人、李榦來談到六點五十分。

前兩天先生想起故宮懋勤殿……到了夜裏十一時，先生在周汝昌的〔紅樓夢新證〕……

今早查良釗帶來一本不知什麼人寫的「孔子真諦之一孔觀」，裏面有「秦始有磚，漢始有瓦，考古家無不知之……」這些話。先生看見胡頌平在翻看，說：「磚瓦都是最簡單的東西，你為什麼花了工夫去看這些瞎說！」

一九六一年五月四日【聯經版第十冊頁三五六〇／油印本第二十五冊頁三七八—三七九】

五月四日（星期四）上午，夏濤聲、全漢昇、杜光勛等來談幾分鐘。

康乃爾大學的老同學Adolph Moses和他的太太Ruly L. Moses來，談了半小時。

下午，楊樹人來談。

晚飯後，北大同學會五四紀念會推定狄膺、楊亮功、延國符、李大超、富伯平、田培林、俞汝良、孫德中等八人來看先生。勞榦也來談。

今天王志維在史語所圖書館借到《文獻叢編》第二十九本。這本收的李煦奏摺二十件，合前共為三百三十六件。

一九六一年五月五日【聯經版第十冊頁三五六〇／油印本第二十五冊頁三三七九】

五月五日（星期五）上午十時多，美國普林斯登大學歷史教授Marius B. Janson來訪。

十一時，錢思亮陪同蔣廷黻來看先生，他帶來許多紐約及美國朋友問病的話，談了半小時。

一九六一年五月六日【聯經版第十冊頁三五六〇／油印本第二十五冊頁三三八〇】

今天是立夏。先生說：……

上午，宋英來訪。朱家驊來談一點多鐘。

一九六一年五月六日【聯經版第十冊頁三五六一／油印本第二十五冊頁三三八一—三三八二】

下午的客人有何世禮、林致平、潘貫夫婦。夜裏，張紫常來談。

今天《徵信新聞》上有一篇「香江寄簡」，標題是「胡適之偽裝懼內」，先生看見了。看到「留著冬秀作女皇，這是虛君，實權自在首相手中」這幾句話，不禁哈哈大笑。說：「這個人好像知道我過去的事情，大體都不錯，但有些地方是胡鬧了。像他引的第一首詩『先生幾日魂顛倒』，明明是我給朱經農寫的詩，這個人說是我給冬秀的，這不是胡鬧嗎？或者這個人記錯了，或者故意這樣寫吧。」

今天有「跋子水藏的有正書局石印的戚蓼生序本紅樓夢的小字本」一文：

一九六一年五月七日【聯經版第十冊頁三五六三／油印本第二十五冊頁三八五—三八六】

上午，王世杰夫婦、夏濤聲、錢思亮夫婦等來看先生。

蔣復璁來報告先生，他已接到莊嚴的復信，……

中飯時，先生談起汪敬熙夫人的病，替他介紹熟人送回台灣的故事。

下午的客人，有陳雪屏、劉真、林致平、夏道平、金承藝、江小波等。

一九六一年五月八日【聯經版第十冊頁三五六四／油印本第二十五冊頁三八七】

今早特別護士徐秋皎把過先生的脈搏，說近來的脈搏已經穩下來，一切都很好了。胡頌平這時到了福州街住所，先生第一句話就說：「你感冒好了嗎？我剛才給徐小姐說，我好了，你們管監的都要開革了，包括胡頌平在內。」說罷哈哈大笑。

先生將昨夜寫好的〈石頭記〉影印本跋文上半段，約五千字，交給胡頌平先拿去看。這篇跋文上半段考證的主文只提出兩個問題，……

一九六一年五月八日【聯經版第十冊頁三五六四／油印本第二十五冊頁三八九】

先生又談起「那篇寫給福特基金會的信稿就有三十張紙，打字後還有七張。我給樹人拿去看，樹人是懂得的，曉得我寫得很吃力。真奇怪，我們院裏沒有一個人的英文寫得好，還是樹人懂得。」

下午，楊樹人來談四十分。

晚飯後，劉真太太來見。

八時光景，先生從書房裏出來，對胡頌平說：「你的身體不好，還是回去吧！徐小姐在此，還有劉廚司在此，你該回去休息；不然，你的夫人會罵了。」胡頌平說他的感冒已經好了，謝謝先生的愛護。先生笑著說：「你不怕你的太太會罵嗎？這樣，我的PTT證章不能送給你了。你沒有這個資格！」

一九六一年五月九日【聯經版第十冊頁三五六五／油印本第二十五冊頁三八九—三九〇】

上午，黃季陸來談中興大學校長的人選，……才能鎮壓下去，才能整理的。先生說：「昨夜劉白如太太也來談過，他們決定不在周至柔出國之前發表了。」於是談起張研田，「他原是台中農學院的教授。他得到中基會的補助到美國去，到紐約來看我。我看他這麼的漂亮、有見解、有學識，非常欣賞他。他在回國的飛機上，錢思亮看見他，也很欣賞他，於是拉他到台大農學院的。這次中興大學校長的人選，初則想到蔣彥士、再則想到張研田、現在才想到林致平，但他們都不願意擔任的。同時現在農學院和法商學院的院長，都是無法調動的，又無法整理，誰都不願意去辦的；硬把這些學院併成一個大學是沒有道理的。〔大學組織法〕也該修正才是。」

九點多，徐柏園來談四十分鐘。特別護士徐秋皎是徐柏園的姪輩，柏園對她說：「你在此地，等於留學一樣。」

先生看見日本京都大學人文科學研究所寄贈的……

一九六一年五月九日【聯經版第十冊頁三五六六／油印本第二十五冊頁三九二】

今天有賀香港大學五十週年校慶的英文電報。

今天接到許世英五月七日的復信，……

一九六一年五月十日【聯經版第十冊頁三五六六／油印本第二十五冊頁三九二—三九五】

五月十一日*（星期三）

【*五月十一日疑是筆誤。應是五月十日。】

上午，宋英來談十分鐘。另有兩位外籍婦女來傳教。先生告訴她們：「你們也該打聽打聽這裏住的是無神論的人，請你們不要耽擱我的時間。」

中午的飯桌上，先生對胡頌平說：「全漢昇已經接到芝加哥大學的聘書，為期九個月。這是國際上承認他的學術地位，是個好現象。他走了之後，總幹事的問題就須解決了。最適宜的人選，當然是樹人；但我接事以後第一次主持院務會議時，看見□□那種令人討厭的態度，我就曉得樹人是沒有法子幫忙了。樹人不是不肯為我幫忙的，他連一個車馬費也不要，他是早已決定不預備長久幫忙；除非□□□大澈大悟，否則，樹人是無法來擔任的。□□的態度真叫人討厭；但人倒不是壞人，他的最大的缺點就是從來不替別人想想。一個不替人家想想的人，當然會叫人討厭。」胡頌平說：「我這兩年來曾和樹人談過多少次，他是衷心尊敬先生，佩服先生的講理，答應他辭去科學會的執行秘書職務；但一直拖到今天，實因先生幾次出國，幾次進醫院而拖下去的。像他的脾氣，如果不是先生當主席，他早就留下一封信，什麼都不管了。這是他當面對我說的，也就因為尊敬先生的關係，所以拖到今天。」

先生談起總幹事的人選，覺得很難。「像某人的某一件事，就可以知道他對行政手續上就有不周到的地方，又不能與人相處，怎麼可當總幹事呢？像某人的某件事，這就是表示他沒有判別一個人好壞的能力；沒有這個目光的人怎麼行？像某人，他的太太會干政，外間對於他的太太的傳說太多了。像某人，太不活動了，也不相宜。此外，如蔣彥士、馬保之，但都不能來。李榦，他也不考慮。」胡頌平說：「前天樹人給我提起，他說陳雪屏、錢思亮兩人都該幫先生安排安排。」先生說：「他們太忙了，他們都比我忙。——頌平，你也代我留心這件事。」

先生又說：「中央研究院的事情真麻煩。我以一念之差答應下來，聽說還不許我退休！朱先生當了十八年的院長，像傅孟真、陶孟和、李四光，共有十多位所長，都是很有脾氣的人。他能維持十八年之久，我真佩服他。」

下午，李青來來，問美國副總統詹森……

一九六一年五月十日【聯經版第十冊頁三五六七／油印本第二十五冊頁三九七】

接著齊世英來談一會。程天放來談至六時四十分。全漢昇來談至七時。

晚飯後，潘貫來談至九時。

十點半，先生要胡頌平到他的書房裏去談，笑著說：「今天一天都給客人耽擱了，整天只寫三百個字。晚上潘貫來了，一個晚上只寫十九個字。」

先生談起「多謝」二字，〈西遊記〉九十四回用「聒噪、聒噪」，跟我徽州的「咶噪、咶噪」同一語根。我二哥從前告訴我過，——他是很有學問的，可惜早死了，——〈紅樓夢〉用的「生受」二字，也是「多謝」的意思。

先生談起〈西青散記〉這部書，完全是關起門來造出來的一個女人的故事。又談起張文成的〈遊仙窟〉。張文成和初唐四傑同時，他的駢文在當時是很受歡迎的。他跟四傑一樣，駢文也是做通的。

一九六一年五月十一日【聯經版第十冊頁三五六七／油印本第二十五冊頁三九七—三九八】

五月十一日（星期四）上午，朱家驊、高天成等來談。

下午五點多鐘，先生從書房裏出來對胡頌平說：「我想只寫一個跋，就是把我病前寫給趙聰的信的看法寫出來。這本十六回，就是曹雪芹最初的寫本，其中並不是有殘缺，初稿原來如此的。我要證明中央幾回的空間，都是後來改寫補上的。這樣的寫法，就簡單了。我把劉銓福的事作為附錄。這樣，一二天就可寫好了。」

一九六一年五月十二日【聯經版第十冊頁三五六七／油印本第二十五冊頁三九八—三九九】

五月十二日（星期五）上午，嚴耕望來看先生，談了二十多分鐘。談到許世英的〈回憶錄〉上的錯誤，先生把和許世英討論的信給他看了，嚴耕望出來後對胡頌平說：「像許先生的〈回憶錄〉，只能看個大體，如對當時社會的趨勢等等。他記的小節，一定還有許多錯誤的。」他建議先生每天應有一個散步的時間。

李青來前天記的「胡適談詹森副總統」一篇特寫，今天在〈中央日報〉上發表了。其中有一句「一直到今年二月裏才復發」的「發」字，被手民排作「原」字了。她把原稿寄給胡頌平，先生看見了，就寫了一封短信給她。

青來小姐：

謝謝你的好意，早就知道這裏面有無心的錯誤，千萬不要生氣了。

胡適　五十、五、十二。

下午，潘貫來談十五分鐘，林致平來談三十分鐘。都談院士提名的事。

七點多，徐秋皎來了。先生說：「今天是護士節，你怎麼不在家休息？既然來了，我們做酒給你慶祝。」先生喝了二十C.C.的酒。

一九六一年五月十三日【聯經版第十冊頁三五六七／油印本第二十五冊頁三九九—四〇〇】

五月十三日（星期六）上午，李濟來談勞榦準備接受華盛頓大學聘約的事。

李宗侗來，先生談起許世英的〈回憶錄〉；就把這些文件給他帶回去看。先生說，如要指出他的錯誤，因為太多了，無從談起，而且也沒有工夫一件一件的把它改正了。看了這個〈回憶錄〉，可見「口述的歷史」也是不可靠。

下午，項定榮、吳望伋等來看先生。

四點多，接到王世中的一封信。王世中是學自然科學的人，但他要提倡「培養民族健康的精神與道德。」他說他過去在德國看見德國人的負責，徹底的合作；又在印度看見甘地的孫子病了，不請醫生，只求祈禱。他是很受感動之後才寫這封信。先生看了也受感動。但先生說：

「王世中在德國時，正是希特勒最瘋狂的時代，他只能看見德國的一面。像日本，那時不是也瘋狂嗎？印度、俄國，都是很狂妄的民族。德國人在歐洲，日本人在亞洲，都是為了狂妄的結果，全部屬地都丟了，連北海道可以望得見的千島群島也變成俄國的海軍根據地，到今天還不能脫離共產黨的威脅。德國的進攻俄國，完全是走拿破崙的路線；如果德國不攻俄國，戰爭可能要延長一個時間，可能世界的局勢要變更了。因為德國瘋狂了進攻俄國，於是英美全力支持俄國。第二次世界大戰之後，俄國成為西方的第一個強國，在亞洲又是第一個強國。這幾個民族都是狂妄的民族。英、美就好得多了。我們的民族有點像英美，不會狂妄到了極點。像穆罕默德，是個沒有什麼智慧的人，為了宗教的熱情，在七世紀時打到北非，一直到西班牙；在東方打到中國來。你看回教國家的力量直到如今，都是瘋狂的。印度的佛教也曾在中國瘋狂過。現在我們看看二千五百年前的孔子，他的思想那麼的平實，真像師生談話那樣和易可愛。老子也沒有瘋狂的意味。墨子的思想，是當時的反動。王世中先生只看見一面，我得要回他一信。」

先生又說，希特勒的〈我的奮鬥〉，我看的是英譯本，我就看不下去。聽說德文原本寫的德文很壞。今晚是王志維輪值，他到了福州街，徐秋皎也來了，都在胡頌平的房間談笑，先生走進來，笑著說：「徐小姐、志維，你們能夠幫我留住頌平在此吃酒嗎？我知道頌平是很念家的，我們一道來留他好嗎？」先生這麼說，胡頌平只好留下來。志維趕快去做酒了。先生對徐秋皎談：「頌平有六個子女，家裏沒有佣人，他的太太是有名的賢妻良母。」酒做好了，先生拿起酒杯對胡頌平、王志維說：「你們為了我離開你們的太太，謝謝你們兩位太太！」

一九六一年五月十四日【聯經版第十冊頁三五六七—三五六八／油印本第二十五冊頁四〇二—四〇六】

上午，王世杰、霍寶樹來談一點多鐘。錢純來。

勞榦來談，他已接受華盛頓大學的聘約，決定要走了。先生告訴他：「你已是一個中國學者的身份了，到美國後，切莫省錢，有損中國學者的面。你到了之後，一定要把英文弄好。宣讀論文時要叫人家聽得懂，不僅能寫，還要能說，還要能聽得懂人家的話，不要給外人看做『他是中國人』的英文，給人家一個特別體諒的印象。」勞榦要坐船去。先生說：「你又要省錢了，切莫省錢，坐飛機去。」

前幾天，有人送給先生半磅西洋參，一包高麗參，先生預備轉送給朋友。胡頌平說：「人家相信高麗參對於心臟有益處，不一定毫無根據。我曾經看見牙痛的人，吃了西洋參的確有效。」先生說：「美國人是用西洋參來餵豬的。」胡頌平說：「如果毫無用處，不會在中國這樣普遍的採用的；不妨留一些試試看。」先生於是折了一節放在嘴裏細細咀嚼，說：「我這樣的吃法，味兒很清帶苦。要證實頌平的話是否有效。」

今天下午六時半，胡頌平聽到先生喊他的名字，剛站起來，先生已經到了，說：「你建議我吃西洋參，我的牙齒咬斷了。這是左顎犬齒外邊的一顆齒，原來是裝起來的。我全口中只有這個是義齒。三十幾年以前，我在中公當校長，你正在那邊當學生的時代，那次我從青島回來，每次坐定站起來的時候，背上感到有點痛。我請醫生檢查背痛的原因，一切都很好，查不出原因來。醫生說，你再去查查牙齒吧，才發現這顆牙齒的神經影響到背痛，於是把它拔了，裝了一個假牙齒。剛才我拿高麗參含在嘴裏，因為平時放在炒米裏的關係，乾了，很硬，我用力一咬，就把這個假牙齒咬斷了。不痛，也沒有出血，一點也沒有關係，你們不要擔心。這顆牙齒已經脆了。去年在美國時，那位牙醫師決定把它取下來重新裝的，麻醉的針也打過了；他後來一想三十多年來都沒有關係，還是不動它，其實早已脆了。」先生拿著斷了的牙齒，一個是假的，一個是真的，是由金屬的原料將假牙齒和真牙齒連住在一起的。先生接著說：「這樣，說起話來要漏口風了，我得要給它裝補了。」於是決定明天上午去看牙醫師朱光潤，當下由徐秋皎電話朱醫師約定時間，同時電話到南港，要王志維把先生去年在美國照的牙齒X光照片帶來。

晚飯時，先生說：「今天是母親節，我們慶祝每位做母親的人，喝了這杯酒。」（醫生只許喝二十西西的酒。）先生想起「一九四六年坐船由美國回來的途中。那天是六月八（？）日，是美國的父親節，我想起我的第二個兒子思杜，我打一個電報給他。父親節，兒子沒有電報給我，倒由我打電報給他。誰知他這個學期根本沒有上課，他在印第安那大學讀書的。他把我匯給他的錢全部跑馬跑光了，還欠了一身的債。結果為了兩張支票的事，險些兒被警察找去了，後來由我的一位朋友把他救出來。他的兩個衣袋裏全是當票，一張是我給他的一架打字機的當票。這個兒子五尺七寸高，比我高一寸，比大兒子高兩寸，肩膀很濶，背也厚，——孟真的肩膀很濶，所以孟真特別喜歡他。後來他回來了，我也沒有責備他。」

晚飯後，先生又坐下來寫那篇跋文了。徐秋皎和胡頌平坐在客廳裏談天。徐秋皎談起先生有一天曾對她說：「娶太太，一定要受過高等教育的；受了高等教育的太太，就是別的方面有缺點，但對子女一定會好好管理教養的。」胡頌平說：「我以前也聽先生說過：『母親有耐性，孩子沒有教不好的；孩子教不好，那是做母親的沒有耐性的關係。』」

十一點三刻了，……

今晚總統柬請參加詹森副總統的宴會。先生因病辭謝。

一九六一年五月十五日【聯經版第十冊頁三五六八／油印本第二十五冊頁四〇八】

先生看了病，候診室裏的有些人請先生簽字，……

今天是先生這次病後第二次出門。回來後，又坐下工作了。先生覺得昨天寫的稿子已經寫了六千字，還不曾談到這部十六回〈石頭記〉的本身，還要改寫更短些。

下午五時，姚從吾、楊樹人來看先生，談到六點鐘。

今夜，收聽中國小姐選拔的廣播。

一九六一年五月十六日【聯經版第十冊頁三五六八／油印本第二十五冊頁四〇八—四〇九】

早飯後，有給馬熙程夫婦的信。

熙程兄嫂：

昨晚上我們聽廣播，聽到令愛維君當選中國小姐的消息，同聽的三個人，舍親張先生、護士徐小姐和我自己，同聲歡呼拍手。

這個消息使我十分高興。請你們把我的高興的賀意轉告維君。我相信，這一次競選世界小姐，她很有希望。

便中寫家信時，請問候令尊和令堂，請代為道賀，並請告訴他們我已全好了，出醫院二十多天了，現住在台北，不久可以回南港了。

胡適 五十、五、十六早。

一九六一年五月十六日【聯經版第十冊頁三五六九／油印本第二十五冊頁四〇九—四一三】

先生非常注意韓國昨晚發生的大政變，今午收聽美軍廣播。

先生因看立法委員提出質詢外交人事的案件，忽然想起有一位國民黨的老輩程天固，在孫中山先生大本營時代是主持銀行財務的，也是林主席（森）的朋友。說：「這位程天固的名字好像給程天化相近，但他是廣東人，並非江西人。由於林主席的建議，他曾被派到歐洲、南北美洲各地去巡察各地的使領館。那時我在華盛頓，就問他對於駐美使館的調查怎樣？」程天固說：「駐美大使館的成績最好；貴大使的夫人不在任所，可能是原因之一。」他接著說歐洲及南美各地使領館出了事情的，大都是使領夫人管事、攬權、弄錢的關係。這位程天固，後來好像當過一二任南美洲那些國家的公使。

下午，蔣復璁叫胡宏藭送來莊嚴給他的復信，就是答復硃批奏摺的事。莊嚴的信上說，帶來故宮奏摺三箱，一箱已經整理過，裏面沒有曹寅、李煦等人的奏摺，還有兩箱，估計當在萬件以上，正派兩位青年在整理，叫他們特別注意胡先生所問的奏摺了。先生看了這封信後，說：「已經整理的一箱，就是印成的〈文獻叢編〉。怎麼沒有曹寅、李煦的奏摺？還有兩箱，讓他們拿出來整理整理也好。」先生問胡頌平：「你去過霧峰故宮管理處嗎？他們把這些文件一箱一箱的疊在那個很長的洞裏，兩邊都是密密的疊著，中間留著一條縫，人要側身才能走進去；因為兩邊箱子上的釘子會鈎破衣裳的。管理處裏只有幾個老弱殘兵，從沒有人去動過。這些箱子裏的文件才是真歷史，照理應該送給我們中央研究院，總會有人整理的。現在因為我的關係，讓他去整理也好。」

「這些奏摺，當時是直接送給皇帝看的，從沒有別人看過。」先生翻出吳相湘「清故宮藏曹寅李煦等奏摺選錄」（遠東本〈紅樓夢考證〉頁八〇—八一），康熙四十三年七月二十九日批：

> 朕體安善，爾不必來。明春朕欲南方走走，未定。倘有疑難之事，可以密摺請旨。凡奏摺不可令人寫，但有風聲，關係非淺。小心，小心，小心，小心。

先生指著這個批示說：「連寫都不許叫別人寫的。康熙批了之後送給曹寅、李煦看過後，又須送還宮中，沒有第三者看見的。」

先生又說：「雍正在位只有十三年，所有的奏摺都印出來了。康熙在位六十一年，有許多都沒有印。」胡頌平問：「〈東華錄〉呢？」先生說：「〈東華錄〉有兩種，老的一種印出來了。那些奏摺和這些不同。這些是特務的報告，從來沒有給別人看過的。」

六點，錢張婉度同她的兒子錢純來談韓國政變，現在漢城的錢思亮可能提前回來。

晚餐的席上，有一個雞爪冬菰湯，於是談起雞來。先生說：「凡是鳥類，包括雞在內，牠們的體溫都比人體高。雞本來會飛的，如陶潛詩：『雞鳴桑樹顛』。又如『雞舍於樹』，是在樹上搭起雞窠養雞的。杜甫詩『驅雞上樹木』，可見唐朝還是如此。這一千多年來，雞固然也會飛，但都養在地上的雞舍了。」

先生又說：「有許多字，在邊遠的地區還保留著原來的意義。我們吃的湯，叫做湯，但這個湯字原來的意義是熱的水。孟子說的『冬日則飲湯，夏日則飲水』。像湯山，盆湯，都是這個意義。日本的湯字還保留著只是熱水意義。說在菜中的湯，就不光是熱水的意義了。羹是用肉汁做成的叫羹，流汁，所以用調羹。又如粥，台灣話叫『啜糜』，都是古音、古義。」

十點一刻，先生聽了美軍廣播韓國政變消息之後，到了胡頌平的房間裏，談起韓國來，說：「一九一〇年，宣統二年的八月裏，我第一次出國，我們七十多個學生同乘一隻只有幾千噸的小船，那天（八月廿九日）船到橫濱，看見岸上的日本人，瘋狂的發號外，到處掛滿了國旗，成千成萬的人在狂歡著，原來是宣佈高麗併入日本本國的一部份，就是說高麗正式亡國的一天。在第一次中日戰爭之後，日本取得高麗的統治權，但還把高麗的國王留著，這一天起，高麗的國王也沒有了，高麗正式的亡國了。船上有些同學上岸去看，我就沒有上岸去。到了一九四五年那一年，北韓被俄軍佔領，組織所謂『北韓人民政府』；南岸是被美軍佔領，南韓政府還沒有成立。那次北韓的南侵，預定的計劃七個星期統一南韓的。共產黨沒有料到杜魯門會出來阻止；阻止侵略，光用空軍是不夠的。那時美國在日本的駐軍只有四師人。這四師軍隊在日本天天跳舞吃酒，已經不能打仗了。麥克阿瑟在這四師之中勉強湊成一個師，是臨時湊成的，叫做第七師，才把北韓的軍隊打回去。韓國亡國三十五年，這次麥克阿瑟救了南韓。那時韓國人對日本曾有一度是很狂妄的。」

科學會請各學術團體推薦研究補助費候選人及研究講座教授候選人的文件，今天核定發出。

一九六一年五月十七日【聯經版第十冊頁三五六九／油印本第二十五冊頁四一四—四一五】

早上，先生關心韓國政變的消息。

先生在報上看見昨天給馬熙程道賀馬維君的信，疑是新聞記者向馬家採去的。有一家報紙把「令愛」改作「令媛」了。先生說：「這樣的白話信登出來也好。我最討厭那些應酬的文言信札。我是馬維君的祖父的朋友，因為他們家庭守舊，才對馬熙程稱『令尊、令堂』，已經很守舊了；照白話來說，應該稱『你的爸爸、你的媽媽』的，——報館記者還把『令愛』改作『令媛』呢！」

九時，高天成來商談裝補牙齒的事情之後，先生就到台大醫院去檢查身體。

做過心電圖之後，蔡錫琴說先生的心電圖沒有比出院以前的好，還要特別小心。台大醫院的牙科主任也來談了一會，說先生的牙齒須等六月初才能開始做，勸先生不必急急回南港。

先生檢查身體之後，順便去看了梅貽琦。十一點回來。

給勞榦寫了一封短信。

貞一兄：

謝謝你五月十五日的信。

我誤會了那校刊後記的年月，請你寬恕。請你明白那個誤會也是「關心和愛護」的一個證據。

適之 五十、五、十七。

李榦來，留此午飯。

下午來看先生的，有全漢昇、董同龢、查良釗、魏火曜、易希陶、易趙銓、毛子水等人。

李宗侗送回許世英〔回憶錄〕的文件，……

一九六一年五月十八日【聯經版第十冊頁三五六九／油印本第二十五冊頁四一六—四一七】

今早先生在報上看見李崇道在核子顯微鏡裏發現豬瘟的病毒，是生存於發病細包核內的過濾性病毒，十分注意。說：「李崇道是李政道的哥哥，一直到了李政道得了諾貝爾獎金後才准他出去的，他在康乃爾大學發現豬瘟的病菌是很有用的，我很高興。」

上午，錢張婉度來談。

朱光潤醫師來電話，說她六月五日以後，才有空給先生補牙齒。先生說，這樣住在此地的時間，已是無期徒刑了。

上午有給賈同豫的信。

同豫先生：

前些時石璋如先生從京大寫信來，說先生關切我的病狀，要寄贈一種新藥給我。我很感謝先生的好意。

先生寄贈的「維他愛X斯錠」一瓶，昨天收到了，今天開始試服，我先寫這短信向先生道謝。

胡適敬上 五十年五月十八。

下午，勞榦來談。

今晚總統柬請參與秘魯副總統的宴會，先生因病辭謝了。

今夜十二時，「跋乾隆甲戌脂硯齋重評石記影印本」一文脫稿。

一九六一年五月十九日【聯經版第十冊頁三五八九／油印本第二十五冊頁四五六—四五七】

今早八時胡頌平到了福州街寓所，知道「跋乾隆甲戌脂硯齋重評石頭記影印本」長文於昨晚十二時才寫完，今早已給張祖詒帶去排印了。先生對胡頌平說：「這篇跋文寫得不滿意，總覺得太趕了。」

九點多，陳受榮由張紫常陪同來訪，談了一會。

今天又談起許世英〈回憶錄〉裏許多錯誤，……

一九六一年五月十九日【聯經版第十冊頁三五九〇／油印本第二十五冊頁四五八】

下午，馬熙程、馬維君父女來訪。〈徵信新聞〉的記者彭麒和中國小姐選拔會的攝影記者來照相。彭麒有一篇特寫。（五月二十日〈徵信新聞〉）

今天有復楊白衣的信。

一九六一年五月二十日【聯經版第十冊頁三五九一／油印本第二十五冊頁四五九—四六〇】

早餐時，先生談起韓國總統尹潽善的辭職，那就牽涉到整個韓國的憲政了。光是內閣總理辭職，問題還小，因為整個憲政的架構還在，新政府仍在憲法範疇之內；現在總統也辭職了，問題就大。

談起颱風的消息。胡頌平說：「在我的家鄉（溫州），叫做『打風痴』，有時也叫『颶風』，從來沒聽過『颱風』的名稱。」先生聽到「打風痴」三個字，覺得很新奇。接著說：「你們的『打』字可能是從『大』字的聲音變成的。英文的颱風的『颱』字，是說中國的大風而起的。這『打風痴』三個字，我倒有用了。」

一九六一年五月二十日【聯經版第十冊頁三五九一／油印本第二十五冊頁四六一】

十時，道安和尚和胡松泉來看先生。……

胡松泉是胡樸安的本家。先生問起胡道靜是樸安的什麼人。胡松泉說：「道靜是胡寄塵的兒子，樸安的姪子。」先生說：「胡道靜最近校正沈括的〈夢溪筆談〉，是一部很夠標準的書。他人在大陸，沒有出來。」

蔣匀田、成舍我來談十多分鐘。

李濟、張貴永來談至十二時。

一九六一年五月二十日【聯經版第十冊頁三五九二／油印本第二十五冊頁四六二—四六九】

六點三刻光景，先生從書房裏出來，看見胡頌平在餐廳裏複寫幾封討論許世英〔回憶錄〕的信札，說：「太麻煩你了，太麻煩你了。我做一點酒來請你吃。」於是叫廚子拿來四塊冰，先生斟了兩杯威士忌，兩人吃起酒來了。

先生說：「韓國軍事執政團昨天頒發一項澈底的反共命令，包括八點，這是反共國家歷來所宣佈的最強硬的反共措施之一。你看昨天〔聯合報〕登的那篇方能訓的『航訊』之後，才能瞭解韓國這次政變的原因。從去年三月起，韓國每次都用學生來鬧事、遊行、請願等等。現在這項命令公佈了，這不是法西斯是什麼？你看了今晚漢城合眾國際電報嗎？韓國這八條提出的『反國家組織』太籠統了。那麼，在國家內提出自由民主，也可以說是『反國家組織』的利益了。土耳其、韓國都走法西斯的路上去。這邊的任卓宣、張鐵生也不許人家『反國家組織』的主張。這是多危險的事！我不主張革命，我只主張不流血的轉移政權的；但不流血的轉移政權之後用『反國家組織』來取締人民的自由，我是不贊成的。美國甘迺迪政府，可以說是思想偏左的政府，他如看見法西斯的新政府成立，或許要考慮承認問題了。」

接著說起十六年四月裏清黨的事。先生說：「這次的清黨，共產黨黨員是清出去了，但共產黨的黨的組織沒有清出去，政府的組織，仍舊是共產黨的組織，尤其是共產黨的不容忍的精神還是留在國民黨裏邊。這樣的清黨是不澈底的。」

胡頌平因問先生認識周柏年（覺）先生嗎？先生說：「我曉得這個人，但不認得。」胡頌平說：「清黨之後不久，周柏年在廣州對人說：『大家不要得意忘形！現在我們的軍事很順利，一直到了南京了，共產黨也被我們清出去了，我們如不爭氣的話，將來也要被人家屠殺，也會被人家趕回廣州的。』三十八年政府由南京遷到廣州時，我想起柏年先生的這番話，差不多都證驗了。」

胡頌平接著說，國民革命軍收復了武漢，廣州的政治重心北移了。到了國民政府定都南京之後，文化的重心也漸漸的向北流了，十六年的暑間，我離開了廣州，到了上海，就進中國公學。因問先生：「我在中國公學的事情，先生還記得起嗎？」先生說：「我想不起了。」胡頌平說：「十八年的暑假，中公的社會科學院不是要遷上海去嗎？那時師生之中分成兩派，一派主張遷往上海，一派主張應該留在吳淞向附近發展。那時學生之中還有潛伏著的共產黨員；校內時常發現共產黨的傳單和標語，副校長楊亮功先生都是親眼看到的。中公裏的國民黨黨員是屬於吳淞區黨部的第一區分部。第一區分部的常務委員，最初是吳健英（吳健雄的哥哥），後來是水澤柯，後來是我。再後是黎盛東。那時潛伏的共產黨利用社會科學院遷移上海的爭執，說反對學校當局決策的是國民黨黨員，要求學校開除負責黨務的幾個學生，我是其中的一人。第一區分部委員會開會討論，明知道是潛伏的共產黨員策動的，但不知道他們是誰。那時年紀輕，毫無一點行政經驗，推定我和黎盛東兩人到市黨部去報告，說校內有潛伏的共黨份子，向學校當局要求開除國民黨籍的學生；在黨的立場上，應該報告上級黨部知道。接著，市黨部的公文到了學校，查問有沒有這件事。學校裏就用『學生決無要求開除學生之理』的公文復了。我們是不知道的。

到了陰曆中秋的前夕，江寶和先生遞給我一封先生的信，這是我第一次接到先生的信，我覺得很高興，我一點也沒有想到事情的嚴重了。那封簡短的信，我還記得：

頌平同學：

明天是中秋。我在家不出門，請你到我家裏來一談。

胡適。

第二天早上九點多，我到了極司斐爾路先生的寓所，在客廳裏坐了幾分鐘，先生從樓上下來了。那天先生的態度是非常嚴肅的，對著我說：『你密告了同學！我們學校是不許學生密告同學為共產黨的，你必須自動退學！你要轉到什麼學校去，我可以給你介紹。現在各校都快要開學了，你自己想一想。』

這突如其來對我自動退學的處分，我連作夢也沒有想到。我才知道前幾天第一區分部會議推我和黎盛東兩人到市黨部去報告，闖了大亂子了。我猛然想起這時正是全國各地黨部攻擊先生的時候，我在先生前面沒有一句話的解釋或者說明，就接受先生的處分，由我一個人來承當了。我回到學校，第一區分部的同學聽說我要受到退學的處分，大家不平起來，要提出反抗；還是我把他們勸阻了的。我說，在這個各地黨部正在抨擊先生的時候，如果因我的處分問題引起糾紛，剛剛給那些想打擊先生的人增加了口實，事情會鬧大的。為了學校，為了先生，由我個人來承當，我承願犧牲一點，就可消患於無形了。結果，我到光華大學去借讀半年再說。不久，我聽到先生知道了全部事實的經過情形，覺得對我個人的處分，有點委屈了。

我到了光華大學之後，有些一年級必修的學分，如數學或植物學等都要補修。我在中公已是四年級的學生，現在要多讀一年才能畢業，並且對於數學或植物學等都已不感興趣了，而家庭的經濟能力也難以為繼。到了學期結束之後，我才寫信給先生。大意是說我的敬愛先生，愛護學校是在任何之上。我的接受處分，也是為了敬愛先生，愛護學校，而沒有一句話的聲明或解釋。我不願為我個人的事情引起更大的糾紛，無形中替學校做了消極的有益的工作。請求先生准許我回到中公來完成學業。這封信發了的第三天，我打電話給先生。先生在電話裏說：『你的信看見了。你的信寫得很好。我也告訴教務長凌舒謨先生，你回到中公來好了。』當我聽到先生許我復學，還稱贊我的信寫得好，真有說不出的興奮。我回到中公，那時社會科學院已經遷到上海八字橋上課了，我再讀半年就畢業了。」

先生聽了我的話，說：「我都不太記得起了。你剛才說的話，應該寫出來。亮功先生已經寫了『吳淞江上』，你該把你的經過也寫出來。」停了一停，先生又說：「羅爾綱本來是上海大學的學生，他是很左傾的，後來跟了我，我是有意把他引到學術這路上來。結果，他把過去左傾思想都拋棄了，走上研究歷史的路上來了。」

晚飯時說起集中是很重要的：「一個人用全副精神注意到這一點上，別的都忘了。如口吃，英國女王伊利莎白是口吃的；他用演說來訓練，結果演說時是很正常了。」

又談起處處要替別人著想。如摺信紙的方法，外國信和中國信的摺法不同：他們是把有字的一面向裏摺，不要摺得太整齊，就是說不要對摺，上面的長些，下面的短些，那麼人家拆信之後很快可以打開信紙來看了。這樣小小的事情，也都為別人著想。

一九六一年五月二十一日【聯經版第十冊頁三五九二／油印本第二十五冊頁四六九—四七〇】

上午，毛子水、姚從吾來談。

有復周至柔的電報：……

又有復謝秘魯總統浦魯多（Prado）的英文信：

Dr. Hu Shih deeply regrets that ill health deprives him of the great honor of accepting the kind invitation of their Excellencies the President of Peru and la Sênora de Prado to attend the Banguet in honor of their Excellencies the President of the Republic of China and Madame Chiang on the 24th of May, at 20:00 o'clock at the Grand Hotel.

一九六一年五月二十一日【聯經版第十冊頁三五九三／油印本第二十五冊頁四七二】

先生談起印度的民族來，……

先生看看胡頌平，笑著說：「你住這種日本房子裏，到處要低頭了。」因為頌平身高六尺，普通的室內門戶，都不夠他昂首出入，所以說了幽默的話。

一九六一年五月二十二日【聯經版第十冊頁三五九八／油印本第二十五冊頁四八〇—四八一】

今早在報上看見漢城的電報，說昨天韓國軍政府將一部分的政治犯加上手銬，頸上掛了一個「我們是流氓」的牌子，押了他們在街上遊行。先生說：「這是野蠻的行為，完全跟共產黨學的。共產黨叫別人為右派。我有許多朋友都被稱為右派。」

上午十時，阮維周來訪。郭廷以來談至十一點半。……

下午，楊錫仁來談很久。客人走後，……

一九六一年五月二十三日【聯經版第十冊頁三五九九／油印本第二十五冊頁四八二】

上午，朱家驊來談較久。凌純聲、董作賓來談六七分鐘。

先生昨夜寫給許世英的信，……

一九六一年五月二十三日【聯經版第十冊頁三六〇一／油印本第二十五冊頁四八五—四八六】

此信發後，……

先生在*China News*上看見美國政府對於韓國政變表示遺憾的消息，說：「韓國這次的政變是走狹義的國家主義的路上去，結果就是法西斯。法西斯不是標榜民族主義嗎？但共產黨就利用民族主義來策動各種的叛亂。像韓國，金弘一出來當外交部長，我們就可以知道韓國的沒有人才。韓國光復之後氣燄很盛。這幾次的政變，可能是受了日本統治幾十年的反動；但走到法西斯路上是很危險的。」

下午，林致平來談周至柔仍舊要他出長中央大學的事。

楊樹人來談科學會的執行秘書職務，仍希早日擺脫。

吳德耀、李先聞、錢張婉度、江小波等來訪。江小波留此晚飯。

一九六一年五月二十四日【聯經版第十冊頁三六〇二／油印本第二十五冊頁四八八—四八九】

早餐時，先生看見有皮蛋，於是談起「從前在北京時，夜裏總是睡得很晚的。我的太太往往剝一個皮蛋放在小碗裏，旁邊再擺一些醬油醋。其實我是不太吃醬油或醋的。工作到餓時，就吃一個皮蛋。有時太太預備好兩個生雞蛋，旁邊放個熱水壺，要吃時，先把雞蛋放在開水裏泡五六分，半生半熟的吃了。」

先生又談起「民國六年第一次回國時，到了蕪湖，由蕪湖再回績溪還有五天的旱路，另有七十里的夜航船。我在美國住了七年，那時看見內地旅行的不乾淨，不敢吃東西。我是兩個人一道回去的。那個人年紀輕，他來接我的。我早上吃兩個蛋，中午吃三個，晚上吃兩個，別的東西不敢吃。後來那個青年對我說，你別的東西不敢吃，飯總是可吃的。我們添好飯，自己來炒雞蛋，自己來燒豆腐，不是很衛生嗎？以後幾天在路上都是這樣自己做起來吃了。蕪湖是全國有名的產米區，那邊的雞蛋比此地的鴨蛋都要大，又鮮又好吃。晚上，我最怕是臭蟲，床，當然不敢睡了，只好向旅館借來兩塊沒有縫的木板，墊床的用磚子，大櫈也不敢用。有一點小縫的地方，都用開水來澆過。然後鋪上油布，再打開鋪蓋來住的。不過那次回去最使我感動的一件事，就是沿途的鴉片確已禁絕了。後來內地如四川等省的鴉片又吃起來，都是軍閥開放的緣故。

上午，先生寫了一篇筆記，……

一九六一年五月二十四日【聯經版第十冊頁三六〇六／油印本第二十五冊頁四九五—四九六】

先生說：胡開文用蒼珮室名製墨。……

梅夫人、全漢昇、魏火曜等來訪。

毛子水來，先生將「跋子水藏的有正書局石印的戚蓼生序本〈紅樓夢〉的小字本」一文連書一部，當面給他帶去了。

樊際昌來報告一個消息，說蔣夢麟又要結婚了。先生說：「他第二次和高仁山的寡婦結婚是我證婚的。我希望他這次不要請我，最好是公證。」

晚飯時，先生問：「你看許靜老接到我的信後有什麼反應，會不開心嗎？」胡頌平說：「他的〈回憶錄〉人家會當歷史看的。先告訴了他的錯誤的地方，照理只有感謝，不會見怪的。」先生說：「記性真不可靠。有許多外國小說我都已看過了的，但後來一點印象也沒有。」胡頌平問「希臘有句『非多所知道，多所忘卻，則不足以言讀者』的話，大概也是這個意思吧？讀過的書，有用的記下來，無用的儘量給他忘掉，剩下的都是精華了。」先生說：「也不盡然。記得的就要變作自己思想智識的一部分了。我們從前讀的數學、物理、化學這些知識，往往有運用的時候。現在的引得——索引——就是幫助我們查東西，就是叫我們不要強記。」胡頌平又問：「如果不曾看過，根本不知道這些材料在那裏，怎麼會去查索引呢？」先生說：「有些問題，大概可以知道在什麼地方去查的。譬如〈浙江通志〉來說，你需要的是那一部門的材料，你就會翻那一部門去查的啊。」先生又說：「此地的小學生都會查四角號碼，我很高興。」

一九六一年五月二十五日【聯經版第十冊頁三六〇七／油印本第二十五冊頁四九九】

「這正是你們溫州話叫做『打風痴』了。」於是談起在重慶時代的韓國臨時國民政府，那時中國的共產黨拉他們，國民黨拉他們，國民黨內部的派系也拉他們，等到他們復國之後，這些派系都表面化了，近來的政變，不能怪他們的。你看執政的國民黨內部不是也鬧派系，互相攻擊、排擠；現在不是有些人被送到外國去嗎？

一九六一年五月二十五日【聯經版第十冊頁三六〇八／油印本第二十五冊頁五〇〇】

先生早餐之後，拿著龔天民的〈佛教學研究〉給胡頌平，說：「前幾天（廿一）晚上談的印度的雅里安族，這本〔佛教學研究〕上都有敍述。但沒有達賴維第安族的話，你可以拿去看看。」

上午，張昌華來訪。他說葉良才等幾位朋友預備送一部冷氣機給先生，托他來接洽的。先生婉謝了。

楊樹人的辭呈來了。……

一九六一年五月二十五日【聯經版第十冊頁三六〇九／油印本第二十五冊頁五〇二—五〇四】

魏火曜為了公共衛生的事向美國某一機構接洽，擬了一封英文信，請先生出名。先生答允了，有復他的簡單信。

魏院長：

函稿已稍稍改動了，已打好，已簽字，請你審查後發出如何？

副本一份，乞留存。

胡適敬上 五十，五，廿五。

先生在寫這信時，說：「魏火曜一定是禮拜五生的，所以名字叫做火曜。你看商朝的人名用干支，就是用他出生那天的干支作名字。」

今晚張祖詒輪值，先生說〔石頭記〕影印本今天發行了，我們做點酒來慶祝影印的大成功，留胡頌平晚飯。**在飯桌上談起今天有一份報紙上說……先生又談起清代的八位文正公：……**

先生在廣座之中要問胡頌平什麼事有時也喊「胡先生」。今天張祖詒聽到先生這樣的喊法，就說：「老師對學生太客氣了嗎？」先生說：「喊慣了。」胡頌平因說：「在〔論語〕裏，孔夫子喊學生都是直呼其名，好像連號都不喊。學生之間喊號，但對老師提到別的學生時，也是直呼他的名字，不叫號的。」先生說：「那時的號與字，其實很少分別的。」

飯後，毛子水、錢思亮夫婦來談至九點二十分。

一九六一年五月二十七日【聯經版第十冊頁三六一四／油印本第二十五冊頁五一一】

馬壽華來訪。胡鍾吾來，取去「雙溪詩存」的題簽。

今天有給台灣省新聞處的信，是為〔石頭記〕影印本五百部運往香港去，請發證明文件的事。

一九六一年五月二十八日【聯經版第十冊頁三六一四—三六一五／油印本第二十五冊頁五一二—五一九】

上午來訪的客人，有羅家倫夫婦、鮑良傳夫婦、葉曙、凌鴻勛、陳雪屏夫婦等。

先生在客人斷斷續續的時間裏，給楊樹人寫了一封信。……

下午，李宗侗來。宣中文來訪。以後有「胡適靜養生活」的特寫。（見六月一日公論報）

五時，楊樹人來，……

夜飯的桌上，先生談起報載明天是甘迺迪的四十四歲生日。報上說的「過生」兩字，看來總不順眼。明天，又是朱（家驊）先生的生日，他們倒同一天生的。胡頌平說：「朱先生過的是陰曆四月十五，甘迺迪過的是陽曆，今年湊巧碰在一起。」先生說：「天文學是以太陽為中心的。陽曆是照太陽來算，陰曆是照月亮算，但只能算是太陽的一部分。在天文學上，都以十九為一章，所以陰曆的生日過了十九年，會給陽曆的生日同一天。這是天文學上的定律，十九年一次，三十八年又一次。一個人的一生過不到幾次的陰曆陽曆同一天的生日。」

從朱先生的生日，談到他當行政院副院長，再談到三十八年十一月二十七夜半從重慶撤退的情形。胡頌平敍述：「這年十月十一日，我由廣州遷到重慶，不久，酉、秀、黔、彭等險要地區失守了，接下去，中央航空公司和中國航空公司叛變了，重慶對外的交通完全斷絕了。重慶的街道上，整天都是來來往往搬運東西的車子，一天緊張一天起來。這時候，我的名義是行政院秘書，——我在中央研究院的幹事職務是留職停薪的。當在廣州撤退時，依照政府規定，中央研究院的總辦事處應該設在政府所在地；

但總辦事處各部門負責的同人都到台灣去了，到重慶去只有極少數的幾個人，所以我到了重慶之後，朱先生要我照料總辦事處的事。時局一天加緊一天，政府又要遷都了。朱先生是中央研究院的院長，又是中英文教基金董事會的董事長。這時他又兼了行政院的副院長，總算在萬分困難的情形之下，包到民航隊的幾架飛機中的一架，可以直飛香港的，把中研院和中基會的東西搬出了。我還記得包機是由行政院、國防部和特種調查處三個機關會同核定的。坐飛機的人員的身份，也要這三個機構審核的。每人的照片上都須蓋上審查合格的印戳。那天晚上，在曾家巖行政院樓上一個房間裏蓋印時，電燈突然停了，我用火柴一根接一根的亮光之下蓋的。一切手續辦好之後，已是十一月二十七日了。這天重慶已是非常緊張，下午六時起就宣佈戒嚴。辦總務的出了高價雇到一輛破舊不堪的大卡車，車前的兩隻照路燈都壞了，是一輛瞎眼的車子，怎麼辦呢？幸虧特種調查處介紹來幾位夠資格搭我們飛機的人員，他們有車子，大家商定他們的車在前面走，我們的瞎眼車跟在後面，勉強可以開動。這個問題解決了，但六時戒嚴之後，交通斷絕了。可是朱先生打電話給重慶衛戍總司令楊森，他馬上派人送來一張他親筆寫的『特准通行證』，貼在車上。這夜，是總統派朱先生和洪蘭友再到香港去，懇勸李宗仁。我們等朱先生十一點多動身之後，快十二點了，我們的車子才從重慶向白市驛機場出發。本來只有一小時的路程，但在夜裏，因為沿途是山路，又是瞎眼車，開得又險又慢；加上軍隊的盤問，查驗通行證，到了白市驛，已是二十八日的早上四點了，天還沒有亮。我們在機場等到下午五時，才等到一架民航隊的飛機，他們因為搶運政府人員的關係，不飛香港了，先把我們送到成都再說。這天下午起，白市驛機場的無線電台設備，開始拆卸，同時也開始佈置地雷，預備破壞機場的工作。我一家八口，就在這個驚險的大風浪中安全撤退出來。在快撤退的幾天之前，總辦事處一位自請遣散的同事羅傳宓跑來問我，說這裏有一位年輕的太太，帶一個餵奶的小孩，能否把她們帶去。我問他這位太太是什麼人？他說是史語所同事的太太，他的先生在台灣。

我說，既然是中央研究院同人的眷屬，當然可以帶她們出來。這位年輕的少婦，原來就是王志維的太太張彥雲女士。那時我和王志維不認識，也不曉得他是怎樣的一個人呢。」

先生聽到此地，說：「你今晚說的事，應該記下來。」胡頌平說：「我覺得太渺小了，從來沒有寫過我自己的經過。」先生說：「這是真正的歷史。真正的歷史都是靠私人記載下來的。」徐秋皎在旁邊插嘴說：「胡先生要記也記您院長的事，那會記他私人過去的事情？」先生又說：「我私人在此地的事情不要緊。還是記你親身經歷的歷史要緊。」

今夜，有給李孤帆的信。……

給日人池田純久英文的復信，未完。

一九六一年五月二十九日【聯經版第十冊頁三六一六／油印本第二十五冊頁五二〇】

先生說：今天是美國哀悼死亡朋友的節日，……

上午，陳槃、徐高阮來談二十多分鐘。

毛子水來談。宋英來過。

先生接到威爾克思百歲紀念節目單、照片、同紀念文字，十分高興。

下午的客人，有許明德、栢日禮、李先聞、查良釗、全漢昇、李宗侗等。

一九六一年五月二十九日【聯經版第十冊頁三六一七／油印本第二十五冊頁五二三】

今夜，先生談起人口問題，……

再而談起世界道德重整學會，當年一再的要請先生為發起人，先生沒有答應。其中曾有一人來看先生，大談其人生的歸結只有兩條：一條是有希望的，將來會進天堂；一條是沒有希望的，將來要進地獄。這個人說後，先生右手拿著一個銀元，左手拿著一張一百萬元的支票，是個空頭支票。對這個人說：你要右手的一塊銀元，還是要左手的一百萬元的空頭支票？於是這個說客跑了。

一九六一年五月三十日【聯經版第十冊頁三六一八／油印本第二十五冊頁五二三—五二四】

下午，汪厥明來談。

四點半，萬紹章來請示院士候選人提名的期限已到。先生指示延長一個月。先生談起大前年第一天接事之後，他們把幾個簽呈送來請我批准薛世平辭職之後，就覺得這和我一向不主張帶人的作風違背了。

四點五十分，黃季陸來談至六時十分。

潘貫送來錢思亮的院士候選人提名單一份，他看見房內有客，就把文件留下了。

晚飯時，先生談起徽州的兩句土話：「出門身帶三條繩，可以萬事不求人。」從前出門的網籃，網壞了，繩斷了，轎槓斷了，扁擔斷了，都得用著繩。必要時還可以用繩上吊。

還是一句成語：「一世夫妻三年半。」這是對十四歲的孩子出門當學徒算起，三年出師，十七歲了。出師之後，開始有了有限的薪水。到了廿一歲，家裏才給他結婚，有三個月到三個半月的時間在家裏可以拿薪水的。從此又做了三年，才有三個月的假期。一世三十年，只有三十六個月在家的。所以叫做「一世夫妻三年半」；說來是不人道的。

九點半，錢思亮來談。先生希望早點回南港了。送他一部〈石頭記〉影印本。又題贈了給朱家驊、毛子水、徐柏園等人共八部。

今天有給劉大中的信。……

一九六一年五月三十一日【聯經版第十冊頁三六一九／油印本第二十五冊頁五二七】

九點五十分，……就可以回南港了。在醫院裏遇到浦薛鳳，約他得空來談。

先生動身之後，楊亮功來，留下一封信。

先生回來後，詹絜悟來訪。

下午，張佛泉、孫德中等來談。

夜裏，王世杰來談，送他一部〔石頭記〕影印本。又題贈楊樹人、張祖詒等各一部。

一九六一年五月三十一日【聯經版第十冊頁三六二〇／油印本第二十五冊頁五三〇—五三一】

又有復李祖法的信。……

編者附記：胡頌平問寧波的李家是怎樣的一戶人家？先生說：「李祖法的哥哥叫李祖申，是個大亨，在瀏子溝等地開鑛的。他捐錢給地質調查所，又捐錢給南開大學，添辦鑛物學系。李祖法第一個太太唐瑛，是有名的美人，後來改嫁別人的。還有李祖萊、李祖韓、李祖涵……這一祖字排行的，我認識的有七八人之多。李孤帆考進北大時叫李平，他也是祖字這一排行的。唐瑛的祖先是金華一系姓唐的。南宋時在台州當太守的唐仲友，曾被朱夫子彈劾，——也曾和朱夫子打過架的唐仲友的後代子孫。」

先生又談起Buck，就是賽珍珠的第二任丈夫，生了一個女兒，在懷孕時怎麼腦部受了傷，到了二十歲時，她的智慧還像六七歲的孩子一樣，是個白癡，這是他們最遺憾的事。Buck後來娶了一個中國太太，生了子女兩人，都很愉快。

一九六一年六月一日【聯經版第十冊頁三六二〇—三六二一／油印本第二十五冊頁五三三—五三五】

上午，查良釗因出席世界道德重整委員會，特來辭行。

李濟來談至十二時半。送他〔石頭記〕影印本一部。

下午三時多，先生談起寫自傳真是一件不容易的事。……

四點多，亞洲協會的負責人Pike來，談到五點半。六時後，張紫常來談。

一九六一年六月二日【聯經版第十冊頁三六二二／油印本第二十五冊頁五三六—五三九】

六月二日（星期五）上午十時半，夏濤聲來談。

十一點五十分，蔣夢麟來談到一點鐘。先生以為他會提起他的好消息，但他只談公務。

下午，浦薛鳳來，商談科學會執行秘書的繼任人選問題，徵求他的同意。

客人走後，先生將〔石頭記〕影印本分贈給中央印製廠的前經理、現經理、前廠長、現廠長，技正如陳公亮、時壽彰等人，都題了字。又題贈給商務的趙叔誠、啟明的沈志明。還有一些預約此書也託書局來請求題名，先生也寫了上下款。

晚飯的桌上，談起小偷的事。說：「我第一次回國在北大教書，很窮，跟高一涵兩人合租一座院子。南面三間是高一涵的，北面三間是我住的。院子的後面，是窮人的住宅區。這時高一涵到南方去了，我的姪子住在南三間；白天，姪子到北大上課去了。一個廚子出去買菜，往往開著大門，空城計，倒沒有失事過。那天晚上，我的姪子睡熟了。我是夜裏三點才睡，因為第二天八點有課。這個賊來了，大概等我等得太久了，就在廚房洗面間裏偷了一面鏡子，一把茶壺，還把我從外國帶回來的箱子也打開了，——那時外國皮箱很軟的，在上面一個橫屜裏有個照相機也被偷去了。一直到了第二天早上我洗臉時看不見鏡子，以為姪子拿到房間裏去吧。接著發現茶壺不見了，再在前面看見箱子也打開了。在院子後面的牆外，發現茶壺裏的茶葉倒在泥土裏。唯一比較算值錢的，就是照相機的被竊，也不過值十塊銀元而已。從此次之後，我在國內就沒有被小偷偷過。」

「我在美國時，住的是第五樓的公寓。這天是正午，天下著雨，窗簾都掛著。那座公寓是長條形，我住在這一頭，中間是客廳，客廳那邊是我太太的房間。那天我不在家。我的太太看見窗簾裏爬進一個人來，嚇了一跳。於是她打開房門讓這個賊人去了。這個賊是不曉得我家有多少人，他看見我的太太叫他從房門出去，他就走了。如果她那時喊賊，賊可能會用武器打她的。有了這次的事情之後，大家說：

『胡太太開門送賊。』」

「後來這個公寓的第六層有好幾家被竊了。我是晚上不睡的，因為我的不睡的關係，第五層的住戶安然無恙。大家都說是我夜裏不睡的關係，受了我的蔭庇。我說，可能這個賊已知道是我的住宅，以後就不來了。」

一九六一年六月三日【聯經版第十冊頁三六二二—五六二三／油印本第二十五冊頁五三九—五四一】

早餐時，先生問起有沒有看見宣中文的特寫（題目是「胡適靜養生活」，見六月一日〔公論報〕），說：「我避開談政治，我總以為她沒有什麼可寫，她仍寫了這一大堆，還說我被秘書和護士管住，沒有道理。去年她參加中國小姐競選，我倒鼓勵她，希望她能打扮打扮。新聞記者中看起來，還是李青來比較聽話，叫她不發表的話，她是決不發表的。資格老，還是黃順華。」胡頌平因說：「李青來以前受了別人宣傳影響很深，對先生是不認識的。第一次先生回到台灣時，她還存著懷疑的態度，可以說是反對先生的。後來一次一次的見面，聽了先生的演說和談論，她才明白了真正愛國家民族的是先生，慢慢的從反對轉為服從，從淡漠轉為尊敬，現在對先生是尊敬萬分，——她差不多背棄了她的團體而信仰先生的一個人了。」先生笑著說：「她可以背棄她的團體，但不能背棄上帝。」接著說：「□家的人都是基督徒，他們加入基督教，乃是基督教的不幸。」

先生在報上看到甘迺迪在法國發表蘇俄和中共不和，可能發生問題的消息。說：「美國總統的身分不宜這樣說的，這都是新聞記者逼問他才說的。」

上午，閻振興來談，送他一部〔石頭記〕影印本。

黃彰健來談，留此午飯，也送他一部〔石頭記〕影印本。又給陳槃選的〔五華詩苑〕題簽。

下午，**接到李孤帆的信。信上說上次祖萊說的曹雪芹小象被刼的話，乃是當眾為祖韓掩飾的話，其**

實畫並沒有被刼，還是存在祖韓家裏。先生知道實際情形之後說：「做考據的工作真不容易。」

五點多，張敬原來談人口問題。先生問他二十五年前曾經通過信的事。他說那時他叫張知遠，預備辦雜誌，當時先生親筆復信，勸他不必辦了。他最近這篇文章得了先生賞識，聽說中央黨部給他特別嘉獎呢？先生送他一部〈石頭記〉影印本。

札奇斯欽來談。他是北大的學生，跟堯樂博士作研究的。先生也送他一部〈石頭記〉影印本。

吳相湘來談。先生告訴他對於李煦的奏摺件數弄錯了。他已預約了一部〈石頭記〉，要等收到後再請先生補簽。

今天有給張羣的信。……

先生想起香港友聯社的劉甫林、趙聰、蕭輝楷三位，也都送他們每人一部〈石頭記〉影印本。

一九六一年六月四日【聯經版第十冊頁三六二三——三六二四／油印本第二十五冊頁五四一——五四五】

上午，沈怡夫婦來談。

錢思亮來說，浦薛鳳考慮結婚的結果，他對於科學會執行秘書的職務，不願接受。還在懇勸中，同時他請楊樹人代為勸駕。

下午，先生給楊樹人一信。……

夜九時多，李青來來訪。送她一部〈石頭記〉影印本。

今天胡頌平在〈新時代〉（一卷五期）上看見毛子水寫的社論，題目是「陽明山會談」。毛子水贊同這個「陽明山會談」採不公開方式的主張。文中說：「開會時不邀請新聞記者列席；開會期間，不發表議事紀錄。一個聰明的新聞記者，當然會知道國家和社會沈默的義務，有時會比把事情向公眾報導的義務更重要。」又說：「民主和自由，都應該為文明人類企求的目標。」又說：「政治的事情，執政黨方面有克己自省的功夫的很少，在野黨方面能有克己自省的功夫的更少。總之，有高度修養的人，才能夠有自省的功夫；能夠自省，才能夠平心靜氣的聽別人的話，了解別人的話。了解別人的話，乃是民主政治最基本的條件。」胡頌平因問：「毛公這些話，也是先生的主張，——是從先生的思想裏發揮出來的？」先生說：「他不寫出我的名字更好！」

一九六一年六月五日【聯經版第十冊頁三六二四／油印本第二十五冊頁五四五】

早餐時，先生帶來一本〔新時代〕，指著沈雲龍的「刺殺宋教仁案的要犯洪述祖」一文，對胡頌平說：「你看這篇文章主要的參考書兩種，一種是〔胡適留學日記〕，那是我當學生時代的日記，簿子大，可以剪許多報紙附進去，現在倒有用了。你的日記簿太小，雖然攜帶方便，但不能剪報附入了。」又說：「洪琛，就是洪述祖的長子。」

上午，有復龔天民的信。……

一九六一年六月五日【聯經版第十冊頁三六二六／油印本第二十五冊頁五四八—五五二】

十一點多，林致平來，留此午飯。

下午，楊樹人來信說，他和浦薛鳳談話的結果，還不至於絕望。

五時半，浦薛鳳夫婦帶同他們的女兒一道來，婉達辭謝的意思。他們臨走時，先生說：「我希望這次不是最後一次的談話。我還要親自三顧呢。」

先生看見〔今日世界〕（二二一期）上有一篇李卓皓博士的特寫，說他是首次製造人造荷爾蒙成功的一個人。有人主張諾貝爾獎金應該送他才是。先生吩咐買一份來寄給李博士看看。

下午，有復李孤帆的信。……

編者附記：李孤帆的來信中附來他寫的「我的宗教生活」一篇，他自稱是基督教徒，但他寫的基督教是資本主義侵略的工具，純粹是共產黨的幼稚的黨八股。先生已經寫了幾張的信紙告誡他，後來一想對這樣一個幼稚的人說話不是對牛彈琴嗎？所以寫好的最後幾頁都不要了，就把它結束了。

一九六一年六月六日【聯經版第十冊頁三六二九／油印本第二十五冊頁五五五】

下午四時半以後，全漢昇來。王世杰夫婦來談至五點半。

一九六一年六月七日【聯經版第十冊頁三六三一／油印本第二十五冊頁五五七—五六〇】

早餐時，徐秋皎把先生的麵包擦上代用牛油，又斟了咖啡一杯。先生笑著說：「我本來都是自己動手的，現在徐小姐把我寵壞了，好像丫頭似的，我要把你押到南港去了。」於是談起「丫」字就是丱角的丱字的意思，分叉的意思，就是把頭髮綰了兩個辮子翹起來的樣子，表示小孩子的形狀。丫頭都是服侍小姐的。慢慢的談到家庭裏的佣人問題。

先生說：「績溪是小地，家家戶戶都是自己操作的。我的太太是山的那邊，有田地，家裏有佣人，什麼東西都不要自己動手。那時我在美國，還沒有結婚。我的未婚太太每年都要到績溪來住幾個月，像是童養媳。有一位姓曹的，乃是我家和江家兩家的親戚。這天他到績溪來，住在我家裏。第二天早上起得很早，看見有人在天井裏掃地。姓曹的仔細一看，原來就是我的未婚太太，覺得很奇怪，問她為什麼要自己掃地。她經這位親戚一問，掉下眼涕來了。說：『這裏全家大小都做事，我怎麼好意思不做事？』但請這位親戚回去時切莫提起。後來江家知道了，買了一個丫環給我的母親，意思是要替這位未來的媳婦做事；但我的母親仍舊要她做事。後來這位丫環到了二十多一點，就給她嫁了。」

商務印書館趙叔誠打電話來，問〈淮南王書〉的影印本，先生能否寫一篇短序？先生答應了。今天就開始寫了；但此序以後寫了好幾遍，始終不曾寫成。（參閱本譜五十年九月二十條。見〈淮南王書〉毛子水的跋文。商務台北版）

胡頌平問需否將全部原稿帶來參考。先生說：「〈中國哲學史〉的稿子，已經寫過三次：民八寫的稿子，只留一部分的講義了。在中國公學寫的〈中古思想史長編〉，油印了幾十部，曾經寄給湯用彤、陳寅恪、傅斯年、馮友蘭、容肇祖、單不庵幾個人看看。每部油印本一大堆，帶起來很不方便的。後來帶到北平後，又給它拆開來了。我今天只想寫這部〈長編〉的經過，不須把全部原稿帶來了。」

下午四點半，劉其英來看胡頌平，說她想拜訪胡先生一次，不過是拜訪，沒有什麼事。胡頌平報告先生之後，先生同意接見了。誰知她進去之後，就問「陽明山會談」的事。先生說：「醫生不許我出席會議，我一點也不知道。」她又問「道德重整會」等等問題。劉其英進來時，先生正在看〈淮南王書〉，於是跟她談一會〈淮南王書〉影印本的事，花了一點多鐘。到了夜裏八點鐘，中央廣播公司廣播〈淮南王書〉影印本的消息。

七點，錢思亮電話，說他已與劉崇鋐談過，但劉已明白表示不肯考慮這個事了。

晚飯時，徐秋皎拿了三杯酒來。先生說：「我們造出一個題目來吃酒；大家舉起酒杯，慶祝找到楊樹人的替手。——我們有了這位聖人的作風之後，很難找到人了！」

九點多，聽了聯播節目，並沒有什麼新聞。先生指著放在茶几玻璃板下面的中南半島的地圖，談談中南半島的形勢，說，北越的軍事武力和南越的軍事武力的比較是一百比五十，所以越南的人民只求今天的快樂；因為明天就會被北越侵略的。越北的文化中心是河內，被共產黨佔領之後，一切都已完了。

一九六一年六月七日【聯經版第十冊頁三六三一／油印本第二十五冊頁五六一—五六三】

先生談起淮南子的「……重為惠，若重為暴，則治道通矣。」……他們自以為「為善」了。〈淮南子〉所說的重為善，如重為暴，我在幾十年前，已把這種道理給蔣先生談過了。

後來談到婦女的剪髮，說：從前婦女的高髻，就是不許婦女偷懶。梳了高髻，高起的部分還帶上首飾，要花許多功夫梳成的。要是把頭靠在枕頭上，就靠壞了；於是白天不能睡覺了。現在日本婦女的高髻，也是這個意思。後來上海一帶流行梳S頭，或扁的髻，這是一大進步。到了婦女剪髮了，這是一大革命，給婦女們多少方便。

先生又說：「我的母親的頭髮又多又長，她每天早上要站在矮櫈上梳頭，如不站在矮櫈上，頭髮要拖到地上。你看每次站在矮櫈上梳頭是多麼辛苦的事。我的父親的頭髮，也是又多又長，所以我的頭髮也是這麼多。我十九歲還不到就出國的，那是宣統二年。我記得我的頭髮剪斷後寄到家中保藏起來，那時的頭髮是不賣錢的。現在我的太太的頭頂上的頭髮是稀了，她認為遺憾，還要帶假頭髮呢？」先生這時看看胡頌平的頭，笑著說：「你的頭髮快沒有了，朱先生的頭髮也落了。」先生又想起楊杏佛來，說他前面留海，後面拖了一條長辮子，看起來很漂亮，但他的面孔是黑麻，害過天花的關係。清朝的順治，還有一個不記得的是同治還是咸豐，都是死於天花的。

後來又談到婦女的束胸，說：「我們古代的衣袖都是很寬的，婦女也是如此。民初一度改為窄袖，於是束胸，硬用窄背心把胸部壓平，認為胸部突出是不雅觀的。這一個風氣只有二十幾年的時間，終於解放了。」

一九六一年六月八日【聯經版第十冊頁三六三一／油印本第二十五冊頁五六三】

六月八日（星期三*）

【*應該是星期四，筆誤。】

上午十時二十分，先生到台大醫院去看牙齒。看了台大醫院牙科設備的完善，十分稱讚。

十一時二十分到福州街，劉崇鋐來，……

先生對朱家驊說：「我們剛在勸請崇鋐幫忙……」……朱家驊說：「他不行，他兼的課務太忙；我給你推薦梁大鵬吧。」先生說：「有人介紹梁大鵬，我認為不相宜，我要的是徐公起。」朱家驊說：「陶振譽好嗎？他也可以擔任的。」

一九六一年六月八日【聯經版第十冊頁三六三二／油印本第二十五冊頁五六五—五六六】

下午，有復張羣的信。……

先生送給總統的一部，親筆題了：

介公總統

美齡夫人

胡適 五十、六、八。

又題贈陳副總統一部：

辭修先生、夫人

胡適 五十、六、八。

另給張佛泉在北京大學任教的證明書一紙。

夜裏，章元羲夫婦來辭行。先生寫了一張字送他們。

今夜有給沈志明的短信。

志明兄：

謝謝你六月七日的信。

我看你信上說你現在可以在房內走走了，我很高興，七十天的休息是絕對必要的。能更多休息最好。

我的「國學書目」是三十多年前開的，早已不適用了！千萬不要重印。我相信梁任公先生如果活到現在，他一定不願意誰來重印他的書的。（任公先生已死了三十二年了……）

敬祝你早早完全恢復健康！

胡適 五十、六、八夜。

一九六一年六月九日【聯經版第十冊頁三六三二—三六三三／油印本第二十五冊頁五六六—五六八】

上午，李宗黃來看先生，談了二十多分鐘。

有給李濟的信。

濟之兄：

頃檢看院士提名，到前日為止，計有：

數理組　十六人

生物組　八人

人文組　九人

但人文組九人之中，有經濟學者四人，是海外院士五人（蔣碩傑、蔣廷黻、蕭、劉、李）提出的，其人名為李卓敏、顧應昌、吳元黎、何廉。其餘五人為：

梁嘉彬　史學　東海大學提

王洸　交通管理　交通部交通研究所提

蘇雪林　中國文學　成功大學提

游春𣚔　經濟　國際經濟研究社（？）提

吳康　哲學　台大提

台大共提了四人，人文組只有吳康一人。

文史各學科的提名實在太不成樣子，……，用院士五人合提的方式。（前年提過的人，如陳康、陳槃均不妨再提。）

如需我召集本組之選舉籌備會的委員（雪艇、漢昇、樹人、從吾、你、我）一談，或本組的在台院士（你、我、雪、董、姚、勞、凌純聲七人）一談，乞用電話示知。

敬祝

雙安

適之　五十、六、九上午。

一九六一年六月九日【聯經版第十冊頁三六三三／油印本第二十五冊頁五六八—五六九】

科學會執行秘書，遜生不肯幹。我託思亮兄轉商劉壽民兄，他也不肯幹。我為此事已焦思了半個月了。

昨日去台大牙科，見其煥然一新，大為驚喜，已定十四日我去內科檢查，十五日下午去牙科治牙，可以不打麻藥針了。

下午六時，做了酒慶祝今天的院慶之後，先生要胡頌平到他的房間去，又把昨天和朱先生、樹人幾個人談話的經過詳細的說了，但不知道朱先生有沒有同公起說過。胡頌平說：「朱先生每天下午不到同志會去的，今天上午公起有課，他們可能還沒有見面。還是由我先去找公起談談吧。」先生說：「好的。你把科學會的三種規程，中英文的都帶去。其中執行秘書的薪給，五月三十日執行委員會議決一條議案，照大學教授最高的薪水，另送房租一千元。將來還要買一輛汽車，開會時接送各委員，平時由執行秘書坐的。現在立法院催我們的組織法送立法院審查，我想在修改組織法時，把執行秘書改為秘書長。這種情形，你也可以給公起談談。」

夜裏八時，胡頌平去看徐可標。一見面，徐可標就說：「我大概可以知道你要談的事。剛才方志懋（同志會的副總幹事）和我談過。我還不曾遇到朱先生。」於是胡頌平把這件事的原委都說了。「胡先生看中了你，要你幫助。他已先給朱先生談過，請朱先生幫他忙，朱先生也答應了。」徐可標很客氣的說自己的能力不夠，政治大學的專任聘約也容易辭得掉。等明天和朱先生談過後再說。胡頌平把帶去的文件留下了，又說：「如果你再客氣的話，胡先生可能會親來看你的。」他說：「那是萬不敢當的。」今晚談到此地，大概已有八分希望了。

今夜來看先生的，有趙連芳、錢思亮夫人等人。

今天有人在《中華日報》上看見「胡適贈飯館對聯」的故事，剪下來送給先生看。先生一點也不知道，完全是人家瞎造出來的。

一九六一年六月十日【聯經版第十冊頁三六三三／油印本第二十五冊頁五七〇—五七二】

上午，胡頌平向先生復命時，詳說昨夜洽談的經過：「公起一向尊敬先生的，他認為給先生效勞是應該的事，他很感謝先生的好意；不過他還在客氣中，且等朱先生和他談過後，再托楊樹人去勸駕，必要時先生自己和他談一次，大概是沒有問題罷。」

十點多，徐可標給胡頌平一個電話，說朱先生今早已談過，但還沒有明確的表示。他對公起說：「胡先生一定要你去，一定是頌平推薦的。」公起說：「我給朱先生工作三十多年，如果我自己要到別的地方去，一定要得到您的同意。現在是胡先生跟你說話，一切由您決定。」所以關鍵還在朱先生方面。同時，公起又客氣一番，怕他幹不了。

先生知道了他們洽談的情形之後，預備再和朱先生一談。胡頌平因說：「朱先生昨天對楊樹人說，今天對徐公起，都說是我推薦的，怕會怪我嗎？」先生說：「朱先生不會怪你的。我看得起他的手下的人才，這對他是很恭謏的。我想，他不至於怪你。我對他說過，我很佩服他當十八年的院長，我只當了三年，已經苦死了。」

先生又說：「一般作官的人喜歡打官話。我生平不作官，也有好處，我不會打官話。朱先生在一般作官的人中算是最難得的。因他是大學教授出身。像樹人，像你，都不是他的人嗎？為什麼不讓公起替我幫忙呢？我想他會答應的。」

先生談起中英庚款基金董事會及中華教育文化基金會的歷史和組織。最後說：中基會全靠這個健全的組織制度才能維持到今天不受影響。

中午，樊際昌來，留此午飯。

下午，先生給莊萊德大使夫人莊富蘭芝的紀念冊上題了兩句詩，……

送給董作賓一部〔石頭記〕影印本……

五時，李榦帶他的兒子來談。

今夜王志維在福州街輪值。……

一九六一年六月十一日【聯經版第十冊頁三六三四／油印本第二十五冊頁五七三—五七四】

上午，張昌華來訪。杭立慈來，先生送給東海大學的一部〔石頭記〕影印本，托他帶去。

朱家驊來談徐可嫖的事。……

接著談起李宗仁要靠攏了，他的夫人已到香港和匪方接洽了。先生問：「你看過〔蔣李鬥爭的內幕〕這本書嗎？」朱說沒有。先生說「我叫人檢出來給你看，可能裏面有談到你的地方。」朱又談起「沙孟海、徐可嫖兩人……」

一九六一年六月十二日【聯經版第十冊頁三六三八／油印本第二十五冊頁五七九】

下午，許明德來，全漢昇來。李宗侗來談，送他一部〈石頭記〉影印本。

六點五分，朱家驊來談至七點多。……

一九六一年六月十二日【聯經版第十冊頁三六三八—三六三九／油印本第二十五冊頁五八一—五八三】

九點多，徐秋皎來通知胡頌平，說先生有話說。胡頌平進了書房，先生拿著啟明出版的〈新文學大系〉，這書封面上登載「中國之部全卷內容」，指著卷五〈古本金瓶梅詞話〉說：「你知道這是一部什麼書嗎？這是一部大淫書。志明不知道這部書印出來可能要出大亂子。在此地，他的敵人又多，可能會有人敲他的竹槓。你便中去問問他有沒有辦過一切手續。你要叫他審慎！」

「這部古本〈金瓶梅詞話〉，你們是不知道的。日本圖書館在重裱中國古書時，發現古書內的襯紙有〈金瓶梅〉的畫頁，共有八頁。日本人不知道這八頁是什麼本子的〈金瓶梅〉，於是照大小照相下來寄到中國來，問問徐鴻寶（森玉）、馬廉（隅卿，中國小說專家）和我幾個人。我們幾個人都不知道是個什麼版本，都不曾看過。恰巧在這個時候，北平書商向山西收購的大批小說運到北平，其中有一部大字本的古本〈金瓶梅詞話〉，全部二十冊，就是日本發現作襯紙用的〈金瓶梅〉。這部〈金瓶梅詞話〉當初只賣五六塊銀元，一轉手就賣三百塊，再轉手到了琉璃廠索古堂書店，就要一千元了。當時徐森玉一班人怕這書會被日本人買去，決定要北平圖書館收買下來。大概是在九一八之後抗戰之前的幾年內。那一天夜裏，已經九點了，他們要我同到索古堂去買。索古堂老闆看見我去了，削價五十元，就以九百五十元買來了。那時北平圖書館用九百五十元收買一部大淫書無法報銷的。於是我們——好像是二十個人——出資預約，影印一百零四部，照編號分給預約的人。我記不起預約五部或十部，只記得陶孟和向我要，我送他一部。我們將預約多下來的錢給北平圖書館收買這書。也就在這時候，這書被人盜印，流行出去了。這書裏有一百幅的圖，其中有些完全是春宮，是一部大淫書。志明不知道，為了發財就亂印出來了，怕他會出大亂子，便中你去告訴他，要他審慎。」

大概十點多一點，……「明天請樹人先給你談談會中的情形。」又說「朱先生大病之後，精神不太集中，可能他沒有聽清楚你給他說的話吧！」先生又問：「你有話對胡頌平說吧。」於是把聽話筒交給胡頌平。公起也談這件事，說朱先生對於同志會的總幹事人選，決定由副總幹事方志懋繼任，但仍要他擔任顧問名義。先生說：「同志會的總幹事應該給方志懋的，我信上不能提，現在這樣決定，很好。」

今夜題贈史語所、近代史所、民族學所（石頭記）各一部。

一九六一年六月十三日【聯經版第十冊頁三六三九—三六四〇／油印本第二十五冊頁五八三—五九一】

早餐時，在報上看到副總統陳誠給陽明山第一次會談人士的邀請書上，有「政府自遷台以來，以待罪之心情，作贖罪之努力」的話，先生說：「我們好久沒有聽到政府能說這種話了。在南京快要撤退之前，那時總統還沒有引退，聽說有人勸他下個像從前『罪己詔』一類的文告，不曾被他接受。我過去也曾勸過總統，他總覺得大陸的淪陷不是他的罪過，他是不能接受我的勸告的。」

楊樹人前些時送來辭執行委員兼執行秘書的簽呈上，……午後，有給楊樹人的信。……

下午，又給楊樹人一短信。

樹人兄：

另紙草成，才聽頌平兄說，你明早（十四）十點半約了公起兄談話。我因為明天上午十點在台大醫院檢查，故託頌平約公起明天（十四）十二點到福州街26號午餐，我盼望老兄也能來，吃便飯，十二點到十二點半都不遲。

適之 五十、六、十三。

頌平聽志懋說，公起可能辭去同志會的事，不支同志會的辦公費。不知確否？同志會不是政府機構，故公起在政大可以支同志會的辦公費。頌平估計公起在政大、同志會兩處的收入約在五千元以上，六千元以下。我昨天聽騮先兄的口氣似仍盼望他不完全脫離同志會的事。今日頌平所說，也在意中，因為騮公可能決計請志懋作總幹事了。故我在另紙上顧慮到「不可以不補償他因加入本會所受的損失。」

胡適 十三下午。

先生為了院士人文組提名的事，分致王世杰、李濟、董作賓、勞榦、凌純聲、姚從吾等六人每人一信。

○○先生：

前日檢看院士提名人數，計有

數理組 十六人

生物組 八人

人文組 九人

人文組九人是

海外院士提經濟學四人：何廉、李卓敏、吳元黎、顧應昌。

東海大學提史學一人：梁嘉彬。

台大提哲學一人：吳康。

成功大學提中國文學一人：蘇雪林。

交通研究所提交通管理一人：王洸。

國際經濟研究社提經濟學一人：游春森。

我覺得「人文組」的提名似乎有點不夠分量，所以我想請「人文組」的在台各位院士大家想想這個問題，請在六月十五日（星期四）下午五時到福州街26號來談，也許可以在人文學科的廣大領域裏補提幾位候選人。

胡適　五十、六、十三。

有復潘貫的信。

潘先生：

謝謝你今早的信。

許仲均的油印本，不妨留待先生有空閑時再看。此是不急之件，奉擾清神，十分不安。李卓皓先生處，我今天當寫一短信告知我們尚未收到他們會簽的單子。（我要先問南港總辦事處收到沒有。）

匆匆敬問

府上都安好

胡適敬上　五十、六、十三。

又復黃周德君一信。

德君女士：

謝謝你六月十日的信。

你信上說的〈唐宋八大家文鈔〉不知是何人選的，何時何地刊的？圖書館和收藏家向來不重視明朝以後「文鈔」一類的書，更不會出高價收買。

可否請你示知此書的版本、刻書的年月、及你希望的售價？這種資料可以讓我替你想想此書有無出售的可能。

胡適 五十、六、十三日。

晚飯時，談起給楊樹人的感謝的信，先生覺得寫的不好。胡頌平說：「先生無論寫什麼，都是高不可及，就是兩三句的便條，也是我們學不起來的。我覺得先生這封感謝信寫得極好。」徐秋皎在旁邊插嘴說：「院長，您這位學生對老師真是佩服萬分。」先生說：「頌平是有名的秘書。」胡頌平立刻接上說：「我最不爭氣，實在是有辱師門的學生，真真慚愧之至。」

飯後的水果，是前天沈宗瀚送給先生的麝香瓜，又香又甜，味也清，水分也多。先生說，麝香的英文叫musk，沈宗瀚把musk讀作mask了。他學英文時，年紀已大了，發音不十分正確了。

一九六一年六月十三日【聯經版第十冊頁三六四一／油印本第二十五冊頁五九二】

今天先生送給徐秋皎一張照片，……

又寫了兩句舊詩給她。另給張祖詒、汪小波夫婦也寫了兩首舊詩。

先生談起「梁啟超有一次在養病期間，集了詞句作成對，寫了一副對子送給我。我住在上海的期間，有位姓黃的新聞記者要我借給他去照相，說是照相之後就還給我。過了許多時候還不見他送還。我向他要了好幾次，就沒有討回來；他來借的時候就已決定不還了。他的名字也記不起了。任公先生還寫一柄扇子給我，是用我的詩句寫的，後來也不知遺落何方了。但我還記得任公先生的集句：

蝴蝶兒，曉春時，別有一般閑暇。

梧桐樹，三更雨，不知多少春秋。

他集的很好。這些詞句我都曉得的，所以我記得住。」

今夜談起「有些字，如人煙稠密的『稠』字，我們只有在文言裏看到，以為是文言了；但在北方，

『稠』字是白話，許多地方用到『稠』字：如稀飯濃得很，北方就說稠得很了。」

一九六一年六月十四日【聯經版第十冊頁三六四一／油印本第二十五冊頁五九三—五九八】

上午九點多，到台大醫院檢查身體後，順便去看住院的梅貽琦、蔣復璁、莫德惠等人。

十二時三十分，楊樹人、徐可爃到時，先生表示歡迎，……吃飯時，……

先生因而想起他的〔短篇小說集〕，說：「當初亞東圖書館排印這書第一集時，定價六元五角，我很不高興，自動減低版稅，只收百分之十，要他們第一集用三角錢出賣，第二集用二角五分出賣。但是後來懊悔了，因為定價低了，書店用報紙來印，五六年後就壞了。還不如定價高些，用好的紙張，可以保存長久合算些。」

徐可爃在吃飯的中間談起：「我不曉得能否辦得好，可否作為臨時的幫忙，請胡先生繼續物色人選。」先生說：「這年頭誰都是臨時的，樹人是臨時，我也是臨時，請你不要這樣想法。」

楊樹人談起先生放在他身旁的圖章說，過幾天，就要交給公起了。先生因談起「外國人不相信圖章，只相信簽字。那年我要回台灣了，我寫了Mrs. Hu Shih刻了一個橡皮戳子，作為收信之用。但美國郵差一定要我的太太簽字。我花了一個星期的時間，把我的太太訓練起，她居然能簽Mrs. Hu Shih了。郵差只要是簽字，不問你簽得好不好。」

飯後再很輕鬆的談了二十分，他們告辭了。

下午，先生題了好幾部〔石頭記〕影印本，分贈給宋瑞樓、蔡錫琴、潘蜀人及在外國的朋友和圖書館，又給延國符的女兒結婚立軸上寫了：

風雨如晦，雞鳴不已。
既見君子，云胡不喜！

「風雨」第三章

彼採葛兮，
一日不見，如三月兮。
彼采艾兮，
一日不見，如三歲兮！

「采葛」第一、三章

寫三千年前的情歌，祝賀
世英與王文生君結婚大喜。
胡適。

先生又寫給胡宏述兩句：

為學要如埃及塔，
要能廣大要能高。
宏述
適之 五十、六、十四。

又給胡宏蕤寫了一首白居易的詩：

遙知天上桂華孤，
為問常娥更要無？
月宮幸有閑園地，
何不中央種兩株？

宏蕤。

胡適。

頌平在看先生寫字時，一邊說，先生在中國公學時代給一位女同學黃寶蓮寫了一副對子：「恐修名之不立，苟余情其信芳」，集〔離騷〕的句子，我還記得。先生說：「戴東原有一個圖章，就用『恐修名之不立』五〔六〕個字。」

沈志明來信說〔國學書目〕已經印好，先生既有指示，他決定將這篇抽出去。先生看了後，說：「我為學生開的書目：梁任公是批評我的書目，也開了一批。如果我的抽去了，仍把他的印出來，那麼他的書目是沒有依據了。既然已經排好，就讓他一道印出來算了。」

胡文郁來談。

晚飯時，有一個菜叫作「油悶筍」。於是先生談起一個故事：我第一次從美國回來之後，到家不久，母親對我說：「你種的茅竹，現在已經成林了。你去菜園看看。」我說：「媽，我沒有種過竹，菜園裏那有我種的竹？」母親說：「你去看。」她把菜園的鑰匙給了我。我的房子是靠十字路的，這條路一邊是進城去的路，那邊是到山上去的。到菜園去要過一條馬路，轉一個彎，還有相當的路。母親既然吩咐，我就去了。進了菜園，我一看全是長滿了茅竹。園裏為保留一點種菜的田地，中間用磚起了一道牆。茅竹還是在牆的這邊長出來，另外還向那邊別人的園子裏發展了去，總有成千根的竹子。我回來之後，母親告訴我，在我十五六歲時，有一天傍晚時分，看見房族裏的一位春富叔，用棒柱挑著一大綑的竹子，很重，走得很快，他看見我在路旁，遞一根給我，說：「糜（先生的小名），這根給你做烟管。」等我仔細一看時，他已走得很遠了。我拿回家對母親說：「春富叔給我做烟管，我又不會吸烟，把它種在花壇裏罷。」我那次回家之後，在上海過了四年，再到美國七年，共十一年不曾回家。原來這一根〔竹〕

在花壇裏很快的生長，發旺起來，花壇太小了，母親叫人把它移到菜園裏去。家裏又不吃它的茅筍，十一年之間就旺滿了菜園了，這是一根竹起來的。

一九六一年六月十五日【聯經版第十冊頁三六四二／油印本第二十五冊頁五九九—六〇〇】

早餐時，怎麼談起養子養女的問題。……

上午九點半，到台大醫院牙科去看牙齒，由洪醫師做了模型，回來十一點五十分了。在醫院裏，先生對醫生說，預備十八日回南港。

先生動身之後，朱家驊來訪，因對胡頌平說：「我是預備來談公起的待遇的。同時把公起這人的長處短處分析給胡先生知道。公起書生的氣味很重，對會計方面沒有像樹人的精明，都要告訴胡先生知道。」接著又說：「為了胡先生的健康，只好讓公起來；同志會的事，現在也只好交給志懋了。」約好回頭再來。

十二時，朱家驊來談，留此午飯。

下午四時，王世杰、李濟、董作賓、凌純聲、姚從吾、勞榦等陸續到達，商談人文組院士候選人提名的事。

一九六一年六月十五日【聯經版第十冊頁三六四二／油印本第二十五冊頁六〇一】

院士談話之後，……我真想回南港了。」

今晚是張祖詒輪值，他來時快七點了。先生說：「趁頌平未走，我們做些酒來吃吧。現在和談問題還未談妥。我為影印〈續藏經〉的短序，非回南港去寫不可。……決定禮拜天（十八日）晚上回去，免得驚動院中的同人。」

夜裏，沈志明來訪。

一九六一年六月十六日【聯經版第十冊頁三六四三／油印本第二十五冊頁六〇一】

上午，先生談起昨夜沈志明來過，他啟明出版的〈金瓶梅詞話〉是刪節本。先生約略的翻了一下，說他不該用〈金瓶梅詞話〉的書名。這書一向都叫〈金瓶梅〉；〈金瓶梅詞話〉是後來我們發現的。他這部〈金瓶梅〉又用兩種版本來影印，得空時再看，先放在書架上好了。先生又說：「〈金瓶梅〉書上的畫圖，倒可給研究建築的參考。」

有給趙元任、李方桂兩人的信。……

一九六一年六月十六日【聯經版第十冊頁三六四四／油印本第二十五冊頁六〇五】

又給周叔厚一信。……

下午的客人，有程敷琨、朱夫人、錢夫人、蔣復璁、潘貫等。

先生談起總幹事的人選問題。說朱先生勸他，就決定任命李□□吧！一個人全才是沒法找到的。李□□有他的缺點，脾氣壞，但也有他的優點。

九點鐘，先生到隔壁去看錢思亮夫婦，遇到印度屈雷凱納夫婦等人，談到十點半。大家都勸先生不必急急回南港。

一九六一年六月十七日【聯經版第十冊頁三六四四／油印本第二十五冊頁六〇五】

上午，錢夫人、楊亮功、郭廷以等來談。

一九六一年六月十七日【聯經版第十冊頁三六四六／油印本第二十五冊頁六〇七】

下午，陳雪屏來談蔣夢麟將要續絃的事。

呂光、何亨基等來。

七時，錢家請先生去過節。（今天是陰曆端午節）

一九六一年六月十八日【聯經版第十冊頁三六四六—三六四八／油印本第二十五冊頁六〇七—六一二】

上午，陳雪屏夫婦、錢思亮夫婦、徐芳等來談。

下午，有給蔣夢麟的信。……

編者附記：此信是下午寫好的，未具名，到了晚上送給陳雪屏看過之後，再簽名，已是夜裏十點二十分了。

四點半，楊樹人、李榦、邢慕寰來商談經濟研究所的抽象的計畫。談到七時。

晚飯時，……

今夜題贈張茲闓、霍寶樹等四人〈石頭記〉影印本各一部。

一九六一年六月十九日【聯經版第十冊頁三六四九／油印本第二十五冊頁六一二—六一四】

十點半，新聞局的葛小姐陪同W.G. Goddard來訪。此人三十年前在北京見過先生的。

十一點三刻，樊際昌又來了，他說他把先生的信交給蔣夢麟的時候，孟鄰已經知道了，開口就說：我替國家做了多少事。結婚是我個人的私事，我有我個人的自由，任何人不能管我。我知道外面有一個組織來反對我。這個組織是以北大為中心的。適之先生的信，一定要談這件事，我不要看。樊際昌把信留下請他看一看，他還是不看。過了一個時辰，際昌再去，孟鄰說，我的李秘書已經看過了，說這信沒有什麼內容，我自己是不看的，但我下午去看辭修先生和岳軍先生兩人。這又好像接受先生的建議了。正在這個時候，陳雪屏也趕來了。他們留此中飯，仍舊商量救救這位老朋友的辦法。先生託樊際昌把原信收回吧，但已沒法收回了。

下午，沈宗瀚、錢思亮來談。李青來、全漢昇等來。

晚上八時，高天成……

夜裏，陳副總統有電話來，說他和孟鄰談過之後，孟鄰答應再考慮了。先生十分高興。

一九六一年六月二十日【聯經版第十冊頁三六四九／油印本第二十五冊頁六一四—六一九】

上午，王雲五來談今早蔣夢麟見過陳副總統的事：陳副總統告訴孟鄰說：「我的太太接到蔣夫人——第一夫人的電話，她堅決反對你跟這位徐小姐結婚，我的太太也反對，都要我轉告於你。如果你一定要和她結婚，那麼我們以後不能見面了，至少，你的夫人我們是不能見面了。」孟鄰說：「副總統，你看我現在不是繼續不斷的抽煙嗎？我昨天不是答應你考慮嗎？我昨夜抽了整夜的煙，考慮了一夜不曾睡覺，我已決定不和她結婚了。此後善後的問題，還不知道怎麼辦好，總要有個交代。」

先生聽了王雲五的話之後，說：「我的老朋友懸崖勒馬了！他還有政治上的重大職務，所以我勸他去看張岳軍和副總統，他不能不接受他們的勸告。他當初不看我的信，乃是一時的反感，不能怪他的。我想這事的善後，還是由張岳軍去辦最相宜。」

凌純聲來談民族所的籌建問題。

齊世英來談，留此午飯。

下午四時，〔韓國日報〕特派員金永熙來訪。他問先生對於韓國這次軍人革命、武力政變的看法怎樣？先生因不十分清楚，不願表示意見。金永熙說他是相信出於愛國心的。先生說：「我也相信他們出於愛國心，但過分的愛國心會變成宗教的、民族的瘋狂狀態，那就超出民主自由的範圍了。聽說韓國一夜之間禁止了一千多間的舞廳，又把有財富的人過多的財產沒收了。這些過多的財產是否有法律的限制？他們將來的財產是否合法？這些都應該由法律解決的。過去法律沒有規定多少財產算是非法，怎麼可以憑一時的瘋狂把他們的財產沒收呢？」後來談到韓國、日本都有廢除漢字運動，如果澈底做到廢除漢字，先生是贊成的。最後談到新文化運動，先生送他一本〔四十自述〕，請他看看最後一章。同時告訴他，韓國好像已有韓文譯本了。先生還同他照了一張相。

金永熙談了一點鐘。先生說：「年輕的客人，讓他多談一些。」

六時，錢思亮夫婦來談。潘貫也來談了一會。

先生養病期中，關於「太平洋科學會議」的事是由李先聞負責的。這兩天教育部提出「出席太平洋科學會議」人選問題的意見，副本送給李先聞，他就把公事復了之後，再送總辦事處。先生說：「先聞公事辦得這麼快是好的。但對於教育部提出的某一人不予考慮的話，是太不會解釋了。他應該說『這次太平洋科學會議的人選是以區域性的學術代表』，這樣就不招怨了。李先聞和黃季陸都是四川老鄉，讓他們直接交涉吧！」

今天有給張敬原的信。……

一九六一年六月二十日【聯經版第十冊頁三六五一／油印本第二十五冊頁六二一】

今夜，先生問護士小姐說：「蔣孟鄰先生出走了，那位小姐會不會自殺？」護士小姐說：「像這種專門要錢的人，她決不會自殺的。請先生放心好了。」先生感到太累了，十一時就休息了。

一九六一年六月二十一日【聯經版第十冊頁三六五二／油印本第二十五冊頁六二二—六二三】

上午，楊樹人徐可熛來談科學會的事。……

龔天民來訪，留此中飯。先生和他合照一相。

下午五時半，郭廷以來談至六點半。談起總幹事的人選問題。

客人走了後，先生對胡頌平說：「科學會的執行秘書解決了，現在還有院裏的總幹事問題。你推薦的徐公起，是大有功的；你也替我想想總幹事人選吧。」

先生用有正書局戚本……先生說：「我對紅樓夢最大的貢獻，……」

今夜談起畲民。畲民的故事，〈水經注〉、〈後漢書〉裏都有記載。藍、槃、雷、鍾四姓，相傳都是畲民的姓。現在處州的畲民，何聯奎就有一篇調查的報告。

一九六一年六月二十二日【聯經版第十冊頁三六五二—三六五三／油印本第二十五冊頁六二三—六二五】

上午，水澤柯來見。

莊嚴、臺靜農來。

朱家驊來的時候，錢張婉度正在談孟鄰的事。先生對朱家驊說：「那位孟鄰的徐小姐哭了。她說她恨兩個人，一個是我，一個是岳軍。她不知道阻止他們力量最大的是副總統。我不認識，我不怕她恨我。她知道我勸阻孟鄰，一定是孟鄰的媒人李某告訴她的，反正我不認識。她恨岳軍，因岳軍曾說：『我有權力可以阻止他。』」接著談談總幹事的人選問題。

客人走後，先生對胡頌平說：「剛才我問朱先生，伯蒼（田培林）會答應嗎？朱先生說他不會答應的。我又問何□□呢？他說，這個人很好，但怕他應付不了。」先生又為總幹事的人選操心了。胡頌平因說：「上次朱先生來看先生時，先生到醫院去檢查身體，沒有見面。他在此地和我談了二十多分鐘。他很懊悔當年勸先生早日回國接事的信，他不曾提醒先生可交楊樹人暫代下去。那時他要避嫌：前任不能對後任推薦人選的。」先生說：「朱先生對我還避嫌嗎？」胡頌平說：「他是可以不避嫌的，所以他現在頗為懊悔了。」先生說：「我那時就不知道可以交給總幹事暫代的。」

下午五點三刻，王叔銘來談。

夜裏，高天成、樊際昌、蔣彥士等來談。

一九六一年六月二十三日【聯經版第十冊頁三六五三／油印本第二十五冊頁六二五—六二七】

上午，先生到台大醫院牙科去補好了牙齒。順便去看梅貽琦，回來已是十一點多了。這時來訪的客人屈萬里、徐女士等，都沒有接見。

下午的客人，有魏契（Emil Helrchi）、王友燮、李先聞、趙傳纓、勞榦、錢夫人等。

夜十時半，錢思亮來談一點多鐘。

今天有給李濟的信。

濟之兄：

前次會談院士提名事，已有詳函與元任、方桂，請他們用電話會商，本年語言學應提一人或二人，及人名，並請他們電覆。今天得覆電說：「We nominate Chou Fakao.」我已代他們兩人簽名了。今將我去函及回電送呈，乞兄請所中專家將「資格說明」各項填清，並乞補簽提名人數為感。前得尊函，容稍緩覆。敬祝

雙安

弟適之　五十、六、廿三。

考古學提名表，亦乞早辦為感。

適之。

有給王世杰的信。

雪艇兄：

昨蒙老兄與大嫂送我香瓜，十分感謝！

關於梁鋆立提名事，我有電與廷黻，已得到他六月廿一日覆電，今已代將廷黻名簽入提名表，可算合法嗎？

因知道梁君的人不多，故我也簽了名，今特送請老兄簽名。倘蒙老兄便中填寫「被提名人資格之說明」諸項，十分感謝！

本年度「中華民國英文年鑑」八二七頁，有梁君的略歷。

適之 五十、六、廿三。

有給郭廷以的信。

量宇兄：

覆Barnatt的信，我重寫了，決定用你的計算法，乞審之。如兄覺得有須加詳之處，乞補寫給Barnatt。

匆匆敬祝　珍攝。

適之 五十、六、廿三。

一九六一年六月二十四日【聯經版第十冊頁三六五四／油印本第二十五冊頁六二九—六三〇】

先生預約的〔全上古秦漢魏晉南北朝文〕……

徐可熛建議科學會的制度化，……

下午的客人，有全漢昇、林致平、李先聞、沈剛伯夫婦、延國符等人。

茅澤霖來，先生對他說，你已盡了你做父親的責任，勸他不要難過。他走後，先生給他一封信。

澤霖先生：

我聽說府上不幸事件，深為同情。（我的一個兒子在一個大學裏全部不及格，又在另一個大學裏不及格，始終不畢業。）我知道府上為此事還得籌措受害人家的安家費，所以托志維先送上一張小支票，略表微意而已，千萬請你收下。並乞向

茅太太代致慰問之意。

胡適敬上 五十、六、廿四。

一九六一年六月二十四日【聯經版第十冊頁三六五四／油印本第二十五冊頁六三一】

這時楊樹人送來一封威爾恪思（Willcox）給樹人的信，……先生說：凱普是美國紐約州的參議員。

美國每州只有兩名參議員，不問人口多少的，紐約州代表美國十分之一人口的參議員，地位特別重要。

一九六一年六月二十五日【聯經版第十冊頁三六五六／油印本第二十五冊頁六三四—六三五】

上午九時半，先生從福州街動身回南港，……送先生上車的有錢思亮夫婦、張祖詒夫婦、金承藝等人。……下午，給紐約總領事游建文一個電報……

李先聞夫婦來談。

一九六一年六月二十六日【聯經版第十冊頁三六五七／油印本第二十五冊頁六三五】

今天各報報導先生已回南港的消息，……

上午來看先生的，有石璋如、李光宇、藍乾章、李先聞、萬紹章、呂仲明、陳槃、周法高、屈萬里、李光濤、嚴耕望、黃彰健、魏喦壽等。

下午，約陳槃來談。

晚上，約李先聞全家來便飯。

一九六一年六月二十七日【聯經版第十冊頁三六五八／油印本第二十五冊頁六三七—六三八】

胡頌平向先生請示「太平洋科學會議」……先生說：「……請紹章辦好的給我看過後再發。」不久，李先聞、萬紹章來談。

Gregory Clark來訪，留此中飯。

下午，郭廷以、梁序穆、王九逵、許光耀、游斐文、胡鍾吾、李濟、董作賓、芮逸夫、高天成、顧文霞等來看先生。

夜裏，王世杰夫婦來談。又宣善嶼來，做酒吃。

王志維覺得今天客人多，……

今夜先生因看幾天的Times報，到了十二點半才休息。

一九六一年六月二十八日【聯經版第十冊頁三六五八／油印本第二十五冊頁六三八—六三九】

上午，林致平來談中興大學的經費不夠，請求先生幫忙。先生說：「政府既然決定要辦中興大學，應該有此項預算。你剛要去接辦，成績還沒有表現出來；要等有成績之後才可請求吧。但我有可幫忙的地方，我會幫忙的。」

一位外國青年攀醒斯來見。李先聞來談。

下午，一位自稱台大文學院畢業的李德安來討照片，先生送他一張。後來警察局有人來說：這個人的真姓名還不知道，因台大文學院畢業生名冊沒有他的姓名，可能是一位騙子。

李先聞、萬紹章來，商定「太平洋科學會議」的名單。

今天有復胡天獵的信。……

今夜另題贈〈石頭記〉影印本給李榦幾個人，又送台灣省立圖書館一本。

一九六一年六月二十九日【聯經版第十冊頁三六五九／油印本第二十五冊頁六三九—六四〇】

六月二十九日（星期四）早上，先生在沉思院士候選人提名的事，說：「今年的院士候選人，尤其是生物組的標準不高。數理組提出有成就的人都在國外，人文組後來提出來的是陳康、陳槃、梁鋆立、周法高，一共三十七位；到了公告有名字的，就怕不多了。考古方面，今年不提人。以後兩年選一次，怕要改變了。今年至多也只能產生六七名了。」

上午，凌純聲、楊時逢來談。

姚從吾來，一進門，先生笑著說：「我知道你會來的，頌平已經告訴我。你對頌平說看不懂陳康的有關神學的哲學，我也怕看不懂。」接著就談陳康提名的事。後來又談了通才問題。

近來院中□□所的一位同事的兒子犯了法，□□所的負責人要把這位同事開革掉。先生於是寫一封信給這位負責人，大意是：「第一，兒子犯了法，應該由法律去解決，不能要他的父親去負責。要父親負擔兒子犯罪的責任，這是野蠻的專制行為。第二，□□□的兒子是在他生病的第二天下午出走的，當天晚上出了事，並不是他的兒子出走一個星期之後，他的家庭不去找尋的。這是事實，不可冤枉人家。第三，不要聽讒人中傷的話，要聽聽所裏老學人的話。」

晚上，約楊樹人便飯。樊際昌來，一同談到九時。

一九六一年六月三十日【聯經版第十冊頁三六五九／油印本第二十五冊頁六四一——六四二】

六月三十日（星期五）上午，王世中來談。

胡頌平因事出去半小時，回來經先生的書房門口。先生看見了，好像在書房裏等他似的。笑著說：「秘書先生，剛才我想請你替我擬一個應酬的賀電，你出去了。我自己擬個白話的，你看這樣說法可以嗎？」這個電文是：

中央銀行徐總裁柏園先生鑒：明天中央銀行在吾兄領導之下復業，這是自由中國的一件大事。敬祝貴行前途無限的發展。胡適。

胡頌平看了之後，當然說很好。他因今天先生突然喊他「秘書先生」，於是接著說：「先生，一般人都這樣說，真正夠得上當先生秘書的只有兩個人，可惜這兩個人都已過去了。」先生問：「他們指的是那兩位？」胡頌平說：「一位是丁在君，一位是傅孟真。」先生說：「這都是瞎說。他們兩位的學問比我好，都可以當我的老師。」（參閱胡頌平，「我當了四年的學徒」，〔傳記文學〕一卷七期）

十一點多，亞洲基金會的Pike來談，留此午飯。

下午，有復徐高阮的信。……*

【*聯經版刪除六月二十九及三十日記事，以致此則記事誤繫於六月二十八日】

先生寫好此信後，說：「善導寺和圓通寺的和尚並不融洽，所以我說『大和尚的善導工夫應該可以感動圓通寺的和尚們發心查點他們保存的〈續藏〉卷數』，如果圓通寺可以補善導寺的殘卷，豈不更省事？他們為什麼用慈航法師的紀念題目來影印？慈航是什麼法師？」胡頌平說：「就是汐止發現金身不壞的慈航法師。他死後法身放在缸內三年之久，仍舊完整，好像風乾了似的。前年在汐止開缸，轟動一時，志維夫人也去看過。」先生說：「現在有藥，保持身體不壞，並不困難。他們為什麼不用台灣影印，偏要來紀念慈航呢？」

一九六一年七月一日【聯經版第十冊頁三六五九／油印本第二十六冊頁六四五—六四七】

上午十時，宋英來，談起雷震在獄中寫他的自傳。先生說，去年他寫「我的母親」時，我叫他把他少年時代的鄉土風俗習慣都寫出來。他還能背得出鄉土的歌謠很多。

宋英走後，先生想起歌謠選集，先是翻看他自己的〈絕句選〉後面附收的歌謠，再翻出臺靜農收的〈淮南山歌〉，說：「這些山歌都是採七言絕句的體裁的，但不止四句，都是增加一句或兩句，最後一句最出色。」

先生問胡頌平：「你還記得嗎？在中國公學時期，有一位同學送來兩本〈歌謠集〉給我看，都是豫南的歌謠。我問他那裏人？他說是南京附近的居庸。我很奇怪居庸怎麼會有河南光州的歌謠？他說，太平天國之後，居庸變成了一片荒地，現在居庸的人民，大都是河南南部遷來的。雷震是浙江長興人，他們那裏的人民也是河南遷來的，所以留得下來這麼多的豫南歌謠。」

先生保留的〈北大國學研究所週刊〉，乃是一位外國朋友收買北大出版的任何書籍，因他對北大提倡新文化運動的關係，什麼都收買，甚至買了幾份的。後來這些刊物都沒有了，梅月涵向他收買〈清華學報〕，他就送給了清華，其中有些北大的刊物，梅月涵轉送給先生的。雖然不全，但比沒有總好些。這些刊物當年都是報紙印的，現在一碰即碎。先生都用很好的紙把它包起來，要查時，要仔細打開紙包，輕輕的翻看的。

在這些刊物中，發現容庚（〔金文編〕的編者）的一篇文章，為〔紅樓夢〕的版本問題質問先生與俞平伯的一封長信，分四期登完的。那時先生人在國外，到了第二年（十六年）回國之後才回他一封信。這個刊物不全，所以查不到先生的復信。好的復信的內容，都在〔紅樓夢考證〕裏寫出來了。

黃周德寄來一部〔唐宋八大家文鈔〕，是明刻本，鹿門茅坤選的，希望能賣六千元，請求先生幫忙。先生看了說，這書要賣六千元是太貴的，如果有人願意收買可以救濟這一家的遺族，也是好事。於是轉託屈萬里試代設法。

先生說：「凡是廣東刻的書，首頁都有一張橘紅色的紙。這種橘紅色的紙可能塗上什麼藥；因為廣東潮濕，有了這樣一張橘紅色的紙，可以預蟲，也可以防潮濕。」

中午，留胡頌平吃飯。先生怎麼知道胡頌平是個低血壓（低五十，高九十）的人，頗疑他是病態，在飯桌上問起。胡頌平說：「我是先天性的低血壓，從少就是這樣的，脈搏也只六十多跳，很少超過七十跳的。但從來沒有頭昏發暈這些低血壓的現象。我不是病，請先生放心。」先生說：「像你這樣高大的身材，看來應是強壯的，你倒有不平常的低血壓。我也是低血壓的。不過你的高低之間相差四十度，那是很正常的。」

下午，徐可熛來談科學會的事。

今天有給李榦的信。……

一九六一年七月二日【聯經版第十冊頁三六六〇／油印本第二十六冊頁六四九—六五〇】

七月二日（星期日）下午，童烈、徐秋皎夫婦帶同兩個孩子來見。徐秋皎留此看護。

錢張婉度、張祖詒夫婦等來，晚飯後回去。

一九六一年七月三日【聯經版第十冊頁三六六一／油印本第二十六冊頁六五〇】

早上九點，徐秋皎回去了。她昨夜住在此地，本來是為看護先生的，但先生反而招呼她，當客人看待，心裏更是不安。臨走時，送她一部〔台灣日記與稟啟〕。

周樹聲夫婦與楊世清（一峯）來談。

楊一峯還給先生一本〔北大民國十四年哲學系級友會紀念刊〕，是他上次借去照相用的。在這紀念刊上，先生的照相上還留有短鬍子。還有「從譯本裏研究佛教的禪法」一文。這文的第一節（A）是「古代翻譯的習禪諸書」，開了一個書目的；後來改寫為「禪學古史考」，把原來的一文分作了兩篇，收存〔文存〕三集裏。

李光濤來談許晏駢（高陽）和蘇同炳的事。

下午，有給李先聞的信。……

一九六一年七月四日【聯經版第十冊頁三六六五—三六六六／油印本第二十六冊頁六五七—六六〇】

早餐時，先生注意韓國……

上午，游建文夫婦帶同子女來，合照了一張照片。

郭廷以來談。

下午，有給何祝封的信。……夜裏，李先聞來談。……

今天談起接見客人的事情。胡頌平說：「過去有些客人見過先生之後出來對我說，他們早要告辭了，但先生的談鋒很健，他們竟沒有脫身告辭的機會。」先生說：「這是我受了社交生活的訓練，總不叫客人坐著有間歇的時間。話談完了，不再說下去，等於叫客人走路，所以我總要想出話來說。」

一九六一年七月五日【聯經版第十冊頁三六六六／油印本第二十六冊頁六六六一】

今早看見報載莊萊德大使將有返美述職的消息。……

上午，衛惠林、李熙謀、梁序穆等來談。

中午，李濟來談，留此便飯。

下午，陳香梅和丕克夫婦等來訪。

客人走後，先生說：「陳香梅的小說要我作序，我已答應了的。這本小說也有十幾萬字，我就沒有看過。現在老了、鈍了；寫篇序也不是一件容易的事。你看那本〔淮南王書〕的短序，我寫了兩遍都不滿意。事情又忙，打岔的又多，就沒有法子寫了。」（〔淮南王書〕的幾篇未完的殘稿，見〔淮南王書〕影印本，商務版。）

夜裏，李先聞、蔣彥士等來談。

一九六一年七月六日【聯經版第十冊頁三六六六／油印本第二十六冊頁六六六二】

早上，有給莊萊德的一個英文電報：

Sorry I cannot see you off this afternoon. Bon voyage and speedy retern to us, Hu Shih.

一大早就發了。Bon Voyage是法文祝人一路順風的意思。

上午，夏濤聲、宋英來談。先生送給夏濤聲〔少年中國雜誌〕四本。又檢出〔中國學報〕四冊，送給近代史所。

羅家倫來，留此午飯。

先生對胡頌平說：「李商隱……」

一九六一年七月七日【聯經版第十冊頁三六六七／油印本第二十六冊頁六六六四—六六六五】

七月七日（星期五）早上，先生對胡頌平說，徐秋皎有信來，於是指著信上說的「憂慮最會破壞安寧」的話，「說她在旁邊可以看出我為樹人的事的焦慮。我曾對樹人說，他給了我兩個星期的頭痛。這件事我要大大的感激你，沒有你的推薦，現在還不曉得怎麼樣呢？那幾天內，我確曾睡得不好。徐小姐在旁邊把脈，她最清楚的。她的話，正和上次江良規對你說的不要生氣，不要緊張，不要憂慮三點的說法一樣。三者其實一件事，生氣就會緊張的。」先生因又談起樹人說：「這位中古的聖人，可以做到『克己』，但『克己』不是辦事。他什麼事都要自己來辦，不麻煩人，我也是有他的毛病，什麼事都喜歡自己來做，這都是『克己』——管理自己的做法，可做私人事，但不宜做公家的事。」

九點多，梁序穆、蔣彥士等來談。

游建文全家來，留此中飯。

下午，胡頌平問：「林語堂在〈今日世界〉上發表那篇『五四運動』譯文裏，說曹雪芹寫〈紅樓夢〉沒有金錢的觀念；曹雪芹不是一邊寫稿一邊拿去買米嗎？」先生說：「這話靠不住。我在最近的那篇〈石頭記〉跋文裏不是說過嗎？在他那個時代還沒有賣稿子的事。他的〈紅樓夢〉寫本賣錢是他死後的事。林語堂這句話是不錯的。他說我是一九一八年回國是錯了，我是一九一七年回國的，他又說到徐志摩，——徐志摩是在蔡先生離開北大之後才進去的。這些都錯了。」

先生又說：「王九逵寫的那篇數學文章，登在〈今日中國〉上的。現在各種遊戲如橋牌等，也成了數學上一個問題。他們能夠研究出一個可能的道理來。」

一九六一年七月八日【聯經版第十冊頁三六六八／油印本第二十六冊頁六六六六—六六六七】

上午，先生主持院務會議。

在這次院務會議上，李濟提出一年三節的統一借支問題。先生解釋說：「這是一個十多年來一直這樣辦的成例；我曾託楊樹人向各機關調查過，各機關也是這樣辦的，而且借支的數目比院裏大得多，這是十多年來各機關的成例，不是我們中央研究院如此。如果說有什麼責任，我完全負責。」李濟問：「倘若統一借支要坐牢，將來由誰去坐牢？」先生說：「由我胡適之去坐牢！」

下午，李先聞、莊申、楊君實來談。

今夜，有給胡頌平的短信。……

編者附記：編者昨夜夜半在麗水街、潮州街交叉路口，遇上了兩車相撞的車禍，頭、面、左腿都受了傷，右脅肋骨也被震斷了一根。今早九點多，程維賢趕到編者的家裏，說是接到胡先生的電話。因他熟悉台大醫院的情形，當下陪同往診，在兩小時之內就看了一切診療的手續，回家靜養。程維賢對朋友幫忙的熱誠，至可感謝。

一九六一年七月九日【聯經版第十冊頁三六六八／油印本第二十六冊頁六六七】

七月九日（星期日）上午，陳雪屏夫婦來談許久。黃季陸夫婦來。楊亮功來。

下午，李幹、浦薛鳳等來談，留此晚飯。

一九六一年七月十日【聯經版第十冊頁三六六八／油印本第二十六冊頁六六七——六六八】

早上，衛惠林、高平子等來談片刻。

院中醫師王光明來量脈搏，……不久，錢張婉度帶同徐秋皎來，……

下午，延國符、唐淑文來訪。

一九六一年七月十一日【聯經版第十冊頁三六七〇／油印本第二十六冊頁六七〇——六七一】

一大早，錢思亮夫婦來，……

今天來問病的，有李先聞、董作賓、陳雪屏、郭廷以、勞榦、高天成、姚從吾、樊際昌、張祖詒夫婦、李濟、楊鼎勳、楊亮功、全漢昇、毛子水、阮維周、王世杰、嚴耕望等人。

蔣夢麟進了房間就對先生說：「孩子不聽話！醫生要你住在城裏，你不聽醫生的話，又搬回南港來了。你給我的信，我已聽了你的話了。現在我說的話，你也要聽？」先生笑著說：「我聽話，我聽話。」夢麟大過先生五歲，所以敢說「孩子不聽話」。上次他要和徐賢樂小姐結婚，先生寫信勸他之後，就沒有見過面，這回夢麟來看先生，一面是問病，一面是回答上次的信，所以說：「我已聽了你的話了。」

一九六一年七月十二日【聯經版第十冊頁三六七〇／油印本第二十六冊頁六七一】

先生的急性腸炎已經好了，……

來問病的有楊文達、楊時逢、黃彰健、黃季陸、錢思亮夫婦、李濟、陳槃、周法高、徐可熛、嚴耕望、李先聞、程維賢、張祖詒夫婦等人。

一九六一年七月十三日【聯經版第十冊頁三六七〇／油印本第二十六冊頁六七一—六七二】

七月十三日（星期四）今天來問病的，有屈萬里、王世流、凌純聲、魏喦壽、董作賓、郭廷以、蔣復璁、劉濟民、姚從吾、全漢昇、胡鍾吾等。朱家驊來，談了一會。

一九六一年七月十四日【聯經版第十冊頁三六七〇／油印本第二十六冊頁六七二】

七月十四日（星期五）今天來問病的有勞榦、程天放、游建文夫婦、蔡培火等。

一九六一年七月十五日【聯經版第十冊頁三六七〇／油印本第二十六冊頁六七二】

七月十五日（星期六）先生休養了幾天之後，身體好得多了，又要恢復工作了。他是以看書報作為最好的休養的。

梁序穆來，略談。

一九六一年七月十六日【聯經版第十冊頁三六七〇／油印本第二十六冊頁六七二】

七月十六日（星期日）今天來看先生的，有林致平、雷法章、郭寄嶠、延國符、王世杰夫婦、張祖詒夫婦等。

一九六一年七月十七日【聯經版第十冊頁三六七〇／油印本第二十六冊頁六七二】

七月十七日（星期一）今天來看先生的有楊樹人、洪鈺卿兩人。

一九六一年七月十八日【聯經版第十冊頁三六七〇／油印本第二十六冊頁六七三】

今天來看先生的，有Pardee Lawe、Stephen C. Locknoad、Wasser Pullwan Miller、巫奮勵、董作賓、郭廷以、徐可熛等。

今天有「十殿閻王」筆記一條。

一九六一年七月十九日【聯經版第十冊頁三六七二／油印本第二十六冊頁六七六—六七七】

七月十九日（星期三）今天來看先生的，有黃季陸、錢思亮等人。

編者附記：今天各報報導蔣夢麟已於昨天（十八日）中午與徐賢樂結婚的消息。蔣夢麟並發表談話，說他一位從前北大的老朋友，曾經寫信勸阻他，他連信也不看，把它扔在字紙簍裏去了。他還說，這位老朋友比不上我，他只會在字紙簍裏工作的。（見是日〔徵信新聞〕）到了五十二年四月十日，蔣夢麟向台北地方法院起訴，請求和徐賢樂離婚。同時發表談話：「（從結婚）到現在一年多，我失望了，我受到人生所不能忍的痛苦；家庭是我痛苦的深淵，我深深的後悔沒有接受故友胡適之先生的忠告，才犯下錯誤。我愧對故友，也應該有向故友認錯的勇氣，更要拿出勇氣來糾正錯誤。在經過親友調處不諧之後，才毅然向法院起訴請求離婚，以求法律的保障。」同時把先生五十年六月十八夜給他的勸告信也發表了。（見五十二年四月十一日〔中央日報〕）

一九六一年七月二十日【聯經版第十冊頁三六七二／油印本第二十六冊頁六七七】

七月二十日（星期四）今天來看先生的，有凌鴻勛、蔣彥士、沈宗瀚等人。

一九六一年七月二十一日【聯經版第十冊頁三六七二／油印本第二十六冊頁六七七—六七八】

七月二十一日（星期五）今天的客人有毛子水、姚從吾、徐柏園等。

一九六一年七月二十二日【聯經版第十冊頁三六七二／油印本第二十六冊頁六七八】

今天的客人有游建文、李先聞、張慶楨、于衡等。

據于衡的記載，大要是：……

一九六一年七月二十三日【聯經版第十冊頁三六七三／油印本第二十六冊頁六七九】

七月二十三日（星期日）今天來看先生的，有孫洵侯、何勇仁、陶振譽、黃榜銓、沈怡、張佩僊、樊際昌、李青來等。

何勇仁問起廣西貴縣一位姓羅的學生可能就是羅爾綱。先生對他說：「那個貴縣姓羅的學生一定是羅爾綱無疑。我曾看見他的自白書，說在清黨之後，他在思想上起了大變化，才到中國公學去上學。」

徐可熛、李先聞來，留此中飯。

一九六一年七月二十四日【聯經版第十冊頁三六七三／油印本第二十六冊頁六八〇】

上午，水澤柯來見，談了二十分鐘。李先聞來談。

一九六一年七月二十五日【聯經版第十冊頁三六七四／油印本第二十六冊頁六八二】

七月二十五日（星期二）今天來看先生的有顧文霞、連文彬、李先聞。

今天有復蘇雪林的信。……

一九六一年七月二十六日【聯經版第十冊頁三六七四—三六七七／油印本第二十六冊頁六八二—六八八】

上午，蘇青森、鄭子政、曹謨來訪。

下午，蔣夢麟來看先生，先生向他道賀。蔣夢麟說他的新夫人很好，隔幾天我要帶他來看先生。「人家說她看上我的錢，其實她的錢比我多。」先生勸夢麟趕快去安慰他的女兒。

雷飛莉、雷美琳、江小波、李先聞等來。

今天有給總統府秘書長張羣的公函：……今天給電震的六十五歲紀念冊上題了下面的話：……

夜裏，陳雪屏的電話說，八月十五日的陽明山第二次談話會，先生是主人之一，已經決定了。只需先生一到，不要整天去的。先生說：「我的出國消息早就發表了，我到八月三十日才走，總算對得起了。不是一開會就走的。」

一九六一年七月二十七日【聯經版第十冊頁三六七七／油印本第二十六冊頁六八八—六九〇】

七月二十七日（星期四）*

【*油印本漏植七月二十七日的日期，以致本日記事誤繫於七月二十六日，聯經版同。】

早上，先生的身體已漸復元，不須特別護士看護了，今早遣徐秋皎回去。

上午，李先聞同一位美國海軍軍官康斯來，談了一會。

又有張鳳棲、魏如東、章玉麒、蘇仲卿等來見。

胡頌平因車禍的傷口已經復元，今天銷假回院工作。先生握住他的手，仔細的看他，問他完全好了沒有，還要他特別當心。接著又很風趣的說：「你比以前漂亮得多了，人也胖了一些。我很高興。」快到十二點鐘，先生又對胡頌平說：「你跑來跑去太辛苦了。我不曉得你的太太會答應我留你在此地吃中飯嗎？」先生這麼說，他只有留下來了。

在飯桌上，先生說：「你撞了車，我很關心。」胡頌平立刻謝謝先生的關心之後，說：「我撞車的第二天，正是星期天，這夜九點多，徐秋皎也知道我受了車禍，到我家來看我。我對她說，我闖了禍，睡在床上。這兩天先生的身體還不太好，你可否明天到南港去看先生，說是替我去的？她答應了。第二天錢太太也打電話給她，她就來了。」先生說：「那晚幸虧她在此，沒有出大亂子。」於是先生細說那晚急性腸炎的經過：「開頭一連上了四次廁所，不是我不通知徐小姐，是我沒有時間通知她。到了大吐之後，我才說，徐小姐，我病了。後來我昏過去，我還以為睡了一覺呢！」

接著問起撞車的情形。胡頌平說：「我過去是常打牌的。這三四年來在先生身旁工作，發覺自己知道的太少了，不能不趕快看些書，因此每天感到時間的不夠用，對打牌的興趣也沒有了。那天晚上是一位老朋友的生日，有幾位朋友替他祝壽，陪他打牌。他們知道我的時間不夠用，沒有通知我。我在家裏抄錄李商隱的〈四證堂碑銘〉，預備一個晚上把它錄好。大概是九點過後，他們打牌的朋友之中有一位病了，才要我去代他。我代他打了六圈牌，在回家的路中闖下這次的車禍。」先生說：「你近年的生活太嚴肅了，偶然消遣也必需要的。」於是又問起飲食有沒有忌口，同車的人有沒有受傷等等。

飯後，先生進了臥房不久，房門又開出來了，說：「頌平，我想起來了，我不該留你在此吃飯。你需要休息，你就在沙發上休息吧。下午有便車，你該早點回去休息。」

下午，胡鍾吾、吳必德來。

夜裏，錢夫人來，仍勸先生繼續僱用夜班的特別護士一個時期，勉強答應下來。

今天先生談起蘇雪林的信，說：「我叫她不要發牢騷，她一點也不懂，她這封信發的更厲害。她說她不發牢騷，還要生病呢。」

一九六一年七月二十八日【聯經版第十冊頁三六七七／油印本第二十六冊頁六九〇】

上午，王德芳來看先生。

今天有「給本院同人的信稿」，……

一九六一年七月二十九日【聯經版第十冊頁三六七九／油印本第二十六冊頁六九三—六九五】

上午，李先聞來辭謝總幹事之後，先生說：「……我請他當總幹事的意思是放棄了。現在擺在前面只有兩個人可以考慮：一個是浦□□，一個是陶□□。浦□□上次不肯擔任科學會的執行秘書，有人說官太小了，如果總幹事，他可能會接受的。一個是陶□□，去年李濟之給我談起過，朱先生說他也有他的長處，辦事有條理，操守可靠，但沒有魄力，又喜歡批評別人，叫人忍耐不了。他的好處：他只有一個人，沒有太太。這時候用個人還要考慮到他的太太怎樣！」

董作賓來……

下午三時，李濟來談到五點一刻。

夜裏，杜光勛來看先生。

今天陳誠副總統出國，先生因為身體的關係，不能出門去送行，但祝他「順風，平安，成功。」（七月廿九日《徵信新聞》）

胡頌平的一位朋友來信說，他在全謝山的《句餘土音》上看到「防秋譜」一條說：

周秀才打牌，方人先生《防秋新譜》甚奇。謂天子不足稱至尊，獨處士足以當之，有感而言非妄也。

他看不懂，要胡頌平代向先生問問這裏說的「打牌」是不是樗蒲戲，「防秋譜」是什麼意思？

先生看了這信笑著說：「這位朋友是位忠厚人，大概不知道骨牌的名稱，骨牌就是牌九，雜牌自五點以上如到九點都是成對的，只有么二，二四不成對，這兩張雜拼在一起是九點，叫『至尊』，是骨牌中最大的，所以稱做『至尊』。『至尊』是稱皇帝的，《易經》上以九為最大，所謂九五

之尊。『至尊』可以吃天牌的。全祖望那時玩的骨牌，不是馬吊，更不是麻將。周秀才打牌，乃是玩骨牌。〔防秋新譜〕，似是一種骨牌的譜。你可以把我的話告訴你的朋友好了。」

一九六一年七月三十日【聯經版第十冊頁三六七九／油印本第二十六冊頁六九六】

上午十一時，黃伯度來談至下午一點鐘。

下午三時，陶振譽來談至六點半。他說他已於六月裏接受了香港新亞書院的聘書。

今天有給顧維鈞夫婦的信。……

一九六一年七月三十一日【聯經版第十冊頁三六八〇／油印本第二十六冊頁六九八】

早上，特別護士徐秋皎告訴胡頌平說，……

上午，李先聞來談半小時。

下午劉崇鋐來談。

先生進城理髮後，看看時間還早，到了錢家，遇見思亮。思亮說，從吾、子水都來過；他對樹人的希望不多，但還要和雪屏研究後再去看樹人一次。先生說：「你們試試罷。」錢夫人怕先生為了此事煩心。先生對她說：「我是不會緊張，也不會憂慮的。不過遇到煩心的事情，就坐下來做些小考證。做些小考證，等於人家去打牌，什麼都忘了，可以解除煩惱。」

從錢家出來，又到朱家驊家談了一會。

一九六一年八月一日【聯經版第十冊頁三六八六／油印本第二十六冊頁七〇九】

上午，全漢昇來談。

董作賓來，……

郭廷以、胡光麃來談。

下午，李先聞偕趙傳纓來談。

一九六一年八月二日【聯經版第十冊頁三六八八／油印本第二十六冊頁七一二—七一三】

早上，有給趙元任夫婦的信。……

先生談起南港住宅裏的藏書，都是三十八年以後第三次收買的書，其中一部份是書店、作者和朋友們送的。又說，今後收到的書，都可以蓋一個圖章。胡頌平發現先生還沒有一個藏書的印，因說：「我家裏還有一顆大陸上帶來的牙章，留著未用。這顆作為私人的名章，稍嫌大些，若刻作藏書的印，倒很合適。我想請人代刻一顆先生的藏書之印，讓我能有贈送先生一件紀念品的機會好嗎？」先生看他請求的態度是很誠懇的，就答應了。於是問：「你打算請誰刻？」胡頌平說：「先生的校書圖章不是臺靜農先生刻好送您嗎？我也想去請他。我相信先生的藏書之印，他會答應的。」先生想了一想說：「好的，就用『胡適的書』四個字，字體是隸書，不用篆書，叫人一看就認得。不過靜農很忙，你得先去徵求他的同意。」胡頌平當天就和臺靜農去接洽了。（參閱胡頌平，「適之先生的博士學位及其他」，（傳記文學）二卷三期）

上午，夏濤聲、成舍我、蔣勻田、宋英等來談。

十時半，顧維鈞夫婦、王世杰夫婦來，先生要王志維陪他們去參觀考古館及近代史所的外交檔案後，回來談了一會。顧維鈞夫婦因事先回去，王世杰夫婦留此午飯。

下午，李先聞來，……編者附記：……

夜裏，李青來、陳香梅來談。先生送陳香梅一部（石頭記）影印本。

一九六一年八月三日【聯經版第十冊頁三六八八／油印本第二十六冊頁七一四】

上午，夏鍾強、操宏華來見先生一面。

十點半，姚從吾、梁容若、沈寶環三人來談。先生一看沈寶環，就說他跟他的老太爺很像。隨便談影印〔續藏經〕及藏書蓋印等事。

一九六一年八月四日【聯經版第十冊頁三六八九／油印本第二十六冊頁七一六】

早上，朱家驊、凌鴻勛、楊樹人來。

九時，主持院士選舉籌備會，一直開到十二時。

下午，李濟來談。

一九六一年八月四日【聯經版第十冊頁三六九〇／油印本第二十六冊頁七一七—七一九】

下午，有給吳相湘的信。……

在幾年前，我給你題心史先生的遺墨，……不正常心理狀態。

我看你此信，其中有一段：

本人自兩次倦遊歸來，如此有經驗，今後已不再作啃丐包想，故不虞台端之何任破壞，但台端應知即此一端成行可能如何？

我引此一長句讓你明白：你若在平常心理狀態之中，決不會寫這樣不能讀的文字。

我的朋友，冷靜冷靜吧！不要生正誼的火氣了！有空來看我談談吧！

適之　五十、八、四日下午。

四時，李濟來談很久。

有給李青來的信。

青來女士：

前晚上我發了不少狂妄的話，後來我回想很感覺不安。我最不安的是我次晨發現了七月三十及卅一日的報紙，只有〔中央日報〕先登出了「真理報」的預告，後登出了俄共二十年政策的八項目標。其他各報，除了〔新生報〕登出了幾行，竟都沒有發表這樣重要的新聞。我冤枉了〔中央日報〕，抹煞了它的「獨家新聞」，真該打手心！所以我寫這短信向你道歉。

適之 五十、八、四日下午。

編者附記：二日夜裏李青來、陳香梅兩人來談時，先生說：外國報上登載蘇俄〔真理報〕發表的驚人的消息，說二十年後，蘇聯的人民可以免費的八項計劃，乃是心理戰的戰術。這樣震驚世界的大新聞，為什麼〔中央日報〕一字不登呢？第二天早上發現七月卅一日〔中央日報〕第二版上登了這個新聞，但登的是小字，沒有注意到。先生覺得那晚質問李青來，實在冤枉了她，所以今天給她寫了這封信。

一九六一年八月五日【聯經版第十冊頁三六九〇／油印本第二十六冊頁七一九—七二〇】

上午，葉祖灝、張佛泉、余堅等來訪。

張祖詒陪同羅福林來報告影印〔脂硯齋重評石頭記〕的經過。

下午，吳相湘來談了一點鐘。李榦來談一會。

趙叔誠來催〔淮南王書〕的序文……

晚上六時半，科學會宴請美援教育組的幾位朋友，同時兼為Berkebile送行。先生飯後說了話，就先回來了。由王世杰接著當主席，徐可熛做了報告。

一九六一年八月六日【聯經版第十冊頁三六九一／油印本第二十六冊頁七二一】

八月六日（星期日）上午，主持院士候選人文史組的審查會。

下午，蔣夢麟夫婦來談。夢麟來時坐在冷氣機這一邊，怕冷，立刻轉到那一邊去。先生後來告訴徐小姐：倒底夢麟年紀大了。我還不怕冷風，也吃冷水，用冷水洗面的；他不行了。

田炯錦、張紫常夫婦等來訪。

一九六一年八月八日【聯經版第十冊頁三六九二／油印本第二十六冊頁七二三】

上午，凌純聲來談民族所建築經費的事。袁貽瑾來談，留此午飯。

下午，李先聞、王世中等來談。

一九六一年八月九日【聯經版第十冊頁三六九二／油印本第二十六冊頁七二三】

上午，嚴文郁夫婦同孫太太來訪。

李先聞和于景讓來談了一會。

一九六一年八月九日【聯經版第十冊頁三六九四／油印本第二十六冊頁七二六】

今天報載梅蘭芳（六十七歲）逝世消息。我們是根據日本的電訊，日本是從大陸收到的消息，只說梅蘭芳在蘇俄演戲的歷史，不曾提他在美國獻藝的經過。先生看了這個消息，在書架上檢出一本英文的〔梅蘭芳〕來。上面有梅蘭芳的劇照，還有許多美國名人捧場的姓名，如杜威、孟祿、威爾遜夫人等多人。先生也有一篇文章（見「西目」一四七）。最後是梅蘭芳在美國演出各戲的說明，如〔洛神〕、〔醉酒〕、〔別姬〕、〔御碑亭〕等戲；只有〔群英會〕裏，他是反串周瑜的。這本書是在美國印刷的，印得非常精美，可惜全書沒有年月日，大概是一九三〇後的幾年。

一九六一年八月十日【聯經版第十冊頁三六九四／油印本第二十六冊頁七二七】

上午九時，凌純聲來談。宋英、殷海光來談至十時。

十時半，Charles Murphy（Fortune）和Loun W. Pesaler來訪。

下午，徐可熛、鄒雲來談。

今天有復王姜貴的信。

一九六一年八月十日【聯經版第十冊頁三六九五／油印本第二十六冊頁七二八】

又有覆鄭西平的短信。

西平先生：

謝謝先生八月九日的信。

先生附來的目錄，恐怕不易找到買主。其中〔憨山夢遊錄〕及〔正誼堂全書〕兩書，可否請先示知令友希望此兩書的售價，當再為考慮有無出售的可能。

胡適敬上　五十、八、十。

一九六一年八月十一日【聯經版第十冊頁三六九五／油印本第二十六冊頁七二八—七三〇】

上午，到台北主持科學會執行委員會。

董同龢來，未遇，留下一部他譯的高本漢〔詩經注釋〕。

Berkebile等四人來辭行。

中飯時，談起香港有人想辦「元培學院」的事。先生說：「香港的學校是向工商局登記的，他們辦學的目的在營業，這是英國的傳統。你看十九世紀英國文豪狄更斯寫的小說，大罵那些藉辦學而發財的人：怎樣的刻苦學生，怎樣的用辦學來營業。聽說錢穆在香港辦的書院，他反對在工商局登記；他的書院是在法院登記的。這一點，錢穆這個人有些地方還不錯。」

先生又談起黃□□是北大的學生，研究「文化學」。「文化學」三字根本不能成立。

胡頌平談起有人懷疑先生七月十一夜的急性腸炎，是給西瓜吃壞了的，因為現在的西瓜是用糖精打針的。先生說：「我曾和馬保之、蔣彥士談過。他們認為西瓜打針是不可能的。水果商是有經驗的。他知道那一種的西瓜是甜的，他能辨別出來。這是多年的經驗關係。我在美國時到西瓜店去買一個瓜，店裏問我今天吃還是明天吃？他會挑一個今天吃或明天吃的瓜，都是很甜。你要相信有經驗人的話！」

下午四時半，齊世英來談。

一九六一年八月十二日【聯經版第十冊頁三六九五／油印本第二十六冊頁七三〇—七三一】

上午，牛存善、全漢昇、萬紹章等來。

下午，丁明達來訪，……

今夜來看先生的，有呂光、王叔銘等人。

一九六一年八月十三日【聯經版第十冊頁三六九五／油印本第二十六冊頁七三一】

上午九點半至下午一時，在台北主持科學會執委會。

王世杰、李先聞來南港，留此午飯。

一九六一年八月十四日【聯經版第十冊頁三六九五—三六九六／油印本第二十六冊頁七三一】

上午，蔣彥士來談半小時。

楊亮功聽到……

上午，有復葉東明的信。……

一九六一年八月十四日【聯經版第十冊頁三六九七／油印本第二十六冊頁七三三】

下午，有復張景樵的信。……

韓國駐華大使崔用德來訪。他說從前在北平見過先生一次，今天看見先生精神這麼好，再三的表示高興。

夜裏，林致平來談他的申請「研究講座教授」的事。先生為他寫了一個他願意請我撤回他的提名的提案，預備提出明天的執委會討論。

一九六一年八月十五日【聯經版第十冊頁三六九七／油印本第二十六冊頁七三四】

上午，洪家駿來訪。

Henry B. Hansteen、Ha Nyunt、John C. Weble等人由李先聞陪同來訪，留此午飯。

下午，到台北主持科學會執行委員會議。

今天為簡又文題了「太平天國全史」書簽。又為楊力行寫了「青春」二字。

夜裏，李先聞來談。

今天有復全漢昇的信。

一九六一年八月十六日【聯經版第十冊頁三六九七／油印本第二十六冊頁七三五—七三六】

上午，周法高因出席「太平洋科學會議」，特來辭行。

黃中、魏如東等來訪。

下午，李先聞、李濟等來談。

夜裏，沈怡夫婦來談。先生題了「亦雲回憶」書簽，託他們帶給沈亦雲。

一九六一年八月十六日【聯經版第十冊頁三六九八／油印本第二十六冊頁七三七】

今天有復謝曾如柏贈「太極拳全書」的短信。

夜裏，有給何勇仁的信。……

一九六一年八月十七日【聯經版第十冊頁三六九八／油印本第二十六冊頁七三八】

上午，馬逢瑞來見。

十點半，徐可熛同趙文藝、張希文、程毅志、于紀夢、張季春、黃淡雲、周敏等來談科學會的種種，以及對全國教育的意見。留此午飯。

晚上七時，陳雪屏請先生吃飯，約了王世杰、楊亮功、錢思亮、毛子水等作陪。**大家都覺得先生的脈搏還不穩定，都勸先生遲幾個月再出國。……**

一九六一年八月十八日【聯經版第十冊頁三七〇〇／油印本第二十六冊頁七四〇—七四一】

上午，到台大醫院去看牙齒，做了一個模型。

黃季陸夫婦來，未晤。

李先聞夫婦來，留此中飯。

下午，沈宗瀚來借先生校正的他的〔克難苦學記〕來校對，又請先生給他的〔克難苦學記〕及〔中年自述〕兩書題封面。

陳受頤、湯姆生等來談。陳受頤留此中飯。

今天有給公路局長錢益的信。

沛霖先生：

這次蒙貴局考慮本院的建議，決定要增開台北市到中央研究院班車，每天十多次，我們知道了這個好消息，都十分高興。

這是貴局的大德政。我敬代表中央研究院的全體同人向貴局暨台北區運輸處以及車站諸位先生表示衷誠的感謝。

匆匆敬請

大安

胡適敬上 五十、八、十八。

鄭西平的復信來了，

一九六一年八月十九日【聯經版第十冊頁三七〇〇／油印本第二十六冊頁七四一—七四二】

早上，凌純聲來辭行。又談民族所建築費的事，請先生替他主持。

九點半，到台大醫院檢查身體。……

夏道平、鄭西平來，未晤。

下午，程和銑、程其保、張乃維、居載春、李濟等陸續來談。

今天有給鄭西平的信。……

一九六一年八月十九日【聯經版第十冊頁三七〇一／油印本第二十六冊頁七四三—七四四】

又有復何勇仁的信。

識夫先生：

謝謝先生八月十八日的信。

謝謝先生送還我的書。

上次寫信，不曾特別道謝先生贈送我的石濤的墨跡，今天敬補致謝意。

我雖然定了月底的飛機出國，但因朋友與醫生都慮我病後不宜遠行，故尚未作最後決定。決定後當奉告。

胡適敬上 五十、八、十九夜。

又有給林致平的信。

一九六一年八月二十日【聯經版第十冊頁三七〇二／油印本第二十六冊頁七四七】

八月二十日（星期日）上午，Walkey來訪。朱家驊來談甚久。

下午，毛子水、吳大猷來談。王靄芳、徐芳等來訪。

一九六一年八月二十一日【聯經版第十冊頁三七〇二—三七〇三／油印本第二十六冊頁七四七—七四八】

上午，勞榦來。孫德中來，略談。

蔡錫琴來電話，……

下午，雷美琳來見。

四點三刻光景，……

一九六一年八月二十二日【聯經版第十冊頁三七〇四／油印本第二十六冊頁七五〇】

郭廷以來談。

陳副總統正式邀請先生出席指導……

一九六一年八月二十二日【聯經版第十冊頁三七〇五／油印本第二十六冊頁七五一】

先生指著飯桌旁邊一架的《縮本四部叢刊初編》說：「這部書共四四〇冊，缺一〇九一冊《弘明集》，一九五三年被王文伯借去失落了。這一冊我曾用三種本子校對過，特別的可惜，不僅是缺此一冊而已。文伯借去失落的書，不止一次。我後來另買得《初編》原影本五冊，補全此書。但原影印本是線裝的，不能插入這部平裝的書中了。」

下午，蓋到《縮本四部叢刊初編》第一本《書錄》。

一九六一年八月二十二日【聯經版第十冊頁三七〇六／油印本第二十六冊頁七五三】

五時，吳大猷、錢思亮來談，留此晚飯。

今夜寫成「跋裴休……」的「後記」。

一九六一年八月二十三日【聯經版第十冊頁三七〇六／油印本第二十六冊頁七五三—七五四】

上午，梁序穆、韓偉來訪。

九時，到臺大醫院檢查身體……

下午，蕭錚、徐賢修來訪。徐賢修是學數學，帶來一本紀念冊，先生題了「知之為知之，不知為不知，是知也。」幾句話。

夜裏，陳雪屏來談，仍勸先生暫不回美的事，說：「我們曾經開會商討過多少次才決定的，請先生不要難過。」

今天有給林致平的信，裏面有「如果數學所可以輕易找人代理的話，去年何不花那麼大的氣力去辦退役；如果大學校長也可以輕易找人代的話，何必要毀了一個作研究工作的科學家。」這封信寫好就發了，沒有錄稿。

又有給梁序穆的信。

一九六一年八月二十四日【聯經版第十冊頁三七〇七／油印本第二十六冊頁七五六—七五八】

早上，先生手裏拿著兩本書，說：「記憶真不可靠。我講我自己的故事給你們聽吧。昨夜雪屏來，我還對他說，三十七年冬我在北平撤退時，只帶了三本書，一部是《乾隆甲戌脂硯齋重評石頭記》，一部是《陶淵明集》，一部是錢牧齋的《杜詩箋注》。你看：這部《陶淵明集》，是三十八年我在上海時，人家送我的；這部錢牧齋箋注的《杜詩》，也是三十八年春天在上海花了一萬金圓券買的。兩書上面都有我的記載。我都記錯了，以為是三十七年冬天帶出來的。昨天我還是這麼說。今天因蓋印的關係想起這兩書，才發現記憶的不可靠。」

先生又指著「陽明山會談」發給出席人員的皮夾笑著說：「這個皮夾倒有用處，這是我的收穫。」

十一點多，陳源（通伯）、陳洪（次仲）兩兄弟來談。留此中飯。

下午四點三刻，錢思亮來；……

晚上九時半，戴葆鎏來看先生。

近來先生想收〔新文學大系〕全十集，託人在各方收購。但始終無法買到了。

今天鄭西平寄來〔大學衍義補〕及〔性理大全〕兩書的首冊各一本，索價一萬五千元。〔大學衍義補〕是萬曆三十三年的本子，〔性理大全〕是嘉靖年間翻刻永樂十三年的本子，都不是永樂十三年的刻本。大概因他上次開的〔正誼堂全書〕和〔憨山夢遊集〕五千元的價錢我們沒有還價的關係，所以這兩部書開一個大價錢了。

一九六一年八月二十五日【聯經版第十冊頁三七〇七／油印本第二十六冊頁七五八—七五九】

上午，出席「陽明山談話會」。陳副總統說了一點鐘的開會詞之後，有幾分鐘的休息。這時候，黃季陸勸先生先走，一面吩咐一位女秘書先去通知先生的車子，一面和毛子水、錢思亮等陪同先生走到大門口，一羣記者就包圍起來了，有的要攝影，有的要錄音。陳雪屏設法阻止他們。李青來也在喊，讓胡先生早點回去休息吧。先生對他們說：「今天是我病後六個月的紀念日。在這六個月裏，我沒有到人多的地方去。今天我是來聽的，我沒有說話。你們不是聽過怕老婆的故事嗎？怕老婆的出門時，他的太太吩咐他，不要到人多的地方去。我從病後到今天已有半年多不參加公共場所。我的醫生也吩咐我：人多的地方不許去！」說了這個笑話，就上車回來，已是十一點五十分了。（參閱八月二十六日各報）

余又蓀來，未晤。

下午，林浩、傅恬修等來見。

一九六一年八月二十六日【聯經版第十冊頁三七一〇／油印本第二十六冊頁七六二—七六四】

上午，鄭西平來，……

中午，留胡頌平、胡宏造吃飯，先生拿著一本曾子南的〔風水傳奇〕到飯桌上來，說，剛剛寄來這麼一本書，只有中冊，沒有上冊下冊的。先生約略的翻了這本書的序言，裏面有一句：

□太子□□賜題「吉象天樞」。

四個字，笑著說：「正式稱太子而見於書本上的，我今天第一次看到。平時有人談話時稱『太子』的，倒也有聽到過。」

先生談起風水。胡頌平問風水的迷信，起來很早嗎？先生說：「王充〔論衡〕裏已經提出批評，可見古代就有的。還有算命的、看相的種種。我每次經過松山郵政局轉彎的地方有一個廟，每天都有香火的。這些就是中國固有的文化，——我們對他們提倡科學！」

先生面對宏造說：「中國的文化真不高明。譬如說，中國的十二生肖，是古代整個亞洲都有的，如印度，如波斯，都有；西洋也有。」於是隨手翻開〔大英百科全書〕，指著西洋的十二生肖有羊（綿羊與山羊兩種）、牛、雙人、射箭的人、蛤、魚等等，差不多跟中國的十二生肖一樣。

他們古代的天文家分黃道為十二宮，中國古代分為十二星屬。蘇東坡的詩裏有「摩羯宮」，是說太陽行到摩羯宮，就是陽曆的冬至。

美國也有他們看相算命的書。我住的地方附近，有一間賣報紙雜誌的書店，裏面就有這些書，有些婦孺去買的，外國也有外國的迷信。他們也有這種星相的雜誌，每月出一本。他們是根據十二宮，每宮分配到三十多天，不照月份的。在這一宮裏出生的人，那一天不宜於做什麼，那一天利於做什麼，好像我們的曆書一樣。我們古代的十二屬，是根據亞洲西部的十二宮來的。

下午，先生進城理髮後去看楊樹人，不遇，於是到姚從吾家談了一會。

今夜有給蘇雪林的短信。未錄稿。

一九六一年八月二十七日【聯經版第十冊頁三七一〇／油印本第二十六冊頁七六五】

下午，主持科學會執委會。

今夜，有給蘇雪林的信。

雪林：

昨天寄你一信，沒有談公事。

今早中研院開評議會，雪艇先生和我都說明你自己要成大撤回提名，公事已收到了。

此次為提名院士的事，雪艇和我無意中給你增加了不少困難，我們都十分感覺不安，千萬請你原諒。

此次人文組提名的共有十三人，投票的結果，得過半數的票，列入「候選人」的，只有四人。我們史語所的周法高先生因缺少一票，不得列入。（這一句是我們向不發表的消息，乞勿告外人。）

你的「舜的故事」，我一定要看看。稍遲寄還，乞諒。

適之　五十、八、廿七夜。

一九六一年八月二十八日【聯經版第十冊頁三七一〇／油印本第二十六冊頁七六六—七六七】

上午，約萬紹章來談各報登載院士候選人的消息。

下午，徐可熛來，先生交給他一封顧□□的信，是為台大園藝系某君申請補助出國進修的事。信上說「據聞未能通過」，「甚望貴院能對某教授之提名重予考慮」。先生在這信上批了：

有給周法高的信。……

公起兄：

此信昨天我已請錢校長看過。他和我都覺得，此種事件既經專門委員會通過，我們絕不應干涉。更不能提請「重予考慮」。

最可注意的是此案兄尚未知，執行委員會尚未知，何以顧先生已知道「據聞未能通過」了？這種奔競運動的風氣似乎應該注意防止罷？

弟胡適上 五十、八、廿八。

陳受頤來談。

一九六一年八月二十九日【聯經版第十冊頁三七一六／油印本第二十六冊頁七七六—七七八】

上午，約萬紹章來談公務。

下午，有給許世英的電報……

五點光景，先生坐在客廳裏的沙發上翻看教育法令，說：「既有『大學法』，又有『大學規程』？『大學規程』是十八年公佈的，規定大學設立各學院的開辦費和經常費。例如理學院的開辦費二十萬，經常費十五萬元。這個『元』字當然是指銀元說的：現在用的是台幣，這些法令早該廢除的了。」胡頌平說：「當時的一塊銀元可以買一百個雞蛋，而現在買一個雞蛋要台幣一元五角；又如豬肉，當時一塊銀元可以買五斤，而現在一斤豬肉要三十塊台幣；如果照雞蛋和豬肉的物價指數來計算，一塊銀元可當一百五十塊台幣用。二十萬銀元的開辦費，等於三千萬的台幣，勉強是夠的。但政府規定一塊銀元只值十五塊台幣，跟實際的價值還差十倍。違禁罰金是用銀元計算的，罰金一元，可用台幣十五元抵付。」先生問：「如果我拿十五塊台幣到銀行去買一個銀元，他們也照價賣給我們嗎？」胡頌平說：「不，他們只會收進去，不會賣出來的。」

先生又指出三十五年公佈的一條大學研究所的法令，說：「各系得設研究所，系主任、教授、副教授、講師、助教均為研究工作人員，但不得另支薪俸，又不得另請經費。這樣一來，把我們提倡設立研究所的理想與計劃，全都抵銷了。」

一九六一年八月三十日【聯經版第十冊頁三七二〇／油印本第二十六冊頁七八六—七八八】

上午，石璋如來談史語所預備聘請日本人花房英樹為客座研究員的事。

下午，莫德惠來談。

晚上總統暨夫人要請出席陽明山會談的人士。先生被邀參加。總統和蔣夫人坐在中間的主人的位置。總統的右首是陳副總統、陳大齊，還有別的人。蔣夫人的左首是先生、陳和銶，也還有別的人。總統說話之後，陳副總統跑到先生這邊來，對先生說：「今天您也是主人之一，所以我不想請您說話，我請陳和銶先生致答詞。」這樣一來，先生可以不說話了。陳和銶就問先生怎麼說好。先生說：「你謝謝總統和夫人的招待，謝謝政府的招待。最後敬祝總統夫婦健康，不是就行嗎？」

今天有給楊亮功的短信。

亮功：

大作已讀過，我覺得很公允。

但題目既是「從論語研究……」，似不必引〔莊子〕「天運篇」（頁三八之末行）。任公之說也犯此病，他不知〔莊子〕多偽篇也。

適之匆匆　五十、八、卅。

先生叫胡頌平用敦倫大英博物館藏的……

一九六一年八月三十一日【聯經版第十冊頁三七二二／油印本第二十六冊頁七九〇—七九一】

上午，劉鍾鼎來辭行。

十點多，到圓山飯店回拜韓國大使崔用德。

榮達坊、趙傳纓來，未晤。

中午，有Seligmen的飯局。

下午，穆懿爾（Moyer）來談許久。給高美的紀念冊上題了一首楊萬里的詩。

晚上八點，應陳副總統和四院院長的邀請，到三軍軍官俱樂部吃飯。

今天先生談起……

一九六一年九月一日【聯經版第十冊頁三七二二／油印本第二十六冊頁七九三】

今天是公路局增闢台北市到南港中央研究院的一條班車的路線。上午八點四十分，公路局的副局長錢益來看先生，隨即同到大門口的廣場。五十分，公路局的第一趟車來了。先生主持通車典禮，親自剪綵。先生代表前來觀禮的數百位南港各界朋友和鄰居們向副局長錢益說：「南港居民和中央研究院盼望多年的夢想，今天得以實現，我們要請錢副局長特別代我們向林局長及公路局台北運輸站致謝。並希望今後公路局能充分利用這條路線。」談話之後，到車上坐了一會，又照了相。

唐美君、莊申等來辭行。馬逢瑞、趙傳纓來訪。

一九六一年九月二日【聯經版第十冊頁三七二三／油印本第二十六冊頁七九五】

上午，余又蓀、郭廷以來。梁序穆來談三十分鐘。穆懿爾夫婦來，先生陪他們參觀考古館，談了一點鐘。

下午，吳經熊、薛光前、毛子水等來談。

晚上，約吳大猷、錢思亮、毛子水、陳受頤等在此便飯，談到十時。

一九六一年九月三日【聯經版第十冊頁三七二四／油印本第二十六冊頁七九七】

上午，李榦、霍寶樹來談。李榦是來辭行的。

晚上，王世杰請先生吃飯，同座的是香港來參加陽明山會談的幾個人士。先生跟他們談起明天就是雷震被捕的紀念日。飯後，王世杰對大家說：「你們不要以為會談是沒有什麼意義的。抗戰前夕的『廬山談話』，以後對抗戰發生的影響很大。適之先生是不主張打仗的。他到廬山之後第一天晚上給蔣委員長談話，對於以後的長期抗戰的決策就有決定性的作用。」

一九六一年九月三日【聯經版第十冊頁三七二六／油印本第二十六冊頁八〇〇】

國家長期發展科學委員會五十一年度研究補助費的人選，都已審定，今天發表了。屬於數理組的，甲種九九人，乙種一〇二人；生物組的甲種一〇五人，乙種一〇四人；人文及社會科學組的，甲種八四人，乙種三八人。甲種每月一千六百元，乙種八百元，共五三二人。（見今天各報）

一九六一年九月四日【聯經版第十冊頁三七二六／油印本第二十六冊頁八〇〇—八〇三】

九月四日（星期一）上午，達鑑三來，由胡頌平代見。

勞榦來談他的出國問題。萬紹章、李毓澍來談近代所的公務。

中午，先生留胡頌平父子吃飯。先生問胡宏達*：「大少爺，你相信宗教嗎？」宏達說他沒有宗教的信仰。

【*此處應是胡宏造，而非胡宏達】

先生說：「全世界各民族中，只有我們的民族對於宗教的生活是最淡漠的。」胡頌平問：「佛教來到中國以前怎樣？」先生說：「迷信也是有的：秦始皇、漢武帝，不都是求神仙不死的藥嗎？我是一個無神論者。我的太太跟我結婚四十多年，我從沒有影響我的太太；但她不迷信、不看相、不算命、不祭祖先。她的不迷信在一般留學生之上。你看顧維鈞、郭泰祺，他們要做一件什麼事，先在房內卜一個金錢卦。我當大使的時候，郭泰祺當外交部長。郭太太那天住在我的家裏，太太們佈置陪她打牌。她在房間內先卜金錢卦，如果今天的日神不好，她要打小牌，特別當心；如果今天的日神對她有利，她就要打大牌了。」

「你看過我的〈南遊雜憶〉嗎？我在二十四年一月九日早晨，從香港坐船到了廣州。羅文幹那時在廣州，他也是迷信的，私下給我做了一個卦，不很好。他立刻托人帶一封信來，要我立時拆開看。我拆開看，裏面有『兄此次到粵，諸須謹慎。』原來是陳濟棠的反對我到廣州來。我的〈雜憶〉只寫這幾句，沒有把羅文幹做卦的事情寫出來。」

「你上週看的〈風水傳奇〉，不是說陳濟棠的上代墳地，顧祝同怎樣當秘書長，什麼人怎樣發大財嗎？在外國也有星相的書籍雜誌，許多留學回來的人也有相信算命看相的，無怪國內更有許多人迷信了。他們以為陳辭修、俞鴻鈞是同年同月同日差一個時辰生的，他們都曾當過行政院院長，是命好的關係。其實這是巧合；全世界同一分鐘內出生的就有許多，決不止兩個人。全世界有二十多億的人口，而全部的八字只有五十萬種的不同。」

下午，先生談起四十九年春天寫的「南陽和尚〈問答雜徵義〉」，一位法國朋友看了之後，也用法文寫了一篇文章了。

這一期的〈民主潮〉上有一篇鄭振文在「陽明山會談」的演說稿，引用〈馬太福音〉第六章第十二節的話：「你說的話，是，就說是；不是，就說不是。」先生覺得〈馬太福音〉上沒有這些話，查查第六章，沒有；再查第七章，還是沒有。先生再翻英文本的〈馬太福音〉，原來是在第五章的第十二節「英文本：Yea, Yea, Ney, Ney. 英文的意思倒不如中文本譯得明白。」先生又說：「〈雅各〉上也有這兩句話，倒和孔子的『知之為知之，不知為不知』的意義相同。」

晚上，約徐可標來吃飯，談科學會的事，談了兩點多鐘。

一九六一年九月五日【聯經版第十冊頁三七二六／油印本第二十六冊頁八〇三—八〇八】

九月五日（星期二）上午，郭廷以、鄭騫、宋英、張豁然等來。

毛子水、吳大猷來，留此午飯。先生對吳大猷說，我想請你回來作院長。吳大猷說：「我不行。我偶然回來一次，大家對我還客氣；真的回來了，大家就會討厭我，漫說中央研究院，就是清華大學裏面的人，也會罵我的。」先生說：「我已被人罵了四十多年。我覺得應該做的，只要百分之六十對國家有利，百分之四十被罵，我還是不怕被罵的。為什麼胡適之在國外，別人對他多少尊敬，回來後會被人罵呢？因我認為應該說的，應該做的，我不怕人家的批評！譬如說，科學會今年補助的五百多人，這五百多家的生活解決了，這五百多人可以安心作研究工作了。科學會，也是有人在罵。我不怕人家的罵我，我已補助了五百多人的生活了。」

先生又談起「公立大學也該有個董事會的組織。像清華，是個大問題。如果有個董事會，遇到校長出缺，先由董事選舉三個人，再由政府圈定一個人，也像中央研究院一樣；這樣，這個大學可以延續下去，自然越辦越好的。像西漢的太學，最初只有五位先生，五十個學生。到了王莽時代，學生一萬多，到了東漢，太學生多到五萬人。五萬個學生在京師，他們批評腐敗的政治，發生了黨錮之禍。為什麼有這麼久的歷史而沒有一個上百年的大學？就是沒有連續的關係。我覺得公立大學應該有個校董會。在美國，校董會組織最健全充實的，他們的學校也辦得最好。那天我和雪屏去看梅月涵，剛剛談到這問題，陳副總統來了，打斷了，副總統走了之後，我看月涵太累了，就沒有說下去，這個方案還在雪屏那裏。」

下午，鄭西平送來〈大學衍義〉（崇禎本）和〈大學衍義補〉全部二十四冊，希望出售，還帶來祝枝山的橫幅及董其昌的冊頁。先生欣賞祝枝山的字，說他寫得飛舞；董其昌的字，就不太喜歡，而這本冊頁恐怕不是真迹，更不欣賞了。又說他最討厭趙孟頫的字。於是談起當年在中國公學的同學湯昭（保民）說他樣樣都聰明，就是寫字真笨。寫字的、學畫的，必須先有摹擬的本領；學什麼人的字，就像什麼人的字；學什麼人的畫，就像什麼人的畫。有這樣的本領，然後熟能生巧，寫出他自己的個性來。張大千學八大山人，便可以亂真。他在美國博物院裏發現有一張他的畫，美國博物院是花了三千美金當作八大山人的真蹟收進的。後來大千向美國博物院說明這張是他的畫，被賣畫商人當作真蹟賣了。他承願私人出三千美金把它贖回來，不願有不是八大山人的真蹟留在美國博物院裏。這些事，張大千這個人有可取的地方。

先生又談起齊白石五十歲的一張舊畫，是一位收藏家送來請他補題字的，齊白石願意用新的兩幅畫把這五十歲的舊畫換回來，親自拿來送給先生。先生說：「他那時的字是學何紹基的，寫得非常的像。到了晚年，看不出他學什麼人的字。他故意寫得古拙，完全是他本人的個性了。」

胡頌平問：「當年湯保民說先生寫字真笨，這大概先生天分特別高的緣故，不願意摹臨人家的字嗎？」先生說：「不，你看我少年時候寫的字多難看！」

先生知道李先聞的女兒今天在美國結婚，因而談起「現在美國結婚的青年男女很多，他們將來生下的孩子，叫做中國種族的美國人（Chinese-American）。最初到美國去的是英國人。這些英國人為了宗教的自由和政治的自由而出來的，都是了不得的人。他們還在船上的時候，就商擬到了新大陸以後怎樣組織起來。他們到了上陸的地方，就是現在的波士頓。那時他們不知道這個上陸的地方的名字的。上了大陸，要把大樹砍了，才有地，還要和土人作戰。現在美國東部十三州都是英國人的勢力。後來德國人、法國人、意大利、西班牙、挪威、瑞典的人，也是為了宗教的自由和政治的自由離開了歐洲，遠渡大西洋到新大陸去，都是了不得的。」

「回看我們的西北，是個沒有水的地方。人類的生活，不能一天沒有水的，所以遇到大雨的一天，他們把家裏所有的東西如水缸、臉盆等都拿出來接水，儲起來作為一年的吃用。澡也不洗了，臉也不洗了。連水也沒有的地方，人民應該遷徙的；但是西北的人民安土重遷，這是表示這個民族太老了，像廣東、福建的人，他們就到海外發展了。他們到了美國後，成了中國種族的美國人，他們仍會幫助中國的，這是好事。」胡頌平因說：「我只聽人家批評到美國去留學的青年男女在外國結婚，說他們不願回來了，要變成美國人了，大事批評，從沒有聽見像先生的見識那麼遠大的。」先生說：「我是根據歷史的演進說的。這是歷史的看法。」

今天〈新生報〉上有一篇南思翻譯的「在失敗的彼岸」一文。先生說：「這篇原作者阿賽哥頓（Arthur Gordon）是我的朋友，現在已經去世了。這是寫他去見IBM（萬國商業機器公司）總裁華脫生的故事。萬國商業機器公司的格言是一個『想』（think）字。阿賽哥頓是〈讀者文摘〉的創辦人。」

一九六一年九月六日【聯經版第十冊頁三七二六／油印本第二十六冊頁八〇八—八一三】

早上，有一位姓王的客人來見，自稱是北大新聞系畢業的。先生說：「北大從來沒有新聞系，不曉得王先生是那一年在北大，那時校長是誰？」他說：「劉校長。」北大從來沒有姓劉的校長，先生知道他是一個騙子了。這個人把帶來的一包東西打開，是一些很俗氣的風景畫，請求先生題字。先生說：「我對畫是外行。我從來不曾題些外行的畫。」他又要把畫留下來。先生說：「你看我的四壁沒有一張字畫。我不需要你的畫，請你帶回去。」總算把他送走了。

客人走後，**先生寫了一篇「懷念曾慕韓先生」的短文：……（〈民主潮〉十一卷十八期）**

十一點多，夏濤聲、鄭振文來訪。先生就把剛才寫好的「懷念曾慕韓先生」一文交給夏濤聲帶去了。

先生住宅裏重要的藏書，都已蓋好了……

中午，留胡頌平父子吃飯。先生對胡宏造說：「胡大少爺，花了你這麼多的時間，真對不起。你吃酒嗎？大功告成了，我們應該慶祝一番。」接著問問胡宏造的志願。胡頌平說：「他想學物理，其次是數學，但這次考取的是土木系。」先生說：「台灣沒有一個大學物理系辦得好的，也沒有一個物理學家在此地。在台灣是無法讀物理的。你現在的志願還不是最後的志願；你要多方面去摸，才能摸出自己覺得最相宜的一種，不妨明年再考過。你蓋了這麼多的書，都摸過嗎？每一部大書都摸過，以後知道要什麼材料，才知道向什麼地方去找。先要把自己這一行的各種類書、字典、辭典收購起來成了一個小小的Library，這是最要緊的工作。像歷代帝王的年號，漢武帝、武則天，都有許多年號，從前都是硬記的。歷代帝王的年號，我可以記得百分之九十五六，這一個年號在那一個世紀也要記住，我花了多少的時間！如世界年表、人名大辭典、地名大辭典、各種有關的類書，都先要買起來。」胡頌平說：「他們剛從高中畢業，實在沒有讀過什麼書。」先生說：「這是時代的關係，其實有許多書他們是不必讀的。」先生要宏造多讀科學家的傳記，於是把Henry Thomas同Dana Lee Thomas編的，Gordon Ross插圖的*Living Biographies of Great Scientists*借給他看，還題了幾本自己的著作如〈留學日記〉等送給他。

宏造請示什麼英文字典最好？先生說：「最好，當然是〈韋氏大辭典〉，下面有人名、地名，以及專門名詞、縮寫幾部分；但最近遠東圖書公司出來的字典，已把人名地名都編在每字之下，查起來也方便。最好兩種都買一本。」

下午三時半，李濟來談。

四時，鄭南渭來請教新聞自由的價值。先生說了不少的話。

五時以後，談到新聞記者登載完全不確的消息，他們有的不肯登載更正的消息。就如這次大專聯考數學的題目，各報根據學生家長或學生的話來批評，一致的攻擊出題目的人。我們院裏數學研究所的王九逵，他是一個有成就的人，他就指出這次數學題目出得很對，沒有錯，但沒有一個報紙肯登他的信。

他的父親王宣先生是監察委員，他去找了曹聖芬，結果只有〈中央日報〉及〈徵信新聞報〉才登出，王九逵是個有數學身分的專門學者，他有資格說話，但他就沒有言論自由了。新聞記者不能接受改正的信，危險之至。這只有提高記者的素質來救濟。

「這次請回來出席『陽明山會議』的四十多人，所謂學人不到半數，許多都是沒有學術地位的。政府出錢做路費，有的夫婦兩人，有的還帶小孩，他們自己不花錢，樂得回來看看。像李□□說五萬元可以造一個原子彈，這是荒謬絕倫的話。造一個原子彈要多少錢？英國不敢造，法國也不敢造；他竟說五萬塊錢可以造了！我很幸運，沒有去聽他們荒謬的演說。但有些學人坐在那裏聽了六天膚淺的話，真受苦，活受罪。」

「今天〈中央日報〉的社論，希望科學會集中作一兩件有關建國復國的大事情。他們不知道整個國家在此地，但沒有一個物理學家在此。物理數學是最基本的東西，一個物理學家也沒有在此地，還談飛彈？還有人說五萬元可以造飛彈？羅斯福的OSRD，花了兩百萬，才造出來第一個原子彈。」

「這篇社論是王洪鈞寫的。他昨夜打電話給公起（徐可熛），公起把有關材料送給他。還告訴他：『胡先生認為只要百分之六十對國家有利的事情，他是要做的，他不怕人家批評的。』這篇社論是用我們的材料，但末了一段又是什麼重點了。讓我的態度給他們知道也好。」

先生又說：「賣藥的廣告和新聞混在一塊，使人家看不出是廣告還是新聞。這也是新聞界所不許的。」

今天有復日本木下彪的短信，謝謝他贈送「國寶事典」，可以明瞭貴國保存的古代文物的概況。

一九六一年九月七日【聯經版第十冊頁三七二六／油印本第二十六冊頁八一四—八一五】

九月七日（星期四）早上，門房打電話來，說有一位香港來的客人求見。先生要胡頌平到門房去看看。這位客人拿出名片。說：「我要向胡先生報告思杜的消息。」胡頌平問：「是不是有最近的消息？

如果是四十七年暑假以前的消息，我們都知道了。還有別的什麼事嗎？」他說沒有，不過隨便談談而已。胡頌平說：「胡先生的時間都排定了，很忙，希望你……」這位客人聽到「很忙」兩字，轉過頭來就走了。胡頌平本來要說的「希望你的隨便談談不要太花胡先生的時間」一句話還沒有說完，人已走了。胡頌平回到辦公室，先生看見是「唐柱國」的名片，說：「這個人我是要見的，他寫了一本分析北大的書。既然走了，就算了。」胡頌平覺得昨天王姓客人的進來，今天唐柱國的沒有進來，都是他的機警不夠，心裏很難過。先生說：「你不要難過。昨天的客人是我要他進來的。我怕你們應付不了，是我的錯；我對你不起。你千萬不要放在心上。」

十一點，陳奇祿和Narton H. Fried來看先生，留此午飯。

下午，王坤淦來談。蔡樂山來，同照了一張照相。

約屈萬里來看祝枝山的字，留此便飯。

夜裏，李青來帶她的兒子方林來看先生。

今天有復勞榦的信。……*

【*聯經版刪除九月七日記事，連日期也刪除，以致「今天有復勞榦的信。……」誤繫於九月六日】

一九六一年九月七日【聯經版第十冊頁三七二七／油印本第二十六冊頁八一一六】

但你切不用「留難出國講學」，「在中國方面的觀感非常嚴重」一類的大問題去嚇他們。更不可說他們「和美國的教育為難」的笑話！他們不過是守法的小官員而已。他們只好對你說，「勞教授，小官們不敢！」

以上不是責備你，只是看了你那封很生氣的信，我不敢不替你作點分析，不敢不告訴你一點經驗之談，供你參考。生氣毫無用處。校長八月廿二日的電報要你 "Please cable answer and plans"，這就是說，他要知道你是不是改變了plans，你給他去電了嗎？

我很慚愧不能有幫忙的地方，……

一九六一年九月八日【聯經版第十冊頁三七二七／油印本第二十六冊頁八一七】

上午，友聯國際社（UPI）的記者Albert Axelbank同他的日籍夫人Koyoko Axelbank，由蕭樹倫陪同來訪。他們是早已約好的。

潘仰山、李嗣貴來訪。

下午，到台北主持科學會執行委員會。

張超英來，未晤。

今天給劉瑞恆獎學金委員會送去四百元。

鄧夢九來信，要把他的高祖完白山人（石如）隸書〔孝經〕手卷一幀出讓，請先生代為介紹。

〔流暢〕半月刊負責人石叔明來信索稿，先生考慮可將「全唐文裏的禪宗假史料」一篇給他。

今夜，給鄭西平、鄭振文等寫了幾張條幅。

一九六一年九月九日【聯經版第十冊頁三七二七／油印本第二十六冊頁八一七—八一九】

九月九日（星期六）上午，孫觀漢和Schmid來訪。

王世杰來，留此午飯。

下午，Dr. Wilbur和Mr. Leindon來訪。

劉真、彭明敏、孫洵侯等來訪。

今天有復陳有成的信。

有成先生：

謝謝先生九月五日的信。亞東版的〈胡適文存〉兩種：初版至十二版，四卷，每卷自成頁數；第十三版是重新排印，四卷的頁數相連，自第一頁一直編到一一七二頁為止。先生問的卷三卷四的頁數，乃是十三版以前的頁數，所列各篇文字，皆收在遠東版。今將兩本的頁數對照如下：

	亞東版	遠東版
（一）國語文法概要 第一篇　國語與國語文法	（卷三，一—一〇）	（四四三—四四九）
（二）紅樓夢考證（二）	（卷三，二〇〇—二四九）	（五八五—六二〇）
（三）歸國雜感	（卷四，一—一二）	（六二一—六二八）
（四）新思潮的意義	（卷四，一五一—一六四）	（七二七—七三六）

胡適敬上　五十、九、九。

編者附記：陳有成是為倫敦大學B.A.學位考試中文，考試範圍包括亞東版〈胡適文存〉裏的論文數篇，他因買不到亞東版的〈文存〉，特地寫信來問，所以復他這封信。

今夜有復趙世洵的信。……*

【*聯經版刪除九月八日記事及九月九日的日期，以致「今夜有復趙世洵的信。……」誤繫於九月八日】

一九六一年九月十日【聯經版第十冊頁三七二八／油印本第二十六冊頁八二一】

下午，徐秋皎來，約王志維、張彥雲夫婦陪同晚飯。徐秋皎談起在〈四十自述〉裏看見先生幼年時代把「涼」字讀作「娘」字的那一段故事。先生說：「徽州的娘涼兩字同音的。浙江的『娘』字是『N』音，『涼』字是『L』音。從安徽以西，江西、湖北，一直到四川，差不多NL都不分的。又如ch，古字都是T音；現在閩南話的『張』字還讀Tieu。」

一九六一年九月十一日【聯經版第十冊頁三七二八／油印本第二十六冊頁八二一—八二四】

上午，黃彰健來。鄭西平來，由胡頌平代見。將董其昌的冊頁，先交他帶回去。祝枝山的字暫留幾天。他上次送來的〔大學衍義〕及〔大學衍義補〕等書，由史語所傅斯年圖書館收購了。

十一點多，胡宏述和他的同學漢寶德、華昌宜、程儀賢等四人來見。他們都是學建築的。先生介紹他們看看〔營造法式〕一類的書，又要他們看看〔殷墟建築遺址〕，還借給胡宏述一本〔徽州明代住宅〕一書。此書是張仲一、曹見賓、傅高傑、杜修均四人合著的。

下午，胡頌平回到南港時，先生說：「早上你少爺等幾個人來，我已對他們說過，中國的古代建築是站不住的。你沒有到過北平，——像北平的宮殿，像大寺院，那些琉璃瓦，大多不適合實用。不但中國古代的建築站不住，就是西洋中古的建築也站不住了。古代建築的精緻雕刻，一經損壞，無法修理，而且連洗都不能洗。那些瓦，只能說是小巧，沒有偉大性的。現代的建築多是平面的，實用而又美觀。它們可以用水洗，一次洗過之後，就很清潔了。或是大雨之後，外表也給洗過一樣。一切浮雕等等都不要了。這個現代的建築，還只有十幾年的歷史。十幾年之前，還是遭受一般老的建築師的反對。」

「梁思成、林徽音、朱啟鈐幾個人創辦營造學社時，也有幾位老輩幫他們的忙才辦的。〔營造法式〕這書值得看，還有〔圖書集成〕裏面建築部分，還保存許多的圖；最好用最初的銅版本來參閱。」

先生又說：「〔圖書集成〕裏面的醫學部分，藝文已經印出來了。在這部醫書裏，其中有許多古里古怪的書，現在已是沒法看到了。但在二百多年前，他們還能看得到，收進去。你勸他們看看〔圖書集成〕好了。」

下午，四點一刻，雷嘯岑來談一點多鐘。

胡頌平的工作桌上的圖章和印泥不見了。先生說：「我看了〔五四運動叢論〕這本書，索性拿你桌上的圖章來蓋了『胡適的書』了。你再代我買三本來分送給史語所與近代史所。你看這書裏有些言論，說大陸淪陷了是五四運動的責任。」

今晚，齊世英來談。因颱風將到，派車子送他回去。

一九六一年九月十二日【聯經版第十冊頁三七二九／油印本第二十六冊頁八二四—八二五】

今天波密拉颱風來襲。清晨兩點鐘，風雨已是很大了，開始漏水了，先生怕書被雨漏打濕了，就用報紙把書架蓋好。同時又怕漏水從牆上流下來，又把靠牆的書架都拉出來。先生上床睡了一會，發現身上潮濕，知道臥室也漏水了，於是把床拉出來，又把報紙、被單舖在地板上，用盤子去接，一個盤子裏的水都接到一寸多深。臥房裏不能睡了，搬到客廳裏，四點光景，風力最大，外客廳東邊的一扇窗門被風吹掉了，只聽得內客廳的玻璃窗嘩嘩啦啦的聲響，窗帘全濕了，被風刮起來，把天花板上的燈罩也都打破了。先生和工友老李又把內房的沙發搬出頂住內客廳的玻璃窗，整夜不能睡覺。颱風警報一直到下午二時，才解除了。到處淹水損失極大。這是先生在台灣遇到的最大一次的颱風。

晚上，嚴耕望來談。

一九六一年九月十三日【聯經版第十冊頁三七二九／油印本第二十六冊頁八二五—八二六】

九月十三日（星期三）上午，全漢昇、魏嵒壽來。

陳源來，留此午飯。這次李先聞沒有順便到英國去就回來了，先生要請陳源代表了。

下午，趙傳纓夫婦來辭行。

晚上，宋瑞樓大夫來看先生肩上的瘢痛。

今天有復古女士的信。……又有復池立杰的信。……*

【*聯經版刪除九月十二日的記事及九月十三日的日期，以致「今天有復古女士的信。……」誤繫於九月十二日】

一九六一年九月十四日【聯經版第十冊頁三七三〇／油印本第二十六冊頁八二七—八二九】

九月十四日（星期四）今天報載超級「南施」颱風快要接近台灣的消息，大家的心情都很沉重。胡頌平到後就向先生說：「我昨夜在家裏談起前天『波密拉』颱風侵襲此地的時候，先生自己做了保護書籍的工作，太辛苦了。我家裏有三個壯丁，明天又有最大的颱風『南施』小姐要來了，我問三個壯丁，誰願意去替太老師幫忙嗎？大兒子和第二兒子都很願意來服務。如果先生答應的話，我可通知他們下午就來。」先生說：「我此地不只是我一個人，還有工友老李，廚子老劉，他們都替我工作。如果我此地有危險，你們的房子更危險了。你千萬不要叫他們來。你替我謝謝他們的好意。」先生接著說：

「我昨夜有一個大發現，非常高興。我看〔法苑珠林〕這一部唐人的書，說太山就是地獄。我初時還不敢相信。再翻〔大藏經〕裏的〔六度集經〕，說到泰山地獄的有好多處。我越看越有興趣，看到一點多鐘了，怕要打破我的自律，才放下了。〔六度集經〕是三國時代譯的。那時民間已有死上泰山的迷信，所以譯者就利用這點譯泰山地獄，地獄泰山了。這個發現，我可以把『十殿閻王』裏的泰山王和泰山府君都連起來了。我特別高興。」

九點多，院中的醫生來量過脈搏血壓，都很正常。

先生在看〔冥報記〕，也是唐人寫的。〔冥報記〕裏說閻羅王如人間的天子，太山府君如尚書令。先生說：「這本書很好玩。這樣，中國道教和偽造的佛經連起來了。這是晚上看書的好處。現在，閻羅王和太山府君給我弄清楚了。你們不要怕（指颱風）。我此地最安全，不會要我們上太山了。」說罷大笑。

這裏因為波密拉颱風的損害，今天還是沒有電。先生說：「上回朱先生來對我說，這裏是個小地方，但已有自來水，因為有水的關係，所以選定此處作院址。前天城裏缺電缺水，我此地仍有水，比城裏好。」

下午，李先聞來。

中國廣播公司廣播「南施」已被兩個高氣壓夾住，改向西北西進行，本省的威脅減輕了，今晚六時可以解除警報了。

五點半胡頌平下班時，先生說：「謝謝你家年青的小朋友，現在颱風不來了，可以請他們放心了。」

一九六一年九月十五日【聯經版第十冊頁三七三〇／油印本第二十六冊頁八二九—八三〇】

上午，全漢昇來辭行。Anderson、Pardee Lowe來訪。萬紹章來談公務。

有給全漢昇的信。……又復林錫珪一信。……又給陳源一信。

一九六一年九月十五日【聯經版第十冊頁三七三二／油印本第二十六冊頁八三三】

中午的飯桌上，先生談起生平不寫草字，只寫「带」（帶）「之」（之）兩字算是草字。臺灣的臺字現在大家都寫作「台」字總算改過了；灣字廿五劃，應該寫作「湾」字，就方便得多了。先生又說：「我寫的『个』字，排字工人都把它排作『個』字，真奇怪。」

下午，先生用〈四部叢刊〉本〈法苑珠林〉十校勘〈冥報記〉中的「眭仁蒨」篇。〈冥報記〉是唐臨撰，故書中屢稱「臨」。

四時，李濟來談。

晚上，林致平來談。

一九六一年九月十五日【聯經版第十冊頁三七三二／油印本第二十六冊頁八三五】

今夜有給徐高阮的信。……

今天行政院新聞局「中華民國英文年鑑編輯委員會」寄來一九六一—六二年出版的先生簡歷舊稿一

份，先生用紅色筆校正後，還簽了

Read and found correct. Hu Shih

上面的幾個字，就寄還了。

一九六一年九月十六日【聯經版第十冊頁三七三三／油印本第二十六冊頁八三六—八三七】

上午，凌純聲從出席太平洋科學會議回來後，……

周法高今早從琉球回來，看見先生留給他的信，就來看先生。他在琉球美軍空軍基地營房內，被南施颱風足足困了一天兩夜。

先生談起總辦事處借數理館樓下的兩個房間，作為院長辦公之用。「下個月我的太太回來了，我們都要到那邊去工作。」先生看見胡頌平的桌上堆滿了文件，說：「桌上堆滿了文件是我的壞習慣，你不能學我的壞習慣，要把它清理。這個房間要結束了，作為我太太的臥室。你留下一個或兩個鐵櫃給我，我有些文件也沒有地方放。有些信，你可以丟掉。或者把一姓的信札分作兩個信夾，不重要的一夾，重要的一夾，這樣，放的地方也經濟了。」

下午兩點多，先生從臥房裏出來說：「我沒有睡，我在想梅月涵的事。」胡頌平問：「梅先生怎麼樣？」先生說：「他很不行。如果月涵不幸的話，清華會出大亂子的；交誰去接呢？他是一手抓的人，——因為什麼都是一手抓，到了危急時就沒有人能接了。一手抓的最危險。」

先生有于敏中（文襄）的親筆信五六十封，是陳垣於三十五年送給先生的，原已編好次序了。但先生認為陳垣編的不大對，於是自己重新編過。還用一本日本出的書，交金承藝照先生的次序重編過。

三時，到台北市去主持科學會的執委會會議。

一九六一年九月十七日【聯經版第十冊頁三七三四／油印本第二十六冊頁八四〇】

下午，徐高阮陪同蘇雪林、謝冰瑩來訪，蘇謝兩人留此晚飯。談到九點半。

這兩天先生有點怕聽電話的聲音；因為梅貽琦已經到了危險的境地，如果有人電話報告梅貽琦的消息，只怕是他不幸的消息。

今夜收集「十殿閻王」的考證資料（疑是應劭〈風俗通義〉部分），到了兩點四十分休息。

一九六一年九月十八日【聯經版第十冊頁三七三四／油印本第二十六冊頁八四〇】

九月十八日（星期一）早上，先生談起「前向新興書局買了一部〈太平御覽〉，是影印的。同時看見一部〈太平廣記〉，乃是手寫石印本的影印，怕錯字。昨天接到新興書局的一封信，說〈太平御覽〉缺了一頁，特地補印一頁寄來，請你們替我補上去。我覺得這個書局還是負責任的。又因各種版本都有錯字，像〈四庫叢刊〉本的〈風俗通義〉，是影印元版的，其中有兩卷的錯字簡直讀不下去，我是另借一部元刻本來讀。就是宋版，也有錯。」於是決定叫王志維去買一部〈太平廣記〉了。

下午三點光景，先生從臥房出來，輕輕的問：「有沒有壞消息？」他在關心梅貽琦的病狀。王志維就說：「沒有沒有。聽說梅貽琦先生的病體見好些。」

胡頌平說，我在〈蔣李鬥爭內幕〉這書中看到有一段提到先生的話，說蔣總統復職時，先生曾有電報給他。於是約略報告這一段的內容。先生聽了後，說：「這書記載都不確。我記得是甘介侯來看我。這裏說的是陳之邁。我給蔣先生的電報為什麼要給毛邦初去拍發，難道陳之邁拿去給毛邦初嗎？我勸李德鄰的許多話，這裏一字不提。我現在要到城裏去理髮，同時去看梅月涵，還要到科學會去。等我有空時再仔細看看。」

先生在自由之家理髮時，遇到胡旭光。胡旭光是先生當年同船出國的胡憲生的兒子，胡明復的姪子，他會鈔了。先生對理髮室說：「這位胡旭光先生是我的晚輩，不能要晚輩會鈔的。」但他已經付掉了。

晚上，李先聞來談。

一九六一年九月十九日【聯經版第十冊頁三七三四／油印本第二十六冊頁八四二】

九月十九日（星期二）上午，李先聞來。

十時，陶鵬飛來訪。

下午二點半，到台大醫院檢查身體。顧文霞、徐秋皎等都在那裏。檢查之後，先生要去看梅貽琦，但他們都勸先生不要上去，說：「梅太太同一屋子的女人在祈禱，在唱歌。現在只求上天保佑了。」先生四點半回來，很沉痛的大聲說：「這是愚蠢！我本來很想看看梅先生，他也渴望能夠見見我。他還沒有死，一屋子愚蠢的女人在著唱歌祈禱，希望升天堂。——這些愚蠢的女人！」

先生平時曾對胡頌平說：「任何事我都能容忍，只有愚蠢，我不能容忍。」今天先生對這班無知的愚蠢是不能容忍了。

一九六一年九月二十日【聯經版第十冊頁三七三四／油印本第二十六冊頁八四二】

上午，沙洛里（Salozin）來訪。周志信來，未晤。

先生翻譯的〔短篇小說〕兩集，……

一九六一年九月二十日【聯經版第十冊頁三七三五／油印本第二十六冊頁八四四—八四七】

胡頌平問：「我昨夜看了梁任公先生的年譜長編。裏面有他給先生的信，是談『中國圖書大辭典』的事，不曉得後來有沒有編成？」先生說：「他給我的信很多，有封很長的談詞的信，你沒有看見嗎？他的信，我都照了照片給他的家屬了，我保留的是原稿。『中國圖書大辭典』，後來好像沒有編成？」

胡頌平又問：「任公先生只有五十七歲。看他五十多歲的信札，他的心境好像已經很老的樣子？」先生說：「那時他很怕，他想計劃出逃。他的門生故舊多少人，他是可以不怕的。王國維的死，是看了任公的驚惶才自殺的。王國維以為任公可以逃得了；而他沒有這麼多的門生故舊，逃那裏去呢，所以自殺了。任公先生就因心裏害怕的關係，又因身體不好，心境就不同了。」

先生談起〈淮南王書〉的短序，說：「我想今天把它寫好。」胡頌平說：「太好了！商務催過好多次，我都不敢對先生說。我每次都對趙叔誠說，先生答允寫的序，一定會寫的，請你不要催他。趙叔誠因為書已印好了，只等著這篇序，又不能裝訂，擱著，很佔地方的。現在先生可以寫好給他影印，我才敢說。」先生說：「那真對不起他們。」

「這本小書是我十九年在上海寫的〈中國中古思想史長編〉的第五章。長編的意思就是放開手去整理原料，放開手去試寫專題研究，不受字數的限制，不問篇幅的短長。長編是寫通史的準備工作；就是說，通史必須建築在許多『專題研究』的基礎之上。」

在這篇短序裏，先生談起他自己寫字的歷史。「從民國六年起到十九年為止，那十幾年寫的毛筆字的文稿，給了我最好的一種訓練。就是自己時時刻刻警告自己，寫字不可潦草，不可苟且！寫講義必須個個字清楚，免得『講義課』錯認錯鈔；寫雜誌文章必須字字清楚，免得排字工人認不得，免得排錯。這一章〈淮南王書〉的手稿兩萬四千字，當然不是書家的字，只是實行我自己的戒律，『不潦草，不苟且，個個字清楚，排字工人不會排錯』的一個樣子。」

「我把我的不會寫字及嚴格訓練自己不寫草字寫在這篇短序內，是要暗示現在一般年輕的人：字寫得規矩與否，就可以看出這個人的是否負責任。你寫的草字叫人家認不得，你就對你的朋友不負責任了。」

「陶孟和會寫草字的。丁在君和我都不會寫草字；但在君寫的很潦草，又很快。他對我說：『我三分鐘內可以回朋友一信，你要三點鐘才能回信；所以我案無留牘，而你就不能回朋友的信了。』我總覺得寫字叫人認不得是一件不道德的事。」

先生又說：「我的寫字從來沒有寫出過，今寫進去，是想給年輕的人一個暗示。」（參閱〈淮南王書〉影印本的殘序，商務版）

下午的客人，有闕河枝、馬袖宇、Barbara、潘君密等。

晚上，應Pike之邀，到天目去吃飯。

今天有復向生的信。……

一九六一年九月二十一日【聯經版第十冊頁三七三七／油印本第二十六冊頁八四九—八五〇】

今天〈中央日報〉的社論……

上午九點半，泰國譚理親王由泰國大使宋達宏及隨員七八人陪同來訪。許多記者跟來照相。先生在客廳裏接待他們，約略介紹中央研究院的情形後，再陪同他們參觀考古館、圖書館及我國清代外交檔案。（參閱今日〈大華晚報〉及九月廿二日各報）

李先聞來。鄭西平來，也談了幾分鐘。

下午，美國在華教育基金會的Charles C. Clanglen, Mumtt Noble, Partricia Noble, Mrs. Jlem A. Dudu Clen, Amay Martim, Sert Buttafield, Pl Funled, Ferames Luyedarner, Mary Haeght, Dvrogles Huecadel等二十多人來訪，照了相，由王志維陪他們去參觀。

日本廣島大學校長森戶辰男、陳繼昌、胡心照等來訪。由石璋如陪去參觀。

林可勝夫婦、盧致德夫婦等來。他們參觀之後，都再來吃酒。

芮逸夫來，留此晚飯。

一九六一年九月二十二日【聯經版第十冊頁三七三八／油印本第二十六冊頁八五二—八五三】

九月二十二日（星期五）上午九點多，胡虛一（學古）帶了他寫的英文的語法來訪，向先生請教。

許宴駢（高陽）來訪。先生送他一部〔石頭記〕影印本。

俞大綱、俞大綵、費張心漪、費宗清、毛子水等五人來。先生送俞大綱一部〔石頭記〕影印本及〔白話文學史〕等書。送費宗清一本〔師門五年記〕。又送費張心漪的弟弟張心滄一部〔石頭記〕。他人在英國教國文，也作〔紅樓夢〕的研究，有英文的〔紅樓夢〕研究著作。

清華大學的總務長鄭振華來訪。先生接到電話時，嚇了一跳，以為是梅貽琦的什麼消息。後來知道他談別的事，就放心了。先生留他在此午飯。

下午的客人有V. Kaunke, Hannover, Robert U.S. Lin, Tseugefüy Tsong Sun, Bonuis C. Loo，李先聞、宋英等。

蘇雪林來，留此晚飯。

胡夫人下月中旬就要回國了，胡頌平的工作室原來是胡夫人的臥室，今天開始搬出去。先生指示要保留的書籍和留給胡夫人看的文學創作及翻譯小說等等都留下了。〔續藏經〕一架仍留在房內。其餘不要的幾架書，都可以送給院內有關各所的圖書館。胡頌平搬好之後說：「今天真有『去父母之國，遲遲其行』的感覺。」

一九六一年九月二十三日【聯經版第十冊頁三七三八／油印本第二十六冊頁八五三—八五六】

九月二十三日（星期六）上午，吳蔣燕華帶同兩個孩子來玩很久。

有給錢張婉度的片子，上面寫了幾句話：

婉度：

前幾天我路過花店，進去挑了一盆送給高院長，順便定了一盆花今天送給你過節。這是一時的inspiration，你千萬不要因此增加你的麻煩，千萬不要給我賀節。明晚上可能我在飯後來玩玩。

中午的飯桌上，先生談起〈中央日報〉上寫的陳大齊、林可勝兩人接受香港大學名譽博士學位，說他們穿上紅搏紅背，淡藍袖子和淡藍長襟的名譽博士袍，覺得有點特殊。英國各大學授予名譽博士是很慎重的，各校的博士服裝不同。美國因為大量生產博士的關係，所以博士服就一律了，只是各校的頸帶不同。我有兩件，一件是丟了，一件好像放在思亮那裏。胡頌平問：「一九三五年先生接受港大名譽博士學位時穿的禮服是不是給現在的一樣？」先生說：「一樣的。我那次是向他們學校借用的。像你，或中等的身材，都容易借得到；但矮小的人，如李先聞那麼的身材，只好借用女的博士服了。」胡頌平問：「男女的博士服沒有分別嗎？」先生說：「沒有格式的分別，只有大小的不同；所以身材小的只好借用女的了。」

「你昨天說的『去父母之國』那句話，我聽了很感動。希望你仍要照常的來啊。」胡頌平說：「我們本來想在九月一日就搬的，一拖拖了三個星期。搬出之後，可以佈置了。」先生說：「你關照他們不要添買東西。外客廳裏這麼多的籐椅可以搬進去，只需四張椅，一個大茶几就行。外客廳裏的椅子太多了。房間裏的家具一多了，這房間就沒有用了，連散散步、曬曬太陽都不行了。這個外客廳的改造，當時沒有徵求我的同意，暑天簡直沒有用，一年也沒有用過幾天。台灣的熱天又那麼長，實在太熱了。」

先生談起伍俶（叔儻）的詩。又談起林損（公鐸），說：「公鐸的天分很高，整天喝酒、罵人、不用功，怎麼會給人家競爭呢？天分高的不用功，也是不行的。章太炎、黃季剛，他們天分高，他們是很用功的啊。公鐸當我面時，對我很好，說：『適之，我總不罵你的。』」先生又問他死了多少年？胡頌平說：「死在抗戰初期，不過五十歲光景。他也是溫州的前輩，但我沒有見過面。」

這時先生已經吃好了木瓜。胡頌平怕先生等他，請先生早點休息。先生說：「這只有幾分鐘的時間，我們談天不是很好嗎？」先生等他吃好後才離席。

下午，石益、李濟、錢思亮夫婦等先後來談。

晚上，何亨基、宣善嶼等來訪。

一九六一年九月二十四日【聯經版第十冊頁三七三九／油印本第二十六冊頁八五九】

今天先生有日記：……

上午的客人，還有楊亮功、俞汝良、王企祥等。

下午的客人：查良釗、查良鑑、江小波、張祖詒等。

晚上，到王世杰家吃飯。

飯後到錢思亮家坐了一會。

今天羅光來時，他在先生的題名簿上寫了下面的字：

九月廿四日（中秋）

留居羅瑪三十一年，素慕胡先生中國思想導師之名，今回國就任臺南主教職，特來南港拜訪，以伸敬意。

羅光謹識

一九六一年九月二十五日【聯經版第十冊頁三七四〇／油印本第二十六冊頁八六〇——八六二】

九月二十五日（星期一）早上，胡頌平在翻看昨天來賓的題名簿，預備把客人的姓名記下來。先生看見了，說：「你要記有趣的事情，不要記瑣碎的事情。我昨天有日記，寫了一千多字，你拿去看吧！」胡頌平讀了先生的日記，才知道「經師」在猶太民族中的重要。先生說：「我因為熟讀了〈舊約〉，知道的多些，所以看得出來，很有趣。」（日記本月廿四條）

上午十一時，在石門工作的米曲（W. Y. Mitchell）由鄧文超夫婦陪同來訪。米曲帶來一本他祖上留下來的一百年前的簽名簿，上面有美國南北戰爭時的南方總統的簽名，也有南方的總司令李將軍的簽字，也有艾森豪總統的簽字，還題了幾句話。米曲也曾請蔣總統、陳副總統簽過字。今天特地來請先生簽名。先生簽名之後用英文寫了「我很感到榮幸能在這紀念冊上題名，這是許多歷史上人物題過名的值得紀念的一本紀念冊。」

今天本是光復大陸設計會的綜合會議，醫生不同意先生在休養期內出去開會，所以請假了。中午的飯桌上，先生談起「今天的光復大陸設計會，這時候（指午飯時）要這個小組報告，那個小組報告，都是不要聽的話。我此刻可以坐在此地安安靜靜的吃這一頓飯，真是舒服多了。蘇東坡有兩句詩：

耕田欲雨刈欲晴，
去得順風來者怨。

什麼事情都是這樣的。昨天查良鑑來說，他在山上受訓九個月是苦事，但有些人還要活動去受訓呢？」

談起近來的車禍。先生說：「在這裏，各種時代不同的交通工具集中在一地，汽車、腳踏車、機器腳踏車、牛車等同時在使用是很危險的。張靜江的眼睛有毛病，他在浙江建設的公路上，問司機開的速度。司機說，二十五公里。他說太慢。於是司機由二十五、三十、三十五、四十，到了四十五公里時，車子翻了，幸的沒有出大亂子。靜江要快，他不知道公路的路面不好，就出事了。出門，以安全第一。」

先生提起〔淮南王書〕短序的最後一段是寫淮南王的，寫了幾遍都不滿意。今天下午如果沒有人來打岔，我想可以寫好的。（以後就沒有寫好。）

下午，謝覺民來訪，他是美國天主教大學地理系教授，由董同龢陪來的。先生送他一部〔台灣日記與稟啟〕，又送一部給他的學校，托他帶去。

今天有給胡夫人的信。

晚間，徐秋皎、梅太太等來訪。

今夜在床上看書看到兩點半才睡。

一九六一年九月二十六日【聯經版第十冊頁三七四〇／油印本第二十六冊頁八六三—八六六】

上午九時半，泰國普拉姆親王……來訪。

日人植田捷雄、郭廷以、周德偉、楊英風、藍乾章等來訪。

中午的飯桌上，先生談起「現在政府要給許多小國進行文化協定，有些國家根本沒有文化的，像『馬拉哥西』（音），他們是用西班牙語言文字的。我們此地懂西班牙語文的有幾個人？又如越南，以前台大有位懂越南文字的，姓陳，名字想不起來了*。中華教育文化基金董事會給他一年的獎金，送他到越南去。他到了越南之後，就被他們留下了，到現在還不回來。又如暹羅，我們有幾個人懂暹羅語文，怎麼談文化協約呢？」（註）

【*楊聯陞先生說：這位懂越南文字的是陳荊和，今在香港任教。】

「暹羅現在改作泰國了，泰是一個民族，有一部分在中國本部雲南，現在已給中國同化了，還有一部分在東南亞。」胡頌平問：「就是從前的西南夷嗎？」先生說：「西南夷是總名，其中有無數的小民族，泰國是最大的一族。泰國的民族，泰國的語言，都是佔有一個最重要的地位。」

先生談起記憶，說：「我現在老了，記憶力差了。我以前在中國公學當校長的時候，人在上海，書在北平，由一位在鐵路局工作的族弟代我管理的。我要什麼書，寫信告訴他這部書放在書房右首第三個書架第四格裏，是藍封面的，叫什麼書名。我的族弟就照我信上說的話，立刻拿到寄來給我。我看了的書，還是左邊的一頁上，還是右邊的一頁上，我可以記得。這個叫做『視覺的心』。」

胡頌平問：「記性好的人，是不是都是天分高的？」先生說：「不。記性好的並不是天分高，只可以說，記性好可以幫助天分高的人。記性好，知道什麼材料在什麼書裏，容易幫助你去找材料。做學問不能全靠記性的；光憑記性，通人會把記得改成通順的句子，或者多幾個字，或少幾個字，或者變更了幾個字，但都通順可誦。這是通人記性的靠不住。引用別人的句子，一定要查過原書才可靠。」

先生因此談起羅光著的〈利瑪竇傳〉，立刻到書房的書架上取了〈利瑪竇傳〉，翻開這書第十四章「南昌交遊」，指著「利瑪竇誦讀詩章，一遍之後，即可順背或倒背」的故事給胡頌平看，說：「記憶是可以訓練的。利瑪竇的〈記法〉這部書，我沒有看見過。記憶，就是用心去記住。隨看隨忘，那是沒有什麼用處的。」

胡頌平又問：「先生也是過目成誦嗎？」先生說：「不，我只有『視覺的腦筋（就是視覺的心）』，不能成誦的。利瑪竇能倒誦，真是了不得！」先生又說：「像元任，有時也能倒背詩章。我是不懂語音學的，不曉得他們是背得好玩，還是有什麼意義？」

先生休息了。胡頌平翻看〈利瑪竇傳〉，其中有錯誤的地方，先生都替他校正了。如一九五頁上說的四大和尚達觀、憨山、袾宏（蓮池大師，姓沈）、三懷，先生也把它改正了。

下午三點多，李濟來。

四點五十分，貝祖詒來，久談。

今天有給陳鐵凡的信。……

一九六一年九月二十七日【聯經版第十冊頁三七四三／油印本第二十六冊頁八七〇】

上午，萬紹章來報告院中各方面的情形。

陳萬裕來訪。

下午，蘇雪林、葉蟬貞、葉寶琨等來訪。

一九六一年九月二十八日【聯經版第十冊頁三七四四／油印本第二十六冊頁八七二】

今天是教師節。

清晨兩時半，「沙莉」颱風由台灣東北部沿海通過，風力最猛。整個上午狂風陣雨，沒有停過。

上午，鄭振華到南港來看先生，談清華大學積欠台灣銀行借款的事。先生決定先徵蔣夢麟、霍寶樹、錢思亮的同意，特電葉良才開一張五萬七千多美金的支票，先把這筆借款還清。

中午，應蔣總統之邀，到光復廳吃飯。……

一九六一年九月二十九日【聯經版第十冊頁三七四四／油印本第二十六冊頁八七三】

上午，南港鎮公所的陶士君和舊莊國校的詹明德來見。

中午，應阿根廷Holyman大使之邀請，到他們的大使館去吃飯。

下午，阮維周陪同馬祖聖夫婦來訪，談了二十多分鐘。

一九六一年九月三十日【聯經版第十冊頁三七四五／油印本第二十六冊頁八七四】

早上，屈萬里送回祝枝山的幾幅字，說已給別人看過，只怕不是祝枝山的真蹟。胡頌平打開〔明清名賢百家書札真蹟〕裏收的兩封祝枝山的信札來對比，果然他的草書和這幾幅字的草法完全不同。但這幅大草寫得非常的純熟，寫得飛舞。先生說：「明朝寫草書很熟的人很多，他冒用大名家的名字，可以賣大錢的，讓我得空仔細看過後再覆鄭西平。」

上午，郭廷以來談。

董同龢陪藹奇祿……

下午，到台北主持科學會的執行委員會。

七時半，應司馬笑（Wilbur）的晚宴。

一九六一年十月一日【聯經版第十冊頁三七四五／油印本第二十七冊頁八七七】

上午，一位美國華語學校的校長來，請求先生題字。先生寫了「己所不欲，勿施於人」八個字。

馬熙程夫婦同他們的女兒馬維君來訪，談十分鐘。

十一時，到台大醫院去看梅貽琦的病。

下午，徐秋皎來。

今日有給葉良才的英文電。

今夜續收「十殿閻王」的考證材料。……

一九六一年十月二日【聯經版第十冊頁三七四五／油印本第二十七冊頁八七七—八八一】

十月二日（星期一）早上，先生對胡頌平說：「我昨天上午去看梅貽琦，他說『我好了，我已能簽字了。』」隨手把他給先生的信給胡頌平看，他的簽字顫抖得厲害。先生又說：「他還說他可以做事了；把我們幾個星期來替清華籌劃的種種，都打銷了，『人苦不自知』，這是沒有辦法的啊！」

先生談起院中七八九三個月的經費照預算八折發給，困難重重。楊樹人仍不肯居名義，但事情是做了，他花了兩天的時間來調查財務總務，據說沒有什麼事情了。

上午，李先聞夫人來談。

有給錢思亮的便條，附去給葉良才的英文電報副本：

思亮兄：

昨天亞民已同意，故電文列他的名，已發出了。

今天孟鄰先生電話上聽我念電文，他已同意了。

適之　五十、十、二。

關於佐佐木教授的信，已送給良才了，我有信推薦。並請Yip把checks直寄你轉。

適之。

又有給蔣夢麟的：

孟鄰兄：

這就是我在電話上唸的電報。

適之　五十、十、二。

又有給霍寶樹的。

亞民兄：

這電文昨發出。

我今天在電話上讀給孟鄰先生聽了，他也贊同。

適之　五十、十、二。

中午的飯桌上，先生看看胡頌平面上車禍的傷痕，說：「完全長好了，一點也看不出了。男人，就是有疤痕也是無所謂的。」胡頌平因說：「我老家有兩句話：『未到九十九，莫笑別人頭破眼裂。』我兒童時代看見有些殘廢的人，總覺得好笑；大人就用這兩句話來罵我。」先生說：「這是教人最好的格言，沒有韻的嗎？」

先生因「九十九」三個字，想起紐約有一個中國餐廳裏，每雙筷上都刻了「夜飯少一口，活到九十九」兩句話，大概是句古話。胡頌平說：「從前有個故事，是說三個老人長壽的故事。」先生立刻說：「是應璩的『三叟』詩嗎？」先生就在餐廳的書架上去拿〔全漢三國晉南北朝詩〕，一翻翻出應璩的「三叟」詩：

古有行道人，陌上見三叟。年各百餘歲，相與鋤禾莠。住車問三叟，何以得此壽？上叟前致辭，內中嫗貌醜。中叟前致辭，量腹節所受。下叟前致辭，夜臥不覆首。要哉三叟言，所以能長久。胡頌平看了這首詩，才知道三個長壽老人的故事，原來是從應璩的詩而來的。

先生又說：「應璩的詩是白話詩。他的〔百一詩〕，〔丹陽集〕說他『切譏時事，徧以示在事者，皆怪愕，以為應焚棄之。』又說『方是時，曹爽事多違法。璩為爽長史，切諫其失。如此所謂百一者，庶幾百分有一補於爽也。』究竟怎樣，我們就不可懂了。」

先生休息了。萬紹章來說今午看過楊樹人。他對紹章說，總幹事的名義決不擔任，但胡先生的困難，他一定設法代為解決。後來胡頌平代為報告後，先生談起物色繼任人選不容易的原因；又說：

「我這次不到美國去，表面上是接受醫生的勸告。我會被醫生勸阻得住嗎？我是為了院裏沒有人主持，不能離開，才說接受醫生的勸告。那天全漢昇來說：『後天後天，應交給誰來接？』我聽了有點生氣。後天就動身了，今天來通知我！後來一想，總幹事出缺可由組主任暫代，沒有憲法上的危機，我就叫萬紹章去接了。」

黃彰健來，先生給他帶去幾件文稿，要他看看。

李濟來談。

夜裏，李先聞來談。

一九六一年十月三日【聯經版第十冊頁三七四五／油印本第二十七冊頁八八一—八八二】

上午，查良釗、鄭子政、李先聞夫婦、朱昌崚、劉淦芝等來訪。

下午，鄭振華來談清華大學的事。

姚從吾來談。臨走時，先生勸他不要去包圍樹人。從吾說：「我要責以大義呢！我還要去看他。」

晚上，應莊萊德大使的宴會。

今天有復洪浩培的信。

浩培先生：

謝謝先生九月廿六日的信。

先生贈給我的〈太平廣記〉前五本，早已收到了。我特別謝謝先生的好意。

先生要我介紹好書影印，我有空時一定替你想想。

胡適敬上 五十、十、三日。

一九六一年十月四日【聯經版第十冊頁三七四七／油印本第二十七冊頁八八五—八八六】

上午，美國國會圖書館中文部主任Edwin C. Beal來訪。由黃彰健、藍乾章陪他去參觀。

先生以前送給陳誠副總統的一部〈石頭記〉影印本，因被蟲蛀了，想再買一部，可是買不到了，他的秘書楊忠義來說，於是再送他一部。

國立中央圖書館近將舉行「宋本圖書展覽」。先生借閱的〈五燈會元〉四函，今天逐本檢查過，看看有無書簽夾在書中，是否乾淨；還要用刷子刷得乾乾淨淨，疊得整整齊齊，然後要胡頌平親自送去。胡頌平因與館長蔣復璁談起利瑪竇的〈西國記法〉（一五九五年南昌印行）一書，他允設法去訪問搜求。回來報告了先生。先生說：「慰堂已是虔誠的天主教徒，這本利瑪竇的〈記法〉，教會裏應該拿出來宣揚，來紀念的。一般的教徒都不懂。你記得嗎？我上次給李孤帆的信，我曾罵他。」

一九六一年十月四日【聯經版第十冊頁三七四八／油印本第二十七冊頁八八九】

上午有復蘇雪林的信。……

先生寫了這封信，說：「這位小姐容易衝動。小姐總是小姐，我只怕勸不聽。」

下午四點，巴西的國會議員莫拉伊士等五人，由顧毓瑞陪同來訪，談三十分鐘。

四點半，齊世英、蔣勻田、成舍我、夏濤聲等四人來談聯大我國代表權問題，相信今年可以確保。（參閱十月六日〔徵信新聞〕）

一九六一年十月五日【聯經版第十冊頁三七五〇／油印本第二十七冊頁八九一——八九二】

上午，鄭西平來，將祝枝山的六幅字交他帶回去。

萬紹章來報告上午各所有關人員討論財務會議的結果，各所都能將最重要的經費撙節開支，目前可以渡過難關了。

有復俞大維、彭孟緝的信。

大維、孟緝先生：

接到今年國慶日閱兵典禮的請帖，我很感謝。我因為醫生的囑咐，大病後還須休養，不可參加人多的場合，更不可久立，所以我不能來觀禮，十分失望。務請兩位先生原諒。

原附各件中之觀禮證、車輛通行證隨函奉還。請察收。

弟胡適敬上　五十、十、五。

有給徐高阮的信。……又有給呂光的信。……

一九六一年十月五日【聯經版第十冊頁三七五一／油印本第二十七冊頁八九四】

下午，汪厥明來辭行。

晚上，應Philip的宴會。

有給張羣夫婦金婚的賀電。

先生下午有給楊樹人的信。……

一九六一年十月六日【聯經版第十冊頁三七五四／油印本第二十七冊頁八九九—九〇〇】

先生今天有日記：……

下午四時，《徵信新聞報》的記者彭麒來訪。據彭麒記錄的談話，摘錄如下：

……所謂正義的火氣，「我說的話都是正確，別人的話都是錯的」，這種火氣假如發生在學問上，是不可以的。

最近考據地獄的玩意兒。「十殿閻王」第七殿是泰山王，是中國最早稱為地獄的地方。相傳有「泰山府君」，即「泰山王」，所以國內有很多地方都有「東嶽廟」。

印度佛教入中國後，印度佛教中所稱的「地獄」就與我國的「泰山地獄」合併；因為印度佛教所稱的地獄有幾百個之多，難以記憶，於是改成「十殿閻王」。其中第五個閻羅王見諸印度佛經中的，而第七殿泰山王則出自中國。至於其他八殿的名稱，只是當時一些和尚隨便定名的。

「十殿閻王」是自唐朝開始的，因為在一些偽造的佛教經典中，曾有過「十殿閻王」的記載。這個考證與神會和尚沒有關係，但對整個佛教史，卻有間接的關連。……（十月七日《徵信新聞》）。

五時，歐陽旡畏來談一些藏文的事情。

下午有給羅家倫的信。……

一九六一年十月七日【聯經版第十三七五五—三七五六／油印本第二十七冊頁九〇二—九〇四】

上午，菲律賓大學校長Dr. Roces由姚雙陪同來訪，並參觀考古館及民族所等。

閻振興、李先聞、郭廷以等來談。

有再給羅家倫的信。……

先生笑著說：你看他們好像是拍拍胸口的說，「道統在我這裏。」這話說的多可怕！

下午，接到楊樹人的復信。他說院中的三個困難都可以設法克復。他已替先生工作，等於有了總幹事一樣，先生應無不安的理由。他明年退休，不能對任何人有諾言了。他的意思仍舊不居名義，事情是替先生辦的。

一九六一年十月八日【聯經版第十冊頁三七六二／油印本第二十七冊頁九一三】

下午有「提謂波利經」的筆記一篇。……

先生對於總幹的問題又傷腦筋了。四時半，到城裏去和錢思亮商談。

下午，林致平夫婦來談。

一九六一年十月九日【聯經版第十冊頁三七六四／油印本第二十六冊頁九一六】

藍乾章來報告明天正式開放的……

美國安全分署教育組顧問白約里，由嚴慶澗陪同來訪。

鄭西平來求墨寶，先生寫了顧亭林的兩句詩給他，留他在此便飯。

下午三時，程滄波、端木愷來訪。

四時，Brown Ghick由游女士陪同來訪。

一九六一年十月十日【聯經版第十冊頁三七六四／油印本第二十七冊頁九一七】

陳樹人、胡光麃來談，留此午飯。先生和他們大談創造無線電歷史的人物。

下午，有復徐秋皎的信。……

一九六一年十月十一日【聯經版第十冊頁三七六九／油印本第二十七冊頁九二五—九二六】

梁序穆來談幾分鐘。

顧翊群（季高）來看先生，……

延國符來訪。

下午，宣中文、殷之清來看先生。

高平子來談甚久。

一九六一年十月十二日【聯經版第十冊頁三七六九／油印本第二十七冊頁九二六】

上午，萬紹章來談公事。

李濟來談。

一九六一年十月十二日【聯經版第十冊頁三七七一／油印本第二十七冊頁九二八—九二九】

又有給胡光麃、陳樹人的短信。……

下午先生談起「做工作的人是沒有假期的。像我，從來沒有假期；我就不知道暑假寒假，今天是星期天或星期幾。美國有一位醫生，因為我的關係，他也認識了許多中國人。有一天，他對我說：『我發現你們中國人有一個毛病，就是不休假的病。』我仔細一想，的確是沒有休假的病。丁在君到了暑假時要到秦皇島去避暑，我就沒有在君摩登，我是沒有假期的。」

先生談起「香港現代書局偷版的〈胡適文選〉，倒有可取的地方。如『國際形勢與中國前途』、『東亞的命運』、『三百年來世界文化的趨勢與中國應取的方向』三篇，都是共產黨最反對的文章。至於『我們今日還不配讀經』、『贈與今年的大學生』、『信心與反省』等等，居然他都大膽的選去了。而別的偷版的〈胡適文選〉，就不如現代書局選得好了。」

晚上，李青來來談。

一九六一年十月十三日【聯經版第十冊頁三七七三／油印本第二十七冊頁九三三】

上午，到美國海軍醫院去看Nomru。

下午，曹謨、高平子來談。曹謨是談出席天文學會的經過。

陳槃來談。鄭振華來談清華大學的事。

亞洲基金協會……

一九六一年十月十四日【聯經版第十冊頁三七七四／油印本第二十七冊頁九三四—九三六】

上午，董同龢來談丹麥人易家樂（Egerod）來院三個月，專做調查山地方言，並作研究工作。

李新民來看先生。盧祺新、盧祺沃兩兄弟來。先生和他們照了一相。

下午，李先聞來。

有復小尾郊一的信。……

今天先生因發現一件錄稿上有一個錯字，談起朱子〈小學〉上教人做官的方法是勤謹和緩四個字：

勤，就是不偷懶，就是傅孟真所謂「上窮碧落下黃泉，動手動腳找東西」，——這樣的找材料，叫做「勤」。

謹，就是不苟且，要非常的謹慎、非常的精密、非常的客觀，叫做「謹」。

和，就是不生氣、要虛心、要平實。

緩，就是不要忙，要從從容容的校對，寧可遲幾天辦好，不要匆忙有錯。

先生說：「這勤謹和緩四個字本來是前輩教人做官的方法，我把它拿來作為治學的方法。這本〈小學〉，我從少時都會背得出來的。」

先生又談起前幾天晚上有復李敖一封信，並匯去一千元，叫他先把褲子贖回來。

一九六一年十月十五日【聯經版第十冊頁三七七七／油印本第二十七冊頁九四一】

上午，〈中華日報〉的記者甘立德來訪胡夫人將於十八日回國的消息。（十月十七日的〈中華日報〉）

王雲五祖孫三人來談。

下午，法國的C. Casey來訪。

〔中央日報〕的記者李青來來訪，留此晚飯。李青來參觀了先生布置給胡夫人的臥室，說「使人一走進去，只覺自己步入了一位學人的臥室，而不是一位夫人的閨房。」她總覺得還少了一件什麼東西似的。最後她建議添置一張梳妝台，先生笑著贊同了。（參閱十月十六〔中央日報〕）

一九六一年十月十七日【聯經版第十冊頁三七七八／油印本第二十七冊頁九四三—九四四】

上午，朱昌崚、高明珠來訪。

Doan和彭碧藝兩人，由魏火曜陪同來訪。

下午，先生到台大醫院檢查身體。

李敖來，未遇，留下一封信。

一九六一年十月十八日【聯經版第十冊頁三七七九／油印本第二十七冊頁九四四—九四五】

上午十點，加拿大溫哥華市長艾爾斯伯里，由劉月波陪同來訪。

十一時五十分，先生到松山機場去接夫人回國。

中午十二時二十五分，胡夫人坐西北航空公司的班機飛抵台北，到機場歡迎的有俞大維夫婦、陳雪屏夫婦、錢思亮夫婦、李濟夫婦、梅貽琦夫人等多人。錢思亮的兩個孫女向胡夫人獻花。記者問胡夫人帶來什麼禮物？……下午三時，先生接夫人到了南港院中住宅。

宋英來訪。

晚上，屈萬里夫婦來訪。

一九六一年十月十八日【聯經版第十冊頁三七八〇／油印本第二十七冊頁九四七】

今天有給葉明勳嚴停雲夫婦的信。……今天我寄了一本〔智慧的燈〕給一個朋友（注），……

（注）：附一封短信，寄給李敖。

今天送給張昭芹一部……

又給康乃爾大學同學會會員錄題了封面。

一九六一年十月十九日【聯經版第十冊頁三七八〇／油印本第二十七冊頁九四七】

十月十九日（星期四）上午，院中同人夫婦來見夫人的二十多位。

陶希聖來，談了很久。

下午，毛子水、江小波、姚從吾、凌鴻勛等來訪。

晚上，堯樂博士夫婦、胡文郁等來訪。

一九六一年十月二十日【聯經版第十冊頁三七八〇／油印本第二十七冊頁九四七—九四八】

早上，葉公超來，一進門，說皮帶忘了。胡夫人笑著說：「找條麻繩給你吧！」先生到臥房裏找到一條黑色的皮帶送給他，太短些，勉強還可用。葉公超又說台灣的氣候熱，衣服帶的太少了。先生又叫王志維尋出兩件夏威夷衫送給他，接著就一道吃早點了。黃季陸來，一道加入談天。

九點二十分，美國大使館的Howard E. Solhenberger和Alfred Harding二人來訪。

中午，台大醫院醫師陳炯明、林王文、黃英等來做心電圖。

下午，王士弘來訪，談了二十分鐘。

夜裏，梅貽琦夫人同她的女兒來訪。

今天有給臺灣銀行經濟研究室的信。……

一九六一年十月二十一日【聯經版第十冊頁三七八〇／油印本第二十七冊頁九四八—九五一】

十月二十一日（星期六）上午，東京大學教授佐佐木重夫（Sasaki）由施拱星、許振榮、王九逵三人陪同來訪。

毛子水、傅斯年夫人、陳雪屏夫人、錢思亮夫人同她的兒子錢復來，留此午飯。

下午，鍾伯毅、陳志皋、胡光麃、黃彰健等四人來訪。

樊際昌夫婦、蔣夢麟的小姐等來訪。江瑞芳來訪。

幾個月來，為了總幹事的問題，如姚從吾、蔣復璁、錢思亮等都曾一再的勸過楊樹人，最近朱家驊也和楊樹人談過，都沒有得到他的答允。昨天蔣復璁有信給胡頌平，說：「最近兩見樹人兄，曾代勸駕，其仍堅持可以遇事幫忙，使適師放心，但不願任名義，以今日辦行政工作，頗多有吃苦之感也。貴院此缺恐需另行物色，不能望之樹人矣。」今天下午楊樹人來院邀約各所所長商談預算分配問題。先生因又談起此事，也看了此信。說：「這件事很複雜，決不能逼他。現在只好聽他，過一些時再說。慰堂的信你有用嗎？留在此地好嗎？」胡頌平就把此信留下了。

晚上，到延國符家吃飯。

編者附記：今天接到嚴停雲的一封覆信，可以看見人家接到先生的信時的驚喜神情，故附錄於此。

適之先生：

這兩天因為伺候發高燒的孩子，以致沒有足夠的休息。孩子們蹦著上學去，自己卻癱在床上媲美林黛玉。明勳高舉著您的信直來床沿，快樂興奮之餘，頭疼腰痠全部忘記。

七月初，文星書店職員告訴我您預約了五部〔智慧的燈〕，在幾乎不敢相信的驚喜心情中，我就想執筆給您寫信。那時您已回南港，報紙刊載您患腸炎，需要靜養。這使我不曾寄出已寫好的信。第一因為怕打擾您，其次為了擔心自己有向長輩獻殷勤以討取讚美詞的嫌疑。還有一個原因是膽怯，「我真的居然能夠執起筆來寫信給胡先生嗎？」

感冒痊癒後，希望明動領我到南港拜謁先生夫人，能夠得先生金言指導，當是晚輩的光榮和幸福。

倚雲婚後一切都好，只是太忙，忙得和機器一樣。

敬請

儷安

晚嚴停雲謹上 十月二十日

晚明勳附筆并敬呈拙作一冊。

一九六一年十月二十二日【聯經版第十冊頁三七八〇／油印本第二十七冊頁九五一】

十月二十二日（星期日）上午，楊亮功全家來訪。江小波帶她的女兒同來。

中午，先生應莊萊德大使夫婦的午宴。

下午，王藹芬、葉寶琨、顧文霞、田炯錦、吳德耀、吳薛英、李錦屏、程維賢夫婦等來訪。

晚上，江小波家請吃飯。先生太累了，未去。

一九六一年十月二十三日【聯經版第十冊頁三七八〇／油印本第二十七冊頁九五一—九五二】

上午，林致平夫婦來談了一點多鐘。

有一位姓蔣的客人拿來一件仇十洲的長卷，請求先生題字。先生說：「我不懂畫，更不會寫字。這幅長卷上都是專家的題字，我不敢寫。請蔣先生原諒。」客人說：「先生客氣。」先生說：「我有種種的病，但沒有客氣的病。我是最不客氣的。」先生指著胡頌平對他說：「這位胡先生跟我多年，他知道我從來沒有在名家的字畫上題過字。辜負先生這一番盛意，請原諒！」

先生看了孫德中選的先生文選的目錄，說：「像『喪禮的改革』、『貞操問題』，這些幾十年前提出的社會問題，現在連影子也都沒有了，很少人實行的。還有一些思想問題方面。你們都不讀我的書，你們不知道應該怎麼選，還是讓我自己想想看。在今年，最好不要出這本書。去年總統給我做過七十了，今年最好不要有什麼舉動。在這個年頭，千萬不要出風頭，我想今年不出書了。」於是把這個目錄留下了。

下午，蔡維屏、關鏞來談。秦汾夫人帶同兩位女兒來訪。

晚上，哈佛大學同學會在金龍廳歡迎哈佛校長Pusey吃飯。先生作陪。

一九六一年十月二十四日【聯經版第十冊頁三七八二／油印本第二十七冊頁九五五—九五六】

上午，蕭一山、張藹真、鄧華卿、凌孝芬來訪。林家琦來訪。

下午四點五十分，Pusey等五人來，先生親自陪他們參觀考古館。

菲律賓前任總統……

一九六一年十月二十五日【聯經版第十冊頁三七八五／油印本第二十七冊頁九六二】

今天是台灣光復節，放假。

上午，蔡培火夫婦來訪。

晚間，有許振榮的飯局。

今天有復高宗武夫婦的信。……

一九六一年十月二十六日【聯經版第十冊頁三七九〇／油印本第二十七冊頁九六九】

十月二十六日（星期四）下午，Dr. Van Slyke和Leland Robinson夫婦來訪。Van Slyke是先生的老朋友。先生親自陪他們參觀考古館後，又同他們一道到台北市去吃飯。

今天為胡夫人辦身份證。才知道她的父親名江士賢，母親呂氏。

一九六一年十月二十七日【聯經版第十冊頁三七九〇／油印本第二十七冊頁九六九】

上午，萬紹章來談公事。

下午，徐可熛來談科學會設法充實各大學研究所的意見。另有范一侯、呂鳳章來訪。

一九六一年十月二十八日【聯經版第十冊頁三七九一／油印本第二十七冊頁九七二】

上午，延國符、程天放、童烈、徐秋皎、梁序穆、邱瑞珍、劉世超等來訪。

下午，葉明勳、嚴停雲夫婦來訪，談了一點多鐘。

晚上，有王藹芬的飯局。

一九六一年十月二十九日【聯經版第十冊頁三七九三／油印本第二十七冊頁九七五】

十月二十九日（星期日）上午，鄭振華來談清華大學的事。

先生偕夫人去拜訪了幾家老朋友。

下午，黃伯度來談甚久。

晚上，應沈怡的宴會。

一九六一年十月三十一日【聯經版第十冊頁三七九六／油印本第二十七冊頁九八一】

今天是先生替清華大學請到Van Slyke老博士去演講。……

Prof. Hans Bielenstein等來訪，未晤。

一九六一年十一月一日【聯經版第十冊頁三七九八－三七九九／油印本第二十七冊頁九八五－九八六】

上午，李先聞陪同柯白蓮小姐（Jynne E. Koelber）來談二十多分鐘。她是研究佛教的。

有給北大同學會的信。……

中午，莊萊德大使請美國議員周以德等五人吃飯，邀請先生作陪。談到三點半回來。

一九六一年十一月二日【聯經版第十冊頁三七九九／油印本第二十七冊頁九八七】

十一月二日（星期四）上午，楊一峯夫婦來訪。

董同龢來訪。

一九六一年十一月三日【聯經版第十冊頁三七九九／油印本第二十七冊頁九八八】

今天無客人。晚上應秦汾夫婦的宴會。

上午有給張其昀的信。……

一九六一年十一月三日【聯經版第十冊頁三八〇〇／油印本第二十六冊頁九八九—九九〇】

又有復丘斌存的信。

斌存先生：

承你寄畫一幅，要我題字。

我不會寫字，又不會做傳統的題畫詩，只好交白卷了。千萬請原諒。

尊作送還，敬祝健康。

胡適　五十、十一、三。

中央研究院院址的原地主李氏，他們懷念祖先創業的艱辛，預備建造一座「燦思堂」來紀念。先生為他們題了「燦思堂」三字。

又給王俊卿寫了一張字：

月冷寒江靜，

心頭百念消。

欲眠君照我，

無夢到明朝。

四十多年前的詩

俊卿先生　　胡適 五十、十一、三。

又有「提劉銓福的『竹樓藏書圖』」……

一九六一年十一月四日【聯經版第十冊頁三八〇〇／油印本第二十七冊頁九九一】

今天是教宗若望廿三（Pope John XXIII）的加冕三週年，又是教皇八十歲的生日，在台北的教廷全權公使有請柬來。上午，先生去電道賀，並表示不能前往參加的歉意。

一九六一年十一月五日【聯經版第十冊頁三八〇一／油印本第二十七冊頁九九一—九九二】

十一月五日（星期日）上午，杜呈祥、王德昭、張基瑞、李樹桐、高亞偉、胡旭光、胡楊錦鍾、張陳安荔等來訪。

下午，金仲庵、David L. Vikner、Moon Chen、Priscilla Chen、Bush等先後來訪。

鄭振華來談清華的事。

一九六一年十一月六日【聯經版第十冊頁三八〇六／油印本第二十七冊頁一〇〇二】

下午，李濟、張慶楨夫婦來訪。

晚上，有王世杰的飯局。

今天有復光武演習籌備會的信，說明不能參觀這次的「光武演習」，謝謝他們的好意。

一九六一年十一月七日【聯經版第十冊頁三八〇六／油印本第二十七冊頁一〇〇三】

上午，李先聞、郭廷以來談。秦廖雲忠來訪。

Mrs. Morse來訪，留此午飯。

一九六一年十一月八日【聯經版第十冊頁三八〇七／油印本第二十七冊頁一〇〇四】

十時，Prof. Hans Bielenstein來，先生接見了幾分鐘。

下午，黃文山來，胡夫人代見，談了幾分鐘。

這次先生聽了醫生的話，決定休息五天了。

一九六一年十一月九日【聯經版第十冊頁三八〇八／油印本第二十七冊頁一〇〇五】

下午，胡頌平進了先生臥房。……

孫洵侯來，由胡頌平代見。

一九六一年十一月十日【聯經版第十冊頁三八〇八／油印本第二十七冊頁一〇〇六】

十一月十一日*（星期五）

【*油印本筆誤，應作十日】

上午，台大醫師陳炯明來做心電圖，……

毛子水來看先生，談了十分鐘。留此午飯。

一九六一年十一月十一日【聯經版第十冊頁三八〇九／油印本第二十七冊頁一〇〇八】

早上，龔天成來，胡頌平代見。勞榦來，簽了一個字。

上午十點多，……

一九六一年十一月十二日【聯經版第十冊頁三八一〇／油印本第二十七冊頁一〇〇九】

上午，胡鍾吾夫婦來訪。

下午，李榦夫婦同張茲闓來訪。

今天先生有日記：……

一九六一年十一月十三日【聯經版第十冊頁三八一一／油印本第二十七冊頁一〇一一】

下午三點半，李濟來談。

四點四十分，朱家驊夫婦來談。

一九六一年十一月十四日【聯經版第十冊頁三八一一——三八一二／油印本第二十七冊頁一〇一一——一〇一四】

上午，郭廷以來談福特基金會補助費的分配問題。

十一點多，陳鐵凡來訪。……

下午，談起今天《徵信新聞》有一篇「葉公超何故辭職」的文章，等於把他辭職的原因公開發表了。因而談起「葉公超的英文是第一等的英文，他說的更好，大概是年輕時出去的緣故。蔣廷黻的英文，寫得不錯，但說話時還帶有湖南的音，不如葉公超。就是在外國一般大政治家中，也不見得說得過公超。他在我們一班人之中，他說的最好。」

先生前些時寫的「懷念曾慕韓先生」一文，在最近《民主潮》上發表了。文內有「過分頌揚中國傳統文化，可能替反動思想助威」的話，引起一位立法委員的質詢（見十二日《徵信新聞》）。先生笑著說：「我倒料不到那篇短短的『懷念曾慕韓先生』的文字也會有人注意。」胡頌平說：「不能接受近代文明的人還有這麼多，都是阻礙國家進入現代化的主要阻力。先生六日那篇英文演講詞，有人說先生又是投下一顆炸彈，不久可能又有反應的。」

四點多，金承藝陪同程大城來訪。

一九六一年十一月十五日【聯經版第十冊頁三八一二／油印本第二十七冊頁一〇一四】

上午，張景樵來訪。

美國在華教育基金會的Dr. Buss帶同兩位教授、十二位青年來見，先生和他們談談六日演講的內容，談了一點鐘。

下午，智利參議院議長衛德拉由外交部的人員陪同來訪。談了一會。

查良釗、劉子寬、楊樹人、李先聞等來談。

一九六一年十一月十六日【聯經版第十冊頁三八一三／油印本第二十七冊頁一〇一五】

上午，姚從吾、勞榦來談幾分鐘。

先生看了科學會十八日記會議議程，……

一九六一年十一月十七日【聯經版第十冊頁三八一四／油印本第二十七冊頁一〇一八】

早晨，我在床上試聽我的脈搏，……——先生自己的簡單日記

上午，聶華苓、夏道平來，談了一會。

午前，臺大醫院陳炯明醫師來，……勸先生休息兩天。

下午，先生要胡頌平到他的臥室去。先生說：「我躺在床上，你坐在椅上，讓我躺下來給你談談。剛才紹章來談薛世平因病辭職，我想先准他病假一個月或兩個月，由志維幫助他辦理。將來他的病體真的要辭時，再讓志維先行代理總務主任，你看好不好？」胡頌平說：「這樣解決總務主任問題，正是順理成章，最好沒有了。」先生說：「我總覺得志維在我此地的時間花得太多了。他年輕，應該有個前途的。我想這樣辦，明天濟之來，我可以給他提一提，或者寫封信給他。」

李先聞、宋英、吳從先等來，先生正在休息，未見。

晚上，羅家倫請先生夫婦吃飯。先生未去。

一九六一年十一月十八日【聯經版第十冊頁三八一五／油印本第二十七冊頁一〇一九—一〇二二】

上午，王世杰來談一點鐘。李先聞來談一會。

這時日本亞細亞問題研究會的和崎博夫來。……

又有給薛世平的信。

世平兄：

我看了老兄十一月十五日的信，我很能夠諒解你的心境。這一年來，承老兄不避困難，擔負本院工作，特別是今年五六月你發病之後，以有病的身體擔負很麻煩的事務，——這都是我很感激的。

我這八九個月，時常在病中；時常也想，我們都老了，這個大機構應該換一批「年富力強之人」來好好的接替一下才行！

關於你需要休息的事，我想你可以請一兩個月的病假，充分的休養；我想調王志維到總辦事處來任秘書，就請他暫時代理總務的事，使你可以充分的休養。我今天要寫信向史語所調志維兄，想可得濟之先生同意。

你我都是有病的人，朋友都勸我多休息，我也勸你多多休息。

敬問

安好

弟胡適敬上 五十、十一、十八上午。

又有給李濟一信。

濟之兄：

昨天薛世平兄有辭去總務主任工作的信給我，我想調王志維兄為總辦事處秘書，代理總務主任。我盼望老兄能同意這辦法。我觀察了志維兄三年之久，覺得他有才幹，有操守，又有好學的熱心。所以我想請他擔任這件很麻煩的工作。倘蒙老兄同意，以後他可以改用總辦事處的名額。

匆匆敬頌

雙安

弟適敬上 五十、十一、十八。

又有給任以都、任以安的信，未錄稿。

下午，李濟接到先生的信後，打電話表示同意。

美人Patricer Tayla Buskley和Wm Bunher L.由外交部的蔡維屏、關鏞陪同來訪，談了二十多分鐘。

客人走後，先生接到一封批評近代史所的福特基金會補助費的信。……

晚上，童烈、徐秋皎夫婦請先生夫婦吃飯。先生參加了Dr. Van Slyke的酒會，再到童家到一到，就回南港休息了。

一九六一年十一月十九日【聯經版第十冊頁三八一五／油印本第二十七冊頁一〇二二】

上午，陳雪屏夫婦來訪。他們看見先生在休息，就原車回去了。

晚上，錢用和、江學珠、孫繼緒、周敏、王宗瑤、劉蘅靜、陳羣之等請先生夫婦吃飯。先生沒有去。

一九六一年十一月二十日【聯經版第十冊頁三八一五——／油印本第二十七冊頁一〇二二——一〇二三】

早上，侯璠來訪，談了三數分鐘。

九點半，陳炯明來做心電圖，……

李先聞來談二十多分鐘。

下午，鄭振華來，談了一會。

一九六一年十一月二十日【聯經版第十冊頁三八一六／油印本第二十七冊頁一〇二三——一〇二四】

今天的《新生報》上，有中國教育學會等……

先生近來偶寫日記，往往隔好幾天寫一天，有時一天只寫幾句，有時寫得很多。今天看見《中央日報」副刊上有童敏的「大同晾腳會」。是說每年陰曆的六月初六，大同的小腳婦女自動的參加「晾腳會」，把小腳伸出來任人觀賞，受人讚美的就特別高興，可為門楣爭光。先生把它剪下來夾在日記簿上，寫了下面幾句的日記：

我也曾到大同，但沒有趕上這「晾腳會」。我們徽州人也有「晾」字，涼去聲。北平也有這個字。

一九六一年十一月二十一日【聯經版第十冊頁三八一六／油印本第二十七冊頁一〇二四—一〇二五】

郭廷以來談三十多分鐘。

黃秉心、馬逢瑞兩人代表中國公學校友會……先生又要胡頌平通知鄭振華……

四點多，于衡、和崎博士夫婦來訪。

一九六一年十一月二十二日【聯經版第十冊頁三八一六／油印本第二十七冊頁一〇二五】

上午九點半，先生去訪莊萊德大使。是為清華原子爐落成典禮的事，請他講演。

馬逑聖夫婦、張居載春等來訪，留此午飯。

下午，李先聞、劉淦芝來談。

史語所第卅四本〈集刊〉近將齊稿，先生預備將「跋裴休的唐故圭峯定慧禪師傳法碑」修改一下再給他。

今天談起一般人的愛錢，……

一九六一年十一月二十三日【聯經版第十冊頁三八一七／油印本第二十七冊頁一〇二六】

上午，蔣彥士來訪。

下午，趙士鑑、李濟來訪。

德國獅子岩親王來訪……

一九六一年十一月二十四日【聯經版第十冊頁三八一八／油印本第二十七冊頁一〇二九】

上午，胡學古來訪。

一九六一年十一月二十五日【聯經版第十冊頁三八一八／油印本第二十七冊頁一〇二九—一〇三〇】

上午，日本新潟大學教授森谷秀範由黃得時陪同來訪。

下午，Wagner夫婦來訪。

客人走了後，先生說：Wagner的名字是德國人的名字。這個名字在美國是很多的，我就記不起來是誰了。到了看見他們之後，才想起了，他們也能說幾句中國話的。當初梅夫人的妹妹韓權華小姐是北大裏的校花，後來發生了許多風波，轉到師大去了。Wagner夫婦是保護韓小姐的；所以他們這次到了台灣，也去看過梅貽琦。

一九六一年十一月二十六日【聯經版第十冊頁三八二〇／油印本第二十七冊頁一〇三二—一〇三三】

下午，**陳雪屏來說，……也就放心了**。王世杰、查良鑑、錢思亮夫婦、錢純、錢復、戈定邦、李熙謀、董作賓、李先聞等來問病，也有簽名的。

醫生來說，這次的病，需要一個時期休養了。平常的人，每天需要兩千四百加洛里的熱量，但先生這兩天只准吃一千七百加洛里的低熱量，不能吃油膩的東西，也不能放鹽。因怕熱量增加了，倒會增加心臟的負擔。

醫院送來晚飯的飯菜，先生吃不了五分之二，到了九點多，覺得有點餓。這時王志維已經回去了，於是胡頌平出去買柳丁，因為柳丁的汁水是可以吃的。等胡頌平回到病房時，先生很風趣的笑著說：「頌平，你在家做老太爺，從來沒有買過東西。這樣訓練你也好，以後可以幫你的太太做事了。你的太太賢慧了。」護士小姐徐秋皎在旁對胡頌平說：「你出去這麼久，老先生怕你這個老太爺在路上跌交了。」

先生笑著說，以後我們可稱他「老太爺」了。

先生今天不曾看報，說：我克制我自己不看一個字。

一九六一年十一月二十七日【聯經版第十冊頁三八二〇／油印本第二十七冊頁一〇三三—一〇三四】

十一月二十七日（星期一）今天各報都有先生再進醫院的報導*，……上午八點多，高天成宋瑞樓等來……做了心電圖，也照過X光片。

【*聯經版刪除十一月二十七日的日期，以致「今天各報都有先生再進醫院的報導，……」誤繫於十一月二十六日】

鄭振華來談十二月二日清華核子反應器的落成典禮，改由黃季陸主持。談了三分鐘。

進病房探視的有李先聞、朱家驊。胡夫人和錢思亮夫人來了，程維賢也跟進來，都看了一面，就出來了。

下午，毛子水來看先生五分鐘。

醫生來，用最新儀器來測驗血壓。

黃伯度、蔣夢麟夫婦、王世杰等來，都看了先生一兩分鐘。

今天簽名的有莫淡雲、江公正、楊樹人、邱仕榮、程天放、魏炳炎、胡漢文、胡文郁、胡鍾吾、程鄔淑亨、蔣復璁、徐可標等人。來採訪病狀的記者如黃肇珩、李青來、劉其英等多人。

五點，宋瑞樓、陳炯明……

晚上，勞榦也看了先生一兩分鐘。

先生喊胡頌平進了病房，說：「你白天在此，帶本書來看吧。」又說：「我，真的老了。程維賢這麼熟的人來時，我一時就喊不出他的名字，想了一想，他姓程，跟程其保是一家人，然後才想起他叫程維賢。我真的老了！」

一九六一年十一月二十八日【聯經版第十冊頁三八二〇／油印本第二十七冊頁一〇三五】

早上，溫醫師、陳炯明、宋瑞樓……正在研究怎樣的治療。

上午進病房看先生的有李濟、邱仕榮、楊亮功等。簽名的有查良釗、唐子宗、胡鍾吾、張慶楨、黃榜銓等。

下午，做心電圖。胡夫人、江小波、江瑞芳、邵時馥、張祖詒等來，樊際昌、徐可熛等進去看了先生。簽名的有王大閎、王德芳、吳望伋、吳康、張漢裕、王鳳喈、李超英、沈志明等人。

一九六一年十一月二十九日【聯經版第十冊頁三八二一／油印本第二十七冊頁一〇三六—一〇三七】

九點，李少陵來簽字。……

楊樹人進了病房，只說請先生保養幾個字，就出來了。

簽名的有陳樹人、劉慶煊、金振庭、沈剛伯、沈曾祥和、童烈等人。

先生這兩天克制自己不看書，……

下午，魏火曜、錢張婉度、胡夫人同江小波來，都進了病房。簽字的有馬逢瑞、彭麒、白理安等人。鄭振華來，說已到機場接到了Van Slyke。

祖望夫婦……來電請安……

彭麒來採訪新聞，和胡頌平談了二三十分鐘。

一九六一年十一月三十日【聯經版第十冊頁三八二一／油印本第二十七冊頁一〇三八—一〇四〇】

今早，醫生來檢查血壓、脈搏，都很正常，氧氣罩也拿掉了。

先生剃了鬍鬚後，叫特別護士徐秋皎出來喊胡頌平進去。徐秋皎說，你是先生剃了鬍子後要見的第一個客人。先生笑著說：「我的鬍鬚全白了。」胡頌平說：「先生的頭髮還是斑白，像王雲五先生、亮功先生，都比先生白得多了。」先生說：「我不喜歡半白的頭髮，要是全白，也好看。」胡頌平說忽然想起〔才調集〕裏有劉象的一首詩。是談染髮的，於是背給先生聽：

到處逢人求至藥，
幾回染了又成絲。
素絲易染髭難染，
墨翟當時合泣髭。

先生聽了後，說：「最後一句不好，為什麼要用典故？」胡頌平問：「那時已有染髮鬚的藥。現在染髮的人很多，但沒有染鬍鬚的人了。」先生笑著說：「現在大家不留鬍鬚了。染髮是很早就有的；王莽不是染髮嗎？現在的藥品進步了，比從前高明得多，但也有壞的藥，想把頭髮染黑的婦女，用了壞的藥，把頭髮變紅色了。」

十一點三刻，醫生來，在先生左邊耳朵上取血化驗。因而談起現在的中年婦女，又流行穿耳洞、帶耳環的風氣。先生笑著說：「我就沒有用過任何的裝飾。」徐秋皎問：「訂婚戒指呢？」先生說：「我們是舊式的訂婚，沒有訂婚戒指的。不過我在四十歲的生日，我的太太給我戴上一個『止酒』的戒指。那時我在北平，酒吃得太厲害了。我寫了『止酒』兩個字。『止』就是停止的『止』字，『酒』字的水旁不寫，看起來是『止酉』兩字，戴在手指上。朋友們勸我吃酒時，我把手指一抬，說：『太太的命令！』朋友們就不勸我再吃了。」

先生交給胡頌平一本朱子家寫的〔汪政權的開場與收場〕，說：「這本寫的汪政權的經過都是真實的事實。那時我在外國，有許多事都不知道。這是郭量宇借我的，你可以拿去看看。」

上午來簽字的有延國符、汪荷之、蔣復璁等。

下午，先生對徐秋皎說：「沒有人陪我談天，太悶。志維早上帶來的書，字太小，看起來好吃力。」於是將今天〔徵信新聞〕上有一篇彭麒寫的先生的消息給他看。其中有先生破例三天未看書的話。

胡夫人和江小波、江瑞芳同來。……

阮維周、胡漢文、鄭振華、李瑞麟等來簽名。

先生談起陳散原的詩，……

一九六一年十一月三十日【聯經版第十冊頁三八二三／油印本第二十七冊頁一〇四一——一〇四二】

今天接到李熙謀的一封信，……

先生因又談起「Schmid這個人智識較差，是管教育行政的，他對中國倒做了不少事，但對他本國人處得不好。Buley是個有科學智識的人，他這一年多對科學會很合作。Schmid和李熙謀現在的作風，對我們不利，對Schmid本人也不利。他去年四年滿期時，莊萊德大使曾允中國政府的請求准他延長一年，現在他的頭兒已經調了罕梅里曼，而Schmid又是五個人被調回國之一，他要我寫信給他的頭兒罕梅里曼，我答應了。廿五日蔣彥士來看我，也談他的事。但廿六日我病了，當天又住醫院了。信還沒有寫呢。」

夜班護士曹光榮來上班時對先生說，她的先生王子瑜問他給誰做特別護士？她說，她只知道胡院長，不曉得是什麼人。她的先生說：「你真可憐，你連世界聞名的學者胡適之院長也不知道；他的學問道德比總統還要崇高呢？」先生笑著對徐秋皎說：「這位王子瑜先生在總統府工作，他說這樣的話，該打屁股。」

一九六一年十二月一日【聯經版第十冊頁三八二三／油印本第二十七冊頁一〇四三】

上午，醫生來做過心電圖，……

郭廷以、王世杰、李濟等來，都談了一會。

簽名的有查良釗、凌純聲、李亦園、張昌華、胡鍾吾夫婦、姚從吾、Ernesto Tholzman夫婦等人。

今天的英文〔中國郵報〕、〔聯合報〕等都有廖維藩提出質詢的報導。廖維藩說先生在中韓泰越四國的「亞東區科學教育會議」講的「發展科學需要社會改革」的講詞為侮辱中華民國民族的言論。先生吩咐胡頌平道：「等這個案子寄來時，你給我寄還給他，不要給我看。」

下午來簽名的有楊亮功、李應兆、包德明、虞舜、虞徐菲如、浦薛鳳等人。

一九六一年十二月一日【聯經版第十冊頁三八二三／油印本第二十七冊頁一〇四四】

陳雪屏來談了二十多分鐘。

中央社記者黃肇珩來採訪消息，……

一九六一年十二月二日〔聯經版第十冊頁三八二四／油印本第二十七冊頁一〇四六—一〇四八〕

上午來問病的客人，有羅雲平、查良釗、趙賡颺、邢慕寰、高惜冰、馬逢瑞、王朱學勤、張昌華、邵人杰等，都只簽了名。進病房來看先生的，有錢思亮、楊樹人兩人，都談了幾分鐘。徐可熛來報告前天交給他的李熙謀的一個副本，他已和王世杰、黃季陸、錢思亮、李濟、楊樹人諸人談過，也和Buley、Schmid談過，現已決定一個妥善處理的辦法，請先生不要操心。

下午來簽名的有邵時馥、江瑞芳、屈萬里、鍾健、彭達謀、梁序穆、魏金、魏喦壽、王企祥、湯志先、盧毓駿、浦薛鳳、浦陸佩玉、林樹恭、鄭振華、劉英士、程大城、張丹、Schmid夫婦等人。進病房看先生的有黃季陸、林致平夫婦、高天成、芮逸夫等。

錢思亮陪同Donald D. Van Slyke、Paul Chodges來看先生。他們出來後，Slyke在簽名簿上題了

Donald D. Van Slyke, to my beloved and honous prophet, Hu Shih.

Paul Chodges也題了

With best wishes for a speed recovery.

以後先生看見Slyke的題字，說：「他這麼的客氣！」

後來胡頌平問：「『尊敬的先知』應該怎樣翻的？」先生說：「外國有句話，先知在他本國是不受尊敬的。他的意思是說受人尊敬的先知。大概是如此。」*

【聯經版「錢思亮陪同……」此段內容刊在十二月三日。】

張壽賢在電話裏托胡頌平向先生請示，說今年李建興夫婦結婚五十年，又是他們的雙生日，已由于右任、張羣、王雲五一班人發起徵求詩畫紀念，想請先生列名發起。先生說：「我不贊成舊詩，也不贊成做舊詩，這是原則問題，我不能列名發起。李建興是熟人，請你照實告訴，請他原諒。」

先生因做「循環時間測定」聞到蒜的氣味，因而談起「李石曾，他是北方人，愛吃大蒜，身旁還帶有大蒜。那天他來看我，我和我的太太都在家裏。我和他在談天。一會兒，我的太太來說：『適之，你不是有個約會嗎？』我們仍舊談下去。一會兒，我的太太又來說：『你的約會時間快到了。』這分明是送客。我們談了一點多鐘，李石曾才走。我的太太說：『他的大蒜氣味這麼重，你怎麼忍得住？』我一點也不覺得。客人走後，太太趕快把門窗打開，燒起香來。」

一九六一年十二月三日【聯經版第十冊頁三八二四／油印本第二十七冊頁一〇四八—一〇四九】

上午，查良釗、夏濤聲、鄭振華等來簽名。

胡夫人來，知道先生早餐只吃一點稀飯，一點南瓜，覺得吃得太苦了。但先生不贊成自己添菜。後來談起史語所同人住在楊梅時代，有幾家每月二十日以後，就用南瓜加鹽煎稀飯過日子，熬到下個月發薪水那種艱難困苦的情形。先生說：「應該寫出來才對。」

下午，來簽名的有張豁然、匡愛蓮、李榦、李黃孝貞、金承藝等人。

先生因為左邊亮燈，側向左邊休息，在著背誦晏殊和朱希真的詞。後來把把左手的脈搏，覺得有間歇，大概是偏左邊睡的關係，於是翻一個身向右邊睡了。說：『我們徽州話是說『翻脊』的，你們怎麼說法？」胡頌平：「記得樂清的土話，叫做『翻轉脊』。」先生說：「大概徽州和浙東同一個語言系統，浙江的水源是從徽州來的關係。」先生說：「普通話中，以江北話最不好聽；江南、上海一帶的語言，以寧波話最俗。」

一九六一年十二月四日【聯經版第十冊頁三八二五／油印本第二十七冊頁一〇四九】

上午，楊仁錫來談到九點半。……談得特別親切。查良釗來簽名。

胡夫人同錢張婉度來。王世杰來談到十二點半。

下午，李先聞、李錦屏、毛子水、徐可標等來，都談了幾分鐘。

一九六一年十二月四日【聯經版第十冊頁三八二六／油印本第二十七冊頁一〇五一】

今天〈大華晚報〉社論……

先生看見胡頌平在看〈崔東壁遺書〉，說：「這是值得看的書，在那時是了不得的書。到現在看來，有一些地方是須修正的。這是學術跟時代進步的關係。」

今天〈民族晚報〉上有李少陵「駢廬雜憶」的「戴季陶─鄒海濱」一文裏提到先生的兩處，但兩處都錯了。

第一，李少陵說那時中國有兩大週刊，一為胡適之先生主編的〈每週評論〉，一是戴季陶先生主編的「星期評論」，每出一期，不脛而走，對於青年思想與啟發，厥功甚偉的話。這些話是錯的。〈每週評論〉是陳獨秀編的，後來陳獨秀被關起來，這個雜誌無人主持。先生接編了三個月，就被警察查封了。戴季陶編的「星期評論」也不是一種發行的刊物，乃是〈民國日報〉的副刊。

第二，李少陵說戴季陶先生著︹孫文主義的哲學基礎︺，力闢馬克思主義之非，於是備受共產的圍攻。︹嚮導週刊︺首先以「孫中山進文廟」為題，攻擊戴季陶先生強拉國父進文廟，成為一個孔子的信徒，其時去胡適之打倒孔家店未久，國人對於孔子的信仰，早已開始動搖，進文廟即所以反國父非革命黨人的話。這句「其時去胡適之打倒孔家店未久」的話也是錯的。先生說：「我在︹吳虞文錄︺序文裏說吳虞在四川隻手打孔家店，並不是我去打倒孔家店。我那篇序文是用撒手伕說起，人家看起來好像不是我的文章。我很少那樣寫的。我的文章都是開門見山的。」

近來接到國外朋友如……

一九六一年十二月五日【聯經版第十冊頁三八二六／油印本第二十七冊頁一〇五四—一〇五六】

頌平八點到醫院時，先生笑著說：今早七時，我寫了一封情書，是給對面（特二號病房，先生住特一號，正對面）的老朋友的情書：

恭賀

月涵老兄做清華校長整三十年紀念日，

並祝

您早日完全恢復健康！

小弟弟適之

五十年十二月五日早晨七點。

—入院後第一次寫字，敬告老兄，我覺得很好了！

今天是梅貽琦做清華校長三十年的紀念日，清華校友會有一個慶祝紀念會，同時給他發起募捐醫藥費，不讓梅貽琦本人知道。查良釗送來祝壽募捐辦法，先生捐了美金五百元。

先生問有什麼事嗎？胡頌平說：「徐高阮給我一封信，要我代為表達許多人的意思，都勸先生節勞，愛惜身體。並希望先生參考艾森豪病後的生活方式，更希望參照杜威博士年事較高時的工作情形。」先生說：「他們的身體好，遺傳也有很大的關係。一個人的壽命，是因他的父親、母親、祖父、祖母、外祖父、外祖母六個人的平均壽命。我的父親只有五十多歲，母親只有四十多，祖父母也不高壽，外祖父母也不高。我的年歲早已超過他們六個人的平均年齡了。」胡頌平因說：「前年夏天，吳禮卿（忠信）先生來看先生，先生正在午睡，他不許我通知您，我陪他談了差不多一點鐘，也談起一個人的壽命是上代六個人的平均年齡，他叫我不要相信這些話。他說他的上代都只有三十幾歲，他的幾個哥哥只有二十多歲，但他那時已是七十四五了。」先生說：「上一輩的人，那時醫藥衛生不發達，可能有些糟塌了的。艾森豪的身體多好！杜威先生第一次的太太是患精神分裂病，躺在床上醫了幾年才死的。第二次結婚，是他一位朋友的女兒，年紀輕，也很有錢。這位太太招呼好：夏天，陪他到涼爽的地方去避暑；冬天，陪他到暖和的地方去過冬。一個人到了老年，子女都分開了，不能常在他的身旁，全靠太太招呼的。杜威先生八十九歲還開過一次刀，是攝護腺的毛病；不開刀，將會影響大小便的閉塞。那次開刀是很危險的。杜威先生一直到了死時，他的腦筋仍舊是很清楚的啊！」

一九六一年十二月五日【聯經版第十冊頁三八二六—三八二七／油印本第二十七冊頁一〇五六—一〇五九】

上午，有歡迎菲律賓駐美大使的羅慕洛的電報……

在醫院裏是沒有可以差遣的，胡頌平拿著電報自己出去打。先生笑著說：「你是一位老太爺，你知道電報局在那兒？」胡頌平說：「三輪車會把我拉到的。」胡頌平走後，先生對護士小姐徐秋皎說：「以後我不再叫頌平為老太爺了，怕他心裏難過。」徐秋皎說：「這是先生的風趣，他是決不會難過的。他家裏有這麼多的子女，他在家裏真是做老太爺了。」

楊亮功來談片刻，王德芳、王朱學勤來簽名。

下午兩點五十分，胡夫人來談十多分鐘……

先生問胡頌平：「你看完陳三立〔散原詩集〕嗎？這裏面沒有一首詩使我感動的。像杜甫的『秋興八首』，我總背了幾千遍，總覺得有些句子是不通的。律詩和纏小腳一樣，過去大家以為小腳好看，但說穿了，小腳並不好看；律詩也沒有道理。」胡頌平說：「『秋興』八首，我能全首會背的，只有一首。」先生問那一首？胡頌平說：「『聞道長安似奕棋，百年身世不勝悲』這一首。」先生說：「『聞道長安似奕棋』這一句就不通，下聯『王侯第宅皆新主，文武衣冠異昔時』這一句還可以；但接下去的『直北關山金鼓震，征西車馬羽書遲』，就說到別的地方去了。」先生又舉了「秋興」別首裏面不通的句子。談到第七首「昆明池水漢時宮」，先生問徐小姐呢？胡頌平說她到盥洗所去。先生怕她聽到，要胡頌平靠近一些，輕輕的說：「錢玄同是章太炎的學生。錢玄同親自告訴我，太炎先生對他說：『這首詩寫什麼，我看不懂，好像是寫女人的——』。」先生正要背下去，徐秋皎過來了。先生說：「我們在談詩。這些話是不讓小姐們聽的。」大家都笑了。

胡頌平問：「我們對於詩的欣賞，也會跟著年齡的長大而不同嗎？從前認為很好的，現在覺得並不怎麼好；從前不感興趣的，現在倒很欣賞的也不少。」先生說：「像岳飛的『滿江紅』，『壯志饑餐胡虜肉，笑談渴飲匈奴血』兩句，年少時喜歡這些說大話的句子，其實『滿江紅』裏最好的句子是末尾的『莫等閒，白了少年頭，空悲切。』我在十幾歲的時候，思想是比較成熟些。我的大姐的年齡比我的生母還大，我的外甥也比我大好幾歲。那次我從上海回家，我的外甥拿扇子來，我寫了『莫等閒，白了少年頭，空悲切』的句子。我的姐夫看見了，對他的兒子說：『糜舅寫給你的句子，你要好好記住。』大大的教訓他一頓。我的姐姐聰明，我的姐夫也聰明，這個外甥因為天資差的關係，就沒有成就。」

先生休息了。來簽名的有鄭振華、侯相伯、胡漢文、傅孟博等。

五時以後，陳槃、屈萬里、郭廷以等來，談了幾分鐘。魏火曜陪夏益榮來，也談了六七分鐘。

一九六一年十二月六日【聯經版第十冊頁三八二七／油印本第二十七冊頁一〇六〇—一〇六三】

十二月六日（星期三）上午，李先聞、薛世平來報告公務。莫德惠來談幾分鐘。簽名的有張百山、張維、林霖。

先生問胡頌平：「你看過〔新生報〕嗎？我告訴你校對的重要。」先生指著清華紀念梅校長三十年的消息中，引了總統「大度包容，從容不迫」八個字，說：「這個『迫』字誤排作『進』字，變成『從容不進』，變成罵他的話了。一個字的排錯，往往會將原意改變的。英文裏一個字母排錯了，也有變成相反的意義。〔讀者文摘〕裏有一欄，專門收集這些排錯一個字發生問題的故事。」

先生談起腳踏車，說：「腳踏車的發明，給許多人以行的自由，真是給人類一個很大的恩惠。」

十點多，徐秋皎通知胡頌平進了病房，先生拿著一封華格納（Wagner）的信，說：「我是廿六日進醫院的。華格納夫婦是我進醫院前最後一對客人。那天他們來時，我已經有點不舒服，沒有陪他們去參觀，是你陪他們去的，你記得嗎？他們曾在陝西西安一帶很久，能說幾句中國話。他們住在圓山飯店，看了我之後到南部去了。他們回來時在報上看見我進醫院，是在十二月二日寫信的。他信上說：『你是一位現代活著的聖人，』又說他在瑞士遇到一位婦女，她也是一位聖者。她送他的一首詩，他把它譯成英文，寫在信上。最後說：『我不希望你這次進醫院是我們來拜訪你的原因之一。』」

先生又說：「華格納是一位貴格會會員。貴格會是宗教中的宗教。我嘗說，我要是信徒，不入天主教，便入貴格會。天主教是非常嚴格的，具備各種宗教的儀式；貴格會和天主教完全不同，沒有神父，沒有任何儀式。他的教堂都是很簡單甚至破舊的房子，裏面只有木板凳。不像基督教教堂那麼講究，有沙發。貴格會會員到後，便低著頭，閉起眼睛默坐，坐一個鐘頭都不說話。有時有些會員偶然站起來說幾句話，說自己得了靈感。說了後又坐下靜默了。像南港的貴格會教堂，每星期天作禮拜時有一個人講道，就不是真正的貴格會了。」

下午，孫方鐸來見先生。徐可熛來談基金保管辦法草案。毛子水來談幾分鐘。

晚飯時，張祖詒來問起昨夜的「光麵」送來嗎？先生問胡頌平：「你們那邊叫什麼？」胡頌平說：「我們叫索麵。」先生說：「徽州也叫索麵，因它像繩索一樣。我在〔朱子語類〕裏，也看見叫索麵，可見在南宋時代已經很風行了。」

先生談起柿子的核，有各種的形狀，有的像梳子，有的是橢圓形的，大小也不一致。我們家鄉的小孩子，把柿核劈作兩半，擲在地上，不是有陰陽嗎？小孩子就用這種柿核來比賽，叫作「蘇子」。男孩子玩「蘇子」的沒有女孩子的多，因為女孩子是不出去玩。我從小不愛跟男孩撒野，多跟女孩子在一道，也玩這個玩意兒，每人都有一個蘇袋子裝「蘇子」的，我也有一個袋子。怎樣叫作「蘇子」呢？現在想起來，乃是柿核兩字的切音。

先生又說小時候的「碼子」，是用花崗石磨成的小石子來玩的。這種玩意兒，現在還有，不過改用布頭來包一撮米作為「碼子」罷了。

先生又說，台大醫院的廚房不叫廚房，叫作「營養部」。我現在叫作吃營養，淡而無味。

一九六一年十二月七日【聯經版第十冊頁三八二七／油印本第二十七冊頁一〇六三】

楊錫仁自己送來一本外國的笑話書……

一九六一年十二月七日【聯經版第十冊頁三八二八／油印本第二十七冊頁一〇六六—一〇六八】

上午來簽名的有劉濟民、浦薛鳳夫婦、李宗侗、蕭作樑、牛存善、沈志明、王朱學勤等。

客人走後，先生說……

查良釗來簽名。

先生看了*Joke Book*，說，這裏有幾個故事，我說給你們聽：

（一）外國的三月，等於我們的二月。外國有一句成語，三月的天氣，來時像一頭獅子，去時像一頭羔羊。三月開始時還很冷，到了月底，氣候緩和了，花也開了，所以說它來的時候像獅子，很兇猛；去的時候像一隻羔羊，很和善。當一位先生和他的太太談起這句話的時候，站在背後的兒子就說，這句話是說爸爸的。這也是怕太太的故事。

（二）一位人家養了一隻很小的黃鶯鳥。那天工人來做吸塵器後，黃鶯遍尋不見了，原來是被吸塵器吸進去了。

（三）一個丈夫回家對他太太說：醫生叫他應該到山上去休養。這位太太說：是的，我應該到海邊去休養了。

（四）一位律師和一位醫生說，我最怕應酬，每次出去應酬時，總有許多人問我有關法律上的問題，你是否也有這種情形？醫生說：是的。不過我有一個方法可以制止他們。當他們問我有關醫學上的問題，我就要他脫衣服讓我檢查，人家就不會麻煩我了。脫衣服檢查是正式的檢查，人家就須付檢查費了。

（五）在教堂裏，一個人問隔壁的人說：西門子的呼聲真討厭，他把我吵醒了，你聽到嗎？隔壁的朋友說：我也被他的呼聲弄醒的啊。

今天先生談起衣服穿得少，不怕冷，是從前在康乃爾大學做學生時訓練出來的。

先生在報紙上看見國際影戲院這兩天演的「聖法蘭傳」電影，天主教台北總教署推薦說：「聖法蘭斯（Francis of Assisi）是十三世紀一位偉大的聖者法蘭斯生平可歌可泣的事蹟。他主張將愛分贈給世人，而教會無需擁有財富。」的一段話。先生說：「告訴你的孩子，這是值得看的一部電影。他是真正實行基督教教義的一個人，後來自成一個宗派的。」

一九六一年十二月八日【聯經版第十冊頁三八二九／油印本第二十七冊頁一○六八—一○六九】

美人葛思德博士……

方聞來訪，談了十分鐘。客人走後，先生笑著對胡頌平說：「頌平，我要考考你：『方聞』二字的意思是什麼？」胡頌平說是多聞博識的意思。先生說：「方聞的『方』字，古時與『博』字、『多』字、『旁』字同音。『旁』就是『博』『多』的意思。所謂『方聞之士』，乃是博聞之士。」

來簽名的有田世英、丁履延、王朱學勤、楊月蓀、張慶楨、胡文郁等。

下午，毛子水來談。潘貫來簽名。

今天有給黃杰的賀電：

明天是先生六十生日，蕭、袁諸公曾向我徵詩文祝壽，我現在醫院養病，只能口授電報道賀。敬祝長壽多福。胡適。

一九六一年十二月九日【聯經版第十冊頁三八二九／油印本第二十七冊頁一○六九—一○七○】

上午，姚從吾來談幾分鐘。簽名的有嚴耕望、涂介夫。

下午，魏火曜拿來一個卷宗夾子，……

來看先生的有張貴永、水澤柯、沈志明，都談了幾分鐘。方聞來辭行。簽名的有胡漢文、張維邦、張百山等。

一九六一年十二月九日【聯經版第十冊頁三八二九／油印本第二十七冊頁一○七○—一○七二】

有給趙元任夫婦的短信。……你們看看這翦報（註）

（註）：十一月廿七日〔中央日報〕報導先生入院檢查的剪報。

又有給葉良才的短信，未錄稿。

徐可標電話：生物館家具款項事，他和美援會第二處處長張繼正談過，儘可能的想法子使這個問題解決。胡頌平報告先生後，先生說：「我能找到像公起這樣的人來科學會幫忙，完全是你的關係。」

先生看見以前預約的〔續資治通鑑長編〕出來了，說：「這是宋王燾費了四十年的工夫編成的，是北宋史料最詳細的一部書。原書早已遺佚，從〔永樂大典〕中輯出，已不完全了。這部〔長編〕和〔宋會要〕，都是研究宋史最有用的書。」胡頌平問：「〔續資治通鑑〕呢？」先生說：「那是畢秋帆（沅）撰的，他照司馬光〔資治通鑑〕的例，續宋、遼、金、元四代的史事，和這〔長編〕專載北宋的史事不同。」

先生談起：今天*China Post*的增刊，有一篇"20 years ago"的文章。在三十年十二月七日，日本偷襲珍珠港，英國八日就宣佈對日宣戰了。英國的無畏級兵鑑Wales（是英國太子的名字）和British Far East Fleet都被日本飛機炸沉了的一個故事。British三萬五千噸，Wales三萬二千噸，都是屬於無畏級的大軍鑑，旁邊還有巡洋艦保護它。這兩隻軍艦和艦隊到了馬來（Malay Peninsula），在航行中被日本飛機炸沉，是海戰史上的先例，從來沒有一隻軍艦在航行之中被炸沉的。軍艦上不是有高射炮嗎？日本飛機飛得很低，高射炮打不到了，一下子就把這兩隻軍艦炸沉了。艦上幾千的官兵，當下死了一千多人。這是二十年前十二月十日的事。當時震動全世界，是日本的大勝利。那時的海軍比例五、五、三，就是英國五、美國五、日本三的比例，但日本把這五、五、三的比例協定撕破了，暗地裏無限制的擴充海軍和空軍。當時英、美只注意意大利的擴軍，不曉得到了戰爭發生之時，日本已經擴大了軍力，七日偷襲珍珠港，十日炸沉英國兩大軍艦的大勝利。

一九六一年十二月十日【聯經版第十冊頁三八三〇／油印本第二十七冊頁一〇七二—一〇七四】

十二月十日（星期日）早上胡頌平到醫院時，先生就說：「今天是禮拜天，你該休息，不應該來的。」接著問：「你看了〔徵信新聞〕嗎？」今天的〔徵信新聞〕上有一篇「胡適之會退休嗎？」短文，先是引了先生二十五歲生日填的調寄「沁園春」那首詞，也引了二十七年做的「做了過河卒子」那首六言詩（此文誤作三十七年）。全文的結論是：

……作為今天的胡適，他當前的道路是艱辛的。因為國內外所希望於他的，無疑不僅只是「發展科學教育」或完成〔中國哲學史〕這些，而且在更廣大的領域裏建立起一種「新」的精神。不審養病中的胡博士以此說為然否？

先生說：「我用『沁園春』詞調填的那首詞，這裏就排錯了幾個字。再過了若干年，怕人家連詞調都不懂了。這裏下面一段引的六言詩，也有好幾個錯字。那是一九三八年做的。那時中日戰爭發生一年多，我和陳光甫兩人在美國華盛頓替國家做了一些事（桐油借款）。我有一張照片，光甫說，你在照片上寫幾個字紀念吧！我就寫了這四句詩。一直到了一九四七在南京選舉總統那年，陳孝威要我寫字，我因為這首詩只有廿四個字，就寫了給他。這是完全對抗戰發生而寫的。陳孝威回到香港，在〔天文台〕上發表了。當時共產黨把這首作為過河卒子『胡適賣身給蔣介石』的話，大大的攻擊我。這首詩變成我最出名的詩了。現在〔徵信新聞〕又把它作為一九三〔四？〕八年在北平出來後做的詩了！」

楊繼曾來見先生一面。張其昀來，留下一個片子。張銳、黃彰健、茅澤霖來簽名。楊亮功夫婦來談兩三分鐘。

朱家驊來談二十多分鐘。他這次的病是用古法的金針打好的，因問針灸是什麼時代才有？先生說：「古人是用針灸藥三種醫治的方法。〔孟子〕裏『七年之病，求三年之艾』，在孟子時代已有灸的醫法了。針也是很早，大概是先秦時代就有了。我少年時代，右耳後也曾灸過。」

下午，王世杰、徐可熛來談科學會的事。葉寶琨、劉真夫婦、水澤柯、Cubis Po Pomaby和Philykis都曾進了病房一二分鐘。簽名的有王朱學勤、胡薛嫣珍、李熙謀等。張茲闓來，留一個名片。

上回任春華留下的一千美元支票，今天照官價換成台幣，準備這次住院的費用。因而談起銀行的存款手續。先生說：「我過去在一個銀行裏有一個一千元的透支戶，都是買書的款，就開支票了。」

一九六一年十二月十一日【聯經版第十冊頁三八三〇／油印本第二十七冊頁一〇七六】

宋瑞樓大夫來檢查之後對胡頌平說：……

郭廷以來談五年計劃諮詢委員會的人選問題。Drgoyee Ackroyd由鄒雲陪同來訪，談幾句話。查良釗、胡鍾吾、黃榜銓等來簽名。

一九六一年十二月十一日【聯經版第十冊頁三八三一／油印本第二十七冊頁一〇七七】

下午，李先聞、鄭振華、延國符、王張彥雲等來。李青來、彭麒來，就請他們代為邀約文化記者於十五日到醫院來談話。

今天開始在床沿上坐了五分鐘。……

一九六一年十二月十二日【聯經版第十冊頁三八三一／油印本第二十七冊頁一〇七八—一八七九】

早上，醫生來檢查，一切都正常……

先生在床沿坐了五分鐘之後，要胡頌平替他把把脈搏數到八十次的跳動之中，有一次是間歇。這是胡頌平第一次給先生把脈。先生笑著說：「頌平如果學中醫，一定是個儒醫。」接著說：

我昨夜看了〔文摘〕（*Reader's Digest* Dec. 1961）上面一篇查利・愛迪生的"My most unforgettable character"，今天〔新生報〕上已有南思譯成中文發表了。原題是「我最難忘的人物」，譯作「我的父親愛迪生」。作者查利·愛迪生。是湯麥士·愛迪生的兒子，他曾任新澤西州的州長。羅斯福時代當過海軍部長，現為美國百萬人簽名會的會長，是我的老朋友。他寫這篇「我最難忘的人物」，文摘的稿費二千五百美金。〔文摘〕是報紙上的材料，它轉載時也要送多少錢。如果一個短笑話被採用，也有一百美金的稿費。不過寫一個「我最難忘的人物」寫得那麼的生動，又不能太長，要寫得好，他們能採用，也是一件不容易的事。

愛迪生在七十歲還是八十歲生日時，我曾和他見過面。愛迪生生平只正式在學校裏讀了六個月的書。他從少的時候，耳朵被人打傷了，就聾了。他的耳朵聾了，可以避免許多不需要聽到的廢話。一般人的許多談話中，只有極少數的幾句話是有用的。大聲說的幾句話，大概都是真實的話；所以耳朵聾對他是有益的了。他一生發明得有專利一千九百多種，像留聲機，他自己是聽不到的。像電器，——他發明了電，要把電怎樣分送出去，一家的電燈有個開關，全國的電線怎樣組織起來，這比發明電燈一樣的困難。在他有一次的生日中，有人問他最得意的發明是什麼？他說還是電燈。電燈不但給人類以光明和快樂，還可增加人類一半的生命。過去一般人到了天黑就休息了，有了電燈，夜裏可以工作了。南思這篇譯文，我沒有看，不曉得譯得怎樣，你家裏定有〔新生報〕，你要孩子們看看這些文章。

一九六一年十二月十二日【聯經版第十冊頁三八三一／油印本第二十七冊頁一〇八〇】

上午，李濟來，……

簽名的有王朱學勤、逄化文、馬袖宇、鮑良傅、劉英士、程滄波、成舍我、宋英等。

下午來看先生的有熊毛彥文、朱懷冰、孫德中等。

簽名的有周幼康、虞舜、黃徵、許占魁、宋道心、查良釗等。記者劉震慰來採訪消息。胡頌平和他談起今天〔新生報〕上「我的父親愛迪生」這篇譯文，先生還沒有看過，但他要孩子們看看這篇文章。

一九六一年十二月十三日【聯經版第十冊頁三八三二／油印本第二十七冊頁一〇八一—一〇八三】

今天的〈新生報〉上有「胡適之先生推薦『我的父親愛迪生』」一文，說青年學生應該看看這篇文章。這是胡頌平對記者說的話，其實先生還沒有看過這篇譯文。

記者商岳衡來，先生要胡頌平告訴他：「年輕的記者養成誠實的報導是第一要緊的事；如果記載不誠實，後來被人說穿了，對他的影響不好。」

上午檢查結果，……

楊亮功來談幾分鐘。李超英、高化臣來簽名。

胡夫人帶雞湯來。先生覺得淡一點，徐小姐添了一點鹽。先生說：「績溪是吃浙鹽，隔了一個山，就是旌德了，旌德吃淮鹽。浙鹽白，淮鹽黑。在旌德用白鹽，就是私鹽了。我今天也吃私鹽了。」於是談起：「鹽是任何民族都是最早發明服用的。在民族學史的記載上，全世界只有一個民族不知道吃鹽，但這個民族已經滅亡了。可見不吃鹽的民族是會滅亡的。在〈水經注〉上可以看中亞細亞一帶古代是一個海，後來漲成平地的，所以西北那邊有鹽鑛，四川的自流井，山西、河北一帶的哨鹽。十九路軍在福建叛變被中央軍打平之後，中央軍封鎖江西瑞金的鹽運，共產黨在瑞金無法立足了。食鹽對於戰爭的影響很大。抗戰期間如果沒有四川的自流井，我們是無法維持戰爭的。」

下午，徐可熛來談科學會的事十多分鐘。

簽名的有史尚寬、胡仁恭、戈定邦、張慶楨、王德芳等人。

一九六一年十二月十四日【聯經版第十冊頁三八三二／油印本第二十七冊頁一〇八四】

上午，胡健中、葉公超等來，談了十多分鐘。

簽名的有馬逢瑞、周庭植等。

中飯時有碗豆一菜。先生說：「蘇東坡詩『芋魁飯豆我豈無』，這個飯豆，大概就是碗豆吧。」

先生原定十五日招待幾位記者……

一九六一年十二月十四日【聯經版第十冊頁三八三三／油印本第二十七冊頁一〇八五—一〇八六】

先生答應了，……

正在這時候，張羣來談十多分鐘。先生問他「『人生七十才開始』，我是不是夠一歲呢？」張羣說：「你還沒有到一歲，你還差兩天呢！」

胡夫人同張婉度、江小波來。簽名的有胡鍾吾夫婦、胡漢文夫婦。

夜裏，李瑞麟來看先生。

夜班護士曹小姐帶來一部大東書局出版的〔儒林外史〕，因這書裏有先生的「吳敬梓年譜」一文，她請求先生寫幾個字留作紀念。〔儒林外史〕裏面的杜少卿，就是吳敬梓自己；先生寫了杜少卿的話，其實就是吳敬梓的話：

逍遙自在，做些自己的事吧！

〔儒林外史〕第三十四回的話。

一九六一年十二月十五日【聯經版第十冊頁三八三三／油印本第二十七冊頁一〇八六—一〇八七】

上午，史語所的攝影人員宮雁南來替先生照相。……

來看先生的有李先聞、王淦、唐嗣堯等。簽名的有查良釗、胡光麃、梅嶙高、許超、程鄔淑亨等。

下午，蘇雪林、謝冰瑩、孫德中等來，談了兩分鐘。高天成來。錢思亮來談了二十分鐘。

來簽名的有朱樹恭、雷法章、楊肇嘉、李新民、李譚慕蘭等。

一九六一年十二月十六日【聯經版第十冊頁三八三四／油印本第二十七冊頁一〇八八—一〇八九】

上午八點五十分，蔣經國代表總統來看先生。……

接著，勞榦、洪炎秋代表往年接受中基會補助出國進修的王叔岷、石璋如、芮逸夫、洪耀勳、蘇維熊、蘇薌雨等送來祝壽的銀杯。

今天整天都是來祝壽的客人。送花的有黎玉璽、田炯錦、余俊賢、尹喜妹、俞大維、崔用德、梁序昭、虞舜、黃杰、郭廷以、胡鍾吾、胡泉波、唐子宗、趙素貞、曾四妹、金仲英、徐秀梅、吳賽美、劉彩仙、陳肇文、陳香音、吳玉琳、林鍾藝、孫文仙、范貴美等。送蛋糕的有台大醫院全體同人、科學會同人、續溪同鄉會等。送酒的有朱家驊、杭立武等。送水果的有胡汝康、張慶楨等。張羣送照相簿子、甜橙。馬袖宇送鏡框等。來電祝賀的，有趙元任夫婦、祖望夫婦、程剛、張其昀、倪超、陶元珍等。簽名的有方志懋、王淦、王鳳喈、譚文彬、王竹祺、汪厥明、楊樹人、吳相湘、孫洵侯、程維賢、張祖詒、金承藝、卞淮生、余昌之、劉燕夫、馬逢瑞、周庭植、張昌華、許一君等。

中國公學校友會送來的生日禮物是〔續資治通鑑長編〕一部。

一九六一年十二月十八日【聯經版第十冊頁三八四二三—八四三／油印本第二十七冊頁一一一一—一一一三】

上午，莫德惠、谷正綱等談了一會。簽名的有張慶楨、李嗣璁、陸永熙等。中央廣播公司的攝影記者蔡屏來照相。

先生談起，「愛迪生的……

下午，李先聞、勞榦來看先生。

徐可熛來報告今天科學會執委會……

連月華來見先生，柯蔚南來簽名。

先生看見胡頌平在翻看〔續資治通鑑長編〕的影印本，因而談起「毛邊紙」和「扁字體」。說：「毛邊紙乃是常熟毛晉汲古閣刻書用的紙。他們先向造紙的地方定下來，這種紙邊上蓋有一個『毛』字的印，所以叫作『毛邊紙』。毛氏是晚明時代開始刻書的。在此以前，如明初、元、宋朝，都是請工書的高手先寫成一板再刻的。這樣一來，成本高，費時久；到了嘉靖年間，已有扁體字了。把每個字都寫成了扁體，差不多等於活字板，不需高手了。到了萬曆年間，汲古閣刻板時，一律採用扁體字，以後便普遍起來，風行全國了。這種扁字，現在叫作『宋體字』。在他們以前，紙張中帶有棉的成分，可以保持多年；但毛氏用的紙，除極少數名貴的書還用帶有棉的成分的紙張之外，普通都用毛邊紙；沒有棉的成分，不能保持很久的。他們都早幾年在泰和產紙的地方定下來，控制紙的生產，所以毛氏汲古閣出來的書很便宜，差不多全國都買他的書。如果不是以後的兵亂，汲古閣的發達是無問題的。他們的刻板都放在祠堂裏，兵變之後都燬了。」

一九六一年十二月十九日【聯經版第十冊頁三八四三／油印本第二十七冊頁一一一四】

上午，開始下床，……

上午，蕭毅肅來，高長柱、王朱學勤、劉光軍來簽名。

下午，再做心電圖，……

王靄芬來。黃期田羅路與……

一九六一年十二月二十日【聯經版第十冊頁三八四四／油印本第二十七冊頁一一一五—一一一六】

蔡屏送來昨天的照片，……

李恩涵來，先生對他說：「夏威夷大學的參考推薦書，推薦人必須絕對負責，填好了直接寄去，不能讓被推薦人看見推薦人的內容。第一問的認識被推薦人多少時間？第二問的推薦人用什麼資格推薦？還有被推薦人的知識、行為、品性，有無在這一門研究之中做領袖的能力，這個人的感情是否穩定等等。

你在近代史所工作，我都無法照實寫的。人家相信我，就是因為我不說謊話。我很想幫你的忙，但我不能說謊話。你已請得郭廷以、張貴永兩人，最好在你自己的老師之中，再找一個人為你推薦就行了。」

沈志明來簽名。

先生談起前天〈聯合報〉上……先生看見葉良才寄來……

先生談起「我第一次穿洋襪，是我的店裏的程建泉教我穿的，可能是他送的。在沒有洋襪以前，穿的是布襪，裏面還有一塊方白布包腳的。」

下午，白建民、蔡培火等來。

一九六一年十二月二十日【聯經版第十冊頁三八四五／油印本第二十七冊頁一一一七】

前幾天，宋瑞樓對先生說……

今夜王志維來，先生答應出院之後，可以先住福州街一個短時期。

林致平來談一會。他要出國，數學所預備請人代理。

一九六一年十二月二十一日【聯經版第十冊頁三八四五／油印本第二十七冊頁一一一八—一一二二】

上午，做了一次「循環測定時間」……

葛曉東來簽名。

先生在〈聯合評論〉上看見九龍「卓如編譯社」的寄售廣告，有哈代的〈還鄉記〉和德伯家的〈苔絲〉兩書，因而想起啟明書局翻印的〈還鄉記〉（收入「世界文學大系」第二集裏），並沒有註明譯者的姓名。說：「這本〈還鄉記〉和〈苔絲〉，都是我當年主持中華教育文化基金會編譯委員會的時候，出了很高的稿費，請張恩裕譯的。張恩裕，字穀若，北京大學英文系畢業的。」

下午，郭廷以來，覺得胸部不舒服，先生勸他趕快回去休息，不能談公事。說：「有心臟病的人，往往天冷時發作。我第一次（廿三年前）發時在冬天，今年二月廿五日也是很冷的天氣。」

接到李敬齋的一封信，是談董作賓的事。先生看了之後，說：「李敬齋的話，不能說他沒有道理。彥堂喜歡寫字，用甲骨文字來集字一首詞；甲骨文裏沒有的字，還要設法拼起來。我從美國西部到東部，差不多每一個熟人家裏都有他的字，他還有賣字的潤格。如果他把這些寫字的時間作研究的工作，成就當然更多；現在病了，懊悔也來不及了。彥堂是第一個人先到安陽試驗發掘的，後來知道那邊地下確有東西，中央研究院才正式計劃發掘的。」

先生又說：「彥堂在河南一位張嘉謀先生那邊幫忙他收集河南的文獻。這位張先生知道我作〔紅樓夢〕的考證工作。那天遇到我，他問我看過楊經羲的〔雪橋詩話〕嗎？楊經羲是曹雪芹的朋友，在這部詩話裏有關雪芹的事情。我看了〔雪橋詩話〕之後，發現敦誠、敦敏也都是雪芹的朋友，又找到敦誠、敦敏的集子來看。他對我的益處很大。後來我做〔西遊記〕的考證，明朝徐中行是〔西遊記〕作者吳承恩的朋友。那時彥堂為張老先生收集河南的文獻，他看見徐中行在河南做大官的事蹟，鈔節有關材料，寫封信給我。我覺得他的材料很有用，就在〔努力週報〕的『讀書雜誌』上把它發表了。他和我是這樣初次認識。後來北大招收國學研究所學生，不一定要大學畢業的。他考取了，他是北大國學研究所畢業的。我們還是先復李敬齋一信吧！」

敬齋先生：……

〔新生報〕的記者駱明哲來見先生一面。

晚飯時談起「此地一年有水果吃的人，倒不知道這是有福的。在戰時，英國這麼一個大國，有許多水果像橘子、香蕉都是吃不到的。那年我代表朱先生到倫敦出席聯教組織，住在最大的旅館裏，菜單上有雞蛋，但不是新鮮的雞蛋，乃是美國製的雞蛋粉，又沒有油，炒起來不像樣子，也不好吃。那時陳維城夫婦年紀大了，他本來在駐英大使館工作的，這時已經退休了，同他的夫人住在鄉下。英國是個工業極度發達的國家，所有的土地都被工業用了，戰事一發生，人民就沒有雞蛋吃了。陳維城住在鄉下，自己養了幾隻雞。那天他們請我吃飯之後，用一小紙包了四個雞蛋送給我，算是重禮了。我還特別向他們重謝。我回到旅館之後，於是請了三位客人在第二天早上吃早點。當我把四個生雞蛋交給餐廳裏的侍者，吩咐他要作炒蛋吃。侍者用鉛筆在蛋殼上都寫了fry三個字母，放在盤子裏，大模大樣的端進廚房裏去。四個雞蛋可以請三個人！」

一九六一年十二月二十一日【聯經版第十冊頁三八四六／油印本第二十七冊頁一一二二】

今天先生看見報載阿果已被印度佔領了，……

先生問起朱先生的〈回憶錄〉。（參閱五十一年一月廿八日條）

一九六一年十二月二十二日【聯經版第十冊頁三八四六／油印本第二十七冊頁一一二二—一一二三】

上午，王世杰來談。鄭振華、沈志明來簽名。

伊利諾大學是美國研究化學最有名的大學，一位化學教授Therald Moeller寫信給先生，為Dr. Thomas Tongmig Hseu請求延長他一年的研究時間，先生在這信上寫了

請思亮兄考慮。鄙意此人的請求緩歸，似宜允許。

適之。

下午，陳炯明來做過心電圖……

客人有Harold Shadick夫婦、Pay Scline夫婦。

李建興來，談起他是陰曆十一月初十生的，今年的陽曆是十二月十七日，和先生同一天生日。先生說：「再過十九年，又可遇到同年同月同日的生日了。」李建興回去之後，叫人送來一本他的〈紹唐詩

存」給先生。他在自序裏說「承胡院長適之先生鼓勵自撰回憶錄，祇以時間迫促，資料散失，不易著筆，乃吟詩百首，聊當自述」的話。他在扉頁上題了

適之年兄惠存

弟李建興敬贈

十二個字。他把「年兄」二字當作同年齡的意思了。先生說：「我常說，凡是邊遠地方的文化，越保守。台灣正是中國文化邊遠的地方，所以李建興先生這樣稱呼。」

編者附註：科舉時代，同時登科者以「年兄」相稱。

一九六一年十二月二十三日【聯經版第十冊頁三八四六／油印本第二十七冊頁一一二三—一一二六】

上午，禹成美、鄭西平、李先聞等來見一面。李宗侗來，略談一會。馬逢瑞送來他的弟弟馬逢琳做的驅逐艦模型一具。插上「模落」，艦裏的電燈都亮了。先生謝謝他，說：「美國的羅斯福（小羅斯福）過去當過海軍部長，喜歡收集各種船隻的模型，他的房間裏全是大大小小的各種各式的模型。」

江新元來簽名。許明德、盧毓駿、夏鵬等來過。

下午，光復大陸設計委員會的張維、王友薌拿來一封信：

本會韓委員克勤等三十五人提議推請代表慰問陳兼主任委員暨胡副主任委員，並經本日上午第三次會議全體委員一致通過推請于斌、秦德純、李宗黃、陳啟天、孫亞夫、潘仰山、李序中、史邦都拉、吳香蘭九位委員代表慰問，特為致意。

先生見了這兩位代表的代表，說：「真不敢當，請兩位特別謝謝全體委員的好意。我本來可以去一封信或一個電報給大會的，就怕去了文件，會中派人來慰問。現在各位已來，真不敢當了。」

臺大醫院的護士長到先生房間來，……

今晚有給張祖詒江小波夫婦的片子：

祖詒、小波：

這是我的朋友馬逢瑞的兄弟馬逢琳先生做的驅逐艦模型，是依工程比例做的，很精巧。小波是海軍的世家，所以我把這模型送給你們的孩子做做新年玩具。

適之　五十，十二，廿三。

今天〔聯合報〕上登載吳相湘的「請監察院注意故宮盜寶案的下文」，先生看了，因談起：

「李宗侗是河北高陽李鴻藻的孫子。李石曾是鴻藻庶出的兒子。李鴻藻在光緒年間當過宰相，謚文正公。李宗侗是易培基的姑爺。易培基當工礦部部長時，李宗侗一身兼有十七個要職，當時是很紅的。在他們那時的家庭裏，當然收藏一些古物書畫的。馮玉祥逼宮之後，易培基他們組織『故宮博物院』。他們一班人都是反對我的，要在故宮裏找尋我的劣跡，說我私通宣統。他們搜查的結果，發現我給宣統的一張片子，上面寫了『我今天有課，不能進宮，乞恕』幾個字，他們配起一個鏡框，掛在故宮裏作為展覽品。我曾到故宮博物院去看過。我問可以照相嗎？他們說不可以；因此就沒有這張片子的照相。到了此地之後，李宗侗對我表示不贊成他的叔父，而對我表示很好。他是個學者，我特別對他好。」

一九六一年十二月二十四日【聯經版第十冊頁三八四六／油印本第二十七冊頁一一二六—一一三〇】

今天陰曆十一月十七，是先生的陰曆生日，又是聖誕節。

先生穿上前些時錢思亮等十二人合送的織錦緞晨衣，坐在床上看報。胡頌平到了病房，就向先生祝賀。先生拱起雙手回拜，慈祥而又愉快。這時房內聖誕樹上的彩色小電燈，明滅閃爍，映著各種裝飾品，特別熱鬧。先生說：「這大概因我是個heathen的緣故，曾護士長們幾個人把它裝得特別漂亮。（heathen的意義是基督教以外的人。）」

先生談起耶和華，本來是猶太民族的一個護神的祖宗，耶穌是猶太人，於是耶和華變成全世界基督教徒共同尊敬的神了。猶太這民族亡國了一千多年，全靠宗教的力量把這個民族維繫住，現在又自立國了。猶太的文化，差不多征服了世界的一半。當初到中國傳教的人都是有學問的，他們都是耶穌會的人，把這個最高的神翻譯作「天主」。後來本篤會的人來了，他們看到〈史記〉「封禪書」裏秦始皇在山東禮祠的八神是天主、地主、兵主、陰主、陽主、月主、日主、四時主；本篤會的人認為耶穌會把基督教最高的神的譯名「天主」降為和山東的八神之一的天主同一名稱，不是對耶和華侮蔑嗎？這個案子鬧得很久，官司打到教皇那裏去。所以以後傳教徒們改稱「主」了，祈禱時都稱「主啊」，他們最初稱「天主」，後來稱「上帝」，好像是新教的關係。待我回南港時查查看。（參閱胡頌平，「適之先生的讀書生活」，〈自由青年〉半月刊廿七卷六期，五十一年三月出版）

先生又說：「這個『帝』字，最初的意義是神。在殷朝，帝王的名字都以生日的天干地支取名的，但對祖先有特別功德的加一個『帝』字，如『帝乙』，表示特別尊敬的意思。到了秦始皇，才自稱始皇帝，過去是不敢用帝字的。我時常想想中國『帝』字的含義，和梵文的deva，拉丁的Deus，希臘的zeus的音義相同，彷彿是同出一源的。」

上午的客人有施炳麟、許明德、盧毓駿、周友端等人。程本海來過之後，先生說他是績溪思誠學堂出身的。思誠學堂是績溪一班有錢人辦的私立學堂，設在縣城的附近，後來成為皖南一個很有名的學堂。程本海和余昌之，都是思誠出來到上海亞東圖書裏做過事。先生勸他把這些歷史寫出來。

嚴智鍾來談一會。姚從吾、劉崇鋐來談近代史所「諮詢計劃委員會」的人選問題。……

下午，錢思亮夫婦、李瑞麟李瑞龍兩兄弟、張祖詒、江小波、韓春瑄、王培基、貝松孫和夏鵬等來過。

夏鵬走後，先生說：「夏鵬是商務印書館創辦人夏瑞芳的兒子。商務印書館最初是一班基督教徒創辦的，他們都想把這個印書館辦得好，但他們自己的知識太差，於是請了張菊生（元濟）、鄺富灼兩位來主持，英文的是鄺富灼，中文的是張菊生。所有中英文的書籍，由他們兩位全權處理。夏瑞芳後來是被暗殺的，當然不是政治的關係。」他的被殺的原因，年代久遠了，先生也記不起了。

簽名的有張子嘉、張崇甯、靖正福、劉日昇等。

今天先生閒談時，談起「作興」兩字的方言很廣：「作興」兩字做「也許」解；「不作興」作「不應該」解。又談起績溪的柿子叫「柹陀」，這和樂清的喊法完全一樣。胡頌平因說：「帶一點小禮物去看人家，樂清叫做『伴手』。」先生說：「很雅。」胡頌平又說，樂清對於愛出風頭、很活躍的未婚女子叫「綽約」，先生說這兩個字很古。

一九六一年十二月二十五日【聯經版第十冊頁三八四六／油印本第二十七冊頁一一三〇】

上午，郭廷以來談。浦薛鳳夫婦、徐萱等來見一面。

王之瑜、王朱學勤等來簽名。

下午，葉楚生來。

做過心電圖，陳炯明說……

一九六一年十二月二十六日【聯經版第十冊頁三八四七／油印本第二十七冊頁一一三一——一一三三】

上午醫生來檢查時，……

李濟來談二十分鐘。蔣匀田、張齡佳、胡宏述來簽名。

午飯時有番茄。先生談起「任何外國的蔬菜，到了中國，就可以和中國菜同化了；只有番茄的個性特別強，無論怎樣做法，番茄還是外國菜的味兒，不能同化。像龍鬚菜（龍鬚菜應叫蘆筍），就可以用中國的做法了。」

下午，先生談起「過去有一個痔漏，在北平協和醫院開過刀，以後還是常發的。那年在北平，李石曾們和我鬧，所以出來講演了。在十四年的年底，盧永祥、齊燮元的戰事關係，京滬鐵路不通了。我在上海，到寶隆醫院去看痔漏。寶隆醫院是德國派的西醫，那位醫生名叫黃鍾，他告訴我：『這種痔漏，寶隆開刀之後會復發；就是在北平協和醫院開刀後再來寶隆醫的，也總不能斷根。不過上海有位潘念祖，他有家傳的痔漏秘方，差不多在我醫院開刀之後再去請他看的，全看好了。潘念祖是吃鴉片的，上午不看病，下午才門診，晚上才出診。』我去的時候，果然有許多人在候診。潘念祖也知道我的名字。他對我說：『如果胡先生有空的話，我可以包醫，需要一百天。』那時我正生氣，就向北大請假幾個月，留在上海看病了。果然不到一百天，完全醫好了。到今年有三十六年之久，從沒有復發過。那位黃鍾先生，他本人有點殘廢。他是學西醫的，但能推薦這位潘念祖，他的醫德是很高的。過了幾年，潘念祖死了，他的兒子還小，於是潘念祖的太太接下去給人家看痔漏，也都給他醫好的。那時風氣開通得多了，她也不怕了。那次的包醫費，好像是一百五十塊銀元。」

李先聞電話給胡頌平，說：「『太平洋科學會』的代表名單都校正過了。他想圈選陳尚球、薛繼興、李先聞、凌純聲、劉發煊、彭達謀、芮逸夫、沈寶環、魏火曜、嚴奉琰等十人為正式代表。還有非正式的代表；如果胡先生同意，他就圈定發了。胡頌平報告之後，先生說：「太平洋科學會是請先聞一手主辦的，我記不起這麼多人的名字；如果太平洋科學會不要我們分為正式或非正式的兩種，我們最好不要分，免得又發生問題。」胡頌平再電話告訴了李先聞之後，他預備過些時來當面請示。

五時，楊西崑夫婦來見先生。

一九六一年十二月二十七日【聯經版第十冊頁三八四七／油印本第二十七冊頁一一三四——一一三七】

先生到了對面特二號病房去看梅貽琦，一會兒就回來了。

姚從吾來，……留下一封信。

先生問胡頌平看過從吾的信嗎？說：「前天量宇來，我很率直的告訴他：從吾、崇鋐都是批評近代史所的人，現在他們加入諮詢委員會，讓批評的人可以加入是一個好的現象。根據福特基金會的函，這筆款項分做四項用途：第一是購買圖書資料，第二是補助出國進修，第三是補助研究費，第四是補助院外的研究近代史學者。我說這樣一來，可以擴大範圍，擴大精神，擴大見識，豈不是更好嗎？我要量宇根據過去福特基金會來往磋商的文件，然後交中央社發佈一個談話，不會有錯。後來他與〔中央日報〕的記者的談話發表了，就沒有提起諮詢計劃委員會的事，又說『必要時可以補助院外的研究近代史學者』，我就怕他會出亂子。從吾說他曾經聽我說的是三分之一用來補助院外的人，現在量宇發表的只是三分之一的一部分，這是違背我的意思。我不曾說三分之一的經費，從吾不曾聽清楚，我已說明了。他大概也是受了別人的影響，成見很深。過去有人批評郭量宇，我對他們說：『你們說量宇不行，你們能替我想一個理想的人可以接替量宇嗎？』他們也想不出來。像某某人，只有傅孟真可以管得住他，但孟真死了。我如有工夫的話，我也可以管住他；但我那有這麼時間。像某某人怎麼能當所長，尤其是他的太太要管事，——以後用人，還要調查這個人的太太是否管事。我總覺得量宇年紀大一些，能夠容忍人家。容忍也是要緊的事。其實某某、某某等年紀也不算少了。」先生又說：「近代史所內部的意見不能融洽，又有外面的攻擊，實在太難了。」

查良釗來，談今天〔中央日報〕上有〔學粹〕雜誌的廣告，先生說：「我們中央研究院的刊物不敢稱粹，這樣的刊物才敢稱『學粹』。」

謝仁釗夫婦來見一面。邵華、王朱學勤來簽名。

下午，葛士林來簽名。

下午收到美國人Robert Payne寄來英譯的杜甫「羌村詩」，請求先生指教。先生說：「Robert Payne的譯詩，大概受了洪煨蓮的影響。這個人在北平住過，昆明也住過。他不過五十來歲，出了六十本書，是用許多筆名發表的。他根本不認識毛澤東，但寫了毛澤東的傳記，完全是商業化投機的下流的東西，完全是瞎說；我曾寫了一篇很嚴厲的書評。」先生說罷，把這首譯詩遞給胡頌平看看。護士徐秋皎跟著出來，輕輕的問「羌村詩」是什麼？胡頌平把這首詩默寫出來給她看。一面輕輕的解說給她聽。但被先生聽到了，他要看看胡頌平的默寫。這首詩裏有「妻孥怪我在，驚定還拭淚」兩句，胡頌平誤寫作「妻孥驚我在，坐定還拭淚」。先生立刻看出默寫的錯誤，隨手用紅色原子筆改正，還在這張紙條的左上角批了九十五分。一面笑著對護士小姐說：「頌平還能背出這首詩，但錯了兩字，扣了五分。我又給他批分數了。」說罷哈哈大笑。接著又說：「杜甫這首『羌村詩』，在世界文學史上佔有一個極高的地位。但他的律詩往往有『湊句』，為了對對子湊成的『湊句』，就沒有文學的價值了。」（參閱胡頌平，「適之先生的博士學位及其他」，〔傳記文學〕二卷三期）

四點多，陳炯明醫師來檢查。……

五點多，王志維從南港帶來楊樹人、萬紹章商擬的院士會議的日期，暫定五十一年二月二十四日。

一九六一年十二月二十八日【聯經版第十冊頁三八四七／油印本第二十七冊頁一一三七—一一四一】

十二月二十八日（星期四）上午，醫生來做心電圖，仍和過去一樣，大概是固定了。

郭廷以來談今天下午諮詢委員會開會的事。先生要胡頌平再去勸勸姚從吾參加。

高天成來看先生。鄭振華、丁履延來簽名。

十一點半，姚從吾怕先生生氣，託楊樹人來解釋。先生說：「我一點也不生氣，我正要頌平去看從吾一次，還是請他參加，如果下午不參加，改期召開諮詢會也好。近代史所有了批評態度的人參加在內，可以指導他們，對於近代史所只是有利。」

快十二點，楊樹人、胡頌平離開了醫院，一同到姚從吾家去。剛坐定，劉崇鋐也來看姚從吾。楊樹人就說：「胡先生一點也不生氣，還派專使胡頌平來勸你。」胡頌平說了不少的話，特別強調郭量宇曾經聲明絕對照胡先生意思辦理，也絕對尊重你的意思辦理的。從吾說：「叫他登報聲明這句話之後，我才相信。我有一封信給田伯蒼（培林），我的態度都表明了。你或可將此信給胡先生看過，順便投郵好了。」四個人說了一點鐘，還是沒有結果。最後樹人提起怎樣叫胡頌平復命的話，從吾同意了。

下午二點半，胡頌平向先生報告今午洽談的經過：「從吾的成見還是很深，但沒有堅決拒絕不參加的話。他答應稍會冷靜一下，一定會把這個問題解決，請求先生不要操心。」隨後，把他給田伯蒼的信給先生看了。這信是從吾對這事的態度：「第一、先冷靜一下（將來恐須有一個更健全的諮詢會，藉壯聲勢，而免爭端）。第二、在胡院長領導之下，依與外人協商要點，用一部分款項，網羅在台的近代史專家，協助近代史所，共同完成此一工作。第三、實施步驟，應由一個比較健全的諮詢委員會，研究實行。這樣作，款項也許會更多。近史所的主持人，若不自私，自然仍是主要分子；否則，那就很難說了。第四、這樣作，保持大部分，分出一小部分；作好後，成功不還是近史所的，或者說郭所長的。對胡先生有交代，那是胡先生對美國朋友也有交代。總之，眼要放亮一點，文字與說話要開明一點，力圖成功，避免失敗。那末光彩不還是中研院的，近史所的。」先生覺得從吾的話很對。說：「我不曉得從吾有這麼大的火氣。量宇是和我同天進醫院的，他前天沒有用書面發表，我們應該體諒他的身體。」

四時，中國廣播公司的葛森來，先生說了下面幾句話：

中國廣播公司的教育廣播節目，總題是「百年樹人」，今年元旦開始廣播，我很慚愧，我還在醫院裏，不能參加，祝這個廣播節目十分成功。

葛森在錄音，蔡屏來照相。

張憲秋、張翁燕娟來談幾分鐘。延國符、王朱學勤、張丹、梅貽琨來簽名。

六點多，徐可熛來談科學會的公事。

近來有人批評近史所為什麼不研究民國史及匪情等等。先生今天談起：「民國以來的主要兩個人，一位是孫中山先生，他的史料都在國史館裏；還有一位是蔣介石先生，他的史料誰能看得到？說到研究『匪情』，資料在那裏。此間連大陸上出版的書籍都不許進口，叫人怎樣去研究？譬如『五四運動』，我是其中有關的一個人，但此間人家寫的五四運動的文章，我連看都不要看，他們只有黨派的立場，決沒有客觀的判斷。」

先生又談起「像某某、某某幾個人，多少年來不曾出什麼書，他們年紀大了，地位高了，膽子越小了，越怕人批評了。在這一方面來說，某某人倒寫了不少東西。我在年輕時就寫文章了，我的膽子大，不怕人罵。像他們多年不寫東西，很難叫年輕人心服的。」

一九六一年十二月二十九日【聯經版第十冊頁三八四七／油印本第二十七冊頁一一四一——一一四二】

上午，凌純聲來談民族所建築經費的事。

張羣來，正是高天成、邱仕榮、魏炳炎等在談先生出院的日期，頂快也要等到明年一月六日。張羣也勸先生多休息一個時期。

陳雪屏、楊亮功……

簽名的有魏金、張昌華、趙賡颺、浦薛鳳夫婦、朱樹恭、田世英、王亞權、盧毓駿、張乃維等。

下午胡頌平來時，……

李先聞來談「太平洋科學會」正式代表名單的事。

黃季陸、楊繼曾等來談幾分鐘。簽名的有李景潞、劉真、孔志禮、黃暉、鄭振華等人。

一九六一年十二月三十日【聯經版第十冊頁三八四八／油印本第二十七冊頁一一四三—一一四五】

朱家驊來，先生談起退休的事。……

簽名的有錢純、馬逢瑞等。

今天是先生結婚四十四週年紀念。王志維、徐秋皎、胡頌平三人合送一個蛋糕。蛋糕送到時，胡夫人已經來過回去了。先生看看蛋糕上面堆了兩顆心，兩顆心的旁邊堆了幾朵花。先生問是否先切下一塊來嘗嘗，又怕傷了太太的心，還是原盒先送給太太罷。於是寫了一封短信：

這是王志維、胡頌平、徐秋皎三位警衛今天送你和我的賀禮。請你們先嘗嘗，留一塊給我罷。

適之

下午，葛武棨、孫中岳、鄒雲等來見。

郭廷以來談。……陳炯明來談心臟生理和病理……

晚飯時，先生談起竺可楨的太太是姜立夫的妹妹；這位太太死後，再娶陳源的妹妹。這位陳小姐，面孔圓圓的，長得很甜。我的太太對我說，如果她死了，她勸我娶這位陳小姐，可以看出我的太太對她的喜歡。勝利之後，我到浙江大學去演講，可楨是浙大的校長，他和他的太太住在禮堂樓上。你想，校長住在禮堂的樓上，他的一切行動都被學生監視住，我就曉得他們是出不來了。

一九六一年十二月三十一日【聯經版第十冊頁三八四八／油印本第二十七冊頁一一四五】

上午來簽名的有查良釗、舒子寬、李學詒、李芹、溫國榮等。

楊樹人有信來報告三件事……

下午四時，田培林來談「諮詢委員會」的事。先生希望他和姚從吾再談一次，能對這個委員會的事有所幫助。足足談了一點鐘。

一九六二年一月一日【聯經版第十冊頁三八五一／油印本第二十八冊頁一—二*】

元旦（星期一）上午來的客人有趙賡颺、查良釗、劉先雲、沈志明、魏火曜、葉曙、浦薛鳳夫婦、李先聞、李惠澤、鄭如玲、閻振興、張齡佳、魏炳炎、王德芳、王陳明仁、姚從吾、程剛、馬國琳、雷法章、凌純聲、梁序穆、郭廷以、潘貫、金麗生、楊亮功、張慶楨、程天放、嚴智鍾、鄭振華、蔡屏、李濟、蔣復璁、楊樹人、楊彭樹杞、徐可熛、方志懋、李超英、高化臣、凌介雲、王亞權、毛子水等。下午有嚴耕望、程鄔淑亨、延國符、屈萬里、吳相湘、程大成、張祖詒、戈定邦、王企祥、易君博等。

上面的客人中，有少數曾進房間向先生拜年。

先生在〔清史稿〕上看見金梁的序文，因問胡頌平知道不知道這個人？說：「金梁是清室的內務府大臣，他密謀復辟的文件中，有舉賢才的奏摺。在這個奏摺中勸溥儀應該羅致人才，其中有我的名字。這些奏摺，溥儀存在養心齋裏，十四年七月三十一日被故宮委員會發現。這是李石曾們要找尋我的劣跡，還有我的一個名片。金梁是滿洲人，他在民國十七年寫的序文，避免民國的字樣，只寫『戊辰端午。』他的奏摺，你可以到史語所圖書館查查看。」

先生又說：「〔清史稿〕有國內本、國外本。偽滿洲國印的〔清史稿〕，那時我在國外，就沒有收到過。」

【*油印本第二十八冊從第一頁編起。】

一九六二年一月二日【聯經版第十冊頁三八五一／油印本第二十八冊頁二—五】

一月二日（星期二）上午，朱家驊來談。沈志明、虞舜夫婦來簽名。

下午，呂光、童烈等來見一面。有一位姓陶的青年來見，說他的父親是北大畢業的，當年曾承先生介紹給馮玉祥去陝西當過縣長。先生告訴他：「我四十多年不曾給人寫過介紹信，從沒有給軍人寫過介紹信，一定是你聽錯了。」

這一期〔文星〕雜誌的封面是用先生的照片，其中有一篇李敖的「播種者胡適」，先生看見了。胡頌平問李敖的文章怎樣？先生說：「在我的年紀看起來，總感得不夠……他喜歡借題發揮。他對科學會不夠了解，何必談它。你要記得，作文章切莫要借題發揮！」

先生又說：「胡秋原寫的兩萬七千多字的長文，我也看了，還是看不懂。他是研究近代史的人，他說『先是曾國藩派留學生出洋美國，很少人願意去，結果派了一批小孩。』『留學生出洋美國』，在文字上就不通。選考幼童出國是張之洞的事，不是曾國藩。又如說：『留學生已成為中國之決定的領導勢力，最低限度，其領袖總是名流（此流字有考證價值）。』這個註解，就是輕薄。又如說：『各國庚款管理係教育事業，亦在名流管理之下。某庚款會一時譯某國名著，如培根〔崇學論〕等，即該款成績。最大開支，有〔莎士全集〕之計劃，曾譯出二本左右（或不止此？），然譯完〔莎士全集〕者，乃一未曾出洋之大學生朱生豪，……也許朱生豪並未向庚款會申請，但我的朋友熊式一先生曾對我說到庚款不愉快來往之經過，將來他的回憶錄會說明的。』這好像這些中基會編譯委員會的經費是我吞沒了似的。他又說：『清華留美亦最有名（民國政府成立後三年始已），實際上非仕宦之家不與焉。』清華第一期出國的有梅貽琦，我是第二期出國，都是公開考取的，那裏是『非仕宦之家不與焉？』胡秋原是研究近代史的人；他不知道，他該來問我。他又說：『……這首先便因胡適先生不是單純個人，他是一大學派之老領袖。又是中央研究院院長，門生、故吏、新吏極多。如是成為偶像，而此種偶像極盛，乃以前大陸上胡先生所不曾享有的，因地盤狹小得到了台灣了，如是便成一種有形的或無形的壓力，曰，非胡先生之道不為道，非胡先生之學不為學，非胡先生之方法不為方法。』這成什麼話。他輕視考據，我倒想寫信勸他試作考據的工作。」胡頌平說：「他是一個寫文章的人，不是做學問的人。他可以不查明歷史事實而隨便寫文章；先生想寫封勸他試作考證的信，我看不必罷。」先生說：「批評也有批評的風度，但不能輕薄。我如不在病床上，我不會看到這樣的文章的。」

胡夫人來，病房的工友老曲泡了一杯茶，茶葉都浮在上面。這是開水擱置太久的緣故。胡頌平說：「溫州話對於這種過了些時間的開水叫做『疲了，泡不開了』。我們喊做『疲』字的聲音，還不知道怎樣的寫法？」先生說：「應該是疲倦的『疲』字。你們溫州話很雅。」*

【*這一段記事，〈胡適之先生晚年談話錄〉記在一月三日條。】

一九六二年一月三日【聯經版第十冊頁三八五一／油印本第二十八冊頁五—六】

一月三日（星期三）今早先生在〈中央日報〉上看見啟明書局影印〈二十六史〉的廣告，說是殿版〈二十六史〉。先生說：「所謂殿版，是乾隆武英殿的版本，只有『二十四史』。現在把民國年間出版的〈新元史〉和〈清史稿〉加過去，變成『二十六史』，這樣也叫殿版，不是叫人笑話嗎？」因說起：「我們從少時聽別的兒童在讀〈三字經〉，都讀『十七史』，後來改做『二十一史』了。因為〈三字經〉是宋朝區適子編的，那時只有〈史記〉、〈漢書〉、〈後漢書〉、〈三國志〉、〈晉書〉、〈宋書〉、〈齊書〉、〈梁書〉、〈陳書〉、〈魏書〉、〈北齊書〉、〈北周書〉、〈隋書〉、〈南史〉、〈北史〉、〈唐書〉、〈五代史〉，所以〈三字經〉上稱『十七史』。到了明朝加上〈宋史〉和遼、金、元三史，稱做『二十一史』，有些〈三字經〉就改做『二十一史』了。清朝又把〈明史〉、〈舊唐書〉、〈舊五代史〉加進去，才叫做『二十四史』。戰前開明書局把〈新元史〉加進為『二十五史』。現在啟明又把〈清史稿〉加進為『二十六史』了。」

先生又談起：「勝利還都之後，我當北大校長，那時北方不是淪陷了八年嗎？東北已淪陷了十四年。

東北的高中畢業學生因為受了十四年的日化教育，他們的作文卷子都改樣了，好像不是中國人做的作文似的，真危險！」

先生又說：「我讀元朝的聖諭都是白話的，他們用蒙古話翻成白話的。我是一個提倡白話的人，連我也讀不懂！當時翻譯的夾七夾八，真是怪樣子，看不懂了。」

一九六二年一月三日【聯經版第十冊頁三八五一／油印本第二十八冊頁七】

上午的客人有洪同、查良釗、齊世英、夏濤聲等。史次耘來簽名。

郭廷以來談得很久，……*

【*聯經版刪除一月二日、三日記事及日期，以致「郭廷以來談得很久……」及「五時，有給張凝文的信。……」誤繫於元旦】

一九六二年一月三日【聯經版第十冊頁三八五二／油印本第二十八冊頁八—九】

下午的客人有朱樹恭、張基瑞、杜呈祥、孫德中等。

五時，有給張凝文的信。……

今天先生談起，有人告訴我：某君知道某人的案子是冤枉，但某君仍舊在報紙上攻擊他；這不是研究歷史的人應該有的態度。如果我當系主任，我是不答應系裏的教授攻擊別個教授私人的，我一定要交調查。先生又說：「故宮保存文物的規則很嚴，任何東西不許借出。任何人進去參觀後出來都要經過檢查的。當年溥儀賞給他的弟弟傅傑的小東西上千件，都有紀錄的。由於保存的周密，我頗疑心『盜寶案』的可能性。」

一九六二年一月四日【聯經版第十冊頁三八五二／油印本第二十八冊頁九—一二】

先生為了郭廷以的辭職，要胡頌平去看看楊樹人、田培林等。

早上胡頌平到醫院時，先生伸出手來，一面說：真麻煩你，你看見樹人、伯蒼他們嗎？胡頌平就把昨夜和他們商談的經過和建議都說了，提供先生參考。

上午做的心電圖，……

王志維從南港打電話來說：「中央研究院接到東亞學術計劃委員會的公事，為了協助廣祿教授需要故宮的〈滿洲老檔〉，借用我們院裏的Microfilm全部機器連同技術人員兩星期。因為故宮的文件向來不許借出門的，所以要借我們這部機器到霧峰去，一切費用連同技術員的生活費，都由東亞學術計劃委員會負擔。這部機器值兩萬美金，他們願意給我們交給殷實的保險公司交保後，由南港直接運往霧峰。可否照借，請先生指示。」胡頌平報告了先生。先生想了一想，說：

「〈滿洲老檔〉的分量多少，先要知道，如果光為〈滿洲老檔〉而大動干戈，何妨把這次的計劃擴大一點，將故宮裏應該複寫的文件照相下來，等於替故宮保存一份複本。例如乾隆年間的〈續溪縣志〉，四庫本的趙一清〈水經注釋〉，都是我多年想借而無法借出的書，何不趁此機會一道去照？我說擴大計劃，包括中央圖書館、故宮本身、台大史學系、史語所、近代史所以及學人需要的東西，不妨公開的公告，替故宮保存一份複本。這樣，這部Microfilm機器運去做攝影工作，更有意義。你先要志維把公事副本給我看了再說。」

先生又說：「我在八九年前，曾做了一個計劃向福特基金會申請十五萬美金，專做台灣的重要史料，如孤本、珍本的書籍，包括故宮博物院、中央圖書館。但那時美國的內閣很左傾，對台灣沒有興趣，這個計劃沒有通過。現在既有借用這顯微攝影的機會，何不計劃擴大下來，使故宮及重要史料流通於世界，等於保留於世界。如中央圖書館的〈元典章〉、〈高麗圖經〉等四五部書，上次蔣慰堂談起，也需要攝影的。就〈元典章〉來說，是元刻本，只有陳援庵先生校勘過，我曾替他做過一篇序。這件事情，你也叫志維去對李濟一談。」

先生又說：「故宮存的四庫本和外間流傳的四庫本有許多的不同。當年商務印行〔四庫珍本〕時，只有外間已有流傳的四庫本，就不再用故宮四庫本影印了。但外間流傳的四庫本〔水經注〕和故宮藏的〔水經注〕，就相差很多。」

下午，王鳳喈、查良釗等來。

四點多，田培林來談近代史所的事，談了五十分鐘。

七時，詹明德來見先生一面。

一九六二年一月五日【聯經版第十冊頁三八五二—三八五三／油印本第二十八冊頁一二—一七】

上午，羅家倫、王之珍等來。錢思亮來談一點鐘。

簽名的有馬逢瑞、劉震慰等。

下午，蔣夢麟來談。……明白了。

徐可熛來談翟耀華請求科學會資助的案子，由先生出名復他一信。

耀華先生：

九月初接你來信，當時出國進修案還沒有審查，所以遲遲未能作復，抱歉之至。這次審查時，我在台大醫院養病，沒有參加，但我總以為你的申請應該沒有問題。不料十二月八日提出執行委員會以後，突然發生波折，多數委員認為你既已出國，不必再由本會資助了。我事後知道了，曾為你做一次最後的努力，請秘書處代我提出覆議，但結果還是未能通過。你看了這封信，一定會感到非常失望。不過事已如此，實無可奈何。因為我們的會務處理一向採取會議方式，覆議以後，仍不能通過，我只能服從多數。這一點還請你多多原諒。

你在布魯克林方面的工作已否開始，預計何時可以完成？警校來信，說你預備畢業以後，進華盛頓大學警政系研究，現在本會既不能補助，我盼望你能從別方面得到補助。

敬問旅安

胡適敬上 五十年一月五日。

樊際昌來談。

先生想起羅光的〔羅馬教廷使節〕一書，說：「羅光是個有學問的人，他的著作應該沒有錯的；但這書中有一個很小的地方是他無心的錯誤：圓明園是一八五七年被英法聯軍燒掉的，羅光誤作八國聯軍了，相差幾十年；我應該寫信告訴他改正。」

先生談起「□□□這個人有自卑感，又有優越感。有自卑感的人一定也有優越感，喜歡擺臭架子。他來時你不見，可能得罪他。所以他來了，我特地想些話給他談談；不給他多談幾句，他不夠癮的。」

編者今天看見徐復觀在〔民主評論〕（十二卷廿四期）上，有一篇批評先生去年十一月六日在「亞東科學教育會議」演講「科學發展所需要的社會改革」的文字。摘錄一段於此：

……今天在報紙上看到胡博士在東亞科教會的演說，他以一切下流的辭句，來誣衊中國文化，誣衊東方文化，我應當向中國人，向東方人宣佈出來，胡博士擔任中央研究院院長，是中國人的恥辱，是東方人的恥辱。我之所以如此說，並不是因為他不懂文學，不懂史學，不懂哲學，不懂中國的，更不懂西方的；不懂過去的，更不懂現代的。而是因為他過了七十之年，感到對人類任何學問都沾不到邊，於是由過分的自卑心理，發而為狂悖的言論，想用誣衊中國文化、東方文化的方法，以掩飾自己的無知，向西方人賣俏，因為得點殘羹冷汁，來維持早經摔到廁所裏去了的招牌，這未免太臉厚心黑了。

這種醜媳婦罵街的口吻，編者就沒有讓先生知道；因又想起徐復觀在四十七年四月廿二日給先生的信，也附錄於此，可以對照看看：

適之先生道席：此次得瞻

風采，不減當年，真國家之福！謹奉上拙文錄一冊，內「政治與學術之間」，或可稍補民生理論在此方面之間隙。至「儒家在修己與治人上的區別及其意義」一文，乃疏導漢宋之爭，並作上文之具體補充，敬乞

教正。此外則不值得寓目也。五四運動之偉大歷史貢獻，將永垂不朽。然四十年之歲月，不僅

先生個人之學養，與日俱深；即國人對世界文化之感染，亦未嘗無若干進步。

先生在學術上所以領導羣倫者，不僅為個人在學術上之成就，而尤為知識分子精神上之象徵。凡偶有文化之爭，先生不必居於兩造者之一方，而實為兩造所共同期待之評判者。五四時代之文化鬥士，必須化為今日流亡時代之文化褓母。區區之忱，想可蒙

先生諒察也。東大吳代校長歡迎

先生蒞校小住，並承

先生允偕同毛子水先生蒞臨，全校師生，無不歡欣鼓舞。仍乞由陳秘書早示行期為幸。敬請

道安

後學徐復觀敬上 四月廿三日」

一九六二年一月六日【聯經版第十冊頁三八五三／油印本第二十八冊頁一七—一九】

早上，先生對胡頌平說：「昨夜你走後，我想起郭量宇的事。他的辭呈來了三天了，我想要你去看他。」正在這個時候，郭廷以打電話來給胡頌平，催請先生早日決定，他下星期起就不到南港了。胡頌平報告之後，先生說：「你現在就去，你這樣說：『我託伯蒼給從吾說話，他們都是多年的朋友，你們又是同鄉，所以勸他們幫同解決；現在的困難情形如此，我也替量宇不愉快。我顧慮量宇的病體，我可

以考慮繼任的人選；但他的研究員與諮詢委員是不考慮的。那邊青年的研究工作仍舊由他指導，諮詢委員方面也仍舊請他擔任。至於繼任的人，你問他由誰來接最相宜？張貴永、劉崇鋐兩人怎麼樣？他那邊有沒有他們兩人的著作？你也可以問問他。在繼任人選不曾決定以前，千萬請他繼續維持下去。』」胡頌平到了郭家。郭廷以聽了胡頌平轉達的話，堅決的說：「我很感激胡先生的好意。我給胡先生惹出麻煩，請你代為告罪。我已決定擺脫一切，統統都辭掉。下星期二以後不再到研究院去，也不便再看胡先生了。」胡頌平回來報告剛才和他談話的經過；別的話，量宇都不願多說了。

徐可熛來談科學會美援經費的事。勞榦來簽名。

快十二點了，朱家驊來，說他也曾勸過郭量宇。這班讀書人，一來就是辭職。當年吳有訓當中央大學校長時，一年之間上了十多回辭呈，綸閣也是動輒辭職的。先生問他：「張貴永怎麼？」朱家驊說：「他很好，先是留美，再而留德，德文也很好。他倒是個理想人選，不過他的辦事能力如何，因為過去沒有共過事，不大清楚。」後來談起各人的年齡，先生笑著說：你今年六十九歲了，和毛子水同年，也是「朱毛」。說罷大家都笑了。朱家驊出來後對胡頌平說：「准量宇辭去籌備主任，你不能這樣直率的說的。……」

下午，李先聞、鄭振華等來見。蔣復璁送來預備做顯微攝影的書目十種。李宗侗帶來故宮古物的文件來，談了一點鐘。其中有傅斯年在廿三年給李宗侗的信的照片，信裏有「故宮的古物是無恙的。」話。

趙中孚、張佳齡、金承藝、蔡屏等來簽名。

今天決定一月十日出院。如果那天天氣不好的話，還可以順延幾天的。

先生的血型是「A」型。

先生吩咐胡頌平把今早和郭廷以的談話經過告訴楊樹人，笑著說：「都是樹人不好。如果他肯答應總幹事名義的話，我真可以不操心，好好的養病了。」

一九六二年一月七日【聯經版第十冊頁三八五三／油印本第二十八冊頁一九－二三】

一月七日（星期日）今早胡頌平到醫院後，就把昨夜和楊樹人談話的經過都說了。先生說：「這是我的疏忽，我不應該耽擱了三天之久。我被他們鬧得精神不集中，你又沒有提醒我。」胡頌平說：「我也疏忽了。那幾天夜裏和樹人、伯蒼幾個人商量這件事的怎樣處理，因此沒有想到提醒先生，是我的疏忽。不過樹人認為這樣的決定也很好。他知道外面有人已經佈置好在打擊郭量宇，如留他的話，只怕以後會有無數的麻煩。」先生說：「外面的打擊，我們為什麼要怕他們。」胡頌平說：「昨天朱先生出來時私下告訴我，說我的話說得太率直了，第一次應該慰留的。」先生說：「你是代表我去的，朱先生說你，就是說我。我們先應該全面慰留，但我又不願意說虛偽的話，因而不曾寫信給他。這事是給我耽擱了。」胡頌平說：「這件事，樹人決定今天上午來看先生，當面詳談。」

先生又怕剛才說的「你沒有提醒我」一句話會使胡頌平難過。胡頌平連忙說：「先生完全是體恤量宇的病體，同情他的處境困難，才答應可以考慮繼任人選，並且還問他由誰接才好。先生不是官場中人，也不肯用官場中的官樣文章，這正是『愛人以德』；在我看來，這樣的處置沒有什麼耽擱。」先生聽了這番話，於是說了一個他自己的故事：

廿七年八月裏，我在國外替政府做的非正式的外交工作。蔣先生那時還是軍事委員會的委員長，不是總統。他打電報到紐約去給我，徵求我當駐美大使的意見，那時我已離開紐約，坐船到英國去，駐美大使館知道我的船經過法國夏浦（Cherbourg）海口會停的，於是把電報轉到巴黎中國大使館去，顧維鈞大使請錢端升帶了這個電報到夏浦海口去接我。我看了電報，在海口和顧維鈞大使通了一個電報，就坐原船到英國去了。到了倫敦，又和顧泰祺大使、王景春先生幾個人商量。隔了好幾天蔣委員長的第二個電報又到了。我慎重考慮了一個星期，覺得國家已經到了生死關頭，只有同意。我覆了蔣委員長一個電報，大意是這樣的：「現在國家是戰時。戰時政府對我的徵調，我不敢推辭。」

這個電報覆了之後，有一位朋友來問我：「胡先生，蔣委員長給你的電報，你怎麼不覆呢？」我說：「我已答應了，電報也覆了。」這位朋友說：「我知道你覆的是他的第二個電報。我問的是他第一個電報，你還沒有覆。」我說：「我已同意了，還要覆他的第一個電報嗎？」這位朋友說：「在官場裏，委員長給你的第一個電報，你總得要謙辭一番；你怎麼沒有經過謙辭的手續就答應下來！」我就沒有這樣做。（此段參閱胡頌平，「從適之先生的墓園談起」，（傳記文學）四卷二期。）

十點多，楊樹人來商談郭廷以辭職的事情。先生決定請楊樹人去慰留郭廷以。楊樹人勸先生把這事忘記掉，一切他會負責處理的。

毛子水來談至十二時一刻。

楊樹人從醫院出來就去看郭廷以，談得很久。又到田培林家，托田再代懇勸。下午又去看姚從吾，快五點了，聽說有人要到醫院去向先生請願，請求慰留郭廷以。楊樹人聽到了，他舉起雙手大聲的說：「天塌下來了，由我楊樹人去擔當。我們不要讓胡先生操心！」從吾不再堅持了。

陳可忠夫人、陳受康等來見。夜裏，李青來來採訪新聞。

一九六二年一月八日【聯經版第十冊頁三八五三／油印本第二十八冊頁二三一—二四】

一月八日（星期一）早上胡頌平到了醫院，先生就問這件事情有什麼進展嗎？胡頌平說：「樹人正在策劃中。他已負起責任替先生處理，請先生不必操心了。」先生又說：「我有幾分對他不起嗎？」胡頌平說：「量宇近年辭過好幾次，先生都是慰留的。這回他說不給他辭職，他的性命都要送掉，才答應考慮他的行政部分的工作，又不是整個准他辭。這有什麼對他不起呢？」

宋瑞樓大夫來談先生出院後的休養方法。先生請他把積極的和消極的都開出來，可以遵照他的指示休養。

來簽名的有許菱祥、傅啟學、王朱學勤、應文嬋、陳則裕等人。

朱家驊來談，他已勸過量宇了。先生說，樹人已替我處理，我可以不管了。朱家驊覺得先生在養病期內，量宇根本不應該將辭呈送來的。

下午，金承藝帶一封信來看先生，說量宇的辭呈是一種姿態，要用辭呈來試探先生支持他的程度，不料頌平率直告訴他。金承藝問先生可否去一封信慰留？先生說：「慰留信是不能寫的。我因為相信他的病體，才有要頌平轉達的話；我如再寫信慰留，把他看成怎樣的人了。現在已交給樹人全權處理；如果他們能夠代我留住量宇的話，我也十分高興。」

高天成、王子瑜等來看先生。

今天楊樹人再度去看郭廷以。郭廷以問楊樹人，他有何面目可以再回近代史所，回去的條件怎樣？這樣的說法，可以轉圜了。

一九六二年一月九日【聯經版第十冊頁三八五三／油印本第二十八冊頁二四—二五】

一月九日（星期二）上午，李濟來談。胡惠宣來見一面。沈志明來簽名。

楊樹人來談再度去看郭廷以的經過情形。決定先把諮詢委員會開起來；讓諮詢委員會成立之後，那時先生再寫信給郭廷以好了。

下午，近代史所的呂實強、王璽、趙中孚、夏師然等來問病，同時向先生表示慰留所長郭廷以的感謝。

袁貽瑾來談四分鐘。沈剛伯來簽名。新聞記者黃肇珩等來採訪明天出院的日期。

今天談起總幹事人選，有些人怎麼請他不肯做，有些人怎麼也不肯放，人品的距離，真不可道里計。

先生談起男人的平均高度，說：「我在美國當學生時的身高五呎六。現在標準是五呎七了。祖望比我低兩吋，思杜比我高兩吋。我的父親是很高大的，肩膀闊，背厚，思杜有點像祖父。我父輩的伯父，有的瘦長，有的矮胖，我的堂房兄弟也是如此。」先生又說：「這幾十年來，由於大家知道營養的關係，尤其是牛奶。牛奶裏面的鈣質幫同長骨頭的，所以普遍的增高了。」

一九六二年一月十日【聯經版第十冊頁三八五四／油印本第二十八冊頁二十七】

蔣復璁、楊亮功、查良釗等來勸〔歡？〕送先生出院。

先生和郭廷以通過一次電話，說，我已委託樹人全權代我兩次慰留你，希望你和他的談話可以成功……。

上午十時，先生到對面病房特二號看了梅貽琦，就出院了。到了福州街二十六號暫住。

十一點半，萬紹章來請示院士會議的日期。……

錢思亮夫人、陳雪屏夫人來見。

下午，李榦夫婦、錢思亮、胡老宣等來談。

有給葉良才的電報：

Honorably discharged today after 45 days hospitalization. President Chen may accompany me to March metrch meeting, kindly inform Kwyu and Tsuwang Hushih

今天〔中央日報〕、〔中華日報〕、〔公論報〕、〔徵信新聞〕等報紙根據中央社的電報，報導先生出院的消息。

一九六二年一月十一日【聯經版第十冊頁三八五四—三八五五／油印本第二十八冊頁二八—二九】

今天各報報導先生出院的消息，詳略不同。〔新生報〕和〔公論報〕都有出院時的照片。

上午，楊樹人來談郭廷以的事，……

快十二點了，先生在房內走廊上散步了一百五十步，就站在走廊上欣賞院子裏盛開的黃櫻。胡頌平說：「今天〔古春風樓瑣記〕裏記載翁松禪和湯夫人伉儷甚篤，從無間言，只是他有一個怪癖氣，鼻孔裏聽到女人的頭髮氣味，便要作嘔；所以夫婦間只有愛而無慾，子女也無由而生了。」先生立刻說：「你說錯了！這是『聞到』，不能用『聽到』的。在北方，決不會說『聽到』的。一般常說『聽見』兩字，也是錯的，只能說『聞見』。〔琵琶行〕上『我聞琵琶已歎息，又聽此語重唧唧』，這裏『聽』『聞』兩字都用得對，就是倒過來用也行。杜甫詩『心清聞妙香』，這是鼻嗅，亦作『聞』。『聞』字在宋詞中是當『乘』『趁』字解的，我在〔詞選〕中已有說明。」

（註）：「聞」當「乘」「趁」字解，編者曾翻查〔詞選〕，沒有查到。可能是編者聽錯了。

下午三點光景，……

徐可熛來談科學會的事。

飯後，先生要把信稿先送給樹人……

一九六二年一月十二日【聯經版第十冊頁三八五七／油印本第二十八冊頁三三】

夜，毛子水來談。

一九六二年一月十二日【聯經版第十冊頁三八五七／油印本第二十八冊頁三三—三四】

上午，將給郭廷以的信發了。又給李濟一封短信，把他昨天在蔡元培生日紀念會上講的「中國上古史的重建問題」的演講詞還給他。

馬祖聖夫婦來見。

下午四點二十分，劉崇鋐來談十分鐘。胡文郁來稍談。

五時，郭廷以來談半小時。……

一九六二年一月十二日【聯經版第十冊頁三八五八／油印本第二十八冊頁三五】

今天〔民族晚報上〕有「徐復觀大張撻伐」……他不怕有識人士的譏笑，簡直是妄人一個，所以我們沒有讓先生知道。……

晚上，胡文郁來談片刻。

一九六二年一月十三日【聯經版第十冊頁三八五九／油印本第二十八冊頁三七—三八】

下午，羅家倫來談二十多分鐘。……

陳雪屏給先生一信，是為〔孔孟月刊〕的全年經費二十四萬元，請求科學會補助的事。先生寫了一個便條，要胡頌平去看徐可熛。徐可熛說依照「學術研究刊物補助費專案小組會議紀錄」，規定「補助數目以不超過其所需出版費用百分之五十為原則」。「在同一年度內，最多以新台幣四萬元為限」。又「以發表研究工作之學術性專著為限」，及「創刊號刊物，暫不予考慮補助」。胡頌平復命之後，先生說：「依照這個小組會議紀錄，我們不能解決〔孔孟月刊〕的困難，又不能立刻把自己的議決案推翻；而且不可開端，開了一個端，別的刊物也來申請，就困難了。」於是電話給徐可熛，請他先和王世杰、黃季陸兩人商量辦理好了。

此時黃季陸送來一封信，附有「電視廣播電台計劃書」，說此項創設費需要美金一〇八、一六三・三四元，擬請在科學會基金項下撥付。先生也寫了一個條子送給徐可熛：

請公起兄想想這封信應否提出執委會討論？我的first reaction是，這個計劃是不在本會工作範圍之內的。

適之　五十、一、十三。

一九六二年一月十四日【聯經版第十冊頁三八五九／油印本第二十八冊頁三八】

上午來訪的有夏濤聲、李先聞夫婦、錢思亮夫婦、余昌之等人。

下午，毛子水、阮維周來談一會。

李宗侗來談三十分鐘。……

一九六二年一月十五日【聯經版第十冊頁三八六一／油印本第二十八冊頁四一—四二】

上午，錢思亮夫人來談。

有給李宗侗的便條：……

這兩天，先生在看〔大藏經〕的史傳部。有時上床休息時，也帶在床上看。這麼厚的精裝本〔大藏經〕在床上來看是非常辛苦的。護士小姐把它收好放在書架上，一會兒又被先生拿去看了。

下午，梅貽琦夫人陪她的女兒來辭行。

今天先生看見〔中央日報〕上……下午又在〔民族晚報〕上看到邱有珍將有給先生的公開信……

查良釗來，留此晚飯。

一九六二年一月十六日【聯經版第十冊頁三八六一—三八六二／油印本第二十八冊頁四二—四三】

上午十時，李濟來談五十分鐘。

有復Edward L. Rada的短信。Rada想向先生借一本書，答應回到南港後，檢出借給他。

下午，陳炯明來做心電圖，……

徐可熛來談〔孔孟學報〕及電視教育計畫補助費的事。

五時，瑞典語言學家Soom Egerod夫婦，由董同龢陪同來見，談二十分。

楊樹人電話報告，……

接到一位姓郭的來信。信裏說：「頃於夢中見先生伏案書七言絕句於紙上，晚則磨墨在側。醒後驚歎不已，殆私淑之心切，有以致之歟。」接著就請先生便中寫一張條幅給他。先生笑著說：「這也是要我寫字的一法。」

又接到任以都、任以安姐弟兩人的信，都是報導他們的父親任鴻雋去世的消息，還附來他們母親陳衡哲的悼亡詞三首，先生看了很感動，說：「叔永還有一個女兒以書是我的乾女兒，現在大陸。我要復他們一信。」＊

【＊聯經版此則記事繫於十七日，與復任以都姊弟信在一起】

今天先生談起台北的地名。說「譬如徐州、處州、衢州三個地方，不能在一個城市同作地名用的，因為聲音相同，容易弄錯。」

一九六二年一月十七日【聯經版第十冊頁三八六二／油印本第二十八冊頁四四—四七】

上午十時五十分，羅光由蔣復璁陪同來……

今天〈徵信新聞〉上有「立委邱有珍發表公開信向胡適博士質疑」的報導。先生吩咐胡頌平，先將這一期的〈中外建設〉、〈學粹〉、〈政治評論〉、〈人生〉等雜誌買一份來擺起來。胡頌平說：「像這些雜誌上批評先生的文字，連我都不看的，——實在不值得一看。」先生說：「你以為我看了會生氣嗎?我就是看了也不會生氣的。你還是替我設法收起來。其餘如〈學宗〉、〈新時代〉也替我收起，我需要看一看〈新時代〉。」先生因而談起以前的事：

「我當中國公學校長時，住在上海極司斐爾路，蔡先生住在隔壁。有一天，楊杏佛在一個中央什麼會上大罵我。楊杏佛是我的學生。隔了幾天，蔡先生帶楊杏佛到我家來道歉。我告訴他們，『〈西遊記〉的第八十一難』，我覺得原文寫得太寒傖了。我想把它改寫過。唐僧取經回來，還少一難。他出去時，在路上被他的三個弟子打死的許多冤魂冤鬼，這時都來報仇了，唐僧承願捨身，把他的肉一塊一塊的割下來餵給一班冤魂冤鬼。他們吃了唐僧的一塊肉，可以增長一千歲。我來捨身，使他們可以超升，可以報帳。」先生又說：「那篇文章是在那件事以後寫成的。」

胡頌平說：「要想吃先生的一塊肉而可以超升的人，現在還是有許多；可是他們能夠超升嗎？像朱子時代攻擊朱子的人也有許多，他們能夠絲毫影響朱子在歷史上的地位嗎？我讀〈哥德對話錄〉，哥德把攻擊他的人分作四類，大意是：

第一類是愚昧的攻擊者，他們不能理解哥德而非難的人。第二類是羨慕哥德的名望而攻擊者，他們想破壞哥德的名聲，想毀滅他。第三類是自己缺少成就的攻擊者，他們不能原諒哥德而使他們相形見絀。第四類可以說是有理由的攻擊者。哥德自己說：『我也是人，也有人的缺點和弱點，我的作品也不免有缺點和弱點，不過我認真修養，所以能夠不停的進步；他們向我開礮時，我已經和他們隔開數里之遙了。』哥德又說：『又有多數人，因想法和見解歧異而攻擊我，諺語有云：『一株樹上沒有完全相同的葉子。』同樣的，在千人之中見解和想法完全一致的也怕沒有兩個。若是這樣假定，那麼我的攻擊者人數很多之事，倒還不如我還有許多人和同志之事來得奇怪了。和我同時代的人們都是和我見解不同的，因為那時候世人都傾向於主觀，而我卻很不利的全然孤立而客觀的努力。』」先生說：「現在也是如此。」

下午四點半，郭廷以來談。

五點黃季陸來，談了一點鐘。他去後，胡頌平看見先生的書桌上一張小小的便條紙，用綠色原子筆寫了前人詠彌勒佛的對子：

大腹能容，容天下難容之事。
此公常笑，笑世間可笑之人。

大概是寫給黃季陸看的。

一九六二年一月十八日【聯經版第十冊頁三八六四／油印本第二十八冊頁五一】

今夜有復任以都、任以安姊弟的信。……

上午，楊樹人來報告諮詢委員會的開會情形。

朱家驊來談三十分鐘。

下午，宋瑞樓大夫來檢查身體，……

蔣復璁、沈宗瀚、藍乾章等先後來談一會。

一九六二年一月十九日【聯經版第十冊頁三八六七／油印本第二十八冊頁五六】

一月十九日（星期五）上午，勞榦來談一會。

下午，呂光來談一會。

夜裏，錢思亮來談一點鐘。

先生為了諮詢委員會的事情，要胡頌平去和楊樹人商談。

一九六二年一月二十日【聯經版第十冊頁三八六七／油印本第二十八冊頁五六—五七】

一月二十日（星期六）上午，勞榦夫婦來辭行。

下午，李先聞、毛彥文、羅家倫夫人等來。黎東方來談一刻鐘。

五點多，楊樹人來談至六點。

今天送蔣夢麟一部〈胡適留學日記〉，賀他的生日。

一九六二年一月二十一日【聯經版第十冊頁三八六七／油印本第二十八冊頁五七】

上午，陳雪屏夫婦、毛子水、楊亮功等來，……

先生要胡頌平去看郭廷以，告訴他所關心的幾件事，已和樹人談過，大概都沒有問題了。就是廿三日第二次諮詢會他想在福州街開會的事，那天醫生來檢查，醫生不會答應，胡夫人也不會答應，而且怕開了端，以後就不好辦了。

下午，水澤柯來談一會。程剛來。

一九六二年一月二十二日【聯經版第十冊頁三八六七／油印本第二十八冊頁五七—五八】

上午，虞舜來見一面。

先生要寄一封航空信給外國的朋友。說：「我覺得現在都變了。我在美國讀書時，還是火車的時代，現在火車輪船主要的任務是貨運，人的交通和信札的來往，都是航空的了，變成太空時代了。」

一九六二年一月二十三日【聯經版第十冊頁三八六八／油印本第二十八冊頁五九】

上午，王世杰來談一點鐘。查良釗來談十分鐘。

十一點四十分，宋瑞樓、陳炯明來做心電圖。……

一九六二年一月二十三日【聯經版第十冊頁三八六九／油印本第二十八冊頁六〇—六二】

下午，王志維來報昨夜去看李濟的經過。……

余又蓀來簽名。

先生吃了點心，梳一梳頭髮，覺得這次病後頭髮白得多了。胡夫人在旁說：「你打扮打扮，年紀輕得多，也很漂亮了。」先生笑著說：「江冬秀小姐，我從來沒聽過你說我漂亮，從來沒聽過你說我漂亮的話啊！」

胡頌平在〈自由報〉（一月十七日）上看見馬五寫的「由文章談到胡適」一文，裏面有一般人不應該隨便想摧毀一個學人那些話，但我覺得馬五並沒有怎樣認識先生。先生說：「你要知道，〈自由報〉是接受補助的三月刊啊。」胡頌平又說：「十九日〈中央日報〉有康華的『看了一段劍俠傳』的短文，好像是打抱不平的文章，也是有感而發的。」先生說：「我不曾注意到，前幾天有人提起過。」

有一位客人帶來他的朋友替人家寫的一篇壽序給胡頌平看，胡頌平覺得不妨讓先生看看，一定看出許多毛病來。先生看了一遍，說：「文章分散文駢文兩種。所謂散文，就是古代的白話。駢文是用代詞的。在散文裏用代詞是犯忌，因用代詞，就不說老實話了。駢文還喜用對子，在散文裏也是不得已才用對子的。韓退之的古文運動，就是要恢復古代的散文。古文經過了春秋戰國，到了秦朝有一千年的歷史，那時候的語言是活的語言。它用的代詞（所謂虛字）不錯，文法也不錯，完全是活的語言。如〈論語〉裏『夫子之求之也，其諸異乎人之求之歟』，這一句裏有十個虛字，可以說是最精密的紀錄下來。〈詩經〉裏『俟我於著乎而，充耳以素乎而，尚之以瓊華乎而』，也都把虛字紀錄下來。從夏商以來的東方語，十五『國風』都是。周朝是西方來的，我們叫做西土之言；如『小雅』，還有一部分民歌，還看得懂。至於『大雅』『周頌』，那是統治階級的語言，把虛字都略去了，沒有把虛字紀錄下來，我們現在就看不懂了。駢文也是把虛字略去，所以六朝隋唐的碑版文字，諸多不通的。古文運動是把〈孝經〉、〈論語〉、〈孟子〉當作教科書，每個人都要經過這個訓練，恢復周秦以前東方語的標準，這個叫做古文運動。作散文，不可用代詞，要說老實話，要寫得乾淨。」接著指出這篇壽序的許多毛病。

一九六二年一月二十四日【聯經版第十冊頁三八六九／油印本第二十八冊頁六二—六四】

上午，邱有珍寄來他的「一封公開信並質詢政府」……

先生說：「李敖的文章有許多不妥不對的地方，我想寫封信給他。」胡頌平說：「我知道有幾個朋友看了外面的批評文字，覺得忍無可忍，都要預備寫文章了。」先生說：「你勸他們不要寫，人家以為我叫他們寫的。」胡頌平說：「李敖的文章裏有『說他叛道離經則可，說他洪水猛獸則不可』的兩句話更不對了。世俗上指摘人家的著述及言行不正的叫離經叛道，先生整理國故，只是要歸還經書的本來面目，至於先生的處世接物都是從『忠恕』兩字出發的，那麼的愛護人家，寬恕人氣，處處替人家設想，——我常說我讀〔論語〕，在先生身上得到了印證，他怎麼會說先生『叛道離經』呢！我認為他還沒有認識先生。」先生說：「這是人家說我的話，李敖也跟他們一樣的罵我。他說的『道』，是他們的所謂『道』；他說的『經』，也是他們所謂的『經』。」

先生因而談起前幾年到台中去避壽，住在霧峰。那天台中農學院的王志鵠請我去演講。孔達生和我同車到農學院去。在車上，我還沒有演講的題目。我對孔達生說，你姓孔，我還是講我們的老祖宗吧。我們的老祖宗孔夫子是近人情的，但是到了後來，他們走錯了路了，纏小脚、八股文、律詩、駢文，都是走錯了路。我講演之後又到東海大學去。吳德耀又要我講演，我婉謝了，但他開一個茶會招待我，我把剛才演說的要義又說了一遍。當時徐復觀就說：「胡先生，纏足不是中國的文化。」我說：「小足纏了一千年，纏小足不算是中國的文化，那班宋元理學叫作文化嗎？」現在我那篇演講，算是給了徐復觀一些資料了。徐復觀的文章，我真的看不下去了。

下午，馬逢瑞、張超、張姜蓉淑、羅繼生、羅胡秀芳、孫德中、李宗侗，都來談幾分鐘。

今天接到王世杰的復信，……

一九六二年一月二十五日【聯經版第十冊頁三八六九／油印本第二十八冊頁六四——六五】

今早胡頌平到了福州街，先生說：「昨夜二級的地震把我驚醒了，後來就睡不好，如果有客人，你看有沒有事情，有事情的告訴我。我需要休息一下。」

上午，唐子宗、胡鍾吾來，他們知道先生在休息，就不過來了。徐可熛來，留下一個簡單的報告。

中午，葉公超來談。

下午，夏濤聲、孔德成來，各談幾分鐘。

先聞代擬的復Miss Bishok的英文信……

今晚是總辦事處同人年終的聚會。先生要胡頌平告訴大家：今天總辦事處同人聚餐，我特別高興，可惜我不能參加。你替我謝謝大家一年的辛苦，並祝大家快樂。

一九六二年一月二十六日【聯經版第十冊頁三八七〇／油印本第二十八冊頁五七—五八*】

正在這時候，朱家驊打電話來問胡頌平：……

凌純聲來謝謝先生幫助他的民族所的建築費，談了片刻。看了幾封信，帶了幾本書，就回福州街寓所了。

施建生來，未晤。

下午，Wakelley由慕可山陪同來見，談十分鐘。

先生約徐可熛來談中基會的事，約二十分鐘。

有給黃季陸、韓鏡塘等簡短的謝信。

晚上，談起佣人的問題，……先生想起今天〔中央日報〕上……

夜裏，梁序穆來談片刻。

【*油印版的頁數編到六十六頁，又從第五十七頁編起！】

一九六二年一月二十七日【聯經版第十冊頁三八七一／油印本第二十八冊頁五八】

一月二十七日（星期六）上午，梅耶爾（Myers）由沈宗瀚陪同來訪，談了五十分鐘。

下午，萬紹章、郭廷以來談公務一點多鐘。

嚴耕望來簽名。

今天先生談起「我的太太喜歡做些茶葉蛋、雪裏蕻或者別的菜分送朋友，等於會作文章的人把自己的文章給人家看一樣。」

一九六二年一月二十八日【聯經版第十冊頁三八七一／油印本第二十八冊頁五九—六一】

一月二十八日（星期日）上午，劉彭壽、潘貫、錢復等來談片刻。

下午五點多，錢思亮來談先生出國的問題。他說雪艇是反對的，雪屏倒贊成，最後還是要聽醫生的決定。

今天談起姚從吾、蔣復璁等想給朱家驊先生七十歲生日出一本紀念論文集。胡頌平說：「他們的意思，想請先生寫一篇一二百字的弁言放在卷首，才能壓得住這本紀念冊；可是在這個時候，誰都不敢請先生寫文章。」先生說：「到時我可以寫，或者整理一篇舊的文稿給他們。」接著，忽然想起似的說：「頌平，今年是朱先生的七十歲，你應該替他寫一本年譜。朱先生從政之後，沒有時間著作了，但他的事功並不比有著作的人不重要；你比較熟，你把它寫出來。」（參閱〈朱家驊年譜〉後記一，傳記文學社出版。）

先生送給他的司機汪克夫一本〈聖經〉，在扉頁上題了一面的話：

> 這本白話的〈新舊約全書〉是王亮疇夫人送我閱讀的，因為我已有了這個本子，所以我把這一本轉送給汪克夫君。〈舊約〉是猶太民族的寶典，〈新約〉是基督教徒的聖書。克夫是基督徒，我盼望他能讀「馬太」、「馬可」、「路加」三福音（第四福音是後來才出現的）。我盼望他至少能細讀耶穌「上山教訓」（馬太第五、六、七章）：那是世間最可寶貴的文字。

胡適 一九六二、一、廿九。

編者附記：今天是「廿八」，先生寫作「廿九」。

先生談起「李田意是耶魯大學的副教授，他因為升不到正教授，要到別的大學去。在耶魯，副教授升正教授是很困難的。耶魯因他要走，也預備升他為正教授，寫信來問我的意見。我就不太知道李田意這個人。我早上打電話問濟之，濟之對他很佩服，預備將來把史語所交給他。我問他為什麼這樣佩服他？他也說不出理由。我又問他李田意的為人與著作，濟之說正要問我呢。大概他也接到耶魯向他徵求意見的信的關係。」先生要王志維把〔清華學報〕及有李田意文章的幾期和別的著作，設法查出帶來看看。

一九六二年一月二十九日【聯經版第十冊頁三八七一／油印本第二十八冊頁六一—六二】

上午，喻嫻才、殷張蘭熙來訪，談了十分鐘。

先生看到〔續資治通鑑〕……下午，先生知道吳大猷、劉大中……買來。

晚上，樊際昌夫婦、張祖詒夫婦、童烈夫婦、程琪等來，都留此夜飯。

今天有一位美國國會圖書館的朋友來信打聽年初召開「漢學會議」的消息。先生因病了兩個月，不大清楚，要胡頌平去問蔣復璁。原來外傳的消息不確實，復了這位外國朋友一信。

一九六二年一月三十日【聯經版第十冊頁三八七一／油印本第二十八冊頁六二】

上午，陳炯明來做心電圖。

十二時，朱家驊來談四十分鐘。

下午，胡鍾吾、唐子宗、汪荷之等來請教〔續溪縣志〕的增補問題，談了一刻鐘。

今天有復程靖宇的信。……

一九六二年一月三十一日【聯經版第十冊頁三八七二—三八七三／油印本第二十八冊頁六四—六六】

上午，錢張婉度來看先生。

先生寫了一封給王道的信，……

先生又對胡頌平說：……

下午，鮑項惠珍來，梅貽琦夫人來。

于衡來談五六分鐘，楊繼曾來談十多分鐘。

一九六二年二月一日【聯經版第十冊頁三八七三—三八七五／油印本第二十八冊頁六七—七〇】

上午，美軍協防司令斯摩特由一位唐上校陪同來訪。斯摩特說他將滿六十二歲，快要退休了。他退休之後將做一件反共的事業，希望以後隨時要和先生聯繫。

胡鍾吾夫婦、邵人杰夫婦來談片刻。

今天〔聯合報〕上有于衡「胡適博士的寂寞」特寫，說先生寂寞的慌，所以上周到南港耽了一小時半。又說外界批評的文字，先生就沒有看見。又把他和胡頌平隨便談談的話也寫進去，寫了一大篇。先生對胡頌平說：「你要知道對新聞記者談話，任何一句話都要特別注意的。你隨便的說說，在他們都當做資料用了。除非你特別關照他不要發表。今早邵人杰和江瑞波夫婦來，就是看了今早的報才來的。于衡，是個多精明的記者。」

下午，彭騏來訪，談五分鐘。談起「當年住在上海極司斐爾路的時候，鄰居是蔡元培先生。陰曆元旦這一天，我和我的太太從外面回來的途中，準備到蔡先生家順便拜年。但想想蔡先生是一位國民黨黨員，可能是過陽曆年的，正在躊躇的時候，從玻璃窗外看進去，他的客廳裏點著一對大紅蠟燭，於是大膽進去了。原來他家裏過年的氣氛比任何人都濃。」又談起「今年的陰曆元旦，天空中將有『五星聚奎』的奇觀，據說四百年才能遇見一次；其實太平天國時也見過。」（參閱彭麒「爐邊閒話」，二月五日〔

徵信新聞）及二月十日（自由報））

今天有給李青來的信。……先生寫了這信，說：……

今夜有給錢思亮的信，未錄稿。

一九六二年二月二日【聯經版第十冊頁三八七五／油印本第二十八冊頁七〇—七一】

今早胡頌平到了福州街不久，先生說：「徐小姐明天起不來了。我的意思以後她就可以不來；但我太太的意思，要徐小姐過了年之後，每天還是來看看。你，明天起也不要來，我這裏沒事。等到春節兩天假之後再來。你給我花了這麼多的時間。過年了，孩子也回來了，應該帶住孩子們玩幾天。你在此地，你會叫我不安的。」先生這麼說，當然遵照先生的意思，決定明天起不來了。

先生看了報，說（中央日報）上有一小塊報導二月二十四日舉行院士會議的消息。又說：「今天是孫連仲七十歲生日，你到革命實踐堂去代我簽名祝壽。」

錢思亮夫婦來談。

下午，陳炯明來做心電圖。……

沈志明來。沈剛伯來簽名。

一九六二年二月五日【聯經版第十冊頁三八七六／油印本第二十八冊頁七二—七三】

今天是春節。

到福州街簽名拜年的有俞汝良、王志維、萬紹章、羅愛林、徐可熛、胡鍾吾、胡朱佩玉、董鴻宣、董胡秀實、林霖、胡頌平、胡宏述、程剛、鮑良傅、項惠珍、余秉雄、李淑珍、汪和宗、楊希枚、張祖詒、江小波、孫乾方、經棣生、凌純聲、郭廷以、江學珠、曹建、唐文笙、夏濤聲、徐秋皎、童烈、童碧蓮、童寶圭、程敷琨、薛世平、阮維周、程維賢、程鄔淑亨、蕭給徽、孫德秀、朱受頤、劉真、石裕清、馬逢瑞、張國健、楊時逢、花房英樹、高去尋、嚴耕望、丘其謙、李新民、黃榜銓、陳雪秋、佐佐木重夫、石璋如、文崇一、石磊、張翰書、錢思亮、錢張婉度、錢復、呂仲明、屈萬里、費海瑾、楊西崑、楊葉寶琨、江公正、王光明、毛子水、沈志明、沈中行、魏嵒壽、錢純、程琪、許振榮、王九逵、許振發、李榦、李黃孝貞、虞舜、徐菲如、查良鑑、查良釗、施拱星、楊兆慶、羅家倫、張維楨、劉紹唐、李先聞等人。還有一部分留片拜年的。

有復吳大猷的信。……

一九六二年二月六日【聯經版第十冊頁三八七八／油印本第二十八冊頁七五—七六】

今天簽名拜年的，有劉彭壽、姚從吾、姚陳絢、胡薛嫣珍、胡宏蕤、芮逸夫、王世杰、汪荷之、汪美玲、汪章愛春、王雲蓀、王游建因、胡文郁、汪亞男、張貴永、李超英、馮文麟、李錦屏、杜元載夫婦、陳雪屏、林敏、錢用和、唐子宗、高化臣夫婦、潘貫、梁序穆、陶一珊、成舍我、齊世英、張儀尊夫婦、戴運軌、田蘊蘭、張慶楨夫婦、李熙謀、金克和、阮定璧、汪厥明、朱家驊、王文淵、劉崇鋐等。

蔣經國來拜年，……

一九六二年二月七日【聯經版第十冊頁三八七八／油印本第二十八冊頁七六—八〇】

上午，李濟來談。錢思亮來談。

十時五十分，先生要到南港去看看，由胡頌平、徐秋皎陪往。在車上，胡頌平談起李敖的事，說：「前些時，吳相湘曾用姚從吾的名義去和羅家倫接洽，希望能給李敖兼一個名義，每月送一千元給他，這樣，李敖的生活可以安定下來。」先生問：「這事決定了嗎？如果未決定，叫他不要去，我可以每月送他一千元，讓他在我此地摸摸，對他也許有益。」胡頌平說：「聽從吾說已決定了。可否讓我再給從吾說，叫他辭掉那邊，再到先生這邊來好嗎？」先生說：「已經決定了，你不必說了。」

胡頌平又說：「聽說吳健雄、袁家騮都能回來出席院士會議，那時我想發動中公校友會去歡迎。」先生想了一想，說：「不必。他們來的時間很迫促，在此沒有多的時間耽擱。健雄後來是中央大學畢業的，讓中大給她去歡迎吧。」先生又說：「中公的同學們時常送禮，叫我心裏不安。他們送東西給我，我不會買東西還他，也沒有時間去買，只會增加我的不安。你通知他們以後不要送了。」

到了南港住宅，……

先生去看傅斯年圖書館，吩咐管理人員檢查全部圖書的卷數，說：「十幾年前已有二十萬冊，現在至少也有三十萬卷，為什麼不檢查一下總冊，還用十幾年前二十萬卷數？」先生又說：「上午濟之來說，希望圖書館有一個匾額，一副對聯，要我寫。我對他說，如果有一副對聯的話，還是用傅孟真的『上窮碧落下黃泉，動手動腳找東西』那副對子吧！從前說的『一物不知，儒者之恥』這句話，現在誰也不敢說了。」先生在圖書館門前仔細看了一遍，認為如要一個匾額，不如請于（右任）先生寫幾個大字在門口的橫樑上，先生自己不寫了。

十二時四十分，從南港動身回到城裏。先生在車上翻翻帶回來的〔自由報〕（二〇七期），上面有一篇諸葛文侯的「難忘的史事」。其中說先生從前到山西去，把「崞縣」的「崞」字唸作「惇」字，讀錯了。先生說：「其實並不是讀錯。我當時只說我不認識這個字，更沒有讀成『惇』字。梁上棟的父親是我的朋友。他是崞縣人。他說『崞』字讀『郭』音。」

在這篇「難忘的史事」裏，有閻錫山集句的對聯：「都督閻公之雅望，晉國天下莫強焉」。先生問胡頌平知道兩句出處嗎？胡頌平說：「下句出〔孟子〕，上句很熟，想不起了。」先生又問：「『滕王閣序』你不是讀過了嗎？」胡頌平說：「我是讀過的，但記不起了。這是我讀書不熟的毛病。」

下午，有給蕭作樑的信。

作梁先生：

真真對不起你的好意。

九月底收到大札後，不久我就病了；到十一月初，我就聽醫生的命令睡下了；十一月廿六日就進台大醫院去療養，到今年一月十日才出院。因為南港附近沒有醫院，所以醫師和朋友都勸我暫住台北，暫不回南港。

今天上午回到南港，看見你的稿本，心裏惶恐慚愧之至！趕快取出，叫人送回。草草短信道歉！敬祝新年平安百福！

弟 胡適敬上 五十一、二、七。

蔣復璁、傅俞大綵、項惠珍、程琪、胡漢文夫婦、江小波、阮維周、樊際昌夫婦、錢張婉度等來拜年。

毛子水來。他看了先生廿歲寫的「康南爾君傳」之後，覺得先生那時候已經寫得那麼清楚了。先生說：「我那時還寫古文，現在看起來那個調子覺得有點難為情。那時敍事文受了林琴南的影響。林琴南的翻譯小說我總看了上百部；還有一些受了〔聊齋〕的影響。說理的文章是受嚴幾道的影響，但嚴幾道寫得太用氣力了，還是受梁任公的影響多。任公的文章是從八股出來的，你看他文章裏的有些排比的地方是從八股出來的。章實誠也是從八股出來的。我那時的文不如詩：詩已有了家數，能夠達意，不用典了。」

先生又說：「最近〔孔孟學報〕和〔大陸雜誌〕上都有『者』字的文章。他們把〔論語〕裏的『者』全部引了，都不高明。他們說『焉』字可當『之』字解，也引了許多例子；但『愛之能勿勞乎？忠焉能勿誨乎？』的一例，他就不舉了；因為這個『焉』字不能當『之』字解；避開這個例，就不對了。」

客人走後，有復黃季陸的信。

一九六二年二月七日【聯經版第十冊頁三八七九／油印本第二十八冊頁八二】

黃季陸來，……

李青來、孫如陵、余又蓀、梁又銘、錢復等來見。

一九六二年二月八日【聯經版第十冊頁三八七九／油印本第二十八冊頁七二—八三】

上午，金承藝、胡祖亮、延國符等來簽名。沈剛伯夫婦來，談了十分鐘。

九點半，先生出去理髮了。劉崇鋐來對胡頌平說，上星期諮詢委員會開會的經過情形，楊樹人不願參加，只有姚從吾、張貴永、郭廷以和他四個人。他說這個會除非先生當主席，以後怕無法再開了；如要先生當主席，誰也不敢請，現在又沒有誰能傳達先生的意旨，以後就不能開了。樹人要他來報告先生。他託胡頌平遇機代為報告，簽了字就回去了。

一九六二年二月八日【聯經版第十冊頁三八八〇／油印本第二十八冊頁八三】

下午的客人有童烈、陶希聖、吳康等。

一九六二年二月九日【聯經版第十冊頁三八八〇／油印本第二十八冊頁八三—八四】

二月九日（星期五）上午，胡頌平把昨天劉崇鋐的話代為報告了。先生說：「諮詢會不必每一個星期開一次，以後我可以去主席。」先生談起「前些時我問公起，科學會已經花了幾億的錢，為什麼會內請不到專任的人把工作好好的推動？公起寫一個英文的書面文件給我。這個文件說最高的機關首長只有台幣六七百元的薪水（像我八百元，台大校長七百三十元），連同一切補助費，如眷屬補助費每口二十元，以五口為度。如醫藥費，什麼費都在內，最高不過四千元。眷屬每口補助費二十元，只值美金五角；沒有房子的房租津貼每家四十元，值美金一元。這樣全部算起來，最高的約兩千元台幣，值美金五十元。

低級的只有六七百元，不過美金十五六元。由於待遇低的緣故，一時還不易請到專任的的確能幹的人員。」先生說到這裏，要看他自己的薪俸袋。原來先生的底薪八百元，統一俸只發七百元，全部也不過台幣兩千多一點。

先生寫給任以都、葉良才的短信，都不曾錄稿就發了。

又修改了「康南耳傳」十五六處。

下午，徐可熛來談科學會的公事五十分。

馬祖聖、謝仁釗夫婦等來簽名拜年。

一九六二年二月十日【聯經版第十冊頁三八八〇／油印本第二十八冊頁八四—八九】

上午，宋瑞樓來檢查身月體。……

有給沈昌煥的信。

昌煥吾兄：

去年兩次因病住醫院，都蒙老兄殷勤慰問，不勝感謝。

去年我因病沒有能去華府九月七日的中華教育文化基金董事會的第三十二次年會，那個會改期於今年三月十五日仍在美京中華民國大使館開會。去年大部曾請葉公超大使列席為觀察員。今年三月十五日之會，公超兄遠在國內，應請大部就近另派一人列席為觀察員。蔣廷黻大使是該會董事兼副主席，故最好請吾兄於廷黻之外另選一人，派定後請賜示知為感。

弟胡適敬上 五十一、二、十。

又給黃季陸一信。

季陸先生：

中華教育文化基金董事會的第三十二屆年會原定於去年九月七日在美京中國大使館開會，曾由教育部指派文化參事曹文彥先生列席為觀察員，後來因為我病後尚未復原，不能飛去赴會，故九月七日之年會改於今年三月十五日在美京中國大使館開會。大部是否仍派曹文彥先生為觀察員？乞賜示知為感。

弟胡適敬上　五十一、二、十。

下午，陳雪屏夫人、程天放、江小波等來談一會。馬熙程、馬維君、林浩、傅恬修等來簽名拜年。三點光景，先生對胡頌平說：「康南耳是個有天才的人，他沒有受過什麼教育，從少做工匠，但他的成就多大。」一面翻開傳文指著「君所遺之田」的「田」字說：「這裏的『田』字應該是『地』字。那時綺色佳的官地都長滿原始的樹木，要把樹木砍了，連樹根也挖了，才能變成可耕的田。那時我的年紀輕，就誤用『田』字了。我已修改了十五六處。我想考證一下寫這篇〈康南耳君傳〉的年月。你如方便的話，可否將你家的〈胡適留學日記〉借給我一查。」胡頌平立刻回家去取來，先生翻了〈留學日記〉之後，寫了二月十日的日記：

前天收到任以都從美國寄來的「康南耳君傳」影印本，是從〈留美學生季報〉民國四年（一九一五）春季第一期影印下來的。

此傳中說康南耳大學於一八六八年十月七日行成立禮，又說「成立之後四十三年，……乃有學生五千餘人，為世界有名大學之一。」因此我推算此傳是一九一一年寫成的，已在五十一年前了！

前天我細讀此傳，覺得傳中寫兩件大事，——一是康南耳先生創辦北美洲電報事業，一是他與白博士（Dr. Andrew D. White）創立康南耳大學，——都還能運用原料，敍述的頗明白清楚，——雖然全文是用古文寫的。我修改了十幾處，準備將來收在文存裏。

今天我檢看我的〔留學日記〕卷一，果然此傳是一九一一年寫成的。今鈔那年的日記於下：

二月十六日：前此此間中國學生會擬著一書曰〔康南耳〕，余亦被舉為記者之一。今日諸人分任各事，余分得本校發達史（historical development）。

四月五日：讀Andrew D. White自傳，……計二巨冊，亦殊有趣味。

四月八日：讀本校創辦者康南耳君（Ezra Cornell）傳。此傳為君之長子Alonzo（後為紐約省總督）所著。

四月十日：作「康南耳傳」，未完。

六月廿七日：作「康南耳傳」，未完。

六月卅日：作「康南耳傳」，未完。

八月廿一日：下午至藏書樓作「康南耳傳」。

八月廿二日：作「康南耳傳」，凡五六千言。擬係以短論，久之未成。

八月廿五日：作「康南耳傳」結論，約三百餘字，終日始成。久矣余之不親古文，宜其艱如是也。

九月三日：改「康南耳傳」結論，刪去二百字，存百字耳。

九月廿五日：在藏書樓閱書為作本校發達史之材料。史目如下：

第一章　概論

第二章　白（White）校長時代

第三章　亞當（Adams）校長時代

第四章　休曼（Schurman）校長時代

九月廿六日：至藏書樓讀書。作校史第一章，未成。

十月廿二日（星期）：演說會（中國學生自己組織的中國語演說會）開會，余演講Ezra Cornell之事跡。

這是「康南耳傳」的小史。

一九六二、二、十。

（官地捐興學案百年紀念年）

這篇日記，就是以後〔康南耳傳〕的自記。全傳文長不錄。（見〔文星〕雜誌五十三及五十四號）

一九六二年二月十一日【聯經版第十冊頁三八八〇／油印本第二十八冊頁八九—九〇】

上午，張乃維、居載春來談片刻。

下午，許明德、韓詠梅等來訪。

今天有復程靖宇的信。……

一九六二年二月十二日【聯經版第十冊頁三八八一／油印本第二十八冊頁九一—九三】

今早接到吳健雄二月五日的信，……先生看了這信很高興，於是電話王世杰，約他來商量。

十點多，王世杰來談一點多鐘。

朱懷冰來，知道先生很好，就說「我不打擾胡先生了。」託胡頌平代為問候。

上午有給夏濤聲的信。

濤聲兄：

謝謝你轉寄的幼椿兄近作一文。

幼椿此文立論很平允，他批評張曉峯的「遠古史」也很切直。你寫信時，請代致意道謝剪寄此文的好意。

匆匆敬問　府上都安好。

適之 五一、二、十二。

編者附記：夏濤聲轉寄的剪報，是李璜的「強調中國文化並不足以反共抗俄」一篇文章。李璜先舉出兩種障蔽，一種是對自己文化發生一種神聖不可侵犯的觀念，一種是反共失敗的責任一併推在五四運動的新文化主張上去。他說「愛護中國舊文化的先生們不是說古先聖王的思想及其制作，行之萬世而皆準，放之六合而皆通嗎？且五四時代不乏衛道之士，為什麼只經蔡孑民、陳獨秀、胡適之，……幾位少數文人學者出來一提倡新文化，便在數年之間，會把幾千年蘊釀出來的博厚高明的中國舊有文化變成真空？這道理是說不通的。何況在五四以後，還有孫中山先生三民主義的講演接著發表出來，一向國民黨的理論家不是常說三民主義的博大精深，乃是集先聖先賢之大成，而為三十年來的全國精神領導，為什麼還說中國文化會變成真空，而給予中共以混淆人心的機會？這不更是為完全推卸自己的責任，而竟連孫中山先生及其對文化的貢獻也障蔽在視線之外嗎？……」

一九六二年二月十二日【聯經版第十冊頁三八八一／油印本第二十八冊頁九四—九五】

齊如山寄來〈國劇藝術彙考〉。先生……說：「我們京劇的劇本，真是民族的恥辱，沒有一齣有價值的，……恐怕一百齣也挑不出一齣罷。」

下午，郭廷以來談諮詢會的事。毛子水來談一會。

楊樹人來，……

這兩天〈民族晚報〉上李少陵的〈駢廬雜憶〉裏，把先生去年十月廿三日給他的信發表了。李少陵說四十二年在台南曾和先生握手過一次，一句話也沒有說，我總覺得見過一次面，總比沒有見過面好一點。最後是說他發表胡先生的信的理由，附錄於下：

昔汪鈍翁與友人論師道，謂當世可師之人，其經學修明者，曰顧亭林炎武、李天生因篤；其內行淳備者，曰魏懷極樞象、梁日緝熙。顧亭林聞而答之曰：學究天人，確乎不拔，吾不如王寅旭；讀書為己，探賾洞微，吾不如楊雪臣；獨精三〈禮〉，卓然經師，吾不如張稷若；肅然物外，自得天機，吾不如傅青主；堅苦力學，無師而成，吾不如李中孚；險阻備嘗，與時屈伸，吾不如路安卿；博聞強記，羣書之府，吾不及吳任臣；文章爾雅，宅心和厚，吾不如朱錫鬯；好學不倦，篤於友朋，吾不如王山史；精心六書，信而好古，吾不如張力臣。顧先生虛懷若此，可以風矣。而胡先生亦有之。故謹將其原函披露於上，雖未經胡先生同意，諒胡先生能默許之也。……（二月十二日〈民族晚報〉）（參閱本譜五十年十月廿三日條）

〈民族晚報〉還有一篇「老鄉詩戰」的標題，先引先生廿四年一月做的「飛行小讚」（引文有錯，甚至把「古人辛苦學神仙」整句都落掉了）詩，接著說：

當時陶知行先生覩此詩，大不為然，亦依其格調，作打油詩諷之：

流盡工人汗，
流盡工人血，
天上不須半日，
地上千萬滴。
辛苦造飛機，
不能上天嬉，
讓你看山看水，
這事大希奇。

時上海某報登載此一消息，其標題頗風趣，曰：「兩個安徽老。」

先生看了笑著說：「你看了陶知行的詩，可見他這個人一點幽默感也沒有。」

一九六二年二月十三日【聯經版第十冊頁三八八一／油印本第二十八冊頁九六—九八】

二月十三日（星期二）上午，先生和夫人到隔壁（福州街二十號）去看錢思亮。不遇，就緩步回來。

先生在總統去年祝壽冊上題了字，順便寫了兩張「容忍比自由還更重要」，一張送給徐秋皎，一張送給王志維。寫好之後，蓋了印，覺得有點累。說：「這個房間裏用電爐，我怕印泥容易乾了。」於是用紙把印泥包好，連同圖章裝在一個信封裏，自己收在抽屜裏了。

十二時，錢思亮夫婦來。

下午，蕭作樑來談三十分鐘。蕭作樑花了五年的工夫，研究陳副總統收集的上百箱的大陸資料，用英文寫成五部書；如用中文寫，忌諱太多了。先生說：「現在連〈清史稿〉也不能照原文影印，〈清史稿〉還有什麼忌諱呢？」

前年十二月裏，美國舉行一個科學會議，曾花了兩個上午和兩個下午討論大陸上的科學問題。在美國的中國科學家吳大猷、汪敬熙等人參加這個會議，他們宣論的論文印成一厚本，先生今天在看這本書。

四點多，先生看見胡頌平一個人在客廳裏看書，有點生氣似的說：「你為什麼不用座燈？為什麼要把自己的眼睛弄壞？」一邊說，一邊自己過來把座燈開了。

一九六二年二月十五日【聯經版第十冊頁三八八三／油印本第二十八冊頁一〇二—一〇五】

海耶爾、沈宗瀚告辭之後，……

客人走後，先生對胡頌平說：「你寫信托啟明書局代買齊如山的〈國劇藝術彙考〉四冊。大中來，我把齊如山送給我的一本借給他帶去看了。我答應買一本送給他。你不知道嗎？劉大中是個戲迷，他會唱，也會登臺表演的。中央研究院裏還有一位戲迷是楊聯陞，另有一位是李方桂的太太，她也會唱會做的。」

下午，先生談起「第四次全國教育會議」，第一天就是很亂。他們準備的資料要在開會前一天發給大家，叫人家怎麼來得及細看。第二組是審查有關課程提案，共有二十五人，據說是劉英士排列的。我問劉英士為什麼把這些人排在一組內？劉說：「在先生主持之下可以平衡平衡。」我說：「我是不來了。光是『修訂中學課程標準草案』就有這麼四百九十二頁的厚，我沒有工夫念了。」先生對胡頌平說：「這一組裏大都不是研究教育的，他們能審查什麼？」

今天各報報導先生昨天出席會議，有些記載不大正確，因為先生沒有說過什麼話。先生昨天出來時，甘立德跟出來問，先生說：「我寫了很多文章，但從來沒一篇是有關教育問題的。我對教育是個外行。」這幾句話。〔中華日報〕登在會議花絮中，那確是先生說的。

先生又說：「我的〔胡適論學近著〕裏有一篇談教育的文章，叫作『教育破產的救濟方法還是教育』，是一篇很短的文章。在這篇文章裏，我要很誠懇的對全國人訴說：今日中國教育的一切毛病，都是由於我們對教育太沒有信心，太不注意，太不肯花錢。教育所以『破產』，都因為教育太少了，太不夠了。教育的失敗，正因為我們今日還不曾真正有教育。」「我們只要能學耶穌的話來對這種人說：『啊，你們這班信心淺薄的人啊』！」

「我昨天很生氣，像王雲五先生等幾個人都說要延長義務教育，就沒有一個人替日本說一句話。這裏的六年義務教育是日本人費了幾十年的功夫奠定基礎的。在大陸上，何曾辦過義務教育？像北平、南京、上海、無錫、蘇州等地比較教育發達的地方，都不曾辦過義務教育。往年，蔡先生曾有一度想敲中基會的竹槓，要中基會拿出若干萬基金試辦一年的義務教育。我曾有信給他：義務教育是國家的事，應該由政府經費去辦，不能用中基會的錢。政府的錢大都用在軍費上了。我給蔡先生的信，收在我的日記裏。」

日本東京中華中學校長羅長闓二月十三日來信說：「民國四十六年教育部審定，四十八年十二月改編本三版之高級中學歷史教科書第二冊六十二面六行內，載有『湖南人曾靜大為所動』。又錢穆著部定大學用書，三十六年五月上海第一版之〈國史大綱〉下冊第五九八面七行中，載有『浙人曾靜讀呂遺書』。同一史實，前者載為湖南人，後者為浙江人，無所適從，敬祈賜示，以利教學」等語。先生看了這信說：「曾靜是湖南永興人，〈國史大綱〉記錯了。」於是叫胡頌平代復一信。

編者附注：這是有名的呂留良的案子。呂留良是浙江石門人。明亡後削髮為僧，著作多種族之感。他的〈維止錄〉，對滿清尤多諷刺的話。他死後，湖南永興人曾靜讀了呂留良的遺書，勸陝甘總督岳鍾琪起兵，為岳所賣。演成呂留良戮屍的大慘案。

張心滄從倫敦寄來吳世昌的英文〈紅樓夢研究〉（*On The Red Chamber Dream*，牛津出版）一本，把李祖法那幅冒牌的曹雪芹畫像印在首頁。今夜，先生有給張心滄的信，附去一份「關於曹雪芹小象的謎」那篇考據文章。此函未錄稿就發了。

先生在報上看見李湘芬的丈夫吳必彰自殺的消息，說：「我看他們當時結婚的排場不正常，就可以知道了。結婚，為什麼要那麼的排場！」

先生問胡頌平：最近一期〈民主評論〉上有一篇什麼人的序文，你看見嗎？胡頌平說，這個人的文章多會吹，吹得厲害。漢光武晚年有『厭浮華語』，我現在對於人家自吹的文章也覺得厭惡，看不下去了。

一九六二年二月十六日【聯經版第十冊頁三八八四／油印本第二十八冊頁一〇五】

上午，徐可熛來報告科學會開會的情形。

楊樹人來談院士會議時，……

一九六二年二月十六日【聯經版第十冊頁三八八四／油印本第二十八冊頁一〇六—一〇七】

下午，先生披上圍巾，……

四時，劉大中的夫人戢亞昭來訪。

五時，于衡帶同一位青年來見先生一會。

今天有復羅長闓的信。

長闓先生：

謝謝先生二月十三日的信。

先生信上說，「高中歷史標準教科書」和〔國史大綱〕兩書所藏曾靜的籍貫不同，無所適從。我們查得曾靜是湖南永興縣人，不是浙江人。

胡適敬覆　民國五十一年二月十六日。

又有復歐陽祺的信。

歐陽先生：

謝謝你二月八日的信，更謝謝你寄給我的彩色照片。

十一月裏，承任春暉同你和歐陽夫人，和黃、陳諸位到南港來看我，可惜時間太匆匆，我們不能多談。你們下次回來，可以住得長些嗎？

別後不久，我就病了，十一月廿六日進台灣大學附屬醫院，在醫院裏住了四十五天，今年一月十日出院。現已全好了。敬謝你的問候，並祝

雙安，並祝

中美協進會同人百福。

胡適敬上 一九六二、二、十六。

一九六二年二月十七日【聯經版第十冊頁三八八四／油印本第二十八冊頁一〇七—一〇八】

二月十七日（星期六）早上，先生在報上看〔杜詩評註〕的預約廣告，說：「註杜的以錢牧齋的為最好，但稍嫌簡略；最詳的要算仇兆鰲的了，你該去預約一部。」

上午，孫方鐸來，談了十多分鐘。

今天是第四次全國教育會議閉幕，黃季陸叫程維賢來請求先生在閉幕時說幾句對大陸學人慰問的話。先生因病後的身體不能在大會場上說話，又因此地沒有看見大陸學人的著作，實在想不出怎樣的說法；於是寫了一封短信，程維賢來時當面交給他了。

有給故宮博物院三位常務理事的信。*……

【*聯經版刪去二月十七日日期及部分記事，以致「有給故宮博物院三位常務理事的信。」以下誤繫於二月十六日】

一九六二年二月十七日【聯經版第十冊頁三八八五／油印本第二十八冊頁一一一—一一二】

下午兩點多鐘，胡頌平到了福州街寓所。先生說：「我的太太出門了，我聽到電鈴的聲音，出來一看，原來是一位女客，正和李嫂說話，說要見我，——就是早上打電話來我們聽不懂的那位姓高的要見我和我的太太。我在電話裏說在養病，請她不要來，但她終於在全國教育會議裏打聽到我的住址和電話，仍舊趕來。這是一位穿兩腳褲的女子，叫做高秀，斗六人。據說是在一個小學裏當教員的。她說她曾讀過我的書，雖然不曾見過我，但把我當作老師看待。聽說我患心臟病，她有心臟病的祕方：就是用雞蛋黃熬油的專方，勸我服用。我問她這個祕方是治那一種的心臟病。她說：『心臟病也有好幾種嗎？』」

編者附記：先生謝謝這位高姓女客之後，就不能午睡了，索性回到書房去寫信了。這位高秀告訴李嫂蛋黃熬油的做法：每天用四個蛋黃，放在很小的鍋子裏用和火來熬，不放油，也不放鹽和糖，要用許多功夫，蛋黃上的油質出來了。光吃這種蛋黃上的油質，日子一久，心臟病就可以治癒。據說有許多人都吃好了。以前林錫珪兩次來信，也獻蛋黃油治心臟病的祕方，先生都只謝謝她們的好意，從沒有試用過。

黃彰健來，看見先生在書房裏寫信，就託胡頌平代請為他校訂的〔明實錄〕題簽書名。

有給陳誠的信。……

一九六二年二月十七日【聯經版第十冊頁三八八六／油印本第二十八冊頁一一一四】

胡家健、胡漢文來，先生要胡頌平加入談天。笑著說：「今天是我們姓胡的會議。」

一九六二年二月十八日【聯經版第十冊頁三八八六／油印本第二十八冊頁一一一四】

二月十八日（星期日）早上，先生對胡頌平說：「我昨夜睡得不好，都是惡夢。今天禮拜天，你是應該休息的，這裏沒有什麼事，你還是回去休息罷。」先生這麼說，胡頌平就回來了。

上午，徐可熛來談科學會的事。陳兆熙來見。

晚上，應齊如山之邀，到他家去吃飯。

一九六二年二月十九日【聯經版第十冊頁三八八六／油印本第二十八冊頁一一一四—一一一八】

上午八點多，汪厥明來談。

九點半，先生到南港去看看，由徐秋皎陪去。回到福州街，快一點鐘了。

下午，李青來、黃華順來採訪……接到張羣的復信，……

又接吳健雄、袁家騮的電報，他們定二十二日到台北。

晚上，先生對胡頌平說：「今天是元宵，你和徐小姐在此陪我一道吃飯。我頗想吃一點酒，慶祝元宵。」大家舉杯慶祝先生恢復健康，先生十分愉快。

夜裏，胡家健同李智福來談在香港印書的事，只好將來再說。他們替「可鈞」、「汝移」兩人求字，先生寫了兩小張的字。

編者附記：近來有位叫牟力非的，不曉得什麼人，他寫了一篇「為什麼反胡適」一文在〔民主中國〕（五期四卷，五一、二、十六出版）上發表，可以看出一般人士對於攻擊先生的那些文字的反響。在這篇文章裏，首先確定幾個前提：第一，胡適和他的意見，可以不可以反對。第二，反胡的動機和目的是什麼。第三，我們現在有沒有比反胡適更急迫重要的事情待辦。要點是：胡適到底是個書呆子，迷信民主，主張懷疑，這就使天下大亂，人心不安。因此，便不能不先瞭解反胡攻勢的司令臺何在，便不能不認清剿胡大戰的戰將勇士們為什麼這麼驍勇揮戈。

他們爭的不是學術思想上的真理，而是「正統」對「異端」討伐。距離學術思想十萬八千英里，只配作文化特務或文化打手，那裏能談學術思想？而其格調竟至比大陸毛共清算胡適思想更為低下。足使局外人產生一種「反胡重於反共」的印象。從「胡適與國運」開始，大家即已經知道在反胡剿胡的背後，有一座反胡司令臺負起反胡剿胡的指揮重責。他們師承共黨的革命技術，不惜乘胡適心臟病突發入院治療之際調動「質詢」部隊和「反洋」大軍向胡適展開夾攻。……我查遍了歷史記載，卻找不到有用這種反「人性」的「討伐異端」的狼毒手法。

為什麼單向倡導民主的胡適進攻？那就是胡適教人懷疑，這就是必須消滅這個「眼中釘」的最大原因。

胡適教人懷疑，啟人深思，惑人反抗，這簡直是蔑視神聖，侮辱聖明，鼓動造反，淆混「思想違警法」，破壞「政治的斑馬線」……其邏輯很簡單：如果中國沒有胡適，便沒有胡適販賣杜威思想；沒有杜威思想，便沒有懷疑，……那裏還有毛澤東共黨攫奪政權的叛亂出現？胡適一個七十多歲的糟老頭子，不難打垮，而胡適思想以及杜威思想能不能打垮？民主，能否打垮？懷疑，能否消滅？

以中國人的聰明才智來說，出一萬個胡適不希罕，但若出一個反胡適的勇將，便令人替中國感覺悲哀了。今天反胡、剿胡、審胡，能產生一個什麼結果呢？我十分懷疑這會有利於現行政治。假如說，殺了一個胡適，便能天下太平，那就是等於說是胡適與國運有極重要的關係。真果如此，中國國運畢竟不幸取決於胡適一人，我們五億平民卻真要痛哭流涕替中國悲哀了。

一九六二年二月二十日【聯經版第十冊頁三八八六—三八八八／油印本第二十八冊頁一一一八—一一二〇】

上午，延國符夫婦、沈鄒雲等來。徐可熛來談科學會的公事約十分鐘。

下午三時半，先生到臺大醫院去檢查身體……

這時李宗侗來，未遇。五時半，莫德惠來，談了二十分鐘。

今天有給夏濤聲的信。……

編者附記：（二）……（二）此信是今天上午寫的，但寫了昨天「十九」的日期，也就不改正了。

一九六二年二月二十一日【聯經版第十冊頁三八八九／油印本第二十八冊頁一一二三—一一二四】

上午，先生到臺大檢查牙齒……

鮑克蘭來，未遇。

下午，李宗侗來談二十分鐘。鄭振華來。

先生為了〈大漢春秋〉的圖畫問題，曾於二月一日寫信給李青來。〈中央日報〉的副刊主筆孫如陵想把這信拿來發表，特來向先生請示。於是改了幾個字，當作寫給編者口吻。（見二月廿三日的〈中央

日報〕）

錢思亮來談中基會歷年補助各大學出國人員的事。

接到夏濤聲的復信，說「韻笙」是徐傳禮的筆名，政大研究所畢業的。先生覺得政大研究所能夠出了這樣的人才，有點驚訝。說：「想不到政大的學生能夠大膽說這樣的話，看他舉的例子，他是一位肯讀書的人。我曾想過，起初以為是殷海光寫的嗎？但殷海光還寫不出這樣，因這個人寫得很和平。再想想是誰呢，就想不出了。不過這兩天太忙，隔幾天再通知夏濤聲約他來談。」

【＊〔胡適之先生晚年談話錄〕將徐傳禮事記在二月二十日。】

一九六二年二月二十三日【聯經版第十冊頁三八九三／油印本第二十八冊頁一三〇】

早上，先生的牙齒又通起來了。……

上午，林浩、傅恬修兩人送請帖來。他們因吳大猷、袁家騮、吳健雄住在他們的皇后飯店裏，要請他們幾位科學家吃飯，想請先生作陪。先生說：「我在養病期中，我是不能來的，我的責任是減輕客人的負擔。吳健雄對我說過，你們對他們太好了，他們才答應接受你們的請帖的。我在此地，為要減輕他們的負擔，我也不請他們吃飯。這是外國招待客人的最好辦法。」

查良釗、沈怡來，都談了幾分鐘。

先生題了〔明實錄〕封面，就寄給黃彰健了。

胡適之先生年譜長編初稿（第11冊） 增補版

2015年6月初版
定價：第11冊新臺幣800元

編著 胡頌平
發行人 林載爵
叢書主編 方清河
封面設計 沈佳德

出版者 聯經出版事業股份有限公司
地址 台北市基隆路一段180號4樓
編輯部地址 台北市基隆路一段180號4樓
叢書主編電話 (02)87876242轉202
台北聯經書房 台北市新生南路三段94號
電話 (02)23620308
台中分公司 台中市北區崇德路一段198號
暨門市電話 (04)22312023
台中電子信箱 e-mail：linking2@ms42.hinet.net
郵政劃撥帳戶第0100559-3號
郵撥電話 (02)23620308
印刷者 世和印製企業有限公司
總經銷 聯合發行股份有限公司
發行所 新北市新店區寶橋路235巷6弄6號2樓
電話 (02)29178022

行政院新聞局出版事業登記證局版臺業字第0130號

本書如有缺頁，破損，倒裝請寄回台北聯經書房更換。 ISBN 978-957-08-4563-1 (精裝)
聯經網址：www.linkingbooks.com.tw
電子信箱：linking@udngroup.com

國家圖書館出版品預行編目資料

胡適之先生年譜長編初稿（第11冊）

增補版/胡頌平編著．二版．臺北市．聯經．2015年
6月（民104年）．672面．14.8×21公分
ISBN 978-957-08-4563-1（精裝）

1.胡適 2.年譜

783.3986 104006893